Siegfried Jäger

Kritische Diskursanalyse

Eine Einführung

W0058784

Edition des Duisburger Instituts für Sprach- und
Sozialforschung im UNRAST Verlag, Münster

UNRAST

Bibliografische Information der Deutschen Bibliothek
Die Deutsche Bibliothek verzeichnet diese Publikation in der Deut-
schen Nationalbibliografie; detaillierte bibliografische Daten sind im
Internet über http://dnb.ddb.de abrufbar.

Siegfried Jäger
Kritische Diskursanalyse. Eine Einführung.
Edition DISS, Band 3
5., gegenüber der 2., überarbeiteten und erweiterten (1999),
unveränderte Auflage
Münster 2009
ISBN 3-89771-732-8

© UNRAST-Verlag, Münster
Postfach 8020, 48043 Münster – Tel. (0251) 66 62 93
info@unrast-verlag.de
www.unrast-verlag.de
Mitglied in der *assoziation Linker Verlage* (aLiVe)

Umschlag: Peter Heuer
Satz: Detlef Meinke
Druck: Interpress, Budapest

Inhalt

Vorwort zur zweiten und dritten Auflage

Seit der ersten Auflage der »*Kritischen Diskursanalyse*« (KDA) ist eine Reihe neuer Arbeiten zur Foucaultschen Diskurstheorie erschienen; zudem ist eine Fülle von verstreuten Texten von Foucault veröffentlicht und gewürdigt worden (z. B. in Lemke 1997); im DISS sind mehrere umfangreiche empirische Projekte auf der Grundlage der KDA durchgeführt worden, ferner, und oft in Verbindung damit, eine Reihe theoretischer Fortschritte erzielt worden. Besonders hervorzuheben ist das Projekt von Margret Jäger: »Fatale Effekte. Die Kritik am Patriarchat im Einwanderungsdiskurs« (M. Jäger 1996), in dem insbesondere das Phänomen der Diskursverschränkung empirisch aufgedeckt und theoretisch nutzbar gemacht werden konnte. Zu erwähnen ist daneben insbesondere das DISS-Projekt »Biomacht und Medien« (M. Jäger/Jäger/Ruth/Schulte-Holtey/Wichert (Hg.) 1997), wohl die bisher umfassendste und methodisch ausgereifteste KDA auf der Diskursebene Medien, die von Mitgliedern der Diskurswerkstatt Duisburg durchgeführt wurde. Daneben entstand eine Tag-zu-Tag-Analyse der Berichterstattung der BILD-Zeitung über den Brandanschlag in Solingen (Jäger 1993), die Studie »Der Spuk ist nicht vorbei. Völkischnationalistische Ideologeme im öffentlichen Diskurs der Gegenwart« (Jäger/Kretschmer/Cleve u.a. 1998), ferner die Darstellung von Straftaten von Einwanderern und Deutschen in den Printmedien (M. Jäger/Cleve/Ruth/Jäger 1998), das Buch »Gefährliche Erbschaften. Die schleichende Restauration rechten Denkens« (M. Jäger/Jäger 1999), mehrere Dissertationen, Diplom- und Magisterarbeiten sowie Beiträge zu Readern, Sammelbänden, Zeitschriften und Lexika.

Auffällig war die Aufnahme unseres Ansatzes in den Nachbardisziplinen (Pädagogik, Soziologie, Psychologie), aber auch in der Germanistik. In Vorträgen, bei Gastprofessuren und auf Colloquien in Wien, Klagenfurt, Brüssel konnte der Duisburger Ansatz auch international vorgestellt werden. Besonders hinweisen möchte ich auch auf die Sammelbände zu den DISS-Colloquien 1990-2001, in denen diskursanalytische Studien (neben angrenzenden Ansätzen) zur derzeitigen politischen Situation der Bundesrepublik vorgelegt worden sind.

Zuzugeben ist, daß ich 1993 einige interessante Titel, obwohl sie längst erschienen waren, übersehen habe, so etwa Dietrich Busses »Historische Semantik« von 1987, die Foucault für die Sprachwissenschaft fruchtbar zu machen versuchte, sowie sein Buch »Textinterpretation« von 1992. Ich werde auf Busses Arbeiten, so auch auf einen interessanten Aufsatz, den er zusammen mit Wolfgang Teubert verfaßt hat (Busse/Teubert 1994), und die der Sprachwissenschaft neue Impulse geben können, indem sie diskursanalytische Überlegungen für eine »Diskurssemantik« fruchtbar zu machen versuchen, im weiteren kurz eingehen.

Festzuhalten ist auch, daß die Rezeption neuer Ansätze über die Landes- und Sprachgrenzen hinweg oftmals sehr zäh verläuft, selbst dann, wenn es Ansätze gibt, die relativ eng verwandt sind. Das gilt etwa für die *Critical Discourse Analysis* von Norman Fairclough (Fairclough 1989, 1992, 1993), der, wie der hier vorgestellte Versuch, ebenfalls bei Foucault ansetzt, sich daneben aber stark auf Halliday und seine funktional-systemische Linguistik (Halliday 1978, 1985) beruft. Die Folge ist, daß selbst solche Konzepte, die sich an vergleichbaren Ausgangspositionen orientieren, eine Entwicklung durchmachen, die sie dann doch wieder weit voneinander entfernt. Die theoretischen Grundannahmen akzentuieren sich sehr unterschiedlich, ebenso und vielleicht noch stärker die operativen Verfahren. Im Resultat hat man es bei den Ansätzen von Fairclough und dem hier vorgestellten (und das gilt auch für manche andere) mit Deutungsversuchen von Wirklichkeitssichten zu tun, die nicht mehr oder nur sehr schwer miteinander zu vermitteln sind. Das bedeutet keine Bankrotterklärung der (Sozial-) Wissenschaften, sondern nur, daß es, wie sonst auch, in den Wissenschaften unterschiedliche Deutungsmöglichkeiten gibt und oft und meist nur für einen Zeitraum oder für einen geographischen Raum zeitweilig gültige verschiedene Ansätze und Schulen bzw. mehr oder minder stark abgeschlossene Sagbarkeitsfelder, innerhalb derer sich die beteiligten Wissenschaftler bewegen können, aus denen sie aber immer wieder auch ausbrechen (können), neue Schulen bilden, deshalb Karriere machen oder ihre Karriere aufs Spiel setzen. Hier zeigt sich, daß Wissenschaft auch immer nur historische und also relative Wahrheiten produziert bzw. in ihren Spezialdiskursen herstellt. Entscheidend dabei dürfte sein, daß diese Erkenntnis dazu beitragen kann, solche Wissenschaft, die sich als objektiv und ewig gültig darstellt und ihre Resultate einschließlich ihrer Kopplung an die jeweils bestehenden Macht- und Herrschaftsverhältnisse zu problematisieren und zu kritisieren. Kritische Diskursanalyse, wie ich sie verstehe, legt die eigene politische Position offen und gibt ihr Engagement zu. Sie mischt sich auch auf dem Gebiet der Wissenschaft erkennbar in die diskursiven Kämpfe ein. Das bedeutet nicht Beliebigkeit oder Verzicht auf seriöse und nachvollziehbare Analyse vorliegender Gegebenheiten. Insofern beansprucht sie (mit Foucault) »fröhlichen Positivismus«, ohne jedoch - und dies tat ja Foucault auch nicht - dabei stehen zu bleiben. Die eigene diskursive Position und das eigene Engagement werden aber bei Erklärungen und Interpretationen notwendigerweise ins Spiel kommen. Das gilt für alle (sozial-) wissenschaftlichen Ansätze, ohne daß dies allerdings immer offengelegt würde. Und das gilt ebenso für naturwissenschaftliche Ansätze.[1]

Und es gilt immer noch das, was ich zur ersten Auflage der KDA gesagt habe: An allen Büchern, auch an dieser überarbeiteten Neuauflage der KDA, schreiben und

---

[1] Das damit angesprochene wissenschafts- und erkenntnistheoretische Problem kann ich hier nicht weiter diskutieren. Vgl. aber dazu die Überlegungen bei Lemke 1997, S. 327ff. sowie die Gedanken zum Thema »Kritik« in diesem Buch, die sich auf Foucault 1992 berufen.

denken viele mit. Und auch an den empirisch ausgelegten Projekten beteiligen sich viele WissenschaftlerInnen. Und es geschieht, wie die voranstehenden Bemerkungen deutlich machen, daß dabei Mit-Arbeiter übersehen werden. Auch dies ist ein schmerzliches (und vielleicht zugleich belustigendes) Beispiel dafür, wie brüchig und oft lückenhaft die Diskurse durch die Zeit verlaufen, wie sie teilweise versickern können oder aber auch, wie im besagten Falle, wie und wieso sie unterirdisch weiterfließen, um eines Tages wieder an die Oberfläche zu treten.

Ich möchte mich bei all denjenigen, von denen ich in den vergangenen Jahren lernen konnte, auch wenn sie im folgenden nicht in jedem Fall mit Namen genannt sind, herzlich bedanken, auch bei denjenigen, die nach 1993 mit der KDA gearbeitet haben und mir anregende und kritische Bemerkungen haben zukommen lassen.[2]

Und noch etwas möchte ich sagen:
Bevor und während man ein Buch schreibt, finden Gespräche und Diskussionen statt, deren Ergebnisse ebenfalls darin ihren Niederschlag finden. Hier habe ich meinen Studentinnen und Studenten und den Mitgliedern der Diskurswerkstatt im DISS zu danken, aber insbesondere Margret Jäger, Jürgen Link, Ernst Schulte-Holtey, Teun A. van Dijk, Sebastian Reinfeldt, Richard Schwarz, Franz Januschek, Alex Demirovic, Ina Ruth, Frank Wiechert, Gabriele Cleve, Detlef Meinke und vielen anderen.

Den Text, der hier vorliegt, habe ich selbstverständlich letztlich selbst zu verantworten. In der ersten Auflage ging es mir darum, meine diskursanalytischen Versuche, mit denen ich Mitte der 80er Jahre begonnen hatte, zusammenfassend zu reflektieren und theoretisch weiter zu fundieren. Zugleich war es meine Absicht, das Konzept *Kritische Diskursanalyse,* das sich in diesen Jahren herauskristallisiert hatte, so darzustellen, daß es eine Grundlage für konkrete empirische Analysen darstellen konnte. Die hiermit vorgelegte 2. Auflage wird einige Gedanken und Vorschläge vertiefen, einige Schiefheiten geraderücken und viele neuere Einsichten berücksichtigen. Auch werde ich das Methodeninstrumentarium weiter ausdifferenzieren können und (teilweise) die Anwendungsbeispiele aktualisieren. Ich habe keinen Zweifel daran, daß auch diese überarbeitete Einführung »unabgeschlossen« bleiben und sich auch in den nächsten Jahren »weiterentwickeln« wird. Ich hoffe trotzdem, daß sie dazu taugt, insbesondere für die Durchführung empirischer Arbeiten zu »brisanten Themen« Hilfestellung zu geben und Möglichkeiten dafür zu eruieren, wie die Kunst zu erwerben ist, - wie Michel Foucault sagt - »nicht dermaßen regiert zu werden«.

Siegfried Jäger, Duisburg im Herbst 2001.

---

2 So etwa Becker/Gerhard/Link 1997, S. 70 und S. 84 f.; verschiedene Rezensionen, ins besondere aber die Fülle von kritischen »Anwendungen« in Dissertationen, Magister-, Diplom- und Staatsarbeiten verschiedenster Fächer, in Seminaren und in Gestalt von Vortragsaufforderungen zum Thema.

Einleitung

Es geht mir in dieser Einführung in die *Kritische Diskursanalyse* insbesondere darum, eine Methode von Diskursanalyse zu entwickeln, die die traditionellen, primär strukturalistisch orientierten Ansätze der Sprachwissenschaft, die heute noch bis in die Textlinguistik hinein dominieren, ebenso überwindet wie solche Ansätze, die im Rahmen qualitativer Sozialforschung entwickelt worden sind.[3] Da beide Disziplinen, ebenso wie die (durch Foucault inspirierte) Diskursanalyse, auch den Anspruch stellen, Grundsätzliches über den Zusammenhang von Gesellschaft und Sprache/Kommunikation auszusagen, werde ich mich im ersten Teil dieses Textes exemplarisch kritisch mit einigen Grundannahmen der (Sozio-)Linguistik und der (qualitativen) Sozialforschung auseinandersetzen.[4]

Die (historische) Diskurssemantik, die ich in der ersten Auflage dieser Einführung nicht beachtet habe und die sich mir insbesondere mit den Namen Dietrich Busse und Wolfgang Teubert verbindet[5], ist zumindest teilweise wie der hier dargestellte

---

3   Einige Passagen dieser Einführung beruhen auf Texten von Vorlesungen und Handreichungen für Studierende an der Gerhard-Mercator-Universität GH Duisburg aus den letzten Jahren seit 1985. (Vgl. auch Jäger 1994, zuerst 1988, ein Text, der eine knappe Einführung darstellt und teilweise noch widerspiegelungstheoretisch »befangen« war.).

4   Dabei ist es nicht meine Absicht, eine Art grundsätzlicher Wissenschaftskritik dieser Disziplinen vorzunehmen. Die Funktion der exemplarischen Auseinandersetzung ist ausschließlich die, den Leser, insbesondere auch denjenigen, der mit diesen Disziplinen nicht vertraut ist, mit einigen Grundgedanken dieser Disziplinen bekannt zu machen, dabei auf wesentliche Schwachpunkte zu verweisen, um auf diese Weise den prinzipiellen Unterschied zur Diskursanalyse sichtbar werden zu lassen.- Anmerken möchte ich zudem, daß die hier vertretene Version von Diskurstheorie und Diskursanalyse durchaus Verwandtschaften mit diesen und anderen sozial- und kulturwissenschaftlichen Ansätzen aufweist. Deshalb wäre es durchaus sinnvoll, wenn ich mich etwa mit konstruktivistischen und dekonstruktivistischen Ideen und Verfahren auseinandersetzte oder auch mit dem Habitus-Konzept Bourdieus. Dies würde diese Einführung jedoch in unangemessener Weise überfrachten, zumal diese Ansätze alle um die Frage der Vermittlung von Subjekt und Wirklichkeit/Objektwelt kreisen und deren Verhältnis in vielfältigster Weise zu bestimmen versuchen. Ich verweise dazu auf die entsprechenden Handbücher und für die Erziehungswissenschaften auf Hierdeis/Hug (Hg.) 1996. Für das Verständnis von Diskurstheorie ziehe ich stattdessen die Tätigkeitstheorie A.N. Leontjews heran, die in modifizierter Form m.E. den Zusammenhang von Subjekt/Diskurs und Objektwelt nachvollziehbar zu erklären geeignet ist.- Auf die soeben erschienene Arbeit von Titscher u. a. 1998, die einen Überblick über Methoden der Textanalyse in den Sozialwissenschaften zu geben versucht, werde ich im folgenden noch etwas genauer eingehen.

5   Vgl. Busse 1987, 1992, 1997; Busse/Teubert 1994.

Ansatz an Michel Foucaults Diskurstheorie orientiert; sie sucht sie für die Erweiterung einer linguistischen Semantik-Theorie und konkreter: für eine »Begriffsgeschichte deutscher Gegenwart« nutzbar zu machen. Sie zielt nicht primär auf *den* Diskurs, sondern auf die (Ursachen der Veränderung von) Bedeutungen *im* Diskurs. Diskurs wird dabei, sehr vereinfacht gesagt, als »Textkorpus« verstanden.[6] Der Diskurssemantik geht es nicht um Diskursanalyse, sondern um die Nutzung diskurstheoretischer Erwägungen für die Entfaltung semantischer Konzepte.[7] Ähnlich wie die Arbeitsgruppe um Georg Stötzel (Düsseldorf)[8], erweitert sie das Spektrum traditioneller Linguistik erheblich, indem sie sich sowohl von strukturalistischen Befangenheiten zu lösen versucht wie auch in der Weise, daß sie beansprucht, den gesellschaftlichen Auftrag der Linguistik, zur Klärung der Beziehung von Sprache und Gesellschaft beizutragen, einzulösen; konkreter gewendet: Möglichkeiten der Politikberatung (im weitesten Sinne) bereitzustellen. Dies ist deutlich zu sehen, weil die bearbeiteten Themen eindeutig politisch relevant sind und sich die betreffenden WissenschaftlerInnen nicht scheuen, auch politisch brisante Themen aufzugreifen. Ich sehe in diesen Arbeiten allerdings eher eine moderne Fortsetzung traditioneller linguistischer Konzepte, die bewußt im Rahmen genuin-linguistischer Fragestellungen verweilen, als den Versuch, solche Konzepte für sozial- und kulturwissenschaftliche Forschung generell nutzbar zu machen. Im Klartext: Sie stellen keinen direkten Beitrag zur Diskursanalyse dar, sondern eine Weiterentwicklung der Linguistik im Bereich der (historischen) Semantik. Im diskursanalytischen Teil dieses Lehrbuches werde ich mich nur dann auf diese Arbeiten beziehen, wenn die Auseinandersetzung damit, was durchaus der Fall ist, zur weiteren Entfaltung meines diskursanalytischen Versuchs beitragen kann.

---

6   So Jung 1996, S. 459. – Daß es durchaus aufschlußreich sein kann, die unterschiedlichen semantischen Füllungen eines Worte in aktuellen Diskursen je nach den auftauchenden Diskurspositionen zu analysieren, habe ich in Jäger 1996d am Beispiel des Terminus *Rassismus* zu zeigen versucht. Hier werden Prozesse beschrieben, durch die das Wort Rassismus unsagbar gemacht und durch Ersatzwörter wie Ausländerfeindlichkeit ersetzt werden soll; damit geht zugleich der Versuch einher, den Begriff des Rassismus unter der Worthülle der Ausländerfeindlichkeit aufzuweichen und zu individualisieren. So wird sichtbar, daß Möglichkeiten des Sagbaren diskursiv eingeschränkt werden (sollen). Dies geschieht im konkreten Ablauf diskursiver Kämpfe, die in der Regel auch politische Kämpfe sind.

7   Besonders wichtig an diesen Arbeiten ist die Tatsache, daß die Kategorie des (Welt-)Wissens in die Semantik eingeführt worden ist. Gerade das Fehlen dieses Aspekts war für die bisherige Textlinguistik eine Grenze, die nicht zu überschreiten war. Vgl. dazu die vielen Verweise von Brinker auf offene Fragen der Textlinguistik (Brinker 1997), aber auch Busse 1992, S. 78ff., wo wichtige Hinweise für eine wissensbezogene Textlinguistik zu finden sind.

8   Vgl. Stötzel/Wengeler 1995, Böke/Jung/Wengeler (Hg.) 1996, Jung/Wengeler/Böke (Hg.) 1997.

Damit läßt sich auch der Ort dieser Einführung in die KDA genauer bestimmen, als dies bisher offenbar der Fall war. Es geht mir nicht um die »Etablierung des diskursanalytischen Paradigmas im Rahmen linguistischer Theoriebildung«, wie in einer Rezension zur ersten Auflage dieser Einführung vermutet worden war,[9] sondern um die Bereitstellung eines Verfahrens zur Analyse von Diskursen. Somit versteht sich diese Einführung eher als Beitrag zu einer kulturwissenschaftlichen Methodologie. Es geht mir, anders ausgedrückt, durchaus darum, »die Begrenzungen des Saussureschen Paradigmas zu überschreiten« und »historische Prozesse der Sinnbildung auf Feldern zu studieren, die traditionell von der geisteswissenschaftlichen Hermeneutik besetzt waren.« (Laugstien 1995a, S. 738) Um eine solche Methode zu entwickeln und zu fundieren, ist eine knappe Auseinandersetzung mit linguistischen Fragestellungen, aber auch mit Verfahren und Vorschlägen Quantitativer Sozialforschung unerläßlich, selbstverständlich auch eine Skizze dessen, was ich als theoretische Grundlage von Diskursanalyse ansehe.[10]

Das oben angesprochene Mißverständnis erklärt sich mit großer Wahrscheinlichkeit auch daraus, daß ich selbst dem Lager der Linguistik zugerechnet werde und mich zu linguistischen Fragen aller Art, von der Grammatiktheorie bis zur Soziolinguistik, vielfach geäußert habe. Mein Interesse galt jedoch immer schon dem Zusammenhang von Gesellschaft, Individuum und Sprache. Dieses Interesse schlägt sich nun auch darin nieder, daß ich zur Beantwortung der Fragestellungen, die sich mir aufdrängten, mit den vorfindbaren linguistischen Theorien und Lösungsvorschlägen nicht mehr weiter kam und nach neuen Erklärungsansätzen suchen mußte. Bei dieser Suche war mir alsbald aufgefallen, daß Theorie und Empirie des hegemonialen linguistischen Diskurses immer noch deutlich dazu neigen, die mit Hilfe sprachlicher Mittel transportierten *Inhalte* auf der Mikro- und Makroebene zu vernachlässigen bzw. programmatisch aus der Linguistik auszuschließen. Zusammen mit den Inhalten wird aber im Grunde zugleich alles Gesellschaftliche aus der Linguistik vertrieben. Franz Januschek beklagte zu Recht, »daß wir Linguisten nicht mit guten Gründen, sondern zwanghaft immer wieder den eigentlichen Gegenstand unserer Wissenschaft, die konkret-historische sprachliche Tätigkeit in konkret historischer Gesellschaft, verfehlen, weil wir uns in unserer wissenschaftlichen Tätigkeit nicht als an dieser Gesellschaft Beteiligte begreifen.« (Januschek 1986, S. 139)

---

9   Vgl. Schwarz 1995.

10   Was aus der Perspektive der wissenschaftlichen Bearbeitung von Diskursen dabei unter Analyse, Interpretation, Verstehen, Erklärung etc. zu verstehen ist, kann erst im Verlauf der folgenden Ausführungen deutlich werden. Zuallererst wird es darum gehen, ein Verfahren zu entwickeln, durch das Diskurse (im weitesten Sinne) überhaupt erst beschreibbar gemacht werden. Der Frage der Kritik und Problematisierung so erfaßter Diskurse kommt selbstverständlich ein besonderer Stellenwert zu. Dieser wird allerdings erst erkennbar, wenn der diskurstheoretische Ansatz dieser Einführung in den Grundzügen entfaltet ist.

Diese Position, so meine ich, gilt es zu überwinden, auch wenn sie im Selbstverständnis der meisten Linguisten noch zutiefst verankert ist.[11]

So schreibt etwa Bernhard Sowinski in seiner Einführung in die Textlinguistik (Sowinski 1983), daß die Sprachwissenschaft sich in den letzten Jahren zwar verstärkt der Untersuchung von Texten zugewandt habe; die Behandlung von Inhalten sei jedoch eine Sache anderer, teils benachbarter Disziplinen, etwa der Theologie, der Juristerei, der Literaturwissenschaft, der Geschichte oder auch der Soziologie etc., nicht aber eine Aufgabe der Linguistik. Das Interesse der Textlinguistik, meint er, richte sich daher vor allem auf die regelhaften Vorgänge der Textkonstituierung selbst, auf das Zustandekommen, auf die zusammenwirkenden Elemente und auf die kommunikativen Funktionen und Wirkungen von Texten. Der Inhalt von Texten interessiere die Textlinguistik demgegenüber weniger. (ebd. S. 17)

Ganz abgesehen davon, daß diese Aussage selbst ein Beispiel für »Nichtzuendedenken«, für die Reduktion von Zusammenhängen ist – denn wie will man kommunikative Funktionen und die Wirkung von Texten verstehen, ohne die Inhalte zu kennen? – bietet diese Einführung eine Fülle von Einzelaspekten und keine geschlossene Texttheorie, die eine Grundlage dafür abgeben könnte, wie man denn einen konkreten Text analysieren, interpretieren oder – etwas vorgreifend und in der Terminologie der Diskursanalyse ausgedrückt – als *Fragment eines Diskurses* verorten könnte.

Der Verzicht auf die Analyse der Inhalte von Texten bedeutet eine Beschränkung der Linguistik auf sich selbst, eine technokratische Verkürzung, die Linguisten daraus meinen ableiten zu müssen, daß in allen Wissenschaften und in jedem Alltag Inhalte vorkommen, für die die Linguistik, der Linguist/die Linguistin nicht kompetent seien.[12]

In der Tat: Alle Menschen sprechen; mit allen Berufen ist – wie auch immer – Sprachliches verbunden. Die meisten Menschen produzieren und reproduzieren bzw. rezipieren Texte. Und viele meinen, von Sprache etwas zu verstehen. Was auch so ganz falsch nicht ist. Doch meistens bleiben uns, insbesondere natürlich den Nicht-Sprachwissenschaftlern, die linguistischen Regularitäten unbewußt. Man be-

---

11 Zur Ablehnung der Diskursanalyse durch die bisherige traditionell strukturalistische Sprachwissenschaft vgl. Busse/Teubert 1994, bes. S. 10-12. Sie beantworten die Frage, die den Titel ihres Beitrags ausmacht: »Ist Diskurs ein sprachwissenschaftliches Objekt?« jedoch positiv. Die Ablehnung der Diskursanalyse erklärt sich aber zudem aus einer durchaus berechtigten, wenn auch etwas zu sehr selbstbezogenen Sorge, nämlich der, daß die Diskursanalyse eine Öffnung bzw. sogar Aufhebung der Sprachwissenschaft bedeutet. Dazu siehe weiter unten.

12 Das gilt nicht für die Arbeiten Busses (Busse 1987, 1992), aber weitgehend noch für Brinker 1997 (1. Aufl. 1985), der – im Unterschied zu Busse – die Kategorie des zum Verstehen und zur Interpretation von Texten erforderlichen »Wissens« nicht in den Blick genommen hat.

dient sich sprachlicher Mittel völlig routinehaft, d.h. man denkt nicht darüber nach, welche Regel man nun anwendet, welchen Kompositionsplan für einen zu produzierenden Text man verwendet – zumindest im Alltagsleben nicht – etc. Man benutzt beim Sprechen/Denken im »Sozialisationsprozeß« erworbene Routinen, ähnlich wie der Autofahrer beim Schalten im allgemeinen routinehaft agiert und nicht darüber nachdenkt, was er da eigentlich macht und warum er das tut.

Was nicht unbedingt nur Routine ist, das ist das im Bewußtsein gespeicherte und erarbeitete *Wissen*. Es kann zwar »ruhen«, etwa im Lang- oder Kurzzeitgedächtnis. Wenn man dieses Wissen anwendet oder sich mit anderen darüber austauschen will, muß man es aktivieren.[13] Wir rufen z.b. aus einem bestimmten Anlaß einen Problemzusammenhang auf, etwa: Was stelle ich mir unter Rassismus vor? Dieses Gedankenknäuel »Rassismus«, das ich aktiviert habe, das ich aufgerufen habe, muß ich entwirren und in Gestalt von Argumentationsschritten, die ich in Wörter und Sätze kleide, abwickeln und nach außen transportieren.[14] Anders ausgedrückt: Ich produziere einen Text – in diesem Falle: einen Text, der meine theoretisch gedanklichen Vorstellungen über Rassismus enthält oder aber auch Erfahrungen mit Rassismus enthalten kann. So – in aller gebotenen Kürze – verfährt jeder Mensch, der sich auf andere denkend, sprechend und handelnd tätig einläßt.

Was aber macht der traditionelle Linguist, die Linguistin immer noch? Was ist immer noch das vorherrschende und an den Universitäten vorwiegend gelehrte linguistische Wissen? Die Linguistik hat sich, grob gesprochen, die Aufgabe gestellt, die angesprochenen sprachlichen Routinen zu explizieren.[15] Der Bereich der Inhalte und »abgespeicherten« Vorstellungen wurde dabei bisher – wie gesagt – i.R. außer acht gelassen.[16] Im allgemeinen wird sogar gesagt, und dies gilt heute noch insbe-

---

13 Ich habe nicht die Absicht, mich hier mit der Problematik der Speicherung und Reaktivierung von *Wissen* im Bewußtsein prinzipiell auseinanderzusetzen, wie sie etwa in Verbindung mit der Gehirnforschung oder auch der kognitiven Texttheorie diskutiert wird. (Vgl. dazu etwa Anderson 1983 und van Dijk 1980) So viel sei aber gesagt, daß m. E. davon auszugehen ist, daß die gelernten Routinen und das gespeicherte Wissen immer in Auseinandersetzung mit aktuellen Ereignissen und Tätigkeiten aktiviert werden, im Rahmen sozialer Kontexte und Diskurse.

14 Zu diesem Gedanken vgl. Wygotzki 1971, der komplexe »gespeicherte« Gedankenzusammenhänge mit einer Gewitterwolke vergleicht, die im Prozess des Sprechens/Denkens gleichsam »abregnet« bzw. mit einem »Wollknäuel«, das der Sprecher/Denker »abwickelt«.

15 So ist etwa die Rede von der Sprachkompetenz als einem »›internalisierten‹ Regelsystem zum Erzeugen sprachlicher Strukturen«. Vgl. Bünting 1971, S. 42.

16 Meist befaßt sie sich ausschließlich mit Einzelwortbedeutungen (»Semantik«) oder auch mit Bedeutungen einzelner Sätze (»Satzsemantik«). Eine Text-»Semantik« gibt es meines Wissens bisher nicht. (Zur Textlinguistik allgemein vgl. etwa Kallmeyer/Meyer-Herrmann 1980 oder Brinker 1997.) Vgl. aber Busse 1987, 1992, wo er die Grenzen der Semantik deutlich aufzeigt und Vorschläge für eine Diskurssemantik entwickelt.

sondere für die Inhalte von Texten, diese gingen die Linguistik nichts an. Das sei Angelegenheit anderer Disziplinen und Fächer. Und genau an dieser Stelle setzen meine Zweifel ein und mein Versuch, die Frage von linguistischen Routinen und von ihnen und durch sie ja immer auch transportierten Inhalten und Vorstellungen als Zusammenhang zu denken.

Nun beschäftigen sich in der Tat sehr viele Wissenschaften, wenn nicht gar alle, auch mit Texten und sprachlich gefaßten Inhalten und Vorstellungen aller Art – neben anderem. Der Linguistik aber müßte es vorbehalten bleiben, den Zusammenhang von sprachlichen Äußerungen im Diskurs und ihren Bezug zur Wirklichkeit, auf die sie sich beziehen und aus der sie sich auch speisen, zu untersuchen – *Texte also (zunächst einmal) als (Ansammlungen von) Diskursfragmente(n) zu begreifen*, in denen gesellschaftliche Inhalte aller Art transportiert werden und die sich auf gesellschaftliche Prozesse beziehen, auf diese einwirken, zu ihrer Veränderung oder Stabilisierung beitragen etc. etc.[17]

Um zu verdeutlichen, was ich meine: Ein Text aus dem wissenschaftlichen Spezialdiskurs der Biologie enthält z.B. Aussagen über Pflanzen und Tiere. Um die Wirkung eines solchen Textes, seine Widerspruchsfreiheit, seine Eingebundenheit in entsprechende (z.B. hegemoniale) Diskurse bestimmen zu können, bedarf es – neben bestimmten Kenntnissen aus dem wissenschaftlichen *Spezialdiskurs der Biologie* – auch der Untersuchung der Argumentationsformen, der verwendeten Metaphorik, der Kollektivsymbolik, durch die Disparates miteinander plausibel verbunden und vernetzt werden kann, Widersprüche verdeckt und bestimmte Wirkungen erzielt werden können.[18]

Es ist zwar möglich und auch nicht selten der Fall, vielleicht sogar die Regel, daß der Linguist dabei an bestimmte fachspezifische Grenzen stößt. Das ist aber kein prinzipielles Problem von Wissenschaft, sondern eher ein Problem von (zu) spezialisierter Arbeitsteiligkeit (auch) in den Wissenschaften, die aber prinzipiell aufgehoben werden kann.[19]

Auch ist es denkbar, daß gewisse Schwerpunktsetzungen erfolgen, derart, daß jemand in mehreren Disziplinen zu Hause ist und deren wichtigste wissenschaftliche Ansätze kennt. Das ist besonders für solche Disziplinen nötig, in denen der in Frage stehende Gegenstand von einer reduzierten Seite her allein gar nicht erfaßbar ist – also im Grunde in allen. Die Linguistik selbst ist m.E. dafür ein prototypisches Bei-

---

17 Zu der hier angesprochenen Problematik und zum Verhältnis von Linguistik und Diskursanalyse werde ich weiter unten noch ausführlicher Stellung nehmen.

18 Die hier bereits verwendete Terminologie aus dem Bereich Diskurstheorie/Diskursanalyse (Diskurs, Diskursfragment, Kollektivsymbolik) wird später eingehend erläutert.

19 Man muß nicht alles aus den anderen Disziplinen wissen, aber doch so viel, daß man dem Spezialisten vernünftige Fragen stellen kann.

spiel, da ihr zentraler Gegenstand *Sprache* etwas ist, das von individuellen Menschen in bestimmten Gesellschaften (Diskursgemeinschaften) verwendet wird, so daß von vornherein mindestens eine Verbindung von traditioneller Linguistik, psychologischen und soziologischen Fragestellungen unabdingbar ist. Genau an dieser Stelle wird sichtbar, daß die Linguistik beginnt, die traditionellen Grenzen des Faches zu sprengen und sich in ein sie übergreifendes Paradigma hinein aufzuheben. Die Ursache ist darin zu sehen, daß es ihr Gegenstand »Sprache« selbst ist, der sich nicht in das Prokrustesbett einer einzigen Kleindisziplin zwingen läßt.

Denn Sprache ist ein gesellschaftliches Phänomen. Sie wird zwar von Individuen gesprochen, die über eine Sprachkompetenz verfügen; aber als Mitglieder und Konstituenten von Gesellschaft bzw. »Unterabteilungen« von Gesellschaften, in denen sie aufgewachsen sind und leben, gliedern sich die Individuen mit ihrer jeweiligen Sprachkompetenz ein in die sprachlichen Möglichkeiten, die den Mitgliedern einer Gesellschaft als ganzer zur Verfügung stehen. Dies ist jeweils mehr oder minder entfaltet der Fall. Das Individuum hat Teil an der »gesamtgesellschaftlichen Sprachkompetenz«, die man auch als »Sprachsystem« bezeichnet. Diese »gesamtgesellschaftliche Sprachkompetenz« bzw. »das Sprachsystem« ist natürlich ein Abstraktum aus dem sich tatsächlich abspielenden Sprachverkehr in sozialen Gruppen. Ihr bzw. ihm selbst kommt keinerlei Realität zu. Dies dennoch anzunehmen würde bedeuten, Gesellschaft als ein irgendwie organisches Gebilde zu unterstellen, das als solches zum Denken und zum Sprechen befähigt wäre. Real ist demgegenüber das Sprechen/Denken aller Gesellschaftsmitglieder, ein sozusagen rauschender Fluß, der aus vielen »Molekülen« besteht. Wenn man diesen »rauschenden Fluß« analysiert, läßt sich feststellen, daß sich sehr viele ähnliche oder auch gleiche Moleküle zeigen, die sich auf ähnliche oder gleiche Weise »bewegen«. Sichtet und ordnet man dieses Inventar, dringt man zu den in den jeweiligen Gruppen »verwendeten« Sprachnormen vor. Doch diese sind bereits ein wissenschaftliches Konstrukt, Produkt einer wissenschaftlichen Verallgemeinerung. Kein Mensch richtet sich etwa nach solchen Normen, es sei denn, solche würden analytisch-artifiziell – wie es in der Schule und durch den Duden geschieht – als Kodex verordnet. Dies hat aber weniger mit tatsächlichen und »normalen« Sprachprozessen zu tun als mit gesellschaftlicher Machtverteilung. Man kann nun auch einen Schritt weiter gehen und weiter abstrahierend die prinzipiellen Bauformen dieses Konstruktes bestimmen, so daß man ermittelt, welche »Gesetzmäßigkeiten« dem Sprechen prinzipiell zugrunde liegen, wie dies Ferdinand de Saussure für den gesamten Sprachverkehr vorgeschlagen hat bzw. Noam Chomsky für das individuelle Sprechen. Die so ermittelten Systeme oder Kompetenzen determinieren aber keineswegs das Sprechen, sie haben kein wie auch immer geartetes Eigenleben, sondern sie sind nur Resultat wissenschaftlicher Analyse. Seine reale Basis hat das Sprechen (und Denken) immer nur im jeweiligen individuellen Bewußtsein als verinnerlichte (gelernte) Routinen und Resultat von Lernprozessen, die die Individuen in ihren sozio-historischen diskursiven Kontexten durchgemacht haben und die in der konkreten (Sprech-)Tätigkeit jeweils aktiviert werden.

Real gesehen gibt es also nur individuelle Sprech- und Denkkompetenzen, die aber wegen der Angewiesenheit der Individuen auf Sozialität und Kommunikation in jeweiligen gesellschaftlichen Gruppen ziemlich ähnlich gestaltet sind. Durch solche zu beobachtenden Ähnlichkeiten oder auch Gleichheiten sollte man sich nicht dazu verführen lassen, Sprach- oder Denksysteme außerhalb des Individuums zu unterstellen, wie dies große Teile der Sprachwissenschaften heute noch tun. Ein einzelner Mensch beherrscht z.B. nur die Hochsprache und/oder nur einen bestimmten Dialekt und/oder nur eine bestimmte Umgangssprache einerseits, und andererseits verfügt er auch nicht über alle »Möglichkeiten von Sprache«, die sich in diesen jeweiligen Gesamtrepertoires »darbieten«.[20]

Mit diesen Fragen befaßt sich z.B. die *Soziolinguistik*.[21] Diese tut dies in der Regel aber, ohne die sprachlich transportierten Inhalte ausreichend oder überhaupt zu berücksichtigen und ohne die Lebenspraxen der Menschen, ihr Handeln und Tun, das ja eng mit ihrem Sprechen und Denken verbunden ist, weiter zu beachten, ganz zu schweigen davon, einen Zusammenhang zwischen Tätigkeit, Denken und Sprechen in einem sozio-historischen Raum systematisch untersuchen zu wollen oder zu können. Ich werde dies in einem ersten Exkurs genauer darzustellen und zu kritisieren versuchen.

Dennoch bedeutet die Soziolinguistik einen Schritt über die traditionelle strukturalistische Linguistik hinaus, die sich auf die Erforschung des Sprachsystems konzentrierte. Die Soziolinguistik etablierte sich in Deutschland als linguistische Teildisziplin etwa ab Mitte der 60er Jahre und versuchte programmatisch den Zusammenhang von Sprache und Gesellschaft zu thematisieren, wobei einmal der Akzent mehr auf linguistische oder mehr auf soziologische Fragestellungen gelegt wurde. Sie verfuhr eher quantitativ, in der Weise, daß sie sprachliche Daten und gesellschaftliche Daten ermittelte und miteinander korrelierte. Begleitet wurde dieser Versuch von einer Theoriebildung, die den Zusammenhang von Sprache und Gesellschaft generell zu thematisieren versuchte, wobei dann auch gewisse qualitative Aspekte ins Spiel kamen, also z.B. die Frage, ob Kinder »unterer sozialer Schichten« durch bestimmte Besonderheiten ihrer Sprachverwendung sozial benachteiligt werden. Man schrieb ihnen einen restringierten sprachlichen Code zu bzw. reduzierte Strategien der verbalen Planung.

Hier dominierten quantitative Fragestellungen und Untersuchungsansätze, dergestalt, daß man große »Populationen« von SchülerInnen untersuchte, wobei die große Zahl der Kinder und Jugendlichen deshalb angesetzt wurde, weil es den WissenschaftlerInnen darum ging, die Repräsentativität ihrer Forschungsergebnisse zu ge-

---

20 Zu dieser hier nur grob angerissenen Problematik vgl. auch die Einleitung zu Eisenberg 1989.

21 Für einen Überblick vgl. Schlieben-Lange 1973 oder Dittmar 1973, 1982ab.

währleisten. Im Verlauf dieser Einführung dürfte deutlich werden, daß es sich auch hierbei um ein Scheinproblem handelt.

Die große Zahl der »Probanden«, deren Sprache man untersuchen wollte, führte dazu, daß das Volumen der sprachlichen Äußerungen je Proband sehr klein gehalten werden mußte, wollte man überhaupt noch der Fülle des Materials Herr werden; mit anderen Worten: die Qualität des Sprechens der Kinder und Jugendlichen kam zwangsläufig zu kurz. Der Blick auf die hinter der sprachlichen Kompetenz sich verbergenden oft weit über diese hinausgehende Wissenskompetenz unterblieb. Auf solche Versuche werde ich im ersten Teil dieser Ausführungen etwas genauer eingehen.[22]

Neben der Soziolinguistik entstanden andere Teildisziplinen der Linguistik, wie etwa die *Pragmalinguistik*[23], die den Zusammenhang von Sprachverwendung und aktueller sozialer Situation, in der die Sprache gebraucht wird, thematisierte(e); oder die *Psycholinguistik*[24], die z.B. den Zusammenhang von Sprechen und Denken gesondert zu untersuchen versuchte(e). Oder aber die *Kommunikations*-Theorie[25], die sich mit der Frage des Austausches sprachlich gebundener Informationen befaßte(e) usw. Daneben entstand die sog. *Textlinguistik*, die aber, worauf ich bereits hingewiesen habe, Texte in Absehung der durch sie transportierten Inhalte zu analysieren versuchte.

All diesen Ansätzen, die um die Frage kreis(t)en, was Sprache ist, wie sie verwendet wird, in welchen Abhängigkeiten von anderen Faktoren sie steht, psychischen, sozialen oder situativen, war und ist gemeinsam, daß sie den Gegenstand Sprache immer nur unter bestimmten Gesichtswinkeln und Ausschnitten betrachteten und infolgedessen nicht in der Lage waren zu bestimmen, was der Gegenstand Sprache als Zusammenhang eigentlich ist. Der Hauptmangel scheint mir aber zu sein, daß sie Sprache und Texte immer primär ohne Beachtung der durch Sprache transportierten Inhalte, des jeweils gegebenen Weltwissens untersuchten.[26] Solche Erweiterun-

---

22 Zur kritischen Auseinandersetzung mit der Soziolinguistik und dem Versuch, das Weltwissen der Kinder in eine soziolinguistische Untersuchung einzubeziehen vgl. auch Jäger/Fischer/Küchler 1977, Jäger 1977 und Jäger/Fischer/Schmidt/Müller/Wolf 1978. Hier schrieben wir bereits: »nicht, wie gesprochen wurde, sondern *was* gesprochen wurde, machte den Gegenstand der Untersuchung aus« (ebd. S. 537). Die damit vorgenommene Grenzüberschreitung war wohl mit der Grund dafür, daß diese großangelegte Untersuchung in der Sprachwissenschaft nicht zur Kenntnis genommen wurde. (Daß es auch politische Gründe gab, Ende der 70er Jahre die Sprachbarrierendiskussion für beendet zu erklären, sei nur am Rande vermerkt!)

23 Vgl. etwa Levinson 1990.

24 Vgl. etwa List 1972.

25 Vgl. etwa Hartung/Schönfeld 1981, Hartung (Hg.) 1985.

26 Bachem 1979 stellt eine eher didaktisch ausgerichtete Anleitung zur Analyse politischer Texte dar. Er bezieht pragmalinguistische, semiotische, inhaltsanalytisch-publizistische,

gen der Linguistik nagten ausnahmslos an den Grenzen der traditionellen Disziplin, vermochten diese aber noch nicht wirklich zu vertilgen.

Während die Linguistik und ihre Vertreter in der Regel glaubten, ohne Inhalte operieren zu können, sticht – zweitens – beim Nachbarfach *Soziologie* ein anderes Phänomen hervor: die immer wieder zu beobachtende Beschäftigung mit *Texten*, die meist *unter Verzicht auf jegliche linguistische Methodologie und Theorie interpretiert* werden. (Ähnliches gilt auch für die Erziehungswissenschaften, die Politologie, die Psychologie etc. etc.).[27] In diesen Disziplinen befaßt man sich mit Inhalten, mit Texten, verzichtet aber auf die Möglichkeiten präziserer Analyse, wie sie zumindest teilweise der Linguistik entnommen werden könnten. Gleichwohl oder vielleicht auch gerade deshalb gibt es in der qualitativen Soziologie eine ausufernde Methodendiskussion, die allerdings auch noch andere Ursachen hat als den Verzicht auf linguistische Analysen. Zu nennen sind hier (die auch sonst verbreitet anzutreffenden) sehr unterschiedlichen wissenschaftstheoretischen Grundannahmen und Ideologien, die Anlehnung an objektivierende Ansprüche, die sich an den Naturwissenschaften orientieren etc.[28]

---

lexikalisch-semantische, psycholinguistische und allgemein rhetorische Ansätze in seine Einführung mit ein. Dieses Buch konzentriert sich zwar auf Einzeltexte und geht davon aus, daß unterschiedliche Texttypen mit unterschiedlichen Analyseinstrumentarien angegangen werden sollten. Doch für eine Annäherung an eine kritische Diskursanalyse ist es immer noch nützlich.

27 Eine Ausnahme stellt aus meiner Sicht das Team um Bublitz dar (Bublitz/Bührmann/ Hanke/Seier (Hg.) 1999, und auch Bublitz (Hg.) 1998), das sich ebenfalls an Foucault orientiert und sich in Verbindung mit einem größeren Projekt um eine diskurstheoretische Fundierung bemüht. Vgl. auch Bührmann 1995, Waldschmidt 1996.

28 Einen Überblick über 15 linguistische und nicht-linguistische Methoden der Textanalyse, die in den Sozialwissenschaften verwendet werden, geben Titscher u. a. 1998. Danach sind linguistische Verfahren solche, die Kohärenz und Kohäsion von Texten (= Text-Bedeutung und Zusammenhang, der durch sprachlich-grammatische Mittel hergestellt wird) untersuchen, während nicht-linguistische Verfahren nur die Kohärenz (oder Text-Semantik) untersuchen. Titscher u.a. beschreiben und vergleichen in Form von »Kurzfassungen« Inhaltsanalyse (Zur Entwicklungsgeschichte s. Silbermann 1974), Grounded Theory (einführend Strauss 1994), Ethnographische Methoden (Hymes 1979), Ethnomethodologisch orientierte Textanalysemethoden (s. z.B. Levinson 1990, Psychoanalytisch orientierte Textanalyse (auch Tiefenhermeneutik; s. Leithäuser/ Volmberg 1988), Qualitative-heuristische Textanalyse (Kleinig 1994), Narrative Semiotik (Greimas 1983), SYMLOG als Textanalysemethode (= Systematic Multiple Level Observation of Groups; Bales/Cohen 1982), zwei Ansätze Kritischer Diskursanalyse (Fairclough 1989, 1992, 1993, Wodak et al. 1990, 1993, 1998), Funktionale Pragmatik (Wunderlich 1972, Ehlich/Rehbein 1986, Rehbein (Hg.) 1997), Leseweisenanalyse (bzw. Diskursanalyse nach Utz Maas 1984), Differenztheoretische Textanalyse (im Anschluß an Luhmann 1984) und Objektive Hermeneutik (Oevermann et al. 1979). Die drei zuletzt genannten Verfahren werden exemplarisch auf Texte angewandt, die im Rahmen eines empirischen Projektes zur Sprache der Diplomatie erhoben worden sind (vgl. S.

Der Umgang mit Sprache und Texten in der Soziologie erfolgt im allgemeinen in Gestalt von Paraphrasen oder von Erläuterungen und mehr oder minder freihändigen, d.h. oft nur paraphrasierenden Interpretationen von Texten. Der Mangel dieser Herangehensweise besteht m.E. insbesondere darin, daß man sich mit diesem nicht entfalteten und linguistisch nicht aufbereiteten Material unter Verwendung seines eigenen mehr oder minder entfalteten Wissens und Denkvermögens auseinandersetzen mußte. Die »Gültigkeit« oder Angemessenheit der Interpretation versuchte man meist ausschließlich dadurch abzusichern, oder wie gesagt wird: zu objektivieren, daß man die gewählte Interpretation bzw. die Interpretationen im Forschungsteam zur Diskussion stellt und sich auf eine der möglichen »Lesarten« zu einigen versucht. So verfährt z.b., um es vorwegzunehmen, die sogenannte objektive Hermeneutik, die mit dem Namen Ulrich Oevermann verbunden ist. (Vgl. Oevermann et al. 1979)[29]

Am Beispiel der sog. qualitativen Sozialforschung werde ich exemplarisch die Nachteile dieser Selbstbeschränkung aufzeigen, worauf dann zunächst die Frage beantwortet werden soll, ob Ansätze der qualitativen Sozialforschung und der Linguistik miteinander verbindbar sind, ob und wenn ja, wie sie kompatibel zu machen sind etc.

Eines der Hauptprobleme der Soziologie ist nun darin zu sehen, daß sie sich schwer damit tut, den Zusammenhang individueller Tätigkeiten, individuellen Handelns und gesellschaftlichen Funktionierens, gesellschaftlichen Verhaltens in den Griff zu bekommen. Sie versucht diesen Mangel dadurch zu beheben, daß sie eine große Zahl von Individuen beforscht, womit auch hier das aus der Soziolinguistik bekannte Problem der Repräsentativität und Verallgemeinerbarkeit der Ergebnisse wieder auftaucht. Die damit verbundene Problematik der zu geringen Tiefenlotung suchte man in einer *Qualitativen Sozialforschung* dadurch zu lösen, daß man sich auf Einzelfallstudien beschränkte, also qualitative Forschung betrieb. Doch hier taucht dann umgekehrt wieder die Frage der Verallgemeinerbarkeit dieser Einzelfälle auf.

219-346). Nur die Diskursanalyse, die Lesweisenanalyse und die Funktionale Pragmatik werden bei Titscher et al. als »linguistisch« im oben genannten Sinne bezeichnet und zudem allgemein dem Konzept Diskursanalyse zugeordnet »aufgrund der großen Bedeutung, die textexternen Faktoren zugeschrieben wird« (vgl. ebd. S. 49f.). Dabei ist jedoch zu beachten, daß es sich hierbei um theoretisch völlig unterschiedliche Ansätze handelt.- Eine ausführliche Auseinandersetzung mit diesem Text hat anderenorts zu erfolgen. Ich werde mich hier nur auf diejenigen Darstellungen beziehen, die die Kritische Diskursanalyse (orientiert an Foucault) und die Lesweisenanalyse (nach Maas 1984) betreffen.

29 Einen Eindruck über die dabei auftretenden Probleme in einem Forschungsteam vermitteln Titscher et al. 1998, S. 339 ff. (s. die Erfahrungsberichte zur Objektiven Hermeneutik von Karl Berger). Man kann sich gut vorstellen, was in einem Forschungsteam geschieht, bei dem unterschiedlichste Deutungen ein und desselben Sachverhalts aufeinandertreffen, das Konzept aber letztendlich nur eine Deutung »vorsieht«.

Oft ist zu beobachten, daß qualitative Sozialforscher ihre Ergebnisse durch traditionelle quantitative Untersuchungen abzusichern versuchen.[30] Das *erscheint* zwar auf den ersten Blick plausibel, ist aber viel zu pragmatisch und – wie ich später zeigen werde – unter bestimmten noch genauer zu definierenden Bedingungen völlig überflüssig. Zumal niemand sicher sein kann, ob die quantitativ gewonnenen Ergebnisse mit den qualitativ gewonnenen kompatibel sind. Der so vorgenommene Versuch, soziologisch vom Individuum zur Gesellschaft vorzudringen, vom Individuell-Besonderen zum Gesellschaftlich-Allgemeinen, bleibt mechanisch. Die Kluft bleibt im Grunde bestehen. Weiter kommt man in dieser Frage allein dann, wenn das in der Soziologie und auch in der qualitativen Sozialforschung theoretisch weitgehend ungeklärte Verhältnis von Individuum und Gesellschaft auf den Punkt gebracht worden ist.

Wenn von der traditionellen Linguistik gesagt werden kann, daß sie die hergebrachten Fächergrenzen zu überschreiten versuchte, ohne daß ihr das bisher gelungen wäre, gilt dies auch für die Soziologie und andere Sozialwissenschaften. Damit kündigt sich allerdings zugleich an, daß diese Wissenschaften offensichtlich auf dem Weg sind, sich zu einer sie als eigenständige Disziplin überschreitenden Kulturwissenschaft zusammenzuschließen. Die Zeit der interdisziplinären Versuche der Erweiterung der Einzeldisziplinen zu neuen Bindestrich-Disziplinen scheint abgelaufen zu sein zugunsten einer sie übergreifenden transdisziplinären Neuordnung, oder anders: die Aufhebung der Einzeldisziplinen in Gestalt einer einheitlichen Kulturwissenschaft ist vielleicht noch nicht voll im Gange; sie hat aber doch deutlich an Fahrt gewonnen.

Im zweiten Teil dieses Buches werde ich mich, um dieses Problem deutlicher herauszuarbeiten, mit der Tätigkeitstheorie A.N. Leontjews auseinandersetzen. (Leontjew 1982) Hier geht es einerseits um das Problem des Zusammenhangs von Sprechen/Denken/Wissen/Tätigkeit/Wirklichkeit, und andererseits um den Zusammenhang von Individuum und Gesellschaft. Die Tätigkeitstheorie kann dabei als eine Art Brücke zwischen den Disziplinen fungieren, da sie sich nicht auf *Aspekte eines Zusammenhangs* bezieht, sondern den *Zusammenhang dieser Aspekte* thematisiert. Sie betrachtet nicht die »Psyche« und ihre internen und externen Konstitutionsbedingungen einerseits und die Gesellschaft andererseits, sondern postuliert den zwischen diesen gegebenen Zusammenhang, der über die menschliche Tätigkeit (und deren Voraussetzungen) vermittelt ist. Ich werde versuchen, diese theoretische Annahme zur Überbrückung der Kluft zwischen Subjekt und Diskurs zu nutzen und die Frage zu beantworten, wie sich das Subjekt im Diskurs und durch den Diskurs konstituiert einerseits, und wie der Diskurs als historisches Produkt menschlicher Tätigkeit konstituiert wird und Macht ausüben kann.

---

30 Vgl. z.B. die ansonsten interessante Studie von Hoffmeister/Sill 1992, auf die ich später noch genauer eingehen werde.

Denn Leontjew hat die individuellen Aspekte von Tätigkeit als Denk-, Sprech- und sonstige Tätigkeit zwar in den Mittelpunkt seiner Überlegungen gestellt und deutlich herausgearbeitet, daß die Individuen und ihre Befindlichkeiten, ihre Wissens-/ Sprech-/Denk- und Tätigkeitsvoraussetzungen nur *auf einem sozio-historischen Hintergrund* zu verstehen sind. Dieser sozialgeschichtliche Hintergrund wird zwar bei Leontjew nicht sehr ausführlich expliziert und nicht (oder auf jeden Fall unzureichend) auf die sich jeweilig abspielende Geschichte bezogen. Insofern versteht er seine Theorie auch in erster Linie als eine psychologische; aber in seinem Ansatz sind die Anschlußstellen dafür formuliert, wie die gesellschaftliche Eingebundenheit des Individuums genauer zu fassen ist.

Die Auseinandersetzung mit Leontjew erlaubt es zudem, einen elaborierten Textbegriff zu formulieren, der es ermöglicht, alle Arten von Texten als *(Ensembles von) Diskursfragmente* zu begreifen, die als Bausteine bzw. als Elemente übergreifender Diskurse aufzufassen sind. Auf diese Weise kann der Übergang von der Einzeltextbetrachtung zur Diskursanalyse vorbereitet werden. Zugleich ermöglicht der Leontjewsche Ansatz, Texte als Produkte menschlicher Arbeit anzusehen, die, wie Texte auch, den über »Wissen« verfügenden denkend-tätigen Menschen voraussetzen, der sich und das von ihm erworbene Wissen in all seinen Tätigkeitsprodukten artikuliert – nicht etwa nur sprachlich. Dadurch ergeben sich im übrigen Anschlußstellen zwischen Diskursanalyse und *Dispositiv*analyse, da Diskurse und gegenständliche Welt durch die menschliche Tätigkeit miteinander vermittelt sind. Insofern kann die Tätigkeitstheorie auch für die Analyse von Macht-Dispositiven fruchtbar gemacht werden.

Dazu nur einige kurze Bemerkungen, denn dieses Problem kann in dieser Einführung, in der es in erster Linie um die Analyse der Resultate sprachlich-diskursiver Praxen geht, nicht ausdiskutiert werden: Im (vielschichtigen) Begriff des »Dispositivs« faßt Foucault diskursive und nicht-diskursive Praxen und deren Resultate (Institutionen, Apparaturen, architektonische Vor- und Einrichtungen, Gesetze, Anordnungen, Vorkehrungen etc.) zusammen, die zusammenwirken. Dieser Zusammenhang, dieses Zusammenwirken ist folgendermaßen zu verstehen: In den Diskursen liegen sog. Applikationsvorgaben für die Formierung/Konstituierung der Subjekte und von deren Bewußtsein und damit auch für ihre Tätigkeit und ihr Handeln vor. Es sind somit die Menschen, die die Wirklichkeit gestalten, sozusagen als in die Diskurse verstrickte Agenten der gesellschaftlich-historisch vorgegebenen Diskurse. Die Menschen produzieren die Gegenstände und Institutionen, die die gesellschaftliche Wirklichkeit bevölkern und halten sie durch ihre geistig-praktische Tätigkeit am Leben. Diesen Zusammenhang, diese Vernetzung von Diskursen und ständig von den Menschen reproduzierten Institutionen und Gegenständen etc. nennt Foucault *Dispositive*. Für ihn sind Dispositive »ein entschieden heterogenes Ensemble, das Diskurse, Institutionen, architekturale Einrichtungen, reglementierende Entscheidungen, Gesetze, administrative Maßnahmen, wissenschaftliche Aussagen, philosophische, moralische oder philantropische Lehrsätze, kurz: Gesagtes ebensowohl wie Ungesagtes umfaßt. Soweit die Elemente des Dispositivs. Das Dispositiv selbst ist das Netz, das zwischen diesen Elementen geknüpft werden kann.« (Foucault 1978, S. 119f.) Und er fährt differenzierend fort: » ... es gibt zwischen diesen Elementen, ob diskursiv oder nicht, ein Spiel von Positionswechseln und Funktionsveränderungen, die ihrerseits wiederum sehr unterschiedlich sein können.« (ebd. S. 120) Foucault versteht »unter Dispositiv eine Art von – sagen wir – Formation, deren Hauptfunktion zu einem gegebenen historischen Zeitpunkt darin bestanden hat, auf einen Notstand (urgence) zu antworten. Das Dispositiv hat also eine vorwiegend strategische Funktion.« (ebd.) Und einige Seiten später fügt er hinzu, nachdem er in dieser Eingangsdefinition noch eindeutig zwischen diskursiv und nicht-diskursiv unterschieden hatte: »... für das, was ich mit dem Dispositiv will, ist es kaum von Bedeutung, zu sagen: das hier ist diskursiv und das nicht.« (ebd., S. 125) Und er führt ein konkretes Beispiel an: »Vergleicht man etwa das architektonische Programm der Ecole Militaire von Gabriel mit der Konstruktion der Ecole Militaire selbst: Was ist da diskursiv, was institutionell? Mich interessiert dabei nur, ob nicht das Gebäude dem Programm entspricht. Aber ich glaube nicht, daß es dafür von großer Bedeutung wäre, diese Abgrenzung vorzunehmen, alldieweil mein Problem kein linguistisches ist.« (ebd.) [31]

Im dritten Teil dieser Einführung wird es um Diskurstheorie und Diskursanalyse und deren Verfahren im engeren Sinne gehen.

Diskurse sollen hier – vorläufig formuliert – als eine artikulatorische Praxis begriffen werden, die soziale Verhältnisse *nicht passiv repräsentiert, sondern diese als Fluß von sozialen Wissensvorräten durch die Zeit aktiv konstituiert und organisiert.* Diese Auffassung von Diskurs markiert einen entscheidenden Perspektivenwechsel gegenüber allen widerspiegelungstheoretisch argumentierenden sozial- und sprachwissenschaftlichen Ansätzen: Dem Diskurs wird damit ein völlig anderer Stellenwert beigemessen, da er selbst als gesellschaftliche und Gesellschaft bewegende Macht (Kraft, Power) verstanden wird.[32]

---

31 Vgl. dazu auch meinen (noch tastenden) Versuch in Jäger 1996c. Foucaults Analyse des Gefängnisses und seiner gesellschaftlichen Funktion könnte man daher auch als Dispositivanalyse auffassen (Foucault 1989), ähnlich auch Victor Klemperers Tagebuchaufzeichnungen als Ansatz zu einer Dispositivanalyse des NS-Faschismus (Vgl. dazu Jäger 1999b und M. Jäger/Jäger 1999). Zum Begriff des Dispositivs vgl. auch Kammler 1986, S. 155 ff., Laugstien 1995b.

32 Mit dieser Bestimmung orientiere ich mich strikt an Foucaults Verständnis von Diskurs. Die Annahme von Titscher et al. 1998, daß in meinem Ansatz der Diskurs gesellschaftliche Wirklichkeit »repräsentiert« (vgl. ebd, S. 225), wie dies auch bei Maas 1984 der Fall sei, verkennt diesen Sachverhalt gründlich. Foucault argumentiert niemals ideologiekritisch im klassisch marxistischen Sinne, sondern diskurstheoretisch: Diskurse *repräsentieren* die Wirklichkeit nicht, sie *konstituieren* sie. Maas Diskursanalyse aber operiert ideologiekritisch. Sie stellt, wie bereits in der ersten Auflage dieser Einführung zu

Und noch ein weiteres ist voranzustellen: Während etwa in Leontjews Tätigkeitstheorie die *individuelle* Tätigkeit im Zentrum der Aufmerksamkeit steht, ohne daß er den sozio-historischen Kontext völlig ausklammerte, richtet die Diskurstheorie den Blick in erster Linie auf das *Soziale*, indem sie den (soziohistorischen) Diskurs theoretisch hinterfragt und zu erfassen bzw. zu analysieren versucht. Gleichwohl leugnet die Diskurstheorie Foucaults das Subjekt keineswegs. Doch es wird aus seiner genialisch-monadischen Position, in die es erst im Kontext der europäischen Neuzeit (»Individualismus«) versetzt wurde, theoretisch (und hoffentlich praktisch) entlassen. Michel Foucault postuliert denn auch, man müsse sich von der Idee eines *diskurs-konstituierenden Subjekts* befreien und damit auch von der Vorstellung, daß es die Subjekte seien, die die Geschichte machen. Man müsse demgegenüber »zu einer Geschichtsanalyse gelangen, die die Konstitution des Subjekts im geschichtlichen Zusammenhang zu klären vermag.« (Foucault 1978, S. 32) Allerdings kann meines Erachtens damit nicht gemeint sein, daß Diskurse eine Existenz hätten, die man sich als quasi unabhängig vom Vorhandensein der Subjekte vorstellen könnte.

Das bedeutet jedoch zugleich und trotzdem, daß Texte/Diskursfragmente nicht primär als etwas Individuelles zu betrachten sind. Wie die Individuen im gesellschaftlichen Zusammenhang konstituiert werden, so auch die von ihnen produzierten Texte (und sonstigen Arbeitsprodukte). So gesehen sind Texte/Diskursfragmente gesellschaftliche Produkte. Wenn man sie von Anfang an als solche gesellschaftlichen Produkte auffaßt, dann ist ein nachträgliches Aufeinander-

---

lesen war, »einen Beitrag einer diskurstheoretisch aufgeladenen Sprachwissenschaft zur Geschichtsforschung dar.« (Jäger 1993, S. 151) Diesen Unterschied zu Maas, was die theoretische Fundierung von Diskursanalyse betrifft, möchte ich besonders hervorheben. Das von ihm vorgeschlagene Analyseverfahren, das von Titscher et al. als »Lesweisenanalyse« bezeichnet wird (vgl. ebd. S. 219ff.), ähnelt meinem Vorschlag zwar auf den ersten Blick, da auch er eine offene »Werkzeugkiste« im Sinne Foucaults (Foucault 1976, S. 53) propagiert, die die verschiedensten (natürlich nicht nur »linguistischen«) »Instrumente« enthalte, deren sich der Analysierende ad libitum bedienen könne; hinsichtlich der Interpretation des mithilfe dieses Instrumentariums aufbereiteten Diskurs-»Materials« jedoch ergeben sich entscheidende Unterschiede: ob ein Diskursfragment (oder Text) nur – wie auch immer verzerrt – einen Bereich der Wirklichkeit sprachlich *ausdrückt* oder ob er Elemente enthält, die für die vergangene, gegenwärtige oder auch zukünftige *Gestaltung von Wirklichkeit* entscheidend sind, das macht einen Unterschied ums Ganze aus. Passiver Repräsentation steht aktiv gestaltende Macht gegenüber. Hier wird deutlich, daß Maas einen anderen Diskursbegriff verwendet als Foucault. Zu betonen ist ferner, daß sich das Instrumentarium der Diskursanalyse natürlich nicht auf ein linguistisches Instrumentarium beschränkt. Dieses macht nur – bildlich gesprochen – eine kleine Abteilung innerhalb der »Werkzeugkiste« aus, derer man sich bei Diskursanalysen zu bedienen hat.- Zu den Unterschieden zwischen Ideologiekritik und Diskurstheorie vgl. auch Link 1992. Titscher et al. nehmen solche Unterschiede nicht zur Kenntnis und stiften Verwirrung, indem sie unterschiedliche Ansätze, die durchaus eigene Legitimität beanspruchen können, miteinander vermengen.

beziehen von eigenständig und unabhängig voneinander gewonnenen Ergebnissen und Vorstellungen der Fächer Linguistik und Soziologie gar nicht mehr erforderlich.

Die Auffassung von Text als Diskurs, also die Betrachtung von Texten in ihren gesellschaftlichen Bezügen, die die Voraussetzung ihres Entstehens sind und die wiederum durch sie konstituiert und tradiert werden, findet sich zwar in mehreren diskurstheoretischen Ansätzen in bereits relativ elaborierter Form vor. Der fruchtbarste Anknüpfungspunkt für die Entwicklung meines Konzeptes *einer Methode der Diskursanalyse* ist jedoch der Ansatz Foucaults, insbesondere wie er sich in der Rezeption durch den Literatur- und Diskurswissenschaftler Jürgen Link darstellt.

Nach der Entwicklung der diskurstheoretischen Grundlage geht es mir in diesem Buch also darum, erstens ein für die Diskursanalyse geeignetes Beschreibungs- und Materialaufbereitungsverfahren als Grundlage differenzierter Analyse von Texten und Diskursen zu entwickeln. Dabei dient mir als Basis für die Entwicklung eines sprachwissenschaftlichen Grundgerüstes für die Feinanalyse von Diskursfragmenten der Vorschlag von Utz Maas, der allerdings erheblich erweitert und ausdifferenziert werden wird (Maas 1984, S. 17-20).

Zweitens werde ich versuchen, eine Methode zu entwickeln und zu begründen, die es ermöglicht, (im Prinzip) den gesamtgesellschaftlichen Diskurs und die ihn konstituierenden Diskursstränge *vollständig* zu erfassen. Hier soll gezeigt werden, wie der Weg von der Analyse einzelner Texte (als Diskursfragmente) zum Gesamtdiskurs beschritten werden kann.

Bis zu diesem Punkt wird die Frage, wieso und ob Diskursanalyse *kritisch* ist, zwar bereits mehrfach angesprochen sein; doch soll sie zum Abschluß dieses Buches noch einmal im Zusammenhang reflektiert werden. Es wird sich zeigen, daß hier mindestens zwei Ebenen von Bedeutung sind: Diskursanalyse kann insofern kritisch sein, als sie verdeckte Strukturen sichtbar macht (die man dann kritisieren kann oder auch nicht). Sie wird aber im eigentlichen Sinn erst dann kritisch, wenn sie mit begründeten moralisch-ethischen Überlegungen gekoppelt wird. Hier wird es um die Frage gehen, ob es möglich ist, einen nicht willkürlichen ethisch-moralischen Standpunkt einzunehmen und wie es möglich ist, diesen in den Diskursen zur Geltung zu bringen, ohne daß man sozusagen »von außen« in diese hineinzuwirken versucht, etwa in der Weise, daß man sich eine moralisch-philosophische Meta-Ebene konstruierte und damit den Boden eigentlicher Diskurstheorie verließe.

Es geht mir also letzten Endes um die Entwicklung eines integrierten theoretischen und methodologischen kulturwissenschaftlichen Ansatzes für Gesellschaftstheorie und Gesellschaftsanalyse.

Das ist ein hoher Anspruch, der immer noch nicht umhin kann, Mut zu Lücken zu demonstrieren. Diese werden insbesondere darin bestehen, daß ich weder auf sozialwissenschaftliche noch linguistische Teilfragen und Teiltheorien jeweils im Detail eingehen werde. Es geht mir darum, in großen Konturen und exemplarisch einen Zusammenhang aufzuzeigen, der in späteren Untersuchungen im einzelnen ausgefüllt werden kann.

Um den Charakter dieses Buches als Einführung zu unterstreichen, werde ich in einem ausführlichen Anhang einige konkrete Anwendungsbeispiele vorführen: erstens die Materialaufbereitung eines Diskursfragments aus dem Alltagsdiskurs (Interview) unter der Fragestellung des Auftretens von Rassismus, zweitens die Fein-Analyse einer Artikelserie, die Teil einer umfassenden Analyse des bio-politischen Mediendiskurses darstellt, und drittens die zusammenfassende Analyse einer Diskursverschränkung (Frauen und Einwanderung).[33]

---

33   Diese Analyse hat mir Margret Jäger freundlicherweise zum Abdruck zur Verfügung gestellt.

1. Teil: Soziolinguistik und Qualitative Sozialforschung

1.1. Exemplarische Darstellung und Kritik der Soziolinguistik

1.1.1. Vorbemerkung

Der traditionellen Soziolinguistik ging es dem Anspruch nach »darum, qualitative Aussagen (über das Verhältnis von Sprache und Gesellschaft, S.J.) zu machen«. Doch, so klagte Norbert Dittmar, »praktisch wird fast nur quantitativ gearbeitet.« (Dittmar 1982a, S. 41) Diese Klage ist mehr als berechtigt. Lange Zeit und im Mainstream bis auf den heutigen Tag orientiert sich die (gesamte) Linguistik am Ideal naturwissenschaftlicher Objektivität. Sie betrachtet Sprache als ein mehr oder minder fixes Sytem von Zeichen und Regeln, das es zu beschreiben gelte. Auch die Soziolinguistik, die sich ja die Erforschung des Zusammenhangs von sprachlichen und gesellschaftlichen Phänomenen aufs Panier geschrieben hat, weshalb sie auch für die hier verfolgten Ziele eingehender betrachtet werden muß, ist darum bemüht, sich diesem Objektivitätsfetisch zu unterwerfen, um auf diese Weise Anerkennung als »hartes« Fach zu erlangen und vor den Ansprüchen naturwissenschaftlich ausgerichteter Wissenschafts- und Erkenntnistheorie bestehen zu können. So schreibt etwa Dieter Wunderlich in der Einleitung zu dem von ihm herausgegebenen Buch »Wissenschaftstheorie der Linguistik« (Wunderlich 1976): Es »wurden Wissenschaftstheorien mit präzise formulierten Theorien herangezogen (also vor allem die mathematische Physik), zweitens Wissenschaften mit präzisen Meßinstrumenten (also vor allem die experimentelle Physik), und drittens schließlich Wissenschaften mit entwickelter technologischer Komponente (also vor allem Physik und Chemie). Derartige Wissenschaften«, so fährt er fort, »galten als entwickelte Wissenschaften; nach ihrem Vorbild ließen sich Modelle konstruieren, die die Entwicklung anderer Wissenschaften vorantreiben sollten.« (ebd. S. 3)

Diese Orientierung, dieser Anspruch gilt auch für die gesamte Linguistik, auch wenn sie mit den naturwissenschaftlichen Ansätzen und Verfahren meist wenig anfangen kann. Es wundert dann auch nicht, daß Sprachwissenschaftler der letzten Generationen häufig von den Naturwissenschaften herkamen, etwa Noam Chomsky von der Mathematik und Dieter Wunderlich selbst von der Physik.

Die strukturalistischen Ansätze der Linguistik zeichneten sich denn i. R. auch dadurch aus, daß sie, selbst wenn es um semantische Probleme geht, oft im Formalen stecken bleiben. Eine Ausnahme davon bildet der Ansatz Leo Weisgerbers, der aber deshalb in die Sackgasse geraten ist, weil er von einem völkischen Sprach- und Gesellschaftsbegriff ausgegangen ist – worauf ich hier nur verweisen möchte.[34] Eine Öffnung dieses Konzepts bedeuten die Arbeiten Dietrich Busses, auf die ich bereits verwiesen habe.

Anknüpfungspunkte für einen die Inhalte berücksichtigenden Sprachbegriff bilden die Arbeiten von A.N. Leontjew (Leontjew 1982) und Wygotzki (Wygotzki 1971, zuerst 1934), auf die ich deshalb auch später zurückkommen werde.

Auch die Soziolinguistik ist von Versuchen strukturalistischer Objektivitätshuberei nicht unberührt geblieben. Ihr muß jedoch das Verdienst zugeschrieben werden, die Frage nach einer qualitativen, inhaltlichen Linguistik erheblich vorangetrieben zu haben. Deshalb erscheint es mir lohnenswert, diesen Ansatz in einem ersten Schritt zunächst einmal kritisch und exemplarisch zu beleuchten.

1.1.2. Traditionelle Soziolinguistik

Der Einbezug der gesellschaftlichen *Realität* in die Sprachwissenschaft erfolgte *programmatisch* durch die Soziolinguistik, da sie explizit nach dem Verhältnis von Sprache und Gesellschaft fragte bzw. sprachliche und gesellschaftliche Daten in Relation setzte und darum bemüht war, *gesellschaftliche Ursachen für bestimmte sprachliche Erscheinungen* herauszufinden. Exemplarisch versuchte dies die Sprachbarrierentheorie von Basil Bernstein (Bernstein 1962, 1967, 1969), die in der Bundesrepublik Deutschland insbesondere von Ulrich Oevermann (Oevermann 1966, 1969) aufgenommen und weiterentwickelt wurde. Diese Theorie aber mußte ihr Ziel verfehlen, weil sie Sprache und Gesellschaft einander als getrennte Ebenen gegenüberstellte und damit die Gesellschaftlichkeit von Sprache und die Diskursivität von Gesellschaft übersehen hat. Die so vorgenommene Trennung stand von Anfang an dem Versuch entgegen, Zusammenhänge zwischen diesen beiden Ebenen ausfindig zu machen. Das soll im folgenden genauer herausgearbeitet werden.

Die Sprachbarrierentheorie[35]

Schon im vorigen Jahrhundert ist Schulmännern und Wissenschaftlern aufgefallen, was bis auf den heutigen Tag noch gilt, daß Kinder unterschiedlicher sozialer Herkunft unterschiedlich sprechen, wobei solchen Kindern, die den unteren Sozialschichten entstammen, zugleich deutliche schulische Minderleistungen attestiert wurden. In seinem bereits 1867 erstmalig erschienenen und danach mehr als 20 mal neu aufgelegten Werk »Vom deutschen Sprachunterricht« spricht Rudolf Hildebrand (Hildebrand 1940, zuerst 1867) bereits vom »Unterschied der Sprache in Formen und Wendungen je nach der Lebensschicht...« (ebd. S.80), und er sieht hier eine

---

34   Vgl. etwa die kritische Darstellung bei Helbig 1971, S. 119-145
35   Zu folgendem vgl. auch Jäger 1984.

»Kluft«, einen »Riß«, der »ein schweres Unglück« sei, »von dem... alle, auch die da oben, Nachteil haben«. (ebd. S.89)

Das modern scheinende (wenn auch zur Zeit aus diversen Gründen bereits wieder in Vergessenheit geratene) Phänomen der »Sprachbarriere« war also lange bekannt. Und Hildebrand machte bereits Vorschläge zur Überwindung dieser Kluft zwischen – wie er sagt – dem Gebildeten und dem gemeinen Manne, indem er schrieb:

»Ich dächte, redend müßte man ihnen so lange als möglich das Neue beibringen (gemeint ist die Hochsprache, S.J.), sie selbst soviel als möglich reden lassen und mit der Orthographie, die ja immer nur das Kleid des Wortes ist, die äußerste Muttergeduld haben, wenigstens sie so behandeln, daß sie nie davor Angst bekommen«. Und er fährt fort: »Mit dem Schreibunterricht beginnt ja früh die Gewöhnung an die einmal gültige Form, und nur die allmähliche Gewöhnung ist die Macht, die hier helfen kann, daß Auge und Ohr sich endlich verständigen«. (ebd. S.78)

Und Hildebrand kennt auch schon den modern anmutenden und viel zu wenig praktizierten lerntheoretischen Grundsatz, daß man den Lernenden von dort abholen müsse, wo er in seinem Wissen steht. Falsch, so meint er, »ist das Ignorieren der Sprache, die der Schüler zu Hause... spricht,... und was ihr gegenüber nötig ist, das wird vielmehr dadurch erreicht, daß der Lehrer diese Sprache samt ihrem Inhalte in der rechten Weise und Auswahl bei günstigen Gelegenheiten mit in den Bereich seiner Lehre zieht und sie so ins rechte Licht stellt; nur sie gibt einen Unterbau für das darüber aufzubauende Hochdeutsch«. (ebd. S. 78f.)

Die Ursachen für die Bildungskluft, die nach Hildebrand in erster Linie Sprachkluft ist, werden von ihm jedoch nicht weiter thematisiert. Er sieht die Unterschiede als Kennzeichen, Merkmale verschiedener Schichten, deren soziale und ökonomische Bedingtheit ihm nicht zum Problem wird. Hildebrand war ein durchaus konservativer Schulmann, dem das Funktionieren bürgerlicher Herrschaft mehr am Herzen gelegen hat als das Wohl der Kinder der Arbeiterklasse.[36] Hildebrand sah in der von ihm so genannten »Bildungs-Kluft« Nachteile für alle, auch für »die da oben«. Und in idealistisch-aufklärerischer Manier glaubte er, diese Nachteile seien dadurch zu beheben, daß man die Kinder behutsam, ohne ihnen Angst zu machen, an die Hochsprache heranführte. In moderner Terminologie könnte man dies auch als Vorschlag zur Durchführung kompensatorischer, im Grunde assimilativer Spracherziehung bezeichnen.

---

36 Diese Einstellung ist auch für die »moderne« Sprachbarrierenforschung der sechziger und siebziger Jahre typisch gewesen, wenn auch den einzelnen Forschern nicht immer der Vorwurf gemacht werden kann, daß sie sie persönlich teilten. Vielen von ihnen ging es tatsächlich um »Chancengleichheit« der »Unterschichtkinder«. Die offizielle Praxis der Forschungsförderung verfolgte dagegen das primäre Ziel der besseren Nutzung der Bildungsreserven zum Zwecke der Stärkung des – modern ausgedrückt – »Wirtschaftsstandorts Deutschland«.

Hildebrand ging es dabei jedoch nicht um so etwas wie Chancengleichheit. Seine Motivation war nicht primär eine politisch-emanzipatorische, sondern eine bürger-lich-humanistisch-aufklärerische und letztlich instrumentelle. Er wollte Bildung für alle. Das ist ein humanistisches Ziel und als solches ernst zu nehmen. Das Problem der gleichen Lebenschancen und der damit verbundenen ökonomischen und sozia-len Fragen kam ihm jedoch nicht in den Blick. Dies jedoch ist der Fall – wenn auch in sehr verfilzter Weise – in der neueren Sprachbarrierendiskussion in der Bundes-republik der 60er und 70er Jahre des 20. Jahrhunderts.

Gegen Ende der 50er, Anfang der 60er Jahre wurde das von Rudolf Hildebrand - und wahrscheinlich von jedem halbwegs wachen Schulmann auch schon immer – wahrgenommene Phänomen der Sprach- und Bildungskluft zwischen den verschie-denen »Lebensschichten«, oder – wie traditionelle Soziologen sagen würden – so-zialen Klassen und Schichten – wieder Gegenstand breiterer Aufmerksamkeit. Mit gutem Grund begann die Diskussion zunächst in England, um dann sehr schnell in den USA aufgenommen und praktisch gewendet zu werden, bevor sie wenig später auch in der Bundesrepublik etwa ab der 2. Hälfte der 60er Jahre bis etwa 1974 zu *dem* wichtigsten bildungspolitischen Thema überhaupt wurde. Die westliche Welt fühlte sich plötzlich, wenn auch nicht aus heiterem Himmel, vor einem Bildungsnot-stand stehen. Für die Bundesrepublik exemplarisch stellte Georg Picht dies in sei-nem während der Kanzlerschaft von Ludwig Erhard 1964 erschienenen Buch »Die Deutsche Bildungskatastrophe« (Picht 1964) dar. Einleitend sagt er dort:

> »Eines der tragenden Fundamente jedes modernen Staates ist sein Bildungswe-sen. Niemand müßte das besser wissen als die Deutschen. Der Aufstieg Deutschlands in den Kreis der großen Kulturnationen wurde im neunzehnten Jahrhundert durch den Ausbau der Universitäten und der Schulen begründet. Bis zum Ersten Weltkrieg beruhten die politische Stellung Deutschlands, seine wirtschaftliche Blüte und die Entfaltung seiner Industrie auf seinem damals modernen Schulsystem und auf den Leistungen einer Wissenschaft, die Welt-geltung erlangt hatte. Wir zehren bis heute von diesem Kapital. Die wirtschaft-liche und politische Führungsschicht, die das sogenannte Wirtschaftswunder ermöglicht hat, ist vor dem ersten Weltkrieg in die Schule gegangen; die Kräf-te, die heute Wirtschaft und Gesellschaft tragen, verdanken ihre geistige For-mung den Schulen und Universitäten der Weimarer Zeit. Jetzt aber ist das Ka-pital verbraucht: Die Bundesrepublik steht in der vergleichenden Schulstatistik am unteren Ende der europäischen Länder neben Jugoslawien, Irland und Portugal. Die jungen Wissenschaftler wandern zu Tausenden aus, weil sie in ihrem Vaterland nicht mehr die Arbeitsmöglichkeiten finden, die sie brauchen. Noch Schlimmeres bereitet sich auf den Schulen vor: In wenigen Jahren wird man, wenn nichts geschieht, die schulpflichtigen Kinder wieder nach Hause schicken müssen, weil es für sie weder Lehrer noch Klassenräume gibt. Es steht ein Bildungsnotstand bevor, den sich nur wenige vorstellen können.« (Picht 1964, S. 16)

»Bildungsnotstand heißt wirtschaftlicher Notstand«, meinte Picht. (ebd. S. 17) Und damit lugt die instrumentelle Katze bereits aus dem Sack. Während es Rudolf Hildebrand noch eher und auch wohl in erster Linie um individuelle Emanzipation im bildungspolitischen Dunstkreis Humboldtscher Erziehungsvorstellungen ging, ist die modernere Diskussion von ganz anderen Erwägungen geleitet gewesen. In den frühen 60er Jahren ging das westdeutsche Nachkriegs-Wirtschaftswunder absehbar dem Ende entgegen; der Zufluß qualifizierter Facharbeiter und Wissenschaftler aus der damaligen DDR war seit dem Mauerbau 1961 fast zum Erliegen gekommen. Gleichzeitig bewiesen die Erfolge der Sowjetunion im Weltraum (»Sputnikschock«), daß der Osten in technologischer und wirtschaftlicher Hinsicht dem Westen zwar noch nicht den Rang abzulaufen vermochte, aber doch erheblich im Aufholen begriffen schien.

Die in weniger dramatischen Zeiten wohl wenig beachteten Arbeiten des englischen Soziologen und Pädagogen Basil Bernstein (Bernstein 1962, 1967, 1969, 1972) erweckten in dieser Situation internationale Aufmerksamkeit in der westlichen Welt. Denn sie schienen zugleich die Ursachen der Bildungskatastrophe zu benennen wie auch eine Therapie anzubieten für schnelle Abhilfe. Wobei Letzteres die Bildungs- und Wirtschaftspolitiker mehr interessierte, als zu erfahren, worin die Ursachen des Notstands lagen. Das wohlfeile Angebot von Abhilfeprogrammen, die die Ursache des Notstands nicht wirklich benennen konnten, sondern nur schnell die Folgen zu beseitigen versprachen, wurde daher begierig aufgenommen. Mit gewaltigen und aufwendigen Programmen, die mit öffentlicher Hilfe in vielfacher Dollar-Milliardenhöhe aus dem Boden gestampft wurden und sich insbesondere auf das Vorschul- und frühe Schulalter konzentrierten, hoffte man zu schnellen Erfolgen zu kommen.

Bald erwiesen sich diese Gelder als verschleudert. Die Pattern-Drill-Programme, durch die die Sprecher der Unterschichtssprachen und Dialekte an die Hochsprachen angepaßt werden sollten, zeigten zwar kurzfristige Oberflächenwirkung. Viele Kinder lernten Elemente der Hochsprache; sie wurden dadurch aber nicht »gebildeter« und bereit und fähig zu höherer Qualifikation. Selbst die kurzfristige Anpassung an die hochsprachliche Norm ging bald wieder verloren. Die Programme wurden gestoppt, und es wurde nach genauerer Ursachenanalyse und differenzierterer Therapie verlangt. Während Basil Bernstein und seine Schüler die Arbeit für den angelsächsischen Raum intensiv fortsetzten, war es für die Bundesrepublik insbesondere der Soziologe Ulrich Oevermann (Oevermann 1966, 1969, 1972), dessen Arbeiten, die unter Berücksichtigung insbesondere rollen- und kommunikationstheoretischer Aspekte durchgeführt wurden, in der Bundesrepublik seit etwa 1966/7 geradezu einen soziolinguistischen Boom auslösten. Für Jahre konnte man fast den Eindruck haben, die gesamte Linguistik habe sich auf Soziolinguistik reduziert und diese bestünde nur noch aus der Sprachbarrierendiskussion. Doch nach wenigen

Jahren befand sich das wissenschaftliche Bemühen der Soziolinguistik in einer Sackgasse. Aus zwei Gründen:

Wissenschaftsexterne Ursachen für den Niedergang der Sprachbarrierendiskussion

Spätestens 1974 war der Bildungsnotstand plötzlich vorbei. Natürlich nicht in Wirklichkeit, sondern in den Augen von Wirtschaft und Industrie, die Bildung immer nur instrumentell und im Rahmen der von ihnen verfolgten Zwecke wahrnehmen. Eine Rezession von kaum gekanntem Ausmaß ergriff die westlichen kapitalistischen Länder. Millionenarbeitslosigkeit, die bis auf den heutigen Tag immer noch anhält (und weiter zugenommen hat), war die Folge.

Damit wurde die Notwendigkeit zu höherer Qualifikation der Angehörigen der Unterschichten hinfällig, ja, die eingestielten Programme, die für die Höherqualifikation errichteten Bildungsstätten wurden nur lästig, denn sie kosteten Geld, staatliches Geld, das in der Krise knapp geworden war. Die Ausgaben wurden drastisch gedrosselt. Die Folgen zeigten sich in Lehrerarbeitslosigkeit, Stellenstopp an allen Bildungseinrichtungen, in finanzieller Austrocknung von Hochschulen und Forschung, wobei von letzterem fast ausschließlich die Gesellschaftswissenschaften betroffen waren und es bis heute sind. Das war auch das Ende der Soziolinguistik, die – in der späteren Ära von Bundeskanzler Helmut Schmidt - noch ein wenig Auftrieb erhielt, weil die Erforschung des »Ausländerdeutsch« aus wirtschaftlichen Gründen noch für opportun gehalten wurde. Nach der konservativen Wende in den frühen 80er Jahren ist auch diese letzte Zuflucht der Soziolinguistik obsolet geworden, denn die (damals) neue Regierung setzte nicht mehr auf Integration der Ausländer, für die die sprachlichen Fähigkeiten *eine* wichtige Voraussetzung war, sondern auf die brutale Lösung des »Ausländer raus«! Das Beispiel des Flüchtlings Kemal Altun, der nur eines der ersten spektakulären Opfer dieser neuen Ausländerstrategie darstellte, unterstreicht diese Wende.[37]

---

37 Kemal Altun, ein Asylbewerber aus der Türkei, stürzte sich kurz nach der konservativ-liberalen »Wende« aus einem Behördenfenster, weil er die Behandlung der Beamten als diskriminierend empfand und keine Perspektive für die Anerkennung als Asylsuchender mehr zu sehen glaubte. Dieser »Fall« markiert symbolisch den Einstieg in eine menschenverachtende Ausländerpolitik, die heute, 1999, weiterhin darum bemüht ist, Pressionen gegenüber Ausländern zu erfinden, die den Tatbestand des institutionellen Rassismus erfüllen. Mit der Wende zu rot-grüner Politik nach der Bundestagswahl im September 1998 ist dieser Trend nicht gestoppt. Zwar kommt die Möglichkeit der Erleicherung doppelter Staatsangehörigkeit ins Spiel, die rassistische Unterfütterung des Einwanderungsdiskurses besteht jedoch ungebrochen weiter und verschärft sich in den Reihen der derzeitigen Opposition. Äußerungen des neuen Innenministers Otto Schily wie »Die Belastungsgrenze ist bereits überschritten!« lassen in dieser Hinsicht nichts Gutes erwarten. Vgl. dazu Jäger 1992, Cleve 1997, Jäger et al. 1998, M. Jäger/Jäger 1999. Die Unterschriften-Kampagne konservativer Parteien gegen die Erleicherung der

Wir können festhalten: Es waren politische, an erster Stelle wirtschaftspolitische Gründe, die Aufstieg und Fall der Soziolinguistik in Gestalt der Sprachbarrierentheorie bewirkten. Und wir konnten hieran zudem beispielhaft beobachten, daß Wissenschaft nicht unabhängig und frei existieren kann, nur der »Wahrheit« und der Demokratie verpflichtet und der Verbesserung der menschlichen Lebensbedingungen, sondern daß sie abhängig ist von den jeweils politisch und ökonomisch Herrschenden, von ihren »Wahrheiten«, ihren Interessen und politischen Präferenzen, oder anders: vom hegemonialen, also dem vor-herrschenden gesellschaftlichen Diskurs. Da bleibt zwar Widerspruch und vereinzelte Gegenwehr, da verfolgen einzelne WissenschaftlerInnen und Wissenschaftlergruppen zwar weiterhin zum vorherrschenden Interesse querstehende Forschungsinteressen. Der Trend hat sie aber überrollt. Sie haben langfristig nur die Wahl zwischen resignativer Anpassung und trotzigem Ausharren am Schreibtisch ohne größere Veröffentlichungschancen oder gar finanzielle Förderung. Nur wenige finden einen anderen Weg: ihre Fähigkeiten ganz bewußt in den Dienst politischer Basis-Arbeit zu stellen.

Doch es ist nicht nur solch direkter Zugriff auf Wissenschaft und Forschung, der diese beeinflußt und vom Weg »wissenschaftlicher Tugend« abbringt, also von dem Pfad, dem sich Wissenschaft vom Anspruch her traditionell verpflichtet fühlt, dem der Aufdeckung der Mängel bestehender gesellschaftlicher Verhältnisse, um damit die Voraussetzungen zu ihrer humanen Entwicklung zu schaffen. Die Zwänge, denen Wissenschaft unterliegt, sind nicht nur institutioneller Art, sondern sie greifen auch unmittelbar in den Prozess wissenschaftlicher Forschungs- und Gedankenarbeit ein. Auch dies läßt sich lupenrein an der Erarbeitung der *Theorie* der Sprachbarriere selbst aufzeigen.

Der Selbst-Anspruch dieser Theorie ist es ja gewesen, Ursachen eines zu beobachtenden Sachverhalts zu ergründen und daraus praktische Konsequenzen abzuleiten. Auch bei diesen Bemühungen ist die Soziolinguistik in eine Sackgasse geraten.[38]

Wissenschaftsimmanente Ursachen für den Niedergang der Sprachbarrierentheorie

Die Vertreter der Soziolinguistik der westlichen Länder gingen alle – wie Basil Bernstein, wie Ulrich Oevermann - von der alten Beobachtung aus, der sich – wie ausgeführt – kein(e) halbwegs aufmerksame – LehrerIn verschließen kann, daß Kinder unterschiedlicher sozialer Herkunft unterschiedlich sprechen und unter den heutigen gesellschaftlichen Bedingungen folglich unterschiedliche Lebens- und Sozialchancen

---

Erlangung doppelter Staatsbürgerschaft im Winter 1998/99 deutet in die gleiche Richtung.

38 Daß dieser Anspruch zudem vielfältig ziemlich naiv einherkam, wird dann weiter deutlich werden, wenn ich auf dem Hintergrund der Entfaltung meines diskurstheoretischen Ansatzes Probleme der wissenschaftlichen Beantwortung der Frage, was (wissenschaftlich und/oder moralisch) richtig und falsch sei, diskutiert habe.

haben. Und – bei allen Unterschieden im Detail – schlossen sich die meisten dem folgenden Erklärungsmuster an. (Auf eine wichtige Ausnahme gehe ich später noch kurz ein).

1. An sich müßten Menschen, die in gleicher sprachlicher Umgebung aufwachsen, auch die gleiche Sprachkompetenz entwickeln. Dabei stützt man sich auf die linguistische Standardtheorie von Noam Chomsky (Chomsky 1969, zuerst 1965), der von angeborenen linguistischen, neurologisch verankerten Strukturen ausgeht, die sich nach Maßgabe der jeweiligen sprachlichen Umgebung einzelsprachlich auffüllen.[39]) Ob die sprachliche Umgebung also Englisch, Chinesisch, Deutsch usw. oder auch z. B. ein Dialekt des Deutschen usw. ist: die Menschen, die jeweils mit einer dieser sprachlichen Umgebungen konfrontiert werden, erlernen die gleiche Sprache.

2. Die schiere Beobachtung zeigt aber nun, daß dem nicht so ist. Man stellt also die bekannte Beobachtung an, daß trotz gleicher sprachlicher Umgebung unterschiedlich gesprochen wird. In einer ersten Forschungsstufe wurde primär dieser bekannte Tatbestand noch einmal ausführlich empirisch belegt. So stellte man also zunächst einen Widerspruch zwischen der als unumstößliche Autorität angesehenen Standardtheorie von Chomsky und der Welt des tatsächlichen sprachlichen Verkehrs fest. Die Theorie Chomskys, der weltweit als unangreifbare linguistische Autorität galt (und vielfach noch gilt), wollte man und konnte man auch nicht in Frage stellen oder gar widerlegen.[40]

Da der Beobachtung aber nicht nur sprachliche, sondern auch soziale Tatbestände zugänglich waren, zeigte sich den Sprachbarrierentheoretikern auch bald ein Ausweg aus dem Dilemma, das ich skizzenhaft in Abb. 1 festhalten will.

Wenn etwas Verschiedenes aus etwas Gleichem folgt, die ursächliche Bedingung aber als unumstößlich gewiß unterstellt ist, dann läßt sich dieses Dilemma nur dadurch auflösen, daß Faktoren ge- oder erfunden werden, die man für die dennoch erfolgenden Unterschiede verantwortlich machen konnte. Noch ganz allgemein in der Skizze dargestellt, heißt dies: (S. Abb. 2)

Als diese x1 und x2 machte man die unterschiedliche soziale Herkunft der Kinder dingfest. Durch weitere empirische Untersuchungen wurde auch dieser Zusammenhang mit einer Fülle sprachlicher und sozialer Daten zu plausibilisieren versucht.[41]

---

39 Unter Linguisten wird die Theorie der sog. Generativen Transformationsgrammatik Chomskys als die »Standardtheorie« bezeichnet. Diese seit Mitte der 60er Jahre auch in Deutschland rezipierte mentalistisch-biologistische Theorie gilt bei vielen LinguistInnen bis auf den heutigen Tag als Wegmarke linguistischen Fortschritts ohne gleichen.

40 Ich verzichte hier auf die Darstellung solcher Versuche, die die Theorie Chomskys selbst auf fehlerhafte Weise in Frage zu stellten.

41 Ich verzichte hier auf eine Kritik der verwendeten Instrumentarien der Erhebung, um den Grundgedankengang nicht zu sehr zu belasten.

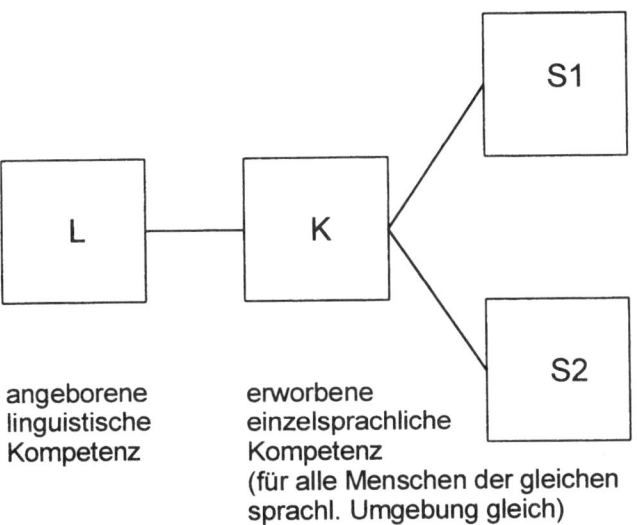

angeborene
linguistische
Kompetenz

erworbene
einzelsprachliche
Kompetenz
(für alle Menschen der gleichen
sprachl. Umgebung gleich)

Abb. 1

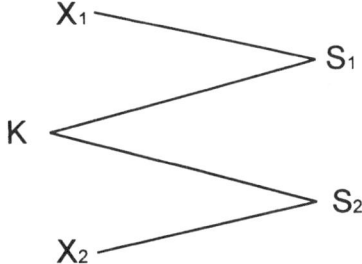

Abb. 2

Nach solchen Erhebungen konnte man sich ziemlich sicher fühlen, daß ein solcher Zusammenhang zwischen unterschiedlichen sozialen Milieus und unterschiedlicher Sprechweise bestand. An diesem Punkt der Forschung war man jedoch keinen Deut weiter als Rudolf Hildebrand und andere Pädagogen: Ein Zusammenhang konnte vermutet werden, man hatte aber noch keine Erklärung für diesen Zusammenhang. Das hieß auch: man konnte sich dieses Zusammenhangs auch noch nicht sicher sein, in dem Sinne, daß die unterschiedlichen Sprechweisen ihre *Ursache* in den unterschiedlichen sozialen Milieus haben.

Zwar wird das regelmäßige gemeinsame Auftreten unterschiedlicher gesellschaftlicher Daten häufig so interpretiert, daß das eine die Ursache des anderen ist oder umgekehrt. Ein einfaches Beispiel zeigt aber, wie wenig gerechtfertigt diese Vorgehensweise ist: In englischen Bergarbeitersiedlungen, die alle durch einen bestimmten Baustil gekennzeichnet sind, konnte man, statistisch gesichert, im Unterschied zu anderen Arbeiter- und Bürgervierteln, bei Menschen, die bis zum Alter von 25 Jahren völlig gesund waren, eine besondere Häufigkeit des Auftretens von Krebs feststellen. In der Skizze dargestellt:

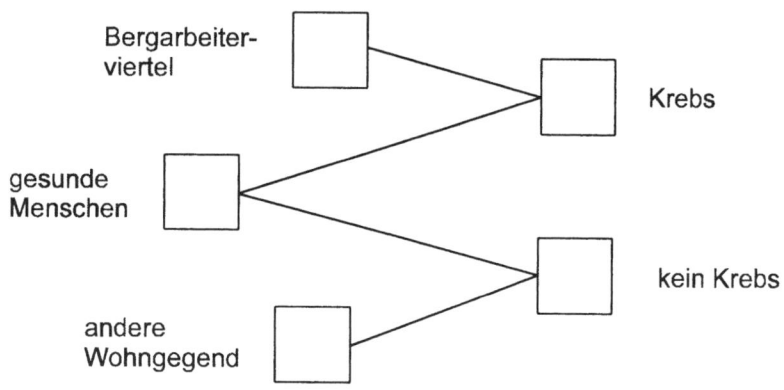

Abb. 3

Daraus schloß man, daß die Bauweise dieser Siedlungen, inklusive verwendete Materialien, Dicke der Mauern, Anlage der Räume usw. für das Entstehen von Krebs bei älteren Menschen (wegen der mit dem Alter verbundenen geringeren Widerstandskraft) verantwortlich sei. Dies ist auf den ersten Blick ein durchaus differenzierter Erklärungszusammenhang auf der Plausibilitätsebene.

Diese Vorgehensweise ist ein durchaus gängiges wissenschaftliches Verfahren, das auch für die Alltagserklärungen der Menschen immer eine große Rolle gespielt hat und auch noch spielt. Nehmen wir nur das Beispiel: Die Wolken stoßen zusammen, und deshalb blitzt und donnert es. Oder ein anderes, heute gängiges Beispiel: Diese Jugendlichen sind kriminell geworden, weil sie arbeitslos sind. Aus der Gleichzeitigkeit des Auftretens verschiedener Daten wird hier ein ursächlicher Zusammenhang gefolgert.

So oberflächlich gingen Bernstein und seine Schüler nicht an das Problem heran. Ihnen war klar, daß das Milieu als solches nicht die Ursache für die unterschiedlichen Sprechweisen sein konnte. Dabei ist immer wieder daran zu erinnern, daß

Bernstein in seinen Überlegungen von der Voraussetzung ausgegangen war, daß trotz unterschiedlichen Milieus die dort gesprochene Sprache die gleiche ist.

Um hier Mißverständnisse zu vermeiden, bedarf es dazu vielleicht noch einiger erklärender Worte, was den Unterschied zwischen »Sprache« und »Sprechweise« angeht. Nehmen wir ein einfaches Beispiel: In Duisburg-Neudorf, einem sozial gemischten Viertel, wo also Arbeiter-, Akademiker- und Angestelltenfamilien leben, wird in etwa die gleiche, nur leicht von der Hochsprache abweichende Umgangssprache gesprochen. Um allen Einwänden zu begegnen, sei dazu noch folgendes einschränkend angemerkt: Hier wohnen z.B. 10 Akademikerfamilien und 10 Arbeiterfamilien, deren Sprache die gleichen typischen Abweichungen von der Hochsprache aufweist, z. B. dat und wat u. ä. Sie verfügen also über das gleiche sprachliche Repertoire, mit Chomsky gesagt, über genau die gleiche individuelle Sprachkompetenz. Sie verfügen z.B. auch beide über die Anredeformen Du und Sie, über die Kausalkonjunktion weil usw. Im konkreten Sprechen aber machen sie unterschiedlichen Gebrauch davon: Das Arbeiterkind spricht auch Erwachsene häufig mit Du an, vielleicht nur den Pastor und den Lehrer mit Sie. Und es verwendet häufiger Sätze wie: »Ich komme nicht runter. Es regnet ja.«, als Sätze: »Ich komme nicht runter, weil es regnet.« Wohlgemerkt, nur häufiger. In seinem Repertoire verfügt es über beide Möglichkeiten, in seiner Sprechweise bevorzugt es die eine oder die andere Möglichkeit. Genau dieser Umstand war es, den Bernstein u. a. erklären wollten.

Nun ist das soziale Milieu, so Bernstein, etwas, das außerhalb des Kindes existiert. Hier gibt es ganz objektiv bestimmte Dinge, Gewohnheiten, Verhältnisse. Der Vater verdient z.B. eine gewisse Summe Geld, die Mutter geht arbeiten, die Wohnung hat 56 m², bei Tisch dürfen die Kinder nicht reden, der Vater erhält das dickste Stück Fleisch, der Fernsehkonsum liegt 25 % höher als in der Akademikerfamilie, die Verfügung über Computer und erst recht der Zugang zum Internet ist erheblich seltener, usw. usw. Das alles spielt sich zunächst außerhalb des kindlichen Kopfes ab. Es ist eben »das Milieu«. Das beeinflußt nicht, so erkennt Bernstein, als solches die Sprechweise des Kindes. Das wäre das Gleiche, wie wenn man den Baustil der Häuser für den Krebs verantwortlich machen wollte. Aber es wirkt sich auf die Kinder aus. Sie *erfahren* dieses Milieu. Bernstein sagt, *sie bilden psychische Substrate ihrer Milieus*, und diese psychischen Substrate regulieren die Auswahl der Kinder aus dem sprachlichen Repertoire eben anders als dies bei Kindern aus anderen Milieus der Fall ist. Bernstein bezeichnet diese psychischen Substrate auch als unterschiedliche *Strategien der verbalen Planung*. Damit glaubte er den Kernwiderspruch zwischen der linguistischen Standardtheorie und seinen empirischen Beobachtungen aufgelöst zu haben, ohne diese Standardtheorie selbst aufgeben zu müssen. (S. Skizze in Abb. 4)

Indem Bernstein das – äußere – soziale Milieu sozusagen nach innen verlagerte, hatte er nun auch eine Erklärung dafür, daß etwas Inneres, nämlich die (gleiche) Kompetenz, auch innerlich beeinflußt werden kann, was zu unterschiedlichen äußeren Resultaten (den Sprechweisen) führt.

Halten wir hier einen Augenblick inne. Denn hier ist Bernstein ja zunächst nur mit seiner theoretischen Analyse ans Ziel gelangt. (Auf die praktischen Schlußfolgerungen werde ich später noch eingehen).

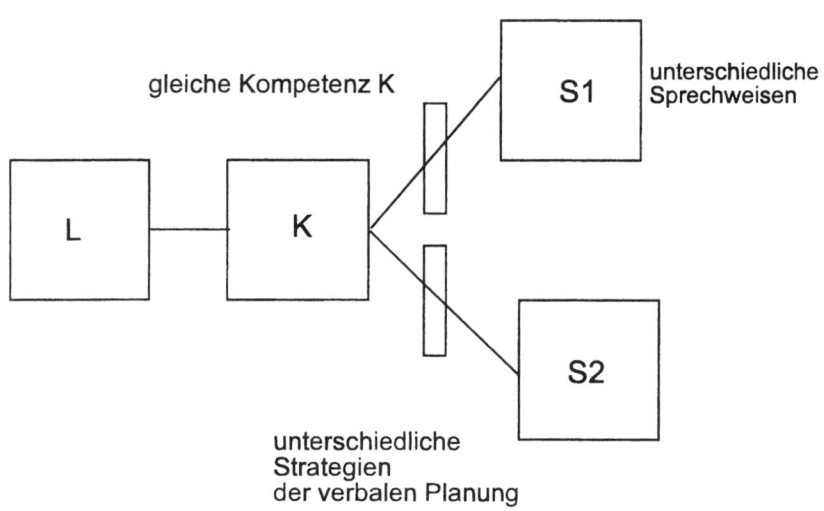

Abb. 4

Was ist nun zu dieser theoretischen Analyse zu sagen?

Bernstein setzt voraus, daß die Theorie Chomskys richtig ist; er überprüft sie nicht, übernimmt einfach ein Versatzstück einer anderen Disziplin, der Linguistik, – er selbst ist ja Soziologe und Erziehungswissenschaftler – , und er verbindet es mit seinen sozialpsychologischen Erkenntnissen. Doch ist zu fragen: Ist die Verbindung von Soziologie und Linguistik bereits Soziolinguistik? M. a. W: Erhält man durch Aneinanderfügen von Elementen verschiedener Theorien verschiedener Disziplinen bereits neue und stringente Theoriezusammenhänge? Bernstein hatte seine Probleme damit, denn es ergaben sich Widersprüche zwischen soziologisch positivistischer Datenkorrelation und linguistischer Theorie. Er löste diese Widersprüche durch Erfindung eines Vermittlungsgliedes auf: die Strategien der verbalen Planung. Er kommt gar nicht auf den Gedanken, daß der Widerspruch seine Ursache in der zugrunde gelegten linguistischen Theorie haben könnte. Wer sagt denn, daß es eine angeborene linguistische Kompetenz gibt, wie Chomsky vermutet? Für die gesuchte Erklärung der Tatbestände, um die es Bernstein geht, ist diese Annahme nur hinderlich. Sie führt ihn in die Irre zu glauben, es gäbe zwei psychische Apparate, die die Sprechweise regulieren, die (gleiche) Kompetenz und die (verschiedenen) Strategien der verbalen Planung. Verzichtet man auf die Annahme einer gleichen Kompetenz, die ja nur unterstellt werden muß, weil Chomsky die gleiche linguistische Kompetenz für alle Menschen voraussetzt, kann man von vornherein mit dem Vorliegen unterschiedlicher Kompetenzen rechnen, die unterschiedliche Sprechweisen bedingen.

Noch einmal zurück: Chomsky geht von einer biologisch verankerten, angeborenen und für alle Menschen also gleichen linguistischen Anlage aus. In Konfrontation mit den einzelsprachlichen Umgebungen kann sich diese Anlage nur mit dem füllen, was ihr der letzten Grundstruktur nach entspricht. Alle Abweichungen davon müssen an etwas anderem liegen. Diese Abweichungen, die Chomsky natürlich auch gesehen hat, verweist dieser in den Bereich der Performanz, also des realen Sprechens, das durch alle möglichen Faktoren gestört werden kann.

Bernstein tut im Grunde nichts anderes, als die Strategien der verbalen Planung als einen dieser Chomskyschen Störfaktoren auszumachen. So kann er dazu beitragen, die Annahme der gleichen Kompetenz zu retten. Dazu dienen auch die oben angeführten Beispiele des Gebrauchs der Anredeformen und der Kausalkonjunktion.

Bei genauerem Hinsehen zeigt sich aber, daß es daneben eine Fülle von Eigenarten in den Sprechweisen gibt, die auf diese Weise nicht erklärt werden können, in erster Linie im Bereich des Wortschatzes. Man könnte nun sagen: ist der Wortschatz ungleich, dann kann man nicht mehr von gleichen sprachlichen Umgebungen sprechen, durch die die Kompetenz ausgefüllt wird. Doch dieses quantitative Argument ist nicht stichhaltig. Denn es läßt sich feststellen, daß Kinder unterschiedlicher sozialer Herkunft mit gleichen Wörtern z. T. sehr unterschiedliche Inhalte verbinden, ihnen ganz oder teilweise andere Bedeutungen beimessen. Das aber ist ohne weiteres durch die Lebensumstände der betreffenden Individuen erklärbar. (Vgl. Neuland 1975.)

Die Annahme gleicher Kompetenz ist daher ein Irrweg, den Bernstein sich hat aufzwängen lassen, weil er nicht die idealistische Unterstellung Chomskys durchschaute, daß etwas Inhaltlich-Geistiges, die menschliche Sprache, als etwas Biologisch-Angelegtes unterstellt war, daß hier etwas sozial Erworbenes als bloße Natur, die allerdings Geist enthalte, unterstellt war.

Der amerikanische Soziolinguist William Labov (Labov 1976) hat sich denn diesen Umweg auch von Anfang an erspart. Sein Kernsatz ist: Verschiedene soziale Milieus bedingen verschiedene Sprachkompetenzen, weil in ihnen unterschiedliche Sprachen und Sprachvarianten gesprochen werden, und folglich gibt es veschiedene Sprechweisen. Er unterscheidet sich von Bernstein zudem in der Bewertung der resultierenden Sprechweisen, gleichwohl nicht in den didaktisch-pädagogischen Schlußfolgerungen. Bernstein charakterisierte die Sprache der Unterschicht als defizitär, Labov sieht sie als mit der Sprache anderer Schichten gleichrangig an. Trotzdem fordern beide Wissenschaftler die Angleichung der Unterschichts- an die Mittel-schichtssprache. Beiden geht es dabei um Chancengleichheit. Die Ungleichheit liegt aber bei Bernstein in der Sprache selbst, während Labov dafür die mit Vorurteilen behaftete Öffentlichkeit, insbesondere die Lehrer, verantwortlich machte. In dieser Einschätzung befindet sich Labov übrigens mit Rudolf Hildebrand in Übereinstimmung.

Wie aber kommen die beiden Autoren (wir sehen jetzt einmal von den unterschiedlichen Theorieansätzen ab) zu solch unterschiedlichen Bewertungen der Sprechweisen? Labov stellt sich auf den Standpunkt, daß man alles in jeder Sprache ausdrükken könne. Und er gibt sich viel Mühe, dies im einzelnen nachzuweisen. Der Nachweis gelingt nur scheinbar. Denn Labov verzichtet systematisch auf eine Analyse der der sprachlichen Form unterliegenden *Inhalte*. Bernstein durchdringt zwar auch nicht die sprachlich-formale Oberfläche, aber er arbeitet eine ganze Reihe von Merkmalen am empirischen Befund heraus, die seine Annahme, die Unterschichtsprache sei defizitär, stützen sollen.

Schauen wir uns dazu die folgende Gegenüberstellung von elaboriertem und restringiertem Code an, wobei letzterer die defizitären Merkmale der Sprechweise der Unterschicht enthalten soll:

Restringiert

1 Es gibt nur wenige eingeschliffene Konstruktionspläne, daher nur eine beschränkte Anzahl von Alternativen.
   (wenige Möglichkeiten)

2 Die sprachlichen Sequenzen können in ihrem Ablauf von einem beliebig gewählten Punkt aus mit hoher Wahrscheinlichkeit vorausgesagt werden
   (geringe Varianz)

3 Die Bedeutungen der sprachlichen Ausdrücke sind in hohem Maß kollektiv standardisiert.
   (Das Gemeinsame überwiegt das Vereinzelte)

4 Die Sozialbeziehungen werden nach traditionellen Normen kontrolliert, in extremer Form handelt es sich um ritualisierte Interaktionen.
   (Entscheidungszwang überwiegt Entscheidungsfreiheit oder: Gruppen-Kontrolle überwiegt Selbst-

Elaboriert

1 Es gibt eine große Zahl von alternativen Konstruktionsplänen.
   (viele Möglichkeiten)

2 Es besteht nur eine geringe Voraussagewahrscheinlichkeit der sprachlichen Sequenzen.
   (größere Varianz)

3 Die Bedeutungen der sprachlichen Ausdrücke sind oft an das individuelle Verständnis eines Sprechers gebunden.
   (Das Vereinzelte überwiegt das Gemeinsame)

4 Die Sozialbeziehungen werden zum großen Teil nach individuellen und frei gewählten Zielen und Werten kontrolliert.
   (Entscheidungsfreiheit überwiegt Entscheidungszwang. Selbst-Kontrolle

Restringiert	Elaboriert
kontrolle)	überwiegt Gruppen-Kontrolle)
5 Es besteht ein hoher Grad der Übereinstimmung in der Definition der sozialen Situation und damit an Solidarität. (geringe Abweichung)	5 Es bestehen große Unterschiede in der Einschätzung von sozialen Situationen. (große Abweichung)
6 Die Interaktionspartner orientieren sich überwiegend am sozialen Status des Beteiligten. (role-taking mehr als role-making – ascription mehr als achievement)	6 Die Interaktionspartner orientieren sich überwiegend an der Person des Beteiligten. (role-making mehr als role-taking – achievement mehr als ascription)
7 Die Interaktionen beziehen sich überwiegend auf konkrete Sachverhalte, die zur Situation gehören. (geringes Abstraktionsvermögen)	7 Es können auch abstrakte Sachverhalte kommuniziert werden. (hohes Abstraktionsvermögen)
8 Die Bedingungen einer Interaktion bleiben zum großen Teil implizit und nicht hinterfragt. (weniger Metakommunikation weniger Reflexion)	8 Die Bedingungen einer Interaktion (wie Rollenerwartungen etc.) werden häufig verbal expliziert und diskutiert. (mehr Metakommunikation – mehr Reflexion)
9 Außergewöhnliche Sachverhalte und Zustände können nur außer-verbal kommuniziert werden. (weniger Verbalisierung)	9 Auch bei ungewöhnlichen Sachverhalten überwiegt die verbale Kommunikation. (mehr Verbalisierung)
10 Beschränkt den Erfahrungshorizont, hemmt die Eröffnung von Lernprozessen. (weniger Lernmöglichkeiten – enger Erfahrungshorizont)	10 Eröffnet werden Erfahrungshorizont und fortschreitende Lernprozesse. (mehr Lernmöglichkeiten – weiter Erfahrungshorizont)[42]

Unklar bleibt, und dies wurde von der Forschung auch heftig kritisiert, wie Bernstein im einzelnen zu diesen Vorstellungen gelangt.[43]

Darauf will ich hier nicht im einzelnen eingehen, zumal es mir hier ja nicht um eine Einführung in die Soziolinguistik geht, sondern darum, anhand einer bestimmten soziolinguistischen Theorie herauszuarbeiten, daß die gesellschaftliche *Realität* in der Soziolinguistik zwar berücksichtigt wird, aber zugleich zu zeigen, wieso die Ver-

---

42 Vgl. dazu auch Jäger/Huber/Schätzle 1972, sowie Jäger/Fischer/Küchler 1977 (woraus einzelne Passagen hier übernommen sind), sowie Jäger 1978, Jäger/Fischer/Müller/ Schmidt/Wolf 1978.

43 Vgl. dazu Dittmar 1973.

nachlässigung anderer Aspekte und die verkürzte Übernahme theoretischer Auseinandersetzung mit anderen Aspekten bzw. auch die Übernahme falscher Theoreme zu falschen theoretischen Bestimmungen und deshalb u.a. zu falschen Schlußfolgerungen für die (Schul-)Praxis führt. Zusätzlich sollten hier exemplarisch gesellschaftliche Zwänge aufgezeigt werden, die die Forschung von außen, aber auch den internen Forschungsgang be- und verhindern.

So verwickelt sich Bernstein mit seiner Forderung nach Kompensatorischer Erziehung in einen Widerspruch, den man nur noch aus einer politischen, also wissenschaftsexternen Position begreifen kann. So falsch seine Theorie im einzelnen ist, so fragwürdig seine Theoriebildung und die Bewertung der empirischen Befunde, so stellt er mit der Annahme eines Defizits bei den Unterschichtkindern doch eine richtige Tatsache heraus. Das will ich hier nicht im einzelnen aufzeigen. Ich verweise dazu auf meine eigenen Forschungen aus den 70er Jahren, die vor allem den Zusammenhang von Sprechen und Denken/Wissen im Rahmen soziolinguistischer Untersuchungen thematisieren.[44] Sie zeigen, daß die Defizite weniger an der Formseite der Sprache festzumachen sind als an der hinter der Formseite liegenden Seite der Inhalte und der Bedeutungen, also des erlernten Wissens. Als Resultat behinderter Lernprozesse zeigen sich hier erhebliche Defizite. Die Behinderung aber ist direkte Folge behinderter und defizitärer Lebenssituationen.

Doch soll es hier nicht darum gehen, die Theorie Bernsteins und anderer weiter inhaltlich zu widerlegen, sondern darum, seine Schlußfolgerungen näher zu beleuchten.

Bernstein geht folgendermaßen vor: Er sieht ein sprachliches Defizit, das durch das soziale Milieu der Unterschichtkinder bedingt sei, also durch einen Ausschnitt aus der gesellschaftlichen Realität. Sein Konzept einer kompensatorischen Erziehung sieht aber nun vor, durch Verbesserung der sprachlichen Möglichkeiten und Fähigkeiten der SchülerInnen ihre soziale Situation zu verbessern, also ihre spezifische gesellschaftliche Realität zu ändern. Er vertauscht also schlicht Ursache und Folge, setzt nicht – wie er eigentlich vorhatte – an der Ursache an, um die Folgen zu verhindern, sondern absurderweise an den Folgen, um die Ursachen zu bekämpfen.

Warum tut er das? Der von Bernstein selbst genannte Grund ist der, daß die gesellschaftlichen Ursachen beseitigt werden müßten, in letzter Hinsicht der Gesellschaftsordnung selbst der Kampf angesagt werden müßte, in der diese Ursachen begründet liegen. Um diese politische Konsequenz nicht ziehen zu müssen, stellt Bernstein - ob bewußt oder nicht – seine eigene Logik auf den Kopf.

Das will ich im folgenden etwas genauer herausarbeiten, zumal es sich hierbei um ein ziemlich typisches Beispiel dafür handelt, wie wissenschaftliche Theoriebildung sich in Widersprüche verwickelt, wenn sie Konflikte mit den gegebenen Herr-

---

44   Vgl. Jäger/Fischer/Küchler 1977, Jäger 1977 und Jäger/Fischer/Müller/Schmidt/Wolf 1978.

schaftsbedingungen zu vermeiden versucht, die bei logischem Zu-Ende-Denken der eigenen Denkvoraussetzungen möglicherweise auftreten könnten.

1.1.3. Der Widerspruch in der Soziolinguistik

Die Soziolinguistik, der es dem eigenen Anspruch nach um die Erkenntnis des Verhältnisses von Gesellschaft und Sprache bzw. Sprechtätigkeit geht, speist ihre praktische Legitimation vor allem aus der These, daß Sprache und Sprachunterricht zur verbessernden Veränderung gesellschaftlicher Mißstände, Disfunktionalitäten und zur Aufhebung von Konfliktlagen beitragen könne.

Dementsprechend wird sie gelegentlich auch als ein Beitrag zur Friedensforschung angesehen. Für diese Haltung stehen exemplarisch die Sprachbarrierentheorie Bernsteins u.a. und die aus ihr gezogenen Schlußfolgerungen.

Der Kernsatz, der auf diese allgemeine Stoßrichtung soziolonguistischer Forschung zutrifft, kann auch in der für die Entwicklung sprachdidaktischer Konzepte lange Zeit bestimmend gewesenen Theorie von Jürgen Habermas (Habermas 1971) aufgefunden werden, der die Sprachbarrierentheorie in einen kommunikationstheoretischen Rahmen einbaute. Die Irrationalität von Herrschaft soll durch eine politische Willensbildung überwunden werden, die sich an das Prinzip allgemeiner und herrschaftsfreier Diskussion bindet. Konstituens von Herrschaft, so lautete die Auffassung von Vertretern des emanzipatorischen Sprachunterrichts – ist die Verzerrung von Kommunikation durch ungleichen Sprachcode. Die Aufhebung von schichtenspezifischen Ungleichheiten im Spracherwerb galt als Lösungsstrategie für die Soziolinguistik und wurde als Aufgabe an die Institutionen formaler Ausbildung delegiert.

Der Mangel solcher Ansätze liegt meines Erachtens in der falschen Bestimmung des Verhältnisses von Gesellschaft und Sprache, was wiederum der unreflektierten Auseinandersetzung mit den Sozialwissenschaften einerseits und den Sprachwissenschaften andererseits anzulasten ist. Die Autoren übernehmen kritiklos Begriffe wie Schicht, Rolle, Gruppe, Einkommen etc., statt den Inhalt der Begriffe zunächst danach zu befragen, inwieweit sie Aufschluß über den Charakter der Gesellschaft geben, deren *Einfluß* auf Sprache sie sich ja zu untersuchen vornahmen. Die Kategorien Schicht, Gruppe etc. stehen in der Regel beziehungslos nebeneinander, ohne daß ersichtlich ist, auf welchem gemeinsamen gesellschaftlichen Zusammenhang sie gründen. Sie enthalten in sich bereits geronnene Vorstellungen (und Voreingenommenheiten) von Gesellschaft, so daß durch ihre Anwendung auf empirisch gewonnene gesellschaftliche Daten solche vorgenormten Vorstellungen sodann als »objektives« Ergebnis in die Interpretation und Erklärung dieser Daten unhinterfragt eingehen. Gesellschaftliche Verhältnisse lösen sich z.B. auf Basis des Rollenbegriffes in eine Kette von *Interaktionen* auf. Das bloße In-Kontakt-miteinander-Treten durch kommunikative Akte soll das Individuum schon dazu befähigen, gesellschaftliche Mängel zu beheben.[45]

Die verkürzte Sicht der Beziehung von Sprache und Gesellschaft, in der die Ursachen eines defizitären Sprachgebrauchs vermutet werden, dem man aber dadurch beikommen will, daß man an der Sprache der Kinder und Jugendlichen ansetzt, wird in der Einführung in die Soziolinguistik von Brigitte Schlieben-Lange (Schlieben-Lange 1973) wie selbstverständlich behandelt, das aufgestellte Paradoxon wird erst gar nicht bewußt. Sprache wird sowohl als abhängige wie auch als unabhängige Variable thematisiert:

> »Die Betrachtungsweise kann sich aber auch umkehren, und es zeigt sich, daß die gleichen Aspekte für die umgekehrte Fragestellung wichtig sind. Sprache schafft Identität. Nationen und – vielleicht sogar in noch größerem Maße – Minderheitengruppen definieren sich weithin durch ihre gemeinsame Sprache.« (ebd., S. 9)

Wird das o.a. Verhältnis umgekehrt, dann wäre in diesem theoretischen Ansatz Sprache nicht mehr wesentlich durch Gesellschaft bestimmt, sondern das Wesen der Gesellschaft gründet nun auf Sprache, ja das *Wesen* der Gesellschaft liegt dann gerade darin, Sprache zu haben (Nationalsprache). Wenn Sprache nun aber nicht mehr auf Grundlage von Gesellschaft interpretierbar ist, wenn sie selbst erst Basis für Gesellschaft abgibt, dann kann sie nur noch als Naturphänomen gedeutet werden.

---

45 Ich verweise an dieser Stelle auf die später erfolgende ausführliche Auseinandersetzung mit diesem Problem. Der Zusammenhang von Gesellschaft und Sprache ist relativ kompliziert. Ich gehe nicht in der Weise einer Widerspiegelungstheorie davon aus, daß Gesellschaft sich sozusagen deckungsgleich oder in wie auch immer verzerrter Form in Sprache niederschlägt, in ihr »ihren Ausdruck« fände. Dazwischen steht der tätige Mensch, der immer zugleich praktisch und geistig tätig ist und *der Wirklichkeit Bedeutungen zuweist*, die er in sozialen Kontexten gelernt hat, also Wirklichkeit deutet und gestaltet. Die Perspektive des Zugriffs ist also der der Widerspiegelungstheorie diametral entgegengesetzt. In den sozialen Zusammenhängen, in denen die Menschen leben, deuten sie die Wirklichkeit sprachlich-gedanklich und produzieren Diskurse und sonstige Gegenstände, die von Generation zu Generation weitergegeben werden, dabei verbraucht werden, restauriert und verändert werden können. Das so (in Gestalt von Diskursen und Gegenständen) weitergegebene *Wissen* bestimmt, auf welche Weise die Menschen ihre Lebenspraxen und die gesamtgesellschaftlichen Entwicklungen realisieren können. Wenn oben gesagt wird, Gesellschaft bedinge Sprache, so handelt es sich somit um eine noch etwas metaphorische und verkürzte Ausdrucksweise. Wenn gesagt wird, die Sprache präge und bestimme das Weltbild der Menschen, die diese Sprache sprechen, sitzt man einem idealistischen Mißverständnis auf. Demgegenüber möchte ich betonen, daß sich die Menschen mit ihrem jeweils erlernten »Wissen« auf die Wirklichkeit beziehen und diese letztlich nach Maßgabe dieses Wissens deuten und (um)gestalten. Die Sprache als langue spielt dabei eine absolut untergeordnete Rolle. In Gestalt der parole fungiert sie bei diesen Prozessen als eine Art Werkzeug, dessen man sich bedient. Dabei ist die *Bedeutung* von Wörtern, Sätzen und Texten ausschlaggebend, und diese Bedeutung manifestiert sich nur im jeweiligen Sprachgebrauch.

Eine Gemeinsamkeit aller Gesellschaftsformationen besteht zwar darin, daß die Individuen sich durch Sprache miteinander verständigen; diese Erkenntnis bringt uns allerdings nicht weiter, wenn wir Genaueres über die bestimmte Form und den Inhalt von Sprechtätigkeit in der heutigen Gesellschaft herausbekommen wollen. Die Tatsache, daß »die Art der Erfassung von Wirklichkeit durch die Gesellschaft ... weithin sprachlich geprägt« ist, berechtigt nicht zugleich zu der Schlußfolgerung, daß Sprache (als solche) auch Gesellschaft bedingt. Das von Schlieben-Lange angeführte Beispiel aus der Hopi-Sprache besagt genau das Gegenteil der aufgestellten These. Sie schreibt:

> »So versucht Whorf in der Hopi-Sprache (einer Indianersprache) ein gänzlich anderes Erfassen von Zeitabläufen und Vorgängen nachzuweisen, als es in den von ihm so bezeichneten SAE-Sprachen (Standard Average European) vorliegt. Diese gänzlich anderen sprachlichen Kategorien brächten ein völlig anderes Weltbild zustande und würden – beschäftigten sich die Hopi-Indianer mit Naturwissenschaften – zu völlig anderen physikalischen Systemen führen, als sie in Europa – eben aufgrund der europäischen Sprachen – entwickelt worden sind.« (ebd. S. 16)

Dieses Beispiel deutet gerade darauf hin, daß die unterschiedlichen, von europäischen Verhältnissen abweichenden Lebensbedingungen, unter denen die Hopi-Indianer ihre materielle Reproduktion betreiben, in unterschiedlichen Zeichen und Zeichensystemen ihren Niederschlag finden konnten und mußten, um die Lebensmöglichkeiten unter schwierigen Umständen zu verbessern und überhaupt zu gewährleisten. So war es überlebensnotwendig, differenzierte Deutungen der Schneelandschaft zu produzieren, um differenzierter auf vorhandene Gefahren aufmerksam machen zu können. Die sprachlichen Zeichen mögen insofern zwar ein anderes *Bild der Welt repräsentieren*, aber nicht, weil dies in der Sprache vorgegeben ist, sondern weil die Wirklichkeit anders ist und anders gedeutet werden muß und/oder weil die betreffenden Menschen in anderen historisch verfestigten Traditionen leben. Dieses sogenannte andere Weltbild hat seine Wurzeln also in den vorausgesetzten gesellschaftlichen (und natürlich-geographischen) Verhältnissen, in den Tätigkeiten der Menschen, die in der Hinwendung zu dieser Wirklichkeit »zu Bewußtsein kommen«.

Der Mangel an einer allgemeinen Gesellschaftstheorie, auf deren Grundlage die Verwurzeltheit der Sprache (der Diskurse) im gesellschaftlichen Zusammenhang erklärt werden könnte, drückt sich in einer Vielzahl heterogener Theorieansätze aus, die jeweils einen Aspekt aus der Sozial- oder Sprachwissenschaft herauspicken, um daraus ein Theoriegebäude zu konstruieren, das sich in den Kanon existenter soziolinguistischer Theorien einreiht.

Thomas Luckmann konstatiert diesen Mangel folgendermaßen:

> »Die Verschränkung von Sozialstruktur, Kultur und Sprache, die zu den Grundeinsichten der philosophischen Anthropologie gehört, ist in die empiri-

schen Sozialwissenschaften nur als ein weitgehend ungeklärtes Axiom eingegangen. Vor diesem Axiom verbeugt man sich zwar in den meisten Lehrbü-
chern der Soziologie und Kulturanthropologie, aber der Versuch, diese Verschränkung präzise zu formulieren und kausalerklärend zu analysieren, ...
steckt noch in den Anfängen.« (Luckmann 1969, S. 1051)

Dieser Versuch scheitert, solange sich die Soziolinguistik als ein äußeres Bindeglied
zwischen Sozial- und Sprachwissenschaft versteht, die sich einmal aus dieser, dann
wieder aus jener Disziplin einzelne Aspekte und Theoreme herausgreift und ihren
Zwecken dienstbar zu machen versucht. Eine allgemeine Theorie der Gesellschaft,
die die Beziehungen der Individuen untereinander, die Form ihrer wirtschaftlichen,
politischen und kulturellen Verhältnisse untersucht, wird auch Sprache zum Gegenstand haben müssen. Allgemeine Theorie von Gesellschaft käme nicht in das Dilemma von Bindestrichdisziplinen, die sich konstituieren, weil es noch irgendeinen
anderen Aspekt von Gesellschaft zu untersuchen gibt. Gesellschaftstheorie würde
Wirtschaft, Kultur/Sprache und Politik gerade als eine komplexe Einheit behandeln.
Die immanente Kritik der bestehenden soziolinguistischen Theorien, die Erhellung
ihrer Vereinseitigungen, Verkürzungen und Fehler kann dagegen die Notwendigkeit
einer allgemeinen Gesellschaftstheorie vor Augen führen, auf deren Erkenntnissen
die Erforschung weiterer Gegenstände aufbaut.

Der instrumentelle Umgang mit irgendwelchen Begriffen der Sozialwissenschaften
oder der Linguistik ist letztlich die Antwort darauf, daß keine allgemeine Erkenntnis
der gesellschaftlichen Verhältnisse besteht, diese jedoch als »irgendwie vorhanden«
vorausgesetzt wird.

So schreibt B. Schlieben-Lange:

»Gerade die interne Vielgestaltigkeit der beiden Disziplinen erschwert eine
problemlose Verständigung: Es ist für den Soziologen schwer vorstellbar, daß
keine einheitliche Linguistik mit gesicherten Erkenntnissen zur Verfügung stehen soll, obwohl er ja aus der Kenntnis seines eigenen Fachs an derlei gewöhnt
sein müßte. Den Linguisten schreckt es ab, wenn er bei der Berührung mit der
Soziologie feststellt, daß ›Rolle‹, ›Schicht‹ usw. keineswegs leicht handhabbare
Begriffe sind.« (Schlieben-Lange 1973, S. 9)

Die Handhabung solch umstrittener Begriffe beinhaltet aber zugleich, daß Fehler in
die soziolinguistische Theoriebildung miteingehen.[46]

---

46 Dies verweist auf die Schwierigkeiten, die bei interdisziplinären Kooperationen von
    WissenschaftlerInnen auftreten: man spricht unterschiedliche »Sprachen«. Entspre-
    chende Phänomene sind zudem innerhalb ein und derselben Disziplin zu beobachten,
    die ja auch eine Fülle unterschiedlichster »Ansätze« produziert haben. Interdisziplinari-
    tät, oder vielleicht besser: Transdisziplinarität ist am ehesten dann möglich, wenn Wis-
    senschaftler unterschiedlicher Disziplinen mit übergreifenden, aber gleichen Ansätzen
    (wie z.B. der Diskurstheorie) kooperieren. Doch selbst dann treten erhebliche Proble-

Wir müssen also feststellen, daß das Dilemma dieser Wissenschaft schon darin begründet liegt, daß sie ein Bindeglied zweier getrennter Disziplinen darstellt, die sie lediglich zueinander in Beziehung setzt, ohne die Grundlagen ihrer Begriffe zu hinterfragen.

Vor diesem Hintergrund sehen auch eine Reihe von Autoren die Gefahr, daß Gesellschaft und Sprache – statt in ihrem Zusammenhang erkannt zu werden – nur äußerlich miteinander verglichen werden, so »als stünden sich in ‚Sprache‘ und ‚Gesellschaft‘ zwei Wesenheiten gegenüber, die einander auf eine im jeweiligen Fall genauer zu definierende Weise zugeordnet sind.« (Ebd.)

Diese Gefahr sieht z.B. auch Dieter Wunderlich, und er versucht ihr dadurch zu begegnen, daß er die Begriffe der Linguistik und der Sozialwissenschaften durch einen weiteren Begriff ergänzt: Sprache und Gesellschaft werden als Handlungssysteme gefaßt:

> »Voraussetzung für eine soziolinguistische Theorie wäre hier nicht eine (Syntax- und Phonologie-)Theorie mit geeignet einzubauenden soziologischen Parametern, sondern eine Sprachhandlungstheorie, in der linguistische Größen nicht nur mit außerlinguistischen korreliert werden, sondern als Größen verstanden werden, die einen Handlungskontext sowohl voraussetzen wie auch verändern. Gegenwärtig gibt es eine solche Theorie nicht (außer einigen Prinzipien, die durch die angelsächsische Sprechaktphilosophie ausgearbeitet worden sind); dennoch halte ich Versuche, sie zu entwickeln, als für die Dauer am erfolgversprechendsten.« (Wunderlich 1971, S. 297 f.)

Eine Sprechhandlungstheorie aber reduziert Sprache und Gesellschaft auf ihren kleinsten gemeinsamen Nenner; nämlich darauf, daß Sprache und Gesellschaft durch individuelles Handeln (verbal oder nicht verbal) reproduziert werden. In bezug auf die Bestimmung des Gegenstandes der Soziolinguistik, nämlich Sprechtätigkeit im Kontext einer bestimmten Gesellschaftsformation zu erklären, hilft aber auch dieser Vorschlag nicht weiter. Sprache und Gesellschaft auf Handeln allgemein zurückzuführen, ist zwar nicht falsch, beinhaltet aber ihre Reduktion auf die dünnste Abstraktion, aus der alle Elemente konkreter Gesellschaft entfernt sind.

Alle Versuche heutiger soziolinguistischer Theorie führen uns immer wieder auf den generellen Mangel dieser Wissenschaft zurück: Sie hat keinen allgemeinen Begriff von Gesellschaft(sgeschichte), der die Substanz für die Bestimmung des Gegenstandes Sprache als gesellschaftliches Gebilde abgäbe.

Auch die interdisziplinären Wissenschaften heben diesen Mangel nicht auf; sie sind dessen Reflex. Eine bloß institutionelle Neuordnung der Wissenschaft vermag zwar die bestehenden Teildisziplinen miteinander zu koordinieren, nicht aber den Cha-

---

me auf, wenn es nicht gelingt, eine gemeinsame »Sprache« zu entwickeln und sich jeweils das begriffliche Rüstzeug des jeweiligen Partners vollständig anzueignen.

rakter der in viele Aspekte zertrümmerten Wissenschaft aufzuheben. Dazu ist gerade eine inhaltliche Revision notwendig.

Die Ursache dafür, daß die bestehende Soziolinguistik in eine Vielzahl konkurrierender, sich widersprechender Theorieansätze zersplittert ist und letztlich begriffslos die Theoreme aus Linguistik und Sozialwissenschaften reproduziert, liegt nicht nur in einem noch unterentwickelten Stand dieser Wissenschaft. Dagegen spricht die ähnlich desolate Situation in den anderen Disziplinen, z. B. in der Linguistik und in den Sozialwissenschaften bzw. der Soziologie. Der Mangel liegt grundsätzlich in den unreflektierten Voraussetzungen, die durch instrumentellen Umgang mit Methoden und Begriffen in die Wissenschaft eingehen. Im Fall der Soziolinguistik werden sich widersprechende Begriffe davon, was denn nun die gesellschaftliche Realität sei, kurzerhand zur Theoriebildung übernommen – so etwa der Begriff der Klassengesellschaft oder der Begriff einer freiheitlichen Gesellschaft, in der jedermann und jede Frau Chancengleichheit zum sozialen Aufstieg habe, oder – um eine neuere Charakterisierung zu wählen – der Begriff von einer »Risikogesellschaft« (Beck 1986), in der angesichts der atomaren und biotechnologischen Bedrohung alle die gleichen Risiken trügen. Allein schon diese sich widersprechenden Gesellschaftsbegriffe verweisen auf eine Theoriebildung im Bereich der Gesellschaftswissenschaft, die mit sich selbst wohl noch nicht ins Reine gekommen ist.

Über ein und denselben Gegenstand grassieren völlig disparate Theoreme: Welche der Theorien aber sagt uns, was Gesellschaft nun wirklich ist? Bevor diese Frage nicht geklärt ist, kann nichts darüber gesagt werden, wie nun Gesellschaft auf das Sprachverhalten der Individuen wirkt und vice versa. Wird dennoch z.B. eine Untersuchung über das Sprachverhalten von Kindern unterschiedlicher sozialer Herkunft vorgenommen, dann läßt diese sich von unbegriffenen Voraussetzungen leiten bzw. sie übernimmt Kriterien, die ihr von außen vorgegeben werden. Brigitte Schlieben-Lange gab das erkenntnisleitende Kriterium in ihrer Einführung schon an: »Das Erkenntnisinteresse an der Soziolinguistik ist also weithin pädagogisch motiviert.« (Schlieben-Lange 1973, S. 115) Und das heißt: durch eine angenommene Praxisrelevanz bestimmt.

Zunächst wird man nichts dagegen einwenden wollen, wenn die Forderung nach Praxisrelevanz und nach dem gesellschaftlichen Nutzen der Wissenschaft gestellt wird. Allerdings hat man sich zumindest auch die Frage zu stellen, welche Art gesellschaftlichen Nutzens gemeint ist. Was als gesellschaftlicher Nutzen für allgemein gültig erklärt wird, bedeutet oft für die meisten Gesellschaftsmitglieder das genaue Gegenteil.

Festzuhalten ist: Die Soziolinguistik ist ihrerseits schon Reflex auf einen gesellschaftlichen Mangel. Unter dieser Voraussetzung hätte sie zunächst den Grund des Mangels zu klären. Sie muß auf die Frage Antwort geben, ob es an der Grundstruktur des Gesellschaftssystems liegt, daß unterschiedliche Sprechweisen zustandekommen, oder ob sie auf partielle soziale Disfunktionalitäten bzw. individuelle

Mängel zurückzuführen sind, die es ermöglichen, den Mangel durch Veränderung des Individuums oder durch Beseitigung von Schwachstellen im Sozialgefüge zu beheben.

Es kann festgestellt werden, daß die Soziolinguistik, befangen in existenten Theorien über Gesellschaft und Sprache, nicht zur Klärung dieser Fragen beiträgt. Sie geht zwar davon aus, daß die unterschiedlichen Sprechweisen gesellschaftlich bedingt sind, stößt aber entweder nicht zur sozialen Wertung und Instrumentalisierung (z.B. für selektive Zwecke) der unterschiedlichen Sprechweisen vor oder verwickelt sich in den Widerspruch, deren Ursache zwar in der Klassengesellschaft zu sehen (wie z.B. Eva Neuland 1975), schließlich aber dennoch am Individuum anzusetzen, um durch einen aufklärerischen Sprachunterricht Veränderungen herbeizuführen. Sie läßt sich nicht von wissenschaftsimmanenten Kriterien leiten, sondern vom Prinzip des bildungs- und wirtschaftspolitischen Nutzens.

Wissenschaft soll dazu nützlich sein, Störungen in den gesellschaftlichen Verkehrsverhältnissen zu beheben. Nützlich ist die Soziolinguistik nach diesem Verständnis dann, wenn sie Mittel bereitstellt, die eine für die berufliche Qualifikation notwendige Sprachausbildung auch für die »sprachbenachteiligten« Individuen liefert, deren Benachteiligung erst eigentlich auf einer die Individuen benachteiligenden Bewertung ihrer Sprechweise zurückzuführen ist.

Der Jugendliche, der anfänglich die hochsprachliche Norm nicht beherrscht, soll auf diese Weise instandgesetzt werden, die an ihn gestellten beruflichen, kulturellen und politischen Anforderungen in Form schriftlicher oder mündlicher Kommunikation zu meistern. Die sogenannte Leistungsgesellschaft stellt ein Repertoire einheitlicher Anforderungen an alle. Dazu gehört der richtige Umgang mit der normierten Einheitssprache (Duden), die als gesellschaftliche Verkehrssprache fungiert. Es ist allgemein anerkannt, daß eine von der Einheitssprache abweichende Sprechweise ein Kriterium für die Sozialauslese sein kann. Um aber das Bildungspotential auch so auszuschöpfen, daß insbesondere auch naturwissenschaftlich Begabte herausgefiltert werden, ist man z.B. zu solchen Organisationsformen übergegangen (Kurssystem), bei denen »sprachlich Unterprivilegierte« weniger benachteiligt werden sollen als vorher. Aufgabe der Soziolinguistik ist es dann, Methoden zur Verfügung zu stellen, mit deren Hilfe man Kinder, die die Verkehrssprache nur unzureichend beherrschen, in das Schul- und soziale Leistungssystem integrieren kann. Kann sie dies, dann ist sie für die Gesellschaft von Nutzen.

Eine solche Denkweise mißt allerdings nicht einmal der Frage Bedeutung zu, für welche Gesellschaft hier ausgebildet wird, ob also das Ziel dieser Ausbildung vernünftig ist. Sie hinterfragt nicht die Ursachen für die existierende Ungleichheit, hält sie für einen zufälligen Mangel, der nichts mit der Grundstruktur der Gesellschaft, den in ihr dominanten Fehleinschätzungen und unterschiedlichen Chancenzuweisungen zu tun hat.

Bevor der ideologische (sozio-kulturell-diskursive) Bedingungsrahmen nicht verändert ist, werden Kinder und Heranwachsende in ihrer Entwicklung weiterhin einer geistigen Verkrüppelung ausgesetzt sein, die durch die Trennung von Kopf- und Handarbeit, die entsprechend duale Ausbildung von intellektuellen und manuellen Arbeitskräften und den gesamten Folgekomplex der zugrundeliegenden Wirtschaftsordnung geprägt ist.

Die Differenzkonzeption (Labov u.a.) stellt sich allerdings auch nur als bloßer Reflex auf das Scheitern der kompensatorischen Programme heraus. Während die eine Theorie die Sprache der Kinder an der Norm der Standardsprache mißt und einstuft, beruft sich diese Theorie auf die Gleichheit bzw. Gleichwertigkeit beider Sprechweisen. Diese Theorie stellt zwar richtigerweise heraus, daß nicht *die Sprache der Kinder als solche* defizitär sei, verstieg sich aber in das andere Extrem, indem sie die unterschiedlichen Sprechweisen kurzerhand als qualitativ gleich einstufte, in Abstraktion von der realen sozialen Ungleichheit, aus der sie entspringen, und von den damit verbundenen defizitären Lernbedingungen. Man will hier gleichbehandeln, was Folge sozialer Ungleichheit ist.

Auch diese Konzeption wirkt im Endeffekt nur kompensatorisch, weil sie die soziale Wurzel der Differenzen nicht tangiert und ihr Heil in der individuellen Emanzipation – hier der Loslösung von sprachlichen Verhaltensmustern sieht (Abbau von Vorurteilen bei Lehrern und Lehrherren etc.). Während bei den kompensatorischen Programmen die Anpassung an die herrschende Sprachnorm offensichtlich ist, tritt sie hier nur verhüllt im Gewand eines progressiven Konzeptes auf. Die Integration und Anpassung soll nicht per Zwang und Sanktion, sondern allmählich und freiwillig erfolgen (nicht manipulativ-repressiv, sondern regulativ). Man glaubt durch Abbau von Vorurteilen der Kinder und Lehrer, die die Standardsprache beherrschen, dem Problem gerecht werden zu können, ohne sich der Verkehrung einer objektiven Problematik in eine subjektive bewußt zu sein. Es ist eben nicht mit dem Abbau von Vorurteilen getan, so wichtig das sein mag, wenn man der Unterprivilegierung Herr werden will – deren Grundlage ist vielmehr das Wirtschafts- und Gesellschaftssystem selbst und – in Verbindung damit – seine jeweilige diskursive Verfaßtheit. Gemeint ist damit das in einer Gesellschaft dominierende Wissen und seine Verbindung mit der jeweiligen Macht- und Herrschaftsverteilung.

1.1.4. Zusammenfassende Schlußfolgerung

Sichtbar geworden dürfte sein, daß die traditionelle Soziolinguistik vom Ansatz her verfehlt ist, weil sie primär quantifiziert, Sozialdaten und Sprachdaten schlicht aufeinander bezieht, ohne deren inneren Zusammenhang zu thematisieren. Die so ermittelten Korrelationen werden auf teilweise abenteuerliche Weise – wie die Auseinandersetzung mit Bernstein gezeigt hat – interpretiert. Da es zudem nicht gelungen ist, in diesem Zusammenhang eine verläßliche Bedingungsanalyse heutiger Gesellschaften zu entwickeln, würden die Resultate auch dann nutzlos sein, wenn der Grundansatz: Sprache und Gesellschaft im Zusammenhang zu sehen, richtig gewesen wäre. Sprachliche Produkte hätten niemals *als Ausdruck* des Gesellschaftlichen und auf Gesellschaft Einwirkendes, ja, Gesellschaftliches Steuerndes und Beeinflussendes erkannt werden können. Solche Soziolinguistik bleibt nutzlos und unkritisch. Abgesehen davon ist ihr ehemaliger Nutzen als Legitimationswissenschaft für vorgegebene gesellschaftliche Zwecke obsolet geworden, weil eine Bildungsoffensive zum Zwecke der Ausschöpfung der intellektuellen Ressourcen der unteren Sozialschichten heute nicht (mehr) gefragt ist und stattdessen eine rigide Ausgrenzungspraxis platzgegriffen hat. Statt ein Bildungsreservoir auszubauen, wie man dies bis in die frühen 70er Jahre noch für erforderlich gehalten hat, werden die als weniger leistungsfähig und/oder nützlich angegebenen Menschen ausgesondert.

Der Versuch, diese Soziolinguistik durch einen anderen sprach- und sozialwissenschaftlichen Ansatz zu ersetzen, wie ich ihn hier unternehme, indem die Sprachwissenschaft in den Rahmen einer transdisziplinären Kulturwissenschaft gestellt wird und sich darin aufhebt, speist sich nun aus der Hoffnung, daß dieses Konzept die Basis für einen Beitrag liefert, wichtige gesellschaftliche Diskurse zu analysieren und auf Fehlentwicklungen aufmerksam zu machen, z.B. durch Untersuchungen der Medien, des Alltagsdiskurses und anderer gesellschaftlich relevanter Diskurse (Wissenschaft, Erziehung etc.)

Zugleich halte ich es für möglich, die grundsätzliche Fragestellung etwa der Sprachbarrierentheorie auf einem diskurstheoretischen Hintergrund neu aufzurollen. Das kann an dieser Stelle selbstverständlich nicht geleistet werden und muß späteren Untersuchungen vorbehalten bleiben. Die grundsätzliche Stoßrichtung solcher Untersuchungen hätte jedoch darin zu bestehen, die spezifischen Verstricktheiten der SchülerInnen in die gesellschaftlichen Diskurse, die sie als Subjekte konstituieren, zu bestimmen. Das machte jedoch eine andere Vorgehensweise erforderlich als die, die die bisherige Soziolinguistik praktiziert hat. So müßten etwa Untersuchungen darüber angestellt werden, wie und wieso die Jugendlichen rassistisch in den Einwanderungsdiskurs verstrickt sind; weshalb sich viele von ihnen zunehmend konformistisch verhalten, etc. etc.- Ein anderes wichtiges Thema wäre die Art und Weise, wie sich der heute herrschende Sexualdiskurs (als wichtiger Bestandteil eines biopolitischen Diskurses) auf entsprechende Haltungen von Kindern und Jugendlichen auswirkt etc. Hier zeigt sich auch, daß eine »Defizittheorie« völlig anders formuliert werden müßte als dies Bernstein versucht hat: Die Defizite liegen nicht in der mangelnden Beherrschung der (Hoch-)Sprache, sondern in den kümmerlichen internalisierten Wissens- und Glaubensvorstellungen, die in den diskursiven Konstituierungsprozessen der Subjekte erzeugt worden sind.

Untersuchungen solcher Art werden insbesondere von der Soziologie und besonders in Gestalt sogenannter qualitativer Sozialforschung vorgenommen, der ich mich deshalb im folgenden etwas ausführlicher widmen möchte.

1.2. Qualitative Sozialforschung im Überblick[47]

Philipp Mayring skizziert in seiner »Einführung in die qualitative Sozialforschung« (Mayring 1990) die Geschichte qualitativen (soziologischen) Denkens einleitend wie folgt:

»Das rein quantitative Denken ist brüchig geworden; ein Denken, das sich den Menschen und Dingen annähert, indem es sie testet und vermißt, mit ihnen experimentiert und ihre statistische Repräsentanz überprüft, ohne vorher den Gegenstand verstanden zu haben, seine Qualität erfaßt zu haben.

Eine Lanze zu brechen für qualitatives Denken in der wissenschaftlichen Erkenntnisgewinnung, ohne dabei den Weg zu sinnvollen Quantifizierungen zu verbauen, aber auch ohne in Beliebigkeit, Verwaschenheit, Unkontrollierbarkeit zu verfallen, das ist das zugegeben hochgesteckte Ziel dieses Buches.« (ebd. S.1)

Dieses Zitat richtet sich gegen die in den Sozialwissenschaften noch immer zu beobachtende »instrumentelle Vernunft« (Horkheimer 1974); doch Mayring möchte sich auch absichern. Er verweist auf die Notwendigkeit der Ergänzung qualitativer Sozialforschung durch, wie er sagt, sinnvolle Quantifizierungen.

Es geht ihm um die Frage, wie man von der Untersuchung des Einzelfalls oder einiger Einzelfälle zur allgemeinen Gültigkeit von Aussagen vordringen kann. Dahinter verbirgt sich das Problem des Verhältnisses von Individuum und Gesellschaft, und man fragt, durch welche Verfahren man in der Wissenschaft das (unterstellte) Auseinanderklaffen von Individuum und Gesellschaft überbrücken kann.

Wir können feststellen: Auch ein glühender Verfechter qualitativer Sozialforschung meint, daß er zu diesem Zwecke doch wieder zu dem im gleichen Atemzug heftig kritisierten Verfahren der Quantifizierung greifen muß.

Dabei sieht Mayring eine »qualitative Wende«:

---

47 Im folgenden kann ich selbstverständlich nur exemplarisch auf die qualitative Sozialforschung eingehen. Für eine genauere Darstellung vgl. den Überblickstext von Mayring 1990 sowie etwa Heinze 1992 und Titscher et al. 1998. Verweisen möchte ich auch auf die Arbeit von Hoffmeister/Sill (Opladen 1992), weil hier eine empirische Untersuchung vorliegt, die sich stark auf Texte, und zwar in Gestalt von Interviews, stützt und Aspekte quantitativer und qualitativer Sozialforschung zu verbinden versucht. Hier wirkt sich die Kooperation zwischen Soziologie und Literaturwissenschaft recht fruchtbar aus, was auch auf der Hand liegt, da bei vielen sozialwissenschaftlichen Projekten Texte interpretiert werden müssen, wozu literaturwissenschaftliche Interpretationsverfahren durchaus einen positiven Beitrag leisten können. Ich werde mich im weiteren Verlauf aber auch deshalb etwas genauer mit dieser Arbeit auseinandersetzen, weil daran deutlich gemacht werden kann, wie und weshalb diese Arbeit unter Einbezug diskursanalytischer Verfahren zu erheblich besseren, weil verläßlicheren Ergebnissen hätte kommen können.

»Die *qualitative Wende*«, so schreibt er, »der Trend zu qualitativen Erkenntnismethoden, stellt eine tiefgreifende Veränderung der Sozialwissenschaften in diesem Jahrhundert dar. So kann man seit einigen Jahren in den unterschiedlichsten Forschungsbereichen feststellen, daß eine rein quantitative Vorgehensweise nicht mehr als alleiniges Ideal gilt. Qualitatives Denken setzt sich etwa seit den 70er Jahren wieder stärker durch.« (ebd.)

Hier muß man genau lesen: Qualitative Sozialforschung wird hier als *Erkenntnismethode* bezeichnet, also als *Methode*, durch die *Erkenntnis erzeugt* wird. Ich werde später zeigen, daß es Mayring keineswegs um eine *Erkenntnismethode* geht, sondern zunächst schlicht und einfach um ein *Verfahren der Gegenstandsbeschreibung und der Materialbeschaffung* bzw. *-aufbereitung*.[48] Erstaunlich ist auch die Formulierung »qualitatives Denken«, die wohl im Unterschied zu »quantitatives Denken« gemeint ist, dies aber zumindestens impliziert. Dies bedeutet, daß Mayring davon ausgeht, daß Quantifizierung gleich Denken ist. Hier wird die Anhäufung von Materialmengen mit Denken verwechselt.

Mayring listet nun eine Fülle von Arbeiten aus den Bereichen Soziologie, Erziehungswissenschaften, Biographieforschung, Frauenforschung und Psychologie auf, die qualitativ verfahren. (ebd. S. 1-3) Und er sieht darin einen neuen Trend, der allerdings eine ganze Reihe von Vorfahren hat, von denen der bedeutendste nach Mayring Aristoteles gewesen ist. Die spätere galileisch-descartische Denktradition sei demgegenüber quantitativ verfahren. Beide Traditionen existierten nebeneinander und tun dies bis auf den heutigen Tag.

Qualitatives Denken wird heute weitgehend mit hermeneutischem Denken gleichgesetzt, und dieses wird wie folgt charakterisiert: »Texte, wie alles vom Menschen Hervorgebrachte, sind immer mit subjektiven Bedeutungen, mit Sinn verbunden; eine Analyse der nur äußerlichen Charakteristika führt nicht weiter, wenn man nicht diesen subjektiven Sinn interpretativ herauskristallisieren will.« (ebd. S. 5)

In Wilhelm Diltheys Worten hört sich das folgendermaßen an: »Das Verstehen und Deuten ist die Methode, welche die Geisteswissenschaften erfüllt. Alle Funktionen vereinigen sich in ihm. An jedem Punkt öffnet das Verstehen eine Welt.« (Dilthey 1958, S. 205)

Eine Gegenbewegung zu Diltheys und anderer geisteswissenschaftlicher Hermeneutik bildete der Positivismus, für den die Namen Schlick, Carnap und Popper genannt seien. Da dieser Positivismus nur darstelle, »was bloß ist«, ist er von der Frankfurter Schule um Adorno/Horkheimer kämpferisch zurückgewiesen worden, insbesondere aber von Adorno, der z.B. sagte: »Theorie will benennen, was insge-

---

48 Auf die damit verbundene schwierige Frage, wie ein richtig und umfassend beschriebener Sachverhalt problematisiert und kritisiert werden kann, was ja zumindest *eine* wichtige Voraussetzung zu seiner Veränderung sein kann, gehe ich im Abschlußteil dieses Buches noch ausführlicher ein.

heim das Getriebe zusammenhält. Die Sehnsucht des Gedankens, dem einmal die Sinnlosigkeit dessen, was bloß ist, unerträglich war, hat sich säkularisiert in dem Drang zur Entzauberung. Sie möchte den Stein aufheben, unter dem das Unwesen brütet; in seiner Erkenntnis allein ist ihr der Sinn bewahrt. Gegen solchen Drang sträubt sich die soziologische Tatsachenforschung.« (Adorno 1974, S. 81). Er sieht die Lösung des Problems darin, daß man einen »Begriff von der Sache« haben müsse, an dem die disparaten Daten sich organisieren. Diesen Begriff müsse man »immer schon ans Material herantragen und in der Fühlung mit diesem ihn wiederum abwandeln.« Und weiter, etwas kryptisch, denn woher bezieht die Theorie ihre Begriffe? Die Theorie »muß die Begriffe, die sie gleichsam von außen mitbringt, umsetzen in jene, welche die Sache von sich aus sein möchte, und es konfrontieren mit dem, was sie ist.« (ebd. S. 82) Und was heißt genau: von außen?

Entsprechende Kritik richtet sich gegen Verallgemeinerungen des subjektiven Sinns (den Max Weber entschlüsseln will), da diese nur Oberflächenfakten reproduzieren und damit noch gar nichts erklären, nur »den gesellschaftlich durchschnittlichen Schein« (Adorno) reproduzieren.[49]

Bei Adorno erscheint »die Sache« aber als ein belebtes Objekt – denn wie könnte sie sonst etwas *sein mögen?*[50]

Darzustellen, »was bloß ist«, bleibt selbstverständlich unbefriedigend, denn es geht ja darum, zu *verstehen*, was ist und/oder um Möglichkeiten, auf das, was ist, vernünftig reagieren zu können, es kritisieren und problematisieren zu können.

Hier markiert sich bereits ein zentraler Unterschied zur Diskurstheorie, bei der das Gegebensein von objektiver »Wahrheit« nicht vorgesehen ist, sondern nur jeweils gegebene historische Gültigkeiten, die als angebliche Wahrheiten zeitweilig durchgesetzt, aber auch infragegestellt werden können. Ein absolutes Kriterium für Richtig und Falsch gibt es danach nicht, sondern immer nur die Notwendigkeit, solche zeitweiligen Gültigkeiten zu problematisieren und zu kritisieren, wobei ethische Gesichtspunkte innerhalb diskursiver Kämpfe als Kriterien für die Kritik herangezogen werden müssen. Auf dieses Problem der »Kriterien der Kritik«, die ja für das Unternehmen einer »Kritischen Diskursanalyse« bedeutsam sind, ist daher in dieser Einführung noch ausführlich zurückzukommen.

Nun ist die sich auf Dilthey und andere berufende Hermeneutik, und – wie ich meine – zu recht, nicht unumstritten, da sie *in den Gegenständen, in der Geschichte* so etwas wie »Sinn« oder »Geist«, »Begriff« oder gar »Wahrheit« voraussetzt und des-

---

49 Eine Auseinandersetzung mit den verschiedenen Ansätzen der Hermeneutik oder des Positivismus kann hier natürlich nicht erfolgen.

50 Hier scheint die alte sprachwissenschaftliche Frage auf, wie denn die Bedeutungen »in die Sachen kommen«. Bedeutungen gibt es selbstverständlich nur in den Köpfen der Menschen, sofern man nicht unterstellt, daß es »Geist« außerhalb des menschlichen Geistes gäbe.

halb als idealistisch kritisiert wird. Hier zeigt sich die große Nähe der Frankfurter Schule zu dieser Denktradition.

Worin bestehen nun aber nach Auffassung der heutigen Qualitativen Sozialforschung die *Grundlagen des sogenannten qualitativen Denkens?*

Mayring formuliert dazu *fünf Postulate*, die er aus den verschiedenen qualitativen Ansätzen herausdestilliert hat:

>»Postulat 1: Gegenstand humanwissenschaftlicher Forschung sind immer Menschen, Subjekte. Die von der Forschungsfrage betroffenen Subjekte müssen Ausgangspunkt und Ziel der Untersuchungen sein.« (Mayring 1990, S. 9)

>»Postulat 2: Am Anfang jeder Analyse muß eine genaue und umfassende Beschreibung (Deskription) des Gegenstandsbereiches stehen.« (ebd. S. 11)

>»Postulat 3: Der Untersuchungsgegenstand der Humanwissenschaften liegt nie völlig offen, er muß immer auch durch Interpretation erschlossen werden.« (ebd. S. 11)

>»Postulat 4: Humanwissenschaftliche Gegenstände müssen immer möglichst in ihrem natürlichen, alltäglichen Umfeld untersucht werden.« (ebd. S. 11)

>»Postulat 5: Die Verallgemeinerbarkeit der Ergebnisse humanwissenschaftlicher Forschung stellt sich nicht automatisch über bestimmte Verfahren her; sie muß im Einzelfall schrittweise begründet werden.« (ebd. S. 12)

Besonders wichtig ist nach Mayring die Entwicklung ganz konkreter Untersuchungspläne und Forschungsdesigns. Mayring nennt hier

- die Einzelfallanalyse
- die Dokumentenanalyse
- die Handlungsforschung
- die deskriptive Feldforschung

und

- das qualitative Experiment.

Durch diese Forschungsansätze werden einerseits Texte produziert, die direkt von den Probanden stammen, andererseits in der Regel solche Texte, die die beobachtenden WissenschaftlerInnen selbst produzieren, z.B. in Gestalt von Protokollen, Notizen etc.

Mayring beschreibt nun verschiedene Möglichkeiten der Aufbereitung des Materials, so u. a. wörtliche Transkription, kommentierte Transkription, zusammenfassendes Protokoll, selektives Protokoll etc. Wichtig ist hier für uns bereits, daß die qualitative Sozialforschung – wie auch immer – in ihren Projekten nach unterschiedlichen Verfahren *Texte* produziert, die – so die Annahme – dann »ausgewertet« bzw. interpretiert werden müssen.

Hier erhebt sich ein erster Einwand, der darin besteht, daß offensichtlich auch mit Inhaltswiedergaben, Selektionen etc. gearbeitet wird, die ich bereits als *auswertend* bezeichnen würde. Denn was sind die Kriterien der Auswahl? Was ist die Leitidee der Zusammenfassung?

Mayring spricht denn auch von einem fließenden Übergang von Material*aufbereitung* und Material*auswertung*. Verwundern muß, daß er auch die Erarbeitung von Kategoriensystemen bzw. Beschreibungssystemen zur Materialaufbereitung zählt, so als ob es solche Beschreibungskriterien von Texten *unabhängig* von theoretischen Vorüberlegungen, den sog. *Ansätzen*, geben könnte.

Erst nach Vorstellung dieser Versuchsansätze und Materialaufbereitungsverfahren stellt Mayring diverse Auswertungsverfahren gesondert vor. Hier handelt es sich nun um die vermißten theoretischen Ansätze, die nach meiner Auffassung wissenschaftlicher Arbeitsweise *vor* Aufnahme der eigentlichen wissenschaftlichen Arbeit geklärt sein müßten. Hier entsteht der Eindruck, daß Theoriebildung und Methodologie quasi beliebig aufeinander bezogen werden könnten, wogegen festzuhalten ist, daß die gewählte Methodologie von den vorausgesetzten theoretischen Grundannahmen jeweils *abhängig* ist und in Auseinandersetzung mit den zu untersuchenden Gegenständen weiter modifiziert werden muß.

Auswertungsverfahren oder *Techniken*, wie Mayring sie auch nennt, sind also in Wirklichkeit inhaltlich-theoretische Grund-Ansätze. Man könnte hier auch von wissenschaftstheoretischen Grundansätzen sprechen. Mayring nennt die folgenden:

- Gegenstandsbezogene Theoriebildung
- phänomenologische Analyse
- sozialwissenschaftlich-hermeneutische Paraphrase
- Inhaltsanalyse
- objektive Hermeneutik

und

- psychoanalytische Textinterpretation (ebd. S. 76-97).

Bei Heinze (1992) werden darüber hinaus folgende »Ansätze« genannt:

- die Lebensweltanalyse

und

- die gesellschaftskritische Handlungsforschung

Hervorheben möchte ich zwei der genannten Ansätze,

die Sozialwissenschaftlich-hermeneutische Paraphrase (Mayring 1990, S. 81 ff.)
und
die Objektive Hermeneutik(ebd. S. 90 ff.),

auf die ich mich im folgenden ein wenig genauer beziehen möchte, weil hier in ganz besonderer Weise linguistische Fragestellungen ins Spiel gebracht werden müssen.

(a) Die sozialwissenschaftlich-hermeneutische Paraphrase

Der Grundgedanke sozialwissenschaftlich-hermeneutischer Paraphrase lautet:

»Sozialwissenschaftlich-hermeneutische Paraphrase ist eine Technik (!), die durch hermeneutisches Vorgehen, also der schrittweisen Modifizierung des Vorverständnisses des (der) Interpreten eine Deutung der subjektiven Perspektive ihrer Subjekte erarbeiten will.« (ebd. S. 83)

Es geht also um die *Deutung* der subjektiven Perspektive der Befragten und Interviewten. Entscheidend dabei ist die Rolle des *Vorverständnisses* der Wissenschaftler. Ihr Verstehen der subjektiven Perspektive »soll sich im hermeneutischen Zirkel vollziehen, d.h. die Alltagstheorien, wissenschaftlichen Theorien und subjektiv-biographischen Erfahrungen der Forscher sollen an das Material herangetragen und im Prozeß der Interpretation schrittweise verändert werden.« (ebd. S. 83)

Diese Vorgehensweise wird wie folgt begründet: Da humanwissenschaftliche Gegenstände immer gedeutet und interpretiert werden müssen, heißt das auch, daß diese Deutungen nie voraussetzungslos sein können. Mayring sagt: »Das eigene Vorverständnis beeinflußt immer die Interpretation – das ist einer der Grundsätze der Hermeneutik. Die Forderung für ein interpretativ orientiertes Vorgehen«, so fährt er fort, »lautet also, dieses Vorverständnis zu Beginn der Analyse offenzulegen, am Gegenstand weiterzuentwickeln und so den Einfluß des Vorverständnisses überprüfbar zu machen. Das Vorgehen ist bekannt als ›hermeneutischer Zirkel‹ oder besser ›hermeneutische Spirale‹...« (ebd. S. 17)

Das Endprodukt dieser Vorgehensweise ist dann eine Deutung des Materials, durch die die subjektiven Perspektiven der Befragten und Beforschten bzw. der Interviewten nachvollzogen und expliziert werden sollen. Dieses Produkt wird dann *sozialwissenschaftliche Paraphrase* genannt, also eine Re-Formulierung, die an die Stelle des ursprünglichen Materials gestellt werden kann. Darüber hinaus können diese Paraphrasen dann mit »allgemeinen Sinnstrukturen« verglichen werden.

Das Ablaufmodell der sozialwissenschaftlich hermeneutischen Paraphrase sieht dann folgendermaßen aus:

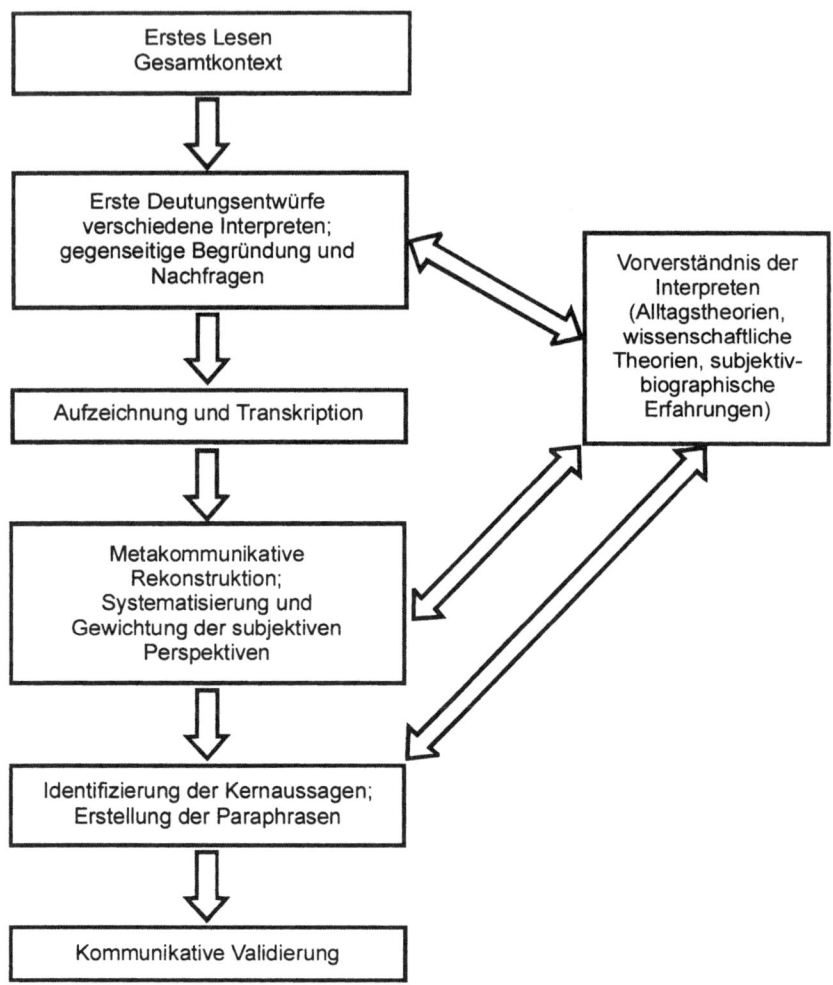

Abb. 5: *Ablaufmodell der sozialwissenschaftlich-hermeneutischen Paraphrase nach Mayring 1990 S. 84*

Zugezogen werden mehrere Interpreten, um so zu besseren Deutungen zu gelangen, bzw. wie gesagt wird, um die Ergebnisse objektiver erscheinen zu lassen.

Hier liegt dann auch der Anknüpfungspunkt für die von Ulrich Oevermann entwickelte »Objektive Hermeneutik«.

(b) »Objektive Hermeneutik« (Oevermann/Allert/Kronau/Krambeck 1979).

Ihr Ziel ist es, »hinter den einzelnen subjektiven Bedeutungsstrukturen, die das Material (z.B. Interviews) liefert, allgemeine, objektive Strukturen zu erschließen.« (Mayring 1990, S. 90)[51]

Hier werden zwei Ebenen unterschieden. Man könnte sagen, die Ebene des Individuellen und die des Sozialen bzw. die des Besonderen und die des Allgemeinen. Mayring nennt einmal die Ebene der »subjektiven Bedeutungen der handelnden Subjekte«, also der »Beforschten«; zweitens die dahinterliegenden (!) »objektiven Bedeutungsstrukturen« (ebd.) bzw. universell vorgegebene »Reguluniversalien«, worunter Oevermann regelerzeugende, überindividuelle Gebilde versteht, die an sich nicht mehr kritisierbar sind. Sie stellen die Bedingung der Möglichkeit von Praxis dar, sind selbst aber keine Erzeugnisse der Praxis, sondern sie sind quasi naturhaft vorgegeben.[52]

Das Problem der Bestimmung des Verhältnisses von Individuum und Gesellschaft wird hier in geradezu klassischer Form durch Rückgriff auf etwas Transzendentales zu lösen versucht. Das dem Forscher vorliegende Material ist zunächst immer nur subjektiv in dem Sinne, daß es von einzelnen Subjekten produziert worden ist. Die Frage lautet dann: Wie ist es möglich, von dieser subjektiven Ebene auf Allgemeines, auf für die Gesamtgesellschaft gültige Strukturen, zu den Reguluniversalien zu kommen?

Die quantitative Soziologie löste dieses Problem mit dem Konzept der Repräsentativität und der großen Zahl der Probanden. Die qualitative Sozialforschung kann das nicht, weil sie Intensivbefragungen und gründliche Materialstudien betreiben möchte, die immer nur anhand von Einzelfällen bzw. großen Materialmengen bei wenigen Probanden durchgeführt werden können. Hier ist dann übrigens häufig die Neigung zu beobachten, qualitative und quantitative Verfahren miteinander zu koppeln, wie z.B. in der bereits erwähnten Studie von Hoffmeister/Sill 1992.

Die objektive Hermeneutik Ulrich Oevermanns versucht dieses Problem der allgemeinen Gültigkeit von Aussagen aber auf anderem Wege zu lösen.

Subjektive Bedeutungen, meint Oevermann, können zwar mit objektiven identisch sein, in aller Regel weichen sie jedoch davon ab und müssen erst aus dem Material

---

51   Vgl. auch die ausführliche Darstellung bei Heinze-Prause 1992, S. 164-196; s. auch Titscher et al. 1998, S.247-263.

52   Vgl. dazu auch die nativistische Theorie Chomskys, auf die sich Oevermann selbst auch bezieht. Wie die linguistische Kompetenz bei Chomsky sind Oevermanns Reguluniversalien eine Art von »tacit knowledge«, die allerdings nicht nur die Sprache, sondern auch die Logik und die Moral eines jeden Individuums leiten. Man könnte sie auch als bedeutungsgenerierende Regeln auffassen.

erschlossen werden. Dabei sei schrittweise vorzugehen. Kernpunkt sei dabei der Einbau von Gedankenexperimenten, die in einer Gruppe von etwa fünf Wissenschaftlern oder Interpreten vorgenommen werden. Jeder einzelne »Interpret nimmt sich eine Textstelle vor, die eine Handlung aus der Sicht eines Subjektes beschreibt und entwirft möglichst alle nur denkbaren Bedeutungen der Handlung, unabhängig vom konkreten Fall. Aus diesen gedankenexperimentellen Konstruktionen lassen sich, so die Annahme, Gemeinsamkeiten herausfiltern, die allgemeine Struktureigenschaften der Handlung darstellen. Erst jetzt wird wieder auf den konkreten Fall eingegangen und geklärt, welche spezifische Bedeutung hier zutrifft. Aus dem Verhältnis möglicher und tatsächlicher Bedeutungen schält sich während der Analyse sukzessive die objektive Sinnstruktur des Falles heraus.« (Mayring 1990, S. 90ff.) Hier müssen sich die verschiedenen Interpreten zusammenraufen, eigene Interpretationen hinterfragen lassen, um letztlich zu einer von allen gebilligten Interpretation zu gelangen, um so auf »allgemeinere objektive Strukturen« schließen zu können.[53]Das Verfahren sieht nach Mayring im einzelnen folgendermaßen aus:[54]

»Die Analyse beginnt mit der Bestimmung der Fragestellung. Es muß festgelegt werden, worauf die Analyse des Materials abzielt: die Persönlichkeitsstruktur des Interviewten, die Interaktionsstruktur mit dem Interviewer, die Struktur der Organisation, über die der Interviewte berichtet. Daran schließt sich die Grobanalyse an. Es wird erst einmal analysiert, was das Handlungsproblem der Situation ist, aus dem das Material stammt, also die situativen Bedingungen der Materialentwicklung. Denn es sind ganz unterschiedliche Rahmenbedingungen, wenn es sich um eine Therapie-Patient-Interaktion, ein Interview oder eine Gruppendiskussion handelt. Diese Rahmenbedingungen bilden eine Grobstruktur, die der Bezugspunkt der folgenden Analyse ist, dabei aber auch ständig überprüft wird und modifiziert werden kann. Der nächste wesentliche Schritt und zugleich das Kernstück der Analyse ist nun die sequentielle Feinanalyse. Sequentiell bedeutet dabei, daß das Material in einzelne Interakte, also aufeinander bezogene Handlungen, zerlegt wird, die nacheinander analysiert werden. Hier findet nun das schon angesprochene gedankenexperimentelle Vorgehen statt. Für den ersten Interakt werden alle möglichen Handlungskontexte gedankenexperimentell entworfen, in die die konkrete Handlung passen könnte. Daraus werden allgemeine Struktureigenschaften des Kontextes gefolgert und dann mit den konkreten Kontextbedingungen verglichen. Schließlich werden aus dem ersten Interakt die möglichen Konsequenzen für den zweiten Interakt erwogen. Man fragt sich also wieder (gedankenexperimentell), wie es jetzt im Protokoll grundsätzlich weitergehen könnte, bevor man dies mit dem tatsächlichen weiteren Verlauf vergleicht. Der letzte Schritt in der Objektiven Hermeneutik ist nun der Versuch von Strukturgene-

---

53   Vgl. dazu den Erfahrungsbericht über einen Versuch, mit dem Konzept der Objektiven Hermeneutik zu forschen, bei Titscher et a. 1998, S. 339 ff.

54   Vgl. dazu im Detail Oevermann et al. 1979; Burkhart 1983; Schneider 1985.

ralisierungen. Es werden verschiedene Fälle, die sich auf die zu Beginn festgelegte Fragestellung beziehen, miteinander verglichen. Denn eine einzelne Analyse läßt höchstens Strukturhypothesen zu. Sie müssen durch Heranziehen weiteren Materials abgesichert werden.« (Mayring 1990 S. 92f.)

Daraus ergebe sich nun folgendes Ablaufmodell:

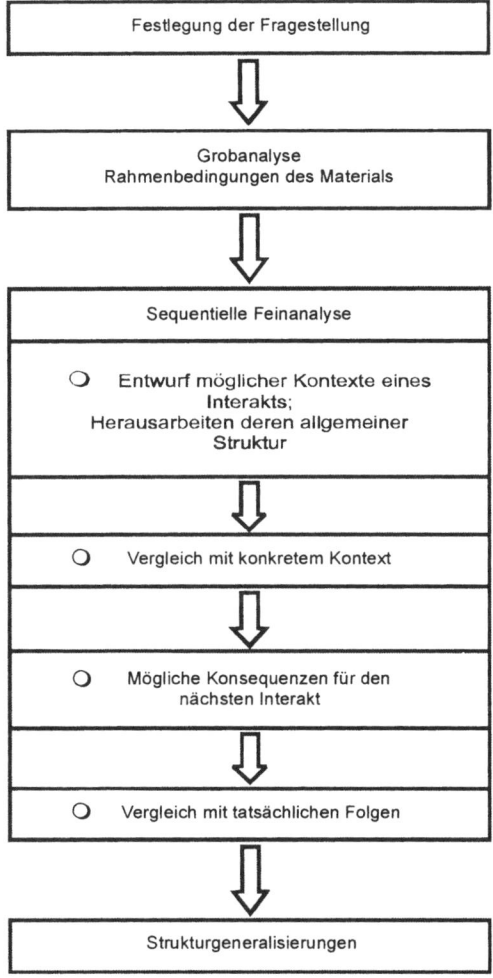

Abb. 6: *Ablaufmodell der Objektiven Hermeneutik nach Mayring 1990, S. 93*

Die Grundfragen bei diesen beiden hermeneutischen Verfahren lauten also:

1. Über welches Vorverständnis (also welche Alltagstheorien, wissenschaftliche Theorien, subjektiv-autobiographische Erfahrungen) verfügt der analysierende Wissenschaftler?

2. Wie kommt er von der Analyse des Einzelfalls zu gültigen Verallgemeinerungen, oder: Wie schließt man von Deutungen des individuellen Agierens und individueller Haltungen auf allgemein gültige gesellschaftliche und repräsentative Ergebnisse (objektive Sinnstrukturen)?

M. E. hat die Hermeneutik diese Fragen nicht angemessen beantwortet. Ich möchte in aller Kürze einige Begründungen für diese Annahme anführen.

1. Die Frage nach dem Vorverständnis des Wissenschaftlers ist so zu unpräzise gestellt. Denn *den* Wissenschaftler gibt es nicht. Jeder Wissenschaftler ist (mindestens) in einen wissenschaftlichen Spezial-Diskurs eingebunden; er »denkt niemals allein«, sondern stützt sich – wie selektiv auch immer – auf die im wissenschaftlichen Diskurs historisch und aktuell vorgegebenen Theorien.

Es ginge also darum, die Verortung des einzelnen Wissenschaftlers im wissenschaftlichen Diskurs ausfindig zu machen. Dies ist allerdings von großer Bedeutung. Nehmen wir das folgende Beispiel: Bestimmte wissenschaftliche Ansätze gehen von der Voraussetzung aus, daß es Geist außerhalb des menschlichen Geistes gäbe. Andere wiederum meinen, daß es außerhalb des menschlichen Geistes keinen Geist gebe.

Solche Unterschiede in den Grundansätzen werden selten explizit gemacht. Sie können aber zu erheblichen Unterschieden bei den Schlußfolgerungen führen. Gibt es z.B. einen vorausgesetzten Sinn der Geschichte, z.B. derart, daß die Geschichte das Ziel verfolge, Gottes Willen zu erfüllen bzw. mit ihm identisch zu werden, wie dies z.B. in der Philosophie Hegels zu beobachten ist oder auch beim orthodoxen Marxismus marxistisch-leninistischer Prägung, dann bedeutet dies, daß der Mensch/die Menschen diesen historischen Gesetzen unterworfen sind und all ihr Tun und Lassen im Grunde müßig ist, weil ihre Geschicke ja von außen gesteuert sind. Meint man dagegen, es gebe nur den menschlichen »Geist« als Grundlage für menschliches Handeln, kann dies zum schieren Subjektivismus und zum Egoismus bis hin zu absoluter Egozentrizität führen.

Sieht man das Subjekt dagegen eingebunden in einen sozial-diskursiven Zusammenhang, der eine Geschichte hat, in der Wissen von Generation zu Generation aktiv tradiert und weiterentwickelt wird, wird man zu dem Resultat kommen, daß aktives und vernunftgeleitetes menschliches Handeln in der Gesellschaft zu Resultaten führt, die der Mensch/die Menschen selbst im Guten und im Schlechten *zu verantworten* haben. Die Menschen werden als »geschichtsmächtige« verstanden, als diejenigen, die verändern können, die Perspektiven entwickeln können etc. Die Frage, für welche Position man sich entscheidet, ist oft schwierig zu beantworten.

Damit man sich überhaupt solche Fragen stellen kann, muß man die unterschiedlichen Positionen genau kennen. Der Rest ist dann eine Frage der emotionalen und rationalen Kraft des Einzelnen und seiner Handlungsmöglichkeiten oder auch ganzer menschlicher Kollektive und ihrer jeweiligen historisch-diskursiv erzeugten Befindlichkeiten.

Es geht m.E. also darum, die Denkvoraussetzungen der Wissenschaftler zu hinterfragen. Danach müssen die entwickelten einzelnen Theoriegebäude auf Widerspruchsfreiheit, Stringenz etc. befragt werden. Es geht darum, die Frage zu beantworten, ob das vorausgesetzte Theoriegebäude überhaupt geeignet ist, den zu untersuchenden Gegenstand zu erfassen bzw. angemessen zu deuten. Ferner ist zu fragen, wie der Wissenschaftler zu seinem Theoriegebäude kommt.

Dem kritischen Rationalismus z.B. des Philosophen Raimund Popper (Popper 1974) ist diese Frage ziemlich gleichgültig. Popper geht es darum, ob sich theoretische Annahmen in der Praxis bewähren. Woher sie stammen, ist für ihn nicht so wichtig. Bewähren sie sich nicht, müssen sie geändert werden und haben dann wieder solange Gültigkeit, wie die Wirklichkeit uns nicht eines anderen belehrt. Trotzdem möchte Popper »einigermaßen zur Wertfreiheit und Objektivität« vordringen (ebd. S. 107). Daher kann er auch fordern, »außerwissenschaftliche Wertungen aus den *Wahrheitsfragen* auszuschalten.«(ebd. S. 114)

Richtig ist: Wir bilden ständig Theorien, indem wir uns die Frage beantworten, wie ein bestimmtes Problem z.B. ganz praktischer Art zu lösen sei. Dies haben die Menschen immer getan, und sie werden das auch immer tun. Solches »Wissen« über die Wirklichkeit wird also diskursiv in den Gesellschaften weitergegeben. Es ist der Fundus, mit dem wir versuchen, unsere alte und neue Wirklichkeit zu bewältigen. Alle Menschen sind also in theoretische Diskurse eingebunden. Und die darin enthaltenen Theorien sind Deutungsversuche und Bewältigungspläne, die mehr oder minder zweckmäßig, mehr oder minder geeignet sind, sich mit der Wirklichkeit so auseinanderzusetzen, daß damit bestimmte Zwecke erfüllt werden können. Solche Theorien können nicht den Anspruch auf Wahrheit erheben. Sie sind immer nur richtig oder falsch in Bezug auf bestimmte zu erreichende Ziele. Deshalb werden solche Theorien auch immer umstritten sein, zeitweilig dominieren (= als »gültig« durchgesetzt werden), wieder kritisiert und problematisiert oder auch verworfen werden etc. Denn es sind die Zwecke und Ziele, es sind die Interessen, die damit verfolgt werden, zu denen die Menschen aller Zeiten und Orte in unterschiedlichen Verhältnissen stehen.

Im Gefolge sich entwickelnder Arbeitsteilung und sich herausbildender und immer wieder ändernder Macht- und Herrschaftsverhältnisse konnten sich einige Menschen darauf spezialisieren, Theoriebildung zu ihrer hauptsächlichen Profession zu machen. Heute nennt man diese Menschen Wissenschaftler. Sie sind nichts anderes als Spezialisten für etwas, das alle Menschen tun: Modelle anzuwenden oder weiterzuentwickeln für die Bewältigung bestimmter Probleme. Dies tun sie, indem sie sich auf den wissenschaftlichen Diskurs oder auch auf den Alltagsdiskurs stützen, diesen aufnehmen und weiterzuentwickeln versuchen. Dies geschieht immer in Rückkopplung an die jeweilig vorhandene Realität, die ja gedeutet, bewältigt und möglicherweise weiterentwickelt werden soll.

Jede wissenschaftliche Arbeit beginnt also mit der Rezeption der bisherigen Versuche, Wirklichkeit zu deuten und zu gestalten, zu stabilisieren und auch zu verändern und zu verbessern. Und alle Wissenschaftler tun dies, eingebunden in einen historischen Diskurs, der weit zurück in der Geschichte seinen Ursprung haben kann usw. usw.

Die Frage, ob eine wissenschaftliche Untersuchung Substanz hat, läßt sich also nur dann beantworten, wenn man die Stringenz der Rezeption des wissenschaftlichen Diskurses befragt und schaut, ob dieser Diskurs richtig rezipiert und möglicherweise weiter entwickelt ist als bisher vorliegende Ansätze. Man hat also »das Spiel zu spielen«, um das Spiel selbst und seine Regeln verändern zu können.

Hier zeigt sich auch, daß es kein absolut richtiges Wissen gibt, sondern immer nur ein historisch bedingt richtiges Wissen bzw. jeweils mehr oder minder gültiges Wissen am Beispiel: Zu seiner Zeit hatte Galilei recht; seine Erkenntnisse bedeuteten in seiner Zeit historisch richtiges Wissen. Dieses Wissen ist heute in wesentlichen Punkten überholt und durch neues historisch richtiges Wissen ersetzt worden. Oder ein viel präkäreres Beispiel: Im NS-Faschismus galten die Euthanasie und ihre wissenschaftlichen Grundlagen als richtiges Wissen. Hier erweist sich, wie sehr als richtig geltendes Wissen völlig unangemessen und unmenschlich sein kann. Hier wird zugleich deutlich, daß die Frage nach Richtig und Falsch auch auf dem Feld der Wissenschaft eng mit ethischen Einstellungen verbunden ist.

Insofern ließe sich der auf wissenschaftlich arbeitende Subjekte konzentrierte Ansatz der Hermeneutik im Hinblick auf die Notwendigkeit der Überprüfung der Voraussetzungen so modifizieren, daß man fragt: Ist dieser Ansatz so, daß er das soziohistorisch vorhandene Wissen in einer bestimmten Gesellschaft aufgenommen, verarbeitet und evtl. »richtig« und ethisch verantwortlich weitergedacht hat? Wie ist es zu kritisieren und zu problematisieren, daß es durch anderes, möglicherweise humaneres Wissen zu ersetzen ist?

Empirische Forschung kann darauf verweisen, daß ursprüngliche theoretische Annahmen vielleicht zu grobschlächtig sind, zu allgemein. Zweitens: Man kann feststellen, daß analytisch mögliche Unterscheidungen zwischen verschiedenen Kategorien in dieser abstrakten Form nicht angemessen und/oder nicht ethisch vertretbar sind, weil sie etwa bestimmte Menschengruppen ausgrenzen.

Am Beispiel: Moderne Rassismustheorien unterscheiden zwischen genetisch und kulturell argumentierenden Rassismen. In den Interviews, die wir gemacht haben (vgl. Jäger 1991, M. Jäger 1996, Cleve 1997ab), zeigte sich aber, daß die Interviewten genetische und kulturelle Argumente nicht klar unterschieden. Die Ausdifferenzierung in genetischen und kulturellen Rassismus wird damit noch nicht obsolet. Wir wissen aber jetzt, daß dazwischen im Alltagsdiskurs nicht unterschieden wird, und können schlußfolgern: Den Menschen, die Einwanderer ablehnen, ist es recht gleichgültig, wie sie ihre Ablehnungen begründen. Sie nehmen die Gründe, von woher sie sie kriegen können. Zudem kann man solche Haltungen als unethisch kritisieren.

Insoweit ist also der Grundgedanke Poppers nützlich und bedenkenswert. Die von ihm nicht beantwortete und m. E. entscheidende Frage ist aber die, wie der Wissenschaftler (und andere Menschen) dazu kommt, etwas für richtig und für ethisch vertretbar zu halten. Popper betrachtet diese Frage als außerwissenschaftlich: »außerwissenschaftliche Wertungen sind aus den Wahrheitsfragen auszuschalten.« Seine eigenen Bedenken gegen diese Forderung sind jedoch massiv, obwohl er sie letztlich zurückweisen muß, weil ihm dies sein Begriff von Wissenschaft als »reiner Wissenschaft« (ebd. S. 114) gebietet. Daher seien seine Bedenken gegen seine eigenen Annahmen hier kurz zitiert:

»Die Reinheit der reinen Wissenschaft ist ein Ideal, das vermutlich unerreichbar ist, für das aber die Kritik dauernd kämpft und dauernd kämpfen muß.- In der Formulierung dieser These habe ich es als praktisch unmöglich bezeichnet, die außerwissenschaftlichen Werte aus dem Wissenschaftsbetrieb zu verbannen. Es ist das ähnlich wie mit der Objektivität: Wir können dem Wissenschaftler nicht seine Parteilichkeit rauben, ohne ihm auch seine Menschlichkeit zu rauben. Ganz ähnlich können wir nicht seine Wertungen verbieten oder zerstören, ohne ihn als Menschen *und als Wissenschaftler* zu zerstören. Unsere Motive und unsere rein wissenschaftlichen Ideale, wie das Ideal der reinen Wissenschaft, sind zutiefst in außerwissenschaftlichen und zum Teil religiösen Wertungen verankert. Der objektive und der wertfreie Wissenschaftler ist nicht der ideale Wissenschaftler. Ohne Leidenschaft geht es nicht, und schon gar nicht in der reinen Wissenschaft. Das Wort ‹Wahrheitsliebe› ist keine bloße Metapher.« (ebd. S. 114)

Zu fragen ist natürlich, ob es *Dekret* und wessen Dekret es ist, die Frage der moralischen (nach Popper: außerwissenschaftlichen) Bewertung aus der Wissenschaft zu verbannen. Ich werde insbesondere im Schlußkapitel dieses Buches begründen, weshalb ich in diesem Punkte grundlegend anderer Ansicht bin: Insbesondere in den Humanwissenschaften (aber nicht nur dort) hat die Verbannung der »Vernunftmoral« (Habermas 1983, S. 55) aus der Wissenschaft verheerende Folgen« gehabt. Angeblich »objektive Ergebnisse« konnten zur Waffe gegen Menschlichkeit und gegen die Unversehrtheit der Natur umgemünzt werden, trotz gelegentlich – wie bei Popper - geäußerter Bedenken. Ich werde deshalb vorschlagen (und diesen Vorschlag auch knapp begründen), einen anderen Begriff von Objektivität der Wissenschaft (wieder) einzuführen: einen, der sich an der Würde des Menschen und an der Unversehrtheit an Leib und Seele orientiert.

2. Das zweite Problem, die Frage nach der Verallgemeinerbarkeit herausgefundener individueller Haltungen, ist ähnlich schwierig zu lösen.[55] Denn hier handelt es sich darum, ob und wie und in welchem Maße das Individuum durch die Gesellschaft und durch etwaige Reguluniversalien geprägt ist und welchen Beitrag es selbst zum Bild der Gesellschaft leistet. Sicher ist, daß individuelle Haltungen etc. nicht den allgemein gesellschaftlich vorfindlichen, von allen Menschen geteilten restlos entsprechen. Doch ebenso sicher ist auch, daß alle Menschen sich bis zu einem gewissen Grad an Sozio-Historisch-Vorgegebenes halten müssen, sonst kommen sie in der Gesellschaft nicht zurecht.[56]

Das beste Beispiel dafür ist die mehr oder minder gemeinsame Sprache, die alle Gesellschaftsmitglieder benötigen, um in der Gesellschaft zu überleben. Ähnlich funktionieren andere Normen, Routinen, Werte, Glaubensvorstellungen usw., die eine gewisse Ordnung bedeuten, die sich allerdings historisch auch immer wieder verändert.

So kann ich hier – eine genauere Begründung folgt später – zunächst einmal sagen, daß die (meisten) individuellen Haltungen sozial geteilt werden, wie die Sprache(n) sozial geteilt wird/werden. Oder anders: Alle Individuen sind in die (sozialen) Diskurse verstrickt. Ein Rückgriff auf angenommene allgemeine Reguluniversalien ist darüber hinaus m.E. im allgemeinen nicht erforderlich.[57]

Die Annahme, daß alle Menschen in die gesellschaftlichen Diskurse verstrickt sind und in diesem Prozeß die Subjektbildung stattfindet, bedeutet nun für eine qualitative Sozialforschung, wie ich sie mir vorstelle, daß ihre Untersuchungen mit klein-

---

55 Vgl. hierzu auch Heinze 1992, S. 126-156.

56 Georg Simmel hatte die Idee, daß das Individuum soziologisch faßbar sei als »Kreuzungspunkt sozialer Kreise«. Obwohl bedacht werden müsse, daß das Individuum, obwohl gesellschaftlich, so aber doch nicht nur gesellschaftlich, sondern stets auch jenseits gesellschaftlicher Bestimmungsmomente etwas Einzigartiges und Besonderes sei, könne man andererseits soziologisch davon ausgehen, daß das Besondere am Individuum sich aus allgemeinen Elementen rekrutiere, Bezügen zu Gruppen und gesellschaftlichen Gebilden, in die der Einzelne einbezogen ist. Das Besondere am Individuum sei die jeweilige Teilhabe an unterschiedlich Sozialem. (vgl. Simmel 1908, 4. Kapitel) Dieser Gedanke ist von der qualitativen Sozialforschung m.W. viel zu wenig beachtet worden (vgl. aber Bonß 1982). In der Diskurstheorie spielt er, obwohl hier kein expliziter Bezug auf Simmel vorliegt, eine wichtige Rolle.

57 Damit spreche ich die umstrittene Frage nach dem Vorhandensein von Universalien bzw. anthropologischen Konstanten an. Die Annahme solcher Universalien wird etwa für die Formulierung von allgemeinen Menschenrechten wichtig. Aber auch diese sind äußerst umstritten und Teil der weltweiten diskursiven Kämpfe. Daran zeigt sich, daß es auch in ethischen Fragen letztlich kein absolutes Richtig oder Falsch gibt. Daraus ist zu folgern, daß alle Gesellschaften Produkt der konkreten Debatten und Auseinandersetzungen sind und die Menschheitsgeschichte nichts anderes darstellt als den Prozeß dieser Auseinandersetzungen.

sten Samples auskommen können, vielleicht mit Idealtypen, was hier nicht im Sinne der Max Weberschen Idealtypen gemeint ist.[58] Mit Idealtyp meine ich in diesem Zusammenhang eher so etwas wie »typisch« für eine Altersgruppe von Männern, von Frauen, mit bestimmter (Aus-)Bildung etc. Aber auch da ist noch Vorsicht geboten, weil die sozialen Diskurse keine Rücksicht darauf nehmen, ob sie Männlein oder Weiblein, Jungfrau oder Greis umspülen und prägen.

Diese Überlegungen sind auch für eine qualitative Soziolinguistik von enormer Bedeutung. Wenn *das Individuelle tendenziell sozial* ist bzw. wenn das Soziale tendenziell individuell ist, dann bedeutet dies auch für die Soziolinguistik einen Neuansatz in Verfahren und Theorie, also im Grunde die Aufhebung der traditionellen Sozio-Linguistik. Dazu gehört auch, daß sie auf bloße Quantifizierungen und statistischen Schnick-Schnack verzichtet, mit denen sie sich letztlich doch dem unterwürfe, was Max Horkheimer die »instrumentelle Vernunft« genannt hat. (Horkheimer 1974) Solche Quantifizierungen sind ja nichts anderes als lineare Hochrechnungen auf der Grundlage dünner Fakten. Doch wenn ich, um ein sehr schlichtes Beispiel zu wählen, eine Birne mit 5 multipliziere, ändert dies an der Qualität der Birne nicht das geringste. (Dabei ist nicht auszuschließen, daß quantifizierende Momente einbezogen werden sollten, wenn es um die Feststellung von Schwerpunkten und Tendenzen qualitativ bestimmter Phänomene geht.)

1.3. Quantifizierende qualitative Sozialforschung?

Ich möchte mich nun der bereits genannten Studie von Hoffmeister/Sill zuwenden: »Autoritäre Einstellungsmuster bei Jugendlichen und jungen Erwachsenen«, Opladen 1992, die ein exemplarisches Beispiel für diverse Fallstricke sozialwissenschaftlicher Hermeneutik darstellt.

Die Studie stellt sich folgendermaßen selbst vor:

>»Bei ihrer Suche nach den Ursachen eines fortschreitenden Rechtsextremismus richtet die neuere Jugendforschung zunehmend den Blick auf die sozialökonomischen und kulturellen Alltagserfahrungen Jugendlicher. Dabei gilt es, bereits im Vorfeld politischer Radikalisierung autoritäre Einstellungsmuster und Denkweisen zu erforschen. Sie wiederum stehen im Zusammenhang mit gesellschaftlichen Veränderungsprozessen, die von Jugendlichen vielfach als ›Bedrohung‹ wahrgenommen werden und die bis in die Privatheit familiärer Verhältnisse hinein ihre Auswirkungen besitzen.

---

58   Idealtypen sind bei Max Weber »theoretische Konstruktionen unter illustrativer Benutzung des Empirischen«. (Weber 1968, S. 205) Bei Weber ist der Idealtyp bekanntlich ein Konstrukt der Forschung, das diese nach vielen Beobachtungen aufstellt und als eine Art Meßlatte für Normalität verwendet, die an alle nun angelegt werden kann, wodurch Abweichungen festgestellt werden sollen.

Im Mittelpunkt der vorliegenden Studie steht die Erkundung von Persönlichkeitsprofilen und Bewußtseinslagen Jugendlicher/junger Erwachsener, die sich im Rahmen von Interviews über ihre Kindheit, ihre schulische oder berufliche Gegenwart, über ihre Einstellungen zu Politik und Gesellschaft sowie über ihre Zukunftsvorstellungen und -wünsche ausführlich geäußert haben. Die Analyse ihrer lebensgeschichtlichen Erzählungen erlaubt Einsichten in den Zusammenhang von konkreter Alltagserfahrung, psychischer Instabilität und autoritären Einstellungsmustern: jenem Hintergrund also, der die Gefahr zukünftig organisierter Radikalität annonciert.« (Klappentext)

Erhoben und analysiert wurden 24 sogenannte narrative Interviews. Die Interviews wurden aus einer Gesamtheit von 478 ausgewählt, die man mehreren quantitativen Analysen unterworfen hatte. Nach vorangegangenen quantitativen Analysen wurden 8 »autoritäre«, sechs »autoritär-instabile« und 6 »reine instabile Jugendliche« ausgewählt.[59] Genauere Analysen von Interviews (Interpretationen) wurden mit nur je einem Vertreter/einer Vertreterin dieser Gruppen durchgeführt, neben Gesamtzusammenfassungen von Analyseergebnissen für die einzelnen Gruppen. Auf diese Weise wurde versucht, sowohl die Oberflächenmeinungen (bei der großen Masse durch Tests) und die verdeckteren individuellen Meinungen herauszubekommen. Dieser *individuelle Faktor* stand bei dieser Untersuchung im Mittelpunkt des Interesses. Die Interviewten wurden aufgefordert, ihre gesamte Lebensgeschichte zu erzählen, wobei die Interviewer entsprechende Frageimpulse gaben.

Die Autoren stellten die folgenden Hypothesen auf:

»*Hypothese 1*: Mit zunehmender Dauer der Ausgrenzung aus gesellschaftlichen Bezügen (Schule, Beruf, Maßnahme) entwickelt ein Teil der heutigen Jugendlichen/jungen Erwachsenen durchgängig andere Lebensziele und Wertorientierungen und reagiert autoritärer und offen antidemokratischer als ›Versorgte‹ (Schüler, Erwerbstätige, Maßnahmeteilnehmer) auf im weitesten Sinne ›politisch-gesellschaftspolitische Problemfelder‹.

Werden bestimmte, sozialpolitisch relevante Problemfelder wie z.B. die Ausländerfrage, Arbeitslosigkeit, Kriminalität etc. thematisiert, ist dieser Teil der Jugendlichen eher bereit, eine Haltung einzunehmen, die sich an den ideologi-

---

59 Für die Vorauswahl wurden auf der Grundlage von vorhandener Literatur und eigener Experteninterviews Skalen und Variablen für die Bestimmung von Autoritarismus und Instabilität entwickelt (vgl. ebd. S. 40-43). Es wird zugegeben, daß damit nur »Oberflächenmeinungen« ermittelt werden konnten, da die Jugendlichen einige der Fragen gar nicht verstanden hatten. Obwohl quantitative Methoden explizit als untauglich angesehen werden (ebd. S. 44), werden sie als Grundlage für eine »Vorauswahl« akzeptiert. In der weiteren Untersuchung zeigt sich dann auch, daß die Abgrenzung der Jugendlichen nach A- und I-Skala (autoritär und instabil) wenig trennscharf ist. Auch die Einrichtung einer Mischgruppe löst dieses Problem nicht. So ergeben sich bei der Auswertung der Fragebögen teilweise sehr merkwürdige Ergebnisse, etwa: »viele von denen, die bereits auf der A-Skala hohe Werte erreichten, bewegten sich auch auf der I-Skala auf den oberen Plätzen.« (ebd. S. 52)

schen Ausrichtungen rechtspopulistischer Strömungen orientiert. Dies wird dort besonders auffällig, wo entsprechende politische Probleme mittelbar oder unmittelbar mit der Arbeitsplatzfrage (damit der eigenen Lebensplanung) kollidieren.

Hypothese 2: Mit zunehmender Dauer der Ausgrenzung breitet sich schrittweise ein Erlebnisvakuum aus, welches sich bei einem weiteren Teil der heute Jugendlichen/jungen Erwachsenen in Orientierungslosigkeit, Gleichgültigkeit gegenüber sich und anderen und Hoffnungslosigkeit im Hinblick auf die eigene (damit auch gesellschaftliche) Zukunft äußert. Der Rückzug ins Private und ein Leben allein im ›Jetzt und Hier‹ sind zwei häufige Folgen einer solcher Erfahrung.

Hypothese 3: Vagabundierende Orientierungsmuster bei gleichzeitiger Ablehnung alles gesellschaftlich ›Vorstrukturierten‹ führen zu einer Nichtteilhabe an bzw. Verweigerung von diversen Angeboten traditioneller Einrichtungen (Gewerkschaften, Einrichtungen der Stadt, der Kirche, der Verbände, der Schulen, der Betriebe). Solche Institutionen werden als nicht mehr zuständig für die eigene Lebenslage begriffen. Die ›Normalität‹ sozialer Ungleichheit wird dabei zwar sozial erlernt, traditionelle Integrationsangebote aber abgelehnt. Erst von hier aus wird von einem Teil der Jugendlichen/jungen Erwachsenen ein ›dritter Weg‹, der weder Aufstieg noch Fall ist, gesucht und ›produktiv‹ in jenen Zusammenhängen erprobt, auf die Institutionen keinen Zugriff haben.

Anders als ›versorgte‹ Jugendliche entwickeln unversorgte Jugendliche entsprechend eher ›unsichtbare‹, extrafunktionale (häufig auch ›multifunktionale‹) Qualifikationsprofile. Das bedeutet, ihre praktischen Fähigkeiten, ihre Phantasie und ihre Flexibilität bleiben vor allem deshalb im Verborgenen, weil sie sich in Feldern entfalten, die gesellschaftlich nicht (nach)gefragt und nicht akzeptiert sind. Sie unterliegen nicht der (markt)gängigen Akzeptanz, weil es ihnen an Verwertbarkeit mangelt.

Hypothese 4: Ein erheblicher Teil der heute Jugendlichen/jungen Erwachsenen wird, auch bei einer Verbesserung der Relation von Ausbildungsplatzanbietern und Ausbildungsplatznachfragern in den 90er Jahren, resistent bleiben gegen das ›Ansinnen‹, unter den gegenwärtigen Bedingungen an tradierten Formen des Erwerbslebens teilzunehmen. Weder geeignet noch interessiert an einem System, welches zunehmend intellektuelle Wendigkeit, ständige Lernbereitschaft, Produktidentifikation u.ä. einfordert, geraten sie in Widerspruch zu den Optionen, die sich ihnen auch künftig wieder in der betrieblichen Wirklichkeit eröffnen. Eine solche Haltung wird von vielen auch auf diverse Subsysteme der Gesellschaft übertragen. Die von D. Baacke (1980, S. 115 ff) behauptete ›Selbstausbürgerung‹, als gewollter und geplanter Rückzug aus den tradierten ›Normalitäten‹ gesellschaftlicher Existenz, hat hier ihren Ursprung. Sie ist aus subjektiver Perspektive logische Konsequenz der hunderttausendfach addierbaren Erfahrungsfonds.

Wer nicht gewollt ist, wird sich beizeiten suggerieren, daß er auch nicht willens sei. Eine solche Selbstsuggestion aber bliebe nicht folgenlos. Eine über Jahre hinweg systematisch betriebene Ausgrenzungspolitik schlüge auf diese Weise in Gestalt ›neuer Sozialcharaktere‹ auf einen Arbeitsmarkt, damit auf eine Gesellschaft zurück, die hierauf kaum vorbereitet ist. Allein die aktuelle Arbeitslosen-Statistik wäre auf diese Weise für eine gewisse Zeit relativ problemlos ›entsorgt‹.« (Hoffmeister/Sill 1992, S. 38-40)

Diese Hypothesen bestätigen sich im wesentlichen. Die Ergebnisse lassen sich folgendermaßen zusammenfassen:

»So konnte auch im Interview-Material der A's (= der Autoritären, S.J.) das Vorhandensein einer autoritären Haltung – in weitgehender Übereinstimmung mit unserer skalierenden Vorauswahl – ausgemacht werden. Andersherum ermöglichten es uns erst die lebensgeschichtlichen Interviews, Aussagen über die Lebensverhältnisse, Zukunftsplanungen, Wünsche, Hoffnungen, Selbst- und Weltbilder der ausgewählten Jugendlichen/jungen Erwachsenen zu treffen.

Genau in diesem Zusammenhang war uns auch der extreme Gegensatz in der sozialen Herkunft solcher Informanten erstmalig aufgefallen, die auf der A-Skala obere Ränge belegt hatten. Aber auch Unterschiede in den Erscheinungsformen sowie bei der ›Handhabung‹ ihrer autoritären Einstellungen konnten auf diese Weise ›dingfest‹ gemacht werden. So stellten wir etwa fest, daß bei denjenigen Informanten aus den gehobenen sozialen Milieus, mehrheitlich den ›reinen‹ A's also, die Neigung zum Autoritarismus eher in abstrakt-verallgemeinerbaren Forderungen und Denkmustern (Ablehnung bestimmter Sozialleistungen, geschickt kaschiertes Elitedenken etc.) zum Ausdruck kam. Auch ging dies in auffälliger Weise einher mit einer Orientierung an den elterlichen Lebensweisen sowie der Akzeptanz elterlicher Erwartungshaltungen; Erwartungshaltungen, die durchgängig von Aufstiegsorientierung und vehementem ›Nach-Vorne-Wollen‹ geprägt waren.

Ganz anders die allesamt eher marginalen Haushalten entstammenden A-I's (Autoritär-Instabilen, S.J.). Sie entpuppten sich als Vertreter eines weitaus ›direkteren‹, damit auch in gewissem Sinne ›ehrlicheren‹ Autoritarismus. Eine solche Einschätzung resultierte vor allem aus ihrem wenig differenzierten Denken sowie ihrer sprachlichen Unbeholfenheit. Darüber hinaus waren sie in erster Linie mit der Bewältigung ihrer unmittelbaren Gegenwart, vor dem Hintergrund einer oft schlimmen Vergangenheit, beschäftigt. Ihr Blick war also zuallererst auf das ›Zurechtkommen‹ in einer Welt gerichtet, die sie nicht verstanden und die ihnen, als Folge ihrer biographischen Bürden, feindselig gegenüber zu stehen schien. Von ihnen wurden nahezu alle Aussagen, die den Rahmen einer Beschäftigung mit dem unmittelbar Individuellen sprengten, aus den abstrakten Zusammenhängen herausgelöst und in der Folge immer wieder personalisiert, dichotomisiert und auf vermeintlich Überschaubares reduziert. Die eigene Vergangenheit schien dabei, ebenso wie die Welt ihrer Eltern, keine den ›reinen‹ A's vergleichbare Rolle zu spielen.

Auch bei den ›reinen‹ I's (Instabilen, S.J.) war jene Verhaltensorientierung auszumachen, bei der der Blick auf das Selbst, das unmittelbar Machbare sowie
die nähere und nächste Zukunft gerichtet blieb. Allerdings betrachteten diese
nicht im gleichen Maße wie die ›reinen‹ A's oder die A-I's das Leben als be-
ständigen Kampf. Die ›reinen‹ I's vor allem wurden von der Illusion beherrscht, über Perspektiven zu verfügen. Sie wähnten sich im Besitz von Lebenschancen, die sowohl der eigenen Wendigkeit als auch dem Vermögen der
Eltern entsprangen, ihren Kindern behilflich zu sein auf dem Wege in ein
›normales‹ Leben.« (Hoffmeister/Sill 1992, S. 159f.)

Zu diesem Ergebnis stellen sich einige Fragen:

War der riesige Aufwand von 478 Probanden erforderlich? Auch hier haben wir den
Versuch, qualitative Aussagen durch quantitative abzusichern. Es wird aber nirgends
sichtbar, daß dies den Resultaten irgendwie zugutegekommen wäre. Im Gegenteil:
Die Vorauswahl scheint nicht dazu geführt zu haben, trennscharfe Gruppen zu ermitteln – was auch nicht anders zu erwarten war – denn, wie gesagt: alle sind in die
entsprechenden autoritären und antidemokratischen Diskurse verstrickt. Gerade die
Einzelanalysen zeigen, daß kaum größere Unterschiede zwischen den einzelnen
Gruppen bestehen. Genauer analysiert wurden denn auch nur 24 Interviews – ein
zwar m.E. ausreichendes Corpus zur Erfassung des betreffenden Diskursstrangs,
das allerdings sehr viel detaillierter hätte aufbereitet werden müssen. Die Interpretationen der Interviews, wie an den abgedruckten Einzelanalysen zu ersehen ist, bleiben doch sehr an der Oberfläche. Ich möchte deshalb eine der drei Analysen hier in
Auszügen vorstellen. Es handelt sich um die Interpretation eines Interviews mit einem Jugendlichen, der zuvor als eindeutig »autoritär« eingestuft worden war [60]:

»Gerd« – Eine exemplarische Analyse

»... Am Beispiel von Gerd, einem 18jährigen Realschüler, sollen in exemplarischer Weise jene Mühen der Interpretation vorgeführt werden, die in ihrer Gesamtheit als Grundlage aller Ausführungen in ... (der abschließenden Zusammenfassung, S.J.) angesehen werden dürfen. Dabei eignet sich Gerd in besonderer Weise, weil das mit ihm geführte Interview wie kaum ein anderes deutlich werden läßt, wie wichtig es ist, sich nicht allein der präsentierten Selbstsicht des Interviewten zu überlassen; es vielmehr darauf ankommt, im Interview auch solche Momente der Persönlichkeit eines Informanten zu entziffern,
die das präsentierte Selbstbild ergänzen, ihm vielfach sogar radikal widerspre-
chen. Das Bild, das Gerd von sich entwirft, vor sich selbst und gegenüber an-

---

60   Leider ist keines der Interviews vollständig abgedruckt, so daß eine diskursanalytische
     Auseinandersetzung damit nur aspekthaft möglich ist. Die folgenden Auszüge aus der
     "Interpretation" eines Interviews (mit Textbeispielen) haben denn auch in erster Linie
     die Funktion, die Vorgehensweise der Autoren zu verdeutlichen. Hinweise auf weiter-
     führende diskursanalytische Möglichkeiten finden sich vor allem in den folgenden An-
     merkungen.

deren, ist die eine Seite; die Analyse der zahllosen Widersprüche in den Interviewaussagen offenbart gegen seinen Willen die andere Seite. Weder die eine noch die andere bezeichnet allein ›die Wahrheit‹ über Gerd: nur beide Seiten in ihren vielfältigen Vermittlungszusammenhängen erlauben eine Annäherung an die komplexe und widerspruchsvolle Persönlichkeit, die Gerd ist – wie jeder andere Mensch auch.«[61]

›Natürlich isses gut‹: Das Selbstbild von Gerd

Mit Zufriedenheit bilanziert Gerd sein bisheriges Leben: »eigentlich hab ichs nich schlecht getroffen« (7/37).[62] Dieses und ähnlich lautende, zeitweilig eingefügte Resümes gelten einem Lebenslauf, in dessen Mittelpunkt die insgesamt problemlose Beziehung zu den Eltern steht. Mit ihnen, so Gerd, »gab‹s eigentlich *so* nie die Probleme« (2/27). Ihr sehr gutes Einkommen – der Vater arbeitet als Wissenschaftler bei einem international tätigen Konzern, die Mutter als Ärztin – garantieren auch dem Sohn einen materiell gesicherten Hintergrund. Unumwunden gibt Gerd zu: »ich hab eigentlich immer das gekriegt, was ich wollte« (2/29). Sei es die mit dem Vater geteilte Leidenschaft für das Urlaubsland Norwegen (vgl.5/7f.), die Gespräche mit ihm über gemeinsame Interessengebiete wie Geschichte (vgl.13/51ff.) oder die gemeinsame Lektüre internationaler Zeitschriften, die von den weltoffenen, kulturell interessierten Eltern abonniert wurden (vgl.10/29ff.): der familiäre Rahmen scheint überaus intakt. Kleinere Meinungsverschiedenheiten, etwa über die Frage der abendlichen Heimkehrzeiten (vgl.3/1ff.), Verkehrssünden des Sohnes (vgl.7/16ff.) oder über ausschweifende Parties (vgl.7/25ff.) sind für Gerd kaum der Rede wert, denn: »na ja – Streit gibts/*überall*« (6/9ff.).[63] Ganz ungewöhnlich für einen 18jährigen, bringt Gerd auch Verständnis auf für die Erziehungsmaßnahmen seiner Eltern – und kommentiert sie in einfühlsamer, verständnisvoller Weise: »weil se auch schon halt sehr viel Schlimmes erlebt haben und gesehen haben« (3/27f.).[64]

Nur mehr verhalten klingt der Vorwurf an, von den ehrgeizigen, unentwegt arbeitenden Eltern in der Kindheit viel alleingelassen worden zu sein

---

61 Das Aufzeigen solcher Widersprüche ist wichtiges Moment auch jeder Diskursanalyse. Darüber hinaus ist jedoch die strategische Form, in der solche Widersprüche auftreten, sehr interessant, da damit durchaus verschiedene Funktionen verbunden sein können, etwa Wahrung des Gesichts, Verleugnung und Relativierung von bestimmten Negativeinschätzungen, Herbeiziehen beliebiger Argumente zur Begründung einer Ausgrenzung; möglicherweise können solche "Widersprüche" auch Ausdruck der Tatsache sein, daß das Individuum sich seiner Sache nicht sicher ist, mit sich selbst argumentiert u.ä.

62 Die Ziffern verweisen auf Nummer und Zeile der Interviews.

63 Hier liegt eine Relativierungsstrategie vor: Gerd gibt hier nur verdeckt zu, daß es auch bei ihm zu Hause Streit gibt.

64 Durch die mehrfache Verwendung von "eigentlich" schränkt Gerd seine Aussagen jedoch erheblich ein: es gab durchaus Probleme.

(vgl.1/21ff. sowie 4/3ff.). Doch ebenso wie die nur angedeuteten Streitigkeiten mit dem Bruder (vgl.8/1f.) gehört das Problem des Alleingelassen-Werdens einer überwundenen Vergangenheit an:

> »ziemlich häufig *warn wir alleine aber*
> *tss hat eigentlich – würde ich sagen -*
> *zwar 'n paar Auswirkungen gehabt auf das* spätere *Leben*
> *aber eigentlich nicht so*
> *wie (...) irgendwelche Schlüsselkinder oder so«* (1/21ff.)

Und es erscheint durchaus plausibel, daß Gerd sämtliche, die Gegenwart betreffenden Probleme stets abschwächt oder mit dem Verweis auf andere relativiert; bietet doch der intakte familiäre Rahmen eine stabilisierende Basis, die es Gerd erlaubt, vorhandene Probleme wahrzunehmen, vor sich und anderen einzubekennen, ohne in eine ernsthafte Krise zu geraten. Zu diesen Problemen zählen seine Krankheiten (Gerd ist Legastheniker und hatte überdies in früheren Jahren epileptische Anfälle), Alkoholprobleme (»ich trink mir sehr gerne mal einen«, 4/29) und die hervorgehobene »Faulheit« (4/12): allesamt Probleme, die seine schulischen Leistungen auf der Realschule nicht gerade optimal werden lassen. »Aber wenn man sich vorstellt, daß andere Menschen *noch* schlimmer dran (...) sind – zum Beispiel im Rollstuhl oder so« (7/3ff.); »wenn man sich da einige andere anguckt – die sin ja noch früher (mit dem Trinken) angefangen« (4/36f.); »ich könnt eigentlich in der Realschule überall zwei bis eins stehen« (4/17f.) – stets bezeugt Gerd seine, ums Positive bemühte Sicht der Dinge. Begreift man die weitgehend intakten Familienverhältnisse als stabilisierenden Rahmen für Gerd, so erstaunt es auch nicht, daß er das Selbsterlebte zum Wunschbild der eigenen Zukunft erhebt: »daß ich mich später mit meiner Familie genauso gut versteh« (22/34f.).

Wie weit Gerd davon entfernt ist, in Anbetracht seiner Probleme in Selbstzweifel zu verfallen, zeigt die eher Selbstbewußtsein dokumentierende Charakterisierung der eigenen Person. Mehrfach hervorgehoben werden die eigene Sportlichkeit (vgl. etwa 2/21f.), Durchsetzungsfähigkeit (vgl.6/13ff.), Natürlichkeit (vgl.8/45ff.); die eigene Phantasie (vgl.11/25), Zuverlässigkeit gegenüber Freunden (vgl.27/3ff.) und insbesondere die eigene Kontaktfreudigkeit: »ich bin ziemlich kontaktfreudig – ich hab also nen ziemlich großen Freundeskreis« (8/10f.). Solcher Offenheit entspricht auch die Vielzahl von Neigungen und Interessen. Neben dem immer wieder erwähnten Sport sind es die Musik (»ohne Musik könnt ich nich leben«, 8/19), sowie Physik und Mathematik (vgl. etwa 2/6ff.). Aber auch politische, historische und theologische Fragen gehören zum Gesprächsstoff zwischen Gerd und seinen Freunden (vgl. etwa 11/50ff.). An Selbstbewußtsein mangelt es daher nicht, wenn Gerd zu der Einschätzung gelangt: »Also – dadurch hab ich natürlich auch so'n ziemliches Wissen auch« (10/47f.).« (Hoffmeister/Sill 1992, S. 101-103)

»... Von Interesse ist hier ... die Tatsache, daß sämtliche Statements, die Gerd zum Themenkomplex ›Politik und Gesellschaft‹ von sich gibt, Resultate seines persönlichen Dilemmas sind. Dies mag zunächst einmal überraschen, läßt sich jedoch bis ins Detail nachweisen. Im Zwiespalt zwischen verinnerlichtem Leistungsprinzip und eigener Versagensangst, beherrscht vom Zwang zur Karriere, zu der es für Gerd scheinbar keine Alternative gibt, erweisen sich seine autoritären ›Therapievorschläge‹ für vermeintliche oder tatsächliche Probleme dieser Gesellschaft als unmittelbarer Reflex seiner persönlichen Konfliktsituation: als verlängerter Arm der eigenen Zwangsdisziplinierung.

Kennzeichnend für Gerds Stellungnahmen zu politisch-gesellschaftlichen Fragen ist das beständige Bestreben, seine vielfach weitschweifigen Auslassungen auf jeweils einen kurzen Nenner zu bringen; Losungen, die den Kern der jeweiligen Sache genau treffen sollen. Gerade ihnen gilt die weitere Aufmerksamkeit.

»Ne härtere Hand – könnte der Politik, glaube ich manchmal nich schaden« (12/34f.). In Gerds Ausführungen wird nicht so recht deutlich, warum er administrative Maßnahmen in der Politik befürwortet. Die Aussage korrespondiert jedoch mit der andernorts bekundeten Überzeugung, Politik sei »zuviel Gerede« (12/42), ohne daß »*Taten*« (12/43) geschähen. Solch unterschwellige Rufe nach dem ›starken Mann‹, gerade in Deutschland mit einer unseligen Tradition behaftet, erscheinen als ›Antwort‹ auf einen diagnostizierten Zustand dieser Gesellschaft, in der nach Ansicht Gerds »immer weniger Leute arbeiten« (15/43). So unbestimmt und nebulös solche Aussagen bleiben, sowenig resultieren diese Thesen aus einem Nachdenken über gesellschaftliche Fragen: Sie entspringen vielmehr einer dumpfen Stimmung, deren ›biographischer Kern‹ leicht aufzudecken ist.[65] Denn in seiner heillosen Verstrickung zwischen erträumter Karriere und faktischer Unfähigkeit, entsprechende Leistungen in der Schule zu erbringen, sieht Gerd für sich den Ausweg allein im »Druck« (24/39), den die Eltern ausüben sollen. Und wo die eigene »Faulheit« (4/13) als vermeintliche Ursache der eigenen Konfliktsituation ausgemacht wird, da scheint es nur logisch, über »*faule* Lehrer« (18/6), allgemein ›arbeitsscheue Beamte‹ (vgl.15/46ff.) oder die 35-Stunden-Woche fordernde Arbeiter (vgl.16/34f.) herzuziehen: Die aus Versagensängsten resultierende Selbstbezichtigung führt zur Stigmatisierung ganzer Berufsgruppen.

Das große Thema in den Ausführungen Gerds zu ›Politik und Gesellschaft‹ sind die vermeintlich ungerechtfertigten Zahlungen – im Rahmen eines ›aufgeblähten sozialen Sicherungsnetzes‹ (vgl.19/1ff.), als ›Kriegsentschädigung an Israel‹, an die EG und die Nato (vgl.20/20ff.) Auch hier ist das Muster einer einfachen Übertragung mit den Händen zu greifen: Selbst von den Eltern stets viel Geld bekommen zu haben, bezeichnet Gerd als »Nachteil« (2/35). Und der Kern seines Dilemmas, damit zugleich das ganze Ausmaß seines Leidensdrucks gibt Gerd preis, wenn er einbekennt:

»*(...) manchmal wünsch ich mir natürlich auch -*

---

65 Die Frage, wodurch solche Stimmung Gerd ergreift, wird stark individuasalisiert. Daß Gerd in bestimmte (soziale) autoritäre *Diskurse* verstrickt sein könnte, wird nicht einmal gesehen.

daß ich mal so 'n bißchen weniger Geld -
aber dafür ,n bißchen besser in der Schule zu sein« (7/33ff.).

In der händeringenden Suche nach dem Ausweg aus seinem Dilemma – und das heißt: in der Hoffnung, baldmöglichst reibungslos zu funktionieren, sieht Gerd die Lösung allein in einer Devise, die er für sich wie für die Gesellschaft zum Allheilmittel erklärt: »Also ich meine eigentlich – (...) ich will auch später so arbeiten wollen – ähm – für *Leistung* gibt's Geld« (17/8ff.). Das vergötterte, nirgends in Frage gestellte Leistungsprinzip, wie es den Eltern scheinbar zur ›zweiten Natur‹ geworden ist, wird zum Maßstab aller Überlegungen Gerds. Nicht zu werden wie sie, entspräche einem völligen Versagen.

Was bislang nur mehr als drohende Katastrophe des eigenen Lebensweges sich abzeichnet, für die eigene Zukunft noch immer entschieden abgewiesen wird, erfährt nach dem Muster einfacher Übertragung seine Ausformulierung auf gesellschaftlichem Felde:

»so viel Unterstützung, wie es in Deutschland gibt,
das gibt's nirgendwo anders auf der Welt.
Und darum wird auch dieser Staat zugrunde gehn – würd ich sagen – an dem
*ganzen Sozial*käse« (19/1ff.).

Hinter dem prognostizierten ›Untergang der Gesellschaft‹ steht die Angst vor dem eigenen ›Untergang‹ – wenn es nicht gelingen sollte, die ›Faulheit‹ zu überwinden.

Die immer wieder lauthals bekundete Zuversicht im Rahmen eines insgesamt positiven Bildes seiner Person und seiner Lebensumstände bezeichnet Gerds Weg einer, wenn auch mühevollen Bewältigung seiner Ängste. Je größer diese Angst, desto militanter zieht Gerd über jene her, die nicht so sind, wie er (noch immer) zu werden hofft: Es sind die »*Parasiten*« (15/36), die ›von fremdem Geld leben, ohne etwas zu leisten‹. [66] Der erschreckende Grad an Aggressivität, den solche Vokabeln verraten, entspricht dem Grad an Selbstbezichtigung, die Gerd betreibt – als ›fauler Sohn erfolgreicher Eltern‹. Mit anderen Worten: Das im Rahmen seiner positiven Selbstdarstellung bekundete Selbstbewußtsein ist keineswegs Folge psychischer Stabilität, sondern Ausdruck einer hochgradig fragilen Identität, die sich bislang speist allein aus Leistungen der Eltern, nicht aber Selbstgeleistetem: ein geliehenes Selbstbewußtsein.

Überaus deutlich dürfte geworden sein, daß Gerds Statements zu politisch-gesellschaftlichen Fragen seiner eigenen biographischen Situation entspringen. Die Diskrepanz von Wunsch und Wirklichkeit, von angestrebter Leistung und faktischer Leistungsverweigerung ('Faulheit') wird zum Grundproblem dieser Gesellschaft erhoben. Sie wiederum soll mit jenen Maßnahmen ›geheilt‹ wer-

---

66 Die Parallele solcher Formulierungen zu solchen, die in anderen Diskursen, etwa im Mediendiskurs gehäuft vorkommen, liegt auf der Hand. Der ausschließlich das einzelne Individuum anvisierende Verweis auf »Muster einer einfachen Übertragung« greift zu kurz.

den, von denen sich Gerd in erster Linie einen Ausweg aus seiner eigenen Problemlage erhofft: die ›härtere Hand‹, ›Taten statt Worte‹ – im Rahmen allumfassender Gültigkeit des Prinzips ›Für Leistung gibt's Geld‹ ›. Offenkundig mangelt es Gerd an dem Vermögen, in Absehung von der eigenen Person über die Spezifik politisch-gesellschaftlicher Fragestellungen nachzudenken. Nicht minder fehlt es an der Fähigkeit zu kritisch-distanzierter Selbstreflexion. Sie allererst würde es Gerd erlauben, aus dem bislang übermächtigen Schatten seiner Eltern herauszutreten – und das hieße auch: das Leistungsprinzip zu relativieren oder gar abzulehnen. Zugleich wäre dies auch ein Schritt zu der Einsicht, daß das erhoffte Glück nicht identisch ist mit beruflichem Erfolg.« (Hoffmeister/Sill 1992, S. 109-111)

Diese Passagen der Studie sind exemplarisch. Sie stellen eine sozialwissenschaftliche Paraphrase des Interviewtextes dar, die relativ frei flottierend einherkommt. Damit soll nicht gesagt sein, daß das alles falsch ist, was der hier Interpretierende herausbekommen hat. Im Gegenteil, die Aussagen über den Jugendlichen und seine Persönlichkeitsstruktur dürften im wesentlichen richtig sein. Zu bemängeln ist aber die geringe Anzahl der Text-Belege, die Nicht-Nachprüfbarkeit des Gesagten am ganzen Interview und die Oberflächlichkeit der sprachlichen Analyse. So fehlt z.B. eine Analyse der, der Metaphorik und der verwendeten Kollektivsymbolik, der Pronominalstruktur des Textes, der Argumentationsstrategien etc. etc., wodurch mancherlei weitere Erkenntnisse hätten gewonnen werden können. So wird z.B. linguistisch falsch geschlossen, Stocken, Pausen etc. verwiesen auf die Zerrissenheit des eigenen Lebenszusammenhangs; denn solches Stocken dient häufig dem Nachdenken, der Suche nach besseren Formulierungen. Hier handelt es sich eher um Analogieschlüsse als um linguistisch begründbare Interpretation!

Gewiß! Auch zu einer diskursanalytischen Behandlung des Interviews gehört eine Wiedergabe des Inhalts des Interviews (s.u.). Vor der abschließenden Interpretation hätte jedoch auch eine Mikro-Analyse, eine Analyse der sprachlichen Feinstruktur des Textes etc. vorgenommen werden müssen.

Als besonders fatal aber ist anzusehen, *daß das Interview ausschließlich als individuelles »Produkt« verstanden wird* und die Verstricktheit des Interviewten in die (ja sozialen) Diskurse (dazu siehe weiter unten) nicht zur Kenntnis genommen wird. Die ermittelten Haltungen und Einstellungen erscheinen nach Hoffmeister/Sill ausschließlich (irgendwie) als im biographischen Prozeß angeeignete Muster bzw. Verarbeitungen von tatsächlich oder vermeintlich gegebenen oder zu erwartenden Lebensumständen, als individuelle Haltungen.[67] Allenfalls Elemente des Erziehungs-

---

67 Dies erinnert an den überaus trivialisierten Topos vom Sein, das das Bewußtsein bestimme. Die Formulierung, daß sich die autoritären Persönlichkeiten als "Spiegelbild jener Zwei-Drittel-Gesellschaft" darstellen (ebd. S. 165), erhärtet diese Vermutung. Wie eine solche Vermittlung stattfindet, wird nicht thematisiert. – Zur Kritik an solchen Individualisierungen sozialer Zusammenhänge vgl. Holzkamp 1994.

diskurses (Eltern) und »Erfahrungen im unmittelbaren sozialen Umfeld« (ebd. S. 160f.) scheinen für die Internalisierung solcher Muster eine Rolle zu spielen.

Es soll jedoch nicht verschwiegen werden, daß der hier kritisierte Ansatz durchaus eine Reihe von Anregungen enthält, die auch für eine diskursanalytische Betrachtung interessant sind. So heißt es z.B.: »Leben besteht aus Geschichten: aus erinnerten, vergessenen, für wichtig oder unwichtig genommenen Geschichten. Lebensgeschichten: Erinnerungen, Beschreibungen und Visionen machen Selbstbilder sichtbar. Geschichten zu erzählen, z.B. in einem biographischen Interview, ist daher immer auch Selbstvergewisserung, Produktion einer gewollten Selbstsicht. Die Form des Berichts über eine Tatsache ist bei alldem immer auch Selbst-Deutung: immer steht das Selbstbild Pate bei der Auswahl und Präsentation eines erzählten Stoffes.« (Hoffmeister/Sill 1992, S. 80) Solche Überlegungen sollte auch die Diskursanalyse beherzigen; sie sollte jedoch auch fragen, ob diese Aussagen empirisch erhärtet werden können.

Nun habe ich das ja erst noch zu entwickelnde Konzept von Diskurstheorie und Diskursanalyse bereits mehrfach angesprochen. Bevor es im einzelnen entfaltet und exemplarisch vorgeführt werden kann, ist jedoch ein größerer Exkurs zum Problem menschlicher Tätigkeit erforderlich; insbesondere deshalb, um das bisher noch nicht ausreichend geklärte Problem des Verhältnisses von Individuum und Gesellschaft in seinem Funktionieren genauer bestimmen zu können. Denn hier scheint mir eine besondere Crux aller gegenwärtigen sozialwissenschaftlichen Forschung und möglicherweise auch bisheriger zu liegen: Wie vermitteln sich Diskurs und individuelles Bewußtsein?

2. Teil: Die Tätigkeitstheorie A.N. Leontjews

2.1. Einleitung

Bei der exemplarischen Auseinandersetzung mit der Soziolinguistik, einer Unterdisziplin der Sprachwissenschaft, die die Abhängigkeit menschlichen Sprechens von den gesellschaftlichen Rahmenbedingungen zu klären versucht, konnte gezeigt werden, daß dieser Anspruch besonders wegen der Vernachlässigung der Inhalte, aber auch wegen ihrer theoretischen Widersprüchlichkeiten, nicht eingelöst werden konnte; bei der Auseinandersetzung mit der qualitativen Sozialforschung ging es darum, die Sprachgebundenheit dieser Disziplin zu beleuchten und sie dahingehend zu kritisieren, daß sie sich sprach- und kulturwissenschaftlicher Erkenntnisse und Verfahren zu wenig bedient oder gar nicht zu bedienen bemüht ist, und insbesondere darum, daß der Bezug zwischen Individuum und Gesellschaft theoretisch und praktisch ungeklärt ist und ihre Interpretationsversuche häufig dadurch charakterisiert sind, daß sie Zuflucht zu metaphysischen Unterstellungen sucht. Doch bereits hier kam die Frage nach menschlichem Tun und Handeln in den Blick, das ja i. a. erst über *sprachliche* Protokolle und Beschreibungen zu einer Analyse praktischer Verläufe und Tätigkeiten und institutioneller Gegebenheiten gelangen kann.

In diesem Kapitel geht es nun um die Frage, wie menschliche Tätigkeit überhaupt beschaffen ist, wodurch sie zustandekommt, unter welchen Bedingungen sie sich abspielt und welche Rolle sie für die Genese der Subjekte spielt. Wenn nämlich Subjekte durch den Diskurs konstituiert werden, – worauf später noch ausführlich zurückzukommen ist – dann stellt sich die Frage, wie man sich diesen Prozeß im einzelnen vorzustellen hat. Denn wenn auch der Diskurs sozial ist, Resultat historischer Prozesse und nicht durch einzelne Subjekte produziert wird, so ist er doch keine über allem Gesellschaftlichen schwebende Struktur, kein System, das es unabhängig von den Menschen gäbe. Im Gegenteil: Diskurse sind Resultat menschlicher Tätigkeit, gleichsam die Resultante des gesamtgesellschaftlichen Tuns der Subjekte, die – wie auch immer gestreut – historisch überliefertes Wissen aufnehmen, es verarbeiten und an andere in der Gegenwart und für die Zukunft kommunizierend/gestaltend/arbeitend weitergeben; dabei kann diese Weitergabe verbal oder aber auch in vergegenständlichter Form erfolgen. Damit erhält eine Theorie der Tätigkeit ihren besonderen Stellenwert für die Diskurstheorie, die zwar die Konstituierung der Subjekte durch die Diskurse hervorhebt, aber bisher nicht erklärt hat, wie und wodurch dieser Konstituierungsprozeß der Subjekte zustandekommt und wie denn dieser Prozeß der »Ableitung« aus den diskursiven Ereignissen vonstatten gehen soll. Dafür aber hält die Tätigkeitstheorie Leontjewscher Provenienz einen höchst plausiblen Erklärungsrahmen bereit.

Tätigkeit wird dabei als die allgemeinste Kategorie menschlichen Tuns angesehen, dem auch menschliches Denken und Sprechen zugeordnet werden. Da auch Denken und Sprechen menschliche Tätigkeiten darstellen, erscheint es sinnvoll, in einem ersten Schritt das Konzept Tätigkeit herauszuarbeiten und danach der Frage nachzugehen, ob und wenn ja, welche Besonderheiten diese Tätigkeit als Denk- und Sprechtätigkeit aufzuweisen hat.

Zu bedenken ist von Beginn an allerdings, daß die Tätigkeitstheorie Leontjews eine Theorie ist, die sich *zunächst* auf die Tätigkeit des einzelnen Individuums richtet, also eine psychologische Theorie ist. Deshalb ist an meinen Versuch, die Foucaultsche Diskurstheorie mit der Tätigkeitstheorie zu verknüpfen, auch die skeptische Frage herangetragen worden, ob eine solche Kompatibilität überhaupt gegeben sei. Da jedoch die materialistische Theorie Leontjews von vornherein das Individuum als gesellschaftliches »Produkt« betrachtet, scheint mir eine kritische Auseinandersetzung mit dieser Theorie für die Beantwortung der Frage, in welchem Verhältnis Diskurs und Individuum »agieren«, durchaus fruchtbar gemacht werden zu können.[68]

Ich werde im folgenden zunächst die allgemeine Tätigkeitstheorie der Kulturhistorischen Schule darstellen. Dabei wird es auch um die Frage gehen, was der Unterschied zwischen Sprech-/Denktätigkeit und sonstiger Tätigkeit, meist praktische Tätigkeit genannt, denn eigentlich ist. Viele Autoren gehen von der Ansicht aus, dieser Unterschied sei ein Unterschied »ums Ganze«. Damit ist oft gemeint, daß Sprechen und Denken im Unverbindlich-Kontemplativen bleiben, daß »bloße Wörter keine Knochen brechen«, wie es der Behaviorist Skinner (Skinner 1957) einmal drastisch formulierte.

---

68 Vgl. dazu Becker/Gerhard/Link 1997, S. 84 f. »Die Grenze einer solchen Kompatibilität«, so schreiben die AutorInnen, »dürfte in dem Widerspruch zwischen Leontjews Dominanz der Subjektintention und Foucaults Dominanz trans- und präsubjektiver ›diskursiver Ereignisse‹ bestehen, aus denen gerade auch die Subjektbildungen sich allererst ableiten.« (ebd.) Dieser Bemerkung ist insoweit zuzustimmen, als vollständige Kompatibilität selbstverständlich nicht gegeben ist. Bei Becker et al. wird jedoch auch konstatiert: »Die entsprechende Problematik ist allerdings für eine Konvergenz zwischen Interdiskursanalyse und linguistischer ›Argumentationsanalyse‹ ... von nicht zu umgehender Bedeutung.« (ebd., S. 85) Auf dieses Problem wird später zurückzukommen sein, auch wenn ich hier schon konstatieren möchte, daß es mir nicht um linguistische Argumentationsanalyse geht. – Zudem sei auf ein Mißverständnis jetzt schon hingewiesen: Die AutorInnen vermuten, es gehe mir um »Textanalyse« und um die Rekonstruktion von »Autorintentionen und -strategien« (ebd.). Bei diesen (und anderen) Kategorien handelt es sich in meinem Konzept jedoch um reine Analysekategorien, die an den Diskurs herangetragen werden, der ja im Material konkret immer nur als Produkt subjektiver Arbeit auftaucht. In der Vielzahl der untersuchten Diskursfragmente, die die Basis meiner Diskurs-Analysen ausmachen, heben sich diese subjektiven Formen zu subjektüberschreitenden Gegebenheiten im Diskurs – »trans- und präsubjektiv« – auf.

Die Vorstellung der prinzipiellen Trennung und Trennbarkeit von geistigem und körperlichen Tun ist ein menschheitsgeschichtliches Novum, das der Wirklichkeit der tätigen Menschen nie entsprochen hat und auch heute nicht entspricht. Anders: Es ist reine Mystifikation, eine Erfindung der Neuzeit, mit der die Unterscheidung von Herr und Knecht, Besitzendem und Besitzlosen, Freien und Sklaven, Kapitalist und Arbeiter, »Oben« und »Unten« legitimiert werden sollte. Die einen sind eben von Natur aus Geistmenschen, die anderen Proleten oder Sklaven, die nur über körperliche Kräfte verfügen und ansonsten geistlose Muschkoten sind. Diese Legende hält sich fast ebenso hartnäckig wie Aristoteles' Annahme, die Fliege habe vier Beine, eine Annahme, die erst durch die neue Naturforschung seit Bacon widerlegt werden konnte – trotz allen immer schon dagegensprechenden Augenscheins. Die Legende von der prinzipiellen Trennung von geistiger und körperlicher Arbeit ist wohl nur deshalb langlebiger, weil sie eher dazu geeignet ist, Herrschaft von Menschen über Menschen zu legitimieren. Aber sie ist ebenso eine vierbeinige Fliege wie die des Aristoteles.

Ohne hier allzutief auf die Geschichte dieser Trennung von geistiger und körperlicher Arbeit eingehen zu können, sei doch ein kleiner Exkurs in die Verhältnisse im alten Griechenland erlaubt. Sie sind auch für unsere Diskussion sehr aufschlußreich. Ganz knapp gesagt, war die griechische Polis eine Gemeinschaft der Freien, die das Sagen hatte. Die Sklaven waren unfrei, und sie hatten sozusagen das Tun. Während die Freien die Menschen der Rede, der Rhetorik, der Philosophie und des Konsums waren, waren es die Sklaven, die Proleten, die sie zu versorgen hatten – eben durch körperliche Arbeit, die sie auf Anweisung derjenigen, die über die »Fähigkeit, zu denken und Reden zu schwingen« verfügten, zu verrichten hatten. Deshalb hatte die Kunst der Rede, Rhetorik genannt, die immer schon statt auf Überzeugen auf Überreden ausgerichtet war, in der Sklavenhalter-Gesellschaft der Antike auch ihren Ursprung.[69]

Der französische Sozialwissenschaftler Serge Moscovici schreibt in seinem Buch »Versuch über die menschliche Geschichte der Natur« (Moscovici 1984):

> »Dies ist das Leitmotiv eines Teils des griechischen Denkens, eines Teils der griechischen Gesellschaft. Handwerker und Händler müssen Fremde oder Sklaven bleiben, um die grundlegenden politischen und ökonomischen Ziele zu rechtfertigen und ihnen eine ideale Bedeutung zu verleihen; das heißt, die Arbeit des Handwerkers ist der verachtete Teil der Arbeit, der von der Hand, vom Körper, ohne Verstand und gewissermaßen ohne Wissen ausgeführt

---

69   Davon zu unterscheiden ist die *parrhesia* = eine verbale Tätigkeit, mit der jemand die eigene Meinung sagt, nichts verbirgt, was er im Sinn hat; die subjektive Wahrheit sagen, das sagen, was jemand als wahr weiß, auch wenn dies für die sprechende Person riskant ist. Die *parrhesia* aber war den Freien vorbehalten. Fremde, Frauen, Sklaven und Kinder waren von der *parrhesia* ausgeschlossen. Vgl. dazu und zur Unterscheidung von Rhetorik und parrhesia Foucault 1996, bes. auch Anm. 4 auf S. 10.

wird.« (ebd. S. 455) Und weiter: »Die so lebhaft proklamierte Trennung von Hand- und Kopfarbeit verweist uns also auf die Trennung der natürlichen Kategorien, insofern diese mit einer sozialen Klasse verbunden sind und den Beziehungen entsprechen, die diese Klasse zu den übrigen unterhält. Die Rechte, die aus den Eigentumsgesetzen folgen, schließen Herrn und Knecht, Besitzenden und Besitzlosen, in einen sozialen und ökonomischen Zyklus ein, in dem der eine dem anderen gegenübertritt wie die Nichtarbeit der Arbeit, der reine Verbraucher dem Produzenten oder der Leitende dem Geleiteten.« (ebd. S. 457)

Schauen wir uns zusätzlich an, wie Karl Marx die moderne Tatsache der prinzipiellen Trennung von geistiger und körperlicher Arbeit dargestellt hat. Zur menschlichen Arbeit ganz allgemein schreibt er:

»Die Arbeit ist zunächst ein Prozeß zwischen Mensch und Natur, ein Prozeß, worin der Mensch seinen Stoffwechsel mit der Natur durch seine eigene Tat vermittelt, regelt und kontrolliert ... Wir unterstellen die Arbeit in einer Form, worin sie dem Menschen ausschließlich angehört. Eine Spinne verrichtet Operationen, die denen des Webers ähneln, und eine Biene beschämt durch den Bau ihrer Wachszellen manchen menschlichen Baumeister. Was aber von vornherein den schlechtesten Baumeister vor der besten Biene auszeichnet, ist, daß er die Zelle in seinem Kopf gebaut hat, bevor er sie in Wachs baut. Am Ende des Arbeitsprozesses kommt ein Resultat heraus, das beim Beginn desselben schon in der Vorstellung des Arbeiters, also schon ideell vorhanden war.« (MEW 23, S. 192f.)

Kopf- und Handarbeit sind in der menschlichen Arbeit unmittelbar und untrennbar verknüpft. Sie bilden eine Einheit, und gerade die geistig-sprachlichen Prozesse sind es, die diese Tätigkeit zur spezifisch menschlichen Form der Naturaneignung werden lassen. Diese Einheit wird aufgegeben, in den verschiedenen Gesellschaftsformationen in unterschiedlicher Art. Für unsere heutige, durch die kapitalistische Produktionsweise gekennzeichnete Gesellschaft wird die geistige Arbeit von der körperlichen dadurch (tendenziell, denn vollständig ist dies schlicht unmöglich) getrennt, daß die subjektiven Produktionsbedingungen primär in Gestalt von Lohnarbeit auftreten, die objektiven aber als Kapital. Damit werden aber auch die körperlichen Elemente der Arbeit von den geistigen tendenziell getrennt und stehen einander fremd gegenüber. Marx beschreibt dies folgendermaßen:

»Die Kenntnisse, die Einsicht, der Wille, die der selbständige Bauer oder Handwerker, wenn auch auf kleinem Maßstab, entwickelt, ... sind jetzt nur noch für das Ganze der Werkstatt erheischt. Die geistigen Potenzen erweitern ihren Maßstab auf der einen Seite, weil sie auf vielen Seiten verschwinden. Was die Teilarbeiter verlieren, konzentriert sich ihnen gegenüber im Kapital. Es ist ein Produkt der manufakturmäßigen Teilung der Arbeit, ihnen die geistigen Potenzen des materiellen Produktionsprozesses als fremdes Eigentum und sie beherrschende Macht gegenüberzustellen.« (MEW 23 S. 382) Dieser Prozeß vollendet sich in der großen Industrie, »welche die Wissenschaft als selbständige Produktionspotenz von der Arbeit trennt und in den Dienst des Kapitals preßt.« (MEW 23, S. 382)

An diesem Ergebnis ändern neuere produktionstechnische Entwicklungen, etwa das sich ankündigende Ende des Taylorismus und die beginnende Verwandlung der Fabriken in Verbunde von Werkstätten mit mehr Eigenverantwortung und mehr Qualität der Arbeit im Prinzip nichts.[70]

2.2. Der allgemeine Tätigkeitsbegriff bei A. N. Leontjew [71]

A.N. Leontjew, der mit seinem Tätigkeitskonzept unmittelbar an L. S. Wygotzki (Wygotzki 1971, zuerst russisch 1934), den Begründer der Kultuhistorischen Schule der Sowjetunion, anschließt, mißt der Tätigkeit eine Schlüsselstellung für die Lösung so fundamentaler Fragen zu, wie dem Problem des Bewußtseins des Menschen, dessen Ursprung, dessen historischer und ontogenetischer Entwicklung sowie dessen innerer Organisation. Ein Zugang über die Tätigkeit und ihr Verständnis eröffne die Möglichkeit, ein einheitliches wissenschaftliches System psychologischer Kenntnisse aufzubauen. Insofern nimmt die Tätigkeit, da das Bewußtsein ja nicht nur eng mit menschlicher Tätigkeit, sondern auch mit dem menschlichen Sprechen zu tun hat, ja, im richtig verstandenen Sinn seine Basis bildet, auch für das Verständnis von Sprechtätigkeit (einschließlich solch problematischer Termini wie Sprache/Sprachsystem, Kommunikation usw.) eine ebensolche Schlüsselstellung ein.[72]

2.2.1 Eine psychologische Theorie

Leontjew bezeichnet die Tätigkeitstheorie selbst als psychologische Theorie.[73] Doch dürfen wir dabei das Wort psychologisch nicht mißverstehen. Leontjews Verständnis von Psychologie liegt im Unterschied zu den meisten geläufigen Ansät-

---

70 Vgl. dazu Hirsch/Roth 1986 und Hirsch 1990.

71 Bei den folgenden Ausführungen beziehe ich mich insbesondere auf A.N. Leontjews Artikel »Der allgemeine Tätigkeitsbegriff«, in Dieter Viehweger (Hg.) »Grundfragen einer Theorie der sprachlichen Tätigkeit«, Berlin (Ost) 1984, S. 13-30 (DaT), und auf sein Buch: Tätigkeit, Bewußtsein, Persönlichkeit, Köln 1982 (TBP).

72 Der Versuch, eine eigenständige Sprechtätigkeitstheorie zu entwickeln, liegt bei A.A. Leontjew 1984 vor. Da sie stark in den strukturalistischen Diskurs verfangen ist, ist sie für die Entfaltung einer Diskurstheorie nicht zu verwenden. Sprache wird im wesentlichen als ein System von Mitteln betrachtet, das Voraussetzung menschlicher Kommunikation ist. Nach A.A. Leontjews Auffassung kann man Sprache unabhängig von Sprechen und Denken untersuchen, was richtig sein mag, aber zu Resultaten führt, die letztlich ziemlich trivial sind.

73 Die Tätigkeitstheorie wird vom psychologischen Mainstream kaum zur Kenntnis genommen. In der Neuauflage des Handbuchs von Grubitzsch/Weber 1998 taucht das Stichwort erst gar nicht auf.

zen der traditionellen Psychologie kein individueller oder gar individualistischer Begriff des Psychischen zu Grunde, und er huldigt keineswegs dem »Großen Subjekt«.[74] Leontjew sieht menschliches Bewußtsein von Anfang an als Bewußtsein von Menschen, die *in einem sozialen Kontext* »sozialisiert« sind, wobei dieser soziale Kontext selbst wieder auf der Geschichte der Menschheit aufruht und durch sie geprägt ist und seinen jeweils spezifischen sozio-historischen Existenzbedingungen verpflichtet ist. Mehr noch: Auch die Fähigkeit der Menschen, sich zu erinnern, zu planen und vorauszublicken, also die Zukunft und zukünftige Realitäten zu antizipieren, gehört ganz wesentlich zu Leontjews Verständnis von Denkfähigkeit und Bewußtsein.

Diese Komponenten: Erinnern/Geschichte, Gesellschaft und Antizipation sind nun von zentraler Bedeutung für das, was wir nach Leontjew unter menschlicher Tätigkeit im weitesten Sinne zu verstehen haben.

Tätigkeit ist danach zunächst als der Zusammenhang von Denken, Sprechen und Handeln zu begreifen. Wohlgemerkt: als der Zusammenhang. Denn keine dieser genannten Fähigkeiten ist von den anderen unabhängig. Es gibt kein Sprechen ohne Denken, kein Tun und keine Arbeit ohne Denken, und auch Sprechen und Denken selbst sind als Tätigkeiten zu verstehen.[75] Über die Fähigkeit, zu denken und zu sprechen – und das ist das aufregend Neue an Leontjews Theorie – *würden die Menschen gar nicht verfügen, wenn sie nicht tätig wären bzw. ihre Vorfahren nicht tätig gewesen wären.* Tätigkeit ist nach Leontjew die Voraussetzung der Menschwerdung, nicht etwa das Bewußtsein und das Denken, das sich ihm zufolge erst auf der Grundlage der Tätigkeit zu entwickeln begonnen hat. Am Anfang stand also nicht das Wort, sondern die Tat.

2.2.2. Subjekt – Objekt: eine vertrackte und oft mißverstandene Relation

Für Leontjew ist die Klärung des Begriffs der Tätigkeit »für das Verstehen der Determination des Psychischen« von zentraler Bedeutung. (DaT S. 13) Er konstatiert, daß in der vorherrschenden Psychologie bis in die Gegenwart hinein die Auffassung herrscht, daß auf der einen Seite Gegenstände, Objekte existieren, denen ein passi-

---

74   Zur Kritik der Mainstream-Psychologie, insbesondere aber an ihrer Verstricktheit in Nazi-Ideologie, vgl. etwa Weber 1995a und b. Die Psychologie zeichnet sich danach insgesamt durch die Unfähigkeit aus, das Verhältnis von Subjekt und Gesellschaft kritisch zu denken.

75   Holzkamp 1993 versteht menschliches Handeln als »Realisierung von Bedeutungen« (S. 22). Seine Lerntheorie ist materialistisch und stützt sich auf den Ansatz der Kulturhistorischen Schule, der auch Leontjew zugerechnet wird. Holzkamp bezieht sich zugleich auf einige Grundgedanken Foucaults, ohne diese jedoch systematisch in sein Konzept einer subjektwissenschaftlichen Grundlegung einzuarbeiten.

ves, den Einwirkungen der Gegenstände auf die Wahrnehmung ausgesetztes Subjekt gegenübergestellt sei. Insofern steht Leontjew in krassem Gegensatz auch zu jener Form der Widerspiegelungstheorie, die die Passivität des Menschen unterstellt.[76]

Diese Sichtweise der Dominanz der Passivität des Menschen gegenüber der Objektwelt gilt im übrigen auch für den heute noch stark verbreiteten Behaviorismus, der mit der bekannten Formel von Stimulus und Response, also Reiz und Reaktion, operiert, einer Formel, die auch heute noch zumindest unterschwellig nicht nur den Alltagsverstand sondern auch das Schulleben bestimmt. Ich erinnere nur an die Notengebung, die letzten Endes von der vorsintflutlichen Annahme ausgeht, menschliches Lernen sei optimal nach dem Lohn-Strafe-Prinzip steuerbar; wobei übersehen wird, daß Menschen zwar durchaus mit Zuckerbrot und Peitsche zum Lernen gezwungen bzw. veranlaßt werden können, also extrinsisch motiviert werden können; daß ein solches Lernen aber keineswegs geeignet ist, die dem Menschen auf der Grundlage intrinsischer Motivation und eigenverantwortlicher Lernorganisation möglichen Lernfortschritte zu eröffnen. Behavioristisch organisiertes Lernen ist dagegen bestens zur sozialen Separierung der Schüler geeignet: die Starken werden gestärkt, die Schwachen, und die kommen sowieso schon meist aus den unterprivilegierten sozialen Schichten, werden in aller Regel geschwächt, indem sie sprachlos gemacht werden.

Hier wird sichtbar, daß sich in der Notengebung sozialdarwinistische Elemente niederschlagen, was mit dazu führt, daß die heutige Schule zum Entstehen autoritärer Persönlichkeitsstrukturen beiträgt, wodurch sie für nicht-demokratische Entwicklungen unserer Gesellschaft und Affinitäten zu rechtsextremen und rassistischen Einstellungen ebenfalls mitverantwortlich zeichnet.[77]

Die Gegenüberstellung von Objektwelt und passiv rezipierendem Individuum/Subjekt taucht aber auch in anderen psychologischen Ansätzen auf, etwa in der Wahrnehmungspsychologie. Bei allen interessanten Erkenntnissen dieser psycholo-

---

76 Dies ist, nebenbei gesagt, auch einer der Gründe, weshalb Leontjew dem orthodoxen Marxismus-Leninismus immer verdächtig war, einerseits; andererseits bediente er sich durchweg einer Terminologie, derer sich auch die orthodoxe Widerspiegelungstheorie bediente.

77 Vgl. dazu bereits Jäger/Duhm 1971. Foucault kritisiert solche Verfahren treffend, wenn er schreibt: »An die Stelle der Male, die Standeszugehörigkeiten und Privilegien sichtbar machten, tritt mehr und mehr ein System von Normalitätsgraden, welche die Zugehörigkeit zu einem homogenen Gesellschaftskörper anzeigen, dabei jedoch klassifizierend, hierarchisierend und rangordnend wirken. Einerseits zwingt die Normalisierungsmacht zur Homogenität, andererseits wirkt sie individualisierend, da sie Abstände mißt, Niveaus bestimmt, Besonderheiten fixiert und die Unterschiede nutzbringend aufeinander abstimmt.« (Foucault 1989, S. 237) Vgl. auch den Abschnitt »Die Prüfung« ebd. S. 238-250.

gischen Richtung nährte diese dennoch philosophische Irrwege wie zum Beispiel den von der generellen Subjektivität des Erkennens.[78]

Abgesehen wird in diesen Ansätzen von dem inhaltlichen Prozeß, in dem die realen Beziehungen des Subjekts mit der gegenständlichen Welt verwirklicht werden; mit anderen Worten: alle diese Theorien abstrahieren davon, daß der Mensch sich tätig mit der Wirklichkeit auseinandersetzt, ihr Bedeutungen zuweist und diese gestaltend verändert.

Und hier liegt m.E. bereits das Geheimnis der Geltung und der riesigen Verbreitung dieser letztlich inhumanen Ansätze: Sie untermauern ein Menschenbild, in dem der Mensch als passives, Befehle empfangendes, reagierendes und nicht selbst und selbstbewußt agierendes Subjekt angesehen wird.[79]

Solche Ansätze beherrschen auch heute noch die öffentliche Meinung und werden auch von denjenigen verinnerlicht, die durch Beherrschung in Unmündigkeit gehalten werden. In und mit diesen Theorien liegt ein Herrschaftsinstrument vor, da sie suggerieren, der Mensch sei ein Wesen, das äußeren Mächten, Obrigkeiten realer oder transzendentaler Natur bedingungslos ausgeliefert und selbst ohnmächtig sei. Nebenbei: Solche Ohnmachtsgefühle finden ihr Ventil in Aggressivität und Gewalt und im Ruf nach dem starken Mann, der aktiv die Dinge ändern solle, über die der Ohnmächtige selbst nichts vermag. Herrschaft über Menschen aber macht diese generell ohnmächtig. Die psychologische Subjekt-Objekttheorie vom passiv rezipierenden Subjekt ist geeignet, Herrschaft zu legitimieren und Knechtschaft gottergeben zu verinnerlichen als ein Zustand, der in der Natur des Menschen angelegt wäre.[80]

Die genannten psychologischen Ansätze bearbeiteten die auftretenden Schwierigkeiten der Theorie, die in Gestalt von fehlenden Übereinstimmungen von Theorie und Praxis und theoretischen Widersprüchlichkeiten auftraten, in der üblichen Manier. Man erfand bestimmte Kategorien, die diese Widersprüche zudecken sollten. Solche Kategorien, mit denen diese Wissenschaftler die nicht zu unterdrückende Tatsache, daß Menschen tätige Wesen sind, in die Theorie menschlicher Passivität der Welt gegenüber zu integrieren versuchten, sind z.B. »aktive Apperzeption«, »innere Intention« oder auch der »Wille«. Sie bezeichnen Formen menschlicher Aktivi-

---

78 Zur Kritik solcher »Bewußtseinstheorien« vgl. Leontjew 1982, S. 28 ff. und 1984, S. 13 f.

79 Vgl. dazu auch Holzkamp 1993, bes. S. 21 ff. Was die Verstrickung des Subjekts in den sozialen Kontext bzw. die Diskurse für die Subjektbildung bedeutet, soll im weiteren noch genauer herausgearbeitet werden.

80 Zur Kritik an solchen Auffassungen verweise ich auf T.W. Adornos sozialpsychologische Schriften, insbesondere auf seine empirischen Studien zum autoritären Charakter. (Adorno 1973)

tät, von der sie aber, wie Leontjew sagt, »eine mystifizierte Vorstellung« entwickelten. (DaT, S.14)

Man mußte also sog. innere Bedingungen annehmen, die die rein passive Reaktion der Menschen auf die Objektwelt modifizierten, ohne die Grundannahme, der Mensch sei ein passiv rezipierendes Wesen, aufzugeben. Solche »inneren Bedingungen« wurden nämlich nicht als aktives geistiges Operieren der Menschen verstanden, sondern als Folgen unterschiedlicher *innerer Zustände*, die aber dem bewußten Einfluß der Menschen entzogen seien. Diese seien eben nicht immer gleich, sondern änderten sich häufig quasi willkürlich, ohne daß die Menschen darüber etwas vermöchten.

Leontjew führt für diese Auffassung ironisch das Beispiel von der unterschiedlichen Wirkung eines Fußabdrucks auf trockenem oder matschigem Boden an. Damit will er illustrieren, daß diese Passiv-Psychologen unterschiedliche Naturzustände unterstellen als Ursache dafür, daß die Menschen zu unterschiedlichen menschlichen Reaktionen veranlaßt werden. Das menschliche tätige Selbstbewußtsein, das hier am Werke ist, kann auf diesem Wege theoretisch liquidiert werden, allerdings zunächst nur theoretisch, jedoch mit fatalen praktischen Folgen, wenn dieser theoretische Unfug z.B. zur Basis pädagogischer Überlegungen gemacht wird.

Stellt man sich demgegenüber die Frage ohne Vorbehalte, wie die aktiven Prozesse in den Menschen und der Menschen zu verstehen sind, löst man sich also von der Theorie der passiven Rezeption, dann kommt man zu der Antwort – ich zitiere Leontjew wörtlich – : »Es handelt sich um Prozesse, die das reale Leben der Menschen in der ihn umgebenden Welt verwirklichen, es handelt sich um sein gesellschaftliches Sein in der Vielfalt seiner Formen, um seine Tätigkeit.« (DaT. S. 15)

Das bedarf der weiteren Erläuterung.

Leontjew geht – ebenso wie die kritisierte traditionelle Psychologie – davon aus, daß sich im menschlichen Bewußtsein bestimmte Prozesse abspielen, die die Einwirkungen der gegenständlichen Welt, die im Kopf des Menschen Auswirkungen hinterlassen, vermitteln. Der Mensch sieht ja nicht nur hier ein Ding und dort ein Ding, ohne daß er den Zusammenhang dieser Dinge herstellte. Er verbindet in seinem Bewußtsein, also mit Hilfe seiner Fähigkeit zu denken, zu abstrahieren usw. die in der Objektwelt unverbundenen Dinge geistig miteinander. Er sieht zum Beispiel ein Auto, das über eine Straße fährt oder auf einem Gehweg parkt. In der Objektwelt ist da beim fahrenden Auto eben dieses Metallding und dieses Steinding und bestimmte Kräfteverhältnisse. Beim parkenden Auto ist da entsprechend ein Objekt aus Metall, eins aus anderen Steinen oder Schotter und andere Kräfteverhältnisse als beim fahrenden Auto. Daß es sich um Autos handelt, um Straße und Gehweg, und darum, daß die ausgeübte Kraft eine bestimmte Bewegung verursacht, das Auto also fährt oder parkt, das ist den Objekten und Kräften als solchen nicht abzulesen. Das ist auch zunächst völlig trivial, wie das Fallgesetz als solches trivial ist, wenn man es nicht in Bezug zur menschlichen Existenz reflektiert und zu menschlichen Überlebensinteressen.

Was Autos, Straßen und sonstige konkrete Dinge für den Menschen sind, das ist nur dann erkennbar, wenn der betrachtende Mensch in der Lage ist, den Objekten *Bedeutungen zuzuweisen*, die diese Dinge als solche, also unabhängig von den Menschen, überhaupt nicht besitzen können. Sie sind zwar Ausdruck, Materialisierung menschlicher gedanklicher und praktischer Tätigkeit, und insofern sind sie auch keine Naturdinge. *Aber sie tragen selbst keine Bedeutung.* Bedeutung wird ihnen von den Menschen erst zugewiesen, indem sie in diesem Gegenstand der Objektwelt die Funktion etc., derentwegen sie gemacht worden sind, sozusagen wiederentdecken. Das können die Menschen natürlich nur, wenn sie die Bedeutung des Gegenstandes bereits »gespeichert« haben, sie bereits kennen. Hätte ein Mensch z.B. die Bedeutung Auto nicht »gespeichert«, müßte er, konfrontiert mit dem Objekt Auto, schlicht und ergreifend passen, allenfalls Vermutungen über die Bedeutung dieses Dings anstellen usw. Das kann jeder bei sich selbst beobachten, wenn er mit für ihn oder sie unbekannten Dingen konfrontiert wird und dann die Frage stellt: Was ist denn das?

Er oder sie muß also, wie Leontjew sagt, die Einwirkungen der gegenständlichen Welt »vermitteln«. Und er fragt weiter, wie diese Prozesse, die die Einwirkungen der gegenständlichen Welt vermitteln, denn zu verstehen seien; in meinen Worten, wie denn die Fähigkeit der Menschen, Dingen der Objektwelt Bedeutungen zuzuordnen, zustandekomme. Irgendwie müssen ja die Bedeutungen in die Köpfe der Menschen hineingekommen sein, sie sind ja nicht angeboren und dem Menschen auch nicht mit Hilfe des Nürnberger Trichters in Gestalt von Fertigprodukten eingeflößt worden.

Der traditionelle subjektivistische Psychologe würde sich diese Frage so erst gar nicht stellen. Ausgehend von der grundsätzlichen Reduktion des Menschen auf Rezeptivität und Passivität des Bewußtseins, führt der traditionelle Psychologe natürliche Veränderungen im Kopf des Menschen für die Unterschiede zwischen Objektwelt und bewußter Wahrnehmung dieser Objektwelt an; etwa derart, daß der Mensch das Auto fahren sieht, wenn er aus was für Gründen auch immer dazu *bereit* ist, das Auto zu sehen, wenn er die »innere Intention« dazu hat; oder dann, wenn er wieder aus was für Gründen auch immer auf »aktive Apperzeption« hin organisiert ist oder auch einfach, wenn er aus was für Gründen auch immer den *Willen* dazu hat. Sonst nimmt er das Auto gar nicht wahr. In jedem Fall ist es hier keine Frage aktiver Bewußtseinstätigkeit, die Menschen ausüben, wenn sie ein fahrendes Auto wahrnehmen, sondern eine Frage der mehr oder minder zufälligen natürlichen Disposition, über die der Mensch keine Macht hat.

Das hat dann auch zur Folge, daß angenommen werden kann, jeder Mensch nehme den gleichen Welttatbestand anders wahr als ein anderer Mensch bzw. daß es nur zufällige Übereinstimmungen in ihrer Wahrnehmung gebe, die dann auftreten, wenn die Menschen zufällig gleich disponiert seien.

Leontjew meint demgegenüber, – um im Bilde zu bleiben – daß die Wahrnehmung eines fahrenden Autos ein Resultat aktiver *Bedeutungszuordnung*, also eigener Tätigkeit des Menschen sei,[81] und er stellt sich die logische Frage: Um was handelt es sich eigentlich, wenn der Mensch diese Objekte der gegenständlichen Welt zuinander in Beziehung setzt, oder in seinen Worten: »wie sind die Prozesse zu verstehen, die die Einwirkungen der gegenständlichen Welt, die im Kopf des Menschen widergespiegelt wird, vermitteln«?

Und seine Antwort – ich wiederhole – lautet: »Es handelt sich um Prozesse, die das reale Leben des Menschen in der ihn umgebenden Welt verwirklichen, es handelt sich um sein gesellschaftliches Sein in der Vielfalt seiner Formen, um seine Tätigkeit.«

2.2.3. Subjekt – Tätigkeit – Objekt

Leontjew sagt nun selbst, daß diese Antwort auf diese prinzipielle Frage zunächst noch als eine These zu verstehen sei, deren Richtigkeit er im weiteren Verlauf seiner Argumentation beweisen will. Was er gegen die Annahme einer unmittelbaren Gegenüberstellung von Subjekt und Objekt ins Feld führt, also gegen die Annahme eines passiven Widerspiegelungsvorgangs, ist die Behauptung, die Beziehung zwischen Subjekt und Objekt sei durch die menschliche Tätigkeit *vermittelt*. Statt

Objekt – Subjekt

bzw. etwa

Stimulus – Response

geht er von der Annahme der *Vermittlung* dieser Beziehung durch die Tätigkeit aus:

Objekt – Tätigkeit – Subjekt.

Nach Leontjew ist das Bewußtsein also nicht unmittelbar durch die uns umgebenden Gegenstände und Erscheinungen bestimmt, sondern durch das menschliche Sein, das kein passives Sein ist, sondern die menschliche Tätigkeit, also durch den Prozeß des realen Lebens der Menschen. Und ich möchte vorgreifend hinzufügen, daß sich das reale Leben natürlich immer unter ganz bestimmten konkreten und das

---

81   Vgl. dazu auch Holzkamp 1993: »Die Welt ... ist aufgrund der in ihr durch gesellschaftliche Arbeit produzierten allgemeinen Gebrauchszwecke (...) sowie der dadurch konstituierten sozialen Verhältnisse für uns objektiv bedeutungsvoll ...« (S. 22) Holzkamp spricht hier (und andernorts) auch von »Gegenstandsbedeutungen«, »auf die sich die sprachlich-symbolischen Bedeutungen verallgemeinernd und verdichtend beziehen.« (ebd.) Die durch die Tätigkeit produzierten Gegenstände haben selbstverständlich selbst keine Bedeutung, sie erscheinen als bedeutungsvoll, weil sie Produkt menschlicher Arbeit sind und ihnen deshalb gelernte Bedeutungen zugeordnet werden können. Das gilt auch für sogenannte »Natur«-Gegenstände. Wir können ihnen Bedeutungen zuordnen, wenn und weil sie für uns bedeutungsvoll sind und im Rahmen menschlicher Existenz tätig als für uns bedeutungsvoll »erkannt« bzw. »angeeignet« worden sind.

heißt historisch verschiedenen gesellschaftlichen Bedingungen abspielt, die selbst wieder historisch vermittelt und gegenständlich und symbolisch (»diskursiv«) tradiert sind. Doch dazu später genaueres.

Was ist, wie faßt nun Leontjew dieses reale Leben der Menschen?

Dazu möchte ich Leontjew etwas ausführlicher zu Wort kommen lassen:

> »Das Sein, das Leben eines jungen Menschen setzt sich aus der Gesamtheit, präziser ausgedrückt: aus dem System, der Hierarchie sich wechselnd ergänzender Tätigkeiten zusammen. In der Tätigkeit nämlich vollzieht sich gleichzeitig auch der Übergang bzw. das »Übersetzen« des Widergespiegelten in das subjektive Abbild, in das Ideelle (= die Bedeutungen, S.J.); in der Tätigkeit vollzieht sich gleichzeitig auch der Übergang des Ideellen zu den objektiven Resultaten der Tätigkeit, zu ihren Produkten, zum Materiellen. Eine so verstandene Tätigkeit ist ein Prozeß, in dem die wechselseitigen Übergänge zwischen den einander gegenüberliegenden Polen Subjekt und Objekt vollzogen werden.« (DaT, S.16) [82]

Leontjew verwendet hier noch die alte Terminologie der Widerspiegelungstheorie, also etwa »Abbild« oder auch das Wort »Widergespiegeltes«. Davon darf man sich aber nicht täuschen lassen. Die Vermittlung des Objektiven zum Subjektiven durch Tätigkeit markiert den prinzipiellen Unterschied zur orthodoxen Widerspiegelungstheorie.[83] Dies wird in aller Klarheit auch in dem folgenden Zitat deutlich:

> »Entweder vertreten wir den Standpunkt, das Bewußtsein wird unmittelbar durch die Dinge und Erscheinungen der Umwelt bestimmt« (dies wäre die Position der naiven Widerspiegelungstheorie, S.J.), oder wir gehen davon aus, daß das Bewußtsein durch das gesellschaftliche Sein der Menschen bestimmt wird, das nach *Marx* nichts anderes ist als ihr wirklicher Lebensprozeß.« (MEW 3, S. 26)«

> »Aber was ist das menschliche Leben?«, fragt Leontjew weiter, und er antwortet: »Es ist eine Gesamtheit, genauer gesagt, ein System einander ablösender

---

82 Dies kommentiert Januschek völlig zu recht so: »Wenn Tätigkeit als *Vermittlung von Subjekt und Objekt* gefaßt wird, so kann es keinen Dualismus von geistiger und materieller Tätigkeit mehr geben.« Januschek 1986, S. 148

83 Leontjew war selbstverständlich auch in den damals herrschenden wissenschaftlichen und politischen Diskurs verstrickt. Der Terminus »Widerspiegelung« erklärt sich auch daraus. Doch er widerspricht der Leninschen Widerspiegelungstheorie vehement, wenn er schreibt: »Bekanntlich betrachtete *Lenin* die Widerspiegelung als eine Eigenschaft, die bereits ›im Fundament des Gebäudes der Materie selbst‹ angelegt ist, die auf einer bestimmten Entwicklungsstufe, und zwar auf der Ebene der hochorganisierten lebenden Materie die Form der Empfindung, der Wahrnehmung erlangt, beim Menschen auch die Form des theoretischen Gedankens, des Begriffs. Eine derartige, im weiten Sinne des Wortes *historische* Interpretation der Widerspiegelung schließt die Möglichkeit aus, die physischen Erscheinungen herausgelöst aus dem Gesamtsystem der Wechselwirkung der in ihrer Materialität einheitlichen Welt zu behandeln.« (TBP, S. 52)

Tätigkeiten. In der Tätigkeit erfolgt auch der Übergang des Objektes in seine subjektive Form, in das Abbild, die Bedeutung; gleichzeitig erfolgt in der Tätigkeit auch der Übergang der Tätigkeit in ihre objektiven Resultate, in ihre Produkte. Nimmt man die Tätigkeit von dieser Seite, fungiert sie als ein Prozeß, in dem die wechselseitigen Übergänge zwischen den Polen ›Subjekt – Objekt‹ verwirklicht werden. ›In der Produktion objektiviert sich die Person, in der Konsumtion subjektiviert sich die Sache‹, schreibt *Marx*.« (TBP, S. 83)

Leontjew benutzt hier einen Trick, um die orthodoxe und mit der Autorität Lenins verbundene Widerspiegelungstheorie aufzuheben. Indem er das gesellschaftliche Sein bzw. den wirklichen Lebensprozeß als Tätigkeit faßt, hebt er die Alternative, ob nun das gesellschaftliche Sein das Bewußtsein bestimme oder ob das Umgekehrte der Fall sei, dialektisch auf. Aus wahrscheinlich taktischen Gründen bezeichnete Leontjew das als eine Weiterentwicklung der Leninschen Widerspiegelungstheorie – in Wirklichkeit ist es ihre Widerlegung.

Es ist hier aber zu beachten, daß die Menschen die Wirklichkeit, in der sie leben, durchaus in Gestalt von *Bedeutungen* verinnerlichen, sich »aneignen«, indem sie diese »verarbeiten«, also durch Tätigsein, durch das Äußeres zu Innerem wird (zu Bedeutungen bzw. Bedeutungskonstellationen also, die im Bewußtsein »abgespeichert« werden), aber *in sehr spezifischer Weise*. Zu bedenken ist, daß keineswegs das Äußere durch seine unmittelbare Wahrnehmung durch den Menschen zum Inneren wird; dieser Prozeß spielt sich ab, gebrochen durch den soziohistorischen Zusammenhang, in dem der jeweilige Mensch lebt, also vermittelt über andere Menschen, über geltende Normen und Werte, Routinen, Frames, Scripts, die »Sprache« usw.[84] Das Subjekt steht niemals »alleine« der Wirklichkeit gegenüber, sondern i.R. immer zusammen mit anderen, wodurch es mit gesellschaftlichen Prägungen ausgestattet und eingebunden wird in historisch-gesellschaftlich gegebene *Diskurse*. Ebenso ist die Wirklichkeit selbst nicht bloße Natur, sondern historisches Produkt, das seine bestimmten Formen in starker Abhängigkeit von den herrschenden Diskursen bzw. von dem jeweils gegebenen »*diskursiven Gewimmel*« angenommen hat.

Diese Bestimmungen weisen bereits ein Stück weit über die traditionelle Tätigkeitstheorie hinaus, da sie nicht davon ausgehen, daß die Bedeutungen sich zu mehr oder minder diffusen Ansammlungen von Bedeutungsmolekülen »zusammenklumpen« bzw. ausschließlich nach Maßgabe bestimmter grammatischer Regeln geordnet wären, sondern daß sie *diskursiv strukturiert* sind. Der Mensch lernt in seinem Leben nicht nur Wörter und ihre Bedeutungen und die Grammatik, sondern er lernt übergreifende Zusammenhänge, Inhalte, Wissen, Normvorstellungen, Routinen, Frames, Scripts etc. Das wird im folgenden noch genauer zu erörtern sein.

---

84 Hier läßt sich eine gewisse Verwandtschaft zu soziokognitiven Ansätzen konstatieren, wie sie etwa van Dijk vertritt (vgl. van Dijk/Kintsch 1983.)

2.2.4. Tätigkeit im sozialen Kontext

Leontjew geht von der schlichten Beobachtung aus, daß der Mensch etwas tut, also sich bewegt, etwas produziert, schläft, ißt usw. Diese Tätigkeiten stehen nicht losgelöst und beliebig nebeneinander, sondern stellen einen Zusammenhang dar, eine Hierarchie. Eins greift ins andere. Ich lese ein Buch, um mich für eine Seminararbeit vorzubereiten. Ich bereite eine Seminararbeit vor, um sie meinem Dozenten vorzulegen. Ich lege sie ihm vor, damit er sie liest und er mir möglichst einen Schein dafür gibt. Ich brauche diesen Schein, um mein Studium absolvieren zu können. Ich absolviere das Studium, um mich auf meine spätere Lebenstätigkeit vorzubereiten, und diese führe ich dann auch mehr oder minder sinnvoll in einer Institution in Kooperation mit anderen durch.

Wir sehen hier erstens, daß diese Tätigkeiten klar und systematisch aufeinander bezogen sind; sie sind zudem hierarchisch angeordnet, da sie in einer bestimmten notwendigen Reihenfolge erfolgen. Oder, um dasselbe an einem anderen Beispiel zu demonstrieren: Ich schaufle eine Grube aus, fahre den Sand beiseite, gehe zum Steinbruch und hacke Steine und transportiere sie zur ausgehobenen Grube. Ich beschaffe mir Zement, einen Kübel, mische Zement, Sand und Wasser. Dann nehme ich die Steine und verbinde sie durch den Speis und häufe sie aufeinander, so daß ich allmählich ein Fundament eines Hauses vor mir habe, zu dessen Fertigstellung ich nun noch eine ganze Menge anderer Arbeiten vorzunehmen habe. Welche das genau sind, bitte ich bei einem Maurer, einem Putzer, einem Klempner, einem Schreiner, einem Dachdecker und bei noch ein paar anderen Handwerkern zu erfragen. Gelegentlich empfiehlt es sich auch, vor Baubeginn einen Architekten zu Rate zu ziehen etc. Bei all diesen Arbeiten mache ich mir eine Menge Gedanken darüber, wie ich das Material der mir gegenüberstehenden gegenständlichen Welt so aussuche, zurichte, anordne usw., daß ich im Endeffekt eine Behausung zustande bekomme, die mich vor Nässe, Kälte und der Polizei schützt. Mit anderen Worten: Ich vermittle die Gegenstände und Materialien der Objektwelt gedanklich miteinander, wenn ich tätig bin. Ich lerne dabei, was man mit Wasser, Sand und Steinen anfangen kann, welche Funktion sie haben können, kurz: welche *Bedeutungen* sie haben. Ich weiß am Ende eines solchen Prozesses sehr viel besser als zuvor, was ein Haus ist, und ich kann dieses Wissen nun auch genauer anderen vergleichbaren Produkten zuordnen, die entsprechende Funktion für mich oder andere Menschen haben. Und ich kann dieses Wissen an andere Menschen weitergeben. Auf diese Fähigkeit der »objektlosen Weitergabe« (= Denken/Sprechen) wird noch genauer einzugehen sein.

Doch ich lerne nicht nur, welche Funktion die Objekte und Materialien haben, sondern ich ordne sie auch nach bestimmten Vorstellungen an, bereite sie nach bestimmten Vorstellungen zu, die ich in kürzer oder länger zurückliegenden Lernprozessen oder besser: Tätigkeiten in Verbindung mit anderen Menschen erworben habe. Ich eigne mir also die Objektwelt tätig an, verstehe, wozu sie mir taugt, oder, mit einem anderen Terminus: ich interiorisiere sie – einerseits; und ich projiziere meine Vorstellungen, mein bereits erworbenes Wissen auf die Objektwelt in einem tätigen Prozeß, ich exteriorisiere sie – andererseits.

Etwas vorgreifend habe ich hier bereits zwei wichtige weitere Kategorien der Tätigkeitstheorie verwendet: *Aneignung* oder Interiorisation und *Vergegenständlichung* oder Exteriorisation. [85]

Indem ich tätig mit der Wirklichkeit umgehe, eigne ich mir Wissen über die Wirklichkeit an; zugleich und im Zusammenhang damit verwende ich mein erworbenes Wissen über die Wirklichkeit, um sie so zu gestalten, wie mir das angemessen erscheint.

Dazu jedoch noch einige zusätzliche Bemerkungen:

Der Gesamtprozeß bei einem Hausbau oder auch bei der Absolvierung eines Studiums geht nämlich nicht ganz so glatt vonstatten, wie ich ihn hier skizziert habe. Wenn ich z.B. zu dicke Steine wähle, dann werden die Mauern so dick, daß ich nicht genug Licht im Haus habe. Wähle ich zu dünne, klappt es nicht mit der Wärmeisolierung. Also entstehen in der Tätigkeit Widersprüche, die ich wiederum tätig zu lösen versuchen werde. Oder beim Studium: Sitze ich nur am Schreibtisch und lese dicke Bücher, werde ich ein Stubenhocker, der einen krummen Buckel kriegt und von der Welt und ihren Verläufen wenig Ahnung hat; kutschiere ich nur in der Weltgeschichte herum, werde ich vielleicht eines Tages ein guter Märchenonkel, werde aber wohl kaum ein Studium erfolgreich absolvieren. Das sind einfache Beispiele, vielleicht zu einfache. Sie sollen aber auch nur andeuten, in welcher Richtung man denken muß, um die widersprüchliche Dialektik des beschriebenen Prozesses, die aber trotzdem ein praktischer Zusammenhang ist, eine Einheit darstellt, besser zu verstehen.

Bisher habe ich den tatsächlichen Prozeß der Tätigkeit und die sich dabei ergebenden Bewußtseins- und Lernprozesse noch ohne systematische Einbeziehung der Tatsache vorgenommen, daß sich jede menschliche Tätigkeit in einem gesellschaftlichen Zusammenhang abspielt, obwohl ich schon kurz auf Klempner, Architekt und Professor verwiesen habe. Ohne systematische Berücksichtigung dieses Zusammenhangs des menschlichen Lebens mit anderen Menschen, ihrem Wissen, also ohne ihre gesellschaftlich-diskursive Einbettung, sind aber Tätigkeit und Bewußtsein und ihre Vermitteltheit, ist also der Zusammenhang von Subjekt und Objekt als über Tätigkeit vermittelt nicht restlos zu verstehen.

Leontjew sagt dazu:

»Die Psychologie des Menschen hat es mit der Tätigkeit konkreter Individuen zu tun, die entweder unter kollektiven Bedingungen abläuft – innerhalb der

---

85 Ich verwende hier im übrigen beide Termini, da sie in der Literatur zur Kulturhistorischen Schule wechselseitig und austauschbar gebraucht werden.

uns umgebenden Menschen, mit ihnen gemeinsam und im Zusammenwirken mit ihnen – oder aber ›unter vier Augen‹ mit der uns umgebenden Welt, sei es an der Töpferscheibe oder am Schreibtisch. Unter welchen Bedingungen und Formen die Tätigkeit des Menschen auch immer vollzogen wird, welche Struktur sie besitzt, in keinem Falle ist sie losgelöst von den gesellschaftlichen Bedingungen, von der Gesellschaft zu betrachten.

Bei all ihrer Vielfalt und all ihren Besonderheiten repräsentieren die Tätigkeit und die Beziehungen des menschlichen Individuums, die in seiner Tätigkeit realisiert werden, nur die Infrastruktur im System der gesellschaftlichen Beziehungen; das bedeutet, daß die Tätigkeit des Menschen außerhalb dieses Relationssystems nicht existieren kann und daß die Tätigkeit durch den konkreten Platz bestimmt wird, den das betreffende Individuum innerhalb dieses Systems einnimmt.« (DaT, S.16) Und weiter: »Die Psychologie befaßt sich somit mit Prozessen der Tätigkeit des menschlichen Individuums, die das Leben des Individuums in der Gesellschaft, präziser ausgedrückt: innerhalb der Gesellschaft verwirklichen.« (DaT, S. 17)

Mit dem Einbezug der praktischen Tätigkeit in die Psychologie ist nun genau die Stelle in der Argumentation markiert, an der Leontjew an Grundgedanken seines Lehrers Wygotzki anschließt.

Bereits dieser hatte gesehen, »daß die höchsten, spezifisch menschlichen psychologischen Funktionen die prinzipielle Struktur der Arbeitstätigkeit aufweisen, d.h., daß sie durch die Werkzeuge und die Gesellschaft vermittelt sind.« (DaT, ebd.)

Damit hatte er auf die Parallelität von psychischer und praktischer Tätigkeit aufmerksam gemacht und die Frage nach dem Zusammenhang von psychischer Tätigkeit und praktischer Tätigkeit gestellt. In Wygotzkis Erkenntnis der gleichen Struktur von idealer und materieller Tätigkeit sieht Leontjew den entscheidenden Schritt dazu, die Tätigkeitstheorie in der Psychologie zu etablieren. Leontjew referiert den Erkenntnisstand Wygotzkis folgendermaßen:

»Wygotzkis Konzeption zum Problem der Entstehung der inneren psychischen Tätigkeit aus der äußeren unterscheide(t)n sich prinzipiell von den theoretischen Konzeptionen anderer zeitgenössischer Autoren. Diese Ideen entstanden, als er die Besonderheiten der spezifisch menschlichen Tätigkeit – der mit Hilfe von Werkzeugen erfolgenden Arbeits- und Produktionstätigkeit – analysierte, einer von Anfang an gesellschaftlichen, das heißt sich nur unter den Bedingungen der Kooperation und des menschlichen Verkehrs entwikkelnden Tätigkeit. Entsprechend unterschied Wygotzki zwei wechselseitig zusammenhängende Hauptmomente, die der psychologischen Wissenschaft zugrundegelegt werden müssen. Das sind die Werkzeugstruktur (die ›instrumentale‹ Struktur) der Tätigkeit des Menschen und zum andern ihr Einbezogensein in das System der Wechselbeziehungen mit anderen Menschen. Eben diese Momente bestimmen die Besonderheiten der psychischen Prozesse beim Menschen. Das Werkzeug vermittelt eine Tätigkeit, die den Menschen nicht nur mit der Welt der Dinge, sondern auch mit den anderen Menschen verbindet. Dadurch nimmt seine Tätigkeit die Erfahrung der Menschheit in sich auf. Hieraus ergibt sich auch, daß die psychischen Prozesse des Menschen (seine ›höheren psychischen Funktionen‹) eine Struktur erlangen, die notwendigerweise die gesellschaftshistorisch entstandenen Mittel und Verfahren enthält, welche ihm von den Menschen seiner Umwelt während der Zusammenarbeit, im Verkehr mit ihnen übermittelt werden. Die Übertragung des Mittels, der Ausführungsweise eines Prozesses ist nur in äußerer Form möglich, als Handlung oder geäußerte Sprache. Mit anderen Worten, die höheren spezifischen menschlichen psychischen Prozesse können nur in der Wechselwirkung von Mensch zu Mensch entstehen, das heißt als interpsychische Prozesse, und erst dann werden sie vom Individuum selbständig nachvollzogen. Dabei verlieren einige von ihnen im weiteren ihre anfängliche äußere Form und verwandeln sich in intrapsychische Prozesse.« (TBP, S. 96f.)

Doch Wygotzki konnte der These, daß die inneren psychischen Tätigkeiten aus der praktischen Tätigkeit entstehen, bereits eine weitere wichtige These hinzufügen:

Diese besagt, daß gleichzeitig eine Veränderung der Form der psychischen Repräsentation der Realität erfolgt: »Es entsteht Bewußtsein – die Reflexion der Wirklichkeit, der eigenen Tätigkeit, seiner selbst, durch das Subjekt. Aber was ist Bewußtsein? Bewußtsein ist Mit-Wissen, aber nur in dem Sinne, daß das individuelle Bewußtsein nur bei Vorhandensein von gesellschaftlichem Bewußtsein und von Sprache existieren kann, die dessen reales Substrat ist. Im Prozeß der materiellen Produktion produzieren die Menschen auch die Sprache, die nicht nur Mittel des Verkehrs ist, sondern auch Träger der in ihr fixierten gesellschaftlich erarbeiteten Bedeutungen.« (TBP, ebd.) Mit der Sprache haben sich die Menschen sozusagen Ersatz-Objekte geschaffen, die als Transportmittel von Bedeutungen in der Gesellschaft geeignet sind und oft die Präsenz der Gegenstände, denen man Bedeutungen zuordnet, überflüssig macht. Diese Ablösung von den konkreten Gegenständen ist auch die Voraussetzung dazu gewesen, daß diese Bedeutungen äußerst abstrakt und komplex werden konnten.

Das Bewußtsein ist also nicht von Anfang an gegeben und wird nicht durch die Natur erzeugt: Das Bewußtsein, so muß man folgern, wird von den jeweiligen Menschen in der Gesellschaft, im Verkehr mit den kooperierenden Menschen erzeugt, oder anders: im Diskurs. Die Verwandlung von äußerer Tätigkeit in innere Tätigkeit bedeutet daher auch nicht einfach ihre Verlagerung nach innen in eine bereits existierende Bewußtseinsebene hinein. Durch die Verinnerlichung oder Interiorisation der äußeren Tätigkeit in die innere wird diese Bewußtseinsebene erst erzeugt.

Zusammenfassend kann der Stand, an den Leontjew anknüpfte, folgendermaßen formuliert werden:

Tätigkeit konnte gefaßt werden »als ein System von Prozessen«, die gesellschaftliche, von Anfang an praktische Relations-Ziele des Menschen verwirklichen. Dieses System von Prozessen zu erforschen, machte sich Leontjew nun zu seinem eigentlichen Anliegen, wobei er sich zunächst mit bestimmten Annahmen der tradierten subjektivistischen Psychologie auseinandersetzte.

2.2.5. Kritik und Aufhebung subjektivistischer Psychologie der Tätigkeit

Die Wygotzki vorangehende Psychologie hatte sich ausschließlich mit inneren, bewußtseinsmäßigen Formen der Tätigkeit befaßt, also mit der Denktätigkeit, mit der Wahrnehmungstätigkeit usw. Für die praktische, die sinnlich-konkrete Tätigkeit betrachtete sie sich als nicht zuständig. Praktische Tätigkeit wurde allenfalls als Ausdruck innerer Tätigkeit angesehen und konnte entsprechend vernachlässigt werden. Es interessierte ausschließlich die Kopfarbeit, was kein Wunder ist, denn die gesellschaftliche (tendenzielle) Trennung von Hand- und Kopfarbeit war seit langem vollzogen und unterschiedlichen Gesellschaftsklassen zugeteilt. So sehen wir hier einen weiteren Reflex der bestehenden Herrschaftsverhältnisse auf die Wissenschaft von der Psychologie, ähnlich wie wir diese bereits an der Subjekt-Objekt-Relation feststellen konnten, in der das Subjekt als nur passiv rezipierendes Wesen unterstellt wurde.

Wegen dieser Beschränkung auf die ideelle Tätigkeit, auf die innere Bewußtseinstätigkeit nennt man diese traditionelle Form der Psychologie denn auch *idealistisch*. Über die Herkunft des Materials der Bewußtseinstätigkeit, ja, über die Gründe der Denktätigkeit konnte sie nichts anderes sagen, als daß sowohl das Material wie auch die Fähigkeit angeboren oder sonstwie transzendental vorgegeben seien.

Nun ist es nicht so, daß Leontjew sich schlicht und einfach auf das andere Bein stellt: die praktische Tätigkeit. Er thematisiert den Zusammenhang, die Einheit von praktischer und ideeller, gedanklicher Tätigkeit und schreibt:

> »Wenn wir von der Tätigkeit des Menschen sprechen, dann verstehen wir Tätigkeit als eine fundamentale Einheit des individuellen Daseins des Menschen, als eine Einheit, die diese oder jene Lebensbeziehungen des Menschen verwirklicht. Sie ist kein Element des Daseins, sondern eine Einheit, ein ganzheitliches, nicht aber ein additives System, das eine aus vielen Ebenen bestehende Organisation besitzt.« (DaT, S. 17)

Das ist sofort einsichtig, wenn man von der praktischen Tätigkeit des Menschen ausgeht. Denn diese ist immer von gedanklicher Arbeit begleitet, ja sie ist immer zugleich gedankliche Tätigkeit, die von der praktischen Tätigkeit gar nicht zu trennen ist; praktische Tätigkeit kommt ohne gedankliche Tätigkeit einfach nicht vor. Doch auch die innere Tätigkeit ist eine echte Tätigkeit, die die Struktur der menschlichen Tätigkeit bewahrt, auch wenn sie eine andere Form annimmt.(vgl. DaT, S. 19) Die Einheit praktischer und innerer Tätigkeit aus dem Blickwinkel der inneren Tätigkeit zu sehen, ist nicht so einfach wie aus der umgekehrten Perspektive, zumal uns diese

Sichtweise durch verbreitete Anschauungen und Lehren ziemlich verstellt ist. Praktische Tätigkeit wird bei innerer Tätigkeit ja nicht konkret greifbar, es sei denn, man wolle den Schreibvorgang oder den Sprechvorgang als äußere praktische Tätigkeit einbeziehen. Schwierigkeiten bleiben auf den ersten Blick aber, wenn man sich einen Menschen vorstellt, der still in seinem Sessel sitzt und intensiv über irgend etwas nachdenkt. Die Lösung dieser Schwierigkeit finden wir aber dann, wenn wir uns die Frage zu beantworten versuchen, wieso er das denn kann: still in seinem Sessel sitzen und nachdenken.

Hier merken wir übrigens, daß die vorher angeführte Schreib- oder Redetätigkeit keine ausreichende Antwort auf die Frage darstellt, wie unter dem Blickwinkel der ideellen Tätigkeit die Feststellung aufrechterhalten werden kann, auch hier läge eine Einheit von ideeller und praktischer Tätigkeit vor. Schreiben und Sprechen als materielle Vorgänge allein stellen ja die ideelle Tätigkeit nicht als Ganze dar, sondern sie materialisieren, sie fixieren sie nur technisch. Die gedankliche Arbeit, die hinter dem Schreiben und Sprechen liegt, ist durchaus der gedanklichen Arbeit des einsamen Denkers in seinem Sessel vergleichbar, auch wenn diese sich der Form nach etwas anders darstellen mag. (Er braucht beim stillen Denken zum Beispiel keine Rücksicht darauf zu nehmen, ob ihm ein anderer auch folgen kann, und deshalb kann er sich wildeste Assoziationen, Verkürzungen, geballteste Abstraktionen usw. leisten – die man natürlich auch aufschreiben kann. Und so etwas gibt es natürlich auch. Nur ist dieses Aufgeschriebene dann häufig ziemlich unverständlich.)[86]

2.2.6. Innere und äußere Tätigkeit

Leontjew sagt zum Verhältnis von innerer und äußerer Tätigkeit an anderer Stelle:

> »die ihrer Form nach innere Tätigkeit, die aus der praktischen Tätigkeit hervorgeht, (trennt) sich nicht von ihr und stellt sich nicht über sie, sondern sie bleibt mit ihr prinzipiell und zudem wechselseitig verbunden.« (TBP, S. 100)

Innere Tätigkeit ist demnach nur und auch nur teilweise der Form nach anders als praktische Tätigkeit. Was den geistigen Prozeß dabei angeht, die Inhalte, handelt es sich aber um Identisches.

Anders ausgedrückt: Auch bei den inneren Tätigkeiten handelt es sich um gegenständliche Tätigkeiten, wobei die Gegenstände allerdings von anderer Beschaffenheit sind. Das meint Leontjew, wenn er sagt: »...die Trennung der Tätigkeit in zwei Teile oder zwei Seiten, die angeblich völlig verschiedenen Bereichen angehören, wird überwunden.« (TBP, S. 99) Den immer hochgehaltenen Dualismus zwischen geistiger und körperlicher, ideeller oder materieller Tätigkeit gibt es nicht.

---

86   Zu solchen Problemen vgl. Wygotzki 1964, der den Zusammenhang von Sprechen und Denken (als inneres Sprechen oder ganz vom Sprechen losgelösten Vorgang) genau analysiert hat.

Leontjew meint sogar, daß sich im weiteren Verlauf der Menschheitsgeschichte innere und äußere Tätigkeit auch formal immer stärker annähern werden und begründet das wie folgt:

»Mit der Behauptung, daß zwischen dem Aufbau einer äußeren, praktischen und einer inneren, geistigen Tätigkeit Gemeinsamkeiten bestehen, wird ein ständiger Übergang zwischen beiden Tätigkeitsformen angenommen, d.h., bestimmte geistige Handlungen können in die Struktur einer unmittelbar praktischen, materiellen Tätigkeit eingehen, und umgekehrt können äußere motorische Operationen dem Vollzug einer geistigen Handlung dienen und sozusagen in die Struktur der reinen Erkenntnistätigkeit eingehen.

In der gegenwärtigen Epoche, in der sich vor unseren Augen eine Vereinigung und wechselseitige Durchdringung dieser Formen der menschlichen Tätigkeit vollzieht und die historisch entstandene Gegenüberstellung beider Tätigkeitsformen mehr und mehr verschwindet, ist diese These besonders evident.« (DaT, S. 19 f.)

Was zu klären bleibt ist das »Problem der konkreten Wechselbeziehung und des Zusammenhangs zwischen den verschiedenen Formen der menschlichen Tätigkeit...« (TBP, S. 99.) Die Frage muß beantwortet werden, was – bei aller Annäherung – die Verschiedenheit der Formen ausmacht.

Zur Klärung dieser Frage muß nun untersucht werden, aus welchen Bestandteilen Tätigkeit besteht, was Tätigkeit hervorruft, weshalb sie und mit welchen Mitteln sie durchgeführt wird.

2.3. Die Struktur menschlicher Tätigkeit: Motiv, Ziel, Tätigkeit, Handlung, Operation

2.3.1. Die Grunddefinition der Form der Tätigkeit

»Wenn wir von der Tätigkeit des Menschen sprechen, dann verstehen wir Tätigkeit als eine fundamentale Einheit des individuellen Daseins des Menschen, als eine Einheit, die diese oder jene Lebensbeziehungen des Menschen verwirklicht. Sie ist kein Element des Daseins, sondern eine Einheit, ein ganzheitliches, nicht aber ein additives System, das eine aus vielen Ebenen bestehende Organisation besitzt.« (DaT, S. 17)

Und nun erfolgt die erste wichtige Bestimmung der *Struktur* der Tätigkeit:

»Jede gegenständliche Tätigkeit entspricht einem *Bedürfnis*, das immer im *Motiv* vergegenständlicht ist. Hauptkonstituenten der Tätigkeit sind die *Ziele* und die ihnen entsprechenden *Handlungen* und schließlich jene psychophysiologischen Funktionen, die die Tätigkeit realisieren, die häufig ihre natürlichen Voraussetzungen schaffen und ihrem Verlauf bestimmte Beschränkungen auferlegen, sich in ihr häufig neu organisieren und sie sogar erzeugen.« (DaT, S. 17 f., meine Hervorhebungen, S.J.)

Bis auf den Begriff der *Operationen* enthält dieser Passus die gesamte zentrale Begrifflichkeit des Tätigkeitkonzepts, mit der sich die Struktur menschlicher Tätigkeit charakterisieren läßt.

2.3.2. Operationen

Und bei den sog. *Operationen* handelt es sich um eine weitere wichtige Kategorie, denn die Einzel-Handlungen, die der Mensch als Bestandteile der Tätigkeit vollzieht, sind »diejenigen fixierten Verfahren, mit deren Hilfe Handlungen realisiert werden und die als wesentliche Elemente in deren Struktur eingehen.« (DaT, S. 20) Sie sind ihrer Herkunft nach Handlungsprodukte, routinisierte Handlungen, eben Operationen, die der Mensch routinehaft und quasi automatisch vollzieht, nahezu gedankenlos, wie zum Beispiel in der Regel beim Treppensteigen oder beim Schalten im Auto. Ursprünglich handelt es sich bei den Operationen ebenfalls um Handlungen, die aktiv gelernt worden sind, die aber gleichsam »abgestorben« sind. So lernt das Kind in einem ziemlich mühevollen Prozeß die Handlung Laufen, die der Erwachsene routinehaft vollzieht und automatisiert hat. Solche Operationen können z.B. auf Maschinen übertragen werden, und dies gilt auch für geistige Operationen, eben z.B. auf den Computer. »In Werkzeugen beispielsweise sind die Arbeitsoperationen, in bestimmten Formen der Arbeit (Fließband) sind die Operationen der vorherigen Handarbeit und in den heutigen KI-Systemen sind bestimmte geistige Operationen vergegenständlicht.« (Gräfen/Jäger 1989, S. 15) Die Abkopplung vom Bewußtsein macht aber auch die Schwierigkeit dieser Kategorie für die Psychologie und für die Sprachwissenschaft aus. Darauf wird später zurückzukommen sein. Zunächst will ich versuchen, den Prozeß der Tätigkeit als ganzen genauer auszuleuchten.

2.3.3. Bedürfnis, Motiv, Ziel

Jede Tätigkeit ist auf die Produktion eines bestimmten stofflichen oder geistigen Gegenstands gerichtet. Diesen Gegenstand zu produzieren (und zu »haben«), das ist das Motiv, durch das der Mensch zur Tätigkeit angeregt wird. Durch die Tätigkeit soll dieser Gegenstand produziert werden, ein Gegenstand, der einem bestimmten Bedürfnis Rechnung trägt, ihm sozusagen entspricht.

Vor jeder Tätigkeit existiert also ein Bedürfnis des Menschen, die Tätigkeit folgt einem Bedürfnis, wird also unternommen, um ein Bedürfnis zu befriedigen. Das Bedürfnis ist dabei natürlich nicht frei flottierend, sondern es handelt sich jeweils um ein bestimmtes Bedürfnis, und dieses Bedürfnis ist immer im Motiv vergegenständlicht. Was heißt das? Der Tätigkeitsgegenstand ist das tatsächliche Motiv der Tätigkeit, schreibt Leontjew. Doch was ist der Tätigkeitsgegenstand? Dazu Leontjew:

> »Real haben wir es ... stets mit besonderen Tätigkeiten zu tun, von denen jede einem bestimmten Bedürfnis des Subjekts entspricht, (und) auf einen Gegenstand dieses Bedürfnisses gerichtet ist ...« (TBP, S. 101)

Ist das Bedürfnis befriedigt, ein gewolltes Produkt also hergestellt, erlischt natürlich das Motiv, ihn herzustellen. Das gewollte Produkt ist ja da. Das Ziel der Tätigkeit ist erreicht. Jetzt kann man den produzierten Gegenstand essen, bewohnen, in Druck geben usw.

Die einzelnen Tätigkeiten unterscheiden sich nach ihren Motiven. Sie werden auf unterschiedliche Produkte hin angelegt. Ohne Motive erfolgen keine Tätigkeiten, auch wenn die Motive gelegentlich schwer zu entdecken sind.

2.3.4. Handlungen sind einem bewußten Ziel untergeordnet

Grundkomponenten der einzelnen menschlichen Tätigkeit sind nun die Handlungen, die die Tätigkeit realisieren. »Mit Handlung bezeichnen wir einen Prozeß«, schreibt Leontjew, »der der Antizipation des Resultats untergeordnet ist, das erreicht werden soll, d.h. ein Prozeß, der einem bewußten Ziel untergeordnet ist.« (DaT, S. 21) Mit anderen Worten: Das Resultat vor Augen, das Ziel im Blick, verrichtet der Mensch Handlungen der verschiedensten Art, um dieses vorweggenommene, antizipierte Ziel zu erreichen.

> »Das Entstehen zielgerichteter Handlungsprozesse in der Tätigkeit ist historisch gesehen eine Folge der Menschwerdung sowie der auf der Arbeit basierenden Herausbildung der Gesellschaft. Die Tätigkeit derer, die an einer gemeinsamen Arbeit beteiligt sind, wird durch das Produkt verursacht, das ursprünglich dem unmittelbaren Bedürfnis eines jeden Teilnehmers entsprach. Die sich dabei herausbildende elementarste technische Arbeitsteilung führt notwendigerweise zur Ausgrenzung bestimmter Zwischen- oder Teilergebnisse, die von den an einer kollektiven Arbeitstätigkeit Beteiligten erreicht werden, die aber für sich genommen (auf sich allein gestellt, S.J.), nicht in der Lage sind, ihre Bedürfnisse zu befriedigen. Ihr Bedürfnis wird nicht durch die ›Zwischenresultate‹ befriedigt, sondern durch den Anteil, den sie am Produkt der kollektiven Tätigkeit haben, der jedem auf Grund der im Arbeitsprozeß eingegangenen gesellschaftlichen Beziehungen zukommt.« (DaT, S. 21f.)

Anders ausgedrückt: »Im Zuge der Arbeitsteilung (historisch verstanden) entwickelten sich aus der Tätigkeit, die von einem Subjekt ausgeführt wurde, verschiedene Handlungen, die jetzt, von mehreren Subjekten ausgeführt, die Tätigkeit realisieren; der Mensch wurde ein gesellschaftliches Wesen.« (Gräfen/Jäger 1989, S. 14) Die Beschaffung von Nahrung wurde jetzt z.B. mit verteilten Rollen (Handlungen z.B. von Jägern und Treibern) betrieben. Diese Handlungen erhalten eine relative Selbständigkeit gegenüber der Gesamt-Tätigkeit. Sie können so spezialisiert sein, daß sie zur Realisierung verschiedener Tätigkeiten dienen können. Sie realisieren bestimmte Zwischenziele, die auch zur Erreichung anderer Tätigkeitsziele eingesetzt werden können. Wenn ich zum Beispiel Schrauben herstelle, dann markiert die hergestellte Schraube ein Zwischenziel, das den verschiedensten anderen Zielen dienlich sein kann. Ob ich also die Schraube für die Herstellung einer Atombombe produziere oder für die eines Kinderwagens, ist der Handlung der Schraubenherstellung sozusagen gleichgültig. In diesem Sinne ist auch heute mancher Fabrikarbeiter weniger ein tätiger, sondern allenfalls ein Handelnder, vielfach sogar nur ein quasiautomatisch Operierender am Fließband. Was natürlich auch z.B. für viele Linguisten gilt: Eine ganze Reihe von linguistischen Handlungen ist erforderlich, die mit dem Zwischenziel Duden durchgeführt werden. Der Duden selbst kann dann sowohl der Tätigkeit eines fortschrittlichen Lehrers zu Diensten sein wie der des faschistischen Propagandaredners.

Hier deutet sich zugleich ein Problem an, auf das später noch einzugehen sein wird. Die genaue Abgrenzung von Handlungen und Tätigkeit bzw. von Zielen und Zwischenzielen, eine Folge der immer komplexer werdenden Arbeitsteilung. Ist die Herstellung des Dudens Resultat einer Tätigkeit oder einfach einer Kette von Handlungen? Ist die Aktivität des faschistischen Propagandisten eine Tätigkeit oder eine Handlungskette, die dem Ziel des faschistischen Umsturzes untergeordnet ist? Müßte man nicht von Tätigkeit des faschistischen Redners erst dann reden, wenn das Ziel des Faschismus, der gesellschaftliche Umsturz und die Errichtung der faschistischen Diktatur erreicht ist? Die sich aber möglicherweise wiederum anderen Zielen unterordnen würde, beispielsweise die Errichtung der faschistischen Beherrschung der ganzen Welt, des Weltraums?

Leontjew löst dieses Problem außerordentlich elegant. Er sagt: Es kommt darauf an, unter welchem Blickwinkel wir die Sache ansehen. Nehmen wir an, »vor uns läuft ein konkreter Prozeß ab, seitens des Motivs erscheint er als menschliche Tätigkeit, in bezug auf die Zielunterordnung hingegen als Handlungen oder Handlungssysteme oder Handlungsketten.« (DaT, S. 23) Die Abgrenzung wird also unter Betrachtung des Motivs vorgenommen, das jemand verfolgt.

Ich lasse das einmal so stehen, obwohl ich hier auch noch einige Probleme sehe. Bei der Jagd, an der Jäger und Treiber teilnehmen und ihre (Teil-)Handlungen vollziehen, haben alle Beteiligten das Bedürfnis und das gemeinsame Motiv, das Wild zu erlegen. Ihr gemeinsames Tun realisiert dieses Ziel. Die beteiligten Individuen vollziehen, für sich allein betrachtet, aber nur Handlungen, die auf Teilziele gerichtet sind. Ich könnte mir vorstellen, daß hier eine Modifikation der Tätigkeitstheorie erforderlich ist, die von vornherein die Arbeitsteilung der Menschen differenzierter in Rechnung stellt. Für unseren augenblicklichen Argumentationszusammenhang können wir aber auf eine Lösung dieses Problems verzichten.

Zur anderen Seite hin gesehen, können Handlung und Tätigkeit, Handlungsziel und Tätigkeitsziel zusammenfallen. Das ist dann der Fall, wenn zur Erreichung des Tätigkeitsziels eine einzige Handlung ausreicht. Ist mein Tätigkeitsziel, einen Apfel zu essen, und liegt der Apfel vor mir auf dem Tisch, so brauche ich nur danach zu greifen und ihn aufzuessen.

In der Regel bestehen Tätigkeiten jedoch aus Handlungsketten. Die Arbeitstätigkeit existiert z.B. als Arbeitshandlungen, die Unterrichtstätigkeit als Lehr- und Lernhandlungen, die sprachliche Tätigkeit als Mitteilungshandlungen (Mitteilungsakte) usw.

Handlungen haben nun neben ihrem intentionalen Aspekt, also daneben, daß sie auf (Teil-)Ziele gerichtet sind, auch operationale Aspekte. Es ist immer auch dazwischen zu unterscheiden, was erreicht werden soll und wie es erreicht werden soll. Dieses Wie, also der operationale Aspekt, wird nicht allein durch das (Zwischen-)Ziel bestimmt, sondern durch die gegenständlichen Bedingungen, unter denen das Ziel erreicht werden soll. Der operationale Aspekt ist auf die gegenständliche, äußere, objektiv vorhandene Wirklichkeit gerichtet. Zur Handlung gehören also die Verfahren, durch die sie realisiert wird. Und bei Leontjew erfolgt dann die wichtige Definition dessen, was eine Operation ist: Er sagt: »Die Verfahren zur Realisierung einer Handlung bezeichnen wir als Operationen.« (DaT, S. 24) Während also die Handlungen mit den Zielen in Beziehung stehen, stehen die Operationen mit den konkreten Rahmenbedingungen der Handlungen in Beziehung.

Machen wir uns das an einem Beispiel klar: Nehmen wir einmal an, daß das Ziel das gleiche bleibt, die Handlungsbedingungen sich aber ändern. In einem solchen Falle ändert sich nur das Repertoire von Operationen. Im Beispiel: Ein Bauer fährt bei schönem Wetter in die Wiesen, um Heu einzufahren. Plötzlich bricht ein Gewitter los. Er besteht aber darauf, das Heu einzufahren. Damit er dieses Ziel erreicht, muß er schneller zusammenrechen, sich Planen zum Trockenhalten des bereits aufgeladenen Heus hervorholen, das Dach des Traktors zuklappen usw., denn die Handlungsbedingungen haben sich geändert, so daß er anders vorgehen, anders operieren muß.

Besonders wichtig ist die klare Trennung von Handlungen und Operationen deshalb, weil Operationen im allgemeinen erarbeitet, verallgemeinert und gesellschaftlich-historisch fixiert werden, so daß sie von jedem einzelnen Individuum erlernt, angeeignet und angewendet werden können. Wie bereits gesagt, sind Operationen ehemals mühselig im gesellschaftlichen Prozeß, teils in der tiefen Vergangenheit der Menschheit bereits entwickelte Handlungen. Doch je mehr man sie beherrschen lernte, je öfter man sie wiederholte, desto mehr wurden sie zur Routine, die selbst vergegenständlicht werden kann, zum Beispiel in Gestalt eines Werkzeuges, was nichts anderes ist als die Vergegenständlichung einer materiellen Operation, oder in Wörtern, die nichts anderes sind, als die Vergegenständlichung geistiger Operationen, oder aber auch in festen größeren Strukturen, die im Rahmen kognitiver Theorien als Frames und Scripts bezeichnet werden. So verfügen wir bei der Deutung von Wirklichkeit z. B. nicht nur über Wörter, sondern über Schemata bis hin zu mehr oder minder geschlossenen narrativen Strukturen.

Wygotzki bezeichnete Wörter deshalb auch als psychologische Werkzeuge oder psychologische Instrumente bzw. als Mittel, mittels deren sich die spezifisch menschlichen höheren (geistigen S.J.) psychischen Funktionen vollziehen. (Nach Rissom 1979, S. 10) So zeigt sich an dieser Stelle bereits eine bestimmte Analogie von praktisch-gegenständlichem Werkzeug und Wort. Doch ganz klar ist, daß hier auch ein ganz wesentlicher Unterschied besteht: »während das Werkzeug Mittel der Einwirkung auf Dinge ist, ist das (sprachliche S.J.) Zeichen Mittel der Einwirkung auf Verhalten, auf das Verhalten anderer Leute oder das eigene.« (ebd. S.15)

Das muß noch ein bißchen genauer ausgeführt werden. Nehmen wir zum Beispiel ein ganz normales Werkzeug. Ein Werkzeug ist ein materieller Gegenstand; in ihm sind Verfahren und Operationen kristallisiert, nicht aber Handlungen und Ziele. Das Werkzeug handelt nicht, ist keine Handlung und verfolgt auch kein Ziel. Leontjew führt für diese Tatsache zwei Beispiele an:

> »Man kann z.B. einen konkreten Gegenstand mit Hilfe verschiedener Werkzeuge zerlegen, von denen jedes das Verfahren zur Ausführung einer bestimmten Handlung determiniert. Unter bestimmten Bedingungen wird es adäquater sein, Schneideoperationen auszuführen, unter anderen wieder Sägeoperationen, dabei wird angenommen, daß der Mensch die entsprechenden Werkzeuge wie Messer, Säge u.a. anzuwenden vermag. Ähnlich verhält es sich auch mit komplizierteren Situationen. Nehmen wir einmal an, ein Mensch will das Ziel erreichen, bestimmte komplizierte Abhängigkeiten, die er entdeckt hat, aufzuzeichnen. Um dies zu tun, muß er bestimmte graphische Verfahren anwenden, bestimmte Operationen ausführen, deren Anwendung er beherrschen muß.« (DaT, S. 25)

Er bedient sich dabei bestimmter Geräte, Tuschezeichner, Lineal etc. Wichtig ist hier, daß der Mensch die Verfahren und Routinen und ihre Vergegenständlichungen kennen und anwenden können muß.

Die Unterscheidung von Operationen (Verfahren, Routinen) wie Schalten beim Auto, Gehen usw. und von Vergegenständlichungen von Operationen in Werkzeugen oder Wörtern (über Sätze oder Texte läßt Leontjew sich leider nicht aus) ist von eminenter Wichtigkeit. Operationen, so wurde bereits sinngemäß gesagt, sind das Ergebnis der Transformation, der Umwandlung von Handlungen in Routinen durch Wiederholung usw. Man kann sie auch als Automatisierung oder als Technisierung einer Handlung bezeichnen. So eine Operation materieller Art stellt z.B. das Tünchen einer Wand dar. Man kann dieses Verfahren weiter technisieren, indem man z.B. einen Industrieroboter eine Wand tünchen, ein Auto spritzen läßt etc. Operationen idealler, geistiger Art können z.B. das routinisierte Herstellen von Computerprogrammen oder das Zusammenrechnen von Zahlenkolonnen darstellen. Sie können auch weiter technisiert und z.B. von KI-Systemen durchgeführt werden. Meist können automatisierte und routinisierte Verfahren bzw. Operationen auf Maschinen übertragen werden. Interessant ist nun, daß die routinisierten Verfahren bzw. Operationen aufhören, für den Menschen psychologisch zu existieren. Leontjew bezieht sich hierbei wieder auf das Schalten beim Autofahren:

> »Das Ziel des Schaltens wird ... vom Fahrer nicht mehr realiter unterschieden (bzw. bewußt zur Kenntnis genommen, S.J.) und kann auch nicht mehr unter-

schieden werden. Für den Fahrer hat das Schalten aufgehört, noch länger psychologisch zu existieren. Er macht jetzt etwas anderes: er fährt an, legt mit dem Auto bestimmte Entfernungen zurück und stellt es an einem bestimmten Platz ab. Diese Operationen betreffen im allgemeinen den Fahrer nicht und werden für ihn durch eine technische Vorrichtung ausgeführt. Das Schicksal dieser Operationen ist es, früher oder später zu einer Funktion des Autos zu werden.« (DAT S. 25)

Doch selbst dann, wenn eine Operation durch eine Maschine ausgeführt wird, realisiert sie eine Handlung des Subjekts und steht im übrigen auch in seiner Verantwortung. Operationen kann man auf Maschinen, z.B. Computer, übertragen. Für die Ziele, die Produkte bleibt immer der Mensch selbst verantwortlich.

Werkzeuge oder Wörter sind von Operationen klar zu unterscheiden. Sie sind Vergegenständlichungen von Operationen, materiellen oder geistigen Operationen. Im Hammer ist das routinisierte Hämmern vergegenständlicht, im Wort ein routinisierter Denkprozeß, in Skripts und Frames routinisierte Wirklichkeitsdeutungen. Hämmer sind so geartet bzw. gestaltet, daß der Mensch damit die Operation Hämmern ausüben kann. Wörter (als Bedeutungsträger) so, daß der Mensch damit Denkprozesse durchführen oder/und übermitteln kann, Gegenständen Bedeutungen zuweisen kann. Keineswegs hämmert aber der Hammer für den Menschen, ebensowenig wie das Wort für ihn denkt oder an seiner Stelle spricht. Beide sind Produkte menschlicher Tätigkeit, Vergegenständlichungen von Tätigkeiten. Sie stehen anderen Menschen nach ihrer Herstellung zur Benutzung zur Verfügung, wenn diese bestimmte Verfahren benötigen, um Handlungen im Rahmen von Tätigkeiten auszuführen.

Zusammenfassend kann gesagt werden:

»Das Werkzeug ist Mittel der äußerlichen Tätigkeit des Menschen, es wird im materiellen Arbeitsprozeß eingesetzt. Physikalischen und technischen Gesetzen folgend, werden die stofflichen Qualitäten des Werkzeugs genutzt, um mit ihrer Hilfe die stofflichen Qualitäten des Arbeitsgegenstandes zu verändern.

Das Zeichen dagegen ist Mittel der inneren, der intrapsychischen Wirkung. Seine Verwendung ändert nichts an der äußerlichen Qualität des Objekts der Tätigkeit, sondern verändert, psychologischen Gesetzen folgend, Verhalten. Die äußere stoffliche Qualität des Zeichens ist für seine Funktion unwesentlich. Das Zeichen hat für mich Funktion nur, weil ich sie ihm beigelegt habe, steht in Beziehung zum Objekt der Tätigkeit nicht abhängig von seiner eigenen Beschaffenheit, sondern abhängig von meinem Akt des In-Beziehung-Setzens.« (Rissom 1979, S. 15)

Das Wesentliche der Tätigkeitstheorie ist hier die analytische Trennung von Handlung und Operation und die Erkenntnis der Dialektik von äußeren, materiellen und den inneren Prozessen, die durch die Tätigkeit des Menschen vermittelt wird:

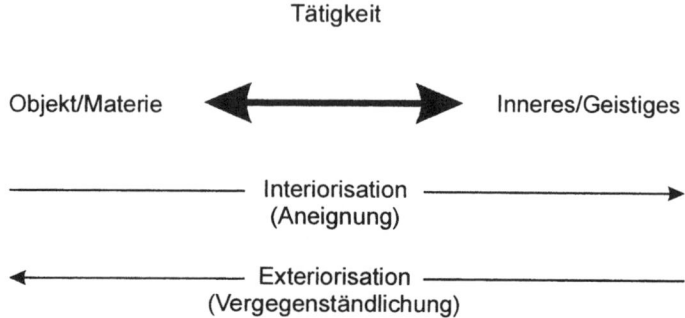

Abb. 7

So weit ist bis hierher der allgemeine Tätigkeitsbegriff von A.N. Leontjew ermittelt und in groben Zügen nachgezeichnet worden. Wichtig ist dabei vor allem, daß deutlich geworden ist, daß nicht nur Operationen/Einzelbedeutungen gelernt werden, sondern komplexe Tätigkeiten und komplexes Wissen, für deren Realisierung zugleich gelernte Handlungen und Operationen unabdingbar sind.

Besonders wichtig und problematisch erscheint mir Leontjews Unterscheidung zwischen *(gesellschaftlicher) Bedeutung und (persönlichem) Sinn*, da hier das bereits mehrfach angesprochene Problem des Verhältnisses von Individuum und Gesellschaft weiterer Klärung zugeführt werden kann. Diese Unterscheidung von persönlichem Sinn und gesellschaftlicher Bedeutung ist deshalb von großer Wichtigkeit, weil Leontjew davon ausgeht, daß die *Bedeutungen* etwas *überindividuell Gegebenes* seien, daß sie unabhängig vom einzelnen Individuum gleichsam objektiv existieren, wenn sie auch Produkt historischer menschlicher Tätigkeit seien; während das Individuum mit jeweils persönlichem Sinn operiere. Diese Beobachtung wird dann wichtig, wenn wir den Lernprozeß nicht allein als Übernahme einzelner Bedeutungen ansehen, sondern beachten, daß in einem solchen Prozeß gesellschaftlich vorgegebene Normen, Werte und Wissen aller Art, individuell verarbeitet werden.

2.3.5. Persönlicher Sinn und objektive Bedeutung[87]

Mit der Unterscheidung von persönlichem Sinn und objektiver Bedeutung greift Leontjew ein Thema auf, das die Sprachwissenschaft seit vielen Jahrzehnten umtreibt.[88] Sie berührt das mehrfach angesprochene Problem des Verhältnisses von Individuum und Gesellschaft, von Subjekt und Diskurs in ganz zentraler Weise, denn

---

87   Vgl. zu folgendem auch Januschek 1986, S. 147-151

88   Vgl. die Diskussion bei Busse 1987.

nach Leontjew ist die objektive Bedeutung sozial, während *der subjektive Sinn indivi-duell* ist. Dem Zusammenhang dieser beiden Seiten soll die folgende kritische Aus-einandersetzung mit Leontjews Bestimmung dieses Verhältnisses dienen.

Leontjew schreibt:

> »Wenn auch der Träger der Bedeutungen die Sprache ist, ist doch die Sprache nicht der Demiurg (der Schöpfer S.J.) der Bedeutungen. Hinter den sprachli-chen Bedeutungen verbergen sich die gesellschaftlich erarbeiteten Verfahren (Operationen) der Handlung, in deren Prozeß die Menschen die objektive Realität verändern und erkennen. Mit anderen Worten, in den Bedeutungen ist die in die Sprachmaterie umgestaltete und eingekleidete ideelle Existenzform der gegenständlichen Welt, ihrer Eigenschaften, Zusammenhänge und Bezie-hungen *repräsentiert*, die durch die gesamte gesellschaftliche Praxis entdeckt wurden. Daher sind die Bedeutungen an sich, das heißt abstrahiert von ihrem Funktionieren im individuellen Bewußtsein, ebenso »unpsychologisch« wie je-ne gesellschaftliche Realität, die sich hinter ihnen befindet.« (TBP, S. 136 f., meine Hervorhebung, S.J.)[89]

Und an anderer Stelle heißt es:

> »Bedeutung, das ist jene Verallgemeinerung der Wirklichkeit, die in ihrem sinnlichen Träger, gewöhnlich im Wort oder in der Wortverbindung, kristalli-siert, fixiert ist. Das ist eine ideelle, geistige Form der Kristallisierung der ge-sellschaftlichen Erfahrung, der gesellschaftlichen Praxis des Menschen. Der Vorstellungskreis einer Gesellschaft, ihre Wissenschaft, ihre Sprache selbst – das sind alles Bedeutungssysteme. Somit gehört die Bedeutung vor allem zur Welt der objektiv-historischen ideellen Erscheinungen.« (TBP S. 257f.)

Und Leontjew meint dann auch, die (objektiven) Bedeutungen bilden den Untersu-chungsgegenstand der Linguistik, Semiotik und Logik.

Es ist klar, daß er dabei ein bestimmtes Bild von Linguistik bemüht, wie es traditio-nell Verwendung fand, einer Linguistik, die wir als System- oder Formal-Linguistik bezeichnen würden und deren Gegenstand in erster Linie oder ausschließlich das Sprachsystem ist.[90] Das Problem der Bedeutung wurde vielfach insbesondere an-hand von Einzelwörtern diskutiert.

---

89 Mit der Vorstellung der Repräsentation zeigt sich erneut eine widerspiegelungstheoreti-sche Verstricktheit Leontjews. Er sieht nicht, daß die Menschen der Wirklichkeit Be-deutung *zuweisen*. Das hat auch Folgen für seine Definition von *objektiver Bedeu-tung*.

90 Leontjew ist hier sichtlich in den wissenschaftlichen Diskurs seiner Zeit verstrickt. Hier sei an die Unterscheidung von de Saussure zwischen langue und parole erinnert. Die langue (das Sprachsystem) wird von de Saussure als soziales Gebilde begriffen, während die parole sich auf das individuelle Sprechen beziehe. Roland Barthes sieht, daß diese durch einen dialektischen Prozeß miteinander vermittelt sind: »keine Sprache ohne Sprechen, und kein Sprechen außerhalb der Sprache«. (Barthes 1983, S. 15) Wittgen-

Die Sozio- und die Psycholinguistik, Text- und Diskursanalyse nehmen durchaus Fragestellungen auf, zu deren Beantwortung die Überlegungen von Leontjew u.a. wichtige Beiträge zu leisten vermögen. Leontjew konstatiert kritisch: Der Linguist befasse sich nur mit den objektiven Bedeutungen, dem Überindividuellen, der Psychologe mit dem Individuellen, dem subjektiven Sinn, den er mit den Bedeutungen jeweils verbindet. Aber Leontjew selbst durchbricht diese Tradition schon, indem er gerade den *Zusammenhang* von Gesellschaft und Sprache, von objektiver Bedeutung und persönlichem Sinn thematisiert. Erstaunlich ist jedoch, daß diese Überlegungen an der Ebene der Operationen halt machen und das Konzept Tätigkeit als Ganzes dabei nicht beachtet wird. Zur Frage der Textbedeutung bzw. zu Vorstellungen gar einer Diskurssemantik dringt er daher nicht vor.[91] Doch es wird sich zeigen, daß gerade durch die Leontjewsche Unterscheidung von *Persönlichem Sinn und objektiver Bedeutung* die Möglichkeit auftaucht, den Übergang von der sprachwissenschaftlichen Einzelwortbetrachtung, der Grammatik und der Textlinguistik zu einer Diskurstheorie als Grundlage diskursanalytischer Konzepte zu vollziehen.

Die Unterscheidung zwischen objektiver Wort-Bedeutung und persönlichem Sinn, den das Individuum damit jeweils verbinde, faßt Leontjew wie folgt:

Sich auf Wygotzki und Piaget berufend, führt er aus:

»Es wurde nachgewiesen, daß die Begriffe im Kopf des Kindes durchaus nicht nach dem Typus der Ausbildung sinnlicher generischen Abbilder entstehen, sondern daß sie Resultat der Aneignung ›fertiger‹ historisch erarbeiteter Bedeutungen sind und daß dieser Prozeß in der Tätigkeit des Kindes in der Kommunikation mit den Menschen der Umwelt erfolgt. Wenn das Kind das Ausüben von Handlungen erlernt, macht es sich die entsprechenden Operationen zu eigen, die in ihrer komprimierten, idealisierten Form auch in der Bedeutung *repräsentiert* sind.

Es versteht sich von selbst, daß die Bedeutungsaneignung ursprünglich in der äußeren Tätigkeit des Kindes mit den stofflichen Gegenständen und im sympraktischen Verkehr erfolgt. In den frühen Stadien eignet sich das Kind die konkreten, unmittelbar gegenständlich bezogenen Bedeutungen an; dann macht es sich auch die eigentlich logischen Operationen zu eigen, aber ebenfalls in ihrer äußeren, exteriorisierten Form, denn anders können sie gar nicht kommuniziert werden. Bei der Interiorisierung bilden sie abstrakte Bedeutungen, Begriffe, und ihre Bewegung bildet die innere geistige Tätigkeit, die Tätigkeit ›auf der Ebene des Bewußtseins‹.« (TBP, S. 138, meine Hervorhebung, S. J.)

Das ist eine sehr wichtige Bestimmung Leontjews, denn sie stellt klar, daß der Mensch nicht von Geburt an über eine Art Hardware verfügt, die dann nur mit In-

---

stein betont, daß die Bedeutung eines Wortes in seinem Gebrauch liege; vgl. dazu Busse 1992, S. 49ff.

91 Vgl. dagegen Busse 1987, S. 78 ff.

halten, man könnte modernistisch sagen, mit Software angefüllt wird. Auch die logischen Operationen, die abstraktesten und allgemeinsten Begriffe werden kommuniziert und gelernt. (Man beachte aber auch hier wieder die Vorstellung der Repräsentation!)

Weiter heißt es bei Leontjew:

> »Das Bewußtsein als Form der psychischen Widerspiegelung kann jedoch nicht auf das Funktionieren der angeeigneten, von außen vorgegebenen Bedeutungen reduziert werden, die, indem sie sich entwickeln, die äußere sowie die innere Tätigkeit des Subjekts steuern. Die Bedeutungen und die in ihnen enthaltenen Operationen sind an und für sich, das heißt in ihrer Abstraktion von den inneren Beziehungen des Tätigkeitssystems und des Bewußtseins ganz und gar nicht Gegenstand der Psychologie. Sie werden es nur, wenn sie in diesen Beziehungen, in der Bewegung ihres Systems betrachtet werden.« (TBP, S. 139, meine Hervorhebung, S. J.)

Leontjew meint, daß dies direkt aus den Gegebenheiten des Psychischen folge. Die *psychische Repräsentation* entstehe ja durch die Spaltung der Lebensprozesse des Subjekts in Prozesse, die seine direkten biotischen Beziehungen realisieren, und in »Signal«-Prozesse, die diese vermitteln. Dabei erfolge zusätzlich eine Transformation dieser Formen der ›Widerspiegelung‹, was dazu führe, daß sie bei der Fixierung in Sprache »eine quasi selbständige Existenz als objektive ideelle Erscheinung erlangen.« (TBP, S. 139)

Leontjew sieht richtig, daß aus der Sicht des Individuums schon eine objektive äußere Vorgabe zu unterstellen ist, eine objektive Existenz der Bedeutungen etc. Diese ist historisch produziert und kann interkulturell höchst verschieden sein, sie wird gesellschaftlich-diskursiv weitergegeben. Leontjew interpretiert diesen Produktionsprozeß m. E. jedoch falsch.

Er spricht zwar von der »inneren Bewegung der Bedeutungen«, bei denen die objektiven Bedeutungen zu jeweils subjektivem Sinn transformiert werden. Aber es wäre wichtig, diese inneren Bewegungen sowie deren Entäußerungen einer genaueren Betrachtung zu unterziehen. Auf diese Weise wäre die Ebene des komplexen Gedankens, der sich in einem individuell produzierten Text entäußern kann, ohne Schwierigkeiten zu erreichen. Ebenso leicht ist es, von der molekularen Welt der objektiven Bedeutungen zur Ebene der sozialen Diskurse vorzudringen, in denen die gesellschaftlichen Wissenskomplexe präsent sind. Im einzelnen Text realisiert das Individuum seine subjektive Sicht, hier tritt die jeweilige Bedeutung von Wörtern in Abhängigkeit vom Kontext, also, mit Wittgenstein zu sprechen, *in ihrem Gebrauch* auf; das Individuum ist dabei immer verstrickt in einen historischen Diskurs, es strickt aber auch immer selbst an ihm mit, nimmt Bedeutungen in ihrer Vielschichtigkeit auf und gibt sie in dieser Vielgestaltigkeit in einer Vielzahl und Vielgestalt von Äußerungen an andere weiter.

Hier wird deutlich, daß Bedeutungen *nicht* – wie auch immer – der Wirklichkeit *entnommen*, quasi abgelauscht und dann in historischen Prozessen verdichtet und verfestigt und dann von den Kindern gelernt werden. Der Prozeß läuft umgekehrt ab: Die Menschen haben versucht, den Wirklichkeiten Bedeutungen *zuzuweisen*, sich sozial darauf »geeinigt«, welchen Wirklichkeitsauschnitten welche Bedeutung zugewiesen wird. Diese menschlichen Produkte werden weitergegeben, bei gleichzeitigen tätigen Auseinandersetzungen mit diesen Wirklichkeitsausschnitten, und von den Kindern gelernt. Diese Bedeutungszuweisungen sind, im Weltmaßstab gesehen, durchaus unterschiedlich verlaufen, weil an verschiedenen Orten verschiedene Wirklichkeitsausschnitte (überlebens-)wichtig wurden. Pure Widerspiegelung findet nicht statt.

An Leontjew ist daher auch die Frage zu richten: Wo ist für ihn der Ort des Objektiven, was macht für ihn die Objektivität aus? Gibt es nach Leontjew also doch einen objektiven Geist außerhalb des Menschengeistes? Würde er sich nicht gerade durch diese Annahme zu Recht den Vorwurf des Idealismus einhandeln, er, der sich doch stets zugute hält, ein materialistischer Denker zu sein? Kann er überhaupt von objektiven Bedeutungen, von gesellschaftlichen Bedeutungen sprechen, von Bedeutungen, die außerhalb des menschlichen Geistes angesiedelt wären? Das ist auch für die Auffassung von Sprachwissenschaft außerordentlich wichtig. Gibt es ein sprachliches Bedeutungssystem außerhalb des menschlichen, individuellen Bewußtseins, also außerhalb der subjektiven Sprachkompetenz? Sind solche objektiven Systeme vielleicht sogar angeboren, wie Noam Chomsky meint? (Chomsky 1969) Oder schweben sie irgendwie über dem »Volk«, das sie sogar wesentlich konstituieren, wie etwa Leo Weisgerber (Weisgerber 1957) und andere Sprachidealisten meinen?

Leontjew versucht durchaus, dieses Problem materialistisch zu lösen, indem er auch den Ort der objektiven Bedeutungen in das Individuum hineinverlagert. Indem zwar die objektiven Bedeutungen nur in Gestalt subjektiver Sinne im Individuum auftauchen, tauchen sie doch auch im Individuum auf. Sie sind demnach subjektive Varianten der objektiven Bedeutungen. Am Unterschied zwischen Gedanken und Wort(en, Sätzen) kann man sich das plausibel machen. Der Gedanke ist immer subjektiv gefärbt; aber in der Äußerung muß er sich in Worte kleiden, in Operationalisierungen von Bedeutungen, die für das hörende oder lesende Gegenüber ja wieder, obwohl auch dieses von seiner subjektiven Gedankenwelt ausgeht, interpretierbar, verstehbar werden. Haben wir also doch zwei Systeme, zwei Instanzen im Kopf, die objektive konventionell-rationale, und die subjektive, individuelle emotionale? Eben nicht unterschiedliche Instanzen, die abgelöst nebeneinander existierten und mühsam aufeinander bezogen werden müßten, sondern verschiedene Ebenen, die im Zusammenhang agieren.

An dieser Stelle möchte ich auch noch einmal an das schon angesprochene Problem der Gegenstandsbedeutungen erinnern. Die Formulierung Klaus Holzkamps, die Bedeutungen lägen *in* den Gegenständen (Holzkamp 1973, S. 25ff. und S. 118ff.), hatte in der Diskussion oft zu dem Mißverständnis geführt, daß die Gegenstände selbst Träger von Bedeutungen wären, was ja unterstellt, daß die Bedeutungen nicht nur eine Sache des menschlichen Bewußtseins seien, sondern außerhalb des Bewußtseins hausten, halt in den vom Menschen geschaffenen und von ihm gleichsam abgelösten objektiven Dingen. Wäre dies der Fall, dann könnte ein Mensch, der einen Gegenstand noch nie gesehen hat, ihm seine Bedeutung sozusagen *ansehen*. Daß dies nicht der Fall ist, erfahren wir jeden Tag, wenn wir dumm fragen: Was ist das denn, wozu taugt es? usw. Die Bedeutung eines Gegenstandes ist für uns nur so faßbar, daß wir einem Gegenstand aktiv seine Bedeutung zuweisen. Das kann man aber nur, wenn man die Bedeutung, die ein Gegenstand für uns hat, bereits kennt. Die Bedeutung eines Gegenstandes aber lernt man kennen im *tätigen Umgang* mit diesem Gegenstand *im sozialen, im diskursiven Zusammenhang*, in einem Prozeß also, in dem der Bedeutungserwerb sich abspielt. Die einmal gelernten Bedeutungen kann ich dann auch anderen, gleichen Gegenständen und Zusammenhängen zuordnen, wenn sie mir im späteren Leben begegnen; deren Bedeutungen sind aber nie ganz genau dieselben, da die in einer Aussage angezielten Zusammenhänge immer variieren. Wenn ich etwa sage: »Dort steht ein Baum!«, dann kann das Wort Baum in einem Kontext wie »Und den will ich abhacken« etwas anderes bedeuten als in dem Kontext »Und als Teil des Waldes finde ich ihn wunderbar«. Taucht der Baum im ersten Fall als ›Material‹ auf, das ich für irgend etwas benötige, so im zweiten Fall als ›ästhetisches Objekt‹ ›.

Die Objektivität von Bedeutungen (mit all ihren Inkonsistenzen) ist so auch nichts anderes als das Resultat sozialer menschlicher Arbeit. Sie ist Resultat einer Abstraktionsleistung. Ihre Objektivität bzw. überindividuelle Existenz und Gültigkeit erhalten sie dadurch bzw. haben sie dadurch erhalten, daß sich eine riesige Zahl von Menschen mit bestimmten Dingen und Ereignissen der Außenwelt immer wieder befaßt hat, daß sie sich zum Zwecke ihrer Lebenserhaltung im weitesten Sinne immer wieder tätig-gedanklich-planend auf die Wirklichkeit beziehen mußten bzw. müssen. Und es sind nun auch die unterschiedlichen Myriaden von Lebensumständen, denen ein Individuum ausgesetzt ist, die es dazu veranlassen, den Bedeutungen der Dinge und ihrer Zusammenhänge jeweils subjektive Färbungen zu geben. Das geschieht nicht aus Willkür, sondern aus den Lebensnotwendigkeiten und –gegebenheiten heraus. Der Mond ist etwas anderes für den Astronauten als für die Liebenden – zumindest war das mal so.

Diese Klarstellung ist mir wichtig, weil hier nicht nur Leontjew fehlgeht, sondern weil in dieser Hinsicht auch in der Sprachwissenschaft immer noch falsche Vorstellungen grassieren.[92] Ich will das Problem deshalb auch noch einmal am Beispiel der Operationen allgemein aufnehmen:

---

92   Vgl. dazu auch die intensive Auseinandersetzung bei Busse 1987.

Operationen sind ja, wie vorher bestimmt wurde, Automatisierungen von Verrichtungen, von Routinen, von Handlungen. Sie treten als Werkzeuge und als Wörter auf. Sie sind, mit anderen Worten, abgestorbene, ehemals lebendige geistige Handlungen. Das darf nicht so verstanden werden, daß sie sich vom menschlichen Bewußtsein abgelöst hätten und nun ein geistiges Eigenleben angenommen hätten. Ich sagte schon einmal: Der Hammer hämmert nicht, das Wort denkt nicht für mich. Er steht dem Handeln und der Tätigkeit als Instrument zur Verfügung, dessen Funktion ich aber kennen muß, sonst kann ich nichts damit tun. Genauso ist es mit dem Wort: Es steht dem Aussprechen von Gedanken(komplexen) zur Verfügung, also einer menschlich-individuellen Tätigkeit und kann dem Menschen nur als Instrument dieser Tätigkeit dienen, wenn er in der Lage ist, dem »Wort« seine Bedeutung zuzuweisen und damit einen Sachverhalt etc. anzuzielen.

Wir verfügen über ein Arsenal solcher Werkzeuge, der Handwerkszeuge und Maschinen außerhalb unseres Kopfes, *deren Funktion wir kennen müssen, also im Kopf besitzen müssen*, in Gestalt von Wörtern innerhalb unseres Bewußtseins, deren Bedeutung wir kennen müssen, wenn wir mit ihnen agieren wollen.

Die Frage, ob diese Bedeutungen »richtig« oder »falsch« sind, ist dabei kaum zu beantworten, und sie ist auch relativ uninteressant. In den »objektiven Bedeutungen« ist ja sozusagen das Weltwissen der Menschheit gespeichert, oder anders: Unser gesamtes soziokulturelles Erbe. Sie sind daher sehr vielschichtig und bedeutungsreich, wobei dieser Reichtum von Individuum zu Individuum durchaus unterschiedlich umfangreich sein kann. Das hängt von der Art und Weise der Erfahrungen ab, die Menschen durchlaufen oder anders: von der Qualität und auch Quantität der diskursiven Verstrickungen, die ein Subjekt durchlaufen und durchlitten hat.[93] Klar ist, daß dieses soziokulturelle Erbe eine Fülle »brauchbarer« und »falscher«, »konstruktiver« und »destruktiver« Welt-»Erkenntnisse« transportiert, daß es historisch in stetigem Wandel begriffen und interkulturell unterschiedlich und vielgestaltig ist. Schon allein deshalb muß man schließen, daß es keine notwendige Identität zwischen objektiver Bedeutung und »richtiger Erkenntnis« bzw. »Wahrheit« gibt.[94]

Die prinzipielle Unterscheidung von subjektivem Sinn und objektiver Bedeutung, auch wenn die genauere Bestimmung dieser Unterscheidung bei Leontjew »schief« ist, ist deshalb ein wichtiger Ansatzpunkt für die Fundierung von Diskurstheorie und Diskursanalyse, weil sie den Unterschied zwischen individueller Verstrickung in den Diskurs und subjektiver Verarbeitung dieser Verstricktheit markiert. Diese subjektive Verarbeitung ist beim Ansatz Foucaults nicht völlig vernachlässigt worden, aber meines Erachtens noch unzureichend entfaltet.[95] Es hätte im folgenden vor al-

---

93 Vgl. dazu weiter unten die Ausführungen zur Frage der Diskursposition.

94 Vgl. dazu auch Jäger 1997a.

95 Umgekehrt könnte man sagen, daß die sozial-diskursive Verstricktheit der Individuen bei der Tätigkeitstheorie und anderen subjektwissenschaftlichen Ansätzen nicht ausrei-

lem darum zu gehen, die »Vermitteltheit« von subjektiver und objektiver Seite, von Individuellem und Sozialem deutlicher herauszuarbeiten.

Ich halte die stärkere Beachtung der Subjektseite auch deshalb für erforderlich, weil dies die Voraussetzung dafür darstellt, politische und pädagogische Arbeit, die meist auf die Subjekte bezogen ist, besser fundieren zu können. Demgegenüber ist die Beachtung der objektiv-diskursiven Seite deshalb wichtig, weil ihre Analyse die Möglichkeit bereitstellt, die objektiven Strukturen, in die die Subjekte eingebunden sind, genauer darstellen zu können, als Voraussetzung dazu, die Art und Weise der Verarbeitung dieser Strukturen durch die Subjekte analysieren zu können. Sie ist aber auch vor allem deshalb wichtig, weil eine solche Analyse die Grundlage für die Entwicklung einer »*Kritischen* Diskursanalyse« darstellt.

2.4. Zusammenfassung: Der Nutzen der Tätigkeitstheorie für die Diskurstheorie

Eine explizite Methode der Diskursanalyse, die das Ziel verfolgt, diskursive Formationen in bestimmten Gesellschaften systematisch zu analysieren, liegt trotz der empirischen Arbeiten Foucaults und seiner diskurstheoretischen Darstellungen bisher nicht vor. Die mir bekannten Ansätze, auf die ich später noch genauer eingehen werde, erlauben es, einzelne Aspekte von Diskursen zu analysieren oder aber, umfassender, Diskursstränge auf unterschiedlichen Diskursebenen mit Hilfe von Instrumentarien zu untersuchen, die auf verschiedenen theoretischen Grundlagen entwickelt worden sind.

Von der Auseinandersetzung mit der Tätigkeitstheorie A.N. Leontjews habe ich mir versprochen, eine erste Basis für ein methodologisch einheitliches Verfahren einer Diskursanalyse zu erhalten. Diese Hoffnung nährte sich aus der Tatsache, daß die Tätigkeitstheorie einen materialistischen Ansatz einer Bedeutungstheorie enthält, der prinzipiell mit den Arbeiten Foucaults kompatibel ist, wenn man seine Ausführungen vom widerspiegelungstheoretischen Kopf auf die diskurstheoretischen Füße stellt. Wie Foucault die Konstituierung der Subjekte im Diskurs verortet, so tut dies zwar auch Leontjew, wenn er zwischen Subjekt- und Objektwelt unterscheidet und die Abhängigkeit der Subjektbildung von den sozialen Bedingungen postuliert. Zusätzlich schließt er die Kluft zwischen Subjekt und Objekt durch das Konzept der Tätigkeit, das zwischen diesen Ebenen vermittelt. Diese Vermittlung erklärt die konkrete Subjektbildung ebenso wie die Herausbildung von Diskursen als Produkt menschlicher Tätigkeit/Arbeit. Dabei handelt es sich um eine wichtige Erweiterung der Foucaultschen Bestimmung des Verhältnisses von Subjekt und Diskurs, die

---

chend entfaltet sei. Vgl. etwa Holzkamp 1993. Das ist nicht als grundsätzliche Kritik gemeint, soll aber zugleich darauf verweisen, daß der Versuch gemacht werden muß, diese beiden Seiten des – vielfach gesehenen – Zusammenhangs zu integrieren.

Foucault zwar postulierte, aber nicht konkret machen konnte. Er sah zwar, daß hier ein wie auch immer gearteter Vermittlungsprozeß stattfand, zeigte aber nirgends auf, wie und wodurch er zustandekommt. Die kritische Auseinandersetzung mit der Tätigkeitstheorie schließt diese Lücke.

Damit soll jedoch nicht darüber hinweggegangen sein, daß die Leontjewsche Theorie als solche in manchen Punkten »schief« liegt bzw. zu Mißverständnissen herausfordert. Hat auch die Herausarbeitung der generellen Struktur menschlicher Tätigkeit als Tätigkeit im sozialen Kontext dazu beigetragen, zu einem adäquateren Verständnis der Voraussetzungen und Bedingungen menschlichen Tuns zu gelangen, so erwiesen sich die Verknotungen dieses Ansatzes mit Elementen der Widerspiegelungstheorie doch als problematisch, da hier Relikte einer Auffassung von Erkenntnis vorliegen, die diese primär in der Wirklichkeit als solcher angesiedelt betrachten: »Die Wirklichkeit gilt als wesentlich präexistent, primär; der Diskurs gilt als wesentlich postexistent, sekundär.« So kritisiert Jürgen Link solche Positionen. (Link 1992, S. 37) Das Gegebensein gesellschaftlicher Diskurse als eigenständige Materialitäten sui generis kommt der Tätigkeitstheorie nicht in den Blick, was unter anderem daran liegt, daß die Beschäftigung mit persönlichen Bedeutungen (»subjektiver Sinn«) und gesellschaftlichen Bedeutungen (»objektive Bedeutungen«) stark an der Ebene einzelner Wortbedeutungen angebunden ist, mehr noch, daß Leontjew meint, man könne der Wirklichkeit Bedeutungen *entnehmen*, wobei er übersieht, daß die Menschen der Wirklichkeit Bedeutungen tätig *zuweisen*. Dies führt dazu, daß den »festen« Strukturen »objektiver« Wirklichkeit ein zu starkes Gewicht zugemessen wird. Sie erscheinen so als eine Art letzter Wahrheitsinstanz. Das Denken und »Wissen« der Menschen wird als ideologisch verstellt angesehen bzw. als »entfremdet«, und der Kampf gegen diese Entfremdung bestünde dann darin, den Menschen die Augen für die (wahre) Sicht der wirklichen Wirklichkeit zu öffnen. Dies könnte man auch als ideologiekritische Befangenheit der Tätigkeitstheorie bezeichnen.

Sieht man von dieser Befangenheit in eine tradierte Denkstruktur aber ab, liefert die Tätigkeitstheorie aber doch eine Hilfe, die konkreten Abläufe von Diskursen und ihre Materialität besser zu verstehen. Das genauere Verständnis der Struktur und der Bedingungen individueller Tätigkeit erlaubt eine exaktere Verortung der individuell-subjektiven Beteiligung im Diskurs, die in der primär auf der sozialen Ebene ansetzenden Diskurstheorie Foucaults meines Erachtens noch diffus geblieben ist. Wenn es die Menschen sind, die Geschichte machen – und damit auch die Diskurse –, dann erscheint es mir unabdingbar, dieses »Machen« und seine Voraussetzungen möglichst genau zu beleuchten.

3. Teil: Diskurstheorie und Diskursanalyse

3.1. Vom Text zum Diskurs

3.1.1. Tätigkeitstheorie als Grundlage der Texttheorie und der Textanalyse

Das Produkt der Sprechtätigkeit ist zunächst der Text[96]; seine soziale Funktion besteht (noch sehr allgemein formuliert) darin, daß ein Mensch einen Gedanken sprachlich ausformuliert, um ihn für andere (oder in gewissen Fällen auch für sich selbst z.B. zu einem späteren Zeitpunkt) rezipierbar zu machen.

Die Tätigkeitstheorie Leontjewscher Prägung und wohl auch ihre Weiterentwicklung in der Sprachwissenschaft[97] sind nach meiner Auffassung noch zu sehr auf die Wortebene oder bestenfalls auf die Satzebene steckengeblieben. Die Bestimmung des Wortes als »Werkzeug« bzw. Operationalisierung, wie A.N. Leontjew sie bereits vorgenommen hatte, ist dabei zwar von großer Wichtigkeit. Für problematisch halte ich jedoch, wie bereits ausgeführt, die Bestimmung, allein die sogenannten objektiven Bedeutungen als genuinen Gegenstand der Sprachwissenschaft anzusehen, während der »subjektive Sinn« der Psychologie zugeschlagen wird. Hier sitzt (nicht nur) Leontjew dem Autonomiestreben der Sprachwissenschaft in der Tradition Ferdinand de Saussures auf, der von allem »der Sprache Äußerlichem« absehen wollte und sich auf Sprache als System konzentrierte.

Durch Leontjew stellte sich allerdings mit unabweisbarer Notwendigkeit der Einbezug der Ebene der Bedeutungen, der Inhalte dar. Sprachwissenschaft, die von der Bedeutung abstrahiert, in welcher Form auch immer, ist einfach absurd. Anders ausgedrückt: Sprechen in Absehung vom Denken zu untersuchen, ist ein Unding.

Geht man demgegenüber davon aus, daß das Produkt sprachlicher Tätigkeit, die ja immer zugleich Gedankentätigkeit ist, die Entfaltung und Veräußerlichung eines Gedankenzusammenhangs in einem auch formal faßbaren Text bedeutet, dann lassen sich die Bestimmungen, die A. N. Leontjew für Tätigkeit generell entfaltet hat, auch für eine Sprechtätigkeitstheorie fruchtbar machen.[98]

---

96 Der Terminus Text ist aus diskursanalytischer Sicht unscharf, da er eine (thematische) Homogenität unterstellt, die in Wirklichkeit nur ausnahmsweise gegeben ist. Zur weiteren Differenzierung werde ich später den Begriff des Diskursfragments einführen.

97 Vgl. dazu etwa Schmitz 1979, Geier u. a. 1979, Jaritz 1981, Kühnert 1983, Januschek 1986.

98 Sprechtätigkeitstheorie ist hier als eine Art Übergangsterminus aufzufassen, den ich später aufgeben werde, da ich Sprechtätigkeit im Rahmen von Diskurstheorie zu ver-

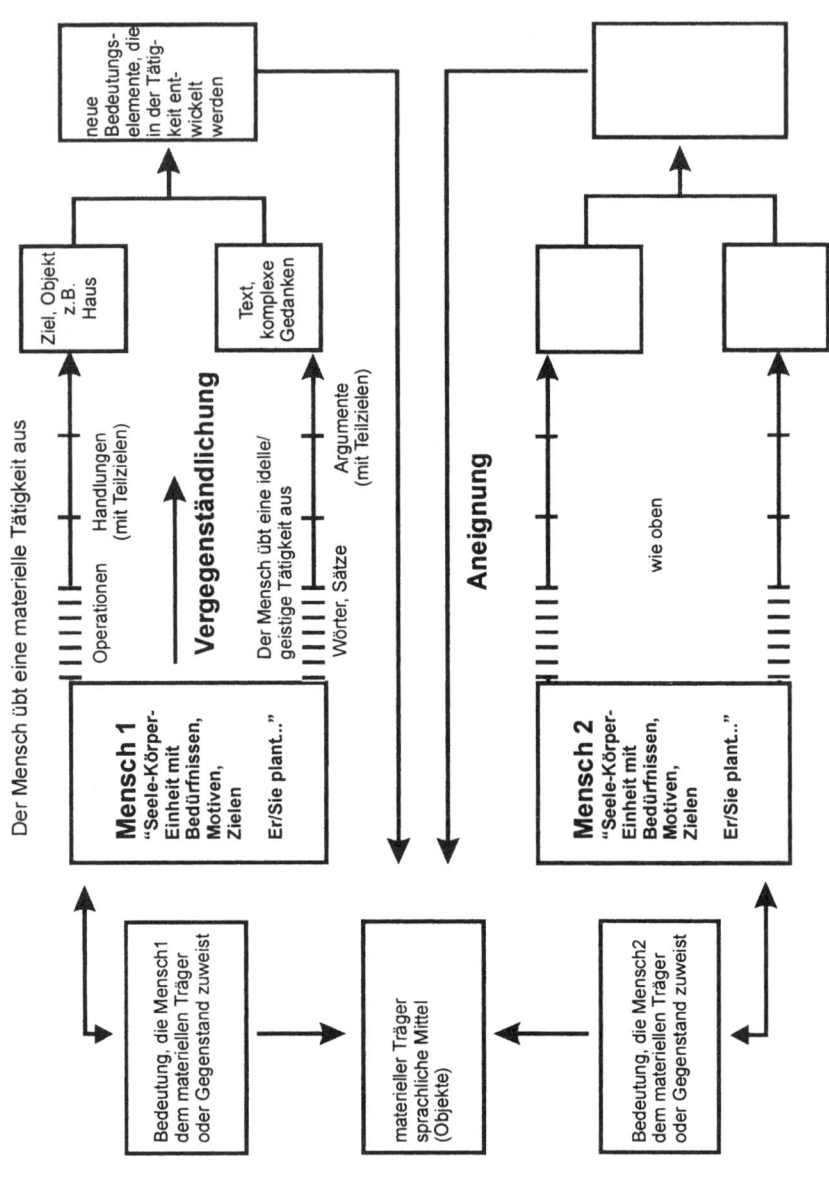

Abb. 8

orten versuchen werde. Vgl. auch den m. E. mißglückten Versuch A. A. Leontjews, eine Sprechtätigkeitstheorie auf der Grundlage der Tätigkeitstheorie seines Vaters A.N. Leontjew zu entwickeln (A. A. Leontjew 1984)

Ich möchte das im folgenden knapp etwas deutlicher herausarbeiten und werde dies anhand eines Modells zu skizzieren versuchen, das sich in den Grundzügen an der Tätigkeits- bzw. Sprechtätigkeitstheorie (soweit diese bei A.N. Leontjew erkennbar vorliegt) orientiert (siehe S. 112).

Menschen sind soziale Wesen, die miteinander kooperieren, fühlen und (er-)leben, kurz: kommunizieren. Insofern ist das Modell ein sehr vereinfachtes, auf die Kommunikation und die Kooperation von zwei Menschen reduziertes Bild. Es skizziert, wie Menschen Tätigkeiten (und deren Ergebnisse) austauschen.

Betrachten wir zunächst die Tätigkeit(en) (rechte Seite des Schaubilds). Hier können wir uns zudem auf den oberen Teil konzentrieren, weil das untere Viertel damit identisch ist, halt für den »zweiten« Menschen gilt.

Ich erinnere: Vor aller *Tätigkeit* hat der Mensch ein *Motiv*, sich zu betätigen. Dieses wird durch ein bestimmtes *Bedürfnis* hervorgerufen, etwa Wärme und Schutz vor der Witterung etc. zu erlangen. Um das Bedürfnis zu befriedigen, muß der Mensch sich ein bestimmtes *Ziel* setzen, etwa ein Haus zu bauen. Um das tun zu können, bedarf es eines *Planes*, den der Mensch auf der Grundlage bereits sozial erworbenen Wissens und weiteren eigenen Nachdenkens entwirft. Um den Plan in die Tat umzusetzen, zu vergegenständlichen, beschafft sich der Mensch die erforderlichen *Werkzeuge*, Rohstoffe etc. und wirkt mit den Werkzeugen planmäßig auf die Rohstoffe solange ein, bis das Haus steht (Objekte, gesellschaftliche Gegebenheiten). Das Ziel der Tätigkeit ist erreicht. Die Vergegenständlichung des Plans ist zum Abschluß gekommen. Der arbeitende Mensch hat den Plan, den man auch als ein Stück komplexes Wissen bzw. als Bedeutungszusammenhang begreifen kann, konkretisiert bzw. der Wirklichkeit gleichsam »zugewiesen«.

Die Tätigkeit selbst, also der gesamte Arbeitsprozeß, ist nun zudem noch in eine Fülle unterschiedlicher *Handlungen* zergliedert: Holz schlagen, Holz zersägen, Steine brechen, sie transportieren, eine Grube ausheben usw. usw. Diese Handlungen könnten auch anderen Tätigkeiten zugeordnet werden, z.B. Holzschlagen zur Brennholzbeschaffung, eine Grube graben, um Müll zu beseitigen oder einen Toten zu bestatten usw. Im Falle des Hausbaus sind aber diese Handlungen nach Maßgabe eines bestimmten Planes und des Tätigkeitsziels zu einer Handlungskette zusammengebunden, die insgesamt die Tätigkeit ausmacht. Die einzelnen Handlungen wiederum sind teilweise routinisiert bzw. bestehen aus routinisiertem Tun (*Operationen*), die auch in bestimmten Gegenständen (Werkzeugen) manifest geworden sind (die Säge ist ein Werkzeug zum Sägen). So läßt sich das Konzept Tätigkeit knapp zusammenfassen.

Betrachten wir nun noch einmal das, was üblicherweise unter primär ideellen bzw. geistigen Tätigkeiten gefaßt wird, so ist zu sehen, daß das Bedürfnis, das Motiv, die Werkzeuge und das zu erarbeitende Objekt (Ziel) in der Regel geistiger Art sind (die sich bestimmter materieller Träger bedienen: bestimmt geformter Schallwellen,

Kreidezeichen, Kerben, Stäbchen, Stein, Silber(geld) usw., auf deren bestimmte Form sich die Menschen i.R. »geeinigt« haben, die also konventionalisiert sind).

Die Werkzeuge, die die Menschen beim Sprechen benutzen, sind die Wörter bzw. Bedeutungen inklusive Wissen über die konventionalisierte Zuordnung der Wörter zu bestimmten äußeren Formen (Lauten etc.) und über die Satzformen inklusive (i. R. intuitives) Wissen über die konventionalisierte Zuordnung von Wörtern zu Satzstrukturen und über die konventionalisierte Zuordnung von bestimmten Gedankenelementen zu Sätzen nach Maßgabe bestimmter Situationsbezüge (»pragmatisches Wissen«) usw. usw., sowie Wissen über die Konventionen der Zusammenfügung von Sätzen zu Texten und der Möglichkeiten der Zuordnung von Gedanken zu Gedankenkomplexen, die dann als Ergebnis, als Resultat eines geistigen Arbeits- bzw. Tätigkeitsprozesses aufzufassen sind und in Gestalt z.B. von (z.B. schriftlichen) Texten fixiert sein können.-

Damit wird zugleich die – in der obigen Skizze noch angedeutete – übliche Unterscheidung zwischen geistiger und materiell-praktischer Tätigkeit aufgegeben. Auch die üblicherweise als geistige Tätigkeit bezeichnete Tätigkeit ist materielle Tätigkeit, die allerdings nicht auf materielle »seelenlose« Gegenstände gerichtet ist, also keinen magischen Charakter hat, sondern auf Subjekte und deren Bewußtsein. Dieses unterschiedliche Gerichtetsein auf etwas rechtfertigt es nicht, die Tätigkeit als solche als nur geistig und nicht materiell zu bezeichnen. Sogenannte materielle Tätigkeit ist ja bereits immer auch Umgang mit Wissen, Anwendung von Wissen; und in dieser Hinsicht unterscheidet sie sich in keiner Weise von der Sprech- und Kommunikationstätigkeit. In beiden Fällen handelt es sich um Bedeutungszuweisungen an Wirklichkeit. Der tradierte Dualismus von geistiger und körperlicher Tätigkeit, von Körper und Seele erweist sich damit ebenso als Chimäre wie die interessierte gedankliche Trennung von geistiger und körperlicher Arbeit. Insofern ist zu sagen, daß es sich bei aller Tätigkeit, auch bei der verbreitet noch so genannten ideellen Tätigkeit des Denkens und Sprechens um etwas Materielles sui generis handelt. Mit anderen Worten: es gibt keine ideelle Tätigkeit. Leontjew arbeitete die Strukturgleichheit ideeller und materieller Tätigkeit heraus. Damit bleibt er dem genannten Dualismus noch verhaftet. In einer Diskurstheorie wird dieser Dualismus aufgehoben: Diskurse sind nicht Ausdruck irgendwelcher Materialitäten, die sie geistig widerspiegeln. Sie sind selbst Materialitäten sui generis, wie andere Materialitäten auch. Daher beansprucht auch die Diskurstheorie, eine *materialistische* Kulturtheorie zu sein. Diese Bestimmung ist außerordentlich wichtig, da sie – wie weiter unten geschehen wird – geeignet ist, das Verhältnis von Diskurs und Macht genauer zu bestimmen.

Zu erwähnen ist zudem, daß Arbeit/Tätigkeit immer auch davon begleitet ist, daß sich Menschen etwas Neues aneignen, daß demnach durch Arbeit gelernt wird, was zu einer Erweiterung des Bewußtseins- bzw. Wissenshorizonts führt, als Voraussetzung für weitere qualitativ neue Tätigkeiten etc.

Zu beachten ist allerdings, daß das obige Schaubild suggerieren könnte, daß hier Gesellschaft im Urzustand gemeint sein könnte, weil es den prinzipiellen Unterschied zwischen tierischem Verhalten und menschlicher Tätigkeit suggerieren könnte. Deshalb ist zu ergänzen, daß von Texten erst gesprochen werden kann, wenn sich gesellschaftliche Entwicklung über einen längeren Zeitraum hinweg bereits zugetragen hat. Texte sind insofern niemals etwas nur Individuelles, sondern immer auch sozial und historisch rückgebunden. Anders ausgedrückt: Sie sind oder enthalten Fragmente eines (überindividuellen) sozio-historischen Diskurses. Diese Elemente bezeichne ich als *Diskursfragmente*. Sie *sind* Bestandteile bzw. Fragmente von *Diskurssträngen* (= Abfolgen von Diskursfragmenten mit gleicher Thematik), die sich auf verschiedenen *Diskursebenen* (= Orte, von denen aus gesprochen wird, also Wissenschaft, Politik, Medien, Alltag etc.) bewegen und in ihrer Gesamtheit den *Gesamtdiskurs* einer Gesellschaft ausmachen, den man sich als ein großes wucherndes *diskursives Gewimmel* vorstellen kann; zugleich bilden die Diskurse (bzw. dieses gesamte diskursive Gewimmel) die jeweiligen Voraussetzungen für den weiteren Verlauf des gesamtgesellschaftlichen Diskurses.[99]

Damit ist bereits angedeutet, was ein Text ist und welche Rolle er im gesellschaftlichen Gesamtdiskurs spielt. Er enthält Elemente von Diskurs und stellt ein Arbeitsprodukt menschlicher Tätigkeit dar. Klar geworden ist zudem, daß die Arbeitsresultate der am Diskurs Beteiligten auch für andere zur Verfügung gestellt werden, »kommuniziert«, mitgeteilt werden (können) unter Zuhilfenahme konventionalisierter sprachlicher Zeichen etc. oder auch als Gegenstände getauscht werden können (linke Seite des Schaubilds).[100]

Denn auch die Ergebnisse von Tätigkeit, die Gegenstände produziert, sind meist zugleich für andere da und von anderen i. a. in ihrer Bedeutung »erkennbar«. Zu vergessen ist dabei nicht, daß der Arbeitsprozeß in der Regel arbeitsteilig und kooperativ zustande kommt oder doch zustande kommen kann und sich tradierter Werkzeuge, Verfahren und Erfahrungen und tradierten Wissens bzw. Für-Wahr-Haltens bedient. Das Haus wird von mehreren Menschen arbeitsteilig gebaut, ein Text käme niemals zustande, wenn sich der »einsame Denker« nicht auf ihm mitgeteilte Gedanken anderer Menschen in Gegenwart und Vergangenheit beziehen und stützen könnte, oder, anders gesagt: Wenn er nicht in Diskurse eingebunden und verstrickt (gewesen) wäre. Eine Diskussion, ein Round Table, ein Seminar, ein Gespräch am Küchentisch können zudem sehr direkt als arbeitsteilig zustande kommender Text/Gedankenkomplex verstanden werden.

---

99   Die hier verwendete Terminologie wird weiter unten ausführlich definiert.

100 Hier zeigt sich im übrigen auch, daß die Darstellung der Tätigkeitstheorie ein Schaubild wie das hier vorgelegte, eigentlich völlig überfordert, da es eine Trennung der Tätigkeiten von Arbeit und Kommunikation bzw. von (sprachlichem) Diskurs und (materieller) Arbeit/Praxis suggerieren könnte.

Für die hier verfolgten Zwecke ist es nicht erforderlich, auf die vielen damit verbundenen Probleme im einzelnen einzugehen, auf Hierarchien und Enteignungen, auf Herrschaft und Lernprivilegien. An dieser Stelle geht es zunächst einmal nur um die Erarbeitung einer Bestimmung dessen, was ein Text ist, also um einen Textbegriff, der wichtiger Bestandteil einer Diskurstheorie ist, die allerdings ihrerseits den Bezug zu den gesellschaftlichen Bedingungen einer bestimmten Formation nicht außer acht lassen darf, wobei sich diese auch wieder als eine diskursive Konstellation auffassen läßt.

3.1.2. Textdefinition oder: Was ist ein Text? Wie kommt er zustande, und was ist zu tun, wenn man ihn analysieren will?

Auf dem Hintergrund der bisherigen Überlegungen läßt sich nun zunächst sagen: ein Text ist

- das sprachlich gefaßte Ergebnis einer mehr oder minder komplexen individuellen *Tätigkeit* bzw. eines mehr oder minder komplexen (individuellen) *Denkens*,

- wobei dieser Text zum Zwecke der *Weitergabe* an andere (Kommunikation) oder an mich selbst (zu einem späteren Zeitpunkt) *produziert* wird.[101]

- Voraussetzung zur Produktion eines Textes ist zudem das Vorhandensein von *Wissen* (Weltwissen, Wissenshorizont), das in einem Lernprozess zustandegekommen ist, den ein Mensch lernend und verstrickt in bestehende gesellschaftliche Diskurse, in einer bestimmten historischen Zeit absolviert hat und weiterhin absolviert.

- Hinzu kommt, daß die über Wissen verfügenden Menschen in einer bestimmten *konkreten Situation*, einem bestimmten *Bedürfnis* folgend

- und infolgedessen mit einem bestimmten *Motiv* ausgestattet,

- dieses Wissen mit einer bestimmten Wirkung(s-Absicht), einem bestimmten *Ziel* gedanklich aus- und weiterverarbeitend,

- i.R. unter *Beachtung der Rezeptionsbedingungen* durch andere etc.

- und unter Zuhilfenahme bestimmter überlieferter (und konventionalisierter, i. R. unbewußt/routinisierter) *sprachlich/gedanklicher Mittel* (Syntax, Grammatik, Pragmatik, Lexikon als Werkzeuge bzw. Operationen), die sie zum Aufbau bestimmter zusammenhängender sprachlich-gedanklicher *Handlungen und Tätigkeiten* bzw. *Themen* brauchen, schriftlich oder mündlich Text(e) als Resultate

---

101 Das Resultat dieser Tätigkeit kann schriftlich oder auf Tonband etc. festgehalten sein oder aber auch (in seinen wesentlichen Zügen) im Bewußtsein eines oder mehrerer Zuhörer "abgespeichert" werden.

ihrer (Sprech-/Denk-)Tätigkeit und somit auch nach Maßgabe eines bestimmten *Tätigkeitsziels* produzieren.

In dieser Textdefinition sind alle wesentlichen Bestimmungen der Leontjewschen Tätigkeitstheorie enthalten. Sie enthält alle wichtigen Momente sonstiger Textdefinitionen, geht aber insofern über sie hinaus, als sie den Tätigkeitsaspekt (unter spezifischen gesellschaftlichen Bedingungen) systematisch in sich aufgenommen hat.- Alle genannten Elemente müssen bei der Textanalyse nach Möglichkeit berücksichtigt werden.[102] Texte können durchaus logisch aufgebaut und entwickelt sein, sie können der kodifizierten sprachlichen Norm entsprechen, bestimmten ästhetischen Kriterien genügen, sie können ein oder mehrere Themen behandeln, in geordneter oder ungeordneter Reihenfolge, sie können bestimmte Kompositionsformen darstellen, sie können mit Mitteln wie Rekurrenz und bewußter Beachtung von Kohäsionsregeln operieren etc. Doch dies alles ist nicht Bedingung dafür, ein Tätigkeitsprodukt als Text bestimmen zu können (obwohl diese als Kriterien für die Qualität eines Textes angesehen werden können), ebensowenig wie ein Gebäude nicht deshalb nicht als Gebäude bezeichnet werden kann, weil auf dem Dach ein Ziegel fehlt. Texte sind also immer Resultate mehr oder minder »gelungener« Tätigkeit; aber auch dann, wenn ein Text miserabel ist und unverständlich, ist er immer noch ein Text.

Einen Text zu analysieren und zu interpretieren, zum Zwecke, ihn zu verstehen, seine Wirkung und die damit verbundenen mehr oder minder eigennützigen Interessen einschätzen zu können, ihn als Bestandteil(e)[103] eines gesellschaftlichen und historisch verankerten Gesamtdiskurses und oder eines oder mehrerer Diskursstränge begreifen zu können, erfordert es, ihn als ganzen in diesem vorerst noch grob skizzierten Zusammenhang zu sehen.

Erst dann wird Textanalyse zur Diskursanalyse. Sprachliche Formanalyse (=traditionelle Textanalyse) erweist sich als ihr *notwendiger Bestandteil*, der, für sich allein betrachtet, kaum mehr als spekulative intellektuelle Spielerei ist. Solche Textanalyse aber verlangt, daß Texte von vornherein als Bestandteile von Diskursen aufgefaßt werden.

---

102 Vgl. auch die Übersicht über Textdefinitionen bei Titscher et al. 1998, S. 37 ff.

103 Bestandteile deshalb, weil ein Text durchaus mehrere Diskursfragmente enthalten kann, indem er zugleich mehrere Themen behandelt.

3.2. Diskurstheorie

> *» Es gibt keinen Gegensatz zwischen dem, was getan, und dem, was gesagt wird. «*
> (Foucault 1976, S. 118)
> *» ›Diskurs‹ ist (bei Foucault) lediglich die sprachlich-schriftliche Seite einer ›diskursiven Praxis‹«*
> (Link /Link-Heer über Foucaults Diskurs-Begriff, Link /Link-Heer 1990, S. 90)

3.2.1. Diskurstheoretische Ansätze im Überblick

Mit der oben entwickelten Textbestimmung[104] habe ich mich nun bereits einem Konzept von Diskurstheorie und Diskursanalyse, das sich an Grundgedanken von Michel Foucault orientiert, ein Stück weit angenähert.

Es kann mir im folgenden nun nicht darum gehen, die Diskurstheorie Michel Foucaults im einzelnen und in all ihren Verzweigungen, Veränderungen und unterschiedlichen Rezeptionen nachzuzeichnen, zumal die Debatte zu Foucault und seine Rezeption andauert.[105] Dazu verweise ich auf die Fülle von Untersuchungen und Darstellungen, die sich genau dies zum Ziel gesetzt haben. Hervorheben möchte ich dabei die Arbeiten von Kammler 1986, Dreyfus/Rabinow 1987, Kögler 1994; besonders hinweisen möchte ich auf die Untersuchung von Lemke 1997, die auch in Deutschland weitgehend noch unbekannte Archivmaterialien einbeziehen konnte und nachweist, daß Foucaults Werk keineswegs so uneinheitlich und ziellos ist, wie viele Kritiker ihm das vorwerfen, insbesondere aber auch, daß von einer radikalen (ethisch-moralischen) Wende im Spätwerk Foucaults nicht die Rede sein kann. Lemke zeigt, daß sich Foucaults Konzept »entwickelt« und in dieser Entwicklung durchaus gedankliche Kontinuität aufweist, ohne daß gewisse Sackgassen und Irrwege übersehen worden wären.[106] – Im Unterschied zu solchen Darstellungen verfolgt das vorliegende Buch das Ziel, *Grundlagen* zu schaffen für ein *Verfahren* der Diskursanalyse, mit dessen Hilfe empirische Analysen durchgeführt werden können. Der theoretische Hintergrund, der zu diesem Behufe ausgebreitet werden muß, kann

---

104 Ich möchte noch einmal anmerken, daß der Terminus »Text« im Rahmen der Diskurstheorie zu ungenau ist. Ich werde ihn deshalb i.R. durch »Diskursfragment« ersetzen. Das bietet sich deshalb an, weil der Terminus Text alltagssprachlich an schriftliche Sprachprodukte gekoppelt ist, aber auch deshalb, weil Texte häufig thematisch heterogen sind und daher Elemente verschiedener Diskursstränge (s.u.) transportieren können. – Der Terminus *Diskurs* ist heute zu einem alltagssprachlichen Modewort geworden, das i. R. einfach den Begriff Text/Rede ersetzt. Demgegenüber soll im folgenden der Versuch gemacht werden, einen an Michel Foucault bzw. Jürgen Link orientierten *wissenschaftlichen* Diskursbegriff zu diskutieren und zu begründen. Vgl. auch die Übersicht über unterschiedliche wissenschaftliche Diskursbegriffe bei Link/Link-Herr 1990.

105 Vgl. zu letzterem auch Bublitz/Bührmann/Hanke/Seier 1999.

106 Zu Lemkes Buch vgl. auch die Rezension von Schobert 1998.

sich demzufolge nur als »Skizze« verstehen, das vorgeschlagene Verfahren als die Bereitstellung einer »Werkzeugkiste«, mit der man durchaus kreativ und eigenständig umgehen sollte. Dieser Terminus »Werkzeugkiste« stammt im übrigen von Foucault selbst, welcher schreibt: »Alle meine Bücher ... sind kleine Werkzeugkisten. Wenn die Leute sie aufmachen wollen und diesen oder jenen Satz, diese oder jene Idee oder Analyse als Schraubenzieher verwenden, um die Machtsysteme kurzzuschließen, zu demontieren oder zu sprengen, einschließlich vielleicht derjenigen Machtsysteme, aus denen diese meine Bücher hervorgegangen sind – nun gut, umso besser.« (Foucault 1976, S. 53)

Als erstes möchte ich jedoch knapp und im Überblick einige Ansätze vorstellen, die sich selbst als diskurstheoretisch begreifen, sich aber auf unterschiedliche Diskursbegriffe bzw. unterschiedliche Interpretationen vorgegebener Diskursbegriffe stützen.[107] Auf diesem Hintergrund wird es möglich sein, meinen eigenen an Foucault orientierten Ansatz deutlicher herauszuarbeiten.

So geht etwa Konrad *Ehlich* (Ehlich 1986) von der Pragma-Linguistik aus und knüpft an der angelsächsischen Version des Diskursbegriffs an, ohne sich restlos mit ihr zu identifizieren. In seinem »funktional-pragmatischen Ansatz« faßt Ehlich Diskurs lediglich als spezifische Verbindungen von sprachlichen Handlungen auf (vgl. ebd. S. 27) und geht davon aus, daß »der Diskurs über die Kombinatorik von Sprechsituationen verstanden werden kann.« (ebd. S. 28) Er definiert: »Diskurse verstehe ich als über den Zusammenhang von Zwecken konstituierte Musterfolgen, die sich an der sprachlichen Oberfläche als Abfolge sprachlicher Handlungen darstellen.« (ebd. S. 27) Damit setzt er sich sowohl gegenüber dem Habermasschen als auch gegenüber dem »französischen« (= Foucaultschen) Diskursverständnis ab.[108]

Stephen C. *Levinson* kritisiert Konzepte der Diskursanalyse der angelsächsischen Tradition (etwa van Dijk 1972, Labov &/Fanshel 1977) und wirft ihnen methodologische und theoretische Schwächen vor; er favorisiert die sog. Konversationsanalyse von Sacks/Schlegloff/Jefferson 1978, Pomerantz 1978 und anderen, weil sie streng empirisch arbeiteten und voreilige Theoriebildung vermieden.(Vgl. Levinson 1990, S. 285-293) Zu beachten ist jedoch, daß etwa *van Dijk* in späteren Arbeiten theoretisch sehr differenzierte Abhandlungen vorgelegt hat, die an die KI-Forschung anknüpfen (Vgl. etwa van Dijk/Kintsch 1983), sowie eine Fülle empirischer Untersu-

---

107 Dieser Überblick beansprucht also keine Vollständigkeit. Er zeigt aber auf, welche unterschiedlichen »Spielarten« von Diskurstheorie und Diskursanalyse vorliegen. Vgl. dazu auch Jäger 1995, 1996a, 1996b, 1998a, 1999, sowie schon Vogt 1987. Laugstien spricht in bezug auf Diskurstheorie und Diskursanalyse von einem »Dickicht von Methoden und interdisziplinären Synthesen«, das die Linguistik hervorgebracht habe. Vgl. Laugstien 1995a, Sp. 735, der in diesem Zusammenhang auf das Handbuch von van Dijk verweist (van Dijk 1985). Andernorts wird die geringe Praktikabilität und besonders die mangelhafte Anwendbarkeit vorliegender Konzepte beklagt, etwa bei Keller 1997.

108 Zur Kritik dieses Ansatzes vgl. etwa Bredehöft 1994.

chungen, die sich auf eine Vielzahl von Diskursebenen (dazu s.u.) beziehen (vgl. u.a. van Dijk 1993a).[109]

Norman *Fairclough* (1989, 1992 und 1993) versucht eine Art kritischer Diskurs-Linguistik zu entwickeln, bei der er sich auch lose an Foucault orientiert, linguistisch zudem an der multifunktionalen Sprachtheorie Michael A. K. Hallidays (Halliday 1978, 1985).[110]

Im Unterschied zu Ehlich setzt Wolfgang *Luutz* bei seiner Untersuchung zum Zerfall der ehemaligen DDR einmal an der Textlinguistik und zum zweiten in Abgrenzung zum Habermasschen Diskursbegriff bei Foucault an. Auf diese Weise will er »einen Zugang zur sozialen Wirklichkeit, allgemeiner gesprochen, zu Seinsstrukturen, über Sprachstrukturen bzw. Texten suchen. Der Ausgangspunkt seiner Untersuchung sind also Sprachpraktiken, nicht die soziale Wirklichkeit, wie sie irgendwie unabhängig von Sprache existiert.« (Luutz 1992, S. 7)[111]

In seinem Buch »Als der Geist der Gemeinschaft eine Sprache fand. Sprache im Nationalsozialismus«, Opladen 1984, hat Utz *Maas* eine Diskurstheorie vorgestellt und in Gestalt einer Reihe von Textanalysen anzuwenden versucht. Maas begreift Texte als »Inskriptionen sozialer Praxis«. Für ihn ist – im Unterschied zu Michel Foucaults Diskursverständnis – ein Text »Ausdruck, bzw. Teil einer bestimmten gesellschaftlichen Praxis«. Ihm geht es also nicht darum, beabsichtigte oder gar tatsächliche »Wirkungen« bzw. Folgen eines Textes zu bestimmen, sondern er sieht in Texten den »Ausdruck« bestimmter zeitgeschichtlicher Denkweisen, die mittels der Analyse herauszufiltern, zu rekonstruieren seien. Diese Art von eher ideologiekritisch orientierter Diskursanalyse stellt einen Beitrag einer diskurstheoretisch aufgeladenen Sprachwissenschaft zur Geschichtsforschung dar.

---

109 Van Dijk begründet seinen Ansatz einer »Critical Discourse Analysis« in van Dijk 1993b. Sein Ansatz bedürfte einer ausführlichen Darstellung, die aber im Rahmen dieses Buches nicht geleistet werden kann. Ich verweise dazu auf van Dijk/Kintsch 1983 und insbesondere auf die von ihm herausgegebene Zeitschrift »Discourse and Society«. Wichtig erscheint mir, daß van Dijk sich darum bemüht, den Zusammenhang von Diskurs und Subjekt (sozio-)kognitionswissenschaftlich zu fassen. Wie das individuelle Gehirn Bedeutungen erzeugt und vernetzt, bleibt aber weiter unbekannt. Sicher ist nur, daß das individuelle Bewußtsein dies tut und die Inhalte, die ihm durch den Diskurs vorgegeben sind, aufnimmt und verarbeitet, so daß es keine Schwierigkeiten bereitet, von den Wirkungen des Diskurses auf das individuelle Bewußtsein zu sprechen.

110 Zu Fairclough vgl. auch die knappe Darstellung bei Titscher et al. 1998, S. 182-189.

111 Meine eigenen Überlegungen gehen in eine ähnliche Richtung, wobei ich darauf hinweisen möchte, daß die theoretischen Ausführungen bei Luutz, der hier primär an einer empirischen Analyse arbeitet, (noch) sehr thesenhaft formuliert sind. So könnte man den Eindruck gewinnen, daß er nicht Diskurse untersuchen möchte, sondern daß er Diskursanalyse doch als Mittel zum Zweck der Erhellung von »Seinsstrukturen« betreibt und damit in der Nähe der traditionellen Ideologiekritik angesiedelt ist.- Eine knappe Auseinandersetzung mit Luutz enthält M. Jäger 1992.

Franz *Januschek* versteht unter Diskurs sowohl das komplexe System zusammenge-
hörender Äußerungen und Texte (institutionell, sozial, thematisch, ökonomisch) wie
auch einzelner Äußerungen und Texte, die Bestandteile dieses Komplexes sind oder
sich auf ihn beziehen bzw. beziehen lassen. Nach Januschek vermittelt der Diskurs
die Sprache mit dem Sprechen. Die Entwicklung des Diskurses geschieht durch die
Tätigkeit des Sprechens oder Schreibens. (Januschek 1986, s. auch Bredehöft 1994)
Dieser Ansatz steht dem Foucaultschen deshalb nahe, weil er Sprechen als Praxis
versteht, die Wirklichkeit *konstituiert*. Januschek entwickelt sein Konzept von Diskursanalyse im Rahmen einer »Linguistik der Anspielung« (Januschek 1986). Für ihn
ist zentral für das Verständnis des Diskurses, daß sich seine Bedeutung erst auf der
Ebene von Anspielungen erschließt. Anspielungen sind dabei nicht als individuelle
Assoziationen aufzufassen. Er untersucht systematisch Anspielungen, indem er die
Verstehens*möglichkeit* ermittelt, die eine sprachliche Ausdrucksform im Unterschied
zu allen anderen Ausdrucksformen im Diskurs eröffnet. Januschek hat eine Vielzahl
von Analysen vorgelegt, insbesondere auch solche, die sich mit dem Gerede des
österreichischen Rechtspopulisten Jörg Haider auseinandersetzen. (Januschek 1991)

Einen diskursanalytisch orientierten Ansatz vertritt auch die Wiener Arbeitsgruppe
um Ruth *Wodak* (vgl. z. B. Wodak/Nowak/Pelikan/Gruber u.a. 1990).[112] Die Arbeitsgruppe untersucht eine Vielfalt von Textsorten und begründet damit die Notwendigkeit »vielfältiger Methoden«. (ebd. S. 32) Genannt werden die *Theorie
sprachlichen Handelns*, die *Soziolinguistik*, die *linguistische Vorurteilsforschung*
und die *linguistische Argumentations- und Erzählforschung*. Erwähnt werden ferner die *qualitative Textanalyse, Stilistik, Fragen der Rhetorik und der persuasi-
ven Kommunikation*. Diese Ansätze sind hier die Basis für eine »diskurs-historische
Methode«. (vgl. ebd. S. 33ff.)[113] Dieser Ansatz sieht sich nicht in der Tradition des
Foucaultschen   Diskursverständnisses,   sondern   »in   einer   hermeneutisch-
interpretativen, wie auch von der cognitive science beinflußten Richtung ...« (ebd. S.
53). Wodaks Ansatz versteht sich nicht als abbildtheoretisch und sieht auch keinen
bloßen Determinus zwischen Diskurs und Gesellschaft/Wirklichkeit; er geht, ähnlich wie van Dijk, von einer soziokognitiven Vermittlungsinstanz zwischen individuellem Bewußtsein und Gesellschaft aus (Vgl. Titscher 1998, S. 190ff.) Im Kern geht
es dieser Arbeitsgruppe an dieser Stelle um die Auffindung eines geeigneten Analyseinstrumentariums als Basis für die hochinteressanten empirischen Studien zum
Antisemitismus in Österreich. Mit entsprechenden Verfahren wurden von dieser
Arbeitsgruppe inzwischen auch Untersuchungen zum Rassismus in Österreich vorgelegt. -[114]

---

112 Vgl. zu diesem Ansatz auch Titscher et al. 1998, S. 190-203.

113 Man vergleiche auch die ausführlichere Darstellung dieser Ansätze bei Wodak et al.
      1990, S. 35-52. Der eigene Gesamt-Ansatz ist knapp entfaltet ebd. S. 52-58.

114 Vgl. dazu Wodak/Matouschek/Januschek 1993, Wodak/de Cillia/Reisigl u.a. 1998.

Auch bei den folgenden diskurstheoretischen Ansätzen spielten und spielen zugleich mehrere Diskurs-Begriffe eine Rolle. Jürgen Link und Ursula Link-Heer geben dazu einen Überblick, den ich im folgenden etwas ausführlicher zitieren möchte, zumal sie sich bereits ausführlich auf Michel Foucault beziehen:

>»(1) Eine mehr von Lacan[115] als von Foucault inspirierte ›Diskursanalyse‹ will sozusagen als präzisierte ›Psychoanalyse‹ gelesen werden. Wenn nach Lacan das Freudsche Unbewußte ›wie eine Sprache strukturiert‹ ist, dann kann der ›psychische‹ Bereich nun als Bereich der durch Diskurse und nach diskursiven Gesetzen konstituierten Subjektivitäten gefaßt werden. In der Literaturanalyse untersucht diese Richtung ›Signifikanten‹ in einem emphatischen Sinne, d.h. Zeichenkomplexe, über die sich in einem gegebenen Text oder Textcorpus unbewußte Wunschenergien vorrangig artikulieren. Exemplarisch wären etwa die Kleist-Analysen von Helga Gallas[116] zu erwähnen. Solche Analysen verfahren grob gesagt in zwei Schritten: In einem ersten, ›strukturalistischen‹ Schritt wird die sozusagen rationalisierbare Textstruktur als Folie rekonstruiert, vor der sich dann zweitens die ›Signifikanten‹ als ›querstehende‹, reine Faszinationskomplexe abheben.« (Link/Link-Herr 1990, S. 88)

Von diesem Lacanschen Ansatz hebt sich der von Habermas grundsätzlich ab:

»(2) Spätestens seit der Habermas-Luhman-Debatte mit ihrem breiten Echo, d.h. aber vor der Emergenz von ›Diskursanalysen‹ in der Literaturwissenschaft, spielte in Philosophie und Sozialwissenschaften der Bundesrepublik der ›Diskurs‹-Begriff von Jürgen Habermas bereits eine bedeutende Rolle. Auch dieser Begriff entstammt mindestens zum Teil der psychoanalytischen Tradition, und zwar der US-amerikanischen ›discourse analysis‹ (= ›Gesprächsanalyse‹). Als zweites Element scheint der aufklärerische Begriff der Rationalität von Interventionen in öffentlichen Debatten hinzugekommen zu sein. Demnach ist bei Habermas das dialogische, interaktionistische Element doppelt betont: Gemeint war zunächst so etwas wie eine rationale, auf ungezwungenen Konsens zielende Debatte. (...) Später hat Habermas aber seinen Diskurs-Begriff allerdings dem Foucaults (...) angenähert: wie Foucault spricht er seither – auch – von ›speziellen‹ bzw. ›spezialisierten Diskursen‹.[117] Dabei beharrt er aber (im Gegensatz zu Foucault) auf der Priorität einer letztlich souveränen Intersubjektivität gegenüber dem jeweiligen Diskurs. Vereinfacht könnte man sagen: Bei Habermas konstituiert die Intersubjektivität den Diskurs, bei Foucault wird sie als je spezifisch-historische allererst von Diskursen konstituiert.« (ebd. S. 88f.) [118])

---

115   Vgl. Lacan 1966.

116   Vgl. Gallas 1981.

117   S. Habermas 1988, S. 393f.

118   Janicaud 1991 arbeitet die Unterschiede zwischen Habermas' und Foucaults Diskursverständnis deutlich heraus und zeigt, daß die Kritik von Habermas die Gedanken von

Foucault entwickelt seinen Diskurs-Begriff in Auseinandersetzung mit einer Reihe von Vorläufern:

> »(3) Für Foucault ist ein linguistisch-erzähltheoretischer ›Diskurs‹-Begriff von Bedeutung gewesen, wie er auf Émile Benveniste zurückgeht. Benveniste unterscheidet bei Äußerungen systematisch zwischen dem sprachlichen Netz der Sprecher-Instanz (bezogen auf die ego-hic-nunc-origo) und den nicht durch die Sprecher-Instanz markierten Elementen (z.B. 3.-Person-Bericht).

Den ersten Aussagemodus bezeichnet er als ›discours‹, den zweiten als ›histoire‹ (Geschichte) oder ›récit (Bericht). Abweichend von einer hermeneutischen Fragestellung geht es ihm beim ›Diskurs‹ nicht um die Subjekteffekte, sondern um die notwendigen sprachlichen Strukturen der Äußerungsinstanz. Algirdas Greimas postuliert noch systematischer, daß die Strukturen des ›discours‹ von den semio-narrativen (Tiefen-)Strukturen regiert würden (und nicht etwa umgekehrt). Man könnte meinen, daß Foucault hier noch einen Schritt weiter geht, indem er die Gesamtheit der Äußerungen als ›Diskurs‹ bezeichnet, wobei die Sprecherinstanzen nicht bloß linguistisch, sondern gerade auch in ihren Subjektivitätsstrukturen und -effekten von transindividuellen Regelungen und Regeln bestimmt würden.« (ebd. S. 89)

Link/Link-Herr paraphrasieren den Foucault'schen Diskursbegriff folgendermaßen:

> »Michel Foucaults ›Diskurs‹-Begriff versteht sich operativ und betont besonders die folgenden Aspekte:

> (a) ›Diskurs‹ ist stets lediglich die sprachliche Seite einer ›diskursiven Praxis‹. Unter ›diskursiver Praxis‹ wird dabei das gesamte Ensemble einer speziellen Wissensproduktion verstanden: bestehend aus Institutionen, Verfahren der Wissenssammlung und -verarbeitung, autoritativen Sprechern bzw. Autoren. Regelungen der Versprachlichung, Verschriftlichung, Medialisierung. Beispiele wären der ›medizinische‹ oder der ›juristische Diskurs‹.

> (b) Im Anklang an die quasi-linguistischen Diskursbegriffe (...) sowie an die angelsächsische Sprechakttheorie analysiert Foucault die Korrelationen zwischen ›Wörtern‹ und ›Dingen‹, bzw. zwischen ›Diskursen‹ (als spezifischen Aussageformationen) und ihren ›Gegenständen‹. Er betont dabei den radikalen Bruch mit allen optik-analogen Modellen von Erkenntnis (Widerspiegelungs-Modelle): Die (historisch-sozialen) Gegenstände seien nicht etwa prädiskursiv bereits vorhanden und würden dann lediglich durch einen Diskurs mehr oder weniger verzerrt oder exakt wahrgenommen, vielmehr müsse die diskursive Praxis im strikten Sinne als materielles Produktionsinstrument aufgefaßt werden, mit dem auf geregelte Weise historisch-soziale Gegenstände (z.B. ›Wahnsinn‹ oder ›Sex‹) allererst produziert würden. Dieser Ansatz ist von manchen Polemikern vorschnell als ›idealistisch‹ etikettiert worden, als ob Foucault

---

Foucault »verunstaltet« (Janicaud 1991, S. 267) und in wesentlichen Punkten mißverstanden hat.

behaupten würde: ›Die Welt, sie war nicht, ehe der Diskurs sie schuf‹[119] Nun kennt Foucault aber nicht bloß ›diskursive‹, sondern auch (z.B. Ökonomie) ›nicht-diskursive Praktiken‹.

c) Abweichend von Begriffen wie ›Text‹, ›Textkorpus‹ (oder ›Werk‹) betont ›Diskurs‹ bei Foucault demnach zum einen den Gesichtspunkt der engen Ankopplung an Praktiken. Zum andern betont er aber auch die Priorität der Diskurse als Streuungen von Aussagen gegenüber der relativen Geschlossenheit von Texten. [120]

---

119 Zur Kritik an Foucault (und deren Widerlegung) vgl. auch Lemke 1997, S. 11-22.

120 Ich sehe hier das Problem, daß auch bereits einzelne Texte Elemente unterschiedlicher »Aussagen« enthalten. In Texten können mehrere *Themen* angesprochen sein, so daß thematisch in sich geschlossene Diskurse (die ich als *Diskursstränge* bezeichne) sich nicht einfach aus Texten zusammensetzen, sondern aus (thematisch einheitlichen) *Diskursfragmenten*, wie ich deshalb zu sagen vorziehe. Dieses Phänomen begreift Foucault als »Streuung«. In seiner »Archäologie des Wissens« formuliert er lapidar: Der Diskurs ist »eine Menge von Aussagen, die einem gleichen Formationssystem zugehören. Und so werde ich von dem klinischen Diskurs, von dem ökonomischen Diskurs, von dem Diskurs der Naturgeschichte, vom psychiatrischen Diskurs sprechen können.« (Foucault 1988, S. 156) Foucault befaßte sich vor allem mit »Spezialdiskursen«, also den Diskursen der Wissenschaften. In der hier vorliegenden Einführung beziehe ich mich auf Diskurse aller Art, also auf Diskurse, die sich zunächst nach bestimmten *Themen* voneinander unterscheiden lassen und die ich deshalb als *Diskursstränge* bezeichne, auch um den Begriff Formationssysteme zu vermeiden, der zu sehr nahelegt, es handle sich um generierende und geschlossene Systeme, die etwas »hervorbrächten«. Mit Thema ist dabei hier der inhaltliche Kern eines Diskurses gemeint, der auf die verschiedensten Weisen und unter Anwendung verschiedenster formaler Mittel (Strategien, Argumentationsfiguren, Sätze und Wörter) entfaltet sein mag. »Thema« läßt sich auch als »Kernaussage« begreifen, der sich eine Fülle von Aussagen zuordnen läßt, die zu dieser Kernaussage gehören. So lassen sich dem »Kernthema« oder der »Kernaussage« »Einwanderung und Flucht« die (Unter-)Aussagen oder Unterthemen »Asyl«, »Fluchtursachen«, »Ausländerpolitik« etc. zuordnen. Klar ist, daß Themen nicht als Sätze oder Texte auftreten, aber in ihnen »transportiert« werden. Auch nicht Verbalisiertes kann eine Aussage enthalten oder auf eine Aussage verweisen. Foucault schreibt: »Man findet Aussagen ohne legitime propositionelle Struktur; man findet Aussagen dort, wo man keinen Satz erkennen kann; man findet mehr Aussagen, als man Sprechakte isolieren kann.« (Foucault 1988, S. 122) Daher sind Aussagen linguistisch auch nicht beschreibbar. Das leuchtet sofort ein, wenn man bedenkt, daß Aussagen auch in Form von Tabellen, Grafiken, Bildern, Fotos und in Form von Handlungen auftreten können.- Auf diesen einfach wirkenden, aber doch sehr komplexen Sachverhalt bezieht sich Foucault ebd. S. 154-171. Vgl. dazu auch Busse 1987, S. 221 ff., der den Foucaultschen Begriff der »Aussage« als »problematisch« bezeichnet (ebd. S. 226), weil er mit ihrer Bestimmung »die epistemisch relevanten Momente sprachlicher Äußerungen hinter die Sprache selbst verlegen, und mit einem fragwürdigen eigenen ontologischen Status (als ›Aussagen‹) versehen« muß. (Busse 1987, S. 243) Hinzuweisen ist darauf, daß Foucault in der »Archäologie« nach einem generierenden Prinzip für die Aussagen zu suchen scheint, ohne dieses jedoch dingfest machen zu können. Deshalb ziehe ich es auch vor,

(d) Schließlich existieren Diskurse historisch-empirisch ausschließlich als spezielle ›diskursive Formationen‹. Dabei werden sowohl die häufig lang andauernde relative Stabilität solcher Formationen wie die bruch- und sprunghafte Ereignisfolge eines Zerfalls und einer Neuformation untersucht.« (ebd. S. 90)

3.2.2. Die Rezeption der Foucaultschen Diskurstheorie bei Jürgen Link. Inspiration und kritische Auseinandersetzung

Den für eine kulturwissenschaftliche Orientierung der Diskursanalyse wohl fruchtbarsten Ansatz im Gefolge Michel Foucaults haben Jürgen Link und sein Team um die seit 1982 erscheinende »Zeitschrift für angewandte Diskurstheorie« mit dem Titel »kultuRRevolution« entwickelt.[121] Ihnen geht es vor allem auch um die Analyse aktueller Diskurse und ihrer Macht-Wirkung, um das Sichtbarmachen ihrer (sprachlichen und ikonographischen) Wirkungsmittel, insbesondere um die Kollektivsymbolik, die zur Vernetzung der verschiedenen Diskursstränge beiträgt, und insgesamt um die Funktion von Diskursen als herrschaftslegitimierenden und -sichernden Techniken in der bürgerlich-kapitalistischen Gesellschaft. Damit markiert diese Gruppe deutlich ihren Unterschied zu Jürgen Habermas' Diskursbegriff (s.o. und Habermas 1971, 1988), der Diskurs als eine möglichst herrschaftsfreie, rational argumentierende, öffentliche Debatte über bestimmte Gegenstände faßt, also einen rationalen und machtneutralen Diskursbegriff propagiert.[122]

Die knappeste Definition von Diskurs bei Link lautet: »wir verstehen darunter institutionalisierte, geregelte redeweisen, insofern sie an handlungen gekoppelt sind und also machtwirkungen ausüben.« (Link 1986a, S.71)

---

schlicht von Themen zu sprechen, wo Foucault auf der Suche nach »Formationssystemen« ist. Es erscheint mir sinnvoll, Diskursanalyse zunächst als rein beschreibendes Verfahren zu begreifen, das das jeweils Gesagte, das man auch als das jeweils Sagbare zu jeweiligen Themen begreifen kann, erfaßt. – Zu den Grenzen und Schwierigkeiten des Konzepts einer Archäologie des Wissens vgl. auch Dreyfus/Rabinow 1987, bes. S. 105 ff.

121 Erstaunlicherweise fehlt dieser umfassende diskurstheoretische Ansatz in der Überblicksarbeit von Titscher et al. 1998, abgesehen von einem knappen Hinweis auf seine »Kollektivsymbolik« auf S. 225. Dies ist leider immer noch symptomatisch für die Kooperation von Sprach- und Literaturwissenschaft.

122 Link kritisiert diesen Begriff von Diskurs bei Habermas und fragt: »legt es (i.e. Habermas' Verständnis von Diskurs, S.J.) nicht die annahme nahe, daß der rational argumentierende mensch sozusagen aus allen diskursen heraustreten kann in eine ›rein menschliche rede‹« (Link 1986b, S. 5)

An anderer Stelle schreibt er: Diskurs ist »eine institutionell verfestigte Redeweise, insofern eine solche Redeweise schon Handeln bestimmt und verfestigt und also auch schon Macht ausübt.« (Link 1983a, S. 60.)[123]

Damit ist gesagt, daß Diskurse für Link nicht als *Ausdruck* gesellschaftlicher Praxis von Interesse sind, sondern weil sie bestimmten Zwecken dienen: Macht*wirkungen* auszuüben. Dies tun sie, dies ›passiert‹ nach Link, weil sie institutionalisiert und geregelt sind, weil sie an Handlungen angekoppelt sind.[124] Dies trifft z.B. zu für Reden eines Ministers zur Ausländerpolitik, die in den Medien verbreitet werden und die den Zweck verfolgen, die Ausländerpolitik zu verschärfen bzw. den Umgang mit Ausländern genau zu regeln und andere Formen des Umgangs mit ihnen auszuschließen. So könnte man z.B. auch von der Macht(wirkung) des Diskurses der Psychoanalyse, der Naturwissenschaften, der Sprachwissenschaften etc. sprechen.

In diesem Zusammenhang erwähnt Link dann auch Möglichkeiten des Widerstands gegen herrschende Diskurse durch eine bestimmte Diskurstaktik. Die (herrschenden) Diskurse können kritisiert und problematisiert werden.[125] Daneben ist festzuhalten, daß selbstverständlich auch »herrschende« Diskurse einander bekämpfen können. Ein Beispiel wäre der Gegen-Diskurs der Kognitiven Psychologie gegen die Psychoanalyse o.ä.

Die Frage, wann ein Diskurs(strang) als geregelt und verfestigt bzw. institutionalisiert zu betrachten ist, wird von Link nicht weiter erörtert. Auch der Grad, die Qua-

---

123 Auf weitere Versuche, die an Foucault anknüpfen, kann ich in diesem Zusammenhang nur hinweisen: Keller 1997 umreißt eine »soziologische Diskursanalyse«, wobei er aber die bereits vorhandenen methodologischen Ansätze nur im groben Überblick zur Kenntnis nimmt und ziemlich vage bleibt.- Busse skizziert das Foucaultsche Verständnis von »Diskurs« in Busse 1987, S. 322 ff. – Fairclough 1992, 1993 entwickelte ein Konzept Kritischer Diskursanalyse, bei dem er Diskurs als Sprachgebrauch auffaßt, der als soziale Praxis organisiert ist. Er konzipiert ein Analyseverfahren, das dem hier vorgestellten in einer Reihe von Aspekten verwandt ist. Sein, wie er sagt, dreidimensionaler Analyserahmen bezieht sich auf den *Text* als Beispiel *diskursiver Praxis* und als *Element sozialer Praxis*. Bei der Begründung des kritischen Potentials Kritischer Diskursanalyse stützt Fairclough sich nicht auf Foucaults Machtanalytik, sondern auf Gramscis Hegemonietheorie. Andererseits stützt er sich bei seinem Konzept einer »Ordnung der Diskurse« auf Foucault. (Vgl. dazu Titscher et al. 1998, S. 182 ff.) – Zu weiteren Ansätzen vgl. auch Jäger 1995.

124 »... der Begriff *Macht* (wird) gebraucht, der viele einzelne, definierbare und definierte Mechanismen abdeckt, die in der Lage scheinen, Verhalten oder Diskurse zu induzieren.« (Foucault 1992, S. 32) Auf den Machtbegriff, insbesondere auf seine Relation zu Diskurs und Subjekt, wird noch genauer einzugehen sein.

125 Vgl. dazu auch das Schlußkapitel dieses Buches, in dem es um die Frage der Möglichkeit der Kritik vorhandener Diskurse geht.

lität von Regelung und Verfestigung bleiben so noch etwas unbestimmt.[126] Ich schlage vor, Diskurs von vornherein als geregelt zu definieren: Der Diskurs ist, ganz allgemein formuliert, ja nichts anderes als der »*Fluß von* ›*Wissen*‹ *durch die Zeit*«; und wenn dies so ist, dann ist davon auszugehen, daß der Diskurs immer schon mehr oder minder stark strukturiert und also »fest« und geregelt (im Sinne von konventionalisiert bzw. sozial verfestigt) ist. Da dieses »Wissen« zudem als jeweils *richtiges* Wissen gilt und als solches (hegemonial und daher immer nur zeitweise) verfestigt ist, gleichviel, ob auf der Ebene der Wissenschaften oder auf der des Alltags, hat die Diskursanalyse die Möglichkeit, dieses »Wissen« und die Institutionen und Regelungen, die es stützen, kritisch zu hinterfragen. Was jeweils als »Wahrheit« *gilt*, ist ja nichts anderes als ein diskursiver Effekt. Wahrheit ist demnach nicht irgendwie diskurs-extern vorgegeben, sondern sie wird jeweils erst historisch-diskursiv erzeugt.[127] »Wahrheiten«, »Evidenzen« enthält aber auch das ungezwungenste Alltagsgespräch. Diese Bestimmungen verstehe ich als essentiellen Bestandteil von Diskurs überhaupt.[128]

Die jeweiligen Regeln, die (als Bestandteil der Diskurse) im Diskurs eingehalten werden müssen, sind dabei selbstverständlich unterschiedlich. Ein akademischer Vortrag mit anschließender Diskussion folgt anderen Regeln als ein Gespräch am Mittagstisch. Aber auch das Gespräch am Mittagstisch ist geregelt, und es kommt vor, daß man gegen die Regeln dieses Diskurses, gegen die »Regeln des Anstandes« (Foucault 1983, S. 27), die der Diskurs vorgibt, verstößt (indem man etwa von »ekligen Dingen« berichtet – »was sich nicht gehört«). Doch selbst solche Regelverstöße sind wiederum diskursiv und geregelt, nur auf andere Weise, als dies der im hegemonialen Diskurs allgemein anerkannten Norm entspricht. So können sie etwa den Charakter von Gegendiskurselementen annehmen.

Solche (Elemente von) Gegendiskurse(n) bzw. Abweichungen von den »normalen«, allgemein gebräuchlichen Diskursregeln können sanktioniert werden, zurückgewiesen oder auch bestraft werden. Hier zeigt sich auf der Mikroebene die Verknüpfung von Diskurs und Macht (oder sogar Herrschaft).[129] Diskurse sind mit Macht ver-

---

126 Der in der Zeitschrift kultuRRevolution verwendete Diskursbegriff operiert auch mit der Bestimmung der »Regelung« (vgl. kRR 1 (1982), S. 71), wobei hier aber besonders auf die Bestimmung von »Spezialdiskurs« abgehoben wird.

127 Vgl. dazu auch Laugstien 1995a, Sp. 728 ff.

128 »Das Wort *Wissen* wird also gebraucht, um alle Erkenntnisverfahren und -wirkungen zu bezeichnen, die in einem bestimmten Moment und in einem bestimmten Gebiet akzeptabel sind.« (Foucault 1992, S. 32) Das Verhältnis von Wissen, Wahrheit und jeweiliger Gültigkeit wird weiter unten noch ausführlicher angesprochen.

129 Der Unterschied von Macht und Herrschaft besteht darin, daß Macht die gesamte Gesellschaft wie ein Netz überzieht, so daß man sagen kann, daß alle Menschen in einer Gesellschaft über Macht verfügen, und sei ihr Anteil daran noch so gering; von Herrschaft ist dagegen zu sprechen, wenn aufgrund der ungleichen Verteilung von Macht

bunden – und mit Gegenmacht. Insofern kann man auch von einem ständigen »Kampf der Diskurse« sprechen, von Ausbrechversuchen aus dem »normalen« oder dem hegemonialen Diskurs etc.

Dieser Aspekt des Zusammenhangs von Diskurs und Macht ist allerdings heftig umstritten, doch: »Machtwirkungen übt eine diskursive Praxis in mehrfacher Hinsicht aus. Wenn eine diskursive Formation sich als ein begrenztes ›positives‹ Feld von Aussagen-Häufungen beschreiben läßt«, so verteidigen Link/Link-Herr diese Kopplung, »so gilt umgekehrt, daß mögliche andere Aussagen, Fragestellungen, Blickrichtungen, Problematiken usw. dadurch ausgeschlossen sind. Solche, sich bereits notwendig aus der Struktur eines Spezialdiskurses ergebenden Ausschließungen (die ganz und gar nicht als manipulative Intentionen irgendeines Subjekts oder auch Intersubjekts mißdeutet werden dürfen!) können institutionell verstärkt werden.« (Link/Link-Herr 1990, S. 90) Es gibt also auch so etwas wie Macht über die Diskurse.

Diskursanalyse erfaßt somit auch das jeweils Sagbare in seiner qualitativen Bandbreite bzw. alle Aussagen, die in einer bestimmten Gesellschaft zu einer bestimmten Zeit geäußert werden (können), aber auch die Strategien, mit denen das Feld des Sagbaren ausgeweitet oder auch eingeengt wird, etwa Verleugnungsstrategien, Relativierungsstrategien etc.[130] Das Auftreten solcher Strategien verweist oft auf Aussagen, die zu einem bestimmten Zeitpunkt in einer bestimmten Gesellschaft nicht sagbar sind, da es besonderer »Tricks« bedarf, wenn man sie doch äußern will. Das Sagbarkeitsfeld kann durch direkte Verbote und Einschränkungen, Anspielungen, Implikate, explizite Tabuisierungen aber auch durch Konventionen, Verinnerlichungen, Bewußtseinsregulierungen etc. eingeengt oder auch zu überschreiten versucht werden. Der Diskurs als ganzer ist die regulierende Instanz; er formiert Bewußtsein.

Auf das Problem der Kopplung von Diskurs und Macht werde ich weiter unten noch genauer eingehen, insbesondere auch auf die Frage der Möglichkeit der Resistenz gegen Macht durch Kritik, Problematisierung, Infragestellung.

Menschen über Menschen bestimmen und sie z. B. ausgrenzen und ausbeuten können etc.

130   Daher gehören solche »Argumentationsstrategien« (neben anderen »Werkzeugen« wie Anspielungen, Implikate, Feind-Freund-Schemata etc.) auch zur analytischen »Werkzeugkiste« des Diskursanalytikers.

Link erläutert seinen Begriff von Diskurs im einzelnen anhand des folgenden Schemas:

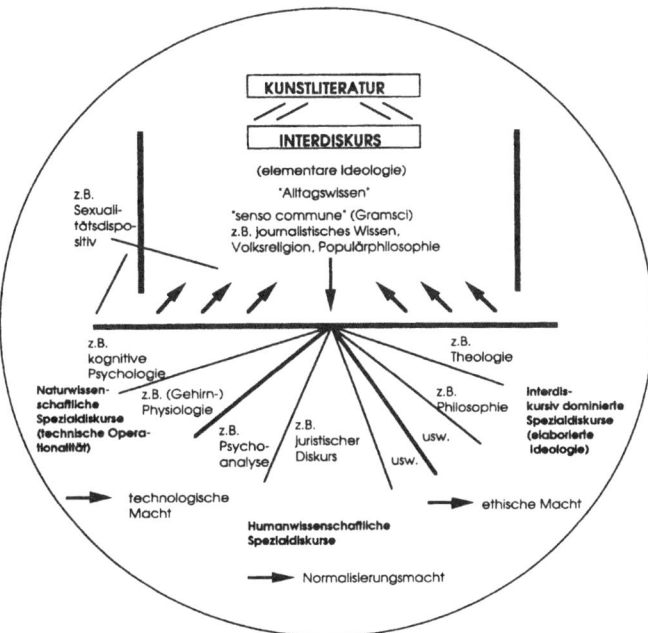

Abb. 9: *nach Link 1986b, S. 6*

Zu dieser Skizze schreibt Link:

>»der ›halbe kuchen‹ unten soll in seinen einzelnen fächern die spezialdiskurse ... moderner industrialistischer kulturen zeigen. dabei sind drei große teilbereiche unterschieden:

(1) naturwissenschaftliche,
(2) humanwissenschaftliche und
(3) ›interdiskursiv dominierte spezialdiskurse‹.

als beispiele für die dritte kategorie sind theologie und philosophie angegeben: beide besitzen in der tat keine speziellen empirischen gegenstände als korrelat ihres wissens, sondern beschäftigen sich speziell mit integrationen und totalisierungen der diskurse ... . man kann grob sagen, daß der anteil interdiskursiver vorgaben bei den humanwissenschaften geringer als bei der theologie, philosophie usw., aber stärker als bei den naturwissenschaften ist. ...

aus den verschiedensten spezialdiskursen sammelt sich nun in den redeformen mit totalisierendem und integrierendem charakter (z.b. journalismus, z.b. populärwissenschaft und populärphilosophie ...) ein stark selektives kulturelles allgemein-wissen, dessen gesamtheit hier *interdiskurs* genannt wird. der interdiskurs ist nicht wie die spezialdiskurse explizit geregelt und systematisiert, ihm werden keine definitionen abgefordert, keine widerspruchsfreiheit usw. bildlich haben wir den interdiskurs als ›fluktuierendes gewimmel‹ zu kennzeichnen gesucht.« (Link 1986b, S. 5 f.)

Das kann aber m. E. nicht heißen, daß der Interdiskurs nicht geregelt wäre; er ist nur nicht so stark »reglementiert« wie die Spezialdiskurse, die selbst auch wieder unterschiedlich stark »reglementiert« sind. Die hier anklingende scharfe Unterscheidung von Wissenschaft und alltäglichem Denken und Sprechen in Medien, Politik und Alltag möchte ich so nicht teilen. In allen Berufen wird systematisch gedacht, und auch im Alltag ist ohne rationales Verhalten kaum auszukommen. Umgekehrt gibt es auch in wissenschaftlichen Diskursen »weiche« Passagen, Widersprüche, den Gebrauch von Bildern und Metaphern. In dieser Hinsicht gibt es allenfalls graduelle Unterschiede.[131]

Als »Fluß von ›Wissen‹ bzw. sozialen Wissensvorräten durch die Zeit« läßt sich – etwas schematisch – dieser Zusammenhang auch, wie in Abb. 10 gezeigt, graphisch darstellen.

Die verschiedenen Diskurse bzw. Diskursstränge sind eng miteinander verflochten und miteinander verschränkt; sie bilden in dieser Verschränktheit das erwähnte »diskursive Gewimmel«, das zugleich im »Wuchern der Diskurse« resultiert und das Diskursanalyse zu entwirren hat; dabei ist darauf zu achten, wie sich die verschiedenen Diskursstränge beeinflussen, welche Überschneidungen, Überlappungen und Verschränkungen sich dabei ergeben und welche Effekte dadurch hervorgerufen werden etc.[132]

Wichtig für den Verlauf der Diskurse bzw. Diskursstränge sind sogenannte *diskursive Ereignisse*. Hierbei handelt es sich nicht um »reale« Ereignisse wie etwa einen Reaktorunfall oder ein Wahlergebnis, sondern um den breit entfalteten Diskurs *über* solche Ereignisse. Ereignis und diskursives Ereignis müssen einander an Umfang und Bedeutung keineswegs entsprechen: Wenn ein Reaktorunfall verschwiegen wird, wird er nicht zu einem diskursiven Ereignis, auch wenn er noch so viele Menschenleben fordert.[133]

---

131 Diese Beobachtung wird noch plausibler erscheinen, wenn ich das Problem der Kritik und ihrer »Wahrheits«-Kriterien diskutiert haben werde. Die mit Wissenschaft einhergehenden Wahrheitsansprüche erwiesen sich allzumal als nur zeitweise hegemoniale Gültigkeiten. Das gilt auch für die Naturwissenschaften.

132 Genaueres dazu folgt in einem Methodenkapitel zur Diskursanalyse.

133 Vgl. dazu z.B. Link 1986c. Siehe auch weiter unten.

Was ist der Diskurs ?

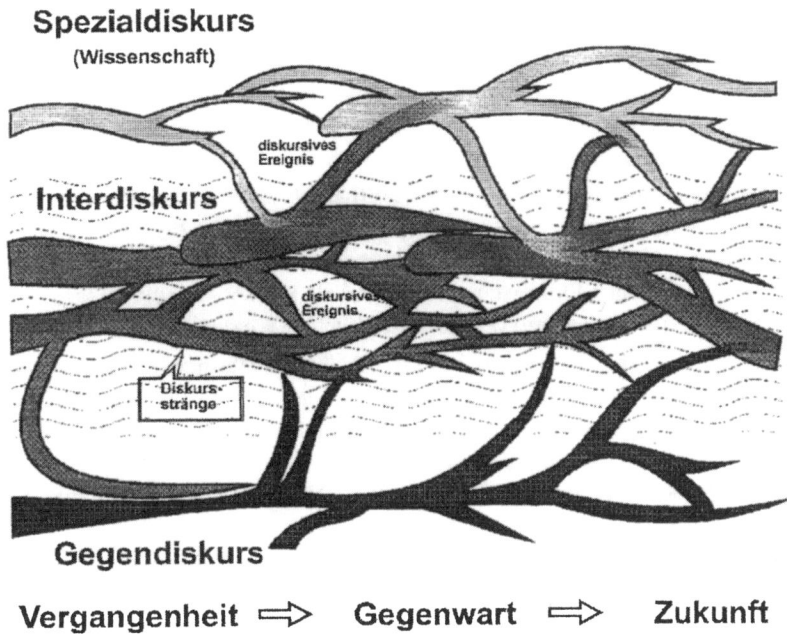

Abb. 10

3.2.2.1. Kollektivsymbole

Mit der Theorie der Kollektivsymbolik steuert Jürgen Link ein diskurstheoretisches Konzept bei, das ich als außerordentlich fruchtbar für die Diskursanalyse ansehe, und zwar deshalb, weil mit dem Vorrat an Kollektivsymbolen, die alle Mitglieder einer Gesellschaft kennen, das Repertoire an Bildern zur Verfügung steht, mit dem wir uns ein Gesamtbild von der gesellschaftlichen Wirklichkeit bzw. der politischen Landschaft der Gesellschaft machen, wie wir diese deuten und – insbesondere durch die Medien – gedeutet bekommen.[134] Link versteht »Unter ›Kollektivsymbolik‹ ... die Gesamtheit der sogenannten ›Bildlichkeit‹ einer Kultur, die Gesamtheit ihrer am weitesten verbreiteten Allegorien und Embleme, Metaphern, Exempelfälle, an-

---

134 Vgl. dazu besonders Link 1982, Drews/Gerhard/Link 1985, Link/Link-Herr 1994, Becker/Gerhard/Link 1997.

schaulichen Modelle und orientierenden Topiken, Vergleiche und Analogien.« (Link 1997, S. 25) Sie enthält in symbolisch-verdichteter und vereinfachter Form das heute gängige und gültige Bild unserer Gesellschaft und bildet ein System. Da der gesamtgesellschaftliche Diskurs von einem *synchronen System kollektiver Symbole* zusammengehalten wird (Link nennt es etwas scherzhaft *Sysykoll*), übt dieses System von Bildern eine ungeheuer starke Wirkung bei allen Gesellschaftsmitgliedern darauf aus, wie sie die Wirklichkeit sehen, deuten und »verstehen«. So ist m. E. die Wirkung medialer und politischer Ansprache auf das individuelle und kollektive Bewußtsein nicht begreiflich zu machen, ohne dabei die Wirkung des Systems kollektiver Symbole zu berücksichtigen. Daher möchte ich diese »Theorie« im folgenden etwas genauer erläutern.

Kollektivsymbole sind »*kulturelle Stereotypen* (häufig ›*Topoi*‹ genannt), die *kollektiv* tradiert und benutzt werden.« (Drews/Gerhard/Link 1985, S. 265)[135] Sie bilden einen Zusammenhang, ein System, ein »prozessierendes Regelwerk« (vgl. M. Jäger 1996, S. 23), das in allen Diskursen auftritt, und als solcher Zusammenhang liefern sie uns das Bild, das wir uns von der gesellschaftlichen Wirklichkeit machen.

Die wichtigsten Verkettungsregeln, durch die dieser Zusammenhang hergestellt wird, sind sogenannte Katachresen oder Bildbrüche. Diese funktionieren in der Weise, daß sie Zusammenhänge zwischen Aussagen und Erfahrungsbereichen stiften, Widersprüche überbrücken, Plausibilitäten erzeugen etc. »Mit Hilfe des Systems kollektiver Symbole läßt sich jede Veränderung – und sei sie noch so dramatisch – symbolisch integrieren«. (M. Jäger 1996, S. 24)

Das Grundschema der politischen Kollektivsymbolik der Bundesrepublik skizziert Link wie in Abb. 11 dargestellt.

Die Theorie der Kollektivsymbolik hat Link, ausgehend von einer Beobachtung von Willi Benning[136], auf empirischem Wege im Zuge einer Reihe von Medien- und Literaturanalysen vervollständigt; er beruft sich nicht etwa auf irgendwelche anthropologischen Konstanten, etwa angeborene Bilder oder im kollektiven Unbewußten hausende Vorstellungen von Wirklichkeit. Das wird bei Link bereits daran deutlich, daß er Systeme kollektiver Symbolik als historisch veränderbar und interkulturell verschieden ansieht. Das von ihm beschriebene System gilt denn auch nur für moderne

---

135 Die Möglichkeit der kollektiven Produktion von Symbolen ergebe sich aus der Isomorphiestruktur: Sei einmal der Rahmen eines Symbols (z.B. ›Eisenbahn‹ für ›Fortschritt‹) gegeben, so lasse sich daran durch Ergänzung neuer Elemente ... ›weiterdichten‹ (ebd. S. 267)

136 Vgl. dazu Benning 1983 und Link 1984, S. 12 ff.

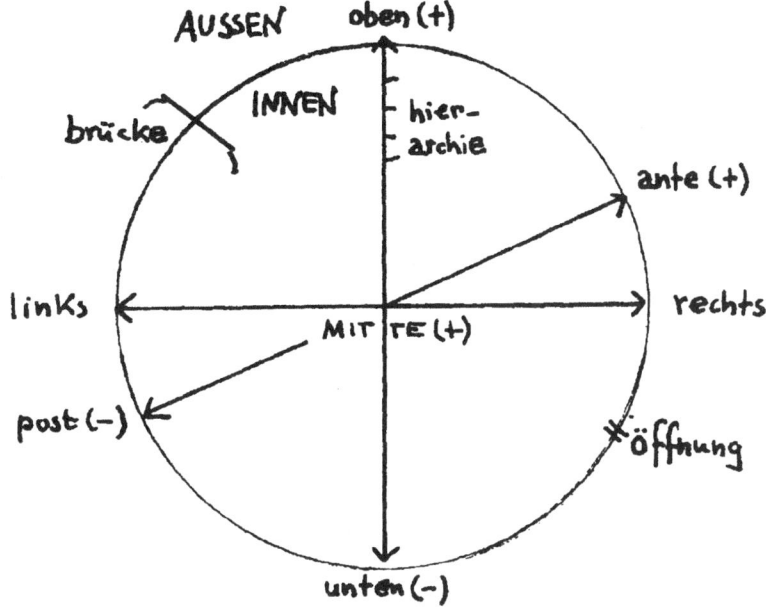

Abb. 11: *aus Link 1984, S. 15*

Industriegesellschaften, wobei konstatiert wird, daß es in anderer Gestalt solche Systeme auch für andere Zeiten und andere Gesellschaften geben mag.[137]

Das Schema der Kollektivsymbolik erläutert Link folgendermaßen:

>»die kreislinie stellt dabei die *grenze unseres systems* dar; die horizontale erlaubt die abbildung eines *linken flügels*, eines *rechten flügels* und einer *mitte* (also einer rudimentären politischen taxonomie). die vertikale stellt einen *oberen*, einen *unteren abschnitt* und wiederum die *mitte unseres systems* dar. die diagonale (die für eine dritte dimension steht) schließlich bildet die achse *rückwärts-mitte-vorwärts* ab, die häufig gleichzeitig zeitlich gedeutet wird: *rückschritt – fortschritt*.« (Link 1984, S. 12)

---

137 Eine Kollektivsymboltheorie aus konstruktivistischer Sicht versucht Fleischer 1996 zu entwickeln. Eine Auseinandersetzung mit diesem Text hätte eine Auseinandersetzung mit dem Konstruktivismus zur Voraussetzung Vgl. dazu aber Link 1999a.

Dieses Grundschema wird von Link auf der Grundlage von Medien- und Literaturanalysen folgendermaßen erweitert:

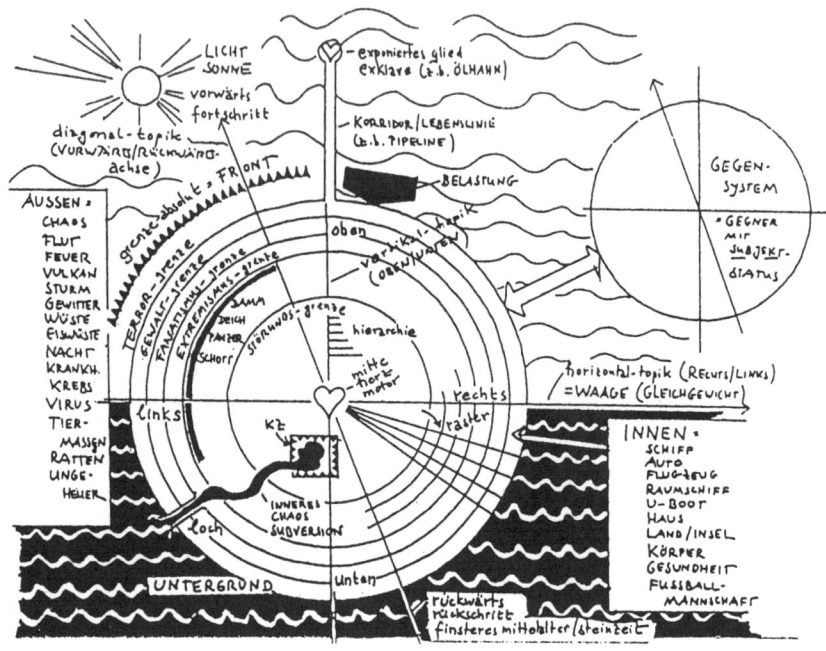

Abb. 12, *nach Link 1984 S.14*

Link erklärt dieses erweiterte Schema nun folgendermaßen:

>»ich lasse den *fortschritt* sich nach *oben* bewegen wie eine *rakete*, auch wohl wie ein *auftauchendes u-boot*. unterhalb der horizontale befindet sich die *finsternis des untergrunds*, des *unterwassers*, des *urwalds und dschungels*, aber ggf. auch des *mittelalters und der steinzeit*. wie man sieht, ist unser system wirklich am meisten einem u-boot oder einer raumstation ähnlich; deshalb durfte, wie ich meine, der *ausfahrbare schnorchel*, d.h. die *röhre (pipe-line) oben* nicht fehlen, die die verbindung zum exponierten glied unseres systems (auch *exclave mit korridor* genannt) sicherstellt.« (Link 1984, S. 13)

>»das umgekehrte pendant des *korridors* ist der *subversive stollen*, der von außen in unser system hineingegraben werden kann (er sieht nicht zufällig wie eine *schlange* aus). so kann die *flut einsickern*, der *krebs* sich mitten in uns hineinfressen. (...) im äußersten fall könnte der *innere korridor*, der *spalt*, durch das gesamte system reichen und es *spalten* (...) in der *mitte* unseres systems sitzt unser *herz* (weshalb alle *außen vor* befindlichen per se *herzlos* sein werden), auch unser *motor* oder unser *energieaggregat*. sollen wir nicht in eine *schieflage* geraten, so ist *ausgewogenheit* unbedingt geboten – und vor allem müssen die *außenwände des kessels* (...) gegen *das chaos aus flut, wüste, eiswüste, dschungel,*

leerem weltraum, gewittern, blitzen, bränden, stürmen, dunkler nacht, ungeheuern und viren absolut wasserdicht halten. in der *mitte seines panzers* sitzt das subjekt: als ›ich‹ und als ›wir‹ gleichermaßen einzig in seinem eigentum – während draußen die *Finsternis* (...) *noch dichter (wird)*.« (ebd. S. 13)

Diese Topik wird nach Link also mit verschiedenen, durchaus nicht beliebigen Symbolen beschrieben und kodiert. Für den inneren Bereich stehen solche Symbole, die sich letztlich entweder auf den menschlichen Körper oder auf industrialistische Vehikel zurückführen lassen, etwa das *Auto*, das *U-Boot*, das *Haus* etc. Für den äußeren Bereich stehen Symbole, die das Chaos markieren: die *Flut*, das *Feuer*, der *Sturm* etc. Für innere und äußere Feinde werden oft Symbole verwendet, die ihnen den Subjektstatus absprechen: *Ungeziefer, wilde Tiere, Fäkalien* etc.[138] Wichtig ist, »daß das eigene System stets Subjektstatus besitzt, ›Subjekt‹ im engen Sinne einer autonomen, zurechnungsfähigen, quasi-juristischen Person, eines Rechts-Subjekts genommen. Es ist ein Körper mit Kopf, der sich Therapien gegen Krankheiten überlegen kann; es ist ein industrialistisches Vehikel mit Fahrer, der den Fuß vom Gas nehmen kann, es ist ein Haus mit vernünftigen Bewohnern, die die Tür zumachen können usw. Dieser Subjektstatus gilt ... nicht ... für das außersystemische Chaos als solches.« (Link 1994, S. 79)

Solche Symbole bezeichnet Link deshalb als Kollektivsymbole, weil sie allen Menschen (eines kulturellen Zusammenhangs) unmittelbar einleuchten, da sie von allen Mitgliedern einer Gesellschaft, also kollektiv gelernt sind, kollektiv benutzt und verstanden werden.

Link illustriert diese Topik mit einigen Beispielen:

»das u-boot ist vor allem aufgrund seiner ambivalenz das gleichzeitig gefährlichste und faszinierendste symbol ›unseres‹ militant-geschlossenen industriesystems (...) wenn das boot mit *torpedos* die *tanker* jagt, verwandelt es sich selbst in einen *hai*, stellt noch *subversion und chaos* in den dienst des systems.« (Link 1984, S. 15)

In dem folgenden kurzen Text wird deutlich, wie z.B. das Autosymbol im synchronen System der Kollektivsymbolik (Sysykoll) funktioniert:

»Die Einradbremse. Der dahineilende Wagen der deutschen Hochkonjunktur wurde nur auf einem Rad, nämlich dem monetären, gebremst. So kann man leicht ins Schleudern kommen. Die übrigen Räder laufen ungehemmt weiter: die öffentlichen Ausgaben, die Ausfuhren und die Löhne.« (Walter Slotosch, SZ, 18.8.73, zit. nach Link 1982, S. 10)

Durch Bildbrüche (Katachresen) werden die verschiedenen Kollektivsymbole miteinander gekoppelt, so daß diese sich wie ein Netz über die Diskurse ziehen und ihnen außerordentliche Festigkeit verleihen. Jürgen Link spricht von Katachresen-

---

138 Zur Festigkeit solcher Symbole z. B. zur Bezeichnung von Feinden vgl. auch Paul 1999.

Mäandern, die wie ein mäanderndes Band durch einen Text ›wandern‹ können, und bringt dafür das folgende Beispiel:

> »Die Einsicht bei den Politikern wächst, daß der Zustrom von Ausländern, die in der Bundesrepublik um politisches Asyl nachsuchen ..., eingedämmt werden muß. ... Aber diejenigen, die dem Bestreben gefolgt seien, besser zu leben als daheim, und wäre es nur durch das Ruhen im hiesigen ›sozialen Netz‹, müßten zurückgeschickt werden. ... SPD und FDP haben CDU-Politiker hart getadelt, die das Stichwort ›Sammellager‹ aufgebracht haben: Wenn aber das Asylverfahren örtlich um die Flughäfen herum lokalisiert werden soll, kann das Wort vom ›Lager‹... nicht tabuiert werden.« (zit. nach Link 1988, S. 49)

Hier werden mehrere Symbole: Flut, soziales Netz, Sammellager durch Katachresen verkettet. Die Quintessenz ist nach Link: »die sog. ›Asylanten‹ ... werden als gefährliche ›Flut‹ symbolisch kodiert, gegen die ›Deiche‹ aus abschreckenden ›Lagern‹ errichtet werden sollen...« (ebd.)

Das synchrone System der Kollektivsymbole kann man wie in Abb. 13 auf der folgenden Seite visualisieren.

Link führt zur Funktion der (synchronen Systeme von) Kollektivsymbole(n) im einzelnen aus:

> »das sysykoll ist ... *kitt* der gesellschaft, es suggeriert eine imaginäre gesellschaftliche und subjektive totalität für die phanatasie. während wir in der realen gesellschaft und bei unserem realen subjekt nur sehr beschränkten *durchblick* haben, fühlen wir uns dank der symbolischen sinnbildungsgitter in unserer kultur stets zuhause. wir wissen nichts über krebs, aber wir verstehen sofort, inwiefern der terror *krebs* der gesellschaft ist. wir wissen nichts über die wirklichen ursachen von wirtschaftskrisen, begreifen aber sofort, daß die regierung *notbremsen* mußte. wir haben keine politisch extremen medien, wissen aber sehr wohl, daß *beim schaukeln auf dem linken ende nur das rechte ende hochgeschaukelt wird.*« (Link 1982, S. 11)[139]

---

139 Vgl. auch die zusammenfassende Darstellung bei M. Jäger 1996, S. 23-31.

Sysykoll

=
Synchrones
System von
Kollektiv-
symbolen

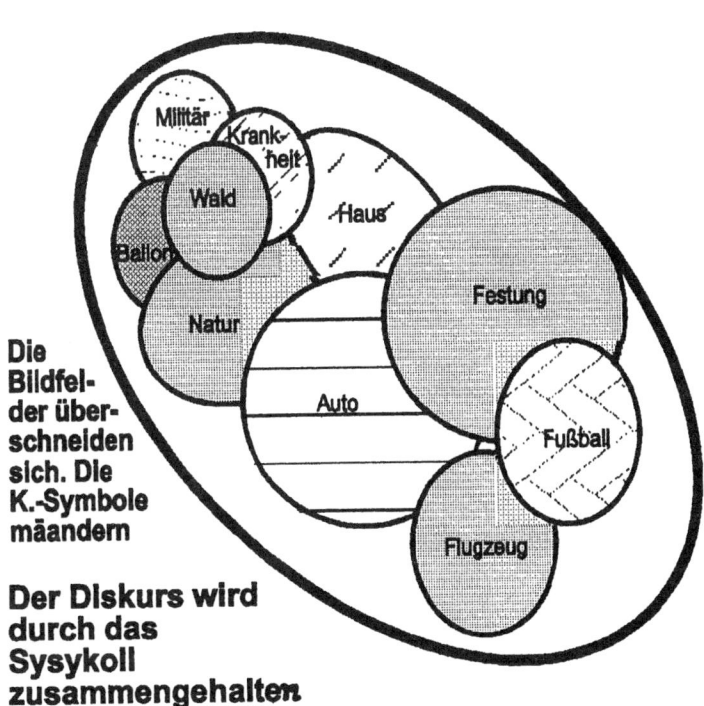

**Die
Bildfel-
der über-
schneiden
sich. Die
K.-Symbole
mäandern**

**Der Diskurs wird
durch das
Sysykoll
zusammengehalten**

Textprobe:

Kohl richtet seine Kanone auf den sinkenden Ballon der F.D.P., um die SPD
aus dem Walde zu locken, in dem sie hinter dem Erdwall der sozialen Frage
Deckung genommen hat. Das ist eine alte Grippe der Sozis, die das
europäische Haus nur dann betreten wollen, wenn es von einer hohen Mauer
umfaßt ist, die von keiner außereuropäischen Seilschaft überflogen werden
kann, ohne ein Selbsttor zu schießen.

Abb. 13

Erkennungskriterien für die Kollektivsymbolik:

Kollektivsymbole lassen sich durch die folgenden sechs Kriterien definieren (und entsprechend erkennen):[140]

1. Kollektivsymbole sind semantisch ›sekundär‹, d.h. sie haben eine indirekte Bedeutungsfunktion. Das Bezeichnete selbst wird zum Träger einer zweiten Bedeutung. Das Signifikat von ›Eisenbahn‹ kann z.B. die symbolische Bedeutung ›Fortschritt‹ erhalten. Beispiel: »Der Zug in eine bessere Zukunft ist noch nicht abgefahren. Wir dürfen ihn nicht verpassen.«

2. Das zweite Kriterium ist die visuelle Darstellbarkeit (Ikonität) der Kollektivsymbole. So läßt sich die Eisenbahn bildlich darstellen oder zumindest vorstellen.

3. Erste und zweite Bedeutung der Kollektivsymbole sind nicht zufällig und willkürlich miteinander verbunden sondern ›motiviert‹: Die Eisenbahn bewegt sich tatsächlich fort (wie der Fortschritt).

4. Die Kollektivsymbole sind mehrdeutig (Kriterium der Ambiguität). So kann die Eisenbahn nicht nur für ›Fortschritt‹ stehen, sondern auch für ›Demokratie‹, ›Westen‹ oder auch für ›Sexualität‹.

5. Die Kollektivsymbole erzählen sich weiter (Kriterium der syntagmatischen Expansivität). Da wir alle das System kollektiver Symbole gelernt haben, im Bewußtsein präsent haben, fallen uns sofort weitere Kollektivsymbole ein, wenn wir eines hören, sehen oder lesen. Die Symbole werden oft narrativ ausgesponnen. Es werden komplexe semantische Ketten gebildet. Bei der Eisenbahn denken wir mindestens sofort an Lokomotive, Waggons, Schienen, Weichen, Bahnhöfe etc. So lautet eine Überschrift eines Artikels aus der FR vom 20. Januar 1999: »Stellt Spaniens Lokführer Aznar die Weichen in Richtung Mitte?« Und der Artikel endet mit dem Satz: »Die günstige Gelegenheit, Richtung Zentrum aufzubrechen, ist vertan (...), der Zug steht immer noch im Bahnhof.«

6. Kollektivsymbole erlauben Analogiebeziehungen zwischen Bezeichnendem und Bezeichnetem. So könnte man sagen, die Lokomotive verhalte sich zu den Waggons wie der technische Fortschritt zur Demokratie (womit behauptet würde, der technische Fortschritt habe die Demokratie zur Folge).[141]

---

140 Vgl. zum folgenden Link/Link-Herr 1994, die sich dabei auf Todorov 1977 stützen. Vgl. dazu auch ausführlich Drews/Gerhard/Link 1985 und Becker/Gerhard/Link 1997.

141 Diese Eingrenzung des Begriffs Kollektivsymbol ist deshalb sinnvoll, weil z.B. arbiträre ikonische Zeichen (wie die meisten Verkehrszeichen und Nationalflaggen) und isolierte ikonisch-motivierte Zeichen (»Bundesadler«) und sprachlich-motivierte Zeichen (d.h. einfache Tropen) ausscheiden. Eine weiterführende Auseinandersetzung mit Symbol-

Diese Kriterien müssen in der konkreten Verwendung nicht unbedingt (alle) explizit auftauchen. Die anzutreffenden Kollektivsymbole müssen diese Kriterien jedoch zumindest implizit enthalten.

Nach Link hängen Sysykoll und Kultur eng zusammen: »das sysykoll ist insofern ein tragendes element der kultur, als es ein tragendes element des *inter-diskurses* ist.« (Link 1982, S. 11)

In den verschiedenen Spezialdiskursen (= Diskurse der Wissenschaften) gibt es nun eine Menge übereinstimmender diskursiver Elemente, Segmente, Parzellen, Teilstrukturen, z.B. insbesondere das Kollektivsymbol. Link nennt die Gesamtheit solcher interdiskursiven Elemente *Interdiskurs* und führt weiter aus:

»der eindruck kultureller einheit (daß es z.B. ähnlichkeiten zwischen dem sportlichen und dem politischen ›stil‹ einer gesellschaft gibt,) ist u.a. ein effekt des interdiskurses.« (ebd. S. 11)

Die Bedeutung der Kollektivsymbolik

Das Sysykoll stellt ein Interpretations- und Deutungsraster für die gesellschaftliche Wirklichkeit bereit. Da es kollektiv gelernt und angewendet wird, kann man davon ausgehen, daß das jeweils gültige Sysykoll die grundsätzliche Sicht der einzelnen Subjekte, aber auch von ganzen Bevölkerungen auf die Gesellschaft entscheidend (mit-)prägt. Führt man sich die bisher genannten Bestimmungen noch einmal vor Augen, dann wird ersichtlich, daß durch das Sysycoll das Eigene und Vertraute in der Tendenz positiv, das Fremde aber negativ kodiert wird. Ganz allgemein kann gesagt werden, »daß alle Kollektivsymbole stets schon *elementar-ideologische Wertungen* implizieren. Eine Flut ist für den *Überfluteten* natürlich negativ konnotiert, ein Deich entsprechend positiv.« (Link 1988, S. 48) Das macht exemplarisch deutlich, welches Gewicht das Sysykoll für die individuelle Urteilsbildung und die Verfestigung von »Wissen« und das sich daraus ableitende Handeln besitzt.[142] Insofern ist die Kollektivsymboltheorie, die Link entwickelt und über Jahre in einer Fülle von Analysen erprobt und bereichert hat, ein überaus wichtiger Beitrag zur Wirkungsforschung überhaupt.[143] Für die Entfaltung einer diskursanalytischen Methodologie scheint sie mir unentbehrlich.

Auch der Anteil der Kollektivsymbolik an der Subjektbildung dürfte unbestreitbar sein. Doch es sind gleichfalls die Kopplungen mit bestimmten Inhalten, und es ist auch die Form, in der sie einherkommen, die zur konkreten Subjektbildung beitra-

---

theorien kann an dieser Stelle nicht erfolgen. Ich muß dazu auf die angegebene Literatur verweisen.

142 Genauer ausgeführt wird dieser Zusammenhang in dem theoretisch interessanten, aber auch material- und beispielreichen Artikel Link 1982.- Auf das Zusammenspiel von Diskurs und Gegenständlichkeit werde ich noch ausführlicher eingehen.

143 Zur Situation der Wirkungsforschung vgl. Merten 1994.

gen, was auch immer letztlich bedeutet: zur konkreten Ausformung der Diskurse. Daher scheint mir Diskursanalyse auch nicht auf Kollektivsymbolanalyse reduzierbar zu sein. Auch besteht Link darauf, daß die »objektiven Interessen« nicht vergessen werden. Die entscheidende Ebene sei die des geschichtlichen Handelns. Doch wodurch das Handeln bestimmt werde, dies liege an »den konkreten historisch-symbolischen konstellationen«. (Link 1982, S. 16)

3.2.2.2. Die Macht der Diskurse

> *»Es ist das Problem, das fast alle meine Bücher bestimmt: wie ist in den abendländischen Gesellschaften die Produktion von Diskursen, die (zumindest für eine bestimmte Zeit) mit einem Wahrheitswert geladen sind, an die unterschiedlichen Machtmechanismen und -institutionen gebunden?«*

(Foucault 1983, S. 8)

Die damit angesprochene »Macht der Diskurse« ist nach Link zwar sehr groß, aber nicht der alleinige Machtfaktor innerhalb einer Gesellschaft. Link weist auf den »partiellen Charakter« ihres diesbezüglichen Beitrags hin und schreibt:

> »Sicherlich sind ökonomische, im engeren Sinne politische und besonders militärische Faktoren bei der Etablierung und Aufrechterhaltung (z.B., S.J.) totalitärer Formen der Herrschaft mindestens genauso wichtig und häufig wichtiger als diskursive, symbolisch-kulturelle.« Zugleich betont er aber die große Bedeutung solcher symbolisch-kulturellen Phänomene und meint: »Aber treiben wir die Bescheidenheit auch wieder nicht zu weit: Nahezu alle Totalitarismustheorien wie auch die meisten historischen Beschreibungen betonen das eminente Gewicht kultureller Faktoren, die häufig etwas hilflos als ›psychologisch‹ oder ›sozialpsychologisch‹ gekennzeichnet werden.« (Link 1988, S. 47) [144]

---

[144] In unseren eigenen Untersuchungen zu Rechtsextremismus und Rassismus (Vgl. Jäger (Hg.) 1988b und besonders Jäger/M. Jäger 1990, wo wir die neuere Diskussion über die Situation kapitalistischer Gesellschaft und ihre Folgen für die Menschen ausführlicher diskutieren) haben wir diesen Aspekt der »*anderen Faktoren*« mit zu berücksichtigen versucht, teilweise noch etwas befangen in bestimmten Basis-Überbau-Dualismen. Ausgangspunkt war für uns die Beschäftigung mit einem politischen Mediendiskurs, nämlich der Presse bzw. Texten aus dem heutigen rechtsextremen Lager. Wir stellten fest, daß diese Texte eine dezidierte Wirkung(sabsicht) haben und sich an alle Gruppen der Bevölkerung richten. Es handelt es sich bei diesen Texten nicht im Kern um Bestandteile des (vor-)herrschenden (hegemonialen) Diskurses, sondern um Texte einer ganz bestimmten politischen Richtung, die sich allerdings den herrschenden (Inter-)Diskurs zunutze machen und sich auf diesen beziehen. Umgekehrt ist zu beobachten, daß Elemente des rechtsextremen Diskurses zunehmend »in der Mitte der Gesellschaft« übernommen werden und ihnen damit einen Einfluß bescheren, den sie – als rechts(extrem) stigmatisiert – ursprünglich niemals hätten entfalten können. Dadurch übt der (ursprünglich) rechtsextreme Diskurs im Machtgeflecht der heutigen Bundesrepublik zunehmend Macht aus. (Vgl. dazu auch M. Jäger/Jäger 1999).

Dies kann am zur Zeit in der Bundesrepublik vorherrschenden politischen Diskurs weiter verdeutlicht werden: Den zur Zeit im Trend dominanten Diskurs können wir insgesamt als neokonservativ bis neoliberal geprägt und durchdrungen bezeichnen.[145] Dabei sollte jedoch nicht vernachlässigt werden, daß es daneben oppositionelle Diskurse gibt, die die vorherrschenden Diskurse kritisieren und problematisieren: bei Teilen der Grünen, Teilen der Sozialdemokratie – und bei den Rechtsextremisten von der anderen Seite her. Auch sie spielen mit im Konzert der Macht, wenn auch zur Zeit nicht die erste Geige.[146]

Der neokonservative Diskurs, den man auch als Diskurs der heute herrschenden Elite bzw. mediopolitischen Klasse bezeichnen könnte[147], bemüht sich darum, die herrschende neokonservative politische Praxis, die letztlich die herrschende Wirtschafts- und Gesellschaftsordnung absichert, zu legitimieren und im Bewußtsein der Bevölkerung als einzig vernünftige oder gar »einzig wahre« zu verankern.

Der rechtsextreme Gegendiskurs heute bezieht sich durch die Kritik am Diskurs der herrschenden Eliten (insbesondere des Neo-Konservatismus) hindurch auf die auch ihm zugrundeliegende sozialgeschichtliche Situation der Gegenwart. Er tut dies mit Inhalten und Ideologemen, die dem heutigen Rechtsextremismus eigentümlich sind, wobei er den Alltagsdiskurs durchaus ausnutzt, z.B. indem er an dem in der Bevölkerung durchgesetzten Rassismus anknüpft. Er nutzt den Alltagsdiskurs weiterhin derart, daß er, wieder am Beispiel Rassismus, weitere rechtsextreme Ideologeme damit verkoppelt und im Bewußtsein dafür ansprechbarer Leute zu verankern versucht.[148]

---

145 Das gilt auch noch nach dem Wahlsieg Gerhard Schröders und der rot-grünen Koalition. Es zeigt sich hier exemplarisch: Diskurse brechen nicht einfach ab. Sie verändern sich zwar, haben aber zugleich auch ein enormes Beharrungsvermögen. So ist die Prognose wahrscheinlich, daß auch unter Schröder und dem neuen Innenminister Schily eine tendenziell rigide Ausländerpolitik in der Traditionslinie des ehemaligen Innenministers Manfred Kanther gefahren werden wird und das Thema Innere Sicherheit/Kriminalität mit dem Einwanderungsdiskurs eng verwoben bleiben wird.

146 Vgl. dazu auch Laclau, der zwischen einer demokratischen diskursiven Position und popularen diskursiven Positionen unterscheidet, die rechts oder links außerhalb des demokratischen Diskurses angesiedelt sein können. Laclau 1981, S. 176 ff.

147 Vgl. dazu auch van Dijk 1991.

148 Unsere Untersuchungen zum Rassismus im Politiker-, Medien- und Alltagsdiskurs knüpfen hier an. Sie zeigen, daß nahezu alle Menschen in der Bundesrepublik rassistisch in den Einwanderungs-Diskurs verstrickt sind. Für nähere Einzelheiten verweise ich auf den Projektbericht »BrandSätze. Rassismus im Alltag«, Duisburg 1992 (Jäger 1992), sowie auf die Arbeiten von M. Jäger 1996, Cleve 1997, Jäger/Kretschmer/Cleve u.a. 1998, M. Jäger/Jäger 1999. Die Untersuchung des brisanten Themas »Einwanderung und Flucht« ist von uns noch keineswegs zu Ende gebracht. Wir meinen, daß die Konzentration auf den besonderen Gegenstand »rechtsextreme Texte« und rassistisches Alltagsbewußtsein bei uns gewisse Denkanstöße zur Folge hatte, die weiter abgerundet

Die Möglichkeit der Resistenz gegen »die« Macht, so meinen auch Jürgen Link und Ulla Link-Heer, müsse wie folgt gesehen werden: Diskursanalyse zielt, »wenn sie die Bedingungen der Konsistenz eines spezial-diskursiven Feldes untersucht, immer zugleich auch auf die Tendenzen seines Zerfalls (...). Richtig ist ..., daß sich aus einer solchen Sicht niemals ein Kampf gegen ›die‹ Macht (eine zentralisiert vorgestellte, mit Subjektstatus versehene Manipulations-Macht) plausibel herleiten lassen wird. ›Die‹ Macht existiert nicht, bzw. existiert sie positiv nur als das je historisch-konkrete Geflecht aller positiv-empirischen Machtbeziehungen (das ›hegemoniale‹ Netz). ›Strategien‹ der Resistenz zielen stets auf Geburtshilfe beim Zerfall historisch-konkreter bestehender Macht-Beziehungen, sie sind daher auf die Kenntnis der ›positiven‹ Zerfalls-Tendenzen verwiesen. Strategien der Resistenz sind dabei selber keineswegs macht-los: indem sie sich gegen die Erfassung durch eine hegemoniale Machtbeziehung eben als ›resistent‹ erweisen, erweisen sie ihre eigene, nicht-hegemoniale Positivität und Macht. ... Gerade auch ›Herrschaftsfreiheit‹ wäre demnach in Foucaults Sicht als eine ›positive‹ Macht-Beziehung vorzustellen.« (Link/Link-Herr 1990, S. 91)

Zur Vertiefung dieser Problematik ist es erforderlich, daß wir uns etwas genauer mit dem Verhältnis von Diskurs und gesellschaftlicher Wirklichkeit auseinandersetzen, also mit der Frage, wie und in welcher Form Macht auf Wirklichkeit einwirkt, und uns – in Verbindung damit – genauer fragen, wie in der gesellschaftlichen Wirklichkeit Macht verankert ist, wer sie ausübt, über wen sie und wodurch sie ausgeübt wird usw.

3.2.2.3. Zum Verhältnis von Diskurs und »Wirklichkeit«

Es ist bereits mehrfach angesprochen worden, daß sich in den Diskursen gesellschaftliche Wirklichkeit nicht einfach widerspiegelt, sondern daß die Diskurse gegenüber der Wirklichkeit ein »Eigenleben« führen. Sie stellen selbst Materialitäten sui generis dar.

Das gilt auch für naturwissenschaftliche Diskurse. Sie weisen allerdings eine Reihe von Besonderheiten auf. Naturwissenschaftliche Diskurse, so schreibt Jürgen Link, »entwerfen Modelle, die sozusagen Rezeptions-Auffänger für empirische Daten konstituieren, bildlich vorstellbar als passive In-Formation durch präexistente Rea-

---

werden sollten. Ich halte es für erforderlich, nicht nur die (wirkliche oder beabsichtigte) »Wirkung« von Diskursen und deren Ursachen zu untersuchen, sondern zugleich auch herauszufinden, woraus sich der entsprechende aktuelle Diskurs historisch speist, also zu fragen, an welche Diskurse er anknüpft, wie sich also die historischen gesellschaftlich-diskursiven Verhältnisse, in den gegenwärtigen Diskursen »niederschlagen« bzw. erhalten haben. Das erscheint deshalb als sinnvoll, weil so die Möglichkeit gegeben ist, die in den Diskursen transportierten rassistischen Ideen nicht nur als Ausgeburten von irgendwelchen Verrückten darzustellen, sondern sie in ihrer Vermitteltheit zu den herrschenden gesellschaftlichen Macht-Verhältnissen, ihren historischen Wurzeln und den dadurch zugewiesenen unterschiedlichen Lebenspraxen der Menschen zu begreifen.

lität, wobei die Modelle nach Vorgabe der Daten ggf. modifiziert werden.« (Link 1992, S. 37) Zu bedenken ist aber selbst bei diesem Verweis auf die ›objektiven‹ Naturwissenschaften, daß auch solche Modelle diskursiv erzeugte und tradierte sind, also eine bestimmte Auffassung von Natur und Naturgesetzen bereits zur Voraussetzung haben. Unbestreitbar ist, daß solche Modelle Elemente von Wirklichkeit auffangen, sie zugleich aber selegieren, unabhängig von natürlichen Kontexten und in bestimmter Weise (in der Regel unabhängig von menschlichen Befindlichkeiten und Notwendigkeiten) formulieren etc. (»instrumentelle Vernunft«). Doch selbst das Fallgesetz könnte man nach Maßgabe anderer Vorstellungen, Deutungen und Beschaffenheiten von Wirklichkeiten und deren humaner Bewältigung anders formulieren, als es die heutige westlich geprägte Naturwissenschaft tut.[149] In indianischen Kulturen z.B., in denen der Bezug Mensch-Natur in anderer Weise hergestellt worden ist als bei »uns«, sehen solche Modelle völlig anders aus. Warum sollte ich das Fallgesetz nicht auch folgendermaßen fassen können: Wenn der Stein am Berg ins Rollen kommt (von mir aus nach der mathematischen Formel und unter genauer Beachtung der Verzögerung durch die schiefe Ebene), weiche ihm schleunigst aus, da Gefahr für Leib und Leben droht? – also wie im »richtigen Leben«! Demgegenüber ist »unser« (naturwissenschaftlich-instrumentell reduziertes) Fallgesetz eben nicht nur die eine und absolut zwingende Verallgemeinerung. Der Unterschied besteht darin, daß ich ein Fallgesetz formuliere, das von vorneherein den Bezug zu menschlichen Befindlichkeiten einschließt. Insofern läßt sich sagen, daß auch solche Modelle kulturhistorisch-diskursiv präfiguriert sind und nicht als menschenunabhängige objektive Entitäten mißverstanden werden dürfen.

Für andere Diskursarten als denen der Naturwissenschaft gilt aber erst recht, daß sie ein »Eigenleben« führen. Jürgen Link (Link 1992) verdeutlicht dies am Beispiel der Musik, wenn er fragt: »Welche präexistente Realität bildet eine Symphonie von Mozart ab? Für welche Realität stellt sie ein Modell dar? Die einzig mögliche Antwort – ›für Gefühle‹ erweist sich schnell als absurd.« Und er folgert: »Es gibt also offensichtlich Diskursarten – vage gekennzeichnet als ›phantasiebezogen‹, für die die Abbild-Vorstellung prinzipiell unzutreffend sein dürfte.« (ebd.,S. 37)

Damit ist jedoch die Abbild-Idee nicht generell vom Tisch. Auch Link meint, sie könne »im Rahmen eines positivistisch-exakten wissenschaftlich-historischen Diskurses sinnvoll sein.« (Doch siehe oben!) Auch sieht er eine »partielle Anwendbar-

---

149 Vgl. z.B. Needham 1977, der den Unterschied zwischen »westlichem« und chinesischem Verständnis der Naturerkenntnis und der Technik herausarbeitet. Die Kernformel etwa der Taoisten lautete, daß man auf Dinge, Tiere oder sogar Menschen ordnend einwirken dürfe, daß man aber zugleich der Natur ihren Lauf lassen müsse. Der Mensch war danach »gehalten, so weit wie möglich in die Mechanismen der Natur einzudringen und ihre Kraftreserven auszunutzen, dabei aber so wenig wie möglich in diese Prozesse einzugreifen und sich einer ›Handlung auf Distanz‹ zu befleißigen.« (ebd. S. 79)

keit auf sozusagen ›nackte Informationen‹ im Sinne einer idealen ›Ereignis-Chronik‹ bzw. eines ›reinen Generalanzeigers‹...« (ebd. S. 38) Auf diesem Hintergrund ließe sich z.B. sagen, daß eine Nachricht ein Ereignis deformiert abgebildet habe. Nachrichten etc. über »Ereignisse« und »Fakten« sind aber nur untergeordnete Komponenten des Diskurses. Die Analyse von Diskursen aller Art verlangt daher nach zusätzlichen Modellen. Link schlägt dazu folgendes vor:

> »Diskurse gelten nicht als wesenhaft passive Medien einer In-Formation durch Realität, sozusagen als Materialitäten zweiten Grades bzw. als ›weniger materiell‹ als die echte Realität. Diskurse sind vielmehr vollgültige Materialitäten ersten Grades unter den anderen. Es gibt aber grundsätzlich verschiedene Arten von Diskursen. So hat z.B in meiner Sicht ein naturwissenschaftlicher Diskurs mit einem literarischen gar nichts zu tun. In meiner Sicht ist es, kraß gesagt, schlicht Blödsinn zu sagen, ein Alpengedicht bilde die Alpen bloß anders, etwa subjektiver, ab als der geologische Diskurs. Vielmehr gehören literarische Diskurse in meiner Sicht zu einer Anzahl von Diskursen, die wesenhaft als Applikations-Vorlagen bzw. Applikations-Vorgaben für individuelle und kollektive Subjektivitätsbildung funktionieren. Ein bekanntes Beispiel für die Applikation einer diskursiven Vorgabe auf Subjektivitäten ist die sogenannte ›Identifikation‹ von Jugendlichen mit Starrollen aus populären Filmen. Es ist offenbar völlig falsch, die entsprechende Figur im Film als Abbild von Realität analysieren zu wollen. Die (im weitesten Sinne) künstlerische Figur ist theoretisch fundamental nicht als Abbild von Realität, sondern genau umgekehrt als Vorgabe für Realität zu bestimmen. Der künstlerische Diskurs wird fundamental nicht von einer präexistenten Realität in-formiert, sondern umgekehrt ist der künstlerische Diskurs der subjektiven Realität präexistent und in-formiert sie.« (Link 1992, S. 40)[150]

Hier wird sichtbar, daß Diskurse – und ich meine, nicht nur künstlerische – Realität determinieren, natürlich immer nur über die dazwischentretenden tätigen Subjekte in ihren gesellschaftlichen Kontexten als Co-Produzenten und Mit-Agenten der Diskurse und der Veränderung von Wirklichkeit.[151]

So gesehen, ist der Diskurs auch nicht auf verzerrte Wirklichkeitssicht oder Ideologie zu reduzieren – wie dies beim Konzept »Ideologiekritik« orthodox marxistischer Ansätze häufig zu beobachten ist.[152] Er stellt eine eigene Wirklichkeit dar, die gegenüber der »wirklichen Wirklichkeit« keineswegs nur Schall und Rauch, Verzerrung und Lüge darstellt, sondern eigene Materialität hat und sich aus den vergangenen

---

150   Zur Materialität der Diskurse vgl. auch Kammler 1986.

151   Wenn die Diskurse als »Abbild von Realität« zudem bewußt künstlich inszeniert werden, wird ihre Existenz und Wirkung als »*Applikationsvorgabe*« zusätzlich hervorgehoben.

152   Vgl. dazu Laugstien 1995a und Bogdal 1990, der sich fragt, »ob nicht die Diskurstheorie (...) den Ideologiebegriff überflüssig gemacht hat.« (Bogdal 1990, S. 94) Vgl. dazu auch Link 1996.

und (anderen) aktuellen Diskursen »speist«.[153] Das heißt nicht, daß viele Diskurse i. R. nicht inhuman befrachtet seien und nicht einer moralischen Kritik unterworfen werden müßten.

Auch ist noch einmal zu betonen, daß diskursive Praxen keine besonderen Tätigkeiten im Unterschied etwa zu »praktischen« Tätigkeiten darstellen. Auf diesen Gedanken könnte man kommen, wenn man bei Link/Link-Herr liest: »›Diskurs‹ ist lediglich die sprachlich-schriftliche Seite einer ›diskursiven Praxis‹« (Link/Link-Herr 1990, S. 90) Doch er ist (kollektive) Tätigkeit sui generis, materiell und praktisch wie das Bauen eines Hauses, das ich ebenfalls als diskursiv bezeichnen kann. Der Eindruck, daß das denkerische Planen eines Hauses etwas prinzipiell anderes wäre als das Bauen eines Hauses kann nur daher rühren, daß diese Tätigkeiten historisch voneinander getrennt wurden, nach Maßgabe einer Arbeitsteilung, die merkwürdigerweise Hand- und Kopfarbeit separiert hat. Dies ist jedoch im Grunde nur Herrschaft legitimierende Grenzziehung, die mit dem Konzept menschlicher Tätigkeit, wie ich es oben nachgezeichnet habe, nicht übereinstimmt. Das zeigt sich daran, daß auch derjenige, der ein Haus baut, den gesamten Plan des Hauses (und mehr) »nachdenken« und teilweise »neu-denken« muß. Das zeigt sich umgekehrt daran, daß der planende Architekt ohne Handwerkszeug, Stift, Papier, Tisch etc. nicht auskommt.

Es handelt sich zwar um teilweise unterschiedliche Tätigkeiten, die aber nicht *prinzipiell* unterschiedlich sind, sondern ebenso nur unterschiedlich, wie sich das Bauen einer Straße von dem eines Hauses unterscheidet oder die Anfertigung eines Planes zum Bauen einer Straße zu der eines Planes zum Bau eines Hauses. Das alles kann selbstverständlich nicht bedeuten, daß sich die Wirklichkeit auf die Existenz von Diskursen reduzieren ließe, sondern nur, daß Wirklichkeit nach Maßgabe der Diskurse gestaltet wird. Diskurs wird so gegenüber Foucault und wohl auch Link hinter das rein Sprachliche zurückgenommen und auf die Ebene des Denkens verlagert,

---

153 Diese Charakterisierung der Diskurse als materiell bedeutet zugleich, daß Diskurstheorie eine strikt materialistische Theorie darstellt. Man kann Diskurse daher auch als gesellschaftliche Produktionsmittel auffassen. Sie sind also keineswegs »bloße Ideologie«; sie produzieren Subjekte und – vermittelt über diese, als »Bevölkerung« gedacht – gesellschaftliche Wirklichkeiten.- Diskurse sind dagegen nicht das »spezifische Ensemble von Ideen, Konzepten und Kategorien, die in einem spezifischen Set von Praktiken produziert, reproduziert und transformiert werden, und *durch die physikalischen und sozialen Realitäten Bedeutung verliehen wird*« (so Hajer 1995, S. 44, zit. nach Keller 1997, S. 316, meine Hervorhebung, S.J.). Es geht nicht (nur) um Deutungen von etwas bereits Vorhandenem, also nicht (nur) um eine Bedeutungszuweisung post festum, sondern um die Produktion von Wirklichkeit, die durch die Diskurse – vermittelt über die tätigen Menschen – geleistet wird. Vgl. dazu auch Link 1995, der die *formierende, konstituierende* Kraft der Diskurse unterstreicht und den Diskurs (mit Foucault) als »materielles Produktionsinstrument« begreift..., mit dem auf geregelte Weise (soziale) Gegenstände (wie z.B. ›Wahnsinn‹, ›Sex‹, ›Normalität‹ usw.) wie auch die ihnen entsprechenden Subjektivitäten produziert werden.« (ebd. Sp. 744.)

auf die Ebene des Umgangs mit »Wissen«, das ja allem Sprechen und Denken, allem Tun einerseits vorausgesetzt ist, sich aber andererseits dadurch auch entwickelt, anreichert etc.

Wenn ich so argumentiere, besteht leicht die Gefahr, daß ich individuelle Tätigkeit für sich betrachte und ihre Voraussetzung in den tradierten und aktuellen sozialen Gegebenheiten vernachlässige. Deshalb sei hier noch einmal betont, daß das Individuum *im Diskurs* tätig ist, in den sozialen Diskurs verstrickt ist und im Diskurs erst tätig sein kann, in den es eingebunden ist. Damit wird Diskurs nicht mit »Gesellschaft« gleichgesetzt, aber als Bestandteil und bestimmende Kraft der Gegebenheit und der Entwicklung gesellschaftlicher Wirklichkeit markiert.

Das Individuum macht den Diskurs nicht, das Umgekehrte ist der Fall. Der Diskurs ist überindividuell. Foucault schreibt: »Man muß sich vom konstituierenden Subjekt, vom Subjekt selbst befreien, das heißt zu einer Gesellschaftsanalyse gelangen, die die Konstitution des Subjekts im geschichtlichen Zusammenhang zu klären vermag.« (Foucault 1978. S. 32) An anderer Stelle erläutert er: »Das Individuum ist zweifellos das fiktive Atom einer ›ideologischen‹ Vorstellung der Gesellschaft; es ist aber auch eine Realität, die von der spezifischen Machttechnologie der ›Disziplin‹ produziert worden ist.« (Foucault 1976, S. 249f.) Dreyfus/Rabinow meinen: Foucault gehe es sogar im Kern darum, »die Genealogie des modernen Subjekts zu schreiben« (1987, S. 149). Der Diskurs ist überindividuell, während der einzelne Text ein individuelles Produkt ist, den ein einzelner Mensch, der dabei zugleich immer als in die Diskurse verstrickter vorzustellen ist, als gedanklichen Zusammenhang produziert. Der Diskurs wird zwar von der Gesamtheit aller Individuen gemacht, bei unterschiedlicher Beteiligung der Individuen an jeweiligen Mengen von diskursiven Strängen und unterschiedlicher Nutzung der Spielräume, die die sozio-historisch vorgegebenen Diskurse erlauben. Aber keines der Individuen determiniert den Diskurs. Dieser ist sozusagen Resultante all der vielen Bemühungen der Menschen, in einer Gesellschaft tätig zu sein. Was dabei herauskommt, ist etwas, das *so* keiner gewollt hat, an dem aber alle in den verschiedensten Formen und Lebensbereichen (mit unterschiedlichem Gewicht) mitgestrickt haben.

In diesem Zusammenhang ist auch noch einmal auf die Auseinandersetzung mit der Tätigkeitstheorie zu verweisen, denn man könnte meinen, daß diese Theorie, wie sie von Leontjew diskutiert worden ist, nur insoweit richtig sei, wie sie das Individuum aus der sozialen Umgebung, in der es steht, herauslöst. Doch Leontjew hat immer wieder auf den sozio-historischen Kontext hingewiesen, in dem sein Konzept von Tätigkeit gelesen werden muß.

Dennoch kann man nicht einfach hingehen und Tätigkeitstheorie als Diskurstheorie verstehen oder beide gleichsetzen wollen. Der Tätigkeitsbegriff ist um das Individuum (in der Gesellschaft) zentriert, der Diskursbegriff auf die Gesellschaft konzentriert (in der sich das Subjekt konstituiert).

Deshalb bedarf es hier schon einer expliziten Erweiterung, die aber – wie gezeigt wurde – auf der Grundlage der Tätigkeitstheorie unschwer möglich ist. Es hat um eine Vermittlung zu gehen, dergestalt, daß die Tätigkeitstheorie als sozio-historisch viel zu abstrakt und einzelwortbezogen entworfene mit einer Diskurstheorie verbunden wird, die sozial- und textbezogen operiert. Es wird sichtbar, daß dadurch auch die Diskurstheorie Foucault-Linkscher Prägung vertieft und erweitert werden kann, dergestalt, daß das Subjekt und sein Ort in der Gesellschaft und seine persönliche Macht bzw. Ohnmacht besser verstanden werden können.

Ich schlage also nicht vor, die Unterscheidung zwischen Diskurstheorie und Tätigkeitstheorie aufzugeben. Durch die Verbindung beider Ansätze kann ein neuer integrierter Ansatz entstehen, der die Unterscheidung von Tätigkeitstheorie und Diskurstheorie letzten Endes überflüssig macht, da beide Ansätze in einen sie übergreifenden Zusammenhang eingebettet sind.

Ein solches Ziel zu verfolgen, mag manchem gegen den Strich gehen, der die Einzigartigkeit des Individuums und die strikte Trennung von Sprechen/Denken einerseits und Handeln/Tätigkeit andererseits vor Augen hat. Auch ist zu bedenken, daß es deshalb nicht leicht ist, diesen Gedanken nachzuvollziehen, weil wir gelernt haben, daß Sprache als solche Wirklichkeit nicht verändert, was ja auch richtig ist. In Gegnerschaft zu solchen Vorstellungen neigen wir aber vielleicht zu stark dazu, die Idee der Materialität der Diskurse und der Diskursivität der Tätigkeit ebenfalls zu solchen mythisierenden Entwürfen zu rechnen. Wenn wir jedoch menschliches Sprechen (und menschliche Tätigkeit generell) als Tätigkeit im Rahmen gesellschaftlicher Tätigkeit begreifen, als eingebunden in den historischen Diskurs, nach dessen Maßgabe Gesellschaften ihre Praxis organisieren und wirkliche Wirklichkeit in Auseinandersetzung mit dem »Rohstoff« der Wirklichkeit (Materie) entstanden und entstehend begreifen, dürfte sich die Vorstellung leichter einstellen, daß Diskurse ebenso Macht ausüben wie Macht durch das Einwirken mit Werkzeugen und Gegenständen auf Wirklichkeit ausgeübt wird. Eine genauere Klärung dieses Sachverhalts wird weiter dadurch möglich sein, daß ich mich im folgenden noch einmal ausführlicher mit dem Problem der Macht und ihrer (wie Foucault herausgearbeitet hat, in der neueren Zeit stark veränderten) Verteilung in der Gesellschaft auseinandersetze.[154]

3.2.2.4. Diskurs, Wissen, Macht, Subjekt

Diskurse üben als » *Träger* « *von (jeweils gültigem)* » *Wissen* « Macht aus; sie sind selbst ein Machtfaktor, indem sie geeignet sind, Verhalten und (andere) Diskurse zu induzieren. Sie tragen damit zur Strukturierung von Machtverhältnissen in einer Gesellschaft bei.

In seinem Vortrag »Was ist Kritik? (Foucault 1992) erläutert Foucault sein Verständnis des Verhältnisses von Wissen und Macht folgendermaßen: »Of-

---

154 Vgl. dazu Foucault 1983, 1989 und hier die Verwendung des Konzepts Bio-Macht.

fensichtlich haben diese beiden Begriffe nur eine methodologische Funktion: mit ihnen sollen nicht allgemeine Wirklichkeitsprinzipien ausfindig gemacht werden, es soll gewissermaßen die Analysefront, es soll der relevante Elemententyp fixiert werden. ... Jene beiden Worte sollen auch in jedem Moment der Analyse einen bestimmten Inhalt, ein bestimmtes Wissenselement, einen bestimmten Machtmechanismus präzis bezeichnen können; niemals darf sich die Ansicht einschleichen, daß *ein* Wissen oder *eine* Macht existiert – oder gar *das* Wissen oder *die* Macht, welche selbst agieren würde. Wissen und Macht – das ist nur ein Analyseraster. Und dieser Raster ist nicht aus zwei einander fremden Kategorien zusammengesetzt – dem Wissen einerseits und der Macht andererseits (...). Denn nichts kann als Wissenselement auftreten, wenn es nicht mit einem System spezifischer Regeln und Zwänge konform geht – etwa mit dem System eines bestimmten wissenschaftlichen Diskurses in einer bestimmten Epoche, und wenn es nicht andererseits, gerade weil es wissenschaftlich oder rational oder einfach plausibel ist, zu Nötigungen oder Anreizungen fähig ist. Umgekehrt kann nichts als Machtmechanismus funktionieren, wenn es sich nicht in Prozeduren und Mittel-Zweckbeziehungen entfaltet, welche in Wissenssystemen fundiert sind. Es geht also nicht darum, zu beschreiben, was Wissen ist und was Macht ist und wie das eine das andere unterdrückt oder mißbraucht, sondern es geht darum, einen Nexus von Macht-Wissen zu charakterisieren, mit dem sich die Akzeptabilität eines Systems – sei es das System der Geisteskrankheit, der Strafjustiz, der Delinquenz, der Sexualität usw. – erfassen läßt.« (ebd., S. 32f.)

Damit stellt sich zugleich die Frage, wie in heutiger Gesellschaft insgesamt Macht vorkommt, wer sie ausübt, wodurch sie in ihrer Verteilung geändert werden kann und auch, ob Widerstand gegen die Macht möglich ist.[155]

Indem gesagt wird, daß Diskurse auch Verhalten induzieren, stellt sich zugleich die Frage nach der Relation von Diskurs und Subjekt.

Jürgen Link bestreitet zu Recht, daß »es für empirische subjekte einen subjektivitätsraum gänzlich außerhalb jeglicher diskurse geben kann.« (Link 1986b, S. 6) Und er erklärt den (relativen) Erfolg von Massenbewegungen wie der Studentenrevolution von 1968 (entsprechendes würde auch für die »Wende« in der DDR gelten)[156] dadurch, daß »hegemoniale Diskurse, die das entsprechende terrain ›halten‹ sollten, völlig ›überaltert‹ gewesen waren, und daß die neuen diskurse dann als effekt eine neue subjektivität produzieren.« (ebd. S. 7) Deshalb ist es m. E. wichtig, die tatsäch-

---

155 Die Ausübung von Macht erfolgt also auch bereits dadurch, daß bestimmte Wissenselemente im Diskurs dominieren und andere dadurch marginalisiert oder völlig unterdrückt werden. Doch es wäre m.E. falsch, die Macht der Diskurse darauf zu reduzieren. Das Schwergewicht liegt bei der Machtausübung durch Subjekt- und Gesellschaftskonstituierung generell. Die Spezialisierung des Wissens innerhalb der Diskurse führt dabei zu bestimmten konkreten Konstituierungen.

156 Vgl. dazu Luutz 1992.

lichen diskursiven Machtkonstellationen genau zu analysieren, gleichsam die »Lükken«, die die »Macht der Diskurse« den Subalternen als eigene Macht läßt, aufzuspüren, die Kraft der möglicherweise manchmal nur noch scheinbar hegemonialen Diskurse zu analysieren, die Gründe für ihre Akzeptanz bzw. das Schwinden ihrer Akzeptanz zu beleuchten etc. Und dies scheint mir möglich, wenn wir die Verteilungen der speziellen Lebenspraxen der Menschen in dieser Gesellschaft berücksichtigen, ihre besondere Art und Weise der Verstricktheit in den Alltagsdiskurs, die den hegemonialen Diskursen teilweise oder auch ganz entsprechen oder widerprechen kann.

Foucault hat sich zu dieser Frage ausführlich geäußert:

Seit der Zeit des Absolutismus, so führt er aus, haben sich die gesellschaftlichen Machtverhältnisse grundlegend verschoben. War früher der Souverän Herr über Leben und Tod, so ist heute der Souverän »abgetreten« und hat seine Macht an die Gesellschaft abgegeben. Doch wie tritt sie in heutigen Gesellschaften wie der unseren zu Tage? In Band 1 der Abhandlung »Der Wille zum Wissen«, schreibt Foucault, was er unter Macht versteht. Ich zitiere die folgende umfangreiche Passage, weil hier m.E. einer der Kernpunkte für das Verständnis von Diskurstheorie vorliegt:

»Unter Macht, scheint mir, ist zunächst zu verstehen: die Vielfältigkeit von Kraftverhältnissen, die ein Gebiet bevölkern und organisieren; das Spiel, das in unaufhörlichen Kämpfen und Auseinandersetzungen diese Kraftverhältnisse verwandelt, verstärkt, verkehrt; die Stützen, die diese Kraftverhältnisse aneinander finden, indem sie sich zu Systemen verketten – oder die Verschiebungen und Widersprüche, die sie gegeneinander isolieren; und schließlich die Strategien, in denen sie zur Wirkung gelangen und deren große Linien und institutionelle Kristallisierungen sich in den Staatsapparaten, in der Gesetzgebung und in den gesellschaftlichen Hegemonien verkörpern. Die Möglichkeitsbedingungen der Macht oder zumindest der Gesichtspunkt, der ihr Wirken bis in die ›periphersten‹ Verzweigungen erkennbar macht und in ihren Mechanismen einen Erkenntnisraster für das gesellschaftliche Feld liefert, liegt nicht in der Existenz eines ursprünglichen Mittelpunkts, nicht in einer Sonne der Souveränität, von der abgeleitete oder niedere Formen ausstrahlen, sondern in dem bebenden Sockel der Kraftverhältnisse, die durch ihre Ungleichheit unablässig Machtzustände erzeugen, die immer lokal und instabil sind. Allgegenwart der Macht: nicht weil sie das Privileg hat, unter ihrer unerschütterlichen Einheit alles zu versammeln, sondern weil sie sich in jedem Augenblick und an jedem Punkt – oder vielmehr in jeder Beziehung zwischen Punkt und Punkt – erzeugt. Nicht weil sie alles umfaßt, sondern weil sie von überall kommt, ist die Macht überall. Und ›die‹ Macht mit ihrer Beständigkeit, Wiederholung, Trägheit und Selbsterzeugung ist nur der Gesamteffekt all dieser Beweglichkeiten, die Verkettung, die sich auf die Beweglichkeiten stützt und sie wiederum festzumachen sucht. Zweifellos muß man Nominalist sein: die Macht ist nicht eine Institution, ist nicht eine Mächtigkeit einiger Mächtiger. Die Macht ist der

Name, den man einer komplexen strategischen Situation in einer Gesellschaft gibt. ...

Auf dieser Linie ließen sich folgende Behauptungen aufstellen: Die Macht ist nicht etwas, was man erwirbt, wegnimmt, teilt, was man bewahrt oder verliert; die Macht ist etwas, was sich von unzähligen Punkten aus und im Spiel ungleicher und beweglicher Beziehungen vollzieht.

Die Machtbeziehungen verhalten sich zu anderen Typen von Verhältnissen (ökonomischen Prozessen, Erkenntnisrelationen, sexuellen Beziehungen) nicht als etwas Äußeres, sondern sind ihnen immanent. Sie sind einerseits die unmittelbaren Auswirkungen von Teilungen, Ungleichheiten und Ungleichgewichten, die in jenen Verhältnissen zustande kommen, und andererseits sind sie die inneren Bedingungen jener Differenzierungen. Die Machtbeziehungen bilden nicht den Überbau, der nur eine hemmende oder aufrechterhaltende Rolle spielt – wo sie eine Rolle spielen, wirken sie unmittelbar hervorbringend.

Die Macht kommt von unten, d. h. sie beruht nicht auf der allgemeinen Matrix einer globalen Zweiteilung, die Beherrscher und Beherrschte einander entgegensetzt und von oben nach unten auf immer beschränktere Gruppen und bis in die letzten Tiefen des Gesellschaftskörpers ausstrahlt. Man muß eher davon ausgehen, daß die vielfältigen Kraftverhältnisse, die sich in den Produktionsapparaten, in den Familien, in den einzelnen Gruppen und Institutionen ausbilden und auswirken, als Basis für weitreichende und den gesamten Gesellschaftskörper durchlaufende Spaltungen dienen. Diese bilden dann eine große Kraftlinie, die die lokalen Konfrontationen durchkreuzt und verbindet – aber umgekehrt bei diesen auch Neuverteilungen, Angleichungen, Homogenisierungen, Serialisierungen und Konvergenzen herbeiführen kann. Die großen Herrschaftssysteme sind Hegemonie-Effekte, die auf der Intensität all jener Konfrontationen aufruhen.

Die Machtbeziehungen sind gleichzeitig intentional und nicht-subjektiv. Erkennbar sind sie nicht, weil sie im kausalen Sinn Wirkung einer anderen, sie ›erklärenden‹ Instanz sind, sondern weil sie durch und durch von einem Kalkül durchsetzt sind: keine Macht, die sich ohne eine Reihe von Absichten und Zielsetzungen entfaltet. Doch heißt das nicht, daß sie aus der Wahl oder Entscheidung eines individuellen Subjekts resultiert. Weder die regierende Kaste, noch die Gruppen, die die Staatsapparate kontrollieren, noch diejenigen, die die wichtigsten ökonomischen Entscheidungen treffen, haben das gesamte Macht- und damit Funktionsnetz einer Gesellschaft in der Hand. Die Rationalität der Macht ist die Rationalität von Taktiken, die sich in ihrem beschränkten Bereich häufig unverblümt zu erkennen geben – lokaler Zynismus der Macht -, die sich miteinander verketten, einander gegenseitig hervorrufen und ausbreiten, anderswo ihre Stütze und Bedingung finden und schließlich zu Gesamtdispositiven führen: auch da ist die Logik noch vollkommen klar, können die Absichten entschlüsselt werden – und dennoch kommt es vor, daß niemand sie entworfen hat und kaum jemand sie formuliert: impliziter Charakter der großen anonymen Strategien, die, nahezu stumm, geschwätzige Taktiken koordinieren, deren ›Erfinder‹ oder Verantwortliche oft ohne Heuchelei auskommen.

Wo es Macht gibt, gibt es Widerstand. Und doch oder gerade deswegen liegt der Widerstand niemals außerhalb der Macht. ...

(Die Machtverhältnisse) können nur kraft einer Vielfalt von Widerstandspunkten existieren, die in den Machtbeziehungen die Rolle von Gegnern, Zielscheiben, Stützpunkten, Einfallstoren spielen. Diese Widerstandspunkte sind überall im Machtnetz präsent. Darum gibt es im Verhältnis zur Macht nicht den einen Ort der Großen Weigerung – die Seele der Revolte, den Brennpunkt aller Rebellionen, das reine Gesetz des Revolutionärs. Sondern es gibt einzelne Widerstände: mögliche, notwendige, unwahrscheinliche, spontane, wilde, einsame, abgestimmte, kriecherische, gewalttätige, unversöhnliche, kompromißbereite, interessierte oder opferbereite Widerstände, die nur im strategischen Feld der Machtbeziehungen existieren können. ... Die Widerstände rühren nicht von irgendwelchen ganz anderen Prinzipien her, aber ebensowenig sind sie bloß trügerische Hoffnung und notwendig gebrochenes Versprechen. Sie sind in den Machtbeziehungen die andere Seite, das nicht wegzudenkende Gegenüber. Darum sind sie auch unregelmäßig gestreut; die Widerstandspunkte, -knoten und -herde sind mit größerer oder geringerer Dichte in Raum und Zeit verteilt, gelegentlich kristallisieren sie sich dauerhaft in Gruppen oder Individuen oder stecken bestimmte Stellen des Körpers, bestimmte Augenblicke des Lebens, bestimmte Typen des Verhaltens an. Große radikale Brüche, massive Zweiteilungen? Sowas kommt vor. Aber weit häufiger hat man es mit mobilen und transitorischen Widerstandspunkten zu tun, die sich verschiebende Spaltungen in eine Gesellschaft einführen, Einheiten zerbrechen und Umgruppierungen hervorrufen, die Individuen selber durchkreuzen, zerschneiden und umgestalten, in ihrem Körper und in ihrer Seele abgeschlossene Bezirke abstecken. Wie das Netz der Machtbeziehungen ein dichtes Gewebe bildet, das die Apparate und Institutionen durchzieht, ohne an sie gebunden zu sein, so streut sich die Aussaat der Widerstandspunkte quer durch die gesellschaftlichen Schichtungen und die individuellen Einheiten. Und wie der Staat auf der institutionellen Integration der Machtbeziehungen beruht, so kann die strategische Codierung der Widerstandspunkte zur Revolution führen.« (Foucault 1983, S. 113-118)

Foucault illustriert am Beispiel des Sex, wie sich in einer heutigen (Industrie-)Gesellschaft Macht konkret darstellt:

»Hinsichtlich des Sexes und der Wahrheitsdiskurse, die sich seiner angenommen haben, geht es also nicht um die Frage, wie und warum innerhalb einer bestimmten staatlichen Struktur ›die‹ Macht es nötig hat, ein Wissen über den Sex einzurichten. Es geht auch nicht um die Frage, welchem Herrschaftssystem das seit dem 18. Jahrhundert installierte Bemühen gedient hat, wahre Diskurse über den Sex zu produzieren. Noch um die Frage, welches Gesetz der Regelmäßigkeit des sexuellen Verhaltens und der Einheitlichkeit des Sprechens darüber zugrundelag. Sondern um die Fragen: welches sind die ganz unmittelbaren, die ganz lokalen Machtbeziehungen, die in einer bestimmten historischen Form der Wahrheitserzwingung (um den Körper des Kindes, am Sex der Frau, bei den Praktiken der Geburtenbeschränkung usw.) am Werk sind? Wie machen sie diese Arten von Diskursen möglich, und wie dienen ihnen umgekehrt diese Diskurse als Basis? Wie wird das Spiel dieser Machtbeziehungen durch ihren Vollzug beeinflußt (durch die Verstärkung bestimmter Elemente, die Schwächung anderer, die Wirkungen von Widerständen und Gegenbesetzungen) –, so daß es keine ein für allemal gültige Unterwerfung gibt? Wie verbinden sich diese Machtbeziehungen miteinander zur Logik einer globalen Strategie, die sich im Rückblick wie eine einheitlich gewollte Politik ausnimmt? Anstatt all die infinitesimalen Gewaltsamkeiten gegen den Sex, alle wirren Blicke auf ihn und alle Hüllen, hinter denen man ihn unkenntlich macht, ›der‹ einen großen Macht zuzuschreiben, soll die krebsartig wuchernde Produktion von Diskursen über den Sex in das Feld vielfältiger und beweglicher Machtbeziehungen getaucht werden.« (Foucault 1983, S. 118f.)

Hier wird deutlich, wie wir uns das Verhältnis von Macht und Diskurs vorstellen können. Macht wird diskursiv transportiert und durchgesetzt. Dabei ist davon auszugehen, daß

»die Welt des Diskurses ... nicht zweigeteilt (ist) zwischen dem zugelassenen und dem ausgeschlossenen oder dem herrschenden und dem beherrschten Diskurs. ... Die Diskurse ebensowenig wie das Schweigen sind ein für allemal der Macht unterworfen oder gegen sie gerichtet. Es handelt sich um ein komplexes und wechselhaftes Spiel, in dem der Diskurs gleichzeitig Machtinstrument und -effekt sein kann, aber auch Hindernis, Gegenlager, Widerstandspunkt und Ausgangspunkt für eine entgegengesetzte Strategie. Der Diskurs befördert und produziert Macht; er verstärkt sie, aber er unterminiert sie auch, er setzt sie aufs Spiel, macht sie zerbrechlich und aufhaltsam.« (ebd. S. 122)

Welche Rolle spielt in diesem diskursiven Zusammenspiel nun aber das Individuum bzw. das Subjekt? Foucault argumentiert hier zunächst völlig eindeutig:

»Man muß sich vom konstituierenden Subjekt, vom Subjekt selbst befreien, d.h. zu einer Geschichtsanalyse gelangen, die die Konstitution des Subjekts im geschichtlichen Zusammenhang zu klären vermag. Und genau das würde ich Genealogie nennen, d.h. eine Form der Geschichte, die von der Konstitution von Wissen, von Diskursen, von Gegenstandsfeldern usw. berichtet, ohne sich auf ein Subjekt beziehen zu müssen, das das Feld der Ereignisse transzendiert und es mit seiner leeren Identität die ganze Geschichte hindurch besetzt.« (Foucault 1978, S. 32)

Foucault bzw. seine Diskurstheorie leugnet nicht, wie ihm oft zum Vorwurf gemacht worden ist, das Subjekt. Er will zu einer Geschichtsanalyse gelangen, die die Konstitution des Subjekts im geschichtlichen Zusammenhang, im sozio-historischen Kontext, also in synchroner und diachroner Perspektive zu klären vermag. Das ist nicht gegen das Subjekt gerichtet, sondern nur gegen Subjektivismus und gegen Individualismus. Diese Forderung entspricht der Bestimmung Leontjews, daß sich Subjekte erst im sozialen Kontext konstituieren, aufs Haar, nur daß dieser den geschichtlichen Zusammenhang, in dem das Subjekt konstituiert wird, nicht weiter und keinesfalls genau genug analysiert hat. Dies aber versucht Foucault, der diesen geschichtlichen Zusammenhang allerdings nicht auf die ökonomischen Bedingungen der betreffenden Gesellschaft reduziert wissen will, wie dies in bestimmten orthodox-marxistischen Untersuchungen zu beobachten ist.

Foucault lehnt beide Formen verkürzter Analyse ab, diejenige, die ausschließlich auf das konstituierende Subjekt, ebenso wie diejenige, die auf das Ökonomische als letzte Instanz verweist. Foucault sieht eine Konstituierung der Subjekte durch die Diskurse, in die sie verstrickt sind, zugleich also durch die Machtverhältnisse, die diese darstellen. Diese Machtverhältnisse sind nicht einfach Ausfluß der ökonomischen Verhältnisse einer Gesellschaft, die das Individuum unterdrücken, sondern sie stellen sich dar als verzweigtes Netz von vielen Mächten, auch denen der Subalternen. Foucault fährt denn auch fort:

»Wenn sie (die Macht, S.J.) nur repressive wäre, wenn sie niemals etwas anderes tun würde, als nein sagen, ja glauben Sie dann wirklich, daß man ihr gehorchen würde? Der Grund dafür, daß Macht herrscht, daß man sie akzeptiert, liegt ganz einfach darin, daß sie nicht nur als neinsagende Gewalt auf uns lastet, sondern in Wirklichkeit die Körper durchdringt, Dinge produziert, Lust verursacht, Wissen hervorbringt, Diskurse produziert; man muß sie als produktives Netz auffassen, das den ganzen sozialen Körper überzieht und nicht so sehr als negative Instanz, deren Funktion in der Unterdrückung besteht.« (ebd. S. 35)

Die Macht wird so »individualisiert«, zum Subjekt, zum Individuum in Beziehung gesetzt. Die auf die Individuen ausgeübten Machtwirkungen müssen also auch zumindest zeitweilig und in ihrer Zeit jeweilig *akzeptabel* sein. Um zu sehen, was sie akzeptabel gemacht hat und macht und wann und wodurch sie aufhören, akzeptabel zu sein, ist die Genealogie dieser Macht-Wissens-Wirkungen zu untersuchen. Denn diese Wirkungen lassen sich nicht kausal erklären, sondern sie sind Resultate langwieriger historischer Prozesse, vielfältiger Überlappungen von Diskursen und diskursiver Kämpfe und Brüche und von deren Effekten, die im Detail zu untersuchen wären.[157]

---

157 Vgl. dazu ausführlich Foucault 1992, S. 33-41. Dieser fordert: »Um zu erfassen, was sie (die jeweilig mächtigen Diskurse, S.J.) akzeptabel gemacht hat, muß man hervortreten lassen, daß das gerade nicht selbstverständlich war, daß es durch kein Apriori vorgeschrieben war, daß es in keiner altehrwürdigen Tradition festgeschrieben war.« Man müsse »Die Akzeptabilitätsbedingungen eines Systems herausarbeiten und die Bruchlinien seines Auftauchens verfolgen ...« (ebd. S. 34f.) Es gehe ferner um die »Auffindung der Akzeptanzschwierigkeiten«. (ebd., S. 35) Auf die damit verbundenen methodischen und pragmatischen Probleme geht Foucault nicht im einzelnen ein. Hinweise geben seine eigenen Analysen, etwa »Überwachen und Strafen« (Foucault 1989), die zugleich

Das tätige Individuum ist also voll dabei, wenn es um die Realisierung von Macht-beziehungen (Praxis) geht. Es denkt, plant, konstruiert, interagiert und fabriziert. Und als solches hat es auch das Problem, zu bestehen, d.h. sich durchzusetzen, sei-nen Ort in der Gesellschaft zu finden. Es tut dies aber im Rahmen eines wuchern-den Netzes diskursiver Beziehungen und Auseinandersetzungen.

Welche Rolle spielen nun dabei die übergreifenden Machtinstanzen, die »Kraftlini-en«, die hegemonialen Kräfte wie der Staat, die Ökonomie etc. Zum Staat schreibt Foucault in diesem Zusammenhang:

> »Ich will nicht sagen, daß der Staat nicht wichtig ist; was ich sagen will, ist, daß die (Betrachtung der, S.J.) Machtverhältnisse und infolgedessen die Analyse, der man sie unterziehen muß, über den Staat hinausgehen müssen. Dies in zweierlei Hinsicht: vor allem weil der Staat, selbst mit seiner Omnipotenz, selbst mit all seinen Apparaten, weit davon entfernt ist, den ganzen tatsächli-chen Bereich der Machtverhältnisse zu besetzen, und dann weil der Staat nur auf der Grundlage vorher bestehender Machtbeziehungen funktionieren kann. Der Staat ist Überbau in Bezug auf eine ganze Serie von Machtnetzen, die die Körper, die Sexualität, die Familie, die Verhaltensweisen, das Wissen, die Techniken usw. durchdringen, und diese Machtbeziehungen werden ihrerseits von einer Art Über-Macht konditioniert und wirken konditionierend auf sie, die im wesentlichen um eine gewisse Anzahl großer Verbotsfunktionen herum strukturiert ist; aber diese Über-Macht mit ihren Verbotsfunktionen kann nur insofern wirklich greifen und sich halten, als sie in einer ganzen Reihe vielfälti-ger, nicht definierter Machtverhältnisse verwurzelt ist, die die notwendige Grundlage dieser großen Formen negativer Macht bilden ...« (Foucault 1978b, S. 39)

Auch die ökonomischen Prozesse, die institutionellen Praxen, die gelernten Nor-men, die geglaubten »Wahrheiten«, die stereotypen Arten von Bedeutungszuschrei-bungen sind also zu analysieren, wenn es darum geht, die Machtverhältnisse zu be-greifen: Der komplexe Bereich der Machtverhältnisse ist nicht unabhängig vom ökonomischen Prozess und »man (kann) ihn (nicht) außerhalb des ökonomischen Prozesses und der Produktionsbeziehungen entschlüsseln ...« (Foucault 1978c, S. 111)

Doch auch der ökonomische Prozess kann dabei nicht von den anderen gesell-schaftlichen (diskursiven) Prozessen losgelöst gesehen werden. Er reproduziert sich durch sie und ist zutiefst mit ihnen verflochten.

---

die Aufwendigkeit solcher historisch angelegter Projekte andeuten. Demgegenüber sind aktuelle Kämpfe um die Akzeptanz (z.B. von neuen Technologien) unter diesen Ge-sichtspunkten leichter zu analysieren. Vgl. als Beispiel dazu M. Jä-ger/Jäger/Ruth/Schulte-Holtey/Wichert (Hg.) 1997. Hier wurde der bio-politische Mediendiskurs in 9 Zeitungen und Zeitschriften über ein Jahr (1994) archiviert und analysiert. Das Material-Dossier, das dabei zustande kam, stellte einen synchronen Schnitt durch den Diskursstrang Bio-Politik auf der Diskursebene Print-Medien dar.

Das verweist uns darauf, daß eine Diskursanalyse als Gesellschaftsanalyse nicht ohne Analyse (u.a.) des Ökonomischen auskommen kann. Insoweit wäre etwa eine Analyse des Kapitalprozesses mit der Analyse der (sonstigen) Diskurse zu verbinden. Ja, man könnte dies, in aller Kürze, auch so formulieren, daß, da die Durchsetzung des Kapitalverhältnisses (= des Diskursstrangs des Kapitals und seiner internen Regularitäten und deren Relationen, den Marx »analysierte« und der sich bis heute im wesentlichen in seiner Grundgestalt durch die Geschichte wälzt), seit seinem Beginn durch die (sonstigen) Diskurse gebrochen ist und die Ergebnisse dieser Brechung nur ermittelt werden können, wenn der Analyse die grundsätzlichen Bewegungsbedingungen des Kapitals, wie sie von Marx vorgenommen worden ist, bekannt sind. Ihre jeweils konkreten Ausformungen im historischen Prozeß jedoch dürften umgekehrt nicht zu begreifen sein, wenn man die gegenstandskonstituierenden Voraussetzungen der jeweils herrschenden bzw. dominanten Diskurse außer acht läßt.[158]

---

158 Bisher ist mir keine Analyse des ökonomischen Diskurses bekannt. Auf der Grundlage der in Frankreich entwickelten »Regulationstheorie« versucht Hirsch eine Analyse kapitalistischer Gesellschaften, für die er zwischen »Akkumulationsregime« und »Regulationsweise« unterscheidet. (Vgl. Hirsch 1990) Diese entsprechen keineswegs der überkommenen Unterscheidung von »Basis« und »Überbau«, auch wenn sie daran erinnern. Eine direkte Entsprechung zwischen Akkumulationsregime und Regulationsweise gibt es nach Hirsch nicht, wohl einen Zusammenhang, der mehr oder minder dicht sein kann. Seine Fassung des Terminus »Regulationsweise« erinnert im übrigen stark an Foucaults Fassung des Diskursbegriffs. Vgl. bei Hirsch 1990 besonders das Kapitel »Staat und Regulation«.- Außerdem sei darauf verwiesen, daß sich eine beliebige Geschichte des Kapitalismus durchaus als soziohistorische Diskursanalyse lesen läßt, wenn es gelingt, die in der Regel damit verbundenen Ideologisierungen, Verschleierungen und Lücken zu eliminieren.- Zum Verhältnis von Diskurstheorie und Marxismus/Ideologiekritik vgl. auch Laugstien 1995a, Link 1995 und Lemke 1997.

3.3. Die Methode der Diskursanalyse

Vorbemerkung

Das im folgenden entwickelte Konzept eines Verfahrens der Diskursanalyse stellt nicht den Anspruch, einen Beitrag zur Sprachtheorie oder gar zur Grammatik zu leisten. Es bedient sich zwar linguistischer, aber auch einer Fülle anderer Instrumentarien dieser oder jener Art. Insofern ist diese Diskursanalyse kein Zweig der Sprachwissenschaft herkömmlicher Prägung (vgl. dazu auch Maingueneau 1994, bes. S. 192-194), sondern ein Analyse-Verfahren, das auf einer bestimmten Theorie aufruht, der Diskurstheorie Foucaults, bzw. sich an dieser orientiert. Sie übersteigt damit die Grenzen der Disziplin der Linguistik, indem sie sich auf die Analyse des Diskurses bzw. der Diskurse konzentriert, die sie als Verläufe oder *Flüsse von sozialen Wissensvorräten durch die Zeit* versteht, die die Applikationsvorgaben für die Gestaltung der gesellschaftlichen Wirklichkeit enthalten und in diese gegenständlich umgesetzt werden und, in Verbindung mit diesen »Vergegenständlichungen«, insgesamt also als *Dispositive*, weiterwirken, sie »am Leben halten«, sie und sich verändern oder auch zum Absterben bringen können. Insofern ist Diskursanalyse auch keine Hilfswissenschaft für andere sozialwissenschaftliche Disziplinen, sondern ragt in diese gleichsam transdisziplinär hinein. Keller (1997 S. 310) spricht von einer »Querschnittsdisziplin«. Damit verspricht Diskursanalyse, für andere Disziplinen, durchaus einschließlich der Sprachwissenschaft, Fragen aufzuwerfen, die für diese selbst fruchtbar werden können.[159]

3.3.1. Die Struktur des Diskurses

Die vorangegangenen theoretischen Überlegungen prägen auch die hier vorgeschlagene Analysemethode, jedoch weniger das Instrumentarium der Formanalyse, das wir, behutsam und gezielt auswählend, guten Stilistiken bzw. Grammatiken etc. entnehmen können.[160] Im folgenden werden sie jedoch mit tätigkeits- und diskurstheoretischen Prinzipien verbunden.[161]

---

159 Wie nützlich die Beachtung von Wissen, Wissenshorizonten, Weltwissen etc. z. B. für semantische Theorien gewesen ist, zeigen etwa die Arbeiten von Busse (Busse 1987, 1992, Busse/Teubert 1994).

160 Damit geht sie weit über die »Minimallinguistik«, die Maas für die Analyse von faschistischen Texten vorgeschlagen hat, hinaus, vgl. Maas 1984.

161 Keller 1997 möchte die folgenden Fragestellungen an »Allgemein öffentliche und Spezial-Diskurse« herantragen: »- wie sie entstanden sind, - welche Veränderungen sie im Laufe der Zeit erfahren, - auf welche Gegenstandsbereiche und welches Publikum sie sich beziehen, - welche manifesten und/oder latenten Inhalte (kognitive Wahrnehmungsschemata, moralische und ästhetische Bewertungsschemata für ›Sachverhalte‹ sie transportieren, - welche (rhetorischen) Mittel dazu eingesetzt werden, - welche mate-

Für den weiteren Verlauf sind zunächst einige Überlegungen dazu anzustellen, wie Diskurse trotz ihres »großen Wucherns« und ihrer Verflochtenheit überhaupt analysiert werden können. Dazu mache ich die folgenden terminologisch/pragmatischen Vorschläge, die dazu geeignet sind, die prinzipielle *Struktur von Diskurs*en durchschaubarer und infolgedessen erst eigentlich analysierbar werden zu lassen:

Spezialdiskurse und Interdiskurs

Grundsätzlich ist zwischen *Spezialdiskursen* (der Wissenschaften(en)) und dem *Interdiskurs* zu unterscheiden (s.o.), wobei alle nicht-wissenschaftlichen Diskurse als Bestandteile des Interdiskurses aufgefaßt werden.[162] Zugleich fließen ständig Elemente der wissenschaftlichen Diskurse (Spezialdiskurse) in den Interdiskurs ein.

Diskursfragmente

Als Diskursfragment bezeichne ich einen Text oder Textteil, der ein bestimmtes *Thema* behandelt,[163] z.B. das Thema Ausländer/Ausländerangelegenheiten (im weitesten Sinne).[164]

---

rialen Praktiken verwendet werden, – welches ihre Träger sind, – in welchem Verhältnis sie zu anderen (konkurrierenden) zeitgenössischen oder historischen Diskursen stehen, – wie erfolgreich sie sind, d.h. welche Außenwirkungen sie haben.« (ebd. S. 318f.) Solche Kataloge entsprechen im grossen und ganzen meinen Vorschlägen; sie zeigen aber auch, daß die methodologische Werkzeugkiste im Prinzip immer offensteht. Der jeweils untersuchte Gegenstand »schreibt vor«, welcher Instrumente man sich bedienen muß, welche Fragestellungen sich aufdrängen etc.

162 Wenn ich vom »gesellschaftlichen Gesamtdiskurs« spreche, sind damit wissenschaftliche Spezialdiskurse und Interdiskurs zusammen gemeint. Die im folgenden vorgeschlagene Terminologie bezieht sich teilweise auf die Interdiskurstheorie von Link. Die analytischen Kategorien *Diskursstrang, Diskursfragment, Diskursebene* u. ä. habe ich zur weiteren Ausdifferenzierung eingeführt.

163 Foucault hat das, was er unter Thema versteht, nicht näher definiert. Link postuliert: »In einem ›Thema‹ muß so etwas wie ›diskursive Energie‹ stecken, die sich nicht zuletzt als polemische Energie auswirken kann. Ein ›Thema‹ besitzt eine erhöhte Wahrscheinlichkeit, daß sich an ihm entgegengesetzte diskursive Positionen (z.B. in Form von Debatten) konfrontieren. Die ›diskursive Energie‹ manifestiert sich zweitens darin, daß ein ›Thema‹ nach der Art eines Magneten sehr viele Aussagen um sich herum zu kumulieren scheint, und zwar nicht bloß über kurze Zeit (diskursives Ereignis), sondern über mittlere oder sogar lange Zeit.« (Link 1999, S. 152 f.) Unter Thema verstehe ich den inhaltlichen Kern einer Aussage, also das, *wovon die Rede ist.* Themen konstituieren *Diskursstränge.* Links Verständnis von Thema kommt dem sehr nahe, was ich unter »brisanten Themen« verstehe. Genaueres zu Hauptthema, Unterthemen, Verschränkung von Themen (= *Diskursstrangverschränkung*) siehe weiter unten.

164 Ich erinnere noch einmal daran, daß Diskursfragment und Text nur in ganz seltenen Fällen identisch sind. So können in einem Text, und das ist die Regel, mehrere Diskursfragmente (= auf ein Thema bzw. eine diskursive Formation bezogene Passagen) auftreten. Das ist z.B. typisch für Interviews der Art, wie wir sie in Verbindung mit dem Projekt »BrandSätze« durchgeführt haben (Jäger 1992). Uns interessierten in diesen In-

Diskursstränge

Ein Diskursstrang besteht aus Diskursfragmenten gleichen Themas. Er hat eine synchrone und eine diachrone Dimension. Ein synchroner Schnitt durch einen Diskursstrang hat eine gewisse qualitative (endliche) Bandbreite. Ein solcher Schnitt ermittelt, was zu einem bestimmten gegenwärtigen oder früheren Zeitpunkt bzw. jeweilige Gegenwarten »gesagt« wurde bzw. sagbar ist bzw. war.[165] In ihrer historischen Dimension sind Diskursstränge Abfolgen von Mengen thematisch einheitlicher Diskursfragmente, oder anders: Thematisch einheitliche Wissensflüsse durch die Zeit. So ließen sich etwa die folgenden Diskursstränge (sehr schematisch) darstellen und unterscheiden:

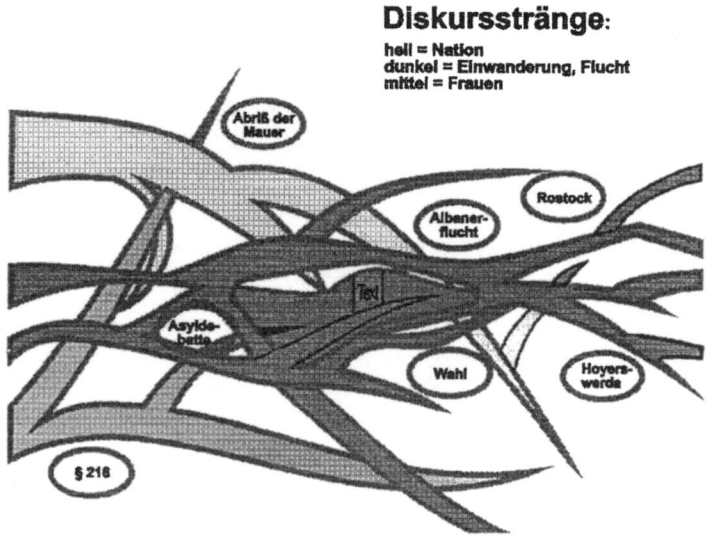

Diskursstränge:

hell = Nation
dunkel = Einwanderung, Flucht
mittel = Frauen

Abb. 14

Dieses Modell soll zugleich deutlich machen, daß sich die Diskursstränge miteinander *»verschränken«*, d.h. sich gegenseitig beeinflussen und stützen, wodurch besondere *diskursive Effekte* zustande kommen. Im Beispiel: Eine rassistisch gefärbte Ar-

---

terviews vor allem die Passagen, in denen von Einwanderern und Flüchtlingen die Rede war. Daneben enthalten diese Interviews selbstverständlich auch noch Passagen, in denen andere Themen angesprochen werden. Sie verschränken sich mit anderen Themen, was besondere Effekte hervorrufen kann. Es gibt selbstverständlich, wenn auch selten, auch thematisch völlig einheitliche Texte. Nur in diesen Fällen sind diese mit Diskursfragmenten identisch. Wenn bei den folgenden Ausführungen von Texten die Rede ist, sollte jeweils beachtet werden, daß hier häufig nur (thematisch einheitliche) Text*auszüge* gemeint sind.

165 Zur Frage der vollständigen Abdeckung eines Diskursstrangs durch (eine Anzahl von) Diskursfragmente(n) siehe weiter unten im Abschnitt »Vom Diskursfragment über den Diskursstrang zum Diskurs«.

gumentation kann der Stützung eines nationalistischen Argumentationszusammen-
hangs dienen.

Diskursstränge und Diskursverschränkungen kann man sich in der Skizze folgendermaßen vorstellen:

Diskursstränge und ihre Verschränkungen

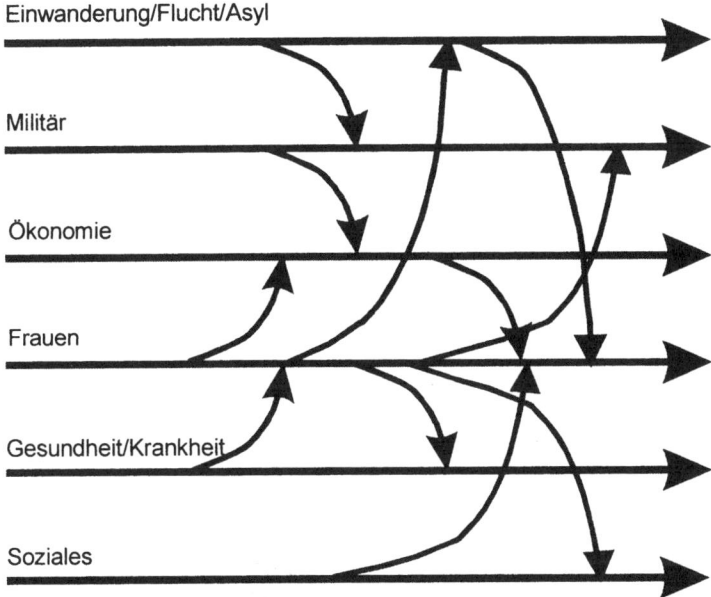

Einwanderung/Flucht/Asyl

Militär

Ökonomie

Frauen

Gesundheit/Krankheit

Soziales

Abb. 15

Diskursanalyse hat also, neben der präzisen Herausschälung der jeweiligen Diskursstränge auch solche *Diskurs(strang)verschränkungen* zu beachten.[166]

---

166 Der Begriff der *Verschränkung* erhält damit einen besonders wichtigen Stellenwert.
Zum Problem der Verschränkung vgl. auch M. Jäger/Jäger 1993, bes. S. 68-71. (Der
dort verwendete Begriff der »Verschlingung« ist allerdings inzwischen durch den der
»Verschränkung« ersetzt worden.) Margret Jäger hat die Wichtigkeit solcher Verschränkungen theoretisch herausgearbeitet; sie analysiert zudem ausführlich eine Verschränkung der Diskursstränge »Einwanderung« und »Frauen« in M. Jäger 1996.- Jung 1996
hat dieses Problem ebenfalls gesehen und sich damit auseinandergesetzt. Die Effekte
solcher Verschränkungen sind aber gerade interessant. Deshalb sollte man sich nicht
damit begnügen, nicht zum »Thema« passende Diskursfragmente stillschweigend zu
übergehen. Auch der Versuch, sich deshalb nicht auf Textcorpora, sondern auf Aussa-
gencorpora zu beziehen, stellt keine Lösung dar, zumal Aussagen nicht direkt sprachlich manifest sind. Vgl. Jung 1996, S. 459 ff. Durch den Terminus »Diskursfragment«

Diskursive Ereignisse und diskursiver Kontext

In der obigen Skizze zu den Diskurssträngen sind auch sog. *diskursive Ereignisse* (wie Asyldebatte, Abriß der Berliner Mauer, § 218 etc.) angedeutet. Nun haben alle Ereignisse diskursive Wurzeln; m. a. W. sie lassen sich auf bestimmte diskursive Konstellationen zurückführen, deren Vergegenständlichungen sie darstellen. Als diskursive Ereignisse sind jedoch nur solche Ereignisse zu fassen, die medial groß herausgestellt werden und als solche medial groß herausgestellten Ereignisse die Richtung und die Qualität des Diskursstrangs, zu dem sie gehören, mehr oder minder stark beeinflussen. Im Beispiel: Der Atom-Gau von Harrisburg war ähnlich folgenschwer wie der von Tschernobyl. Während ersterer aber medial jahrelang unter der Decke gehalten wurde, wurde letzterer zu einem medial-diskursiven Großereignis und beeinflußte als solches die gesamte Weltpolitik. Ob ein Ereignis, etwa ein zu erwartender schwerer Chemieunfall, zu einem diskursiven Ereignis wird oder nicht, das hängt von jeweiligen politischen Dominanzen und Konjunkturen ab. Diskursanalysen können ermitteln, ob solche zu erwartenden Ereignisse zu diskursiven Ereignissen werden oder nicht. Werden sie es, beeinflussen sie die weiteren Diskurse erheblich: Tschernobyl hat in Deutschland zu einer sich ändernden Atomkraftwerk-Politik beigetragen, die – wenn auch zögerlich – zu einem Ausstieg aus der Atomenergie führen wird. Ein grüner Gegen-Diskurs, der schon längst im Gange war, hätte dies allein kaum bewerkstelligen können.[167]

Diskursive Ereignisse der letzten Jahre waren z. B. die Wahl in Sachsen-Anhalt im April 1998, bei der die rechtsextreme DVU 12,9 % der Stimmen erhielt, die Ablösung der Regierung Kohl-Kinkel im September 1998, die Rede des Friedenspreisträgers des Deutschen Buchhandels in der Paulskirche, Martin Walser, im Oktober 1998; Innenminister Otto Schilys Aussage, die Belastungsgrenze für den Zuzug weiterer Einwanderer sei überschritten im November 1998 und danach die rotgrüne Gesetzesvorlage für ein neues Staatsbürgerrecht, der Krieg im Kosovo seit März 1999.

Die Ermittlung diskursiver Ereignisse kann für die Analyse von Diskurssträngen auch deshalb sehr wichtig sein, weil ihre Nachzeichnung den *diskursiven Kontext* markiert bzw. konturiert, auf den sich ein aktueller Diskursstrang bezieht. So kann etwa die Analyse eines synchronen Schnitts durch einen Diskursstrang dadurch sei-

---

als sprachlich manifestem Bestandteil eines Textes bzw. Fragmentes eines Diskursstrangs versuche ich dieses Problem zu berücksichtigen. Das Diskursfragment selbst ist keine Aussage, repräsentiert sie aber inhaltlich. Auch Busse/Teubert versuchen eine Strukturierung des Diskurses nach Gegenstand/Thema, Zeitraum/Gesellschaftsausschnitt und intertextuellen Zusammenhängen u.a. (Busse/Teubert 1994, S. 14), die gewisse Gemeinsamkeiten mit dem hier dargestellten Versuch aufweist. Da auch sie von einem an Foucault orientierten Diskursverständnis ausgehen, wundert diese Ähnlichkeit allerdings nicht.

167 Vgl. dazu auch Link 1986c.

ne historische Rückbindung finden, daß man diesen synchronen Schnitt an eine Art Chronik der diskursiven Ereignisse zurückbindet, die thematisch zu diesem Diskursstrang gehören. Solche Rückbindungen sind für die Analyse und die Interpretation aktueller Schnitte durch Diskursstränge ausgesprochen hilfreich.

Diskursebenen

Die Abbildung 16 versucht zu verdeutlichen, daß die jeweiligen Diskursstränge auf *verschiedenen diskursiven Ebenen* (Wissenschaft(en), Politik, Medien, Erziehung, Alltag, Geschäftsleben, Verwaltung etc.) erscheinen.

Man könnte solche *Diskursebenen* auch als die *sozialen Orte* bezeichnen, von denen aus jeweils »gesprochen« wird. Dabei ist zu beobachten, daß diese Diskursebenen aufeinander einwirken, sich aufeinander beziehen, einander nutzen etc. So können etwa auf der Medien-Ebene Diskursfragmente eines wissenschaftlichen Spezialdiskurses oder auch des Politikerdiskurses aufgenommen werden etc. Zu beachten ist auch, daß die einzelnen Diskursebenen in sich stark verflochten sind, dergestalt, daß z. B. auch renommierte Leitmedien Informationen und Inhalte aller Art übernehmen, die bereits in anderen Medien aufgetaucht sind. Das berechtigt umso mehr, von *dem* Mediendiskurs zu sprechen, der insgesamt, insbesondere was die hegemonialen Medien betrifft, in wesentlichen Aspekten als einheitlich betrachtet werden kann, was nicht ausschließt, daß dabei unterschiedliche *Diskurspositionen* mehr oder minder stark zur Geltung kommen.[168]

---

168 Eine konkrete Analyse intermedialer Abhängigkeiten stellt Huhnke 1993 dar. Solche Abhängigkeiten sind bereits dadurch gegeben, daß alle Medien über die großen Nachrichtenagenturen informiert werden, insbesondere aber und allgemeiner ausgedrückt, dadurch, daß sie sich mehr oder minder gleichförmig auf ihnen vorausgesetzte Diskurse beziehen, insbesondere aber auf den Politikerdiskurs, auf wissenschaftliche Diskurse, die sie »speisen«, sowie auf den Alltagsdiskurs, auf den sie sich beziehen, indem sie dort Wirkung erzielen, aber auch in der Weise, daß sie ihn aufnehmen, systematisieren, anreichern und wieder in den Alltag zurückgeben.

Diskursebenen
schematische Darstellung

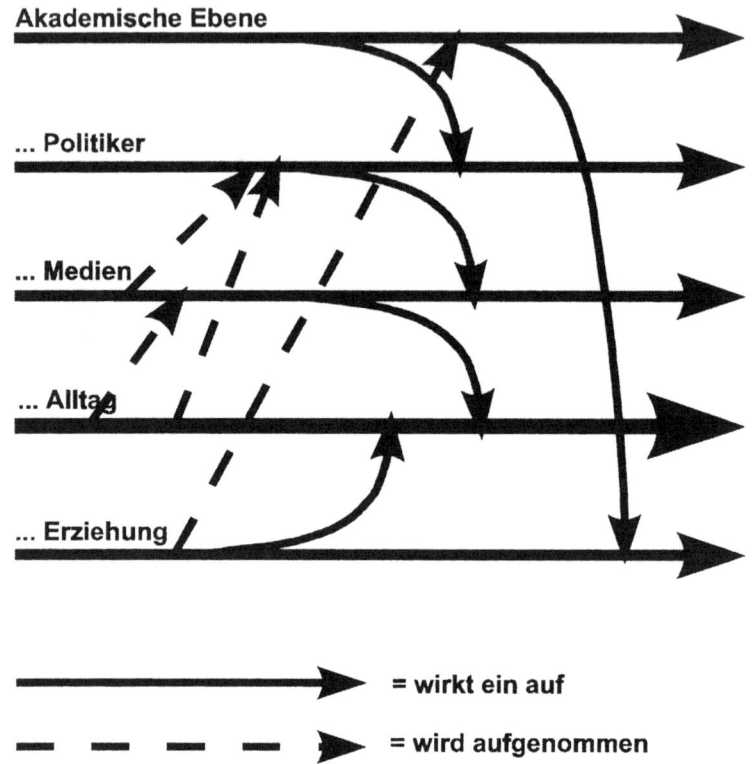

Abb. 16

Diskursposition

Die Kategorie der *Diskursposition*, mit der ein spezifischer politischer Standort einer Person oder eines Mediums gemeint ist, erweist sich als sehr hilfreich. Margret Jäger definiert die Kategorie der Diskursposition zutreffend, wenn sie schreibt:

>»Unter einer Diskursposition verstehe ich den (ideologischen, S.J.) Ort, von dem aus eine Beteiligung am Diskurs und seine Bewertung für den Einzelnen und die Einzelne bzw. für Gruppen und Institutionen erfolgt. Sie produziert und reproduziert die besonderen diskursiven Verstrickungen, die sich aus den bisher durchlebten und aktuellen Lebenslagen der Diskursbeteiligten speisen. Die Diskursposition ist also das Resultat der Verstricktheiten in diverse Diskurse, denen das Individuum ausgesetzt war und die es im Verlauf seines Le-

bens zu einer bestimmten ideologischen bzw. weltanschaulichen Position (...) verarbeitet hat.« (M. Jäger 1996, S. 47)

Was für die Subjekte gilt, dies gilt entsprechend für Medien, ja für ganze Diskurs-stränge. So spricht Link von diskursiver Position als einer Bezugsgröße des »diskurs-system(s) einer kultur«. (Link 1986a, S. 71) Zu beachten ist: »Dieses Diskurssystem können Gruppen und Individuen durchaus unterschiedlich bewerten. Z.B. kann der hegemoniale Diskurs das Symbol des Flugzeugs positiv besetzen, während der anti-hegemoniale Diskurs Flugzeuge ablehnt und für Bäume, Fahrräder etc. schwärmt. Wichtig für Jürgen Link ist dabei aber, daß sich abweichende Diskurspositionen auf ›die gleiche diskursive grundstrukur‹ (Link 1986a, ebd.) beziehen.« (M. Jäger 1996, S. 47)

Solche Diskurspositionen lassen sich erst als Resultat von Diskursanalysen ermitteln. Zugleich ist darauf hinzuweisen, daß Diskurspositionen *innerhalb* eines herrschen-den bzw. hegemonialen Diskurses sehr homogen sind, was bereits als Wirkung des jeweils hegemonialen Diskurses verstanden werden kann. Davon abweichende Dis-kurspositionen lassen sich Gegendiskursen zuordnen.[169]

---

169 Diskurspositionen lassen sich nicht mit den klassischen soziologischen Kategorien Schicht, Geschlecht, Alter, Beruf etc. *vor* einer Analyse anzielen. In diese gehen theo-retische Vorannahmen ein, die sich meist oder doch oft als falsch herausstellen. Daß sie normativ verfestigt sind, zeigt das Beispiel der Kategorien männlich und weiblich, bei deren Anwendung bereits die Annahme eingeht, es gäbe einen prinzipiellen fixen Un-terschied zwischen Männern und Frauen, was deren ideologische Position angeht. In der empirischen Forschung läßt sich mit solchen Kategorien allenfalls heuristisch ar-beiten und nur im Bewußtsein der Tatsache, daß die damit verbundenen Fixierungen, falls es diese gibt, diskursiv zugeschrieben sind. Über »Ausreißer«, die solche Kategori-sierungen produzieren (und die dann oft als untypisch aus dem Sample ausgeschieden werden), ärgert sich ständig die gesamte empirisch arbeitende Soziologie, die etwa bei einem außergewöhnlich intelligenten Kind der Unterschicht nach einer Großmutter fahndet, die diesem »Ausreißer« aus Goethes Faust vorgelesen hat.- Zum Verhältnis der betreffenden sozialen Kategorien zur Kategorie der Diskursposition führt M. Jäger (1996) aus: »Tendenziell machen sich in der Diskursposition Momente wie Alter, Ge-schlecht, Einkommen, Beruf, Religionszugehörigkeit, Traditionen, Familienformen, ideologische Ansprache etc. geltend. Im Unterschied zu einem eher traditionellen so-ziologischen Verständnis verstehe ich diese Momente (unter Berücksichtigung diskurs-theoretischer Bestimmungen) jedoch so, daß sie gleichsam durch die Diskurse hindurch wirken. D.h. die Kategorien ... sind selbst bereits diskursiv vermittelt, sind bereits Re-sultate von Diskursen.« (M. Jäger 1996, S. 48) Und weiter: »Eine Diskursanalyse, deren Ziel es ist, herauszuarbeiten, was zu einem bestimmten Zeitpunkt von wem wie sagbar ist, kann durch eine systematische Berücksichtigung der Diskursposition die am Dis-kurs Beteiligten als gestaltenden Faktor in ihre Analyse hineinholen.« (ebd. S. 49)

Der gesamtgesellschaftliche Diskurs/Diskurs(strang)verschränkungen

In einer gegebenen Gesellschaft bilden die Diskursstränge zusammen den *gesamtgesellschaftlichen Diskurs*.[170] Dabei stellt dieses Gesamt ein äußerst verzweigtes und ineinander verwurzeltes Netz dar. Diskursanalyse verfolgt das Ziel, dieses Netz zu entwirren, wobei in der Regel so verfahren wird, daß zunächst einzelne Diskursstränge auf einzelnen diskursiven Ebenen herausgearbeitet werden. Beispiel: Der mediale Einwanderungs-Diskurs(strang).

An eine solche Analyse schließen sich weitere an, etwa die Analyse des politischen Diskursstrangs über Einwanderung, des Alltags-Diskursstrangs über Einwanderung etc.

Im Anschluß an solche Analysen stellt sich in aller Regel die Frage, in welcher Beziehung die diskursiven Ebenen des betreffenden gesamten Diskursstranges zueinander stehen. Hier wäre etwa die Frage zu beantworten, ob und wie der politische Diskursstrang sich in den medialen und den alltäglichen verzahnt, wie und ob der mediale den alltäglichen »beeinflußt«, sich sozusagen in ihn »hineinfrißt«, sich von ihm unterscheidet etc.

Zu beachten ist dabei, daß ein Text thematische Bezüge zu verschiedenen Diskurssträngen enthalten kann und in der Regel auch enthält. Mit anderen Worten: In einem Text können verschiedene Diskursfragmente enthalten sein; diese treten also in aller Regel von vornherein bereits *in verschränkter Form* auf. Eine solche *Diskursverschränkung* liegt vor, wenn ein Text verschiedene *Themen* anspricht, aber auch, wenn nur ein Hauptthema angesprochen ist, bei dem aber Bezüge zu anderen Themen vorgenommen werden. So kann ein Kommentar zwei Themen behandeln, die nichts miteinander zu tun haben bzw. zu haben scheinen. In diesem Fall liegen hier in einem Text zwei verschiedene miteinander verschränkte Diskursfragmente vor. Andererseits kann aber ein thematisch einheitlicher Text (= ein Diskursfragment) auf andere Themen mehr oder minder lose Bezug nehmen, das behandelte Thema mit einem oder mehreren anderen gleichsam *verknoten*. Dies ist zum Beispiel der Fall, wenn in einem Text zum Thema Einwanderung auf den ökonomischen Diskursstrang verwiesen wird oder auf den Frauendiskurs etc. So könnte ein Kommentar etwa enden: »Und im übrigen kostet Integration Geld.« Oder: »Zu bedenken

---

170 Dabei ist zu beachten, daß »gegebene Gesellschaften« nie (restlos) homogen sind; deshalb ist gegebenenfalls mit sozialen Untergruppierungen einer Gesellschaft zu operieren. In der Bundesrepublik hat aber offenbar nach der 89er Wende eine starke ideologische Homogenisierung des gesellschaftlichen Gesamtdiskurses stattgefunden, die auch nicht so leicht aufzubrechen sein wird, vgl. dazu Teubert 1997, 1999. Ferner ist zu beachten, daß der Gesamtdiskurs einer Gesellschaft Teil-Diskurs eines (selbstverständlich überaus heterogenen) globalen Diskurses oder anders: des Weltdiskurses ist, der sich – mit aller Vorsicht gesagt – ebenfalls seit 1989 zugleich homogenisiert hat (in der westlichen Welt) und umgepolt hat (von West gegen Ost tendenziell zu West gegen Orient, Islam).

ist auch, daß bei den X. das Patriarchat noch eine ganz andere Rolle spielt als bei uns.« In diesen Fällen könnte man von *diskursiven Knoten* sprechen, durch die u.a. die Diskursstränge miteinander vernetzt und verknotet werden. Solche Verknotungen kann man daher auch als eine leichte Form der Verschränkung auffassen.

Themen: Haupt- und Unterthemen

Oft ist es sinnvoll, bei der Analyse von Diskurssträngen zwischen *Hauptthema* und *Unterthemen* zu unterscheiden.[171] Eine generelle Festlegung dieser Termini scheint mir jedoch nicht möglich und auch nicht erforderlich zu sein. Was als Hauptthema festgelegt wird, richtet sich bei empirischen Untersuchungen nach dem Untersuchungsinteresse. So kann ich dem Thema Bio-Politik Unterthemen zuordnen wie Gesundheit/Krankheit, Tod/Leben etc. Andererseits kann ich, wenn z. B. Gesundheit mein Hauptthema ist, diesem wieder Medikamente, Krankenversorgung etc. als Unterthemen zuordnen. Unterthemen sind immer mit dem Hauptthema verschränkt. Es können aber auch Hauptthemen miteinander verschränkt sein, etwa das Thema Sport mit dem Thema Ökonomie.

Richtet sich die Aufmerksamkeit (zunächst) nur auf einen Diskursstrang, sind solche Bezüge zunächst zwar nicht von vorrangigem Interesse. Sie verweisen aber auf die filigranen Verzahnungen von Diskurssträngen und stellen die empirisch beschreibbaren Knotenpunkte der Verzahnung dar.

Möchte man sich dem Problem der Verzahnungen und Verschränkungen von Diskurssträngen gesondert zuwenden, hat ihnen jedoch besondere Aufmerksamkeit zu gelten, da hierdurch besondere Effekte erzeugt werden können. Margret Jäger hat dies am Beispiel der Verschränkung von Einwanderungsdiskurs und Frauendiskurs systematisch herausgearbeitet und damit auch empirisch deutlich machen können, daß Diskursstränge niemals isoliert auftreten, sondern immer als Bestandteile des gesamtgesellschaftlichen Diskurses aufgefaßt werden müssen und daß dabei besondere Effekte erzielt werden. (Vgl. M. Jäger 1996) Das hat für die Analyse und erst recht für die Interpretation von Diskurssträngen (dazu s. unten) schwerwiegende Folgen.

Denn: Betrachtet man den gesamtgesellschaftlichen Diskurs als den allgemeinen Wissenshorizont, der die Entwicklung einer Gesellschaft bestimmt, so läßt sich auch der einzelne Diskursstrang letztlich nur auf diesem allgemeinen Wissenshintergrund interpretieren. Dieser ist aber nur implizit vorhanden und steht dem Interpreten als solcher nicht zur gedanklichen Verfügung. Er könnte erst auf der Grundlage der Analyse aller (gesellschaftlich relevanten) Diskursstränge ermittelt werden. So könnte man die Analyse einzelner Diskursstränge und ihrer Verschränkungen als Schritte zu einer Analyse des gesellschaftlichen Gesamtdiskurses auffassen. Dies bedeutet zugleich, daß die Analyse und die Interpretation einzelner Diskursstränge so

---

171 Das haben wir z. B. in dem Projekt »Biomacht und Medien« praktiziert (Vgl. M. Jäger/Jäger/Cleve/Ruth/Schulte-Holtey/Wichert 1997).

lange letztlich unabgeschlossen bleibt, wie nicht auch der gesamtgesellschaftliche Diskurs analysiert worden ist.

Da die Leitlinien des gesamtgesellschaftlichen Diskurses jedoch auch in den einzelen Diskurssträngen wirken und diesen prägen, kann bei der Analyse und Interpretation einzelner Diskursstränge immer bereits der Versuch gemacht werden, vorsichtige Rückschlüsse auf diese »Leitlinien« vorzunehmen. Damit verbindet sich die Hoffnung, solche Leitlinien mit dem Fortschreiten empirischer Analysen gesellschaftlich relevanter Diskursstränge und ihrer Verschränkungen immer klarer herauszuarbeiten. Dabei kann es hilfreich sein, das Vorhandensein solcher Leitlinien und ihrer Beschaffenheit hypothetisch zu unterstellen und im Verlaufe der Analysen zu modifizieren oder auch zu verwerfen und durch neue zu ersetzen.[172]

Solche thematischen Verschränkungen und Knoten bilden – neben den Kollektivsymbolen, die zwischen den Diskurssträngen bzw. diskursstrang-übergreifend mäandern (s.o.) – den »Kitt« der Diskurse. Zu beachten ist hier, daß sich die verschiedenen diskursiven Ebenen und auch die verschiedenen Diskursstränge thematisch durchdringen.

Bündelungen von Diskurssträngen

Die verschiedenen Diskursstränge lassen sich nun wieder nach besonderen Kriterien *bündeln*, etwa: *Diskursstränge der Ausgrenzung* (von Ausländern, Behinderten, Frauen, Jugendlichen, Alten etc.). Daneben sind andere Zuordnungsmöglichkeiten gegeben, die sich an den zur Zeit zentralen gesellschaftlichen Themen orientieren, etwa Militarismus, Nationalismus, Kapitalismus usw. Das Gesamtziel könnte eine Analyse z.B. des Diskurses der Bundesrepublik Deutschland der Gegenwart sein.[173]

---

172 Im Beispiel: Die historischen Untersuchungen von Helmut Kellershohn zum politischen Trend der Bundesrepublik Deutschland gehen von der Beobachtung aus, daß eine völkisch-nationalistische Leitlinie vorhanden ist, die die zentralen Politikbereiche der gegenwärtigen Gesellschaft mehr oder minder stark bestimmt. (Vgl. Kellershohn 1995) Eine solche Setzung, die freilich nicht aus der Luft gegriffen ist, sondern sich als Resultat der Analyse historischer und gegenwartsbezogener Abhandlungen ergeben hat (vgl. als Beispiel für eine solche Analyse Kellershohn 1998), könnte heuristisch für die Analyse aktueller Diskursstränge herangezogen werden. Dabei ist darauf hinzuweisen, daß die Analyse solcher Abhandlungen nicht die Analyse des gesellschaftlichen Gesamtdiskurses ersetzen kann. Ihr Stellenwert könnte jedoch darin bestehen, politisch-historische Diskurse auf der Ebene wissenschaftlicher Spezialdiskurse zu analysieren und damit den Beitrag der wissenschaftlichen Diskurse zum gesamtgesellschaftlichen Diskurs zu ermitteln. Dazu wäre allerdings auch noch die Proliferation dieses Diskurses in den Interdiskurs hinein zu verfolgen. Aus diskursanalytischer Sicht kann die von Kellershohn ermittelte Leitlinie samt ihrer Ausprägungen in einzelnen Politikfeldern bis auf weiteres nur als vorläufig betrachtet, als solche aber als Interpretationshilfe von der Diskursanalyse in Anspruch genommen werden.

173 Siehe auch noch einmal die Abbildung der Diskursstränge oben, bei der die Verschränkungen von Diskurssträngen angedeutet sind.

Geschichte, Gegenwart und Zukunft der Diskursstränge

Hinzu kommt, daß der Diskurs/die Diskursstränge *eine Geschichte, eine Gegenwart und eine Zukunft* haben. Es wäre daher erforderlich, größere Zeiträume diskursiver Abläufe ebenfalls zu analysieren, um auf diese Weise ihre Stärke, die Dichte der Verschränkungen der jeweiligen Diskursstränge mit anderen, Änderungen, Brüche, Versiegen und Wiederauftauchen etc. aufzeigen zu können. Mit anderen Worten: Es wäre (in Anlehnung an Foucault) eine »Archäologie des Wissens« zu betreiben. Dies wäre die Basis für eine diskursive *Prognostik*, die in Gestalt der Entfaltung von Szenarien vorgenommen werden könnte, die aber jeweils unterschiedliche in der Zukunft erwartbare *diskursive Ereignisse* (= Ereignisse, die medial groß herausgestellt werden) in Rechnung zu stellen hätte.

Ein Projekt, das das Ziel verfolgte, den Gesamtdiskurs mit all seinen Verschränkungen zu untersuchen, wäre selbstverständlich riesig und ließe sich nur in Gestalt einer Vielzahl von Einzelprojekten angehen. Solche Einzelprojekte sind aber bereits sehr sinnvoll, weil sie immerhin zu bestimmten diskursiven Teilbereichen sehr verläßliche Aussagen zulassen.[174] Solche Aussagen können z. B. die Basis für eine Änderung des »Wissens« über und der Haltung gegenüber Ausländern darstellen, also selbst wiederum auf den weiteren Verlauf des betreffenden Diskursstranges Einfluß nehmen.[175]

3.3.2. Die »Wirkung« des Diskurses auf individuelles und kollektives Bewußtsein

Der Begriff der »Wirkung«, der in den Medienwissenschaften eine so große und umstrittene Rolle spielt (vgl. Merten 1994), soll hier direkt in zweifacher Weise angesprochen werden, einmal als Wirkung auf das individuelle und auf das Massenbewußtsein, das hier »geprägt« wird; zum anderen aber im Hinblick auf »Macht«. Es

---

174 Solche Einzelprojekte führen wir seit einiger Zeit im DISS durch, indem wir die Darstellung von »Ausländern« auf verschiedenen diskursiven Ebenen untersuchen oder auch den biotechnologischen Diskurs in den Medien. Die bisher vorliegenden Ergebnisse lassen Aussagen darüber zu, in welcher Form, verbunden mit welchen Themen, etc. Aussagen über Einwanderer und Flüchtlinge auf den verschiedenen diskursiven Ebenen auftreten und wie sich diese diskursiven Ebenen gegenseitig beeinflussen bzw. wie sich unterschiedliche bio-politische Unterthemen zum bio-politischen Diskurs zusammenfügen. Vgl. dazu z. B. M. Jäger 1996, Jäger/Kretschmer/Cleve u.a. 1998, M. Jäger/Jäger/Ruth u.a. 1998, M. Jäger/Cleve/Ruth/Jäger 1998.

175 Maingueneau 1994 zielt ebenfalls die Struktur bzw. »Aufgliederung« des Diskurses an und unterscheidet folgende vier Ebenen im »Archiv«: »die Ebene der intratextuellen Verknüpfungen, der unterschiedlichen Textsorten innerhalb eines Archivs, des Archivs im umfassenden ›interdiscours‹ sowie die Ebene des Archivs und seines ›Äußerungskontextes‹«« (ebd. S. 193) Solche Aufgliederung wertet sie als integrative Tendenz innerhalb der französischen Diskursanalyse.

geht also nicht allein um die Wirkung auf das Bewußtsein bzw. auf die individuelle und Kollektive Subjektbildung, sondern zugleich um die Folgen dieser Wirkung auf das Bewußtsein: das subjektive Handeln in und die kollektive Gestaltung von gesellschaftlicher Wirklichkeit, die ja beide Bewußtseinswirkungen zur Voraussetzung haben. Insofern versteht sich Diskurstheorie und Diskursanalyse auch als Beitrag zur (Medien-)Wirkungsforschung.[176]

Nun ist aber deutlich zu unterscheiden zwischen diskursiver Wirkung und Textwirkung. Der einzelne Text wirkt minimal und kaum spür- und erst recht schlecht nachweisbar; demgegenüber erzielt der Diskurs mit seiner fortdauernden Rekurrenz von Inhalten, Symbolen und Strategien nachhaltige Wirkung, indem er im Laufe der Zeit zur Herausbildung und Verfestigung von »Wissen« führt. Link schreibt mit Blick auf die Kollektivsymbolik:

> »Entscheidend ist ... nicht die Hermeneutik von Einzelbeispielen (einzelnen Karikaturen, ›Sprachbildern‹, Fotos, Texten, Filmen etc.), sondern der ständige Wiederholungseffekt großer Massen von Applikationsvorlagen und punktuellen Applikationsvorgängen. Aus diesem ständigen massenhaften Recycling der Symbole (das in der frühesten Kindheit beginnt und erst mit dem Tode endet) resultiert in den Gehirnen der normaistischen Subjekte so etwas wie eine große Katachrese aus ›medizinischem Körper‹ und den ›High-Tech-Vehikeln‹ als Folie sowohl des ›Ich‹ wie des ›Wir‹«. (Link 1992a, S. 69)

Diese Beobachtung ist m. E. auf die Wirkung des Diskurses als ganzem mit all seinen Wirkungsmitteln, wie ich sie weiter unten im einzelnen entfalten werde, auszudehnen. Auch Argumente, Inhalte, Bauformen etc. »wirken« durch ständige Rekurrenz und tragen so mit dazu bei, Bewußtsein zu formieren.

Dieser Umstand ist von der gesamten Wirkungsforschung bisher meines Wissens übersehen worden. (Vgl. etwa Merten 1994.) Doch bereits Victor Klemperer spricht, wenn auch etwas bildhaft, in seiner Lingua Tertii Imperii davon, daß die faschistische Sprache wie die fortlaufende Verabreichung kleinster Arsendosen wirkt und so erst langfristig ihre »Giftwirkung« entfaltet. (Klemperer 1987) Insofern sollte man sich dessen bewußt sein, daß die Analyse eines Artikels bzw. Diskursfragments auch immer als Analyse eines Exemplars einer Gattung aufzufassen ist, wobei erst die Analyse vollständiger Diskursstränge die gesamte Bandbreite der diskursiven Wirkung offenlegt.

* * *

Nach diesen Überlegungen zur Struktur des Diskurses möchte ich nun in einem ersten Schritt darstellen, wie ein einzelnes Diskursfragment (Text bzw. Textauszug) als

---

176   Vgl. dazu auch die Ausführungen zur Kollektivsymboltheorie.

Grundlage für eine diskursive *Feinanalyse* aufbereitet werden kann (»Materialaufbereitung[177]).«

Nach den vorangegangenen Überlegungen ist bekannt, daß die Individuen immer in bestimmte Diskurse verstrickt sind, das heißt, jede Äußerung ist von vornherein eine soziale Äußerung. (Volosinov 1975) Dennoch ist niemals davon auszugehen, daß jeder individuelle Text quantitativ und qualitativ alle Elemente eines Diskursstranges enthält, so daß eine Diskursanalyse (hier: Analyse eines Diskursstrangs) die allgemeine Gültigkeit (für einen bestimmten historischen Schnitt-Punkt in einer bestimmten Gesellschaft) beansprucht, auf eine größere Zahl von Analysen von Diskursfragmenten angewiesen ist.

Deshalb soll in einem zweiten Schritt dargestellt werden, wie man von der Analyse von Einzel-Diskursfragmenten zur vollständigen Darstellung von Diskurssträngen gelangt oder auch z.B. zum Interdiskurs als ganzem etc. Anders gesagt: Es geht darum, einen Text, der von einem einzelnen Individuum produziert worden ist, als »soziale Äußerung« (Volosinov) in den Kontext des Sozialen allgemein – wenn auch in der Regel nur in einen bestimmten thematisch definierten Ausschnitt des Sozialen – einzubetten bzw. darum, den Text bzw. Teiltext als Fragment eines Diskursstranges zu verstehen.

3.3.3. Das Analyseverfahren

Vorbemerkung

Das allgemeine Ziel von Diskursanalyse ist es, ganze Diskursstränge (und/oder Verschränkungen mehrerer Diskursstränge) historisch und gegenwartsbezogen zu analysieren und zu kritisieren. Dies kann schon allein aus forschungspragmatischen Gründen nicht so vonstatten gehen, daß alle Diskursfragmente, die zu jeweiligen Diskurssträngen gehören, einer Feinanalyse unterzogen werden. Wenn man bedenkt, daß bereits *ein synchroner Schnitt* durch einen thematisch relevanten Diskursstrang hunderte bis tausende von Diskursfragmenten enthält und sich die Anzahl von Diskursfragmenten bei *diachroner Untersuchung* von Diskurssträngen noch einmal vervielfacht, dann ist zu ermessen, wie riesig der Arbeitsaufwand wäre, strebte man ein solches Ziel an. Die Feinanalyse z. B. eines einzigen Zeitungsartikels nimmt soviel Zeit in Anspruch, daß an eine lückenlose Feinanalyse ganzer Diskursstränge überhaupt nicht zu denken ist. Der folgende Vorschlag enthält den Versuch, mit dieser Problematik zurechtzukommen, ohne daß dabei die Genauigkeit und Verläßlichkeit der Analyse Schaden nimmt.

Ich möchte diese Problematik jedoch zunächst zurückstellen und mit der Darstellung eines Verfahrens zur Feinanalyse von Diskursfragmenten beginnen. Material-

---

177 Ein Beispiel für eine solche *Materialaufbereitung* (hier: die eines Interviews) ist im Anhang abgedruckt.

aufbereitung und Analyse einzelner Diskursfragmente stellen das Herzstück von Diskursanalyse dar. Dies ist deshalb der Fall, weil dabei filigran herausgearbeitet werden kann, wie ein Diskurs inhaltlich und formal gestaltet ist, welche Wirkungsmittel er enthält, welche Argumentationsstrategien verwendet werden, welche Widersprüche und Fluchtlinien er enthält usw. Aus diesem Grunde sollten die zur Feinanalyse ausgewählten Artikel auch für den betreffenden Diskursstrang möglichst *typisch* sein, womit sich ein weiteres Problem auftut, auf das ich noch ausführlich eingehen werden.

Für die Entscheidung, gegen den tatsächlichen Forschungsablauf mit der Darstellung des Verfahrens der Feinanalyse von Diskursfragmenten zu beginnen, spricht noch ein weiterer Grund: Auch die Struktur- bzw. Überblicksanalyse, die alle Diskursfragmente eines Diskursstrangs bzw. eines synchronen Schnitts durch einen Diskursstrang betrifft, hat sich auf Instrumentarien zu stützen, die für die Feinanalyse herausgearbeitet werden, wenn auch nicht in gleich umfassender Weise.[178] Es hat sich jedoch gezeigt, daß die Strukturanalyse nur dann sensibel und zutreffend durchgeführt werden kann, wenn den Analysierenden das Verfahren der Feinanalyse bekannt ist.

Die Analyse von Diskursfragmenten

Die folgende Anleitung zur Analyse von *einzelnen Diskursfragmenten* orientiert sich in erster Linie an schriftlich fixierten und »geplanten« (»komponierten«) Texten bzw. Textteilen (Diskursfragmenten). Sie verarbeitet daneben Erfahrungen, die bei den Projekten, bei denen es um die Analyse von Interviews mit Bürgerinnen und Bürgern aus Deutschland ging (vgl. Jäger 1992, M. Jäger 1996)), und anderen Forschungsprojekten des DISS, die sich besonders auf die Print-Medien konzentrierten, gesammelt werden konnten.

Das Folgende stellt kein »Rezept« dar oder eine starre »Methode«, der jedes Diskursfragment bzw. jeder Diskursstrang schlicht unterworfen werden könnte, sondern ist als Einstiegshilfe für konkrete Analysen gedacht.[179] Andere »Textsorten«, andere

---

178 Der Terminus *Strukturanalyse* (eines Diskursstrangs) ersetzt den bisher von mir gebrauchten Terminus *Grobanalyse*, der gelegentlich dazu verführt hat, als oberflächliche oder gar lückenhafte Analyse mißverstanden zu werden. Die Strukturanalyse eines Diskursstrangs erfaßt *alle* Diskursfragmente und stellt ihre wesentlichen Merkmale heraus (wie Inhalt, Verwendung von Kollektivsymbolik, Personenmarkierung u. ä.) Vgl. dazu ausführlich weiter unten.

179 Foucault hat sich immer wieder geweigert, sein Verfahren als (starre) Methode aufzufassen. In der »Archäologie des Wissens« ist er zwar auf der Suche nach einer solchen Methode; er merkt aber später, daß er sich durch die Suche nach Regeln, die der Erzeugung von Diskursen zu Grunde liegen, auf eine Metaebene begibt, indem er sich und seine Theorie außerhalb der Diskurse anzusiedeln versucht. Die Archäologie wird denn auch durch eine »Genealogie« abgelöst, die man beschreiben und (in diskursiven Aus-

Diskursebenen und auch unterschiedliche Fragestellungen verlangen Modifikationen des Verfahrens, auf die an einigen Stellen nur verwiesen wird. Zudem lassen sich nicht alle Fragen, die im folgenden formuliert werden, bei der Untersuchung eines Diskursfragments »beantworten«, einfach deshalb, weil das »Material« dazu nichts hergibt.[180] Es ist daher ratsam, das jeweilige Material zusätzlich daraufhin zu befragen, welche Besonderheiten, die vielleicht durch den folgenden Vorschlag nicht abgedeckt sind, in ihm enthalten sind.[181]

Wichtig ist mir zudem das folgende, bereits mehrfach angesprochene Problem: Texte bzw. Diskursfragmente sind zunächst und auf den ersten Blick Produkte einzelner Individuen. Diskursanalyse geht es aber nicht darum, solche Produkte als individuelle Leistungen zu betrachten, sondern als Bestandteile eines (sozialen) Diskurses. Da der Diskurs aber immer nur in Gestalt individueller Produkte in Erscheinung tritt, kann die Analyse solcher Produkte auch nicht umhin, sie zunächst als solche ernstzunehmen. So kann z.B. von der *Wirkungsabsicht eines Autors* die Rede sein. Ihre Erfassung dient aber nicht der Bestimmung der Autorintention, sondern ausschließlich dem Zweck, Wirkungen des Diskurses insgesamt zu erfassen. Der Blick auf das individuelle Produkt verfolgt die Absicht, Elemente des (sozialen) Diskurses zu erfassen. Schon allein deshalb ist Diskursanalyse auf die Analyse vieler individueller Produkte angewiesen, die – in ihrer qualitativen Gesamtheit – den Diskurs ausmachen.[182]

---

einandersetzungen) kritisieren kann. *Kritische Diskursanalyse* versucht demgemäß ein Verfahren der Beschreibung von Diskursen zu entwickeln und Möglichkeiten der Kritik und deren Ort aufzuzeigen, ohne sich dabei auf irgendwelche »Wahrheiten« zu berufen. Zur »Methodendiskussion« vgl. auch Schrage 1999, Hanke 1999, Diaz-Bone 1999, Link 1999 und Sohn 1999.

180 In der diskursanalytischen »Werkzeugkiste« sind mehr Instrumente enthalten als sie für die Analyse jeweiliger Diskursfragmente gebraucht werden. Andererseits verstehen sich die folgenden Auflistungen nur als exemplarisch. Diese Exemplarizität ist aber nicht willkürlich: Es handelt sich um Fragen, deren Beantwortung sich bei bisherigen Analysen oft als aufschlußreich erwiesen hat.

181 Daran zeigt sich erneut, daß es keine fixe Methode der Diskursanalyse gibt. Das Verfahren könnte man als »offen« bezeichnen, insofern es eine Fülle an Instrumentarien bereitstellt, aber gegebenenfalls auch neue Instrumente hinzuziehen hat. So sind in die folgenden Vorschläge zur »Werkzeugkiste« der Diskursanalyse seit der ersten Auflage der »KDA« 1993 neue »Instrumente« einbezogen worden, die sich bei empirischen Analysen bewährt und als notwendig erwiesen haben.- Das vorgeschlagene Verfahren ist in einigen Fällen auch zur Analyse fiktionaler Texte angewandt worden. Zu Vorschlägen für die Behandlung insbesondere der Kollektivsymbole in literarischen Werken vgl. Link 1982, bes. S. 25, sowie eine ganze Reihe von Vorschlägen in der Zeitschrift kultuRRevolution.-

182 Zum Problem der *vollständigen* Erfassung von Diskursen und Diskurssträngen s. weiter unten.

Analyseschritte bei der Analyse von Diskursfragmenten[183]

Die folgenden Analyseschritte sind in der Reihenfolge dargestellt, wie sie sich bei unseren bisherigen Analysen bewährt hat. Diese Reihenfolge ist daher nicht unbedingt zwingend.

Nachdem man sich auf einen bestimmten thematischen Bereich festgelegt hat, wird man zunächst darüber befinden müssen, mit welcher diskursiven Ebene man die Analyse beginnen möchte. Eine solche Entscheidung könnte etwa lauten: Ich untersuche die Darstellung von »Einwanderung« oder »Frauen«, »Gesundheit«, »Sport«, »Fußball« *in den gegenwärtigen deutschen (Print-)Medien.*

Für das (vorläufige) Materialcorpus sind alle wesentlichen Medien heranzuziehen, zu sichten und zu archivieren.[184] Dies ist keine bloße (lästige) Vorarbeit, sondern deshalb besonders wichtig, weil diese erheblich zum Vertrautwerden mit den Facetten des betreffenden Diskursstrangs beiträgt, von dem das zu analysierende Fragment ja nur einen kleinen Ausschnitt darstellt.[185] Nach der Archivierung des Materials, durch die der Diskursstrang materiell erfaßt ist, und nach Absolvierung einer Strukturanalyse, die Themen und Unterthemen in ihrer qualitativen Bandbreite und quantitativen Dichte beschreibt und nach Ermittlung einiger möglichst (z. B. für eine Zeitung/Zeitschrift) typischer Artikel, kann man mit der Analyse einzelner Diskursfragmente beginnen.[186]

Zunächst ein erster und allgemeiner Überblick über die folgenden wesentlichen Analyseschritte bei der *Feinanalyse* von Diskursfragmenten, der im weiteren genauer ausdifferenziert wird. (Bevor mit der Analyse begonnen wird, empfiehlt es sich, das Diskursfragment *technisch* aufzubereiten, indem man zunächst eine Zeilenmarkie-

---

183 Daß sich bei den folgenden Vorschlägen Parallelen zu den bei Busse aufgeführten Analyseschritten ergeben haben (Vgl. Busse 1987, S. 264 ff.), ist nicht zufällig, da auch dieser den Diskurs als Material anzielt. Busse verfolgt jedoch, wie bereits aufgezeigt, andere Ziele als die Diskursanalyse. Ihm geht es um *Historische Semantik* als Bedeutungsanalyse, die die Bedeutungen sprachlicher Sequenzen beschreiben möchte. Für ihn ist die kleinste Analyseeinheit die kommunikative Handlung, nicht der Diskurs. Dessen Beachtung dient nur dazu, die Bedeutungen solcher kleinster Analyseeinheiten bestimmen zu können. Diskurs ist für Busse eher so etwas wie Wissenskontext, in dem die einzelne kommunikative Handlung allererst ihre spezifische Bedeutung annimmt. Gleichwohl kann man seinen Vorschlägen einzelne »Instrumente« entnehmen. Vgl. ebd. S. 266.

184 Zur Frage des zu untersuchenden medialen Spektrums, zur Corpusgewinnung generell und zum Verhältnis von Corpus und »Dossier« vgl. weiter unten.

185 Deshalb warne ich auch vor allem mechanischem Umgang mit dem Material, insbesondere vor »seelenloser« Anwendung von Suchbefehlen etc. mittels Computer. Solche Vorgehensweise stellt allenfalls ein sekundäres Hilfsverfahren dar.

186 Zu diesen Analyseschritten (Strukturanalyse, Auswahl typischer Diskursfragmente etc.) siehe im einzelnen weiter unten.

run ... ...rt und die graphisch vorgegebenen Abschnitte deutlich kenntlich
ma...

Analyseschritte im Überblick

1. *Institutioneller Rahmen*: Jedes Diskursfragment steht in einem institutionellen Kontext. Dazu gehören Medium, Rubrik, Autor, eventuelle Ereignisse, denen sich das Fragment zuordnen läßt, bestimmte Anlässe für den betreffenden Artikel etc.

2. *Text-›Oberfläche‹*: Graphische Gestaltung (Photos, Graphiken, Überschriften, Zwischenüberschriften), Sinneinheiten (wobei die graphischen Markierungen einen ersten Anhaltspunkt bieten[187], angesprochene Themen.

3. *Sprachlich-rhetorische Mittel* (sprachliche Mikro-Analyse: z. B. Argumentationsstrategien, Logik und Komposition, Implikate und Anspielungen, Kollektivsymbolik/Bildlichkeit, Redewendungen und Sprichwörter, Wortschatz, Stil, Akteure, Referenzbezüge etc.).

4. *Inhaltlich-ideologische Aussagen*: Menschenbild, Gesellschaftsverständnis, Technikverständnis, Zukunftsvorstellung u. ä.

5. *Interpretation*: Nach den unter 1. bis 4. aufgeführten *Vorarbeiten* kann die systematische Darstellung (Analyse und Interpretation) des gewählten Diskursfragments erfolgen, wobei die verschiedenen Elemente der Materialaufbereitung aufeinander bezogen werden müssen.

Die Analyseschritte im einzelnen:

Bevor man mit der Materialaufbereitung beginnt, sollte man den betreffenden Text erst einmal langsam und gründlich lesen, eventuell auch mehrfach. Dabei sollte man bereits erste Eindrücke und Besonderheiten schriftlich festhalten, z. B. besonders auffällige Kollekivsymbole, Vermutungen anstellen! Insbesondere sollte man die graphische Gestaltung zur Kenntnis nehmen, Bildunterschriften genau lesen etc. etc. Den ersten Eindruck, den einem der Text vermittelt, sollte man ausführlich darstellen. Danach kann die eigentliche Analysetätigkeit beginnen, die die folgenden Schritte zu absolvieren hat:

---

187 Die graphische Markierung verweist im allgemeinen auf vorhandene Sinnabschnitte eines Diskursfragments. Darauf ist jedoch nicht immer Verlaß. Es kann durchaus vorkommen, daß aufeinanderfolgende größere Sinneinheiten nicht markiert sind. An einer akribischen Rekonstruktion der Abfolge der Argumentation in einem Text zur Ermittlung der Komposition eines Textes (dazu s. weiter unten) wird man daher in keinem Falle vorbeikommen. Es ist aber immer davon auszugehen, daß mit graphischen Markierungen und auch deren Fehlen bestimmte (Wirkungs-)absichten/Wirkungen verbunden sein können.

1. Institutioneller Rahmen

- Jedes Diskursfragment steht in einem *unmittelbaren institutionellen Kontext*. (Seine Erfassung bei Materialien gesprochener Sprache stellt allerdings vor besondere Probleme[188]).

- Ratsam ist daher eine allgemeine Charakterisierung der Zeitschrift oder Zeitung etc.! An welche Leserschaft wendet sich die betreffende Publikation? In welcher Tradition steht sie? Wie ist der Titel aufgemacht? Welchen Umfang hat die Zeitung/Zeitschrift? Auch die Frage nach der technischen Qualität: Papier, Druck, Lesbarkeit etc. kann u.U. wichtig sein, ebenso Seitenzahl, Preis etc.

- Bei Zeitungs- und Zeitschriftenartikeln etc. ist ferner zu fragen: Was steht sonst noch an Artikeln in der betreffenden Zeitung/Zeitschrift? Gibt es ein Editorial, und was steht darin? Wird hier auf den zu analysierenden Artikel Bezug genommen? Wie? Wie verhält sich das Thema des Artikels zu den anderen im Heft angeschlagenen Themen? Steht der zu analysierende Artikel an prominenter Stelle? Ist die Wichtigkeit des Artikels in irgendeiner Weise besonders betont? Etc.

- Bestimmung der Textsorte (Bericht, Kommentar, Aufruf, Nachricht, Reportage etc.). Textsorten haben in der Regel auch eine inhaltliche Funktion (Belehrung, Aufklärung, Beweisführung etc.). Aber Vorsicht! Textsorte und traditionelle inhaltliche Funktion der Textsorte können auseinanderfallen.[189] – Was könnte damit beabsichtigt sein? So kann z.B. ein Editorial, das traditionell dazu dient, dem Leser einen Überblick über eine Zeitschrift und ihren Inhalt zu geben, selbst ein politisch-programmatischer Aufruf sein etc.; hier kann die Absicht darin liegen, den Leser durch eine vertraute Form zum Lesen anzureizen, ihm dabei aber gleichzeitig bereits eine bestimmte Sichtweise aufzudrängen.

- Spielt ein Artikel auf (historische) Ereignisse bzw. Quellen des Wissens an? Wodurch? Wie ist das in diesem Artikel angesprochene Thema früher in der gleichen Zeitschrift etc. diskutiert worden?

---

188 Auch hier ist mit einem Kontext zu rechnen, der aber nicht (immer) sprachlich fixiert ist. Man könnte diesen Kontext auch als die unmittelbare Alltagswelt bezeichnen. Als Interviewer erfahren wir in Vorgesprächen einiges von dieser Alltagswelt, doch solche Kontexte sind nur sehr schwer zu rekonstruieren. In eigenen Analysen haben wir uns damit zu behelfen versucht, daß wir nach den Quellen des Wissens gefragt haben, nach der relativen Häufigkeit von Kontakten, nach dem Freundeskreis, nach der bevorzugten Zeitungslektüre, nach Art und Dauer des Medienkonsums. Hier ließen sich evtl. Verfahren der Biographieforschung einbeziehen und evtl. auch entsprechende Theorien, sofern diese nicht rein individualpsychologisch angelegt sind. Zur Biographieforschung vgl. den Überblick bei Gstettner 1996 und die dort angegebene Literatur.

189 Die hier verwendeten Termini Kommentar, Bericht etc. sollen nur einer ersten Orientierung dienen; sie sind rein alltagssprachlich und entsprechend vorläufig.

–   Jedes Produkt sprachlicher Tätigkeit ist von einem Autor produziert worden, der eine bestimmte Geschichte hat bzw. in besonderer oder alltäglicher Weise in bestimmte Diskursstränge eingebunden gewesen ist, die sich bis auf den heutigen Tag darauf auswirken können, wie er sich mit seinem Text in verlaufende Diskursstränge selber einbringt etc. Solche Informationen, die wohl kaum jemals erschöpfend eingeholt werden können, geben nur gewisse Hinweise auf die vertretene Diskursposition, die allerdings durch die Analyse des produzierten Textes selbst Bestätigung finden muß. Zu fragen wäre etwa: Wer ist der Autor eines Artikels? Lebenslauf, Beruf etc. Schreibt er regelmäßig in diesem Organ? Wo schreibt er sonst noch? Welcher Organisation gehört er an? Wo hat er Vorträge gehalten, welche Bücher hat er veröffentlicht, welche Preise hat er von wem verliehen bekommen? Etc. etc. Wie läßt sich seine ideologische bzw. Diskurs-Position allgemein charakterisieren? Ist er Mitglied der Redaktion? Bestimmt er die Linie der Zeitschrift mit? Wie läßt er sich darüber hinaus charakterisieren? Ist er z.B. einer der großen oder auch kleinen Multiplikatoren, die es in jedem Stadtteil und in jeder Kneipe gibt?

–   Welche anderen Autoren schreiben in diesem Organ? Sind sie gelegentliche freie Mitarbeiter oder gehören sie der Redaktion etc. an? Bestimmen sie die Ausrichtung der Zeitschrift? Welche besonderen Fachgebiete vertreten sie? Etc.

–   Charakterisierung der Redaktion, gegebenenfalls der Organisation etc., die das Organ herausgibt. Wie hat sich diese Gruppierung entwickelt? Woraus ist sie entstanden? Hat sie sich von anderen Organisationen abgespalten? Woher bezieht sie ihre Mittel? Bestimmung des Bezugs dieser Gruppe zu ähnlichen Gruppierungen, Verbindungen, Unterschiede, Ziele, personelle Überschneidungen etc., Verbindungen zu internationalen Gruppen. Evtl. Verortung dieser Szene im gesamtgesellschaftlichen und politischen Hintergrund der BRD von heute. Hierher gehört auch die Analyse der ökonomischen Rahmenbedingungen der betreffenden Gesellschaft, wobei jedoch zu beachten ist, daß für seine konkrete Ausformung das jeweils bestehende diskursive Machtnetz eine *Applikationsvorgabe* darstellt, nach der die jeweilige Gegenständlichkeit strukturiert wird.[190]

---

190   Hierbei ist die Hinzuziehung ökonomischer, politikwissenschaftlicher und historischer Analysen (wie z.B. die von Altvater 1991, Hirsch/Roth 1986 und Hirsch 1990 und Kellershohn 1998, Buntenbach/Kellershohn/Kretschmer (Hg.) 1998 u.a.) empfehlenswert, insofern diese den Versuch machen, die konkret-aktuelle Ausformung kapitalistisch-formierter Gesellschaft und ihrer ideologischen Leitideen darzustellen. Das ist selbstverständlich nicht leicht, und es ist eigentlich das Ziel von Diskursanalyse, diesen Zusammenhang zu erhellen (s.o.). Gleichwohl bilden hier andere Analysen Hilfestellung. Sie können als Teil des (wissenschaftlichen) Spezialdiskurses aufgefaßt werden, in dem sich der Diskursanalytiker selbst »bewegt«.

- Bei Produkten gesprochener Sprache ist besonders zu beachten: Beziehen sich die SprecherInnen auf eigene aktuelle oder frühere Erfahrungen? Welchen Beruf üben sie aus? Welche Bildungsgänge haben sie hinter sich gebracht? (Solche Informationen sind evtl. durch zusätzliche Fragen zu ermitteln.)

2. Text- ›Oberfläche‹:

- Aufbereitung des »Textes«: Zeilen numerieren (5, 10, 15, etc.). Überschrift mitzählen! – Die vorgegebene graphische Gliederung des Textes hervorheben (Absätze markieren!)

- Inhaltsangaben der graphisch markierten Abschnitte herstellen und (zusammenfassende) Überschriften für die einzelnen Abschnitte finden. Zugleich überprüfen, ob die graphische Gliederung der inhaltlichen Gliederung entspricht (was meist, aber nicht immer der Fall ist); eventuell weitere Zwischenüberschriften vorschlagen.

- Eine genaue Inhaltsangabe des gesamten Textes herstellen! Welches inhaltliche (argumentative) Ziel (= Tätigkeitsziel) verfolgt der Autor/die Autorin? Was mag sie/ihn motiviert haben? Dabei geht es nicht um die Autorintention. Die anzustellenden Vermutungen über die angezielte Wirkungsabsicht eines Autors/einer Autorin können aber Hinweise geben zu den Wirkungen des Diskurses, zu deren Ermittlung selbstverständlich eine Fülle anderer »Indizien« aus weiteren Diskursfragmenten zusammengetragen werden kann; s. dazu auch Kollektivsymbole, Argumentationsstrategien, die ja auch alle, vermittelt über die Wirkung auf die vielen Einzelnen, auf die ganze Bevölkerung zielen etc.

- Verschränkungen mit anderen Diskurssträngen feststellen, inhaltliche Bezüge notieren. Mit welchem Gewicht? Besonders in Interviews werden i. R. sehr viele Themen (= Diskursfragmente) angesprochen, vor allem wenn es sich um »freie« Interviews handelt, bei denen der Interviewer nur Redeimpulse gibt und der Erzählfreude der Interviewten freien Raum gibt (vgl. die Interviews zum Projekt »BrandSätze«, Jäger 1991). So kann ein Thema mehrfach angesprochen werden, so daß sich Streuungen über den gesamten Text ergeben, die zunächst thematisch gebündelt werden müssen.

  Auch die nicht zum »Haupt-Thema« gehörenden Unter-Themen sollten restlos erfaßt werden, weil sich auf diese Weise Grundhaltungen der SprecherInnen/SchreiberInnen feststellen lassen, die für die Beschreibung des Hauptthemas und seine Verschränkung mit anderen Diskurssträngen wichtig sein können, weil durch diese Verschränkungen besondere Effekte erzielt werden können.

- Ferner ist die Frage zu beantworten: Welche sprachlichen Handlungen vollzieht der Autor/die Autorin? Welche Zwischenziele werden erreicht? Kommen Sprachhandlungen vor, die für die Erreichung des Sprechtätigkeitsziels überflüssig sind? Welche Funktion haben sie? Sind sie Ornament? Dienen sie der Ablenkung von den verfolgten Zielen? Zeigen sich bestimmte Fluchtlinien in der Argumentation?

- Jeder (Zeitungs-)Artikel hat auch eine bestimmte graphische Form (Plazierung, Layout, Schrift, Gestaltung der Überschrift, Hervorhebungen, Fettsatz der Einleitung etc.), und oft sind die Artikel von Fotos und Graphiken begleitet. Welche Funktion haben die Illustrationen? Sind sie nur Ornament, Illustrationen der im Artikel dargestellten Inhalte, oder tragen sie darüber hinaus eigene Inhalte? Welche Wirkung könnte damit verbunden sein? Wo und wieso könnte z.B. ein Foto, eine Graphik, eine Karikatur einer sprachlichen Darstellung überlegen sein? Welchen spezifischen Sprachhandlungen sind diese Illustrationen zuzuordnen? Dienen sie der Illustration des Gesamttätigkeitsziels? Wen spricht die Form der graphischen und bildnerischen Gestaltung an? Welchen Lese- und Sehgewohnheiten versucht der Autor/die Autorin zu entsprechen? Handelt es sich bei den Fotos und Graphiken um Kollektivsymbole?

- Bei Texten gesprochener Sprache, z. B. Interviews: Angesprochene Unter-Themen bestimmen, einander zuordnen, bündeln. Thematische Blöcke, soweit möglich, markieren.[191]

3. Sprachlich-rhetorische Mittel

- Anfänge und Schlüsse der einzelnen Sprachhandlungen und des Gesamttextes, Übergänge von Abschnitt zu Abschnitt besonders beachten. Welcher Bauelemente bedient sich der Autor? Welche Funktion hat das? Wodurch wird die Textkohärenz hergestellt? (Wiederaufnahme durch Substantive oder Pronomen, Verbindung durch Konjunktionen, Fortsetzung durch pars pro toto etc.)[192]

- Bestimmen der Komposition des gesamten Textes: Zusammenfassen der zuvor ermittelten Gliederungsschritte zu übergreifenden Einheiten. Ordnen sich die ermittelten Sprachhandlungen größeren thematischen Blöcken zu? Sind die einzelnen Sprachhandlungen und die mit ihnen erreichten sprachlichen Zwischenziele bewußt und logisch gegliedert? Welche Funktion haben die einzelnen Bausteine (Einleitung, Hauptteil, Schluß; Fragestellung, Materialvorstellung, Beweisführung, Aufruf, Vorstellung eines Programms etc. etc.).- Das jeweils untersuchte Material muß selbst hergeben, welche Funktion die jeweiligen Abschnitte bzw. Gliederungspunkte haben; es gibt dafür kein allgemeingültiges Schema. Trotzdem sollte man sich die Frage stellen, ob das gesamte

---

191 Vgl. dazu die Vorgehensweise in Jäger 1992 und bei der im Anhang wiedergegebenen Materialaufbereitung zu einem Alltagsinterview.

192 Hierbei kann man durchaus auf Vorschläge der Textlinguistik zurückgreifen (vgl. etwa Brinker 1997); freilich sind solche filigranen Beobachtungen für die Interpretation nur ausnahmsweise interessant und zudem meist redundant.

Gliederungsschema an bekannte Formen erinnert, an bestimmte literarische Gattungen und fixe narrative Schemata (Drama, Heldengedicht, Märchen; bestimmte journalistische Textsorten), denn es kann sein, daß sich die Autoren die rhetorische Wirksamkeit überlieferter Formen zunutze machen wollen.[193]

- Sodann geht es um die Analyse der »Routinen«, der »Operationen«. Dieser Zugriff erlaubt es, diese »abgestorbenen Handlungen«, die dem durchschnittlichen Sprecher selbst kaum oder gar nicht bewußt sein mögen, zu »revitalisieren«. Das heißt zugleich, daß es auf diese Weise möglich ist, tiefer in die Diskursfragmente hineinzusteigen, sie besser und vollständiger zu erfassen als dies bei den in den Sozialwissenschaften üblichen Paraphrasen (s.o.) im allgemeinen möglich ist. Auf diese Weise lassen sich die Regelhaftigkeiten erfassen, in denen sich der Diskursstrang reproduziert.

- Zu fragen wäre etwa, wobei die folgenden Vorschläge nur die Richtung der Fragehaltung andeuten und keineswegs mechanisch absolviert werden sollen:

1. Enthält der Text Kollektivsymbole? Welche Funktion haben diese? Lassen sich mäandernde Kollektivsymbole und Katachresen erkennen? Zu welchen anderen »Bildspendern«? Zeigt sich ein logischer Zusammenhang der Bildbrüche, usw.?

2. Spielen die vorhandenen Substantive auf Vorwissen an? (Beispiel: *Rotkäppchen* spielt auf das Märchen Rotkäppchen und der Wolf an, *Titanen* spielt auf Kenntnisse der Sagen des klassischen Altertums an.) Ist es ein Bild oder Teil eines Bildes (Metapher, »Goethe«-Symbol, Kollektivsymbol)? Gehört es zu einer Redensart, ist es hoch- oder umgangssprachlich oder literarisch etc.? Welches Vorwissen wird vorausgesetzt?

Es lassen sich auch gewisse Hinweise auf die soziale Gruppe erhalten, die der Autor/die Autorin primär anzusprechen versucht, wenn man fragt: Bei welchen Personen ist das implizierte Vorwissen zu erwarten? (Die Sagen des klassischen Altertums sind Akademiker-/Bürgerkindern (welchen Alters?) wahrscheinlich eher bekannt als Arbeiterkindern!)[194]

---

193 Ein Beispiel für eine solche Diskrepanz stellt der Artikel von Pierre Krebs aus der rechtsextremen Zeitschrift »elemente« dar, den ich in Jäger (Hg.) 1988b, S. 85-117 analysiert habe.

194 Unsere bisherigen Analysen haben allerdings ergeben, daß solche soziologischen Unterscheidungskriterien wenig aufschlußreich sind. Der Diskurs konstituiert die Subjekte offenbar in größerer Gleichförmigkeit, als wir uns dies zunächst vorgestellt hatten. Daher haben Einteilungen von Probanden und Texten nach solchen Kriterien eher nur heuristischen Wert; sie können u. U. hilfreich sein, die Interpretation gewisser Streuungen des Materials zu erleichtern. Es hat sich jedenfalls gezeigt, daß solche Charakterisierungsversuche mit Hilfe dieser traditionellen soziologischen Kategorien, in die immer schon theoretische Vorannahmen eingehen, wenig mit den in der Analyse konkret vorfindbaren Diskurs- bzw. ideologischen Positionen zu tun haben. Vgl. dazu bereits die

Fehlen z. B. bei Aufzählungen gewisse wichtige Elemente? Ergibt sich aus den Kontexten, daß Wörter mit ungewöhnlichen Bedeutungen versehen sind? (So wurde z. B. im NS-Faschismus das Wort »fanatisch«, das bis dato weitgehend negativ konnotiert war, durchweg mit einer positiven Bedeutung versehen.[195] Entsprechendes gilt auch für das Wort »Asylant«, das eine durchweg negative Färbung angenommen hat. Ein ähnliches Beispiel stellt der »Drogendealer« dar, der fest mit »Ausländer« assoziiert wird.

Tauchen Implikate auf? (In dem Satz: Er war freundlich zu ihm, obwohl er ihn haßt, wird impliziert, daß man zu jemandem, den man haßt, nicht freundlich sein kann oder sollte.)

Finden sich z.B. Jargonelemente der Alternativszene, so läßt sich vermuten, daß es dem Autor/der Autorin besonders um diese Zielgruppe zu tun ist. Gelegentlich finden sich auch sprachliche Elemente in einem Text nebeneinander, die verschiedene Zielgruppen ansprechen.[196]

3. Häufig ist zu beobachten, daß solche sprachlichen Elemente, die auf ein Vorwissen oder auch auf Normen und Werte oder sogar auf bestimmte Einstellungen anspielen und sich damit sozusagen im Hintergrundwissen (Wissenshorizont) der Leser/Hörer einnisten (also »Anspielungen« und »Kollektivsymbole«), eine »Fährenfunktion« haben. Sie können sozusagen als »Fähren ins Bewußtsein« für andere Inhalte dienen, indem diese anderen Inhalte an sie gleichsam angekoppelt werden und so mit ihnen zusammen ins vorhandene Hintergrundwissen, oder anders: in den diskursiv erzeugten Wissenshorizont, hineintransportiert werden. Diese Ankopplung kann mehr oder minder eng sein. Ein Beispiel aus einer rechtsextremen Gazette wäre: »Wir Nationalsozialisten haben es nicht nötig, den Rufer in der Wüste zu spielen.« »Rufer in der Wüste« entstammt dem Neuen Testament. Bekannt ist, daß der Rufer in der Wüste nicht gehört wird. Und zwar bekannt bei Leuten, die christlich erzogen worden sind. Die Aussage des Satzes, daß »wir Nationalsozialisten in der Bevölkerung Gehör finden (wollen)« (so könnte man diesen Satz paraphrasieren), wird an das sehr bekannte Bild vom »Rufer in der Wüste« angekoppelt und erhält dadurch einen besonderen Behaltenseffekt. Es wird auf diese Weise ins Bewußtsein des Lesers implementiert und kann dort als Baustein für die Entwicklung einer bestimmten Diskursposition (bzw. eines bestimmten »Weltbildes« oder auch für seine Befestigung oder Bestätigung) fungieren. Kann – muß nicht! Dem können z.B. bestimmte feste Weltvorstellungen entgegenstehen, die das Bewußtsein gegenüber solchen Implementierungsversuchen immunisieren.

Ergebnisse in Jäger 1992; eine genauere Reflexion dieses Umstandes findet sich in M. Jäger 1996.

195 Vgl. dazu Klemperer 1987.

196 Vgl. dazu den von Margret Jäger analysierten Text aus der rechtsextremen Jugendzeitschrift Klartext in Jäger (Hg.) 1988b, S. 195-219.

Hier ist zu beachten, daß dem Leser/Hörer natürlich nicht jedes einzelne »Kollektivsymbol« und jede einzelne »Fähre« bewußt sein wird. Die Häufigkeit des Einsatzes dieser Mittel läßt aber die Annahme zu, daß »immer etwas hängen bleibt« und sich durch weitere Lektüre entsprechender Texte und weitere Gespräche weiter verfestigt.

Zu fragen ist also: Hat das Substantiv »Fährenfunktion«? Um dies zu ermitteln, sind alle Elemente des Textes, die direkt auf ein spezielles Vorwissen anspielen, auf bestimmte historische oder sonstige Ereignisse, noch gesondert zu erfassen.[197] Es handelt sich dabei natürlich nicht immer nur um einzelne Wörter, sondern auch um Redensarten, Sprichwörter, Metaphern, Jargonelemente (Jugendsprache, Gossensprache, Wissenschaftssprache, Duktus wissenschaftlicher Texte, Namen von Autoritäten, Zitate und sonstige diskursive Elemente).

4. Sichtung aller Substantive (mit knappem Kontext) auf Einzelkarten (evtl. Computerhilfe bzw. Datenbanken nutzen). Knappe Bedeutungsangabe, wie sich diese aus dem Kontext bestimmen läßt. Besonderheiten festhalten! Eine vollständige Erfassung aller Substantive ist i.R. nicht erforderlich, da z.B. die Zuordnung zu Bedeutungsfeldern kaum Aussagen zuläßt, die durch die Analyse von Kollektivsymbolen nicht auch gewonnen werden können. Hier ist entsprechend qualitativ vorzugehen!

5. Ordnung der Substantive nach bestimmten Bedeutungsfeldern (aber siehe oben!) (Politik allgemein, Krankheit, Militär, Wetter, Geschichte etc.) Diese Zuordnung erleichtert die Charakterisierung der Sprache des Autors z.B. als militant, einschüchternd etc. Zu beachten ist auch, daß solche Bedeutungsfelder insgesamt auch eine Art Fährenfunktion haben können bzw. auf globalere positiv oder negativ besetzte Erfahrungshintergründe anspielen (Soldatensprache, Sprache der Natur etc. für Soldaten, Militaristen, Naturfreunde, Ökologen).

Diskursfragmente enthalten meist rekurrente semantische Elemente »gleicher Höhe«, die man auch als *Isotopien* begreifen kann. Solche semantischen Bezüge sorgen für Verständlichkeit, da sie den Bedeutungszusammenhang eines Textes konstituieren. Sie konturieren und strukturieren die Bedeutung der Texte. Sie treten oft als Binäroppositionen auf, wenn sie z. B. Gegensätze wie »stabil«

---

197 Franz Januschek hat in seinem Buch »Arbeit an Sprache« (Opladen 1986) eine »Linguistik der Anspielung« entwickelt. Er geht generell davon aus, daß man einen Sprecher deshalb versteht, weil man mit ihm *besondere* gemeinsame Erfahrungen teilt. (S. 83) Ich möchte dies hier so aufnehmen, daß damit gesagt ist, daß Sprache – und die in Sprache transportierten Inhalte – in gewissen Grenzen sozial geteilt wird und auf ein mehr oder minder gemeinsames »Wissen« rekurriert. Die Verstricktheit der Individuen in die Diskurse läßt sich somit bereits auf der Ebene der gemeinsam geteilten Sprache festmachen. Zu beachten ist jedoch, daß Erfahrungen in Gestalt von »Wissen« einzelsprachübergreifend geteilt werden können, wenn die betreffenden Individuen ähnlichen oder verwandten gesellschaftlichen Gruppen mit ähnlichen kulturellen Eigenarten und Erfahrungen etc. angehören.

vs. »instabil«, »frei« vs. »unfrei«, »rational« vs. »irrational«, vorher vs. nachher markieren.[198]

6. Zeitraster erstellen! Bestimmen der Verbformen nach Person, Modus, Tempus und den thematischen Abschnitten zuordnen. Wann und warum bezieht sich der Autor auf Vergangenheit, Gegenwart und Zukunft? Wann und warum wählt er Konjunktive oder Befehlsformen etc.? Welche Besonderheiten lassen sich feststellen (Tempuswechsel)? Gibt es Dominanzen von Tempora? Lassen sich Bezüge zu den Inhalten des Diskursfragments herstellen? Verwendet der Autor z.b. den Konjunktiv, um sich von irgend etwas zu distanzieren? Ist das charakteristisch?

7. Sammlung aller Pronomen. (Besonders wichtig!) In Verbindung mit den substantivisch gefaßten (oft stereotypen) Akteuren bzw. »Charakteren«: Bestimmen, wer gemeint ist, z.B. der Autor, bestimmte im Text angesprochene Personen, »Wir« (Wer genau? Alle Menschen, der Autor und der Leser, Mitglieder einer Gruppe, die Deutschen usw. Der Zweck kann Vereinnahmung, Selbstdarstellung usw. sein). Wie verteilen sich die Pronomen auf den Text?

8. Sichtung der Verben (obwohl zu beachten ist, daß die Verben semantisch meist weniger ergiebig sind als die Substantive, aber auch sie können Kollektivsymbole sein (ein-fließen, herein-strömen)). Auf solche eher verdeckten Kollektivsymbole ist besonders zu achten!

9. Sichtung der Adjektive.

10. Sichtung der Adverbien.

11. Welcher Stilduktus liegt vor?[199]

12. Mittel der Grob- und Fein-Strukturierung wie z.B.: danach; wie ich zu Beginn bereits sagte; im Gegensatz dazu, etc. Welche Funktion haben diese Elemente? Strukturieren sie den Text zeitlich, inhaltlich etc.? Lassen sie ein bestimmtes rhetorisches Bemühen erkennen (Parallelisierungen, Kontrastierungen etc.)?

13. Untersuchung der Argumentationsstrategien, also der Art und Weise, wie argumentiert wird (Relativierung, Verleugnung, Nahelegung, Sprünge, (unzulässige) Verallgemeinerung, quasi-mathematische Beweisführung, rhetorischer Fünfschritt, etc.)[200]

14. Welcher syntaktischer Mittel bedient sich der Autor? Dazu sind alle Sätze zu analysieren: Länge, Unterordnung, Nebenordnung, Vergleichssätze, Folgesätze

---

198 Vgl. dazu Link 1990b. Isotopieanalysen können selbstverständlich nicht mit fixen Lexikonbedeutungen von Wörtern operieren, sondern nur mit den jeweils im Text aktualisierten Bedeutungen. Auf dieses Problem macht auch Busse aufmerksam (Busse 1992, S. 98 f.).

199 Dazu sollte man eine Stilistik befragen, z.B. Sowinski 1978 oder Sandig 1986.

200 Vgl. dazu auch die Untersuchung von van Dijk 1992 und Jäger 1992, S. 242 ff.

etc. Hier sind Aussagen möglich zur Komplexität der Sprache, zu Stilproblemen (Überredungsabsicht, überzeugender Stil etc.), Lesbarkeit, Verständlichkeit, Klarheit etc.[201]

15. Welche weiteren sprachlichen Besonderheiten des Textes fallen auf? Hervorhebungen, Ausrufe, Fragesätze, direkte und indirekte Rede, dialogische Struktur, feste narrative Strukturen (Frames, Skripts), Arten des Sprecherwechsels (bei der Analyse von Gesprächen) etc. Aber auch Fehler, Ungeschicklichkeiten, Täuschungen durch falsche Zitate, falsche Quellenangaben usw.

4. Inhaltlich-ideologische Aussagen

In fast jedem Artikel bzw. Diskursfragment finden sich Anhaltspunkte für ideologische Einschätzungen etwa im Hinblick auf das grundsätzliche Gesellschaftsverständnis, das verinnerlichte allgemeine Menschenbild, Positionen zu neuen Technologien, auf Fragen der Ökologie, auf erwartbare Zukunftsentwicklungen, auf Fragen menschlicher Existenz, auf Normalität- und Wahrheitsvorstellungen allgemein etc. Solche Verdichtungen innerhalb der eigenen Diskursposition können wichtige »Duftmarken« für eine Interpretation darstellen und verdienen daher besondere Beachtung.

5. Interpretation (eigentliche Diskursanalyse von Diskursfragmenten)

Die bisherigen Arbeiten (1. bis 4.) sind ausnahmslos Vorarbeiten für die nun erfolgende aufbereitete Darstellung des betreffenden Diskursfragments. Das heißt, alle festgestellten (wichtigen) Fakten, die sozialen und die sprachlichen Besonderheiten müssen im Zusammenhang gesehen werden. Dabei geht es nicht in erster Linie um das vom Autor/der Autorin Gemeinte, sondern auch um das, was beim Leser/Hörer des Textes »ankommt«, also um die Wirkung. Dabei muß das einzelne Diskursfragment immer als Teilelement eines Diskurses gesehen werden. Dabei ist nicht davon auszugehen, daß jeder Leser den Text so verstehen muß, wie er vom Analysierenden entschlüsselt worden ist. Als Fragment eines Diskurses steht der Text in gewisser Weise als Exemplar seiner Gattung da, mit der der Leser/Hörer als ganzer immer wieder konfrontiert ist. Als ein solches Exemplar ist er für die Diskursanalyse interessant. Exemplar einer Gattung bedeutet hier nicht, daß ein solches Fragment die gesamte Gattung in all ihren Facetten repräsentiert. Es tut dies jedoch in gewissen Ausschnitten. Daher ist es auch erforderlich, eine gewisse Anzahl von Texten zugleich zu untersuchen, wenn man den Diskursstrang (»die Gattung«), zu der er gehört, als ganzen in den Blick bekommen möchte, wenn man ihn *vollständig* und *in der ganzen Bandbreite seiner Wirkung* erfassen will, worauf später noch genauer einzugehen sein wird. Zu bedenken ist immer: Es ist nicht der einzelne

---

201 Hierzu ist eine gute Grammatik des Deutschen hinzuzuziehen, etwa Eisenberg 1989.

Text/das einzelne Diskursfragment, das wirkt, sondern der Diskurs als ganzer in seinem Fluß durch die Zeit und seiner kontinuierlichen Einwirkung auf Individuum und Gesellschaft.

Bei der (möglichst neutralen und objektiven) Darstellung des Diskursfragments könnte man nun etwa die folgenden Fragen beantworten und im Detail zu begründen versuchen:

1. Welche »Botschaft« vermittelt dieses Diskursfragment? (Motiv und Ziel des Textes, evtl. in Verbindung mit der »Grundhaltung« des Autors/der Autorin)

2. Welcher sprachlichen und sonstigen propagandistischen Mittel bedient sich der/die AutorIn bzw. SprecherIn? Wie sind diese bezüglich ihrer Wirksamkeit einzuschätzen? (Analyse der Routinen)

3. Welche Zielgruppe(n) sucht der/die AutorIn anzusprechen?

4. Welche Wirksamkeit im Hinblick auf die Veränderung von dominanten oder subalternen Diskursen (Diskurspositionen, traditionell: Weltsichten und Wissenshorizonten) beabsichtigt der/die SprecherIn und die spezifische Ideologie/Weltsicht, in deren Rahmen er steht, angesichts der aktuellen politischen und sozioökonomischen Auftreffsbedingungen bei der Bevölkerung z.B. der BRD?

5. In welchem diskursivem Kontext steht das Diskursfragment? Auch wenn man zunächst nur ein Diskursfragment analysiert hat, ist es doch möglich, für eine Einzelanalyse eine Art Rahmenskizze des gesamten Diskursstrangs und des Gesamtdiskurses zu erstellen, auf deren Vorläufigkeit selbstverständlich verwiesen werden muß.[202] Dabei bezieht man sich einmal auf ein größeres, möglichst gründlich analysiertes Materialcorpus sowie auf den einschlägigen wissenschaftlichen Spezialdiskurs. Auf diese Weise sind etwa die folgenden Fragen zu beantworten:

– Welche gesellschaftlichen Bedingungen gehen in den Text ein, durch welche Diskurse gebrochen?

– Wie ist das Verhältnis zum hegemonialen Diskurs beschaffen?

– Wie wird Bezug auf (diskursive) Ereignisse, politische, ökonomische, historische und kulturelle Gegebenheiten genommen? etc.

Das ist keine Gliederung, die man so einfach übernehmen sollte. Es handelt sich um bestimmte Grund-Fragen, die an das Material herangetragen werden und beantwortet werden sollten (interpretative Materialaufbereitung). Hier sind natürlich je nach Art des Materials etc. manche weiteren Fragen möglich.

---

202 Selbstverständlich ist es wesentlich befriedigender, ganze Diskursstränge (auf einer oder mehreren diskursiven Ebenen) zu untersuchen, worauf im folgenden – unter Beachtung der damit verbundenen praktischen Probleme – noch gesondert eingegangen werden soll.

Diesen Abschnitt zusammenfassend, ist zu sagen:

Selbstverständlich muß eine solche Anleitung auch Analysevorschläge enthalten, die für den jeweiligen Text völlig überflüssig oder auch unergiebig sind. Insofern ist ein solcher Analyseschlüssel auch nur eine Krücke, die beim Gehen hilft, intensive eigene Auseinandersetzung mit den Besonderheiten des Textes nicht ersparen kann. Insbesondere sollte man nicht mechanisch vorgehen. So muß man z.B. keineswegs alle Substantive etc. mit Fährenfunktion analysieren. Häufig zeigt sich, daß bestimmte Typen immer wieder vorkommen und die weitere Analyse nicht mehr ergiebig für eine Darstellung sein kann.- Probleme entstehen z.B. auch bei der Erkundung von Bedeutungsfeldern etc. Viele Substantive etc. lassen sich mehreren Bedeutungsfeldern zuordnen, manche schillern semantisch. Wichtig ist immer die Beachtung der »Kontexte«. Hilfreich sind Versuche, die betreffenden Wörter durch andere, gleichbedeutende zu ersetzen. Hier kommt es insbesondere darauf an, bestimmte Trends auszumachen; Zweifelsfälle kann man daher, insbesondere bei einem ersten Durchgang, aussortieren, ohne Angst haben zu müssen, an Objektivität einzubüßen. Insgesamt: Nicht dem Fetisch Objektivität im Sinne naturwissenschaftlicher Scheinobjektivität aufsitzen!

Die im Anhang dargestellten Anwendungsbeispiele machen deutlich, daß die Darstellung eines Diskursfragments ganz anders gegliedert sein kann, als die voranstehenden Fragen angeordnet sind. Zu beachten ist auch: Dieses Verfahren ist zwar in erster Linie empirisch und um Objektivierung bemüht. Die Analyse kann aber, wie sich zeigen wird, auch Grundlage für eine kritische Auseinandersetzung damit sein (dazu s. unten!). Es beansprucht, zudem auch auf literarische Texte übertragbar zu sein, insofern der Versuch gemacht wird, Literatur als ideologischen Diskurs zu begreifen. Auch Literatur ist ideologisch und von nicht geringer Bedeutung für die Struktur und die Inhalte des Interdiskurses.[203]

Zur praktischen Anwendung dieses Analyseverfahrens ist noch der folgende Hinweis wichtig: Bei solchen Materialaufbereitungen tauchen immer schon Ansätze zur Interpretation der erfaßten Phänomene auf. Im Beispiel: In einem Diskursfragment finden sich auffällige Kollektivsymbole wie Lokomotive, Auto, Aufschwung, Vorlage, Frühling, verbessertes Klima etc. Auf dem Hintergrund der Kenntnisse zur Kollektivsymboltheorie fällt den Analysierenden sofort auf, daß sie auf einen gemeinsamen (sekundären) semantischen Zusammenhang zielen, etwa auf »Fortschritt« oder »Ansteigen« der Wirtschaftskonjunktur. Mit anderen Worten: Wenn man eine Materialaufbereitung eines Diskursfragments vornimmt, denkt man bereits immer mit, man »interpretiert« die einzelnen Phänomene bereits ein Stück weit. Die-

---

203 Dies wird bereits bei der Lektüre jeder guten Literaturgeschichte deutlich. Die ideologische Abhängigkeit der Literatur von politischen und anderen Diskursen fällt besonders ins Auge, wenn man z.B. Hans Meyers Analyse der deutschen Literatur nach 1945 liest (Meyer 1998).

ses »Mitdenken« sollte bei jedem Analyseschritt bereits schriftlich festgehalten werden; dies auch dann, wenn die Interpretation dem Interpreten bzw. der Interpretin zunächst noch etwas spekulativ vorkommen mag. Solche Notizen sind sehr wertvoll, wenn es nach der Materialaufbereitung an die Gesamtinterpretation des Diskursfragments geht. Es zeigt sich in aller Regel, daß die ersten »Einfälle« Anregungen für eine tiefergehende Analyse enthalten, die dann in einem zweiten Durchgang vorgenommen wird. Meist stellt sich dabei heraus, daß die vorgenommenen Deutungen von Einzelphänomenen miteinander korrespondieren, so daß sich im Verlauf der Analyse allmählich ein Gesamtbild herausstellt. Dabei werden zugleich Interpretationsansätze, die zu spekulativ waren bzw. etwaige Überinterpretationen einzelner Erscheinungen marginalisiert und abgemildert oder ganz ausgeschieden werden können. So vorgenommene Materialaufbereitungen bilden das Herzstück der Analyse von Diskursfragmenten, die sodann sozusagen »in einem Zuge«, unter ausführlichen Hinweisen auf Materialbelege durchgeführt werden kann.

Da es uns allerdings darum gehen soll, nicht nur einzelne Diskursfragmente, sondern ganze Diskursstränge und diese als Bestandteile des gesellschaftlichen Gesamtdiskurses zu analysieren, sind einige weitere Überlegungen erforderlich.

3.4. Vom Diskursfragment über den Diskursstrang zum (gesamtgesellschaftlichen) Diskurs

3.4.1. Vorbemerkungen zur Wahl des Gegenstandes

Zur Erinnerung: Das allgemeine Ziel von Diskursanalysen ist es, *Diskursstränge* historisch und gegenwartsbezogen zu analysieren und zu kritisieren, wobei auch vorsichtige Aussagen über die weitere Entwicklung des Diskursstrangs in der Zukunft möglich sein sollten (Der Diskurs ist der »Fluß von ›Wissen‹ bzw. ›sozialen Wissensvorräten‹ durch die Zeit«, der ja nicht einfach »abbricht«!)

Diskurse haben eine Geschichte; sie entstehen nicht aus dem Nichts, sie verändern sich historisch insbesondere in Verbindung mit dem Erscheinen wichtiger diskursiver Ereignisse, versiegen, fließen mit anderen Diskursen zusammen etc. etc. Insofern sie die gegenwärtigen Diskurse mit-prägen, prägen diese zusammen mit den aktuellen auch die in der Zukunft zu erwartenden Diskursverläufe, ohne diese absolut zu determinieren. Damit erhalten die Ergebnisse einer Diskursanalyse auch eine gewisse prognostische Kraft.

Zu bedenken ist jedoch, daß solche sozio-historischen Analysen einen ungeheuren Aufwand darstellen, der m. E. nur bei sehr engen Fragestellungen und bei entsprechender Ausstattung der Forschung bewältigt werden kann. Infolgedessen konzentrieren sich die folgenden Überlegungen auch primär auf die Analyse synchroner Schnitte (also von Querschnitten) durch jeweilige Diskursstränge.

Wenn man ein bestimmtes diskursanalytisch angelegtes Projekt durchführen möchte, geht es zuallererst um die genaue Verortung der eigenen Untersuchung (des zu untersuchenden Gegenstandes). Hier liegen bereits mögliche Fallstricke vor. Geht es etwa um die Frage, ob und wie in Medien oder Alltag Rassismus verbreitet ist, sollte man nicht mit dem (bzw. einem) Begriff von Rassismus als einer Art Lupe auf die Suche gehen und nach dem Auftreten dieses Ideologems fahnden. Man sollte statt dessen den Ort zu bestimmen versuchen, an dem solche Ideologeme überhaupt auftreten können. Dieser Ort ist der Diskurs über Einwanderung, Flucht, Asyl etc. Dieser Diskurs(strang) ist dann der zu untersuchende Gegenstand und bestimmt die Archivierung des zu untersuchenden Materials.

Ein weiteres Beispiel: In einem benachbarten Projekt soll der »Zusammenhang von Kulturkrise und Frauenemanzipation« untersucht werden. Wie ist diese Fragestellung so zu operationalisieren, daß sie diskursanalytisch sinnvoll untersucht werden kann? Aufgerufen sind der Diskurs über Frauen und der über Kultur(krise) und gefragt wird, wie sich diese beiden miteinander verschränken bzw. ob sie sich so miteinander verschränken, daß der Eintritt von Frauen in die »Kultur« (die noch genauer zu definieren wäre) als »Kulturkrise« stigmatisiert wurde und welche Folgen dies für die weitere diskursive Konstituierung historischer und aktuell-gegenwärtiger

Frauenbilder gehabt hat. Man könnte nun so vorgehen, daß man den Diskursstrang Frauen und den Diskursstrang Kultur zu erfassen versucht.[204]

Das würde bereits eine riesige Materialfülle erzeugen, selbst wenn man sich auf den sozialwissenschaftlichen Spezialdiskurs beschränken würde oder auch nur den literarischen, zeitgenössisch-akademischen etc. Diskurs hinzunähme. Sinnvoll wäre dann etwa die folgende Einschränkung: Zu untersuchen sind sozialwissenschaftliche Texte aus der Zeit um die vorige Jahrhundertwende, in denen sowohl über Frauen wie über Kultur gesprochen wird. Eine weitere m. E. sinnvolle Eingrenzung ergäbe sich, wenn man sich wohlbegründet auf eine Auswahl hegemonialer wissenschaftlicher Zeitschriften beschränken würde (hegemonialer Sektor der Diskursebene Medien des Spezialdiskurses Sozialwissenschaften). In dem zu ermittelnden Dossier (trad. Corpus) wären zunächst alle Aussagen (Diskursfragmente) über Frauen herauszufinden, alle Aussagen über Kultur und auch alle Aussagen, in denen Frauen und Kultur zueinander in Beziehung gesetzt werden. Zu fragen wäre: Wie werden Frauen dargestellt, wie wird Kultur dargestellt, wie wird die Relation zwischen beiden indirekt und direkt formuliert? Eine solche Engführung des Materials wäre deshalb sinnvoll, weil man sagen könnte, daß dieses Material geeignet ist, auch den gesamten Interdiskurs zu durchdringen und damit einen erheblichen Beitrag zur diskursiven Konstituierung des Subjekts Frau bis in die Gegenwart zu leisten.

Oft sind bei der Bestimmung des zu untersuchenden Gegenstandes aber allein schon aus arbeitstechnischen Gründen und wegen der Ein-Mann-Frau- oder sonstwie begrenzten Forschungskapazität gewisse Einschränkungen unerläßlich, die allerdings inhaltlich gut begründet und plausibel sein müssen.

Meist wird man sich auf eine Diskursebene konzentrieren müssen, etwa die der Medien. In bestimmten Fällen können auch mehrere Ebenen parallel untersucht werden oder auch mehrere Sektoren einer Ebene (etwa Frauenzeitschriften, etwa Nachrichtensendungen im TV). Oft wird man nur einen Teil-Sektor der Diskurs-Ebene untersuchen können, etwa Medien (Print) oder Medien (Schlager). Es sollte genau begründet werden, weshalb man sich diesem Sektor widmet: etwa weil er in besonderer Weise zu zeigen verspricht, wie ein Thema massenhaft verbreitet wird, oder: weil dieser Sektor bisher nicht untersucht worden ist (wobei dann selbstverständlich auf andere Sektoren, die bereits untersucht worden sind, eingegangen werden sollte).

---

204 Das angesprochene, und derzeit noch nicht beendete Projekt behandelt das Thema: »Die Ordnung der Geschlechterverhältnisse. Archäologie und Genealogie der Geschlechterverhältnisse im Diskurs über die Kulturkrise am Ende des 19. und zu Beginn des 20. Jahrhunderts.« Gegenstand dieses Projekts ist eine im Anschluß an Foucault diskurstheoretisch orientierte Analyse der Debatte über die »Krise der Kultur« und deren implizite und explizite geschlechtliche Kodierung. Vgl. dazu Bublitz (Hg.) 1998 sowie Bublitz/Bührmann/Hanke/Seier (Hg.) 1999, wo erste Ergebnisse dieses Projektes diskutiert werden und mehrere Beiträge zur Methode der Diskursanalyse abgedruckt sind.

Ein ›synchroner‹ Schnitt durch den Diskursstrang, der immer insofern zugleich dia-
chron-historisch ist, als er ›geworden‹ ist, kann je nach Thema und Diskursebene
unterschiedlich aussehen. Bei Printmedien zum Thema Bio-Politik etwa könnte ein
ganzes Jahr genommen werden, weil auch beim gründlichen Lesen der betreffenden
Zeitungen erst in einem längeren Zeitraum die Bandbreite des Diskursstrangs qualitativ vollständig erfaßt sein dürfte. Bei der Darstellung der Frau im Schlager reichen (wahrscheinlich) einige Exemplare, weil hier mit extremen exemplarischen
Verdichtungen zu rechnen sein dürfte. (»Armut« des Diskurses; das muß aber nachgewiesen werden!)

Wichtig ist es, die Unter-Unterthemen des Diskursstrangs im jeweiligen Sektor der
Diskursebene zu erfassen und nach Unterthemen zu bündeln, die in ihrer Gesamt-
heit den Diskursstrang der betreffenden Zeitung bzw. des betreffenden Sektors der
Diskursebene ausmachen.

Das Zusammenwirken mehrerer *Diskursebenen* bei der Regulation von (Mas-
sen-)Bewußtsein ist besonders spannend, aber gewaltig arbeitsaufwendig. Hier wird
man nach wohlbegründeten Exempla aus den verschiedenen Diskursebenen suchen
müssen und deren Zusammenwirken exemplarisch aufzeigen.

Das Problem vervielfältigt sich, wenn das Zusammenwirken verschiedener Diskursstränge (Diskursstrangverschränkungen) untersucht werden soll.

3.4.2. Konkrete Vorgehensweise

Als Vorgehensweise für eine (einfache) Diskursanalyse bietet sich (nach Vorstellung
und Begründung des Themas (Diskursstrangs) an:[205]

1. Der diskursive Kontext

Untersucht man ein bestimmtes Thema, z. B. »Die Konstituierung des Frauenbildes
in den Printmedien« oder »Einwanderung, Flucht, Asyl«, so empfiehlt es sich, insbesondere, wenn es sich um längere Zeitverläufe handelt, auch den *diskursiven Kontext* zu erfassen, in dem das Thema auftaucht. Gemeint sind damit alle *Ereignisse*,
die das Thema berühren, insofern sie zu *diskursiven Ereignissen* gemacht worden
sind. Für den Frauendiskurs wären dies etwa Ereignisse des Typs Einführung der
sog. Antibabypille in den sechziger Jahren, für den Einwanderungsdiskurs etwa die
faktische Abschaffung des Art. 16 GG 1993. Solche diskursiven Ereignisse markieren Höhepunkte der Entwicklung des Diskursstrangs und strukturieren ihn.

---

205 Die folgenden Ausführungen orientieren sich primär an Medienanalysen. Sie lassen sich
bei leichten Modifikationen jedoch auf alle anderen Diskursebenen übertragen. Ein Beispiel für die Materialaufbereitung zu einem Interview (Alltagsdiskurs) findet sich im
Anhang. Ich verweise ferner exemplarisch auf umfassendere (synchrone) Diskursanalysen bei Jäger (Hg.) 1988b, Jäger 1992, M. Jäger 1996, M. Jäger/Jäger/Ruth u.a. 1997,
Jäger/Kretschmer u.a. 1998, M. Jäger/Cleve u.a. 1998.

...kursive Kontexte auf einer Zeitschiene zu ermitteln, kann auch synchrone ...nitte durch Diskursstränge sinnvoll flankieren, da sie es erlauben, den synchro- ...Schnitt als Resultat diskursiv-historischer Entwicklungen zu verorten. Damit lie- ...n sie wichtige Interpretationshilfen für das Verstehen synchroner Schnitte durch die jeweiligen Diskursstränge. So könnte z. B. der Versuch, die Emanzipation der Frauen zurückzudrängen, als eine (konservative) Reaktion auf die Emanzipationsbe-strebungen der Frauenbewegung politisch verortet werden. Es böte sich an, hierzu entsprechende wissenschaftliche Abhandlungen hinzuzuziehen, aber auch mediale Jahresrückblicke, Chroniken etc.

2. Gewinnung des Materialcorpus

Zunächst erfolgt die Sammlung und systematische Archivierung des gesamten Mate-rials zum Thema (auf einer oder mehreren Diskursebenen). Bei Medienanalysen empfiehlt es sich, alle Artikel in chronologischer Reihenfolge zusammenzustellen, sie zu lesen und mit bestimmten Stichwörtern zu versehen. Solche Stichwörter mar-kieren die wichtigsten Themen (Diskursfragmente) und Unterthemen des Artikels, die Verschränkungen mit anderen Diskurssträngen und die Kernbotschaft des Arti-kels. Welche Merkmale erfaßt werden, richtet sich auch nach dem (Haupt-)Thema. So war es sinnvoll, bei einer Studie zur Berichterstattung über Straftaten deutscher und ausländischer Täter die Nationalität zu markieren und die Mittel, durch die sie sichtbar wird.[206] In weiteren Rubriken wurden z.B. festgehalten: Autor, Textsorte, auffällige Kollektivsymbole, Bebilderung etc. Das heißt, jeder Artikel wird einer Voranalyse unterzogen.[207] Diese Vorarbeiten für eine *Strukturanalyse* des Diskurs-strangs werden systematisch auf Karten oder in einer Datenbank zusammengetra-gen. Auf der Grundlage dieser Analysen wird sodann der gesamte Diskursstrang (z. B. einer Zeitung) erfaßt, inhaltlich genau beschrieben und in seiner Grundstruktur analysiert. Es liegt damit die *Strukturanalyse des gesamten betreffenden Diskurs-strangs* vor.

---

206 Vgl. M. Jäger/Cleve/Ruth/Jäger 1998.

207 Bereits dies bedeutet einen erheblichen Aufwand, der bei sehr allgemeinen Themen und längeren Zeiträumen nur von größeren Forschungsteams bewältigt werden kann. Bei Untersuchungen, die nur geringe Kapazitäten zur Verfügung haben (Hausarbeiten, Ex-amensarbeiten) ist daher sorgfältig darauf zu achten, daß die Fragestellung auch ar-beitsökonomisch zu bewältigen ist. Sie sollten i.a. als Pilotuntersuchungen angelegt sein, die von vornherein nicht den Anspruch erheben, eine Fragestellung vollständig abzu-decken. Doch auch solche Untersuchungen sind meist sehr sinnvoll, da sie mögliche Wege der Forschung aufzeigen, Hinweise für die Erweiterung und Verfeinerung der In-strumente bieten oder auch einfach deshalb, weil sie den BearbeiterInnen die Möglich-keit geben, sich am Ernstfall in die Praxis empirischer Forschung einzuarbeiten.

3. Vom Materialcorpus zum Dossier: Struktur- bzw. Überblicksanalyse

Bei einer solchen Beschreibung bzw. inhaltlichen Erfassung des Diskursstrangs wird sichtbar, welche Themen bzw. Unterthemen mehrfach oder immer wieder z. B. in einer Zeitung auftauchen. Um die qualitative Bandbreite des Diskursstrangs zu erfassen, können diese Dopplungen zunächst ausgeschieden (allerdings nicht in den Papierkorb geworfen) werden. Das Ergebnis dieses Prozesses bezeichne ich als *Dossier*, das also die qualitative Bandbreite, in der ein Thema behandelt wurde, festhält. Die bei diesem Prozeß sichtbar werdenden Häufungen, die sozusagen als quantitativer Aspekt der Analyse sehr ernstgenommen werden sollten, verweisen auf Aufmerksamkeitsschwerpunkte bzw. Trends im betreffenden Diskursstrang z. B. einer bestimmten Zeitung (und, sofern man den gesamten Mediendiskurs oder relevante Ausschnitte daraus untersucht: auf diskursive Ereignisse im Mediendiskurs, aber u. U. auch auf ein Sommerloch etc.).

Hier stellt sich die Frage, ob der Weg vom Materialcorpus zum Dossier nicht durch einige Fallstricke verstellt ist. Da z.B. viele Artikel mehrere Unterthemen behandeln, ergeben sich thematische Überlappungen und Verschränkungen, die die Entscheidung, ob bestimmte Artikel ausgeschieden oder zum Dossier gerechnet werden können, nicht leicht macht. Doch in Wirklichkeit handelt es sich hier um ein Scheinproblem. Es kommt darauf an, daß im Dossier alle vorkommenden Haupt- und Unterthemen auftreten. Wenn dabei mehrere Unterthemen mehrfach auftreten, tut dies der qualitativen Erfassung des Diskursstrangs keinen Abbruch, da sich die Beschreibung des Dossiers ja nur auf die vorhandenen jeweiligen Haupt- und Unterthemen bezieht. Außerdem zeigt sich, daß bei auch noch nicht sehr großen Materialmengen kaum noch neue Themen und Unterthemen auftauchen. Das ist natürlich sehr stark vom jeweilig gewählten Thema abhängig.

Der Übergang vom Corpus zum Dossier wird zudem dadurch erleichtert, daß man sich vor Augen führt, daß es nicht um einzelne Artikel geht, sondern um die Erfassung des Diskursstrangs in seiner qualitativen Bandbreite. Ich will das an einem etwas idealtypischen Beispiel verdeutlichen:

Mein Corpus besteht z. B. aus 100 Artikeln mit 10 Unter- und 50 Unter-Unterthemen. Nach Durchsicht von 10 Artikeln habe ich 5 Unterthemen und 20 Unter-Unterthemen erfaßt; nach Durchsicht von 30 Artikel habe ich 10 Unterthemen und 45 Unter-Unterhemen erfaßt; nach Durchsicht von 40 Artikeln habe ich alle Unterthemen und alle 50 Unter-Unterthemen erfaßt. Das kann ich natürlich nur herausbekommen, wenn ich alle Artikel voranalysiert habe (und der Vorgang läuft nicht so gleichförmig, wie diese »Formel« suggeriert).

Und noch eine weitere Frage könnte sich stellen: Werden nicht auf dem Weg vom Corpus zum Dossier solche Artikel übergewichtet, die nur einmal oder sehr selten vorkommen? Auch hier handelt es sich um ein Scheinproblem, denn erstens sind die Häufungen ja erfaßt, so daß durchaus Schwerpunkte und Trends innerhalb z.B. der jeweiligen Zeitungen interpretierbar sind. Zweitens bezieht sich eine Analyse, die die

Ebene des Mediendiskurses (zu einem bestimmten Thema) insgesamt anzielt, auf den gesamten Mediendiskurs. Eine solche Analyse endet also immer mit einem synoptischen Vergleich einer größeren Zahl von Medien, worauf noch genauer einzugehen sein wird.

4. Von der Strukturanalyse eines Diskursstrangs zum typischen Artikel bzw. Diskursfragment

Nach welchen Kriterien ermittelt man aber nun die für einen Diskursstrang typischen Artikel, die einer Feinanalyse zugeführt werden? Zur Beantwortung dieser Frage müssen wir uns nun wieder auf das Dossier und die Strukturanalysen beziehen, die ja für jedes Exemplar eines Mediums erstellt worden sind. Die Strukturanalysen zeigen bereits, welche inhaltlichen, formalen und auch ideologischen Schwerpunkte eine Zeitung oder Zeitschrift setzt. Sie geben damit Hinweise darauf, welche Diskursfragmente *typisch* sind. Typische Diskursfragmente auszuwählen und einer Feinanalyse zu unterziehen, verfolgt den Zweck, in Rückkopplung mit den Strukturanalysen stark verallgemeinernde Aussagen über einen Diskursstrang in einer bestimmten Zeitung etc. vornehmen zu können, ohne »vom Material erschlagen« zu werden.

Zumindest die folgenden Kriterien für die Auswahl typischer Artikel sollten berücksichtigt werden:

- Die Diskursposition der Zeitung, die grob »bekannt« ist, die sich aber auch an Themenwahl, Art und Weise der Berichterstattung etc. ablesen läßt

- Der thematische Schwerpunkt des betreffenden Diskursstrangs in der betr. Zeitung

- Die tendenzielle (quantitative) Verteilung der Unter-Unterthemen, die sich aus der Strukturanalyse des Corpus ergeben hat

- Art und Dichte der Verschränkungen mit anderen Diskurssträngen

- Berichtsstil (etwa sensationsheischend, unterhaltend, erbaulich u. ä.)

- Formale Besonderheiten der Darstellung in den Diskursfragmenten der betreffenden Zeitung (viele Kollektivsymbole, bevorzugte Textsorten, bevorzugte Argumentationsstrategien für den betreffenden Diskursstrang in der jeweiligen Zeitung etc.)

- evtl. auch quantitativer Umfang, starke oder weniger starke Bebilderung etc.

Auf diese Weise sind gute Annäherungen an typische Artikel möglich. Flankiert von den vorangegangenen Strukturanalysen, bilden Feinanalysen typischer Diskursfragmente eine solide Basis für die abschließende Gesamtinterpretation des Diskursstrangs in einer Zeitung etc.

5. Die Gesamtinterpretation des Diskursstrangs (in einer Zeitung etc.)

Erst jetzt kann die Gesamtanalyse des Diskursstrangs (im betreffenden Sektor bzw. in der betreffenden Zeitung etc.) erfolgen, wobei gegebenenfalls die Analyse des diskursiven Kontextes einzubeziehen ist (s. o). Das bedeutet: Es werden *alle* bisher erzielten wesentlichen Ergebnisse der Feinanalyse(n) und der überblickshaften Strukturanalyse reflektiert und einer Gesamtaussage über den Diskursstrang in der betreffenden Zeitung bzw. des betreffenden Sektors zugeführt. Die über diesem abschließenden Teil schwebende Frage könnte etwa lauten: ›Welchen Beitrag leistet die jeweilige Zeitung zur Akzeptanz von Bio-Politik oder auch von Bio-Technologie in der BRD in der Gegenwart, und welche weitere Entwicklung ist vermutlich zu erwarten?‹ Diese globale Frage läßt sich in einem argumentativen Zusammenhang, der sich akribisch begründend auf das aufbereitete Material bezieht, Stück für Stück beantworten.[208]

6. Synoptische Analyse

Bei der Analyse z. B. des Mediendiskurses ist möglichst die gesamte politisch-ideologische Bandbreite der Medienlandschaft zu untersuchen. (Entsprechendes gilt für andere Diskursebenen.) Tunlichst wird man deshalb zunächst jedes Medium (Zeitung, Zeitschrift, aber auch Serien von Fernsehsendungen etc.) einzeln untersuchen, (inklusive Struktur- und Feinanalysen sowie Gesamtinterpretation des gesamten Diskursstrangs je Zeitung etc.) wie oben beschrieben, sie jedoch abschließend einer zusammenfassenden und vergleichenden (synoptischen) Analyse zuführen. Eine solche Analyse verweist auf die zentralen Unter-Themen des gewählten Themas im Mediendiskurs (neben bestimmten Schwerpunktsetzungen). Diese gesamte Bandbreite des Mediendiskurses gilt es aber zu erfassen, da er in dieser Bandbreite auch auf das Bewußtsein einer »Gesellschaft« wirkt. Man darf sich dies zudem nicht so vorstellen, daß eine Zeitung nur auf je einzelne Leser wirkt und sich darin die Wirkung dieser Zeitung erschöpft, sondern indem dieser Leser oder diese Leserin Informationen aus einer Zeitung aufnimmt, ist er/sie damit ausgestattet, solche Informationen an andere weiterzugeben, und umgekehrt: er/sie nimmt kontinuierlich Informationen aus anderen Zeitungen über andere Lese- und Gesprächspartner auf. Auch der Mediendiskurs stellt so ein großes und vielgestaltiges Gewimmel dar, das in dieser wimmeligen und mit der Leserschaft rückgekoppelten kontinuierlichen Form »wirkt«.[209]

---

208 Wie eine solche Gesamtanalyse im einzelnen vorgeht, kann hier ausgespart bleiben. Es gibt hierbei unterschiedliche ästhetische Möglichkeiten, einen Gedankenzusammenhang zu entwickeln. Einige Beispiele für Materialaufbereitung und Gesamtanalysen enthält der Anhang zu diesem Buch.

209 Ich spreche hier nur einen kleinen Ausschnitt aus dem gesamtgesellschaftlichen Diskurs an. Dieser ist selbstverständlich mit anderen Elementen dieses Diskurses verschränkt und auch durch diese Elemente mitgeprägt. Eine diskursanalytisch verfahrende Medientheorie hätte diese Vorstellung weiter auszubauen.

Hier wird auch deutlich, daß Übergewichtungen einzelner (Unter-)Themen kaum eine Rolle spielen dürften hinsichtlich der Frage der Wirkungen des Mediendiskurses insgesamt. Taucht etwa ein Unter-Unterthema nur einmal oder sehr selten, aber in *allen* (untersuchten) Medien auf, gehört es zum Wirkungsspektrum der Medien. Taucht es z.B. nur einmal in *einer* Zeitung auf, dürfte es bei der synoptischen Analyse des Mediendiskurses auch keine nennenswerte Rolle spielen. Für eine Interpretation bleibt es im allgemeinen völlig marginal.

3.4.3. Exkurs: Komprimierter Leitfaden für die Erstellung von Materialaufbereitungen für die Analyse von *Diskurssträngen*

Vorbemerkung

Das folgende stellt eine Art komprimierter Analyseleitfaden für die Materialaufbereitung *für ganze Diskursstränge* dar, der besonders die Probleme von Medienanalyse berücksichtigt.

Dieser Leitfaden ersetzt nicht die vorstehend angestellten Reflexionen und sollte also nicht mechanisch angewendet werden. Er versteht sich als konkrete Hilfestellung für die Arbeit am Material in der Projektarbeit.

Deutlich dürfte geworden sein, daß Materialaufbereitungen *Basis und Herzstück der anschließenden Diskursanalyse* sind. Sie sind äußerst sorgfältig vorzunehmen und (bei größeren Projekten mit mehreren MitarbeiterInnen) von allen Beteiligten in der gleichen Reihenfolge durchzuführen, ohne daß dabei schematisch vorgegangen werden sollte. Das deshalb, weil die *synoptische Analyse* (= vergleichend-zusammenfassende Analyse) im Anschluß an die einzelnen Untersuchungen eines jeweiligen Zeitungs- und Zeitschriftenjahrgangs darauf angewiesen ist, die Ergebnisse systematisch nebeneinanderzustellen.

In die Materialaufbereitungen können/sollten immer schon Einfälle und Interpretationsansätze eingehen, und zwar immer dann, wenn man solche Einfälle/Ideen hat. Solche interpretativen Passagen sollten aber besonders gekennzeichnet werden, z.B. durch Unterstreichungen, Kursivdruck etc.[210]

Analyseleitfaden zur Materialaufbereitung bei ganzen Diskurssträngen

1   Ermittlung des diskursiven Kontextes
2   Allgemeine Charakterisierung der Zeitung: Politische Verortung, Leserschaft, Auflage usw.)

---

210   Vgl. dazu die Materialaufbereitung eines Interviews im Anhang.

3 Überblick über (z.B.) den gesamten Jahrgang in Hinblick auf die ausgewählte Thematik

3.1 Liste der erfaßten thematisch relevanten Artikel mit jeweiliger Angabe der bibliographischen Daten; Stichwort(en) zur Thematik; Angabe der journalistischen Textsorte; mögliche Besonderheiten; Angabe der Rubrik bei Wochenzeitungen/-zeitschriften

3.2 Zusammenfassender Überblick über die in der Zeitung/Zeitschrift angesprochenen/aufgegriffenen Themen; qualitative Bewertung; auffälliges Fehlen bestimmter Themen, die in den anderen ausgewerteten Jahrgängen angesprochen wurden; zeitliche Präsentation und Häufungen bestimmter Thematiken in Hinblick auf mögliche diskursive Ereignisse

3.3 Zuordnung der Artikel zu Unterthemen und Unter-Unterthemen (beim biopolitischen Diskursstrang wären dies etwa ›Krankheit/Gesundheit‹, ›Geburt/Leben‹, ›Tod/Sterben‹, ›Ernährung‹, ›Ökonomie‹, ›Bioethik/Menschenbild‹ (dabei für die spätere Nachvollziehbarkeit die unter den ›Unterthemen‹ zusammengefaßten Unter-Unterthemen jeweils nennen — die Zuordnung soll nicht nur numerisch erfolgen!)

4 Zusammenfassung von 3.1 und 3.2: Bestimmung der Diskursposition der Zeitung/Zeitschrift in Hinblick auf die jeweilige Thematik

Abschließende Interpretation des gesamten untersuchten Diskursstrangs unter Rückgriff auf die vorliegenden Materialaufbereitungen (diskursiver Kontext, Struktur- und Feinanalyse(n))

Nach erneuter Durcharbeitung der Materialaufbereitungen, Feststellung von Begründungszusammenhängen zwischen den unterschiedlichen Aufbereitungsebenen, Ergänzungen interpretatorischer Ansätze, Verwerfung zu schwach begründeter Interpretationsansätze etc. liegt nun eine vollständige und möglichst lückenlose *Materialaufbereitung* vor. Damit ist die Basis gelegt für die Abfassung einer Gesamt-Analyse des betreffenden Diskursstrangs, deren Ästhetik nicht im einzelnen vorgeschrieben werden kann und soll. Wie diese aussieht, das ist eine Frage des »schönen Schreibens«, der Zielgruppe, des Veröffentlichungsortes etc. Wichtig ist hier vor allem, daß die vorgetragene Argumentation stringent, materialreich und überzeugend ist.

3.4.4. Einige Thesen und Bemerkungen zur Möglichkeit qualitativer Analyse beim Vorliegen großer Materialmengen und zur Einschätzung des Zeitaufwandes

Diskursanalysen beziehen sich auf ganze Diskursstränge (über einen bestimmten historischen Zeitraum hinweg) bzw. auf synchrone Schnitte durch Diskursstränge.

Dabei fallen meist große Materialmengen an, die nach den üblichen Verfahren kaum analytisch zu bewältigen sind, es sei denn, auf Kosten genauer Analyse.

Es hat sich gezeigt, daß das Vorliegen solcher großer Materialmengen bei allen diskursanalytischen Projekten ein Problem darstellt, das großes Kopfzerbrechen bereitet. Ich möchte daher im folgenden einige Vorschläge zur Diskussion stellen, wie mit diesem Problem sinnvollerweise umgegangen werden kann. Dabei beziehe ich mich auf eine Reihe von Erfahrungen, die bei bisher durchgeführten Projekten gemacht werden konnten.[211]

Zunächst ein Hinweis, der die (oft umfangreiche bis ausufernde) theoretische und methodologische Begründung empirischer diskursanalytischer Projekte betrifft:

Es sollten keine umfassenden Theorien und Methoden ›nachgebetet‹ werden, sondern nur das soll expliziert werden, was für die betreffende Arbeit wichtig ist. Es sollte also ›vom Gegenstand her‹ gedacht werden. Gut gelöst ist das in »Fatale Effekte« von Margret Jäger (Jäger 1996).

Am Beispiel des Biomacht-Projekts der Diskurswerkstatt Duisburg[212] möchte ich darstellen, wie mit dem Problem der Bewältigung großer Materialmengen rational umgegangen werden kann. Dem Projekt lag eine bestimmte *Fragestellung* zugrunde, und es bezog sich auf (ausgewählte) *Printmedien* (= eine Diskursebene), die den hegemonialen Diskurs repräsentieren; gesammelt wurden möglichst *alle Artikel zum* »*Thema*«, die in drei Jahren in 9 Zeitungen und Zeitschriften erschienen waren; diese wurden nach *Unterthemen* geordnet. Auf diese Weise wurde der betreffende Diskursstrang auf dieser Grundlage beschrieben bzw. überblickshaft charakterisiert. Dabei ergab sich, daß sich die (Unter-Unter-)Themen nach einem Jahr ständig wiederholten, so daß wir den Analysezeitraum auf ein Jahr begrenzen konnten. Es folgten jeweils *Feinanalysen*; abschließend wurde auf *der Grundlage der vorangegangenen Analysen eine Gesamtinterpretation des Diskursstrangs* vorgenommen. Im Resultat lag die Analyse *eines synchronen Schnitts* durch den Diskursstrang vor (eine sog. »Synoptische Analyse«).

Die Materialmenge betrifft den Umfang von *Corpus* und *Dossier*. Die Ermittlung beider ist bereits *Teil der empirischen Untersuchung* und *kann nicht im Vorhinein festgelegt werden*. Das Corpus ist dann *vollständig*, wenn keine neuen strukturellen und thematischen Phänomene (im Rahmen der Fragestellung) mehr auftauchen.

---

211 Elemente quantitativer Verfahren können m.E. bei der Materialbeschaffung und -sichtung gelegentlich hilfreich sein. So lassen sich etwa Schlüsselwörter und Schlüsselwortkombinationen auf CD-Roms für bestimmte Zwecke durchaus sinnvoll automatisch suchen. Deren quantitatives Auftreten kann Rückschlüsse auf Themengewichtungen bis hin zu Diskursverlagerungen möglich machen. Vgl. dazu etwa diese Vorgehensweise bei Mark Galliker in einer ganzen Reihe von Untersuchungen, etwa in seinem zusammen mit Daniel Weimer verfaßten Artikel Galliker/Weimer 1996, S. 54-72.

212 S. M. Jäger/Jäger/Ruth/Schulte-Holtey/Wichert (Hg.) 1997.

Der Umfang resultiert also zunächst aus der Fragestellung. Es geht ja immer darum, die qualitative Bandbreite eines Diskursstrangs zu erfassen und zu analysieren.

Das Dossier enthält nur diejenigen Diskursfragmente, die als inhaltliche und formale Varianten aufzufassen sind. Das Corpus enthält ausnahmslos alle Diskursfragmente. Seine quantitative Aufbereitung kann Aufschluß über Schwerpunkte und Häufungen geben.[213]

Entscheidend für den Gesamtumfang des Materials ist selbstverständlich auch der Zeitrahmen. Dieser ist (je nach Thema) für synchrone Schnitte durch den Diskursstrang nicht allzu lang. Er kann nicht im Vorhinein festgelegt werden, da das Material so lange gesammelt werden sollte, bis keine neuen Themen/Unterthemen mehr auftauchen und keine wesentlichen strukturellen Neuheiten sichtbar werden (s. dazu auch die Überlegungen zum Thema »Vollständigkeit« der Analyse!)

Dazu noch eine sehr pragmatische Empfehlung:

Der Umfang des Dossiers, der erfahrungsgemäß bei den meisten Forschungsvorhaben zunächst meist viel zu groß angesetzt wird, kann reduziert werden, indem man z.B. die Fragestellung modifiziert, wobei dies genau begründet werden muß. Beispiel: Will ich (z.B. *eine* forschende Person!) den Diskursstrang x auf den Ebenen a, b und c untersuchen und komme ich dabei zu y Diskursfragmenten, deren Sammlung/Bearbeitung z Jahre beansprucht, habe aber nur z minus 1 Jahre Zeit, dann habe ich (wohlbegründet) die Wahl, die Diskursebenen zu reduzieren und/oder die Thematik x einzuengen (z.B. auf einen Unterdiskursstrang x_1). Überlegungen dazu sind in der Vorbereitungsphase zu einem Projekt anzustellen, weil man meist bereits abschätzen kann, wie umfangreich das Material wahrscheinlich werden wird.

Das Problem spitzt sich dann weiter zu, wenn man *historische Verläufe von Diskurssträngen* analysieren möchte. *Erstens* deshalb, weil man evtl. Probleme mit der Materialerhebung bekommt. Ältere Alltagsinterviews sind z.B. kaum vorhanden und kaum nach den inhaltlichen Fragestellungen der aktuell Forschenden angefertigt. Diese Diskursebene ist für solche historischen Analysen ziemlich ungeeignet. (Besser sieht es bei den Medien und bei der »schönen« Literatur aus.) Aber man sollte nicht zu schnell aufgeben. So könnte man evtl. Sekundäranalysen versuchen, d.h. sich auf Materialien stützen, die in anderen Projekten erhoben worden sind (evtl. oral history).

---

213 Maingueneau 1994 bemerkt zur Gewinnung des »Archivs« als Grundlage zu einer Diskursanalyse: »Die Identität des Archivs ist nicht als von vornherein gegeben zu betrachten, sondern als ein Prozeß des Entstehens und der Festigung einer bestimmten Äußerungskonstellation.« (S. 194) Dies entspricht meiner Unterscheidung von Materialcorpus und Dossier, wie ich sie von Hermanns übernommen habe. Dieser schreibt: »Gegenüber Korpus hat Dossier ... den Vorteil, daß Dossier auf Sinn und Zweck der Sammlung von ... Texten abhebt, die zu machen man sich anschickt.« (Hermanns 1995, S. 90).

Wenn man *zweitens* versucht, mehrere synchrone Schnitte hintereinander zu analysieren, stellt sich *einmal* die Frage danach, *wo man diese Schnitte ansetzt*; nicht angebracht ist es, sich nach traditionellen Epochenabschnitten zu richten oder sich auf gängige Geschichtsschreibung einzulassen. Davor hat Foucault eindringlich gewarnt, indem er aufgezeigt hat, daß »Geschichtsschreibung« i.R. verfälschend operiert. Auch hier hat man nur die Wahl, Quellen zu sichten, diskursive Ereignisse ausfindig zu machen etc. etc. Ohne ziemlich umfangreiches »Lesen« wird man nicht klarkommen.

Bei der empirischen Ermittlung von (historischen) Diskurssträngen kann man sich *hilfsweise auf Ergebnisse anderer Forschung beziehen.* So könnte man sich beim Diskursstrang »Frauen« auf Literatur mit dem Titel »Der Wandel des Bildes der Frau von der Antike bis zur Gegenwart« o. ä. stützen, wobei das Problem der Klitterung immer zu bedenken ist. Dem kann man wohl nur entgegenwirken, indem man mehrere Texte vergleicht, möglichst auf authentische Quellen darin achtet etc.

Einen Königsweg, der für jede Thematik gilt, gibt es nicht. Als Faustregel ist zu beachten, daß jede Festlegung, Modifikation, Beschränkung genau zu verorten und zu begründen ist. Neben ganz pragmatischen Begründungen (Zeit und Geld) sind es vor allem sinnvolle inhaltliche Begründungen, Verweise auf die allgemeine Forschungssituation, in der man sich verortet etc.

3.4.5. Von den Diskurssträngen zum gesellschaftlichen Gesamtdiskurs

Wie bereits erwähnt, stellt der Gesamtdiskurs, der eine Gesellschaft »überzieht«, ein komplexes Geflecht von in sich verschränkten und sich überlappenden, sich gegenseitig durchdringenden Diskurssträngen auf den verschiedenen Diskursebenen dar. Im Prinzip ginge es nun darum, dieses Geflecht analytisch zu entwirren und in all seinen Verästelungen genau zu beschreiben.

Damit stellt Diskursanalyse zugleich potentiell den Anspruch, Gesellschaftsanalyse zu sein. Daß die Einlösung dieses Anspruchs vor enorme praktische und methodologische Probleme stellt, liegt auf der Hand.[214] Selbst für die Analyse einer be-

---

214 Dieser Anspruch könnte (auch theoretisch) nur eingelöst werden, wenn Diskursanalyse in Dispositivanalyse aufgehoben würde, die auch die »Vergegenständlichungen« der Diskurse und den strategischen Zusammenhang zwischen Diskursen und solchen Vergegenständlichungen berücksichtigte. Insofern kann diese Einführung, da sie sich primär auf Diskurse bezieht, auch nur einen Beitrag dazu beisteuern. Wie eine Einführung in eine Dispositivanalyse aussehen könnte, stellt sich mir erst in allgemeiner Konturiertheit dar. Inwieweit die konkreten Analysen Foucaults als Dispositivanalysen anzusehen sind, bedürfte der weiteren Diskussion, zumal seine Analysen (vgl. »Überwachen und Strafen«) nahezu ausschließlich von Spezialdiskursen ausgehen, allerdings Institutionen, Regeln und Gesetze, übliche Praxen etc. einbeziehen.

stimmten Gesellschaft wie etwa der heutigen Bundesrepublik Deutschland wäre damit ein Aufwand verbunden, der riesige Wissenschaftlergruppen auf lange Zeit in Anspruch nehmen würde. Doch auch die damit verbundenen methodologischen Probleme sind bisher keineswegs gelöst, und auch die hier vorliegenden Ausführungen beanspruchen nicht, eine solche Lösung darzustellen, allenfalls Konturen einer Lösungsperspektive anzudeuten. Das kann aber auch nicht verwundern, denn diese methodologischen Probleme stellen sich zumeist erst in Verbindung mit konkreten Analysen einzelner und sich aufeinander beziehender und sich miteinander verschränkender Diskursstränge.[215]

3.4.6. Historisch-diachrone Diskursanalyse, Vergleich synchroner Schnitte durch Diskursstränge

Die bisherigen Ausführungen reichen jedoch auch aus einem anderen Grund noch nicht aus, diesen Anspruch, Diskursanalyse als Gesellschaftsanalyse zu begründen, als berechtigt erscheinen zu lassen. Sie beschränkten sich, sieht man von kleineren »Ausflügen« einmal ab, auf die Reflexion der Analyse (=Erfassung, Aufbereitung und Analyse) aktueller Diskurse bzw. synchroner Schnitte durch Diskursstränge. Geschichte wird so *an einem einzigen Punkt* aufgesucht. Diskurse aber haben sowohl ihre Geschichte als auch ihre Zukunft. Dazu hier noch einige knappe und unvollständige zusätzliche Bemerkungen.

Für die Geschichte der Diskurse und die Geschichte selbst gilt, was für die Gegenwart der Diskurse und die Gegenwart gilt: Alle haben daran mitgestrickt, und keiner wollte das oder plante genau das, was passierte, was dabei herauskam.

In seiner »Archäologie des Wissens« hat Foucault den Versuch gemacht (Foucault 1988, fr. 1969), die Prozesse der Diskurse theoretisch zu umreißen, in anderen Arbeiten, wie z.B. in »Überwachen und Strafen« (Foucault 1989, fr. 1975), hat er dieses »Konzept« anzuwenden und zugleich zu überwinden versucht. Foucault ging es um die Erfassung der »Positivität« der Geschichte, also dessen, was tatsächlich geschah und sich in den Diskursen in vielfachen Brechungen, Streuungen, Überlappungen, Brüchen etc. niedergeschlagen hat. Er bestreitet jedes Gesetz der Geschichte, jeden Sinn, auf den Geschichte von sich aus wäre oder auch jedes Ziel, auf das sie von sich aus hinstrebte.[216]

---

215 Beispiele dafür finden sich in der Zeitschrift kultuRRevolution und in unseren eigenen Analysen. Sie verweisen aber eher auf die noch zu erwartenden Probleme, als daß sie diese bereits gelöst hätten. So haben wir uns bisher vornehmlich mit dem Einwanderungsdiskurs auf der Ebene Alltag und Medien sowie mit dem bio-politischen Diskurs in den Medien beschäftigt

216 In dieser Hinsicht ist Foucault »materialistischer« als viele »Materialisten«. Nach Marx sind es immer noch die Menschen selbst, die die Geschichte machen, ohne daß sie dabei von irgendwelchen Gesetzen »gesteuert« würden. Freilich: »Sie tun es, aber sie wis-

Wichtig in unserem Zusammenhang ist, daß diese historischen Diskontinuitäten, Brüche, Verwurzeltheiten der »Boden« sind, auf den sich die heutigen Diskursverläufe stützen, deren »Fortsetzungen« – wie auch immer »gebrochen« und »umgelenkt« und »unlogisch« sie sein mögen – sie bilden. Trotz der genannten Diskontinuitäten, Verwerfungen und Vielgestaltigkeiten, knüpfen aktuelle Diskurse an historische an – mit der Perspektive, sich in entsprechend verworrener und verzerrter Gestalt fortzuwälzen und auch für die Zukunft Gewicht zu haben. Fragen wir also nach den »Ursachen« (besser: dem *historischen* Apriori) der (aktuellen) Diskurse, müssen wir ihre vergangenen Formen, ihre Genealogie zu analysieren versuchen, deren Fortsetzungen sie darstellen. Und wenn die Rede ist von den »Gesetzen der Geschichte«, »des Kapitals« etc., dann müssen wir uns darüber im klaren sein, daß es sich hierbei um eingefahrene Gewohnheiten, Normen, Regularitäten handelt, die sich im kollektiven und widersprüchlichen Tun der Menschen durchgesetzt haben und die in Macht- und Herrschaftsverhältnissen resultieren und durch sie verteidigt und gestützt werden. Sie sind prinzipiell veränderbar, haben aber durch ihre regulativ-normative Verfestigung erhebliches Gewicht und ein erhebliches Beharrungsvermögen und prägen das aktuelle und zukünftige Geschehen entscheidend mit.[217]
Möchte man also die diachrone Perspektive von Diskursen beleuchten, sind solche Vorüberlegungen besonders wichtig.

Deutlich dürfte geworden sein, daß diachron angelegte Diskursanalyse in besonderer Weise zu beachten hat, daß die Materialgrundlage relativ leicht zu beschaffen ist, einerseits, andererseits aber auch, daß diese nicht so umfangreich ist, daß sie analytisch nicht zu bewältigen ist. Ich sehe die folgenden Möglichkeiten:

Es lassen sich in bestimmten zeitlichen Abständen synchrone Schnitte herstellen, die dann miteinander verglichen werden können, um Änderungen in den diskursiven Verläufen erkennbar und interpretierbar zu machen. Im Ansatz liegt ein solches Vorgehen in den Untersuchungen des Einwanderungsdiskurses durch das DISS vor,

---

sen es nicht.« Auch das entspricht der Foucaultschen Auffassung von der Macht der Diskurse, unter deren »Dach« sich das Subjekt erst konstituiert.

217 In diesem Zusammenhang ist es interessant, einen Blick auf das Vorhandensein und das Zustandekommen sprachlicher Normen zu werfen. Auch diese sind Resultat menschlicher Arbeit, »Arbeit an Sprache«, und sie verändern sich mit dieser Arbeit an Sprache. (Einen Blick in die »Sprachwerkstatt« erlaubt das Buch von Januschek: »Arbeit an Sprache« (Januschek 1986)) Die erarbeiteten sprachlichen Normen sind nicht rational und widerspruchsfrei, aber man kann versuchen, wie die Strukturalisten dies getan haben, hinter den Regularitäten des Sprachgebrauchs bestimmte »Gesetzmäßigkeiten« oder eine »Grammatik« zu entdecken und nach dem sprachlichen »Gesetzgeber« zu suchen – etwa nach angeborenen sprachlichen Universalien, bzw. diese zu hypostasieren. In Wirklichkeit gibt es sie nicht! Auch der Sprachgebrauch hat seine Wurzeln in der Sozialität des Menschen, die existenziell nicht weiter hinterfragbar ist, aber schon gar nicht auf etwas Physiologisches reduzierbar ist. Umgekehrt könnte man versuchen, etwa das »Kapital« als eine Grammatik der (normativen Verfestigungen der) Ökonomie zu lesen.

durch die drei synchrone Schnitte auf der Diskurs-Ebene des Alltags vergleichbar wurden (1991, 1993, 1995). Solche Schnitte können nicht beliebig angesetzt werden, sondern in Verbindung gebracht werden mit bestimmten *diskursiven Ereignissen*, die den Diskursverlauf möglicherweise entscheidend beeinflußt haben (diskursiver Kontext). So dürfte für den AKW-Diskurs Tschernobyl ein solches Ereignis gewesen sein, ferner die politischen Wenden von 1982, 1989 und wahrscheinlich auch von 1998.

Eine andere Möglichkeit stellt die Konzentration der diachronen Untersuchung auf einen stark eingegrenzten Problembereich und einen überschaubaren historischen Zeitraum dar. Ein Beispiel für eine solche Eingrenzung bietet die Untersuchung von Ute Gerhard über die Symbolik der Wanderungsbewegungen in der Weimarer Republik (Gerhard 1998). Sie versucht, aus unterschiedlichen Perspektiven – philosophischen, journalistisch-literarischen, soziologischen und schließlich kultur- bzw. literaturwissenschaftlichen – die historische, politische und zugleich kulturtheoretische Bedeutung des Nomadischen darzustellen und zu analysieren und die diskursiven Prozesse, die sich dabei abspielen, zu rekonstruieren und deren Bedeutung für die Entwicklung der NS-Massenbewegung herauszuarbeiten.[218]

Weitere Möglichkeiten, historische Perspektiven zu berücksichtigen, ergeben sich insbesondere durch historisch-vergleichende Literaturanalysen, insbesondere wenn diese auch Literatur als ideologische Diskurse begreifen.[219]

3.4.7. Zur prognostischen Kraft von Diskursanalyse

Wie schon betont, erlauben Diskursanalysen deshalb gewisse prognostische Aussagen, weil Diskursverläufe nicht einfach abbrechen und verschwinden, sondern zukünftige Diskursverläufe (mit-)prägen. Historisch orientierte Analysen haben gezeigt, daß Diskurse Kontinuität zeigen, aber natürlich auch, daß sie sich verzweigen, mit anderen Diskursen vermengen, sich also verändern oder auch ganz absterben können. Eine solche Analyse, die bis in unsere aktuelle Gegenwart fortgeführt worden ist, stellt unsere Untersuchung zur Fortdauer bzw. Fortwirkung des NS-Diskurses in der Gegenwart dar.[220]

---

218 Vgl. auch Gerhard/Link 1991, eine Abhandlung, in der der Anteil der Kollektivsymbolik an der Herausbildung von Nationalstereotypen untersucht wird.- Weitere Untersuchungen dieser Art sind referiert in Becker/Gerhard/Link 1997. Vgl. insbesondere die Arbeiten von Kehm 1991 (mehrere synchrone Schnitte zwischen den fünfziger und achtziger Jahren), Wagner 1992 (mehrere synchrone Schnitte in den achtziger Jahren) und Reinecke 1992 (Zeit der Erfindung des Autos, Weimarer Zeit, Nationalsozialismus, zweite Nachkriegszeit, Zeit nach der »ökologischen Wende«).

219 Vgl. dazu Link 1983b und Link/Link-Herr 1990.

220 Zumindest im Ansatz; vgl. M. Jäger/Jäger 1999. Siehe auch Jäger/Kretschmer u.a. 1998. Hier wird auch deutlich, daß das Gerede von einer »Gnade der späten Geburt«,

Wahrscheinliche zukünftige Entwicklungen können nun nicht einfach dadurch prognostiziert werden, daß man erfaßte gegenwärtige (und zudem möglichst historisch weiter zurückverfolgte) Diskurse einfach fortschreibt. Es ist immer damit zu rechnen, daß sie durch bestimmte (diskursive) Ereignisse in ihrer Entwicklungsrichtung beeinflußt und verändert werden. Genau dies sollte bei Prognosen zur Vorsicht mahnen. Gleichwohl scheint es möglich, z. B. Beharrungstendenzen aufzuzeigen. So wird sich vermutlich der von der konservativ-liberalen Bundesregierung eingeschlagene Diskurs einer neoliberalen Wirtschaftspolitik in den nächsten Jahren trotz des Wechsels zur rot-grünen Koalition 1998 kaum deutlich verändern. Der Grund besteht darin, daß Diskurse und Strukturen geschaffen und medial verfestigt worden sind (als »Fakten«), die nicht so einfach revidierbar sind; ferner: die von der neuen Koalition perspektivierte Wirtschaftspolitik läßt nur in Nuancen Umsteuerungsabsichten erkennen; sowie: die aktuelle globale kapitalistische Glaubenslehre ist neoliberal orientiert. Gleichwohl deuten gewisse »Turbulenzen« auf den Finanzmärkten und andere globale Erosionserscheinungen darauf hin, daß die eingeschlagene wirtschaftspolitische Grundrichtung auch Schwächen zeigt.- Eine weitere Bemerkung sei erlaubt: Ob bestimmte zu erwartende Ereignisse, etwa die mit großer Sicherheit in den nächsten Jahren eintretenden großen Chemieunfälle, zu diskursiven Ereignissen werden, hängt von der Festigkeit anderer Diskurse und der politischen Macht über solche anderen Diskurse ab. Es sei noch einmal darauf hingewiesen: Der Atom-GAU von Harrisburg wurde, weil dies politisch nicht opportun und nicht gewünscht war, mit anderen Worten: aufgrund des starken national-politischen Diskurses in den USA, nicht zum diskursiven Ereignis, während der GAU von Tschernobyl auch deshalb zum diskursiven Ereignis wurde, weil dies mit dem antisowjetischen Diskurs der Westmächte äußerst konform ging.-

Bei allen Versuchen, die prognostische Kapazität der Diskursanalyse zu nutzen, sind also umfassendere diskursive Konstellationen und Verschränkungen zu beachten, was selbstverständlich umfangreiche analytische Anstrengungen zur Voraussetzung hat. In diese Richtung weiterreflektiert, kann Diskursanalyse möglicherweise Szenario-Verfahren bereichern, ohne in Wahrsagerei zu verfallen.

Damit soll nicht gesagt sein, daß die Zukünfte restlos durch ihre jeweiligen Vergangenheiten, zu der auch unsere heutige Gegenwart gehört, »verstellt« seien, daß nicht neue Entwicklungen ganz anderer Art möglich sind. Zu gewinnende Kämpfe gegen die Macht der herrschenden Diskurse und die durch sie mitkonstituierten gesellschaftlichen Unterdrückungsverhältnisse hält auch Foucault durchaus für möglich,

---

mit dem von der Verantwortung der heute lebenden Generation für vergangene Ereignisse, z.B. für den Holocaust, abgelenkt wird, ziemlich flachköpfig ist. Natürlich hat Herr X, geboren im Jahre 1931, keinen Menschen umgebracht; der Diskurs, der den Holocaust möglich machte, existiert aber auch heute noch – in auch wie im Detail veränderter Form – weiter. Die in diesen Diskurs verstrickten Deutschen tragen daher *eine besondere Verantwortung* dafür, daß dieser Diskurs nicht wieder erstarkt.

und er schreibt: »Allgemein kann man sagen, daß es drei Typen von Kämpfen gibt: die gegen Formen der (ethnischen, sozialen und religiösen) Herrschaft; die gegen Formen der Ausbeutung, die das Individuum von dem trennen, was es produziert; die gegen all das, was das Individuum an es selber fesselt und dadurch anderen unterwirft (Kämpfe gegen Subjektivierung, gegen Formen von Subjektivität und Unterwerfung.)« (Foucault 1987, S. 247) Er hat die Hoffnung, daß die Menschen sehr viel vermögen, wenn sie sich von den »Disziplinen des Menschen« (Gilles Deleuze) befreien.

3.4.8. Das Problem der Allgemeingültigkeit von qualitativen Analysen oder: Wie ist ein vollständiger Diskursstrang zu erfassen und zu analysieren?

Das Problem der *qualitativ vollständigen* Erfassung von Diskurssträngen ist bereits mehrfach, wenn auch eher nebenbei, angesprochen worden. Es betrifft die Aussagekräftigkeit der vorgenommenen Analysen und stellt somit eines der Grundprobleme qualitativer Sozialforschung dar.

Zunächst zu der Frage, wie Forschungsdesigns auszusehen haben, mit deren Hilfe die Diskursstränge vollständig (oder zumindest in den wesentlichen Zügen[221]) erfaßt werden können.

Auch im Rahmen der Diskurstheorie und der Diskursanalyse taucht, wie sichtbar geworden sein dürfte, die Frage nach der Verallgemeinerbarkeit der Analyseergebnisse auf. Es wird sich zeigen bzw. dürfte auf dem Hintergrund der bisherigen Ausführungen bereits deutlich geworden sein, daß hier keine Kombination von quantitativen und qualitativen Untersuchungen, so, wie sie in der Qualitativen Sozialforschung gang und gäbe ist, angestrebt oder beabsichtigt ist[222], obwohl quantitative

---

221 Man sollte diese Einschränkung nicht überbewerten. Selbstverständlich ist es möglich, daß bei einer Vergrößerung der Anzahl untersuchter Texte irgendwann noch neue Details auftauchen. Diese dürften aber für die Gesamtcharakterisierung eines Diskursstrangs i. R. unerheblich sein. Bei konkreten Diskursstranganalysen zeigte sich zudem, daß neue Details in keinem Falle neue Tatsachen zu Tage förderten sondern bereits bekannte Tatsachen nur erneut bestätigten. Ein Beispiel dafür sind die Analysen von Bedeutungsfeldern. Selbstverständlich tauchen – abnehmend – in einem Diskursstrang z.B. neue Substantive auf. Sie lassen sich in der Regel aber bereits gefundenen Bedeutungsfeldern zuordnen. Sollte dies einmal nicht der Fall sein, sind sie so marginal, daß sie für die Interpretation eines Diskursfragments unwichtig sind. Hinzukommt, daß auch die verwendete Kollektivsymbolik Aussagen, die aufgrund der Analyse der Bedeutungsfelder möglich sind, meist als redundant erscheinen lassen.

222 Mayring 1990 formuliert etwas blumig: »es ging zwar um die Stärkung des qualitativen Denkens in humanwissenschaftlicher Forschung, aber wie die Schenkel eines Triangels zusammengeschweißt sind, so sind qualitative und quantitative Analyseschritte mitein-

Aspekte auch hierbei eine Rolle spielen. Die Trennung von Quantität und Qualität ist in der Diskurstheorie und somit auch in der Diskursanalyse aufgehoben. Da bereits das Einzelne sozial ist, bereitet der Übergang vom Individuellen zum Gesellschaftlichen auch keine prinzipiellen Schwierigkeiten mehr. Ich erinnere an die oben geführte Diskussion zum Verhältnis von Diskurs und Subjekt und die These von der Konstituierung des Subjekts durch den Diskurs. Es geht bei der Analyse von Diskursen darum, die (zu erwartenden) Lücken zwischen dem Ausschnitt des Sozialen, den das einzelne Diskursfragment repräsentiert, und dem Sozialen insgesamt, den der Diskursstrang darstellt, zu schließen.[223]

Es geht hier also im wesentlichen um die Frage der *qualitativen Vollständigkeit* der Erfassung des Diskursstrangs, also darum, wann und wodurch ein Diskursstrang in seiner qualitativen Bandbreite erschöpfend erfaßt ist, und allenfalls darum, wie sich die in einer Gesellschaft vorhandenen Diskursstränge zum Gesamtdiskurs verbinden, nicht aber um die Frage, auf welche Weise man den »Sprung vom Quantitativen zum Qualitativen« schafft.[224]

Das Problem der vollständigen Erfassung eines Diskursstrangs stellt einen »Knackpunkt« qualitativer empirischer Sozialforschung generell dar. Es handelt sich um ein »heißes Eisen«, auch in forschungspragmatischer und -ökonomischer Hinsicht, weil die quantitative Erfassung und die Analyse des gesamten Materials eines Forschungsgegenstandes ungeheuer zeit- und kostenaufwendig ist und zumeist den größten Anteil der finanziellen Aufwendungen, die für die Forschung zur Verfügung gestellt werden, absorbiert. (Darauf, daß *nach* der quantitativen Erfassung oft nur wenig Raum für die gründliche inhaltliche Analyse bleibt, will ich nur am Rande verweisen!)[225]

Um zunächst den Unterschied zwischen der Praxis sozialwissenschaftlich empirischer Forschung und der Diskursanalyse anzusprechen: Während sich die gängige quantitative und auch die übliche qualitative Sozialforschung immer wieder darum bemüht, Mittel und Wege zu finden, wie von den vorliegenden Untersuchungsergebnissen aus zu allgemein gültigen Aussagen vorzudringen sei, also wie zu verallgemeinern sei, um auf diese Weise zu Aussagen zu gelangen, die für »andere Verhältnisse, Institutionen, Personengruppen« (Heinze 1992, S. 126) bzw. ganze größere soziale Gruppen oder sogar für Gesamtbevölkerungen zutreffen, geht es der Diskursanalyse im Kern um die *Vervollständigung* des Corpus und die qualitative Struktur des Dossiers und damit auch der erzielten Ergebnisse. Es geht also um die

---

ander zu verbinden, sie sind aufeinander angewiesen, um einen reinen Klang hervorbringen zu können.« (ebd. S. 106)

223 Ich erinnere auch an die Überlegungen zum Verhältnis von Corpus und Dossier.

224 Ich erinnere noch einmal an Untersuchungen wie diejenige von Hoffmeister/Sill 1992.

225 Vgl. auch die weiter oben angestellten Überlegungen zum »Umgang mit großen Materialmengen«.

Frage der qualitativen Vollständigkeit und nicht darum, erzielte qualitative Ergebnisse irgendwie quantitativ »hochzurechnen«.

Ein quantitativer Aspekt stellt sich bei diesem diskursanalytischen Vorgehen jedoch quasi automatisch ein: Bei der Zusammenstellung des Archivs bzw. des Corpus für einen Diskursstrang zeigen sich bestimmte *Häufungen* und *Verteilungen*, die nicht völlig uninteressant sind: Sie lassen Aussagen über Trends und Schwerpunktsetzungen zu, etwa der folgenden Art: In der Zeitung XY wird bei der Berichterstattung über Straftaten das Schwergewicht auf Mord- und Totschlag gelegt, während die Zeitung Z besonders über Wirtschaftskriminalität berichtet.[226]

Dem Problem der Verallgemeinerbarkeit hat Heinze in seiner »Einführung in die qualitative Sozialforschung« ein ganzes umfangreiches Kapitel gewidmet (Heinze 1992, S. 126-156). Hauptmittel der Verallgemeinerung bei qualitativer Sozialforschung ist danach immer noch die Kombination mit quantitativer Sozialforschung (vgl. auch Mayring 1990, S. 106). Das ist natürlich nur ein Behelf, denn wenn qualitative Sozialforschung eine Antwort auf die Schwäche der quantitativen Sozialforschung ist, nämlich ständig in der Gefahr zu stehen, *unzulässig* zu verallgemeinern, dann kann sie diese ja wohl kaum als Mittel dazu anführen, die bei sich selbst gesehene Schwäche der mangelnden Repräsentativität aufzuheben. Traut man den Ergebnissen der qualitativen Sozialforschung nicht, so kann dieses Mißtrauen ja wohl kaum dadurch beseitigt werden, daß man ein anderes Verfahren, dem man auch nicht traut, zur Absicherung der eigenen Ergebnisse ins Feld führt.- [227]

---

226 Vgl. dazu den Projektbericht M. Jäger/Cleve/Ruth/Jäger 1998, wo wir solche Trends herausgearbeitet haben. Für die Beurteilung und Interpretation des (gesamten) Mediendiskurses sind solche Aussagen andererseits nicht sonderlich aufschlußreich. Es kann davon ausgegangen werden, daß das, was im Diskurs erscheint, auch »wirkt«. Eine genaue Bestimmung ist wohl kaum möglich, denn auch ein selten auftretendes »Ereignis« kann höchst wirksam sein, wogegen ein massenhaft auftretendes wenig wirkungsvoll sein kann, weil es z. B. »nichts Besonderes« mehr darstellt und darüber z. B. gar nicht mehr geredet oder geschrieben wird. Dieses Problem spricht auch Hanke an (Hanke 1999, S. 115). Es läßt sich aber meines Erachtens auf einer allgemein abstrakten Ebene nicht lösen und muß auch auf dieser Ebene nicht gelöst werden. Bei der empirischen Analyse erweist sich dieses Problem als weniger gravierend.

227 Die Fragwürdigkeit dieses Vorgehens ist vielen empirischen Sozialforschern durchaus bewußt. Wenn sie dennoch zu ergänzenden quantitativen Analysen greifen, so hat dies – oft zugestandenermaßen – reine Alibifunktion. Da der »Betrieb« »harte Fakten« sehen will, liefert man diese (aufwendigen) Quantifizierungen, auch wenn man sich vielfach darüber im klaren ist, daß sie zu Pseudoobjektivitäten und oft zu massiven Verfälschungen führen. Dazu tragen dann auch noch die oft die tatsächlichen Verhältnisse verzerrenden, in der empirischen Forschung gebräuchlichen Grafiken und Schaubilder bei. Ein Beispiel aus jüngster Erfahrung, das mir von einem jungen US-amerikanischen Soziologen vorgelegt wurde, enthielt z.B. Statistiken, Säulendiagramme und geographische Schaubilder, aus denen hervorging, daß die Anzahl von schweren Straftaten gegen »Ausländer« und somit die Ausländerfeindlichkeit in den neuen Bundesländern beson-

Auch die Konstruktion von Idealtypen im Sinne Max Webers hilft hier nicht aus der Klemme. Idealtypen sind danach »theoretische Konstruktionen unter illustrativer Benutzung des Empirischen«. (Weber 1968, S. 205) Der Webersche Idealtypus ist eine Art Meßlatte, an der Abweichungen von der so konstruierten »Normalität« gemessen werden können: Der Idealtypus »ist ein Gedankenbild, ... welches die Bedeutung eines reinen idealen *Grenz*begriffes hat, an welchem die Wirklichkeit zur Verdeutlichung bestimmter bedeutsamer Bestandteile ihres empirischen Gehalts *gemessen*, mit dem sie *verglichen* wird.« (Weber 1968, S. 194)

Wie kommt man aber zum Idealtypus bzw. zu Idealtypen? In jedem Fall liegt hier ein theoretisches Konstrukt vor, das so aussehen kann, daß einem Nierenkranken der gesunde Mensch als Idealtypus gegenübergestellt werden kann. Oder aber es werden typische Karrieren bzw. Verhaltens- oder Denkweisen/Einstellungen/Haltungen unterstellt, an denen dann die davon abweichenden gemessen bzw. denen die Einzelfälle zugeordnet werden können. Dieses Verfahren setzt die Annahme von wie auch immer gearteten »Normalitäten« und gültigen Durchschnitten voraus, eine Annahme, in die erhebliche Unterstellungen eingehen.[228]

Wichtig für die folgenden Überlegungen ist, daß Diskurse historisch geworden sind, d.h. an ihrem jeweiligen historischen Ort anders aussehen (können) als an anderen. »Für die Diskursanalyse Foucaults«, so schreibt Jürgen Link, »sind die Diskurse historisch spezifische Objekte, Materialitäten«. (Link 1992, S. 40f.) Sie sind insofern selbst in dem Sinne jeweils allgemein, als sie sozial sind und die in bestimmten historischen Räumen lebenden Individuen (der gleichen Kultur/Gesellschaft) *in gleicher Weise* in sie eingebunden sind.[229]

---

ders hoch sei. Nicht beachtet wurde, daß in diesen neuen Ländern kaum Ausländer leben, so daß die einzelne Straftat besonders hoch ins Gewicht fiel, wenn man sie pro Ausländer wichtete. Auf dieser Grundlage wurde zudem eine Verbindung zwischen autoritärer Erziehung, autoritärem Sozialismus und Rassismus hergestellt. Der gleiche Kollege suchte nach exakten Daten zur Zahl von Brandanschlägen gegen Ausländer in allen deutschen Wohnbezirken. Er wollte nicht wahrhaben, daß es solche exakten Daten nicht gibt und auch nicht geben kann, daß es also eine große Dunkelziffer gibt, daß ausländerfeindliche Motive oft nur vermutet werden, daß Brände den Einwohnern in die Schuhe geschoben werden, daß Meldungen unterdrückt werden, weil solche Verbrechen dem Ansehen Deutschlands in der Welt schaden etc. Er »behalf« sich infolgedessen mit den Polizeistatistiken, die Tat*verdächtige* erfassen und in denen nachgewiesenermaßen sehr viele solcher Verbrechen gar nicht erfaßt werden. Manche solcher harten Fakten erweisen sich somit als Phantasmen.

228 Vgl. zur Fragwürdigkeit solcher Annahmen Link 1992a, S. 50–70 und Link 1997.

229 Zu dieser Allgemeinheit trägt auch bei, was Jürgen Link »Normalisierung« nennt. (Link 1992, S, 50 ff., 1997) Normalisierung, schreibt er, »meint ... die routinemäßige, dabei aber selbst dynamische ›Regulierung‹, ›Stabilisierung‹ und ›Konsolidierung‹ des konstitutiven ›produktiven‹ Chaos der Moderne.« (1992 S. 63)

Es kann also nur darum gehen, diese Allgemeinheit jeweils *vollständig* zu erfassen. Der untersuchte Einzelfall bzw. die befragte oder beobachtete Einzelperson wird diese Vollständigkeit i. a. nicht oder nur in seltenen Ausnahmefällen abdecken, was verschiedene Gründe haben kann, etwa:

1. Die erfragten/beobachteten Aussagen und Verhaltensweisen haben nicht das gesamte relevante Wissens-Spektrum, über das das betreffende Einzel-Individuum als Sagbares verfügt, elizitieren (= ent-decken) können. Das kann daran liegen, daß die Befragten aus ganz praktischen Gründen Teile ihrer Haltungen etc. nicht äußern konnten oder wollten, z.B. wegen zu kurzer Befragungszeit oder Beobachtungszeit, oder weil sie Scheu hatten, sie zu äußern (Respekt vor den Interviewenden, Wunsch, »das Gesicht zu wahren«, Angst vor negativen Sanktionen, Artikulationsschwierigkeiten etc.).

2. Diskurse haben zwar i.a. eine gewisse Konstanz und Festigkeit; sie sind aber nicht absolut fest. Das kann zur Folge haben, daß ein älterer Mensch durch andere (frühere) Spielarten des Diskurses nachhaltig geprägt ist und diese Prägung auf den aktuellen Diskurs anders einwirkt als bei einem jüngeren Menschen.

3. Der unmittelbare Erfahrungsraum kann intervenieren. Wenn z.B. Menschen, die in einem Wohnviertel leben, in dem keine oder wenige Einwanderer leben, mit abstrakteren Ablehnungsgründen auf die Anwesenheit von Einwanderern reagieren als solche, die in einer Nachbarschaft mit vielen Einwanderern leben, so nimmt das nicht wunder.[230] Dies wirkt sich zwar eher auf die *Art* der Beurteilung aus, nicht aber unbedingt auf die Heftigkeit der Ablehnung von Einwanderern. Hier ist z.B. davon auszugehen, daß die Verstricktheit in den betreffenden Diskurs nicht von der anderer Menschen abweicht, wohl aber die Art und Weise, wie sie geäußert wird. Das sollte aber bei Diskursanalysen ebenfalls beachtet werden, für die ja auch die Art und Weise z.B. der Ablehnung von Interesse sein kann.

4. Es ist auch wahrscheinlich, daß Individuen innerhalb eines Diskursstranges unterschiedlich zu verorten sind. D.h. man darf sich einen solchen Diskursstrang nicht als ein absolut homogenes Gebilde vorstellen, das alle Menschen, die in ihm »schwimmen«, in gleicher Weise affiziert (obwohl die Gleichförmigkeit der Diskurspositionen meist außerordentlich groß ist). So mögen unterschiedliche Gewohnheiten des Medienkonsums, unterschiedliche Bildungsbedingungen und berufliche Konstellationen etc. dazu führen, daß unterschiedli-

---

230 Ein Beispiel wäre: In einem Stadtviertel mit größerem ausländischen Bevölkerungsanteil hört man als Ablehnungsgrund häufiger Formulierungen wie: »Die türkischen Frauen packen immer so die Gurken an«; während in einem Stadtteil mit geringerem ausländischem Bevölkerungsanteil eher zu hören ist: »Es sind aber doch zu viele Türken in Deutschland. Und die haben doch eine ganz andere Mentalität.«

che Strömungen innerhalb des betreffenden Diskursstranges unterschiedliche Auswirkungen auf die in den Diskurs Verstrickten ausüben können.[231]

Bei all dem handelt es sich aber nur um unterschiedliche Spielarten des Gleichen, das den betreffenden Diskursstrang im Kern ausmacht. Anders gesagt: Das Allgemeine liegt im Diskurs; das Besondere sind nur Facetten des Allgemeinen auf derselben Ebene. Das Allgemeine ist hier aber nicht so zu verstehen, daß es von prinzipiell anderer Qualität wäre als das Besondere. Es unterscheidet sich vom Besonderen nur in der Weise, wie sich das Pfund Erbsen von Untermengen dieses Pfundes oder von den einzelnen Erbsen unterscheidet. So kann man auch schließen, daß bereits die einzelne »Erbse« eine Aussage über alle Erbsen zuläßt, daß sie sich aber in Gewicht, Farbe, Rundung etc. von anderen »Erbsen« unterscheiden läßt. Will man also die konkreten Ausformungen und alle Spielarten von Verstrickungsmomenten in einen Diskursstrang ermitteln, empfiehlt es sich, die zu untersuchenden Einzelfälle so lange über eine Bevölkerung zu streuen, bis weitere Einzelfalluntersuchungen nicht mehr zu neuen Ergebnissen führen.[232] Damit hat man das erfaßt, was in einem gegebenen Zeitraum zu einem bestimmten Thema *gesagt wurde und offenbar in dieser Zeit nur sagbar* ist bzw. gewesen ist, d. h. die Gesamtmenge der vorkommenden und ohne weiteres sagbaren Aussagen.

Ich möchte das im folgenden an zwei Diskursebenen knapp und exemplarisch verdeutlichen: erstens am Mediendiskurs (Zeitungen, Zeitschriften) und zweitens am Alltagsdiskurs (wie er etwa durch freie Interviews zu elizitieren ist). Diese beiden Diskursebenen sind in hohem Maße interdiskursiv, d. h. sie stehen in Wechselwirkung untereinander wie auch mit anderen Ebenen des Interdiskurses (Politik, Erziehung etc.). Möchte ich nun z.B. einen aktuellen Diskursstrang des Mediendiskurses ermitteln, so bietet es sich an, ein größeres Spektrum des Mediendiskurses zu analysieren, z. B. das »Links-Rechts-Spektrum«, aus dem ich zusätzlich noch typische Vertreter auswählen kann, z.B. nach Maßgabe der jeweils angesprochenen Leserschaft. Alle diese Zeitungen etc. enthalten (neben anderen) einen bestimmten (thematisch-inhaltlich charakterisierten) Diskursstrang; aber sie tun dies in unterschiedli-

---

231 Dieses Problem diskutiert Maas 1984 S. 234 recht ausführlich. Er geht u.a. davon aus, daß die faschistische »Ansprache« polyphon gewesen sei, also mehrstimmig, dergestalt, daß sie zugleich Menschen unterschiedlicher sozialer Dispositionierung antraf. Auch sieht er, daß »die Amalgamierung solcher Gegensätze zu einem Argumentationsduktus ... der korporativen Formierung der faschistischen Ordnung« entsprach. Er bezeichnet den »Superdiskurs« »nicht als ein Produkt der Analyse allein, sondern er ist ein reales Moment der Inszenierung faschistischer Politik ...« (S. 235f.). Damit untermauert Maas meine Auffassung der prinzipiellen Homogenität der Diskursstränge, ohne daß seine Position mit der meinen völlig identisch wäre.

232 In dem Sinne verstehe ich auch Maas 1984, S. 236, wenn er sagt: »Die Rede von *den* faschistischen Diskurs ist jedenfalls nur ausgewiesen, wenn sie mit den so bestimmten Differenzen *vermittelt* ist, statt von ihnen zu abstrahieren.«

cher Art und Weise. Es geht also nicht um die Frage, ob sie ihn repräsentieren, sondern darum, wie sie ihn repräsentieren.

Selbstverständlich ist es möglich, daß für ein bestimmtes Organ diese Annahme nicht zutrifft. Dies ist aber leicht zu erkennen und wird durch die Analyse unzweideutig sichtbar gemacht werden können. Solche Abweichungen vom Mainstream des dominanten (hegemonialen) Diskursstrangs können dann darauf verweisen, daß es sich bei der betreffenden Zeitung etc. um ein Organ des Gegendiskurses bzw. des gesellschaftlichen »Randes« oder auch eines (z.B. wissenschaftlichen) Spezialdiskurses handelt. Der herrschende Diskursstrang ist der »normale«, der vorherrschend »gültige«, von dem Abweichungen möglich sind. Hier handelt es sich aber nicht um eine unterstellte oder gesetzte Normalität, sondern um eine faktische, gegebene (wie diese Normalität auch immer zustande gekommen sein mag).[233]

Sollte eine Analyse der Medien unter Berücksichtigung des Gesagten trotzdem zu heterogenen Ergebnissen führen, so verweist dies darauf, daß der betreffende Diskursstrang gespalten ist. Eine solche Beobachtung verweist dann in der Regel auf entsprechende einschneidende diskursive Ereignisse, die eine solche Spaltung verursacht haben. Solche Ereignisse tauchen immer wieder auf; ein Beispiel war etwa das bereits erwähnte diskursive Ereignis Tschernobyl, das für eine gewisse Zeitstrecke zur Spaltung des AKW-Diskurses geführt hat, einer Spaltung, die aber nach einiger Frist wieder tendenziell überwunden wurde, indem dieser Diskurs – bei leichten Modifikationen – wieder auf eine »normale Bahn« zurückgezwungen wurde, wobei nicht auszuschließen ist, daß sich dadurch die Vorstellung von »Normalität« verändert hat.[234]

Hier kommt dann noch einmal die Frage nach der »Macht über die Diskurse« ins Spiel, womit ein Problem der gesellschaftlichen Verteilung von Macht generell angesprochen ist. Ich erinnere an die weiter oben schon angesprochene Frage der Macht und weise noch einmal darauf hin, daß – mit Foucault - gesellschaftliche Macht nicht nur Macht von Oben nach Unten ist, sondern als ein Netz gedacht werden kann, das sich über die gesamte Gesellschaft spannt. Selbstverständlich ist diese Verteilung nicht als homogen zu denken, sondern als heterogen, als sich beständig abspielender Macht*kampf*. Die sich abspielenden Diskurse sind Ausdruck dieser Machtverhältnisse, und sie organisieren sie zugleich. Diskurse sind »Materialitäten, die entsprechende reale Gegenständlichkeiten gemäß ihrem jeweiligen ›historischen Apriori‹ mit konstituieren.« (Link 1992a, S. 56)

---

233 Dies kann zum Beispiel durch »normalisierende« Regulation geschehen sein; vgl. dazu Link 1992a.

234 Vgl. dazu die Analysen in der Zeitschrift »kultuRRevolution«14, 15 und insbesondere Nr. 16 (alle 1987). Zur diskursiven Bewältigung von Tschernobyl vgl. besonders Link 1987. Daß und wie solche »Integration« auch wieder aufgebrochen werden kann, zeigten die Debatten zwischen »Grünen« und »SPD« bei den Koalitionsverhandlungen nach der Bundestagswahl 1998.

Für eine Medienanalyse bezüglich eines bestimmten Diskursstrangs hieße dies konkret, daß ich Diskursfragmente zur Thematik des betreffenden Diskursstranges (z.B. Einwanderung/Anwesenheit von Flüchtlingen und Einwanderern in einem Land) aus verschiedenen Organen so lange untersuche bzw. in so großer Bandbreite, bis sie nichts Neues (keine anderen »Erbsenformen«) mehr zu bieten haben.

Entsprechendes gilt für die Untersuchung der Alltagsebene. In Einklang mit der oben dargestellten Verteilung von Individuen in einer Bevölkerung/sozialen Gruppe analysiere ich Beispiele von Aussagen/Interviews so lange, bis keine neuen Spielarten der Füllung eines Themas (und keine neuen Formen der Darstellung) mehr ermittelt werden.

Eigene Untersuchungen haben ergeben, daß die Quantität der Fälle dabei erstaunlich gering ist. Bereits nach relativ wenigen Beispielen stellte sich heraus, daß keine neuen Phänomene mehr auftauchen, mit anderen Worten: Daß die Analysen sehr schnell zu »vervollständigen« sind.[235]

Festzuhalten ist: Die Diskursstränge stellen Bündelungen von Routinen dar, die historisch erarbeitet wurden und den Charakter von Regeln haben, denen die Menschen weitgehend routinehaft folgen. Diskursanalyse kann diese Routinen beschreiben.[236] Diese Routinen schleppen sich fort, leiten aber das Handeln der Menschen. Sie können bewußt gemacht werden, revitalisiert werden (wie Routinen als abgestorbene Handlungen). Deshalb kann gesagt werden, daß es Normen gibt, nach denen die Menschen handeln, ohne sich ihrer bewußt zu sein. Es handelt sich nicht um quasi transzendentale Gegebenheiten, sondern um Materialitäten, die empirisch erfaßt und beschrieben werden können, wie dies jede Grammatik beweist. Das löst das Dilemma, in das sich Foucault in der »Archäologie des Wissens« verstrickt hatte, in der es ihm darum ging, Regelsysteme und Ur-Prinzipien, die das Verschwinden und Erscheinen von Aussagen in einer Kultur determinieren, zu entdecken.[237] Solche universellen Determinanten gibt es nicht, jedoch historisch erarbeitete und ge-

---

235 Auch Busse/Teubert haben sich mit dem Problem der »Repräsentativität der Textcorpora« auseinandergesetzt. Völlig zu recht schreiben sie, daß es sich hier nicht um ein statistisches Problem, sondern um ein inhaltliches (semantisches) Problem handelt. Und sie fahren fort: »Repräsentativ kann ein Textkorpus dort (bei der Diskursanalyse, S.J.) nur hinsichtlich eines jeweils als Untersuchungsleitfaden gewählten Inhaltsaspekts sein.« (Busse/Teubert 1994, S. 14 f.) Mit dieser Bestimmung stützen sie das von mir postulierte Konzept der inhaltlichen »Vollständigkeit« der Erfassung des Diskursstrangs, ohne sich dieses Terminus' zu bedienen.

236 Hier drängt sich der Vergleich mit der Sprache auf, die als Routinen in Lernprozessen internalisiert ist. Der Vergleich deutet auch an, daß das Repertoire von Routinen, über die ein Mensch verfügt, nicht absolut fix ist. Man kann etwas Neues lernen, etwas längst Internalisiertes »vergessen« oder verlernen etc. Der Kernbestand des Repertoires eines Erwachsenen dürfte jedoch relativ stabil sein. Zu diesem Problem vgl. auch Dreyfus/Rabinow 1987, S. 108)

237 Vgl. dazu Dreyfus/Rabinow 1987, S. 105 ff.

formte Diskurse (= produzierte Wissenskonstellationen), die sich durch die Geschichte fortschleppen und die Basis für weitere Diskursverläufe darstellen.

Diese Formen, diese Gestaltungen des sozio-historisch erarbeiteten Wissens lassen sich im Prinzip analysieren. Und es hat auch immer wieder Versuche gegeben, sie nüchtern, das heißt, ohne Unterstellung »jenseitiger« Kräfte etc., herauszufinden. Beispiele bieten Michel Foucaults Analysen wie etwa »Überwachen und Strafen« (Foucault 1989, zuerst 1975) oder auch schon »Wahnsinn und Gesellschaft« (Foucault 1973, zuerst 1961). Auch das »Kapital« von Marx läßt sich – wahrscheinlich entgegen den Annahmen seiner Anhänger und seiner eigenen Intentionen und geschichtsphilosophischen Vorstellungen – annäherungsweise als Analyse eines Diskursstrangs begreifen (nämlich des kapitalistisch geprägten ökonomischen), in dem sich viele Routinen herausgebildet haben, nach denen die Ökonomie funktioniert, ohne daß die Akteure genau »wissen«, wieso (und auch die meisten Wirtschaftwissenschaftler nicht). Und es zeigen sich ja auch Abweichungen, Krisen etc., was darauf verweist, daß es sich hierbei nicht um allgemeine Gesetze handelt, sondern um geronnenes Erfahrungswissen, das nicht (restlos) rational ist, sondern auch irrationale Momente enthält, nur teilweise funktionsfähig ist und nur teilweise menschlichen Notwendigkeiten gemäß, nur für Teile der Menschheit in Grenzen und nur kurzfristig nützlich. Dieses System muß größtenteils mit Macht/Mächten ständig stabilisiert und verteidigt werden.

Da die entdeckten Regeln historisch gewachsen (»gemacht«) und aktuell verankert sind, erlaubt ihre Kenntnis, gesellschaftliche Zusammenhänge zu analysieren und – in richtig verstandener Weise – zu interpretieren.[238] Es handelt sich um ein Gewebe von Regeln, ein »Spiel von Regeln«, wie Foucault formuliert, (Foucault 1968, S. 19), von Regeln, die aufeinander wirken und sich zu übergeordneten Regularitäten zusammenklumpen. Dabei gibt es solche von großer Determinationskraft, so etwas wie Grund-Regeln, und weniger grundlegende.[239]

Die (vollständige) Erfassung und Beschreibung von Diskurs(sträng)en zeigt solche Regeln auf. Damit soll nicht gesagt sein, daß sie zeigt, was wahr oder richtig ist, sondern nur woraus etwas traditionell (nach den Normen, nach Gewohnheiten) und/oder auch historisch folgt; was es angerichtet hat, anrichtet und möglicherweise anrichten wird. Wir kommen so auf die Geschichte der Menschheiten, an deren Beginn und in deren Verlauf die Menschen gemäß ihren Bedürfnissen und Motiven

---

238 Mit Interpretieren meine ich hier, ihr Funktionieren, Ineinandergreifen, ihre Widersprüchlichkeiten etc. aufzudecken.

239 Foucault ist insbesondere an den seriösen, determinierenden »Aussagen« interessiert. Es geht dem Foucault der »Archäologie« wohl um die Erarbeitung solcher angenommenen Grundregeln, um die wichtigen Determinanten, nach denen sich alles andere richtet oder vergleichsweise belanglos ist oder scheint. Das wäre so lange harmlos, wie man darin produzierte Gebrauchsnormen (und davon Abweichendes) sähe und nichts anderes.

Ziele zu formulieren und zu erreichen versuchten, gegen Widerstände, in Machtge-flechte und ideologische Befangenheiten verstrickt etc. Und wir können uns auf diesem Hintergrund Szenarien für die Zukunft erarbeiten (s.o.).

Die vollständige Erfassung und Analyse der Diskursstränge (und ganzer Diskurse) ist aber auch dafür wichtig, die Handlungen und Handlungsmöglichkeiten der Subjekte in jeweiligen Gesellschaften besser zu verstehen. Denn die einzelnen Subjekte finden diese »Regeln« vor – als diskursiv fixierte (»bedeutungsvolle«) und nach Maßgabe solcher Fixierungen *gegenständlich geformte* und individuelles und gesellschaftliches Handeln leitende. Individuelle Handlungsspielräume haben darin ihre Grenzen.

Auch der (kritische) Psychologe Klaus Holzkamp konstatiert diese Grenze subjektiver Handlungsspielräume überzeugend, indem er schreibt:

> »Die Welt, in der wir uns gemeinsam befinden und auf die wir uns von ›je meinem‹ Standpunkt und in ›je meiner‹ Perspektive mit unseren Handlungen richten, ist aufgrund der in ihr durch gesellschaftliche Arbeit produzierten allgemeinen Gebrauchszwecke (...) sowie der dadurch konstituierten sozialen Verhältnisse für uns objektiv bedeutungsvoll – und nicht im Sinne bloß sprachlicher Bedeutungen, sondern im Sinne von sachlich-sozialen ›Gegenstandsbedeutungen‹, auf die sich die sprachlich-symbolischen Bedeutungen verallgemeinernd und verdichtend beziehen.« (Holzkamp 1993, S. 22).

Doch er fährt auch fort – und ich meine: in einer Weise, die den diskurstheoretischen Überlegungen, die ich hier angestellt bzw. referiert habe, voll entspricht:

> »Mit der Hervorhebung der Handlungsrelevanz der (individuell vorgefundenen, S.J.) Bedeutungen als jeweils mir zugekehrter Seite der Welt ist nicht gesagt, daß meine Handlungen dadurch *determiniert* werden. Da entwickelte gesellschaftliche Systeme sich in gewissem Maße auch ohne permanente Beiträge jedes einzelnen ihrer Mitglieder erhalten können, stellen die Bedeutungen von Weltgegebenheiten vielmehr für mich lediglich (wenn auch (z.B., S.J.) klassen- und schichtspezifisch ungleich zugeteilte) Handlungs*möglichkeiten* dar (...). Zu diesen Möglichkeiten kann ich mich bewußt ›verhalten‹ Ich kann sie – in Abhängigkeit von meiner jeweils konkreten Lebenssituation – ergreifen oder verweigern, nur in bestimmten Aspekten und Dimensionen realisieren oder sogar gewisse, mit den hergestellten Brauchbarkeiten mitgeschaffene, aber damit nicht intendierte ›Verwendbarkeiten‹ (...) in Handlungen umsetzen ...« (Holzkamp 1993, S. 22)

Indem ich z.B. einen Hammer als Briefbeschwerer benutze oder einen Stuhl als Tisch oder umgekehrt. Gleichwohl sollte man sich die den Subjekten zur Verfügung stehenden Handlungsspielräume nicht als besonders groß vorstellen. Die (vollständige) Erfassung von Diskursen steckt aber das Terrain ab, in dem sich solche subjektiven Handlungsmöglichkeiten realisieren lassen.

Die zu beobachtende relative Konformität und die dadurch zu erklärende relative Homogenität der Diskurse (einer Zeit) entsteht dadurch, daß sie hegemonial dominiert sind: die diskursive Ansprache an eine Bevölkerung ist in gewissen Grenzen daher sehr gleichförmig. Der hegemoniale Diskurs verursacht diese Gleichförmigkeit. Daher erklärt sich, daß zur Erfassung des hegemonialen Diskurses auch nur die Erfassung einer relativ geringen Anzahl von Diskursfragmenten erforderlich ist. In totalitären Regimen, die Zensur und Überwachung betreiben, ist seine Bandbreite besonders schmal, wie etwa die Überlegungen Victor Klemperers gezeigt haben.[240] Aber auch in demokratisch verfaßten Gesellschaften ist deshalb starke Gleichförmigkeit gegeben, weil die hegemoniale Politik in der Regel innerhalb einer politischen Bandbreite operiert, die nur in schweren politischen Krisenzeiten überschritten wird: In der Bundesrepublik Deutschland herrscht so eine Politik der Mitte vor, ohne daß es für die konkrete Politik von allzu großer Bedeutung wäre, welche Parteien jeweils die Regierung stellen.

---

240   Vgl. Klemperer 1987, sowie M. Jäger/Jäger 1999.

4. Kritische Diskursanalyse

Vorbemerkung

Ich habe (mit Foucault) behauptet, daß es keine wirklichen »Wahrheiten« gibt, Wahrheiten, die die Zeit überdauern und für alle Menschen gelten. Statt dessen haben wir es mit jeweiligen Gültigkeiten zu tun, allenfalls mit jeweiligen, wenn auch manchmal sich lange Zeit haltenden, Verfestigungen von Wahrheiten, also mit Wissen, das normativ und ideologisch verfestigt ist und durch Macht- und Herrschaftsbedingungen stabilisiert wird, mit deren Änderungen selbst veränderbar. Wenn dies so ist, so lautet meine Frage nun, worauf kann ich mich stützen, wenn es mir um die Kritik der Diskurse zu tun ist? Oder anders: Was macht Diskursanalyse zur Kritischen Diskursanalyse?

4.1. Die Tätigkeit des Diskursanalytikers als Wissenschaftler

Wissenschaft ganz allgemein verfolgt ja den Anspruch, »Wahrheit« und »Wissen« zu produzieren, sei es als Grundlagenforschung, als Anwendungsvoraussetzung oder als Analyse von natürlichen oder gesellschaftlich-kulturellen Zusammenhängen. Die produzierten »Wahrheiten« und das produzierte »Wissen« werden dazu verwendet, daß man sich angemessener auf die Wirklichkeit beziehen kann, diese verbessert oder auch besser beherrschen lernt. Insofern ist Wissenschaft *im Prinzip kritisch* gegenüber Bestehendem und auch gegenüber vorfindlichem Wissen aller Art, da sie vorhandenes Wissen potentiell in Frage stellt. Selbstverständlich gibt es auch affirmative Wissenschaft und affirmative Wissenschaftler, deren Ziel darin besteht, herrschaftssicherndes Wissen zu produzieren oder zu verteidigen, also unkritisch zu sein.

Doch was heißt das, *kritisch*? Welches sind die Grundlagen und woher bezieht man die Kriterien dafür, Kritik üben zu können? Es geht hier um die ganz grundsätzliche Frage, ob Wissenschaft diesen Anspruch, »Wahrheiten« und »richtiges Wissen« als Grundlage für eine kritische Auseinandersetzung mit der Wirklichkeit hervorzubringen, überhaupt einlösen *kann*. Erstaunlicherweise wird diese Funktion von Wissenschaft durchweg akzeptiert und respektiert, obwohl jede/r weiß, daß sich »Wahrheiten« ändern, verschiedene »Wahrheiten« nebeneinander existieren, und »Wissen« ständig durch neues »Wissen« ersetzt wird.

Um zum Problem der Möglichkeiten und der Kriterien wissenschaftlich begründeter Kritik im Rahmen *Kritischer Diskursanalyse* vorzudringen, scheint es mir daher angebracht, einige grundsätzliche Überlegungen zur Tätigkeit von WissenschaftlerInnen überhaupt voranzuschicken. Bis zu diesem Punkt habe ich ja nur den Weg abzustecken versucht, auf dem es gelingen kann, den Gegenstand unseres wissenschaftlichen Interesses vor Augen zu bekommen und inhaltlich und formal zu beschreiben sowie daraufhin abzuklopfen, welche Wirkungen Diskurse erzielen, wieso und wodurch sie als Applikationsvorlage dienen können bzw. solche Applikationsvorgaben enthalten, durch die Massen- und Individualbewußtsein konstituiert und – darüber vermittelt – Subjektbildung stattfindet und gesellschaftliche Wirklichkeit gestaltet wird.

Hier stehen wir aber glücklicherweise nun an dem m. E. entscheidenden Punkt wissenschaftlicher Arbeit. Damit will ich nicht sagen, daß das Vorangegangene nur eine Anleitung zum konkreten (positivistischen) Vorgehen sei. Das ist *auch*, aber schon aus dem einfachen Grund *nicht nur* der Fall, weil ich bisher nicht bestimmen konnte bzw. ich mich überhaupt noch nicht darauf eingelassen habe, den Gegenstand meines eigentlichen Interesses überhaupt beim »Namen« zu nennen.

So verfährt Wissenschaft i. a. selbstverständlich nicht, sondern in der Regel ist sie bemüht, Probleme zu lösen, natürliche und gesellschaftliche Zusammenhänge zu erklären, allgemein: wichtige Frage zu beantworten, kurz: sich auf Inhalte zu beziehen usw. Dieses Interesse steht am Anfang der Wissenschaft. Jede(r) WissenschaftlerIn hat, tätigkeitstheoretisch gesprochen, ein Bedürfnis, ein Motiv und ein sich daraus ergebendes Ziel, das er/sie erreichen möchte. Für den Diskursanalytiker kann ein solches Ziel sein, Antwort auf die Frage zu bekommen, wie man einen Diskursstrang in seiner gesamten Ausdehnung und historisch-diskursiven »Verwurzeltheit« überhaupt in »den Griff« bekommen kann, bzw. welches die dazu erforderliche angemessene Vorgehensweise bzw. Methode ist. So weit habe ich in diesem Text – auf der Grundlage grundsätzlicher diskurstheoretischer Überlegungen – dieses Ziel verfolgt, und ich hoffe, zumindest in den wesentlichen Zügen erreicht. Dieses erreichte Ziel ist aber nichts anderes als ein erreichtes – ich meine: wichtiges und unerläßliches – *Teilziel* wissenschaftlicher Tätigkeit, eine »Handlung«, die, wie die Tätigkeitstheorie bescheinigt, Element verschiedenster wissenschaftlicher Tätigkeiten sein kann. Methoden, Verfahren wissenschaftlicher Arbeitsweise sind sicherlich unverzichtbares »Handwerkszeug« wissenschaftlicher Arbeit, und – wie gesagt – sie können selbst zum Gegenstand wissenschaftlicher Tätigkeit werden.

Doch wissenschaftliche Tätigkeit erschöpft sich nicht darin. Zwar geht es ihr immer um Analyse und Verstehen, so auch hier, bei der Frage danach, wie schaffe ich es, meinen Gegenstand zu benennen und von anderen zu unterscheiden, um ihn zu ihnen ins Verhältnis setzen zu können etc.

Handelt es sich, so weit, um die unbedingt erforderliche Klärung von Voraussetzungen, so ist jedoch in der Regel davon auszugehen, daß sich das wissenschaftliche Interesse auf die Klärung bestimmter z.B. gesellschaftlich relevanter Fragestellungen richtet bzw. solcher, die sich dem Wissenschaftler als interessant und wichtig darstellen.

Hier ist nun zunächst der Umstand zu beachten, daß der/die WissenschaftlerIn selbst in einen oder mehrere wissenschaftlichen (Alltags- und Spezial-)Diskurs(e) eingebunden ist. Das gilt sowohl für die gewählte Methodologie als auch für die spezifischen Fragestellungen, auf die er/sie sein Interesse richtet. Mit anderen Worten: Wissenschaftliche Tätigkeit fängt nicht bei Null an, sondern sie bezieht sich immer auf wissenschaftliche »Vorfahren«, und zugleich ist sie eingebunden in einen laufenden aktuellen wissenschaftlichen Diskurs der Disziplin(en) oder auch in eine bestimmte »Schule«, der sich der Wissenschaftler/die Wissenschaftlerin aus dem einen oder anderen Grund zugehörig fühlt.

Dies ist eine weitere wichtige Voraussetzung wissenschaftlicher Tätigkeit (die im übrigen auch für jeden anderen Beruf gilt). Zu erwähnen ist auch noch, daß sich Wissenschaft nicht »im luftleeren Raum« abspielt, sondern als solche auch eingebunden ist in die obwaltenden gesellschaftlichen Machtverhältnisse und -konstellationen bzw. in den gesellschaftlichen Gesamtdiskurs. (Das kann z.B. bedeuten, daß ein Wissenschaftler/eine Wissenschaftlerin schlicht und ergreifend nicht die erforderlichen Ressourcen erhält, um seinen/ihren Forschungsinteressen in gewünschter und angemessener Weise nachgehen zu können, weil der von ihm bzw. von ihr gewählte Gegenstand im Konzert der gesellschaftlichen Dominanzen als irrelevant, kontraproduktiv, umstürzlerisch etc. angesehen wird.)

Wissenschaftliche Tätigkeit hat also einmal die gründliche Kenntnis dessen zur Voraussetzung, was über den erforschten Gegenstand(sbereich) bereits an Wissen akkumuliert worden ist. Das gilt auch dann und erst recht, wenn der zu erforschende Gegenstand bisher wenig erforscht ist, wenn es sich um eine Fragestellung handelt, die »neu« ist, sei es, weil sie bisher nicht auf Interesse gestoßen ist, sei es, daß sich neue gesellschaftliche Entwicklungen ergeben haben, die neue oder modifizierte Phänomene hervorgebracht haben, die es so bisher nicht gab, oder sei es, daß das zu analysierende Problem nicht in die politische und wissenschaftsbetriebliche Landschaft »paßt«. Auch kann es sein, daß sich durch neue diskursive Entwicklungen (neue Verschränkungen, Kopplungen etc.) andere Möglichkeiten der Erklärung von Zusammenhängen aufgetan haben.

Der einzelne Wissenschaftler muß sich in diesen Komplex hineinbegeben und sich den sog. »Stand der Forschung« aneignen und prüfen, inwieweit dieser Hilfestellung für die von ihm formulierte Fragestellung bereitstellt. Mit anderen Worten: Er muß sich den Diskurs, in dem er sich »bewegt« und in den er »verstrickt« ist, kennen und ihn sich bewußt machen. Dabei wird in der Regel davon auszugehen sein, daß er den Forschungsstand kritisch durchdenkt, evtl. auch weiterdenkt, gegebenenfalls akzeptiert oder daraus begründet auswählt, Widersprüche zu eliminieren versucht etc. Er kann nun in seiner eigenen Forschung den Versuch machen, bestimmte bisher nicht erfaßte Details eines seiner Ansicht bereits weitgehend geklärten Zusammenhangs zu bearbeiten oder auch den, einen alten oder einen neuen Gegenstand zu erforschen bis hin zur empirischen Überprüfung als gesichert angesehener Forschungsergebnisse.

Solche Überlegungen verunsichern. Wie und wo kann man in diesem Dickicht von Schulen, Ansätzen, sich widersprechenden und bekämpfenden Theorien und Verfahren den Ort finden, an dem man als wissenschaftlich arbeitender Mensch Boden unter die Füße bekommt?

4.2. Reflexion eigener Erfahrungen in Verbindung mit diskursanalytischen Untersuchungen

Ich möchte dieses Problem an einem Beispiel aus eigener Erfahrung ein wenig konkretisieren: Mir war bereits seit Beginn der 80er Jahre aufgefallen, daß die öffentliche Darstellung, das alltägliche Sprechen über und die Behandlung von Einwanderern und Flüchtlingen ausgesprochen diskriminierende Züge angenommen hatte. Das Forschungsinteresse an dem Gegenstand »*Einwanderung, Rassismus*«, das daraus entstand und mit dem ich mich – zusammen mit anderen – inzwischen in mehreren Projekten befaßt habe, resultierte daraus, dieses Phänomen begreifen und nach Möglichkeit einen Beitrag dazu leisten zu wollen, wie man diesem Problem gesellschaftlich wirkungsvoll (und moralisch vertretbar) begegnen könne. Meine eigenen Untersuchungen zum wiedererwachenden Rassismus, ein Terminus, mit dem ich die genannten Diskriminierungen in Übereinstimmung mit der internationalen Forschung faßte, begannen mit einer Rezeption der wissenschaftlichen Diskussion dieses und angrenzender Phänomene.

Ich stellte fest, daß die vorliegenden Erklärungsansätze für mich unbefriedigend waren, und dies insbesondere auch deshalb, weil es bisher im Nachkriegs-Deutschland bis in die achtziger Jahre hinein kaum relevante Untersuchungen zum alltäglichen Rassismus gab. Nach längeren vorbereitenden Studien, Theorierezeption etc. und gründlicherer Beobachtung der Phänomene auf verschiedenen diskursiven Ebenen entschloß ich mich, eine systematische empirische Untersuchung zum alltäglichen Rassismus in Deutschland durchzuführen. Ohne auf Details und Probleme der Forschungsorganisation hier eingehen zu wollen, möchte ich den Verlauf dieser Untersuchung einmal knapp skizzieren.

In Auseinandersetzung mit der Rassismusforschung, die von verschiedenen Disziplinen getragen wird, und mit den methodologischen Vorgaben, die zur Beantwortung der Frage nach dem Aufkommen (u. a.) des Rassismus, seiner Ursachen, seiner Inhalte etc. bisher angewendet worden waren, entwickelte ich ein Design auf diskurstheoretischer Grundlage, das die Basis für die dann durchgeführten empirischen Untersuchungen darstellte. Das 1991 erhobene Materialkorpus bestand aus 22 Unterkorpora (Interviews), durch die, wie sich alsbald herausstellte, der Diskursstrang »alltäglicher Rassismus« vollständig dargestellt war. Hiermit lag zunächst eine Materialgrundlage vor, durch die ich den von mir angezielten Diskursstrang auf der Ebene des Alltagsdiskurses abzudecken hoffte. Dieses Material wurde mit Unterstützung einer Gruppe von Studierenden nach Entwicklung eines Analyseinstrumentariums im Detail aufbereitet und systematisch in Einzelanalysen und einer synoptischen Analyse dargestellt.

Hier zeigte sich sogleich, daß die Anzahl der Interviews größer war als dies erforderlich gewesen wäre. Grob gesagt, zeigte sich, daß etwa nach der Analyse der Hälfte dieser Interviews keine neuen Tatsachen inhaltlicher und formaler Art zu Tage traten. Daher kann gesagt werden, daß die erfolgte systematische Darstellung dieses Diskursstranges auf dieser diskursiven Ebene in jedem Fall als vollständig angesehen werden kann. Diese Beobachtung führte zu der methodologischen Schlußfolgerung, die sich auch anhand anderer Analysen auf anderen Diskursebenen bestätigte, daß die diskursanalytische Erfassung eines Diskursstranges jeweils nur so weit vorangetrieben werden muß, bis keine (wesentlichen) neuen Ergebnisse mehr zu Tage gefördert werden. Dieser Punkt markiert die Stelle, an der ich sagen kann: Der Gegenstand ist zumindest synchron deskriptiv bzw. positiv erfaßt.

Doch war damit die Analyse dieses Gegenstandes bereits geleistet? Lag damit nicht nur eine »positivistische« Feststellung bzw. nur etwas systematisierte Beschreibung eines Sachverhalts vor? Jetzt ging es, folgte ich den gängigen Paradigmen der Interpretation, doch darum, das systematisch aufbereitete Material zu »*interpretieren*«, wie dies die verschiedenen Zweige (nicht nur) der qualitativen Sozialforschung einfordern.

Ich hätte also 1. den ermittelten Diskursstrang hinsichtlich seiner wesentlichen Inhalte, Strategien, Verknüpfungen, sprachlichen Mittel nicht nur darzustellen. Ich hätte 2. das Zustandekommen bzw. Vorhandensein der ermittelten Haltungen bzw. Verstricktheiten in den rassistischen Diskursstrang darüber hinaus zu *erklären*. Ich ging davon aus, daß dies dann auch die Grundlage dafür sei, z.B. Vorkehrungen für seine Problematisierung, Kritik, Zurückdrängung oder Verteidigung zu entwickeln.

Was heißt aber *erklären*? Woher beziehe ich die Kriterien meiner Kritik? Nach verbreiteter Auffassung geht es hierbei darum, die Ursachen, Bedingungen etc. des Vorhandenseins dieser Phänomene herauszuarbeiten bzw. abzuleiten. Bei diesem Versuch muß eine Auseinandersetzung mit anderen Erklärungsversuchen stattfinden, die jedoch im Prozeß des Versuchs, die gegebenen Phänomene zu verstehen, modifiziert und erweitert werden können. Die der Wissenschaft dazu zur Verfügung stehenden Mittel können als die (mehr oder minder entfaltete und von der Eingebundenheit des Wissenschaftlers in die betreffenden Spezialdiskurse abhängige) Denkfähigkeit, Denktätigkeit und Urteilskraft des Wissenschaftlers bezeichnet werden. Bei aller denkbaren Unterstützung durch bestimmte mechanische Denkhilfen, so nutzten wir selbstverständlich den Computer, um die aufbereiteten Materialien überschaubarer und leichter analysierbar zu machen, ist diese »Fähigkeit zu denken« die letzte wissenschaftliche Instanz, zu der es keine Alternative gibt. Aber was heißt

Denkfähigkeit? Beobachtet man sich selbst, so ist sehr schnell festzustellen, daß diese Denkfähigkeit nicht auf kausales Schließen oder logisches Denken zu reduzieren ist, sondern daß man auch immer einschätzt, vergleicht, bewertet und (moralisch) be- oder auch verurteilt. Bereits in dem Begriff des Rassismus, mit dem wir operierten, liegt ja ein Stück Bewertung vor, mit ihm ist eine massive Kritik an bestimmten gesellschaftlichen Phänomenen ja bereits ein Stück weit vorgegeben. Konnte und kann ich mich darauf berufen, diese Kritik zu üben, weil ich selbst (in diesem Zusammenhang) über die »Wahrheit« verfügte? Konnte das nicht auch der (wissenschaftliche Rassist, und deren gibt es nicht wenige) auch von sich behaupten?

In Auseinandersetzung mit diesen Erfahrungen und, zugegeben, oft auch selbstquälerischen Fragen, die in dem Projektbericht »BrandSätze« noch teilweise intuitiv verarbeitet worden sind, bin ich an einer entscheidenden Stelle meiner (vorläufig) abschließenden Überlegungen angekommen, auf die ich allerdings bereits mehrfach angespielt habe. Denn jetzt geht es darum, die heute noch (vor-)herrschende Form wissenschaftlichen Denkens genauer zu beleuchten: das objektivistisch-kausalanalytische Denken, das Natur- und Humanwissenschaften heute beherrscht und auch in die sogenannten Geistes- und Humanwissenschaften (also die Sozialwissenschaften) Einzug genommen hat, das der Foucaultschen Geschichtsphilosophie diametral widerspricht. Nach Foucault hat

> »Die Geschichte ... keinen ›Sinn‹ › ... Im Gegenteil, sie ist intelligibel und muß bis in ihr allerkleinstes Detail analysierbar sein: jedoch entsprechend der Intelligibilität der Kämpfe, der Strategien und der Taktiken. Weder die Dialektik (als Logik des Widerspruchs) noch die Semiotik (als Kommunikationsstruktur) könnten klären, was die wirkliche Intelligibilität der Konfrontationen ist. Die ›Dialektik‹ ist ein Modus, die stets ungewisse und offene Realität dieser Konfrontationen zu umgehen, indem sie sie auf das hegelianische Modell verlagert; die ›Semiologie‹ ist ein Modus, ihren gewaltsamen, blutigen, tödlichen Charakter zu umgehen, indem sie sie in die befriedete, platonische Form der Sprache und des Dialogs preßt.« (Foucault 1978a, S. 29)

Die Geschichte unterliegt keinem Gesetz, aus dem heraus bestimmte Entwicklungen »abgeleitet« werden könnten bzw. nach dessen Maßgabe eins aus dem anderen folgte. Geschichte ist Verlauf und Resultat menschlichen Tuns. Das Vorhandensein von Rassismus heute z.B. kann ich nicht kausalanalytisch »erklären«, sondern nur sozio-historisch: Dieses »Wissen« hat tiefe historische Wurzeln, führte zu extrem inhumanen individuellen und kollektiven Verbrechen im Faschismus und eskalierte seit den 80er Jahren unseres Jahrhunderts infolge diskursiver Verlagerungen im Gefüge des Gesamtdiskurses der BRD erneut. Diese Erkenntnis liefert mir aber in keiner Weise schon die Möglichkeit, gegen z.B. Rassismus vorzugehen, nach dem Motto: Kenne ich seine »Ursachen«, kann ich diese und mit diesen den Rassismus selbst auch beseitigen. Ich kenne nur die Gegenwart des Rassismus, ich weiß eine Menge über seine Vergangenheit bzw. seine diskursiv-historische Genese, ich ermittele historische Rassismen als Vorläufer des heutigen Rassismus, ich sehe die diskursiven Verwerfungen, die zu seinem Erstarken führen usw. Aber die »Ursachen« bleiben mir unbekannt. Sie müssen mir unbekannt bleiben, denn in einem kausalanalytischen Sinne gibt es solche Ursachen nicht. Und viel mehr noch: Bei der Einschätzung, daß Diskriminierung von Einwanderern und Rassismus abzulehnen sei, und das ist vielleicht das Entscheidende, läßt mich die Wissenschaft, zumindest solche Wissenschaft, komplett im Stich.

Um das Problem wieder zu verallgemeinern: Dies ist dann auch der Ort, an dem objektivistisches Denken gezwungen ist zu mystifizieren, etwa indem es – im Falle des Rassismus – den letzten Grund für sein Auftreten z.B. an der Natur des Menschen festmacht (»Rassismus ist angeboren.«). Denn einen Grund muß er ja haben! Andererseits ist dies der Ort, an dem ich mich dazu gezwungen sehen könnte, zu ethisch-moralischen Urteilen und Einschätzungen Zuflucht zu nehmen, und die sind bekanntlich auch inter- und intrakulturell in hohem Maße relativ.

Eine bestimmte, häufig anzutreffende Form der Mystifizierung besteht darin, Soziales letztlich an historischen Gesetz(mäßigkeit)en festzumachen, an letzten »Instanzen«, wie etwa den »*Gesetzen*« des Kapitals.[241] Diese aber gibt es nicht. Es gibt nur das diskursiv entstandene Faktum des Vorhandenseins kapitalistischer Wirtschaft, das sich im Gefolge der diskursiven Durchsetzung instrumentalistisch-objektivistischen Denkens entwickelt und verfestigt hat und das im Prinzip – bei mannigfaltigen Modifikationen im einzelnen – heute weiterhin gegeben ist.[242] Es handelt sich hierbei um das Resultat langer historischer diskursiver Prozesse und um ein Ergebnis diskursiver Machtauseinandersetzungen und Kämpfe, um die diskursive (ständig umstrittene) Etablierung bestimmter Regeln des Wirtschaftens und der Ausbeutung und der Zurichtung von Menschen für die Erfordernisse kapitalistischer Wirtschaft/Gesellschaft, und darum, diese Resultate als alternativlos und ewig gültig und vernünftig zu etablieren.[243] Entsprechendes gilt auch für die »Ursachen« des Rassismus. Es gibt dafür keinen logischen oder »natürlichen« Grund. Es handelt sich um eine historisch gewachsene Ideologie bzw. Bewußtseinskonstellation mit massenhafter Verbreitung, um ein »Wissen« also, das zwar den Anspruch auf Wahrheit stellt, sich aber dessen nicht bewußt ist, daß es sich allenfalls um eine diskursiv

---

241 Dazu schrieb aber schon Friedrich Engels: »Nach materialistischer Geschichtsauffassung ist das in *letzter Instanz* bestimmende Moment in der Geschichte die Produktion und Reproduktion des wirklichen Lebens. Mehr haben weder Marx noch ich je behauptet. Wenn nun jemand das dahin verdreht, das ökonomische Moment sei das einzig bestimmende, so verwandelt er jenen Satz in eine nichtssagende, abstrakte, absurde Phrase.« (Brief an J. Bloch vom 21./22. September 1890).

242 Vgl. dazu Hirsch 1990 und Sweezy/Magdoff 1993.

243 In »Überwachen und Strafen« hat Foucault dargestellt, durch welche Disziplinartechnologie das heutige Subjekt in seinen wesentlichen Grundzügen historisch konstituiert worden ist (Foucault 1976).

hergestellte »Wahrheit« handelt – allerdings um eine »Wahrheit« mit entsprechenden praktischen (oft und sogar verbrecherischen) Folgen.[244]

Der Grund, weshalb objektivistisch-kausalanalytisches Denken versagt und seine rigide Anwendung in die Irre führt, ist ihm im übrigen selber abzulesen: Es handelt sich um eine Reduktion menschlicher Denkfähigkeit z. B. auf unabhängig von den Menschen agierende immer gültige, sozusagen »natürliche« Gesetzmäßigkeiten.[245] Ihr Versagen besteht darin, Resultate zu Tage zu fördern, die von der Tatsache der Existenz von Menschen und ihren Lebens- und Tätigkeitsbedingungen abstrahieren zu können glauben, indem sie Menschen z.B. in Geist und Natur teilen, auf die man sich dann als voneinander getrennte Elemente beziehen zu können glaubt. Ihr »Erfolg« besteht darin, einmal etablierte Herrschaftsverhältnisse und Denkverhältnisse dadurch zu legitimieren, daß diskursiv und damit also sozial erzeugte Wahrheiten als »ewige«, weil »natürliche« Wahrheiten unterstellt werden. Diese Reduktion gilt es rückgängig zu machen. Wie dies geschehen könnte soll Gegenstand meiner abschließenden Überlegungen sein.[246]

4.3. Was also heißt *kritische* Diskursanalyse?

4.3.1. Diskurse zu analysieren heißt Kritik zu üben

Als Kernproblem einer Diskursanalyse, die sich den Anspruch stellt, kritisch zu sein, stellt sich die Frage, was Diskursanalyse mehr zu leisten imstande ist als »die Beschreibung von Sachverhalten«.[247] Die Antwort lautet *zunächst*: Nichts! Foucault selbst bezeichnete sich einmal als »glücklichen Positivisten« (Foucault 1988, S. 182), mit der Absicht, diejenigen herauszufordern, die nach dem Sinn hinter der Geschichte oder dem Ziel von historischen Verläufen fragten. Ihm ging es darum, Wissenschaft, insbesondere Geschichtsschreibung, zu entmystifizieren.[248]

---

244 Vgl. dazu Terkessidis 1997.

245 Hierzu gehören m.E. auch Vorstellungen von sich selbst organisierenden sozialen Systemen. Solche Vorstellungen stellen nur »Säkularisierungen« (ehedem) transzendentaler Konzepte dar.

246 Zu solchen Überlegungen vgl. auch Paul 1999.

247 Vgl. zum folgenden Foucault 1992 und Lemke 1997.

248 Auf die Notwendigkeit, zunächst einmal auf das zu schauen, was wirklich geschieht und getan wird und wurde, haben bereits Marx und Engels in der »Deutschen Ideologie« verwiesen: »Die Voraussetzungen, mit denen wir beginnen, sind keine willkürlichen, keine Dogmen, es sind wirkliche Voraussetzungen, von denen man nur in der Einbildung abstrahieren kann. Es sind die wirklichen Individuen, ihre Aktion und ihre materiellen Lebensbedingungen, sowohl die vorgefundenen wie die durch ihre Aktion erzeugten. Diese Voraussetzungen sind also auf rein empirischem Wege konstatierbar.« (MEW 3, S. 20) Und sie fordern: »Alle Geschichtsschreibung muß von diesen natürlichen Grundlagen und ihrer Modifikation im Lauf der Geschichte durch Aktion der

Was sozial geschieht, so könnte man Foucaults Position auch umschreiben, ist menschliche Tat, was entsteht/entstanden ist, sind Produkte menschlicher Arbeit – sonst nichts. Aber in dem Sinne menschliche Tat, daß die Menschen sie tun, ohne dabei ihre unmittelbaren Interessen übersteigende Ziele vor Augen zu haben. Verstrickt in die Verläufe der Diskurse, tun alle etwas und strengen sich erheblich an. Was dabei herauskommt, hat keiner so gewollt. Dem widerspricht nicht, daß die Diskursverläufe eine Resultante der Macht- und Herrschaftsverhältnisse sind und sie diese wiederum reproduzieren helfen. Das heißt zugleich, daß einige Gruppen der Bevölkerung von dieser Entwicklung mehr profitieren als andere.

Bereits die Erfassung der Diskurse fördert eine kritische Perspektive zu Tage, indem dabei die impliziten und nicht gesagten Voraussetzungen und als Wahrheiten vertretenen Setzungen oder zu Unrecht Konsens beanspruchenden Aussagen oder falsche Verallgemeinerungen und dementsprechende Fluchtlinien etc. sichtbar gemacht werden können.[249] Diskursanalyse zeigt also, mit welchen Mitteln und für welche »Wahrheiten« in einer Bevölkerung Akzeptanz geschaffen wird, was als normal und nicht normal zu gelten habe, was sagbar (und tubar) ist und was nicht. Mit den Worten Foucaults: Diskursanalyse beantwortet bereits auf dieser Ebene die Frage, »wie ... in den abendländischen Gesellschaften die Produktion von Diskursen, die (zumindest für eine bestimmte Zeit) mit einem Wahrheitswert geladen sind, an die unterschiedlichen Machtmechanismen und -institutionen gebunden« sind. (Foucault 1983, S. 8) Solche Analysen können also bereits zeigen, mit Hilfe welcher Implikate, welcher Kollektivsymbole, welcher Argumentationsstrategien etc. welche Inhalte in wessen Interesse im Diskurs verwendet werden.

So weit kann man Diskursanalyse als per se kritisch bezeichnen.

4.3.2. Ethisch begründete Kritik?

Auch nach Foucault kann es nicht darum gehen, die Sachverhalte als Ausdruck von irgend etwas, etwa eines tiefen Wesens, eines wie auch immer gearteten göttlichen Willens, den es zu enthüllen gelte etc., verstehen zu wollen. Demgegenüber ginge es darum, die gefundenen Sachverhalte zu kritisieren und zu bewerten, also Widerstand dagegen zu leisten, daß wir »dermaßen regiert werden«, wie Foucault sagt, daß uns historisch-diskursive jeweilige Gültigkeiten als ewige und quasi natürliche Wahrheiten »verkauft« werden. Versuche, solche Kritik zu artikulieren und in die diskursiven Auseinandersetzungen hineinzutragen, könnte man auch als Versuche bezeichnen, Gegendiskurse zu etablieren.

Menschen ausgehen.« (MEW 3, S. 21) Insofern ist Foucault auch »marxistischer« in seiner Geschichtsauffassung als er selbst zuzugestehen bereit ist. Vgl. zum Verhältnis von Foucault zu Marx auch Marti 1988, bes. S. 110-124. Vgl. zu diesem Zusammenhang auch Lemke 1997, S. 101 ff.

249 Vgl. dazu Laugstien 1995a, S. 728.

Die Beschreibung von Diskursen bzw. Diskurssträngen ist allerdings eine wichtige Voraussetzung dafür. Und erst dann, wenn wir in der Lage sind, die gefundenen diskursiven »Sachverhalte« wohlbegründet zu bewerten und zu kritisieren, wird Diskursanalyse zu Kritischer Diskursanalyse.[250]

Damit stellt sich die Frage, auf welcher Basis Diskurse/Diskursstränge überhaupt (und objektiv?) kritisiert werden können.

Nun stellt auch schon die Auswahl der Themen bzw. der analysierten Diskurse/Diskursstränge ein kritisches Moment dar, wenn sie die Absicht verfolgt, gesellschaftlich brisante Themen aufzugreifen, zu analysieren und zu problematisieren. Wenn ich mich als Diskursanalytiker z.B. für die Untersuchung des Themas »Sprache der Jugend« allgemein oder für das Thema »die Charakterisierung von Einwanderern und Flüchtlingen« entscheide, dürfte dies, was die Absicht der kritischen Auseinandersetzung angeht, bereits einen erheblichen Unterschied ausmachen. Die Beschäftigung *mit gesellschaftlich brisanten Themen* und der Art und Weise ihrer Behandlung ist – so gesehen – bereits im Ansatz mit einer kritischen *Absicht* verbunden und enthält Momente eines Gegendiskurses. Denn – so wird sofort ersichtlich – in eine solche Auswahl gehen Bewertungen, geht bereits Kritik ein.

Eine solche Herangehensweise enthebt den betreffenden Wissenschaftler aber überhaupt nicht der Beantwortung der Frage, wie er zu den Kriterien seiner Kritik gekommen ist und wie er diese begründet. So weit ist die Auswahl »brisanter« und »kritischer« Themen nicht ausreichend zur Begründung kritischer Diskursanalyse, da sie den Standpunkt, von dem aus kritisiert wird, im Prinzip als völlig beliebig unterstellt. Das zeigt sich schon allein daran, daß etwa der Diskursstrang »Einwanderer und Flüchtlinge« sowohl von einem »linken« wie von einem »rechten« Standpunkt aus, also ideologisch beliebig, von einem zuvor eingenommenen Standpunkt aus, der als solcher nicht weiter hinterfragt wird, kritisiert werden kann.

So richtet sich z. B. van Dijks Konzept einer *Kritischen Diskursanalyse*, die er auch *soziopolitische* Diskursanalyse nennt, auf die Untersuchung der Beziehungen

---

250 Ich möchte an dieser Stelle darauf hinweisen, daß auch das Konzept *Kritische Diskursanalyse* inzwischen in mancherlei Gestalt in Erscheinung tritt. So bezeichnen sich auch die Ansätze von Wodak, Fairclough und van Dijk als »Kritische Diskursanalyse« bzw. »Critical Discourse Analysis«. Das Konzept »Kritik« wird dabei jedoch sehr unterschiedlich gefüllt, wie nicht anders zu erwarten. So bezieht man sich auf die Kritische Linguistik (Kress/Hodge 1979) einerseits und Jürgen Habermas (Habermas 1971) andererseits, demzufolge »eine kritische Wissenschaft selbst-reflexiv sein (müsse), also die zugrundeliegenden Interessen reflektieren, und sie muß den historischen Kontext der Interaktionen beachten. ... Mit rationalem Diskurs könne der ideologische Diskurs überwunden und eine Annäherung an die ideale Sprechsituation erreicht werden.« (Titscher et al. 1998, S. 179) Demgegenüber vertrete ich in diesem Buch das Konzept von Kritik, wie Michel Foucault dieses in »Was ist Kritik?« diskutiert hat (Foucault 1992). Das Konzept »rationaler Diskurs« setzt ja voraus, daß es Ideologie gäbe, die durch Nicht-Ideologie ersetzt werden könne, also eine Spielart der Widerspiegelungstheorie.

zwischen Diskurs, Macht, Dominanz, soziale Ungleichheit und die Position des Diskursanalytikers im Rahmen solcher Beziehungen. (van Dijk 1993b, S. 249 ff.) Dabei interessieren ihn vor allem die »top-down«-Beziehungen, also die Art und Weise, wie Eliten diskursiv-strategisch Herrschaft ausüben und, unterstützt durch ihren leichten Zugang zu den diversen Medien, diskursiven Machtmißbrauch betreiben (ebd. S. 250 ff.).

Dieser mir durchaus sympathische Ansatz, der selbstverständlich auch mit einer akribischen Beschreibung von Diskursen verknüpft ist, übersieht jedoch, daß hier eine ganz bestimmte Position fraglos vorausgesetzt wird: die Parteinahme für die Beherrschten. Auch diese ist mir sympathisch. Eine solche im richtig verstandenen Sinne »moralische« Position (die auch ich, wie gesagt, für richtig halte) muß jedoch selbst zunächst begründet werden. Sie versteht sich keineswegs von selbst. Darauf wird im folgenden noch genauer einzugehen sein.-

Eine ähnliche Position wie van Dijk vertritt in dieser Hinsicht Fairclough 1993, wenn er schreibt: »By ›critical‹ discourse analysis I mean discourse analysis which aims to systematically explore often opaque relationships of causality and determination between (a) discursive practices, events and texts, and (b) wider social and cultural structures, relations and processes; to investigate how such practices, events and texts arise out of and are ideologically shaped by relations of power; and to explore how the opacity of these relationships between discourse and society is itself a factor securing power and hegemony (...).« (ebd. S. 135)

Doch wie ist diese Standpunktkritik zu überwinden?

Meines Erachtens geht es hier um nichts anderes als die (nur teilweise Wieder-)Entdeckung einer menschlichen Vernunft, die sich nicht instrumentell und nur rational auf Subjekte und Objekte bezieht.[251] Es geht nicht darum, den Sinn der Geschichte zu entdecken, sondern tatsächliche historische Verläufe (Diskurse) und ihre Regularitäten, Formen, Strukturen und Akzeptanzbemühungen und ihre gesellschaftlichen Auswirkungen in ihren jeweiligen Singularitäten aufzudecken oder allenfalls darum, »die Sinne«, die die Menschen ihrem Tun und Sein unterstellen und das jeweilige Bewußtsein und Wollen der Menschen zu entdecken. Doch nicht zuletzt geht es darum, sich damit kritisch und in der Absicht, menschliche Verhältnisse zu verbessern, auseinanderzusetzen. Insofern ist Kritik eine »Haltung«, eine »Tugend«, ein »Ethos« und nicht ein gedankliches Tun, das sich darauf berufen kann, über die Wahrheit zu verfügen.[252]

Horkheimer bescheinigt Sokrates die Absicht, »daß die Vernunft, als universelle Einsicht verstanden, die Überzeugungen bestimmen und die Beziehungen zwischen Mensch und Mensch und zwischen Mensch und Natur regeln sollte.« (Horkheimer

---

251 Vgl. dazu Horkheimer/Adorno 1947 und Horkheimer 1974.

252 Vgl. dazu Foucault 1992, S. 9, wo dieser »von der kritischen Haltung als Tugend im allgemeinen« spricht, und Lemke 1997, S. 354 ff.

1974, S. 21) Kritische Wissenschaft hat den Auftrag, universelle Einsichten zu fördern. Als rational-instrumentell verfahrende Wissenschaft betreibt sie fast immer das Gegenteil.

Diese Art und Weise des (instrumentellen) Umgangs mit Wirklichkeit ist heute auch in den Naturwissenschaften an ihre Grenze gestoßen.[253] Auch hier ist der lange herrschende Glaube daran, alles Gegebene ließe sich kausalanalytisch erklären, ins Wanken geraten. Die Geistes- und Sozialwissenschaften haben lange Zeit versucht und versuchen verbreitet immer noch, in quasi-naturwissenschaftlicher Manier soziale Geschehnisse auf interne oder externe Verursachung zurückzuführen (Sozial-»Gesetze«, anthropologische (natürliche) Konstanten oder transzendentale Verursachung etc.), – und damit auch »Gesetze des Handelns« und der »Moral« (Kant) und Möglichkeiten der Prognose zu entdecken.[254]

Hier scheint mir ein Paradigmenwechsel erforderlich zu sein. Denn das, was ist, seien dies konkrete Gegenstände, also das, was man gemeinhin Wirklichkeit nennt, oder auch überlieferte (und leider auch nicht überlieferte oder übersehene) Texte, ist Resultat menschlicher Arbeit, menschlicher Tat(en). Nur als solche Resultate sind sie, wenn auch oft nur rudimentär, im Prinzip in ihren Grundstrukturen erfassbar und analysierbar. Und weil diese »Gegenstände« Ergebnis(se) historisch-gesellschaftlicher Tätigkeit sind, sind es auch die Bedürfnisse und Motive, die Absichten und das Wollen der Menschen an ihren historischen Orten und unter den jeweilig gegebenen Machtverhältnissen, dominanten Ideologien bzw. diskursiven Verstrickungen, die sich – in mühevoller Kleinarbeit – rekonstruieren lassen.

Fragen nach der Richtigkeit oder gar »Wahrheit« ihres Tuns lassen sich, wie gesagt, logisch-kausalanalytisch nicht beantworten.

4.3.3. Kritik ist gegen Herrschaft gerichtet

Nun ist herrschendes Wissen, das die vorhandenen Regularitäten stützt und teilweise produziert, immer auch mit Macht ausgestattetes Wissen, das in der Regel als »Wahrheit« propagiert wird. Foucault formulierte: »Wichtig ist, so glaube ich, daß die Wahrheit weder außerhalb der Macht steht noch ohne Macht ist ... Die Wahrheit ist von dieser Welt; in dieser wird sie aufgrund vielfältiger Zwänge produziert ... Jede Gesellschaft hat ihre eigene Ordnung der Wahrheit, ihr(e) ›allgemeine Politik‹ der Wahrheit: d. h. sie akzeptiert bestimmte Diskurse, die sie als wahre Diskurse funktionieren läßt; es gibt Mechanismen und Instanzen, die eine Unterscheidung von wahren und falschen Aussagen ermöglichen und den Modus festlegen, in dem die

---

253 Vgl. dazu z.B. bereits Heisenberg 1955 sowie Beck 1986, 1988.

254 Vgl. dazu Foucaults Auseinandersetzung mit Kant, der dem »kritischen Unternehmen der Entunterwerfung gegenüber dem Spiel der Macht und der Wahrheit – als Prolegomenon zu jeder gegenwärtigen und künftigen *Aufklärung* – die Erkenntnis der Erkenntnis aufbürdet.« (Foucault 1992, S. 18)

einen oder anderen sanktioniert werden; es gibt bevorzugte Techniken und Verfahren zur Wahrheitsfindung; es gibt einen Status für jene, die darüber zu befinden haben, was wahr ist und was nicht. ... Es gibt einen Kampf ›um die Wahrheit‹, oder zumindest ›im Umkreis der Wahrheit‹, wobei nochmals gesagt werden soll, daß ich unter Wahrheit nicht ›das Ensemble der wahren Dinge, die zu entdecken oder zu akzeptieren sind‹, verstehe, sondern das ›Ensemble der Regeln, nach denen das Wahre vom Falschen geschieden und das Wahre mit spezifischen Machtwirkungen ausgestattet wird.‹..« (Foucault 1978b, S. 51ff.)

Selbstverständlich lassen sich prinzipiell die Rahmenbedingungen, die als »Wahrheiten« geltenden Regularitäten bzw. »Gültigkeiten«, die »Normalitäten« des jeweilig gesellschaftlichen Tuns (teilweise) rekonstruieren, nämlich als die Resultate gesellschaftlichen Tuns früherer Generationen in ihren jeweiligen Rahmenbedingungen usw. usw.[255] – wobei solche »Archäologie« bei wachsendem Zeitabstand natürlich nur immer dünnere Resultate zu Tage fördern kann.[256] Doch vielleicht besteht seit einigen tausend Jahren erstmalig in der langen Geschichte der Menschheit die Möglichkeit, die historisch-diskursiven Voraussetzungen heutiger und zukünftiger Gesellschaften genau(er) zu verorten und mögliche Fehlentwicklungen besser erkennbar zu machen.

Dabei stellt sich einer Wissenschaft, die dies versucht, die Frage nach Wahrheit oder Richtigkeit ihrer Ergebnisse auf eine ganz andere Weise, als man sich diese Fragen bisher, besonders auch in den heutigen modernen Gesellschaften Europas, i. a. gestellt hat – nämlich nicht kausalanalytisch-genetisch, sondern – im richtig verstandenen Sinne – moralisch/ethisch, und zwar ohne irgendwie geartete transzendentale Rückversicherung á la Kant.

Das heißt auch zugleich, daß die Frage nach der Wahrheit kein wissenschaftsinternes Problem ist, sondern ein gesellschaftlich-humanes – sofern man davon ausgeht (zunächst noch sehr allgemein formuliert), daß das Vorhandensein der Menschen auf diesem Globus in irgendeiner Weise als sinnvoll angesehen wird.

Auch dies ist ein Problem, dem man nicht auf »logischem« Wege beikommt, sondern nur, indem man sich dafür (oder dagegen) entscheidet und ausspricht. Hat man sich dafür entschieden, daß die Anwesenheit von Menschen auf dieser Welt irgendwie Sinn macht oder als richtig, gut usw. angesehen wird, hat Wissenschaft zugleich auch den Maßstab für die kritische Interpretation von Wirklichkeit(en), die nichts anderes ist als eine *Beurteilung* von Wirklichkeit. Dieser Maßstab kann nur ein

---

255 Vgl. dazu Dreyfus/Rabinow 1987, S. 146.

256 Als »Fundgrube« der Archäologie sollte man jedoch mündlich überlieferte Texte nicht unterschätzen. Damit möchte ich auf die Wichtigkeit der »Oral History« verweisen, zum anderen aber auch auf die mündlich überlieferten und auch heute noch neben schriftlichen Tradierungen von Anteilen von Wissen und nicht zuletzt auf die Sprachen selbst, deren »Bedeutungen« Spuren der Geschichte enthalten.

ethisch-moralischer sein; er lautet: Ist das, was getan wird bzw. »geschieht«, sind die eingefahrenen Normen und Gültigkeiten, auf die sich die hegemonialen Klassen in den jeweiligen Gesellschaften als geradezu absolute Wahrheiten so gern berufen, der Existenz, des Daseins der Menschen und eines jeden einzelnen Menschen auf diesem Globus dienlich oder nicht?

Diskursanalyse ist in der Lage, die derzeitigen Befindlichkeiten und, mit Einschränkungen: ihre Genese und normativ-hegemoniale Verfestigung darzustellen. Sie kann darüber hinaus das Zusammenwirken, die *Verschränkungen*, Verflechtungen und Verschlingungen der verschiedenen Diskurse und ihrer jeweiligen internen Abhängigkeiten, ihrer inneren Strukturen und die Effekte dieser Verschränkungen aufzeigen. Sie zu bewerten und zu kritisieren, setzt eben einen Maßstab voraus, der nach meiner Auffassung durchaus in das Selbstverständnis von Wissenschaft und eben auch von Diskursanalyse hineinverlagert werden kann und muß. Dieser Maßstab ist ein ethisch-moralischer, und als solcher liegt er bereit, wenn auch in sehr allgemeiner und abstrakter Form.

Der Streit darum, was für den Menschen, für jeweilige menschliche Gesellschaften konkret richtig sei, was falsch ist, was ideologisch oder mythisch verstellt ist und in wessen Interesse es liegt, muß ausgetragen werden. Dies ist ein Streit, der sich gegen herrschende Ideologien und Machtverhältnisse richtet, die sich der Anerkennung und Praktizierung des Grundsatzes verweigern, menschliche Existenz prinzipiell für sinnvoll zu halten. Insofern ist dies ein politischer und ganz praktischer diskursiver Streit.

Wissenschaft kann die Welt und ihre unterschiedlichen Deutungen darstellen und herausarbeiten, wie die Tätigkeiten der Menschen aufeinander wirken, welche Normen *und mehr oder minder flüchtigen und vorübergehenden Gültigkeiten* sich durchgesetzt haben, wie diese einander beeinflussen, sich ergänzen oder aber auch stören, sich gegenseitig fördern oder auch zurückdrängen, zu Gleichgewichten und Labilitäten führen, wie die großen Macht- und Kraftlinien einer Gesellschaft verlaufen, wessen Leben dabei zu kurz kommt oder davon profitiert, warum und wie weit sie akzeptiert wurden etc. etc.

Kritisiert werden aber kann die so aufgedeckte Wirklichkeit letzten Endes nur unter moralisch-praktischen Gesichtspunkten. Verändert werden kann sie nur in politischen Auseinandersetzungen, wobei die Formen dieser Auseinandersetzung wiederum ständiger Gegenstand wissenschaftlicher Analyse und moralischer Kritik zu sein haben. Auch sie müssen den Grundsatz anerkennen, daß menschliche Existenz prinzipiell sinnvoll ist. Das verbietet meines Erachtens z.B. alle Formen von Gewalt als Mittel der Politik. Was gut oder falsch für die (jeweiligen) Menschen ist, kann – nach diesem Kriterium vorgehend – nur mit friedlichen Mitteln unter den Menschen/Gesellschaften gleichsam »ausgehandelt« werden. Das aber bedeutet, diskurstheoretisch formuliert, daß es darum geht, *sich auf die diskursiven Kämpfe einzulassen*. Indem man dies tut, arbeitet man an der Entfaltung von Gegendiskursen mit, die aber immer Bestandteile des gesellschaftlichen Gesamtdiskurses sind – doch zugleich in diesen verschränkt, integriert, aufgesogen, abgestoßen und verstrickt und – sofern historisch bereits einmal vorhanden gewesen – oft auch wieder verdrängt werden. Dies gilt etwa für Elemente alttestamentarischer bzw. jüdischer Moralvorstellung, wie sie – um nur ein Beispiel zu nennen – in folgender Passage aus 3. Mose 19 und 33-34) noch aufzufinden sind: »Du sollst Deinen Nächsten lieben wie Dich selbst./ Wenn ein Fremdling bei euch wohnt in eurem Lande, den sollt ihr nicht bedrücken. Er soll bei euch wohnen wie ein Einheimischer unter euch, und du sollst ihn lieben wie dich selbst.«

4.4. Also doch eine Standpunktkritik?

Solchen Überlegungen könnte entgegengehalten werden, daß es sich auch dabei um eine Kritik handelt, die von einer einmal eingenommenen willkürlichen moralischen Position aus vorgenommen wird und nach Maßgabe eines universellen Bildes von *dem* Menschen, für den Partei ergriffen wird. Dieser Einwand kann nicht so ohne weiteres widerlegt werden, doch er führt mich zu den folgenden weiterführenden Überlegungen.

Den allgemeinen (universellen) Menschen gibt es natürlich nicht. Jeder Mensch ist durch die jeweils historisch-konkreten und kulturell spezifischen diskursiven Eingebundenheiten als Subjekt konstituiert und insofern nicht allgemein, sondern jeweils besonders. Aber er ist auch nicht nur besonders, sondern zugleich immer auch allgemein. Anders gesagt: Jeder zu einem bestimmten historischen Punkt existierende Mensch stellt die Einheit aus historisch besonderen und universell allgemeinen menschlichen Eigenschaften dar. Parteinahme für die Menschen bedeutet daher auch immer Parteinahme für diesen ganzen konkreten jeweiligen Menschen, und insofern handelt es sich auch dabei nicht um die Einnahme eines universellen Standpunktes, von dem aus in gleicher Weise moralisch (und mit einheitlicher moralisch-universeller Meßlatte) geurteilt werden kann.

Zu beachten ist zudem, daß die jeweilige Besonderheit nicht nur im Rekurs auf den allgemeinen Menschen gebrochen ist, sondern auch auf Grund seiner spezifischen sozialen Konstituiertheit durch die Diskurse, in die er zwangsläufig verstrickt ist. Das hat erhebliche Konsequenzen für eine Kritische Diskursanalyse.

4.5. Zur Relativität der Kritik

Das kritische Potential von Diskursanalyse kann sich demnach nicht auf eine *spezifische* Moral stützen. Dem objektiven Betrachter der gegebenen oder auch gewesenen sozialen Wirklichkeiten steht klar vor Augen, daß es nicht *die eine Moral* gibt, als universelle Moral, die den jeweiligen Diskursen (und den darin jeweilig verstrickten und sie deshalb mehr oder minder akzeptierenden Menschen) übergestülpt werden kann. Es gibt einen moralischen Pluralismus. Die etwa an verschiedene Kulturen gebundenen und tradierten Moralvorstellungen (»Moralen«) sind ausgesprochen heterogen.[257] Daher ist es verfehlt, moralisch begründete Kritik fest an eine allgemeine Moral wie etwa die »Allgemeinen Menschenrechte« oder an eine bestimmte Religion zu knüpfen. Dies ließe die jeweils besonderen Moralen z.B. anderer Kulturen außer Betracht und stieße bestenfalls auf tiefes Unverständnis der Kritisierten. Eine Kritik an in bestimmten Gesellschaften diskursiv tradierten und akzeptierten Moralen hat zur Voraussetzung, sich zunächst in die betreffende Moral gedanklich »hineinzubegeben« und diese somit kennenzulernen.

Ich gehe jedoch zusätzlich davon aus, daß je sozial und kulturell spezifische Moralen (als Lehren menschlichen Verhaltens) neben den jeweils besonderen Lebensbedingungen in den Gesellschaften sich zusätzlich oder sogar im Kern auf Vorstellungen von dem allgemeinen Menschen beziehen. Das heißt aber, daß jede dieser Moralen ebenfalls eine Einheit zwischen Besonderem und Allgemeinem darstellt. Kritische Diskursanalyse hätte demnach danach zu fragen, ob die in einer Gesellschaft herrschende Moral (= faktisch auffindbare und im wesentlichen offiziell akzeptierte Moral) mit den (formulierten) moralischen Ansprüchen dieser Gesellschaft übereinstimmt oder nicht und in wessen Interessen sie als »Wahrheit« gehandelt wird. Mit anderen Worten: Die Kritik kritischer Diskursanalyse ist zunächst gesellschaftsspezifisch *und* gesellschaftsimmanent.[258]

Damit ist das kritische Potential kritischer Diskursanalyse jedoch noch nicht vollständig ausgeschöpft. Im Gegenteil: Bliebe man bei einer solchen immanenten Kritik stehen, könnte man sich zu Recht den Vorwurf eines moralischen Relativismus einhandeln. Es muß über die immanente Kritik hinaus der Versuch gemacht werden, die jeweils herrschende Moral als solche zu hinterfragen. Aber wie soll dies möglich sein, ohne wieder auf einen moralischen Universalismus (und zugleich Rigorismus) zurückzufallen?

Die Lösung dieses Problems sehe ich darin, daß die jeweils konkret herrschende Moral zunächst mit den vorhandenen Vorstellungen über den allgemeinen Menschen, also mit dem allgemeinen Menschenbild konfrontiert wird. Sich bereits dabei ergebende Widersprüche könnten Anlaß zu Diskussionen und möglichen Revisionen geben und die Akzeptanz dieser Diskurse in Frage stellen.

Zudem läßt sich auch dieses (jeweils gegebene) allgemeine Menschenbild kritisch hinterfragen. Um ein etwas überzogenes Beispiel anzuführen: Sollte ein in einer sozialen Gruppe herrschendes allgemeines Bild vom Menschen unterstellen, der

---

257 Vgl. dazu meine Darstellung in dem Artikel »Kulturkontakt-Kulturkonflikt« (Jäger 1997a).

258 Auf Unterschiede innerhalb als »geschlossen« geltenden Gesellschaften gehe ich an dieser Stelle nicht eigens ein. Eine differenzierte Diskursanalyse hätte diese selbstverständlich zu beachten.

Mensch sei nur eine Art Tier auf zwei Beinen, so könnte dieses Bild dadurch hinterfragt werden, daß auf bestimmte Besonderheiten, die den Menschen von den Tieren unterscheidet, immer wieder hingewiesen würde. Auch dies könnte Anlaß zu einer Debatte sein, die das jeweilige Bild vom Menschen in Bewegung bringt und damit Anstoß geben zu Modifikationen der obwaltenden Moralvorstellungen. Problematisiert und kritisiert man solche Menschenbilder, etwa den im abendländischen Denken bis in die Gegenwart vorherrschenden Dualismus, den Menschen als *Addition* und nicht als Einheit von »Geist« (= Bewußtsein, Denkfähigkeit) und Natur zu betrachten, so ist mit erheblichen Widerständen zu rechnen, da dieser Dualismus der Sockel ist, auf dem mächtige Ideologien und Institutionen aufruhen und aus dem sie ihr Existenzrecht begründen. Das gilt z. B. für das Christentum und die christlichen Kirchen. Doch auch solche Hindernisse sind abbaubar, indem z.B. der Versuch gemacht wird, die Konsequenzen eines solchen dualistischen Denkens deutlich hervortreten zu lassen, indem z. B. gezeigt wird, daß die Reduktion des Menschen auf seine Körperlichkeit (oder gar Materie, wie in der Gen-Technologie), die bei der Zuweisung von Feindbildern gang und gäbe ist, diesen Menschen zur Tötung freigibt, da er, um seinen Subjektstatus gebracht, auf tierisches oder rein materielles Niveau reduziert ist und geschlachtet werden kann wie Vieh. Solche Reduktionen erfolgen, wie Jobst Paul gezeigt hat, in der Regel durch Etikettierungen als Schwein, Teufel, Hund, Laus oder durch eine Schmutz- und Fäkaliensprache, aber auch durch Absprechen von Vernunft, Rationalität, durch Bezeichnungen und Pathologisierungen also, die dem Menschen das absprechen, was ihn nach gängiger Definition erst eigentlich zum Menschen macht.[259]

Diese etwas abstrakt wirkenden Überlegungen sind von eminenter praktischer Bedeutung. In einer Welt, in der sich die Überlappungsprozesse verschiedener Gesellschaften und Kulturen – und damit auch Moralen – rasant beschleunigen und in der es zunehmend weniger geschlossene moralisch-kulturelle Räume gibt, wächst die Gefahr des gegenseitigen moralischen Rigorismus, indem die Maßstäbe »eigener« Moral mit denen der »Anderen« zusammenprallen und von eigenen Vorstellungen abweichende Verhaltensweisen nicht akzeptiert werden. Dies ist aber kein gesetzmäßiger und unumkehrbarer Vorgang, wie konservative Wissenschaftler á la Samuel P. Huntington glauben machen wollen, sondern es handelt sich um historisch erzeugte Gegebenheiten, die zwar diskursiv verfestigt sind, aber in diskursiven Kämpfen und Auseinandersetzungen in Bewegung gebracht und verändert werden können.[260]

---

259 Vgl. die Arbeiten von Paul 1992 und 1999. Paul zeigt dies eindringlich anhand der Bioethikkonvention auf, die – unter bestimmten Bedingungen – medizinische Handlungen an nichteinwilligungsfähigen Menschen zuläßt, mit der dahinter stehenden Begründung, es handle sich nicht um Personen – eine Begründung, die sich auf den australischen Moralphilosophen Peter Singer beruft.

260 Vgl. Huntington 1996.

4.6. Die Punkte ergreifen, an denen Veränderung möglich ist

Kritische Diskursanalyse kann möglicherweise einen Beitrag dazu leisten, die zu erwartenden ideologisch-diskursiven Kämpfe, die unvermeidlich sind, abzumildern, indem sie die Relativität der unterschiedlichen Konstrukte der Welterklärung aufweist, auf dieser Grundlage Modelle toleranter Kritik und Auseinandersetzung entwickelt und jeweilige Gültigkeiten und Normalitäten hinterfragt, problematisiert und kritisiert. Dazu gehört auch die Analyse der jeweiligen Akzeptanzbedingungen, die die betreffenden Gültigkeiten stabilisieren. Voraussetzung dazu stellt allerdings die präzise interkulturelle Analyse diskursiver Gegebenheiten dar. Der letztendliche »Fluchtpunkt« der Kritik und der eingeforderten Toleranz aber ist das Bild des allgemeinen (universellen) Menschen, den es allerdings auf dieser Welt nicht gibt – was aber nicht heißt, daß er nicht von dieser Welt wäre.

Hier zeigt sich: Der Ort der Kritik hat sich verlagert. Es ist nicht mehr der Thron der Wissenschaft, von dem aus ex cathedra die Wahrheit verkündet wird und von dem aus Kritik an der Wirklichkeit und an der Wissenschaft selbst geübt werden kann; Foucault hat diesen Ort gründlich geschleift. Das erklärt sicherlich zum Teil die wütenden Reaktionen seiner Kritiker.[261]

Denn »Diese Form der Kritik kann ... nicht mehr auf theoretische Rechtfertigungen zurückgreifen, sondern artikuliert sich als praktischer Wille« (Lemke 1997, S. 354), als reflektierte Entscheidung (vgl. ebd.). Das verweist darauf, daß jede Kritik sich »dem Test der Wirklichkeit und der Aktualität aussetzen muß, um sowohl die Punkte zu ergreifen, wo Veränderung möglich und wünschenswert ist, also auch zu bestimmen, welche genaue Form diese Veränderung annehmen soll.« (Foucault 1984, zit. nach Lemke 1997, S. 358)

---

261 Vgl. dazu ausführlich Lemke 1997, S. 11-22.

5. Probleme, offene Fragen und weiterführende Lösungsansätze

Kritik am Bestehenden, selbst wenn sie dazu beiträgt, dieses Bestehende ins Wanken zu bringen, reicht offenbar aber nicht aus; sie muß Strategien und Pläne erarbeiten und zur Durchsetzung zu verhelfen suchen für das »Danach«, wenn dieses nicht in Chaos und Anarchie versinken soll oder von einer Existenzweise abgelöst werden soll, die nach dem Regen die Traufe bedeuten kann.[262] Solche Überlegungen hat Foucault nicht angestellt, und Thomas Lemke möchte es deutlich sagen: »Diese Fassung des Verhältnisses von Theorie und Kritik ist nicht ohne Schwierigkeiten und Schwächen.« Und er fährt fort: »Sie weist im Gegenteil darauf hin, daß jede Kritik ›problematisch‹ ist und die Vorstellung einer sicheren Kritik ›theoretisch‹ bleiben muß.« (Lemke 1997, S. 358) Und er stellt eine Reihe ernstzunehmender Fragen, auf die Foucault nicht antwortet: »Wenn wir einfach die Normen akzeptieren, die bestimmten Kämpfen implizit sind, was garantiert uns, daß diese Normen ›gerechter‹ oder ›besser‹ sind als die, gegen die sie kämpfen? Wie lassen sich konfligierende Normen aufeinander abstimmen? Warum sollten wir die normativen Bewertungen des Linksintellektuellen Foucault prinzipiell gegenüber denen von Rechten bevorzugen, die der Meinung sind, daß Einwanderer und Gewerkschaften das wahre Problem sind? Müssen wir nicht zur Verteidigung unserer Überzeugungen auf die solide Grundlage einer Analyse der menschlichen Natur und universeller Werte zurückgreifen? – Dies sind zweifellos ungelöste Probleme der Arbeit Foucaults.« (Lemke 1987, S. 358f.) Doch, nach Zurückweisung der Habermasschen Forderung, »dem zwanglosen Zwang des Arguments« zu folgen, konstatiert Lemke, daß uns Foucault eine Form der Kritik zeige, »die weniger als Vorschrift und Gesetz denn als ›Vorschlag‹ und ›Einladung‹ funktioniert. Foucaults ›Alternative‹ zu der Legitimation normativer Bewertungen aus allgemeinen theoretischen Prinzipien ist ihre Begründung durch konkrete Erfahrungen in direkten Begegnungen mit angenommenen Ursachen von Herrschaft und Ausbeutung. Um Gefängnisse und Irrenhäuser oder Gewerkschaften und Asylsuchende als Haupthindernisse für eine ›bessere Gesellschaft‹ zu bestimmen, müssen wir sie als praktische Realitäten erfahren haben – nicht als theoretische Prinzipien.« (ebd. S. 359) Und Lemke verweist auf Foucaults eigene praktisch-politische Aktivitäten, die ihren Niederschlag in seinen Büchern gefunden haben. Es seien diese Erfahrungen und das Interesse an der Schaffung der

---

262 Vgl. dazu die Ausführungen Lemkes zur Iranischen Revolution und Foucaults Bezug auf dieses Ereignis (Lemke 1997, S. 316-326). Interessante diskurstheoretische Überlegungen zum Niedergang der DDR und den Folgen enthält Luutz 1992 und 1994.

Möglichkeit anderer (›egalitärer‹, ›besserer‹ etc.) Erfahrungen, die seine Arbeit anleiten. (vgl. ebd.) Doch Lemke stellt zu recht fest, daß diese Konzeption von Kritik bei Foucault als Haltung »keine Gewähr für die richtige Einschätzung von Machtprozessen« gebe; doch er meint – und darin möchte ich ihm zustimmen – , daß dabei auftretende Irrtümer wesentlich schneller durch weitere Erfahrungen korrigierbar seien, als Urteile, die in allgemeinen Theorien wurzeln. (ebd.) Und er zitiert die Warnung Foucaults: »In der Tat wissen wir aus Erfahrung, daß der Anspruch, dem System der gegenwärtigen Realität zu entkommen, um allgemeine Programme einer anderen Gesellschaft, einer anderen Weise zu denken, einer anderen Kultur, einer anderen Weltanschauung hervorzubringen, nur zur Rückkehr zu den gefährlichsten Traditionen geführt haben.« (zit. nach Lemke 1987, S. 360)

Diese Absage an die schnelle Veränderung, an kurzfristige revolutionäre Perspektiven, mag manchen enttäuschen; an deren Stelle ist Foucaults Option die von *lokalen Widerständen* als Stufen in einem Programm, dessen Ziel die Verbesserung der menschlichen Verhältnisse ist. Indem er dazu aufrief und an ihnen teilnahm, formulierte er eine »Kampfansage gegen das, was ist«. (Foucault, zit. nach Lemke 1997, S. 361)

Zu fragen bliebe, welchen Sinn dann noch theoretische Arbeit, Arbeit an der Theorie macht und welchen Wert die wissenschaftlich begründete Argumentation hat. Darauf kann im Zuge des Foucaultschen Denkens nur geantwortet werden: da jede Theorie nur ein Deutungsversuch ist, der keinen Anspruch auf Wahrheit stellen kann, kann Theorie nur widerständig gegen andere, etablierte Theorien »ins Feld geführt« werden, etwa gegen die Theorie, daß das Regierungshandeln auf richtigem Wissen beruhe. Theorie kann durchaus eine kritische Rolle zukommen, wenn sie »Elemente von Willkürlichkeit und Kontingenz« in hegemonialen Theorien nachweist. Sie kann also die Rolle einer »Gegenwissenschaft« einnehmen, »die durch die Befreiung von der Souveränität des Wissens und seiner Zwänge den Weg für eine Veränderung sozialer Praktiken bereitet.« (Lemke 1997, S. 357) Im Anschluß an Überlegungen dieser Art charakterisiert Foucault solche »Gegenwissenschaft« wie folgt: »Die ›besten‹ Theorien stellen (zwar, S.J.) keinen wirksamen Schutz gegen verheerende politische Entscheidungen dar, und so bedeutende Themen wie der ›Humanismus‹ können für alle möglichen Zwecke eingesetzt werden. ... Daraus schließe ich nicht, daß man innerhalb der Ordnung der Theorie alles sagen kann, sondern im Gegenteil, daß eine fragende, vorsichtige ›experimentelle‹ Haltung notwendig ist. Zu jedem Augenblick und auf jeder Stufe muß man das, was man denkt und sagt, mit dem konfrontieren, was man tut bzw. ist.« (zit. nach Lemke 1997, S. 356, Anm. 86) Es geht Foucault eben nicht allein um den taktischen Einsatz einer Wissenschaft, sondern um die Verbesserung der Lebensbedingungen der Menschen. Kritische Diskursanalyse – wie ich sie verstehe – verfolgt dem entsprechende Ziele. Ihre Resultate, ebenso wie eingenommene Standpunkte und Haltungen aber sind Mittel, mit denen jede/r sich auf die diskursiven Auseinandersetzungen einlassen kann.

6. Anhang: Musteranalysen

An drei Beispielen soll in diesem Anhang gezeigt werden, wie Diskursanalyse konkret verfährt. Diese Beispiele sind so ausgewählt, daß man sich mit verschiedenen Aspekten und Problemen von Diskursanalyse vertraut machen kann.

Das erste Beispiel stellt die Materialaufbereitung eines (ebenfalls wiedergegebenen) Interviews zum alltäglichen Rassismus dar. Diese Materialaufbereitung ist ganz bewußt nicht geglättet, sondern so wiedergegeben, wie sie Schritt für Schritt von mir vorgenommen wurde. So sind »die Mühen der Ebene«, deren man sich bei einer solchen Analyse aussetzt, sichtbar geblieben.

Das zweite Beispiel stellt die Analyse des Diskursstrangs Biomacht in der Bild-Zeitung des gesamten Jahrgangs 1994 dar. Der gesamte Print-Mediendiskurs zur Biomacht ist analysiert in M. Jäger/Jäger/Ruth/Schulte-Holtey/Wichert 1997. Es handelt sich also um ein Beispiel für eine Feinanalyse.

Das dritte Beispiel stellt die Zusammenfassung einer umfassenden Diskursanalyse dar, die vor allem wegen der Untersuchung einer Diskursstrangverschränkung interessant ist. Diesen Teil stellte mir freundlicherweise Margret Jäger für diese Einführung zur Verfügung. Die Gesamtanalyse findet sich bei M. Jäger 1996.

I. Materialaufbereitung zu einem Interview: Über die Verstricktheit in den alltäglichen Rassismus (Siegfried Jäger)

Vorbemerkung

Die folgende Wiedergabe eines Interviews aus dem Projekt »BrandSätze« und die sich daran anschließende Materialaufbereitung sollen Einblick in die Praxis der Diskurswerkstatt geben. Das Interview ist wörtlich transkribiert. Die Materialaufbereitung ist vollständig wiedergegeben; sie enthält bereits Elemente der Analyse, ohne selbst eine Gesamtanalyse darzustellen. Diese Praxis, bei der Materialaufbereitung bereits erste Gedanken, Zusammenfassungen, Fragestellungen etc. zu formulieren, erleichtert die spätere Gesamtanalyse des Interviews. Diese ist bisher nicht vorgenommen worden. Solche Einzelanalysen von Interviews finden sich in dem Projektbericht »BrandSätze. Rassismus im Alltag«, Duisburg 1992 (S. Jäger 1992). Stattdessen ist hier nur die Materialaufbereitung wiedergegeben worden, da sie ausführlich zeigen kann, welche Schritte und Verfahren im Vorfeld einer Einzelanalyse vorgenommen werden können. Deutlich wird hier, daß sich einzelne Verfahren überschneiden. So zeigt sich hier z.B., daß die aufwendige Analyse des Wortschatzes gegenüber der Analyse der Kollektivsymbole nicht sehr viel Neues ergibt. Hier könnte man sich deshalb auch mit Stichproben begnügen. Entsprechendes gilt für die Analyse der Pronominalstruktur und der Kollektivsymbolik, welche sich daher allein aus empirischen Gründen als besonders wichtig erweist.

Das Interview

1. Allgemeine Angaben zu den Interviewten:

Wohngegend der Interviewten:

Zur Zeit wohnt das interviewte Ehepaar in einer guten Wohngegend (primär gehobene Mittelschicht), mit sehr geringem Ausländeranteil. Das Ehepaar wohnte bis vor einem Jahr in einer ebenfalls relativ guten Wohngegend (mittlere Mittelschicht) mit etwas höheren Einwandereranteilen. Vor ca. 20 Jahren lebten sie in einem Arbeiterviertel mit sehr vielen Türkinnen, Türken und anderen Einwanderern. An diese Zeit haben sie noch sehr gute Erinnerungen. Das Wohnen in der derzeitigen Gegend wurde dem Ehepaar deshalb möglich, weil seine gutverdienenden Kinder hier ein Haus gekauft haben, in dem das Ehepaar kostenlos wohnen kann.

Fragenkatalog (zusätzliche Fragen)

1. Anzahl der Jahre in dieser Umgebung: ca. 1 Jahr bzw. 20 Jahre (davor in einer Arbeitersiedlung(s.o.))
2. (letzter) Beruf: Bergmann (Vorarbeiter in Kokerei;
   jetzt: Rentner)
   Ehefrau: Hausfrau;
3. Beruf Mann/Frau: s.o.
4. Höchste Ausbildung: beide Volksschulabschluß 8 Jahre
5. 5:Politisch bevorzugt: beide SPD
6. Alleinstehend: Nein
7. Liest Zeitungen: BILD regelmäßig
8. Wochenzeitschriften: Welt am Sonntag (fast regelmäßig)
9. ca. wieviel Stunden TV am Tag: 5-6 Stunden
10. Welche Programme vor allem/am liebsten: Unterhaltung, selten Politik, aber regelmäßig Nachrichten (auch am Radio)
11. Bekannte/Freunde in der Umgebung: eher wenig
12. Hat damit Kontakt: Manchmal/ab und zu

Sonstige Angaben zu den Interviewpartnern:

Das Interview wurde in erster Linie mit dem männlichen Interviewpartner durchgeführt, wobei seine Frau anwesend war und sich gelegentlich in das Gespräch einbrachte. Das Interview fand in der Küche des Ehepaars statt. Die Atmosphäre war freundlich und wenig distanziert. Ich kenne das Ehepaar seit etwa einem Jahr mehr oder minder flüchtig: Gespräche am Gartenzaun über das Wetter, den Garten.

2. Text des Interviews

2.
3.   (Vor Beginn der Aufnahme fand ein kurzes Gespräch statt, in dessen Verlauf Herr
4.   K. mich auch nach meiner hauptsächlichen beruflichen Tätigkeit fragte.)
5.
6.   **Jetzt nimmt das Ding schon auf!**
7.   Mhm! Ich komm da nicht so sehr zu Rande so mit dem vielen Lesen.
8.   Das kriegen wir ja häufig von Bekannten, ne!?
9.   **Aber - Aber ich seh Sie doch ja häufig hier, ich mein, man guckt ja**
10.   **schon mal rein, wenn man so vorbeikommt, obwohl man von draußen****
11.   **aus nicht so gut sieht wie von drinnen ...**

** Die Heterogenität der Zeilennummern hat technische Ursachen

12.	Mhm!
13.	... da seh ich Sie doch häufig hier irgendwas lesen!
14.	Jaah! Guckn Se mal der Stapel an! Wir kriegen ja jede Woche die Hefte von
15.	den Bekannten, wo wer da gewohnt haben, ne!?
16.	**Jaah!**
17.	Da kriegen wir die garnit ausgelesen ...
18.	Und wenn dann die L. kommt zum Kartenspielen donnerstags, dann nimmt se en
19.	Packen mit fürn Vatter, ne, für ihren Vatter ..
20.	(unverständlich)
21.	**Wie lang sind Sie jetzt eingtlich schon hier in dem Haus drin?**
22.	Ja, das war am 28. September, da war das ein Jahr.
23.	**En gutes Jahr jetz also! Und, äh, wo ham Se vorher gewohnt?**
24.	Auf der M-Straße, da in sonem Hochhaus.
25.	**Haben Sie da lange gewohnt?**
26.	20 Jahre!
27.	**20 Jahre? Ja, da kenn Se das Viertel ja ganz gut!**
28.	Wir sind hier immer durchgegangen, wenn der Rotdorn geblüht hat ..
29.	**Jah!**
30.	Einmal wenigstens ham wer se erwischt, da sin wir in die Straße extra
31.	wegen dem Rotdorn, und die andere Straße, die H-Straße, das is ja diese
32.	mit den japanischen Kirschblüten.
33.	**Die sieht ja wunderbar aus.**
34.	Die ham wer ja bei uns auch gehabt in der ...
35.	**Würn Se denn, öh, - Ich meine, jetzt wohn Se ja schon en Jahr hier, da**
36.	**kann man sich ja schon en Bild - da ham Se sich ja sicher schon en Bild**
37.	**gemacht. Könn Se denn so Unterschiede zwischen den Stadtvierteln**
38.	**so sehen?**
39.	Ja, ich mein, ganz gewiß, denn da fuhr ja da die Straßenbahn her, is ja ne
40.	Hauptverkehrsstraße. Wir wohnten da inne dritten Etage. Da ham wer denn
41.	dauernd den Verkehr gehabt, da, und nach de andere Seite, da hab ich en
42.	herrlichen Blick gehabt ..
43.	**Ja, schön!**
44.	Auf den M-er Wald da oben!

45. Ja!

46. **Ja! Ein wunderbarer Ausblick von da oben.**

47. **Ja! Und so die Leute, mit denen Sie da zusammenlebten, ham Sie da**
48. **irgendwelche Unterschiede feststellen können, was so die**
49. **Nachbarschaft angeht?**

50. Ja, also, im Hochhaus is et schwer, da sieht man sich oft vierzehn Tage
51. nich.

52. **Ähem! Un so inner weiteren Umgebung? Also, sind dat andere Menschen ...?**

53. Nö! Die sin da nich viel anders als hier. Ich würde da gar keinen
54. Unterschied sehen.

55. Ja da in dem Hochhaus, da sieht man sich nich oft.

56. Ja ich mein, man kann se ja hier auch nich sehn. Kanns ja nur eben sehen,
57. wenn einer ma vorbeikommt. Dat is ja im großen und ganzen dat selbe,
58. obwohl de auf eine Etage wohns, dä eine hat ne andere Ausgehzeit als wie
59. de andere.

60. Die da da da in Hochhaus warn nich so gesprächich, da wa jeder so mehr für
61. sich allein.

62. Wat ich an und füe sich nicht sajen kann. Ich hab alle Leute getroffen,
63. die größer waren ..

64. **Ja, ich mein, in N., da wohnen doch einglich auch mehr Ausländer als hier.**

65. Nä, dat kann ich nich sagen, ganich, näh!

66. **Ganich!?**

67. Ganich, näh!

68. **Aber wenn man da so F-Straße und so .. dat is doch einigermaßen viel ..**

69. Dat is ja auch schon widde en Stück weg, nä! F-Straße, dat geht ja da
70. nach de anre Seite ..

71. (bietet Kuchen an) Möchtense noch wat dazu?

72. **Och näh, danke!**

73. Da wäe noch en Stück Pizza! Kann ich ja auch nich essen, näh!? Ich muß ja

74. auf mein Colesteriin - vorsichtich sein, näh!

75. **Mhm! Jaah! Also! Ausländer, mit Ausländern ham Se so in de**

76. **Nachbarschaft nix zu tun gehabt?**

77. Auch auf de Straße nicht, abe dahinten ...

78. **Obwohl dat ja en Problem is ...**

79. Ja, könnte! Hätte sein könn. Da sollte mal oben mit Kind inde 5. Etage, da

80. warn se ausgezogen, da wollte ein Türke, der hat dat probiert, ne, daß er

81. nur probehalber - probieren geht über studieren - sach ich immer ...

82. **Ja und da?**

83. Aber der Hausherr hat se nich gelassen.

84. Ja, komm mal nach oben (unverständlich)

85. **Weshalb?**

86. Wie ich, wahrscheinlich.

87. **Das war ne türkische Familie!?**

88. Türkisch, jaah!

89. Ja, der sachte: »Lassen se alles stehn!« Wollte nix bezahlen. Alles stehn!

90. Ja, jaah, dat käm ja ers hinterher. Nacher ja, da war einmal die Polin,

91. die is ja jetzt auch schon fünf Jahre oder noch sechs, die is ja auch da

92. reingezogen...

93. **Und die wohnt auch noch da?!**

94. Die wohnt noch da! Die hat ja auch mit dem Krach. Die hat gesacht: Ja, sie

95. kriegen dat Geld. Und jetz sind schon fünf Jahre rum. Der hat immer noch

96. kein Geld gesehn.

97. **Und die Polen - die Türkenfamilie is also endgültich nicht reinge- kommen?**

98. Näh, die is nich reinekomm, näh!?

99. **Aha!**

100. Die Türkin, die hat et geschafft.

101. Die Polin! Die is ja reinekomm. Aber wie gesacht, die is auch ganz

102. raffiniert.

103. **Dat würde mich aber auch noch mal interessiern, also, die is also - die**

104. hat sich also beworben um die Wohnung, und, naja, und sie war ja

105. offensichtlich dann auch in der engeren Wahl, und wat, is da irgendwie

106. was, Sie sachten, ja, die wollte alles stehen gelassen haben und so?

107. Und wat hat der Vermieter dazu gesacht?

108. Ja, dä hat gesach: »Dat kommt ja garnich in Frage!«

109. Aber wie die Polin eingezogen is, dä hat sich mit der eingelassen und hat

110. ihr alles hängen lassen, Gardinen und einiges andere, und wie gesach, vor

111. zwei Jahren, wa dat her, da sacht er: »Du, ich hab bis jetzt noch kein

112. Pfennig gesehn von der!« Die hatte en Sohn, unne Tochter. Die Tochter war

113. ja Krankenpflegerin.

114. **Ehem!**

115. Und, eh, de Sohn (unverständlich)

116. `Dä hat geheiratet.`

117. **Die Vermieterin!?**

118. Die Mieterin jetz!

119. **Die Polin...?**

120. Die Polin!

121. **Jaja!**

122. Jaah! ... Naja, ich meine, sie versteht halt ihr Gechäft also. Wat

123. irgendwie rauszuholen is an Geld vonne, ..., wie heißt dat, vonnet So -

124. Sozialamt undsoweiter? Da is die ja so ganz clever drin. Dann hat se en

125. paar Monate gearbeitet, dann hat se damals - isse se dann so krank

126. geworden en Jahr, mit dem Hals da, da hatte se en steifen Hals ...

127. `Halskrause!`

128. Jaja, ich mein, wä dat eben vosteht, nich?! Und dä Junge, dä, ja, hübsch

129. wa auch dat Mädchen, abe dä Junge wa wieder so ganz ...

130. `Stur, ne?!`

131. Mhm!

132. `Abe jetzt grüßt ä schon.`

133. (unverständlich)

134. **Ich meine, können Sie sich denken ode sich so irgendwie, wieso sich**

135. **dä sich so auf die Polin eingelassen hat, aber die Türkenfamilie**

136. **abgelehnt hat?**

137. Ja, dat wa ja nun dä Typ .. Wie hatten jetz hier auch, wo wer umgezogen

138.	sind, da hatte wir ein Makler, dä hat uns acht Familien gestellt, dä
139.	sollte sich einen - , da hat der sich keinen einzigen von genommen.
140.	**Ausländerfamilien?**
141.	Nein, dat waren alles Deutsche.
142.	**Mhm!**
143.	Dä hatte ja inne Zeitung en Inserat gemacht, da hat dä acht - acht
144.	Familien - ... Vonwegen! An einem Tach, da hat dä die da alle da
145.	raufgeführt.
146.	**Mhm!**
147.	Un dä D. hat kein genommen von denen.
148.	**Mhm! Scheint also der besonders pingelig zu sein!?**
149.	Ja, ich weiß nich, ob ä den Makler nich leiden konnte oder wodran dat lag,
150.	dat weiß ich jetz ..
151.	**Da braucht man ja nur drei**
152.	Ja dat brauchen ja nich mehr sein. Sowieso! Un dann hat die M., die hatten
153.	wer ja jetz vom Arbeitsamt war die. Die hat er dann die Wohnung
154.	zugesprochen.
155.	**Aha!**
156.	Da hat der von uns verlangt, daß für ein Jahr die Garantie, wenn die in
157.	einem Jahr auszieht.
158.	**Dat is ja wohl die Unmöglichkeit! Aber komm wer doch mal so auf die,**
159.	**diese Ausländerfrage .. zurück. Wie sehen Sie das denn so persön-lich**
160.	**mit den Ausländern hier in der .. in Deutschland?**
161.	Ja, nu, es wä ja- wär ja schön, wenn dat gut ginge. Ich hab .. dat is schon
162.	zehn Jahre her - auf de Kokerei mit vielen Ausländern da
163.	zusammengearbeitet ..
164.	**Ehä!**
165.	Die sachten da immer, Hein- Heinz, bleib du bei uns. Ich hab da
166.	Vorarbeiter gemacht teilweise ..
167.	**Mhm!**
168.	Hein bleib bei uns!
169.	**Also Sie haben sich mit denen gut verstanden?!**
170.	Ich hab mich säh gut mit denen verstanden.
171.	**Mhm! Und et hat keine Probleme gegeben?**

172.	Keine Probleme. Nun ham wer auch in B. (Stadtteil) - ham wer auf der H-
173.	Straße middem Türken zusammengewohnt. Auf eine Etage. Dä wa ja, dä Emil,
174.	dä wa ja son halber Dollmetscher bei uns auf de Kokerei, ne!? Und da ..
175.	**Wa dat en Deutscher?**
176.	Nä, dä Emil wa en Türke.
177.	`Dä hat gedollmetscht da.`
178.	**Jah!**
179.	Dä wa wirklich .. Wie ich da umgezogen, dä hat mir geholfen . Wat er
180.	brauchen konnte ..: »Laß stehen! Emil, Emil nimmt dat!« Ja, aber wat
181.	sollten we damit, ne?!
182.	**Also dat heißt, dat, eh, - da, eh, im Grunde Sie sind mit denen eben-so**
183.	**gut ausgekommen ...**
184.	Gut ausgekommen!
185.	**...wie mit den Deutschen!?**
186.	Wo dat arbeitsmäßig wa, ja ganz bestimmt, nä!? Da waren zwar immer wel-che,
187.	wo man sagen mußte:«Hier dat mußte hier noch en bißchen sauber ma-chen!«
188.	oder so oder so. Dat ham wer bei unsere .. Nich so, als wär dat, nä, bloß
189.	bei die so.
190.	**Können Sie sich an irgendwelche - ich mein, et gibt ja da mal so kleine**
191.	**Reibereien -, könn Se sich an irgendwelche Vorfälle erinnern?**
192.	Reibereien?!
193.	**Ja.**
194.	Anfürsich bei uns is ja jede Schicht anders. Unsere Schicht wa ja sowieso
195.	ziemlich .. loyal, also. Auf de andere Schicht, da hab ich ja gehört, daß
196.	daß die Türken gleich - also die Türken von den Maschinen runter, die
197.	sollten einfegen gehn oder sonstwas machen, also weniger gute Arbeit, ne?!
198.	Darüber ham wer väschiedentlich -, ne ... Wir hatten en Maschinisten, eh,
199.	damals, eh, vier nachher, also da hat sich keiner dran gestört. Wenn dä
200.	seine Abeit so gemacht, die eh zugeteilt gekricht hat und dann ...
201.	**Hat's da auch Sprachschwierigkeiten gegeben ..?**
202.	Jaah! Sprachschwie .. Aber diejenigen, die da schon auf Maschine waren

203. undsoweiter, die sprachen schon einigemaßen Deutsch, nich!?
204. **Jaah!**
205. Ja, die ham einglich schnell Deutsch gesprochen, die.
206. Jaah!
207. Wie die junge Frau da , die hat son hübsches Kind, ne!?
208. **Sie sachten da so vorhin, aufe Abeit da hätt es keine Probleme gegeben.**
209. Auf unsre Schicht nich.
210. **Und sonst? Warn se denn privat mit denen ..**
211. Privat hatten we mit denen ja ganix zu tun, wie gesacht, außer mit dem
212. Emil, mit dem we auf eine Etage wohnten, da sind die Frauen schon
213. zusammgekommen, die Tochter damals auch schon, doch, mit der Kleinen, ne!?
214. Mhm!
215. Aber, da gab's ja keine Schwierigkeiten.
216. Wenn man sich gesehen: »Wie geht's? » So! ..
217. Außer, wie gesagt, die Frau I., aach! Die sacht - die hat also außem
218. Fenster geguckt, und da hat die denn gesehn, die haben die Kopftücher
219. abgemacht, und das wimmelte von Läusen.
220. **Mhm!**
221. Da isse dann ruckzuck, is se dann, wie se dat gesehen hat, isse dann:
222. »Mann, hier bleib ich nicht wohnen, dann hab ich auch noch die Läuse hier
223. drin!« Isse gleich .. »Schluß!«
224. **Und so im Privaten, dat is auch en Thema, das uns interessiert, wenn**
225. **es um Sprachunterricht geht. Wenn Se so Leute aus andern Ländern,**
226. **eh, so beim Einkaufen oder so an der Bude oder so, eh, treffen, sind**
227. **Se mit denen schon mal so ins Gespräch gekommen?**
228. Nöh! Ganz, ganz selten. Inne Straßenbahn schon ma. Bin ich mit de
229. Straßenbahn gefahn, da ham se schonma gefracht mit dem - mit dem Faschein,
230. nich?! Mit de Beine saßen se da. So wa das. Einer war ja dadran ..
231. **Wie?**
232. Einer muß ja dadran gewesen sein! (lachen)

233. Einma da bin ich auch mit de Straßenbahn gefahn, mein Gott, die Frau, die

234. hatte zwei Kinder dabei, und die hatte dann - , eh, wa se so am Kucken.

235. Ich gefragt, ob ich ihr helfen könnte. Jah! Da möchte se noch en Schein

236. holen, weil sons müssen se naher Strafe bezahlen. Ach, hat die sich

237. bedankt! War ne junge Frau .. mit zwei Kindern. Die darf ja nur für ein

238. Kind en freien Schein fahn. Ja, in de Straßenbahn! Wat hat die sich

239. bedankt danach bei mir.

240. **Ja!**

241. War angezogen, sauber, ne?

242. **Ja, gehn wer doch mal so auf ne etwas andere Schiene! Also! eh! Also!**

243. **Jetz is ja nun so in den letzten Wahlen auch einiges passiert. Da sind ja**

244. **auch viele Ausländer ins Land gekommen. Wie beurteilen Sie denn das?**

245. Ja, ich meine, wir sind ja selber schuld. Wir ham die ja hier reingeholt.

246. Die sind ja nicht von alleine gekommmen.

247. **Ja!**

248. Wir ham die ja ..

249. **Das gilt jetzt vor allem für die Gastarbeiter. Oder die sogenannten**

250. **Gastarbeiter .. (Lachen)**

251. Das war ja das Problem schon damals, damals, ich weiß nicht, ob Se von de

252. Firma gehört haben, die da Leute .. anwirbt, vermietet.. und dafür die ..

253. die müssen billig arbeiten.

254. **Ja!**

255. Eh, dat war ja, dat war ja schon, ich möchte sagen, das ist jetzt schon

256. zwanzig Jahre hergegangen, nicht, dat war ne deutsche Firma, hat denn ja

257. auch Ausländer, aber auch unsere, Deutsche, hatt der auch vermietet

258. sozusagen.

259. **Diese Leihfirmen.**

260. Dat wa schon damals!

261. **Ja, gut,ich mein, da sind ja jetz nun ganz unterschiedliche Gruppen**

262. **bei, die Ausländer. Es sind ja auch viele gekommen, eh, die hier keine**

263. **Arbeit finden.**

264. Ja, dann müssen se bei irgendsoner Firma irgendwie Arbeit kriegen.

265. **Jaja!**

266. `Viele haben Omaopa mitgebracht und auch noch Kinder, ne?`

267. Das kam ja später.

268. `In B.(Arbeitersiedlung) wa das ja.`

269. Im.B., das is ja richtich türkisch, nich, is ja in türkischer Hand, kannma

270. sagen.

271. **In türkischer Hand!**

272. `Hier is abe schön sauber!`

273. Da ham se ja auch viel gemacht! Die ham viel gemacht. Die ham ja ..

274. **Wer?**

275. `Die Türken!`

276. Die Stadt! Da hat die Stadt - dat hat ja die Stadt gemacht, da ham ja die

277. Türken nich gemacht, die Stadt hat dat saniert en bißchen, newahr?!

278. `Ja!`

279. Die ham ne richtige Straße gemacht, ne?! Die Autos dürfen jetz nich mehr

280. da so schnell fahn. Die ham Blumenkästen gesetzt, und dann ham se da die

281. andere Seite ..

282. `Cafes!`

283. Schön, muß sagen. Die ham ja soga en Film gemacht. Da ham se natürlich nur

284. die schlechtesten Bilder daraus gezeigt.

285. `Da hab ich gesacht zu meinem Mann: »wir steigen aus, wenn wer mal hinfahn`

286. `un geh ich da durch die Straße. Echt! Und da wa ich so überrascht über ..,`

287. `dat konnt ich mer garnich vorstellen ..`

288. **Naja!**

289. `daß se sowas gezeigt ..`

290. Ja, die Bilder, die sie gemacht ham, dat wa ja mehr oder weniger nur von

291. de K-Straße, ne, wo dä alte Bunker noch steht, ich meine, die ham die

292. Aufnahmen gemacht, die waren scheußlich. Wer den Film gesehen hat,

293. dä hat gedach: »Dat is ja ganz furchba, is ja Klein-Mekka!«

294. Ja! Un dann eh ..

295. Sind Sie da auch mal durchgegangen?

296. Jaja!

297. Wir ham da früher mal gewohnt, also ..

298. Ganz früher?!

299. Vor der Zeit noch mit den Türken, dat wa noch lange vorher.

300. Sicher, kannze ja ausrechnen, wie lange das war. 20 Jahre da, zehn Jahre

301. auf de H-Straßew. Dat is schon 35 ...

302. Gelegentlich kann man in der Zeitung lesen, dat da irgendwo - also,

303. eh, dat da kein Platz mehr wäre für - ... Die kommen ja aus aller Welt!

304. Ja dat, dat is ja wieder nu en anderes Kapitel. Aber von de andere, da ham

305. wer ja anunfüsich wenig. Spanier und -.., die hatten wer ja schon immer

306. gehabt. Spanier, Italiener, und dann nachher die Türken!

307. Die Spanier, die warn ja immer Straßenbahnfüh- rer.

308. Spanier ham we ja viele auf Straßenbahn!

309. Da grüßt uns heut imme noch einer. Der winkt und bleibt stehen mit seine

310. Bahn und sacht: »Heinz, wie geht es?«

311. Ja, dat is aber kein Spanier, dat verwechsels du..

312. Ja! Ja! Ja! Dat is eine ausse DDR.

313. Wat würden Se denn zu der Behauptung sagen, »Bald ist das Boot voll,

314. da geht das nich mehr«?

315. Ja, irgendwann müßte dat ja mal erreicht werden. Dat kann ja nich so

316. weitergehn. Denn wieviel Millionen ham wer denn da jetz schon? Ne?! Wer

317. ham ja jetz einsiebensechzich Millionen Arbeitslose.

318. Ja!

319. Und die Ausländer ..

320. Und wieviel Ausländer?

321. So um drei Millionen, glaub ich, wenn ich die letzten - nich so genau

322. verfolgt, ne? Dat is allerhand! Is schon ne ganze Masse, wat se da

323. reingeschleppt haben. Dat is ja nu - hier ham wer ja nun noch Glück, nich?

324. Wenn dat nun alles, vom Libanon und wo die alle herkommen. Da kann man ja

325. hier anundfüsich ganz froh sein!

326. Wo war dat noch? Wa dat in Stuttgart?

327. In Stuttgart, im Bahnhof, Stuttgat, dat is ja nun noch ganz schlimm! Mit

328. allen möglichen. Sicher, die Türken! Dat is ja unheimlich, wie die da mit

329. dem vielen Menschenmaterial gar kein Ende haben.

330. **Nun sagt man immer, na gut, das sind Fremde und so. Wat is eigentlich**

331. **der Unterschied zu Deutschen? Oder wie wir manchmal sagen hier: Eingeborenen!**

332. Eingeborene, ja! (Lachen) Dat is ja vor allen Dingen is ja die Sprache.

333. Das Schlimmste is ja die Sprache, dat man sich nich verständigen kann.

334. **Aber die Kinder?**

335. Also, da ham wer die Erfahrung damals gemacht, die Mädchen, die setzten

336. vor der Schule die Kopftücher wieder ab. Und wenn se kurz vor zu Hause

337. waren, ham se die Kopftücher wieder aufgesetzt. Ne! Also weil se zu Hause

338. Angst hatten. Da durften se nich ohn Kopftuch rumlaufen. Weil dä Vatter un

339. de Mutter warn dann doch so drauf so ..

340. Hübsche Mädel warn dat. Ach ja, nich!?

341. Ja, is klar, die - ... Aber zu Hause, wenn se nach Hause gingen ..

342. Die da auch gewohnt haben im I-kamp! Vater und Mutter warn da ja auch so

343. streng. Die Tochter, die hatten se in de Türkei schon en Mann ausgesucht.

344. Ne!

345. **Ja!**

346. Un da is se hin un hat so geweint, weil die wollte nich weg, ni?! Und der

347. Junge, Sohn, also den ham se nich weggekricht.

348. **Also is dat nich allein die Sprache, ne?**

349. Näh, die Sprache allein is nich. Dat is bei denen Sitten und Gebräuche,

350.	dat kann man ja dann auch mit reinnehmen, daß die - .. Und dann wenn die
351.	Ramadan feiern auf Arbeit. Das war ja ne Katastrophe, newa?! Da ham die ja
352.	bis Mitternacht - , wir warn ja auf Nachschicht, da ham die nix gegessen.
353.	Aber wenn dann zwölf Uhr drüber war, dann ging's aber ran.
354.	**Jaah!**
355.	Dann ham se, wat glaum Se, wat die gegessen ham. Also ich hab mich immer
356.	gewundert: Solche dicken Zwiebelen, da ham die so reingebissen, als wenn
357.	wir in Apfel beißen.
358.	**Aha!**
359.	Jaha! Und dann. Dat Gemüse dabei. Also die ham wirklich viel Grünzeug
360.	gegessen. Ich hab mich ja da gewundert, ich sach: »Jungs! Da könnt ja gar
361.	nich arbeiten von dem Grünzeug. Da muß doch nach wat schmecken, ma wat
362.	anderes rein oder wat!« Ne!
363.	**Haben Sie da eigentlich unter Tage gearbeitet?**
364.	Näh! Die letzten 20 Jahre war ich auf der Kokerei.
365.	**Achso!**
366.	Kokerei.
367.	**Und da waren auch besonders viele ausländische Kollegen?**
368.	Jaah, wir hatten bei uns auf der Schicht, ich wüßte ne genaue Zahl nich
369.	sagen, aber ich glaube, 30 Prozent. Also 30 von Hundert waren Türken.
370.	**Türken.**
371.	Türken! ... Nur! Wie gesacht, wir hatten da noch keine hundert Mann auf
372.	unsere Schicht. Wir waren, glaub ich, nur 70, und da warn dann auch ma 20,
373.	20 warn dat ungefähr.
374.	**Wenn Sie so das Wort »Deutsch« hören, ne? Deutschstämmig, deutsch.**
375.	**Wat würden Sie dabei - wat würde Ihnen dabei einfallen?**
376.	Ja, nun! Dat is ja nun auch son bissel fanatisch oder sowat. Aber ...
377.	Fanatisch sind - bin ich anfüsich nie gewesen. Wenn ich so denk von
378.	Kindauf an mich, ne? Ich weiß z.B. ne - wir warn ja früher so mehr
379.	katholisch.
380.	**Mhm!**

381.	Drei - Zweiundreißig, da kam dat mit dem Adolf auf. Da hat uns dä älste
382.	Bruder, dä is ja 1900 geboren, dä kam mit dä Pateibuch an, un da ham die
383.	Eltern, 40 - die warn ja zu der Zeit schon - naja! - 45-50 warn die schon
384.	alt, da ham die tatsächlich ihre Reljon abgegeben un füe den Adolf so
385.	geschwärmt.
386.	**Aha!**
387.	Zu der Zeit, das war 32, 33!
388.	**Und heute?**
389.	Heute? Heute seh ich dat genau so. Is ja so! Jeder kocht sein eigenen
390.	Brei, ne?! Fraacht nich, wat dä andere mach, wenn ä nich zufällig einen
391.	triff, dann spricht ä damit. Aber ansonsten? Ich glaube, unse ganz
392.	Deutschtum is verlorengegangen. Dat is ja alles nur noch Leben, Leben. Un
393.	dat andere, dat andere, dat is vorbei.
394.	**Bedauern Sie das?**
395.	Ja, einerseits is das zu bedauern. Aber auf der anderen Seite: Wir ham ja
396.	eben so eine Zeit, wo irgend alles nach dem tracht, was es
397.	Menschenmögliches zu erreichen is.
398.	**Was meinen Sie, was die Ursachen dafür sind?**
399.	Gleichgültigkeit. .. Un vor allen Dingen: Et is alles da, man kann alles
400.	haben, wat man braucht. Un das macht dann schon viel aus.
401.	**Ja, aber dann - das würd doch dann auch für ausländische Mitbürger**
402.	**und Familien zutreffen.**
403.	Tut dat auch ganz bestimmt. Dat tut bei denen genau so zutreffen wie bei
404.	uns. Denn wir sehen ja: Wenn die ne Weile hier sind, ham die ne ganz
405.	andere Meinung, als wie wenn se am Anfang kommen. Wenn se kommen, sind sie
406.	noch fanatisch auf ihre Reljon und auch auf alles, wat da so dran is. Abe
407.	wenn die ne Weile hier sind... Weiß man! Wir ham ja verschiedne gekannt.
408.	Die dürfen ja kein Schweinefleisch essen. Nä! Un dann ham wer se er-wischt
409.	hier in Duisburg - ich weiß jetzt nich mehr den Namen - ham wer se er-wischt
410.	hier in Duisburch, dat einer Eisbein gegessen hat. Und dann ham wer se
411.	natürlich aufgezogen. Oh, da wurd der giftig, oh, da wurd der wütend, wurd

412. der: »Dat dürft ihr nich weitererzählen! Dat darf keiner wissen« und so,
413. un der sprach auch nich so gut Deutsch wie der andere. Aber ... Da werden
414. die genauso schon langsam von abgehn von ihrem Fleisch ..
415. **Ja, aber wenn das so ist, wenn die sich also allmählich, wie man so**
416. **sacht: so integrieren, dann is dat ja eingtlich kein Problem mit den Ausländern.**
417. Nä! Glaub ich auch nich! Aber wie gesacht, das braucht natürlich seine
418. Zeit.
419. **Mhm!**
420. Dat brauch seine Zeit bis die sich wirklich integriert haben hier.
421. **Ja, und wenn die nicht wollen? Die haben nun mal ihr eigenes Le-ben,**
422. **ihre Sitten und Gebräuche gelernt und wollen das nicht aufgeben.**
423. Wenn se nich wollen, bleibt ja nix anderes über, dann müssen wer se
424. abschieben. Wenn sie sich nicht hier einfügen in unsere Ordnung, müssen se
425. gehen! Eh! Da is ja nix dran zu machen. Kann ja son Querkopf, wenn wer ihn
426. wirklich hätten bei uns, der alles durcheinanderbringt, ne, den könn wer
427. doch nich behalten, ne?!
428. **Ja, et gibt natürlich viele Leute, die aus - ... auch Türken, die aus**
429. **Ländern kommen, wo es ja ziemlich schlecht aussieht im Land. Und es**
430. **gibt ja auch Leute, die ja wirklich politisch verfolgt sind. Die also hier**
431. **um Asyl nachsuchen.**
432. Die gibt's natürlich auch. Aber dat kann man ja gar nich mehr überprüfen,
433. wenn welche vom Libanon kommen und von wo die herkommen. Wie will man denn
434. da überprüfen, ob der wirklich politisch verfolgt is oder ob der nur
435. ierhergekommen is, um zu arbeiten und Geld zu verdienen, wo der dann in
436. einigen Jahren wieder zurückgeht.
437. Dat ham wer auch schon festgestellt, sang wer ma so, daß wer mit der
438. Straßenbahn gefahren sind: die Türkenjungens sind frech. Hier auf de Ma-
439. Straße ham se en Fahrer . .

440. Mit der Gaspistole!

441. bedroht, ne? Un de andere hat ihm nich - ..., also mancher - ...

442. **Meinen Sie, daß die Ausländer die Kriminalität - ...**

443. Ja, da in dem Ding war's mal schlimm. In B., ne? Da haben se allerhand,

444. ne, bis da ma Ordung reingekommen is. Ja, das war schon ma - Ne Bekannte

445. von uns, die M., die is da eingeladen worden in ne Türkei, da is se sehr

446. nett behandelt worden. Freundlich! 14 Tage war se da. Ne?!

447. **Ja, mhm! Außer Türken kommen ja auch zunehmend Leute mit anderer**

448. **Hautfarbe hierher, also regelrecht schwarzhäutige Menschen.**

449. Jaah!

450. Die Schwarzen, ja wir hatten einen Schwarzen, der wa - , aber dat is auch

451. schon, wie gesacht, zehn Jahre bin ich raus, der war sogar nachher

452. Stellvertretender Betriebsleiter geworden.

453. **Och?**

454. Ja, der hatte auch studiert,ne?

455. **Jaja!**

456. Das war natürlich kein kleiner ..

457. **Der war wahrscheinlich Ingenieur.**

458. Ja, so wat Ähnliches. Jetzt war er - .. Der war stellvertretender

459. Betriebsführer!

460. **Würden se das denn für in Ordnung halten, daß Leute aus Afrika, die**

461. **werden ja nich nur politisch - ... Dat is ja die hungerreichste Gegend**

462. **der Welt. Wenn die Leute da abhauen, weil, wenn ses überhaupt**

463. **schaffen und hierherkommen, hier in unserer Nachbarschaft leben, wie**

464. **würden se das denn finden?**

465. Jo, wie gesacht, dat geht ja nach Leistung. Wenn der wat leistet! Wir ham

466. dann geschimpft auf den. Da warn ja bei uns da auch Obermeister, die dat

467. auch hätten machen können. Und deer is da vorgesetzt, ne? Abe, wie gesach,

468. wenn der Mann was kann, dann is das kein schwieriger - , ob der nun
469. schwarz is oder nich. Er muß was können in seim Beruf. Dat is wichtig. Dat
470. is wichtig.
471. **Mal ne ganz indiskrete Frage: Wenn meinetwegen Ihre Tochter mit som**
472. **eh .. schwarzen Menschen angekommen wäre und hätte gesagt: »So,**
473. **mit dem geh ich jetzt, den will ich heiraten!« oder so.**
474. Ja nun, wir ham ja akzeptiert. Wir hätten dat anstanslos akzeptiert. Die
475. is ja, die muß ja mit dem Mann leben.
476. **Klar!**
477. Da hätte ich keine Probleme gehabt, daß se eben - , daß ich gesach, darf
478. se kein Schwarzen oder so! Se muß ja mit dem Mann leben, se is ja spät
479. geheirat, die hat ja auch en paar andere gehabt, aber, wie gesach, die is
480. ja auch nich mehr so jung!
481. Inne Straßenbahn, da hab ich schon so vielen ge-holfen, auch de Schwarzen.
482. Da habe ich se mit de Kinder raus und dem Wagen. Die ham so hübsche Kinder
483. und alles. Warum soll man das nich machen, ne?! Ja!
484. Nä, ich seh an und füe sich, auf de Abeit, da bin ich mit allen gut
485. ausgekommen. Ich weiß, ich hab -, ich war da en paar Tage in Urlaub
486. gewesen, als ich zurückgekommen bin, da hatten se so selbstgemachte
487. Zigarettenspitzen. Ne ganze Zeit lang, jede Woche oder wann, hatt er mir
488. wieder eine Zigarettenspitze mitgebracht. Is die alte schonn kaputt? Ich
489. hab ja damals noch selbs gedreht, da hab ich immer Spitze gehabt, ne?!
490. Jetz wo ich Filter rauch, brauch ich die nich mehr. Die haben mir dat
491. etliche Jahre immer wieder - ...
492. **Wo kam der her?**
493. Auch von da, von Türkei, ne? Wie heißt dat nochmal?
494. Wo wer da gewohnt haben, da waren viel Türken. Da kriechten wir Besuch von
495. ünchen, war die R. da, ne!? »Mein Gott«, sacht die, »die hatten ja
496. hübsche Kinder!« Die hatten so große Augen ge-habt. »Ja, wat is denn hier

497. los?« Ja, da spielen die alle. Die hätt se am liebsten mit nach Hause

498. genomm, München, ne?! Jaah!

499. Jaah!

500. Ja, es gibt auch welche, die sind furchbar. Wenn man da zu H. runter geht,

501. ne?! Manche, aber jetzt sind se alle schon gepflegter.

502. Ja, so im allgemeinen is ja ganz klar, de Wohlstand, dat hebt sich ja. Mit

503. dem Wohlstand könn se ja - (unverständlich) un dann könn se ja schon

504. besser aussehen. Wie gesagt, die Kopftücher, dat is ja furchbar, dat se

505. die nich weglassen. Ne?! Aber dat is eben Relijon, dat is Religion, ne?!

506. Dat is ja, wenn we da vorbeigehen, draußen auf den Stühlen - und da tragen

507. sie de Kopftücher, so richtich eingepackt, denkt man: »Oh Gott, die arme

508. Frau, die muß doch schwitzen!?« Ne? Ja, dat is aber da so! Ne?

509. **Wir ham natürlich - , nur uns fällt dat nich auf, wir ham natürlich auch**

510. **unsre Bräuche, ne?**

511. Ja sicher, abe ..

512. **Wir meinen, dat wäre alles ganz normal, wat wir machen. Die meinen,**

513. **wat die machen, is auch normal.**

514. Normal is schon.

515. **Ja, aber das find ich schon interessant, daß Sie Deutsch also mehr**

516. **einglich so in Verbindung bringen so mit Leistung usw. Daß das**

517. **wichtiger ist, daß man also Leistung bringt ...**

518. als die Hautfarbe. Also wat nützt et mir, wenn ich da en Deutschen hab, dä

519. abe nich so auf Zack is, daß er irgendwie was bringt, ne!? Wenn die

520. Leistung nich stimmt, dann kanne ja nix verdienen, dann kann er ja nix

521. verlangen.

522. **Das gilt für Deutsche genauso?**

523. Ich sach ja, dat liegt nich ane Hautfarbe, dat liegt imme nur daran, wer

524. dahintersteht, ne!?

525. Wir ham ja ganz schön zwischen den Türken gewohnt in B., ne?

526. Dat ging ja rapide; von Br. bis nach uns rein, dat wa nur 10 Minuten zu

527. laufen. Die Deutschen, die zogen sich irgendwohin zurück, ne, wie sacht
dä

528. Nachbar, dä B. immer: »Wir sind hier in en Viertel reingezogen, wo keine

529. wohnten, und jetz ham die dat gleich natürlich gleich dat besiedelt.«

530. Jaah!

531. Wenn da irgendwo wat frei wurde, ne?! dann haben die da plötzlich

532. scheinbar wie son Kommando, newa? Da und da wird ne Wohnung frei!
Sieh

533. datte da reinkommst schnell. H-Straße war ja auch fast voll.

534. Jaah! Jaah!

535. Bis dahin!

536. Ham Sie das irgendwie als unangenehm empfunden?

537. Jaja! (Lacht) Wir sind ja weggezogen! Wir ham ja ..

538. Aber nicht aus dem Grund.

539. Nä! Das wa aus dem Grund, daß die Tochter hier im Bundesbahnhotel

540. gearbeitet hatte und sagte dann: Vatter, dann brauch ich doch nich mehr so

541. weit hin und her fahren. Wa ja so weit, wa ja alles gut, newa? Abe ich hab

542. dafüe den weiten Weg gehabt.

543. Iw: (erzählt hier ausführlich über den Beruf ihrer Tochter etc.)

**544. Jetz komm ich noch ma auf en andern Punkt. Jetz hamwer ja, wie
soll**

**545. ich es nennen, die Vereinigung Deutschlands. Was fällt ihnen denn
dazu ein?**

546. Hahaha! Ja na also, wir hoffen ja nu, daß es klappt. Bezahlen müssen wir

547. den Spaß! Ob dä Kohl jetz uns versprochen hat, daß das ohne Steuern und

548. alles abgeht ...

549. Geht ja gar nich, ne?!

550. Ich fürchte, dat wir noch drankommen. Da wird der Vogel un die von de
SPD

551. schon recht behalten, daß er da in etwa den Mund en bißken zu voll

552. genommen hat. Daß uns ..

553. Hm! Und so die Menschenwanderung, die da stattfindet?

554. Ja! Dat is ja nun bedingt. Ich mein, man muß dem Verständnis

555.	entgegenbringen. Wenn die jetz da nach hierhin kommen, kriegen hier
556.	Arbeitslose, die mehr verdienen als wie da. Und wenn das so einfach is,
557.	warum solln ses nich tun?
558.	**Aber nun ist das natürlich nicht nu die DDR, sondern damit hat sich ja**
559.	**im Grunde der ganze Osten geöffnet.**
560.	Ja!
561.	Ja! Ja!
562.	Die Polen auch, die Polen auch unheimlich.
563.	Ostpreußen is ja auch noch da, ne?!
564.	Ostpreußen wern ja wohl kaum hierherkommen.
565.	**Nun kommen ja mit der Perestroika in der Sowjetunion viele Juden!**
566.	Das wird das Problem! Ich mein, ich bin kein Judenhasser gewesen, von
567.	Anfang an.
568.	Nä, wir auch nicht, wir ham ja mit ..
569.	Ja, ich weiß, ja als Kinder. Wir haben zwei-, dreiunddreißig, wie die
570.	Machtübernahme war, wir hatten ja in B. fast keine Juden, aber den armen
571.	Juden, der da kassiert hat, der hat ja immer kassiert, da haben ja immer
572.	die Leute gekauft, un da kam der jede Woche kassieren, 50 Pfennig, oder ne
573.	Mark, die Sachen abbezahlen, und dem hamse das Fahrrad, ich war ja damals
574.	selbs en Kind, 10, zweiunddreißig, ham se dem das Fahrrad oben auf de
575.	Laterne draufgehängt, hamse dem. Wie se dat gemacht ham, weiß ich einglich
576.	gar nich ..
577.	Der arme Kerl!
578.	Sons, sons ham wer einglich mit Juden in B. keine Probleme gehabt.
579.	**Aber Sie meinen, wenn die jetzt kommen zu tausenden aus der**
580.	**Sowjetunion und aus anderen östlichen Ländern, gäb's doch Probleme wieder?**
581.	Ich fürchte dat. Der Jude is ja - ich kann dat ja aus meiner Sicht sagen,
582.	dat is ja en Geschäftsmann.
583.	**Mhm!**
584.	Ne!? Denkt immer: » Wer mach n Geschäft!« Ich weiß ja nich, wie set
585.	drehen! .. Da habe ich doch kürzlich - de T., dä hat da Bekannte in

586.	Mallorca, nä in ..
587.	Grancanaria.
588.	Grancanaria. Un da hat dä en Juden kennengelernt. Un dä hat ihm erzählt,
589.	wie ern Geschäft macht. Da wa eine große Familie, de Schwei.., die waren
590.	Metzger. Un dä hat immer so billiges Fleisch verkauft. Jah! Wie will dä
591.	dat machen? Ja, sacht er: »Da gilt ja der Handschlach!« Wenn dä gesacht
592.	hat: »Für die Kuh brauch ich hundert Mark!«, dann hat der die Hand drauf,
593.	und dann hat er gesacht: »Ich gib zehn Mark!« Da war der Handschlag ..
594.	**(lacht laut)**
595.	Dat is aber doch einglich kein Geschäft.
596.	**Clever!**
597.	Clever, ja; is aber doch Betruch! In weitläufigem Sinne. Ich kann jetz
598.	nich sagen: »Der hat hundert gesach« und gibt nur zehn. Und dann konnt dä
599.	billiges Fleisch verkaufen. Dann hat dä dat andere Beispiel auch von dem
600.	erzählt. Dä hat Anzüge verkauft. Hundert Mark sollten die kommen. Und dä
601.	die gekauft hat, dä wollte aber keine hundert Mark dafür bezahlen. Dä
602.	wollte nur 75 dafür bezahlen. Hat auch gesach: 75! Jetz hat der dem die
603.	Anzüge geliefert, war auch schriftlich, jetz warn die aber mit so kurze
604.	Hosen. »Ja«, sacht der, »wat hasse mir den da angedrehtw?« »Ja, du has
605.	doch die Anzüge bezogen..« »Aber doch mit lange Hosen!« »Ja, dann musse
606.	für die langen Hosen musse noch 25 Mark extra zahlen.« Dat war doch schon
607.	so hintenrum.
608.	**Meinen Sie, daß das typisch is so?**
609.	Ich nehm dat an, dat dat typisch is, denn von nix kommt nix. Wir warn -
610.	inne Eifel war ich mal inne Kur. Dat is aber auch schon gut dreißich Jahre
611.	her. Also da sachten - dat waren schon so ältere Leute - die haben sich an
612.	dä Hauswand den Kaftan saubergescheuert. Sacht er! En Jahr lang. Dat muß
613.	also schon ganz früher gewesen sein.
614.	**Mhm!**
615.	Und auf einmal warnse gemachte Leute.
616.	**Wat heißt .. Ich hab die Redewendung nicht verstanden: den Kaftan**

617. saubergescheuert ..

618. Den Rücken ham die dauernd an die Wand, ham die sich den saubergescheuert,

619. sacht er. Die hatten ja weiße Wänd da in dä Eifel, da hamse sich

620. saubergescheuert, und nach en paar Jahre von dem Bauchhandel und wat se da

621. so getrieben haben, warn die gemachte Leute.

622. **Nun gelten die Juden ja auch als besonders intelligent.**

623. Das stimmt auf jeden Fall. Sonst, sonst hätten se dat ja nich geschaff.

624. **Es gibt ja viele Wissenschaftler und Künstler**

625. Ja! Ja!

626. Jaah! Dat is wat wirklich ..

627. Wie ich noch en Kind wa, da warn die Pens noch hier, drei Jungens, meine

628. Tante, und die hat dann auch immer vom Juden direkt ..

629. Gekauft!

630. So gekauft, und dann - und dann immer am Samstag bezahlt, immer abbezahlt,

631. und auf einmal kricht sie sonne Rechnung, nich. Und dann isse dann dahin,

632. un da sach ich: »Maria, der kommt doch jeden Samstag hier vorbei. Du

633. ezahls doch!« Nein, dä is nich drauf eingegangen, un da sacht die, da

634. sacht die: »Nehm se doch die Kleine mit, die kann das doch bezeugen.« War

635. ich mit, nich: »Ja sicher, is der jede Woche gekommen un hat das Geld

636. geholt. Ich hätt auch ma gern 50 Pfennig gehab«, sach ich. Und dann mußtse

637. alles zurückzahlen. Jaah! Un - Das hab ich nich vergessen. Als ich da ers

638. den Juden sah, un hab da alles beguck, ja! Und dann . ne!? - und dann hab

639. ich nachher auch von meiner Tante 50 Pfennig gekricht, ne?!

640. Damals 50 Pfennig, dat wa ja viel Geld in der Zeit.

641. Das is so lang gutgegangen, nich, dat ..

642. un auf einmal, da is maa was –

643. Und wie würden Sie jetzt da die Situation da am Golf beurteilen?

644. Ja! Da ham wa ja jetzt noch en paa Tage Zeit. Und da finde ich, wenn dat

645. a wirklich zum Knallen kommt, dann wird dat schon wat geben.

646. Hundertdreißig Tage ham wa noch Ölvorrat. Un wenn dat da wirklich dann zum

647. Knallen kommt, dann gnade uns Gott! Wenn dä wirklich da die ganzen

648. Ölfelder ansteckt, wenn ä dat wirklich macht, wie ä sachte, nä, denn dat

649. kricht man ja nich me gelöscht, dat Feuer. Dann verbrennt ja alles! Dann

650. kommen die Wolken, die Wolken, die kommen bis hier rüber. Bestimmt!

651. Mhm!

652. Damals wie der große Sandstuem, wa!? Da ham we ja auch den Sand hier

653. rübbergekricht, und wenn da solche Wolken - solche Ölfelder brennen, dann

654. kriegen wir den Dreck auch noch ab.

655. Abe dat dä so verbiestert dadrin is!

656. Das Schlimme is ja nun, dat wir - dä is fanatisch, abe wie gesach, warum

657. dä so haart is –

658. Mhm! Et geht ja ...

659. Et geht ja nur umt Geld! Wenn Krieg geführt wird, geht et ja nur umt Geld!

660. Dat is sicher nicht richtig, wat der Hussein da in Kuweit gemacht hat ...

661. Dat son kleines Land von som großen überfallen wird. Aber er hat - er

662. steht ja auf dem Standpunkt, daß das früher zu Irak gehört hat.

663. Jaja!

664. Und wenn das Wirklichkeit is, eh, das könn we ja nich - we kenn ja die

665. Geschichte nich.

666. Wa so!

667. Un we ham da jetzt son Beispiel in Indien, nach soundsoviel hundert Jahren

668. fangen die da wieder an - ich weiß nich, dat is schon viele hundert Jahre

669. her. Jetzt wolln die auf einmal da ihre Rechte wieder erheben.

670. Ja, und Israel is auch verwickelt da ..

671. Ja-ah! Ja, un die Türkei is ja auch dadran. Un dadurch hängen we ja da mit

672. drin! Wenn dä die Türkei irgendwie anpackt - we sind Nato-Verbündete -
673. dann müssen wir auch da mitmarschieren. Un dat is für unsre Jungs - man
674. weiß et ja nich - ja nich so schlimm. Dä hat ja Waffen genuch von alle
675. möglichen. Wenn dä wirklich so Bomben schmeißt mit Giftgas ..
676. Ham we doch gedacht ...
677. **Wenn die da sagen: »Hier bitte, das is unser Öl und wird auf unserm**
678. **Grund gefördert!« ne?!, dann kann man ja auch sagen: »Wat geht dat**
679. **eigentlich den Bush an?«**
680. Jaah! Sicher! Dat versteh ich auch nich. Dat is ja nich dat erste Mal, dä
681. hat - Vietnam damals! Da war ja auch schon - , in Korea, dat wa genau dat
682. gleiche Spiel. Ne?! Da ham se sich ja auch dareingemengelt und dä Kriech
683. geführt.
684. **Aber wat sagen Sie jetz dazu, dat auch deutsche Soldaten, wat ja**
685. **gesetzlich ganich erlaubt is .**
686. Dochdoch! Wenn dä den Nato-Verbündeten in de Türkei angreift, - wir sind
687. ja Nato-Verbündete mit de Türkei -, dann bleibt uns ga nix anderes übrig.
688. Da brauchen die keine Gesetzesänderung für machen. Dat steht ja in dä
689. Vertrag drin, den we getroffen haben mit de Nato. Wenn ein Verbündeter
690. angegriffen wird, dat we da mithelfen müssen. Wat weiß ich, in dem Fall
691. sind's ja nur de Türken, mit Israel ham we ja keine Verträge, die sind ja
692. nich inne Nato drin, dann wärdn we, woll oder nich, da kann sich der Vo-gel
693. drehen un wenden, dann sim wer mit drin.
694. Da ham we immer gedacht: »Och, et gibt bestimmt kein Weltkriech mäh!« Un
695. dann auf einmal dat!
696. Ich wollt nua, das es glimpflich abgeht.
697. **Meinen Sie, daß der Vogel da Unrecht hat?**
698. Ja, der Vogel kann ja kein Recht ham, denn dat steht ja im Nato drin: Wenn
699. die Türkei angegriffen wird, als Nato-Patner, sind we verpflichtet, denen
700. zu helfen. Da geht ja kein Wech dran vorbei!
701. **Ja nun, (Angriff auf die Türkei) was ja zur Zeit noch nicht der Fall ist**
702. **...**
703. Die sind ja noch nicht eingegriffen. Se sind aber wohl schon nahe dran!

704. Wenn et zum Knall kommt, dann müssen se auch da sein! Ja nun!

705. Gut! Richten wer nun mal den Blick auf die andere - von uns aus

706. gesehen: die andere Hälfte. Ich glaub, im nächsten Jahr gibt es ja den

707. europäischen Binnenmarkt. Frankreuch und die anderen europäischen

708. Länder, daraus wird ja ein Verbund ..

709. Jaah!

710. Das heißt aber jetzt, um auf das Problem von vorhin noch einmal zu

711. kommen: Frankreich ist ja auch auf dem Weg über die Kolonien, und Holland...

712. Holland!

713. Da gibt es ja viele Leute aus Afrika und was weiß ich. Die kommen

714. dann, möglicherweise über Frankreich, auch hierher.

715. Auch hierher!

716. **Sehn Sie da irgendwelche Probleme?**

717. Nä! Ich mein, wenn se sich einfügen, dann könn dat ja keine Probleme

718. werden. Sie müssen sich aber an unseren geregelten Ablauf, müssen se sich

719. gewöhnen. Die könn ja nich machen, wie se wollen, wenn se kommen. Dat is

720. ja nun son, son Dingen. Wenn se hierherkommen, dann müssen se sich so

721. verhalten wie die dat all machen, is doch viel einfacher.

722. Die Holländer ham ja die Malukken, ne?

723. Jaah! Un die Franzosen, wat .. wo kamen die her, von Afrika? Die hatten ja

724. auch viel Schwarze. Aber wie gesach! Probleme gibt's ja nur, wenn se sich

725. nich einfügen. Nä! Dat is wichtig! Wenn se sich einfügen, müßte dat alles

726. reibungslos gehn. Da hätt ich ga keine Bedenken.

727. **Machen wir mal en Gedankenspiel! Stellen wir uns einmal vor, wir**

728. **wären in der Situation von solchen Leuten! Was ja im Dritten Reich bei**

729. **vielen der Fall gewesen ist. Die von der Norm, die vom Hitler gesetzt**

730. **war, abwichen, mußten raus. Die haben um Asyl nachgesucht. Stellen**

731. **Sie sich mal vor, Sie wären einer von diesen Menschen! Ich meine:**

732. **Machen wir ruhig mal en großen Sprung. Sie gingen in ein ganz**

733. **fremdes Land. Meinetwegen en arabisches Land und hätten Asyl**

734. gesucht. Wären Sie - hätten Sie es leicht gefunden..?

735. Dat ganz bestimmt nich. Wenn man dahin kommt, man versteht ja die Sprache

736. nich. Dat is ja dat Schwierigste .(schneller Bandwechsel)

737. **Sie sachten ja vorhin: Et is nich die Sprache allein.**

738. **Näh!**

739. **Stellen Sie sich mal vor: Et gibt arabische Länder, wo man kein Bier**

740. **trinken darf ..**

741. Ouh! Alkohol, Alkohol - alles klar verpönt. Oder Schweinefleisch essen!

742. Wir dürften dat ja wahrscheinlich. Uns würden se dat ja zugestehn. Ja, die

743. Juden auch ..

744. Die dürfen ja nicht alles essen. Bei uns da in M., da war ne Synagoge.

745. Wir haben da auch mit Judenkindern gespielt. Wir wohnten ja Haus an Haus.

746. Schule!

747. Und dann warn bei uns auch reiche Juden. Da warn zwei große Kaufhäuser,

748. und die sind noch rechtzeitig raus.

749. 32

750. 32

751. Oder 33

752. Da ham wer uns da verabschiedet, ham wer geweint und so. So warn wir da

753. mit den Leuten... Die kamen oft sogar und fragten, ob wer ma auf di Kleine

754. aufpassen und so. Ham wer alles gemacht.

755. Jo, is ja auch kein Grund .. So Nachbarschaft! Da ham wer anfüsich keine

756. Probleme gehabt. Also, als ich da nach B. kam, da war ..

757. Da wa das schon anders.

758. 33, da warn ja kaum noch welche da.

759. So meine Tante G., wenn die ma Wäsche gewaschen hatten un die hing draußen

760. un dann kamen da immer die Zigeuner durch, un dann hat se, ob dat ihr Kind

761. war oder Fremde, die Kinder genommen un: »Kommt hierher!« und dann ..

762.   »Die Zigeuner kommen!«

763.   »Die Zigeuner kommen!« Tür zugeschlossen ..

764.   Und weshalb?

765.   Ja, die ham immer geklaut, die Zigeuner.

766.   Kinder geklaut sogar!

767.   Und aber Wäsche ham die ..

768.   Die ham doch anscheinend die Kinder geklaut, nä?!

769.   Die auch! (Unverständlich)

770.   Die standen auf einmal in de Tür drin! Un da
       hatten die auch schon immer

771.   die Kopftücher auf, un die Kinder hier drin
       (zeigt: Tragetuch) Da hat M.

772.   gesagt: »Nein, danke!« Un dann hat se immer so
       getan, als ob dä Okel G.

773.   dagewesen wä: Doch: »Komma schnell!« Un dann sin
       die Frauen wiede

774.   abgehauen, nä!? Jaah!

775.   Ich meine, wo se das Thema gerade ansprechen. Das ist ja auch so

776.   durch die Presse gegangen mit den Sinti und Roma.

777.   Jaja! Die sind ja auch ganz arm dran! Dat is ja jetzt schon ..

778.   Sin dat auch Zigeuner?

779.   Was heißt »Zigeuner«? Die nennt man so! Das sind dieselben, das ist

780.   nur eine andere Bezeichnung.

781.   Sicher, ich mein, die sind arm dran. Wie weit sind die schon verteilt in

782.   Deutschland? Ich mein, schon als Kinder ham wer die Zigeuner gehabt.
       Un

783.   das sind ja schon über 60 Jahre. Un jetzt auf einmal wolln se die

784.   abschieben. Un dat soll doch so teuer werden noch. Ich weiß nich, mit

785.   wieviel tausend sollen die abfinden, damit die da überhaupt rübergehen

786.   nach da.

787.   Die hatten auch hübsche Kinder!

788.   Ja auch! Un nette Frauenzimmer. Warum nich? Ich mein, jeder hat ja mal

789.   gern wat Schönes! (Lacht) Jaah!!!

**790.   Ja, das ist wieder son Stichwort. Man sacht ja heute so, daß die
       Frauen**

791.   dat is jetzt wat füe uns Männer - daß die einglich, eingtlich im Schnitt

792.   nich so gut dran sind wie die Männer.

793. Dat die Frauen schlechter dran sind als wie wir? Nä, dat möcht ich - dat

794. muß man nich behaupten. Daß die Frauen schlechter dran sind. Ich mein, et

795. gibt natürlich überall gewalttätge Männer; et gibt ja auch gewalttätige

796. Frauen. Dat liest man ja oft auch inne BILD-Zeitung, dat Frauen ihre

797. Männer verdreschen. Dat et dat auch mal umgekehrt der Fall is, wo er eben

798. Dresche gibt, der Mann, weil er stärker is. Dat is et alles - dat hat

799. alles nix damit zu tun. (Erzählt jetzt eine Story aus der Verwandtschaft,

800. in der jemand eine junge Frau hatte:) »Die war wohl son Schlünsken. Un da

801. hat dä die en paar mal verdroschen. Un da hat die Mutter gesacht: »Wenn Du

802. noch einmal Deine Frau schlägst, dann komm ich middem Schrubber!« ... Abbe

803. da hat man dat nich so inne Zeitung geschriem, dat einer seine Frau

804. verkloppt hat.«

805. **Eine abschließende Frage: Was sind denn so aus Ihrer Sicht die**

806. **Hauptunterschiede zwischen Männern und Frauen?**

807. Ja, der Unterschied is dä kleine Schnibbel, sons is da kein großer

808. Unterschied. Frauen ham da noch was, was wir nich haben. Das is dä

809. Unterschied. Die sind en bissel anders gebaut, bißchen zart. Köpfchen ham

810. die Frauen auch. Da kann man nich sagen: weniger Intelligenz un so.

811. **Ich bring mal en Beispiel. Bei uns an de Uni, da gibt es ja**

812. **unterschiedliche Stufen von Professoren. Da gibt es dann auf der**

813. **obersten Stufe nur eine Frau und hundert Männer ...**

814. Ja, dat liecht abbe nich an der Qualität. Vielleich ham die Frauen dat

815. noch nich so erfaßt, dat se sich auch darum bemühen. Dat is ja wie bei

816. Politik. Die Frauen bemühen sich nich um de Politik. Dat is schon en

817. ganzen Teil jetz mehr geworden. Weil die Süßmuth son bissel Reklame

818. gemacht hat. Dat sich die Frauen jetz auch wiede stärker inne Politik

819. bewegen sollen. Un dat is bei denen genau so. Et mag ja sein, daß das

820. Können auch nich gleich vorhanden is. Aber ich mein, wenn die sich

821. dahintersetzen, dann sind die genau so tüchtig wie wir.

822. **O.K. (Hier jetzt abschließende Fragen zur Person; s. Vorspann!) Ja,**

823. **o.k!!! Vielleich haben Sie ja jetzt auch noch Fragen an mich!?**

824. Jah! Ich finde das ja alles sehr interessant! Aber was soll's bewirken?

825. Vielleicht, der eine kriegt das raus un dä andere das, inne Analyse. Aber

826. was soll es bewirken?

827. Ja, ich kann Ihnen ja jetzt auch genauer sagen, was wir vorhaben. Es

828. geht uns zwar auch um Sprache, aber wir sind auch sehr daran

829. interessiert, das ham se sicher auch schon gemerkt, was die Menschen

830. so über Ausländer denken und sprechen.

831. Ja, sicherlich. Die Ausländer! So weit ich weiß, das Problem is nu mal da.

832. Die Frage is nur: Das Problem, wie wir das vom Tisch kriegen. Wir müssen

833. uns mit denen arrangieren.

834. Ich würde nie dadrüber schimpfen, nich?!

835. Ja, ich weiß ..

836. So wie H. immer!

837. Die hat ja auch ne schlechte Nachbarschaft.

838. Eine Schwägerin von uns und hat auch keine guten Nachbarn, in B. also,

839. wenn we dahin kommen. Nich!? Sicher, die hat de Türken voe de Tür, auf den

840. Rasen da is se manchmal, da flippte se dann manchmal aus. Ich sach: »H. ,

841. dat darfse nich so nehm.« »Ooch«, sacht se.

842. **Wat findet se an denen nich in Ordnung?**

843. Ja, die sind ihr nich sauber genuch. Nich?!

844. Wie gesach! Du sachs ja damals ma ..

845. **Die sind ja draußen, die kommen ja nich rein ..**

846. Jah!

847. Jah! Wie gesach, wenn de die so erzählen hörs: Die Ascheneimer quellen

848. über. Dat nächste mal, da schmeißen die da alles daneben, ob dat weggeholt

849. wird oder nich, näh?! Dat is natürlich für die nebendran wohnen .. -

850. nebendran dat Haus, steht dä Aschenkübel un alles quillt über, un alles

851. liecht daneben. Kommtma dadran vorbei, dann sieht dat natürlich nich gut

852. aus.

853. **Und was meinen Sie, woran das liegt?**

854. Jaah! Ich mein, en bissel Ordnungssinn - ich mein, die müssen ja auch inne

855. Türkei en Ordnungssinn gehabt haben. Die können ja nich einfach alles

856. dahinschmeißen un liegen lassen. Wird schon einer kommen, der dat

857.	saubermach! Ich meine -
858.	**Sie meinen also, daß die sich hier schlechter benehmen als zu Hause?**
859.	Nä! Ich nehme an, dat die dat zu Hause so machen. Denn wir ham ja auch
860.	Deutsche.. - wir ham ja auch unsere, die dat machen. Dat se dann alles
861.	dahinschmeißen und sagen: »Ach!« Dat seh ich ja oft genuch. Ich bin
862.	letzens ma spazierengegangen, wo die Leute .. Manchma schimpf ich schon ga
863.	nich mehr. Tempotaschentuch, dat gehört nich aufe Wiese. Et sind überall
864.	Papierkörbe. Abe meine Frau bring dat auch so fertich ..
865.	Ganz selten!
866.	Weil ich ja immer wieder dahintersitze. Da sieht se ja, weil ich dat von
867.	zu Hause nich kenn. Ordnung is das halbe Leben, hat dä imme gesach, dä
868.	Vatter, nä, un wenn ich da sowat seh, also dann ärger ich mich, und da
869.	sach ich mich: »Laß dat doch sein! Wir kommen gleich an Papierkorb vorbei.
870.	Schmeiß dat da rein!« Un seh ich dat oft, newa? Hier inne Straße is ja
871.	alles einwandfrei, da kann man ja nix sagen. Einzich da oben, wo dä
872.	Aschenkübel imme so voll is, vorige Woche, glaub ich. Abe ansonsten hab
873.	ich in die Beziehung nich zu klagen.
874.	**Sind Sie denn eigentlich der Meinung, man sollte Deutschland zu nem**
875.	**Einwanderland machen? Dat jeder reinkommen kann?**
876.	Ja, als ich .. Wie wollen et ja nich übertreiben. Wir können uns hier nich
877.	alles aufladen. Denn wenn we auch einiges an Geld haben, mit de Millionen
878.	rumschmeißen, newar?! Aber dat sollten we doch besser für uns verwenden.
879.	Nich alles, alles füe die andern! Da geht ja nun auch wiede nich.
880.	»Irgendwo muß ma die Kirche im Dorf lassen!«, sacht der Pastor.
881.	**Naja! Aber woran liiecht das denn, daß die da meintwegen in Afrika**
882.	**ode wat weiß ich eh so arm sind?**
883.	Ja, ich mein, dat is ja nun ma -
884.	**Viele Kinder verhungern da.**
885.	Dat is ja schon so lange, wie die Welt besteht. Die waren arm, und die
886.	werden von sich aus da nich mehr rauskommen. Is ja ne ganz andere
887.	Mentalität. Die sind ja nich so arbeitsfreudig wie wir, dat die dat

888.	vielleicht von sich aus e bissel hochbringen. Da muß ich ja in dem Fall
889.	die Juden loben. Die haben ja in Israel wat angelegt, so mit de Plantagen
890.	un so. Die ham ja gearbeitet wie die Pferde. Und die - wie gesach,
891.	Mentalität. Die sind einfach zu träge.
892.	**Wo kommt dat her? Ich kann mir das so schwer vorstellen. Das sind**
893.	**doch Menschen wie wir auch!**
894.	Ja, sicher dat. Schon! Nur trotzdem! Dat mach vielleich an de Sonne
895.	liegen. In Spanien, die ham ja so viel Zeit. »Wat we heute nich machen,
896.	machen we morgen, wenn morgen nich, übermorgen.« Die schieben dat so
	...
897.	**Is einfach zu heiß?**
898.	Zu heiß! Irgendwie, ob dat auf de Birne geht, sach ich, un dat e dann
899.	sach: »Näh! Mach ich nich!« Ich bin ja da verrück. Wenn ich irgendwie da
900.	son Problem hab, dann muß dat gelöst wern. Dat darfse ja nich ers son par
901.	Wochen wegschieben, ne! Dat bringt ja nix, dat muß ja gemach werden. Sach
902.	ich, machen we morgen, dann is ja bald ne ganze Woche vergangen. Un die
903.	sehn dat tatsächlich so: et kommt ja ga nich drauf an! Wenn dat acht
904.	Wochen später wird.
905.	**Also früher ging et denen auch besser. Gut, da gab es auch mal ne**
906.	**Naturkatastrophe. Die haben aber eigentlich immer genug zu essen gehabt.**
907.	In Afrika?
908.	**Da gab es ja so reiche Königreiche ..**
909.	Jaja!
910.	**Das hat sich vor allem in den letzten 150 Jahren so verschlechtert.**
911.	Vor allen Dingen durch die vielen Kinder! Ich meine, die haben sich
912.	übervölkert. Un da hat ja unser Papst son Ding mit seinem .. Dä will ja,
913.	dat se sich noch mehr wie Sand am Meer ... Aber ma muß doch aufem Boden
914.	bleiben. Man kann ja nich Menscheen inne Welt setzen, die man nich
915.	ernähren kann.
916.	**Aber das ist natürlich auch noch ein wichtiger Gedanke das mit der**
917.	**Übervölkerung. Wir hatten das Thema ja vorhin schon mal**
918.	**angeschnitten. Meinen Sie nicht, daß die so allmählich hierherkommen?**

919.	In Scharen?
920.	**In Scharen. Ich mein, wir sind ein reiches Land. Mit vielen Kindern,**
921.	**und hier dann auch ne Übervölkerung entsteht.**
922.	Ja, dat bleibt ja dann nich aus. Wenn se die reinlassen in der Masse, dann
923.	sind wer nachher genau so aufem Trockenen wie die. Dat bleibt nich aus!
924.	Ich weiß ja nich, wieviel Millionen wir hier noch aufnehm können. Denn
925.	wenn die Länder schon sagen: »Wir können keine Wohnungen mehr schaffen für
926.	die Leute!« ne?! Gerade hier bei uns geht et, ne?! Hat ja noch keiner sich
927.	gemeldet. Zum Beispiel in Berlin is ja genaudatselbe! Wer ham - Die Tante
928.	hat ja jetz dat Haus auch, ganz alleine! Da is ja auch einer gekommen, en
929.	Bekannter von ihrer Tochter: »Eine Person für son großes Haus?! Dat darf
930.	doch nich zulässig sein!«
931.	**Hier stehn auch viele Wohnungen leer.**
932.	Jah!
933.	**Wär nicht son Problem.**
934.	Abe wer will sich mit zwei oder drei andere in eine Wohnung setzen, die
935.	viel zu groß is. Dat isset!
936.	**Müßte man umbauen!**
937.	Jouh! Irgenwie wat machen. Aber bei der is dat schlecht zu machen. Da wa
938.	se richtig sauer: »Da hasse mir abe einen mitgebrach, dä würde mir
939.	amliebsten noch dat Haus wegnehmen.«
940.	**Mhm!**
941.	Von de Grünen wa dat einer! Ich sach: »So schnell kann dä dir dat Haus ja
942.	nich wegnehmen.«
943.	**Aber sagen wer mal so: Wenn da jetzt Übersiedler und Aussiedler zu**
944.	**Tausenden kommen. Würden sie denn ein Unterschied sehen zwischen**
945.	**denen und, sagen wir, Afrikanern? Marokkanern und so?**
946.	Ja, der Unterschied is nun mal gegeben. Wenn se Deutsch sprechen können.
947.	Die kommen ja jetzt von Rußland un von Polen. Die könn ja auch kein Deutsch
948.	sprechen! Die sprechen Polnisch, die sprechen vielleicht noch ein bissel
949.	Russisch. Die wolln aber deutsche Identität.
950.	Vielleicht jiddisch?

951. (Iw kommt vom Telefonat zurück und berichtet kurz.)

952. **Aber Sie meinen, dat wär im Grunde genommen genau dat gleiche Problem?**

953. Dat Problem bleibt sich gleich. Ob dat jetz von da is ode von da is. Nur

954. wie gesach, dat Schlimme is ja immer wieder die Sprache dazwischen. Bis

955. die so, dat se Deutsch sprechen, unbedingt Deutsch sein wollen, dann seh

956. ich dat nicht unbeding als dat Wichtigste dabei. Un vor allen Dingen, se

957. müssen sich hier, wenn se hier arbeiten wollen, müssen se sich ja

958. einrichten, dann müssen se den Posten ja machen, den se zugewiesen

959. kriegen, ne?!

960. Darf ich nochma wat fragen? Wat is denn mit dem Freihafen? (Meint, das

961. wäre nicht gut. Kurze berichtigende Diskussion, wobei die Rolle des

962. Bürgermeisters besonder gelobt wird.)

963. **Aber wo se den K. erwähnen. Der hat doch auch vor paar Wochen oden**

964. **paar Monaten, da hatt er mal gesach auf sone Konferenz, da ging es**

965. **auch um Ausländerfragen, da hat der gesacht. Da braucht nur einer zu**

966. **kommen und sagt das Zauberwort Asyl und kennt kein einziges anderes**

967. **Wort, und schon müssen wir den aufnehmen.**

968. Ja, unser Gesetz hat ja da auch noch en paar Lücken dadrin. Ich weiß auch

969. nich, ob dat zu ändern is. Ich bin ja nich mehr so interessiert. We denken

970. un hoffen, dat we unsere zehn Jahr noch abgerissen kriegen un dann unsere

971. Ruhe, unsere endgültige Ruhe ham. (Unverständlich)

972. **Würden Sie dem K. denn da recht geben?**

973. Ja, man kann schon en bißchen Ja sagen, und en bissel Nein sagen. Abe wie

974. gesach, als Politiker muß er da vorsichtig sein. Sollte er zumindest

975. vorsichtiger sein!

976. **Sie meinen, er hätte sich da en bißchen weit zum Fenster rausgelehnt.**

977. Ja! Ja! Aber, wie gesach, er is ja auch nur en Mensch!

978. **Is ja sonst beliebt!**

979. Aber, wie gesach! Da isse ein bissewl zu weit gegangen. (unverständlich)

980. Ich glaube, daß er da nur zu 50 % Recht hat. Ich meine, dat hat der da

981. gekippt. Ich meine, dat is meine Meinung. Et kann auch sein, dat he zu 70%

982. Recht hat.

983. **Sähen Sie denn da eine Bedrohung?**

984. Ja, dat kommt jetz auf dat Verhältnis an. Die Bedrohung kommt ja ers, wenn

985. se die Übermacht haben. Ich weiß nich, wie we da letztens in B. waren ..

986. **Könn Se sich sowas vorstellen?**

987. Die warn dahinten inne Straßenbahn. So zehn / zwölf so Rowdies. Auch

988. Türken. Die haben da einen Lärm gemacht, und de Fahrer hat sich nachher

989. nich meh getraut, nich getraut, die zur Ordnung zu rufen. Da hat ihm einer

990. gesacht: Rufen se die Polizei an, dann soll die die gleich raussetzen. Da

991. hat dä die denn angerufen, die Polizei, die kam dann ande übernächste

992. Haltestelle kam dann die Polizei. Dä hat sich nich getraut, denen was zu

993. sagen.

994. **Und was hat die Polizei gemacht?**

995. Die hat se rausgesetzt. Die warn ja schon die ganze Zeit am Radau ..

996. Imme die Leute am belästigen!

997. Die Leute belästigt. Die Beine aufem Sitz, ohne Gnade, näh!? »Wat

998. uatschse , wat guckse mich so blöd an?« wuede dann für jeden gesacht. Und

999. dann hat dä angerufen un is noch soundsoviel Stationen gefahn, un dann kam

1000. die Polizei, un dann ham die Ordnung geschafft.... Ich meine, wenn da

1001. jetzt nu ne Masse is, dann sind die ja stark, un dann is dat ja schnell

1002. passiert. Daß da mal Gewalt is gegen Gewalt is. Wenn dat ja nur einzelne

1003. sind, die müssen dann ja kuschen, ne?!

1004. Ich hab ma gesehn, so von draußen, da ham se de Straßenbahn mit dem Fuß so

1005. ...

1006. Dagegengetreten!

1007. Die waren ganz wild!

1008. **Würden Sie denn so als Frau Angst vor denen haben?**

1009. Neh, tagsüber, tagsüber nich!

1010. **Nachts?**

1011. Nachts ja! (Erzählt über ein nettes Erlebnis in der Straßenbahn. Ein

1012. kleiner Türkenjunge hatte ihr geholfen, die letzte Bahn nicht zu

1013. verpassen.) Aber sonst möcht ich nicht alleine am Abend da

1014. ...(Unverständlich. Familie! Viele Geschwister!)

1015. **Und wie erklärn Sie sich, daß die Leute früher so viele Kinder**

1016. **gekriecht ham?**

1017. Ja, dat Fernsehn wa ja noch nich (Lachen.)

1018. **Mir fiel jetz natürlich wieder ein, was Sie vorhin zu den Ausländern**

1019. **und den vielen Kindern gesagt haben! War ja bei uns früher genau so!**

1020. Ja, die hatten noch kein Fernsehn, und vielleicht auch noch nich den

1021. Verstand. Ich weiß ja nich, ob et stimmt. Aber der Onkel Josef, der hatte

1022. ja nur zwei, abe von dem ham se auch gesach, ich weiß nich, ob et stimmt,

1023. dä hat ja auch ne Josefsehe geführt. Dat is vielleich die Reljon, die den

1024. beeinflußt hat, nä?! Die andern drei, die hatten alle en Haufen. ...

1025. Damals gab's ja noch keine Pille un nix. Mit dem Verhüten wa sowieso

1026. schlech, und dann kommt dat natülich.

1027. **Aber was meinen Sie, was ist der Gerund, daß afrikanische oder auch**

1028. **türkische Familein so viele Kinder haben?**

1029. Ja, da geht's ums Kindergeld! Es geht viel ums Kindergeld.

1030. **Mit dem bißchen Kindergeld ...**

1031. Ouuh! Dat sind, ich weiß jetz nich, 200 Mark sind dat. Jetz wolln se dat

1032. uch noch erhöhn und nachher steigert sich dat auf dreihundert usw. und

1033. wenn die nachher 10 Kinder haben, dann macht dat 1200 Mark im Monat.

1034. Die ham da auch noch viel gemach. Die ham ja dann auch noch Oma/Opa, die

1035. Kinder von de Schwester, dat hamse uns jetzt erzählt. Nich, also dat die

1036. Schwester jetzt noch kommt. Am Hauptbahnhof, da hatte der Türke seine

1037. Waschmaschine, ein Kühlschrank, ne,

1038. Wollten se alle mit ...

1039. Wollten se alle mit in Zuch, richtig hingestellt, un da is dä Schaffner

1040. gekomm und sacht: »Nein, also! Dat geht nich, da
müssen se hinten hin!« Da

1041. wollt dä dat gar nich raustun. Also da ..Dä Zuch
konnte nich weiterfahrn,

1042. ne!? Un dann is der Zuch abgefahrn, und dann kam
nachher Polizei da: »Los,

1043. rein, dat könn se nich machen!« Rausgeholt, und
nach hinten mußte es hin

1044. in den Waggon. (Unverständlich.) Un dä hat ihm
das noch erklärt. Nein, er

1045. stur und bleibt hier! Dat hab ich nie vergessen
und gedacht: »Na guck, son

1046. Sturkopf!« hab ich noch gedacht. Ach, dä hat ja
noch, ich glaub, drei

1047. Teile waren dat.

1048. Ja, die Gelegenheit wa günstig. Die versuchen immer wieder die günstige

1049. Gelegenheit rauszupicken. Dat is billig, billig Fahren, und dat Gepäck

1050. möglichst auch noch zum gleichen Preis.

1051. Iw.K. kannst Du dich noch erinnern, wie wer einmal in Berlin gestanden haben

1052. am Flughafen.

1053. Jah!

1054. Mein Gott!

1055. Der Flugzeug mußte weg, aber erst mußtense auch warten. Da könn se ja
nich

1056. egal en Flugzeug nehmen. Die hatten Wagen voller Kinder, also das war

1057. voll, dat fiel bald runter, links un rechts mußten se se festhalten. Wat

1058. die alles mitgenommen haben! Pakete, Sachen, die se selber gar nich

1059. gebrauchen konnten, ham se alles mitgenommen für die Verwandtschaft
da

1060. ... (Unverständlich)

1061. Ich bin immer stehen geblieben, un hab gedacht,
so viel ..

1062. Normal is ja festgeleg, wieviel se .. Dat wird
ja gewogen! Aber dat

1063. wa auch ne einmalige Sache, wa dat! Jaah! (Bietet Zigarette an!)

1064. Räucherware hält sich gut!

1065. **Trinken Se denn gerne auch mal en Schnaps oder so?**

1066. Joh, schon mal! Ich geh auch inne Wirtschaft schon mal. Dat Geld könn wer

1067. ja gar nich ausgeben, wat we haben!

1068. **Ouh! Dann sind se aber gut dran!**

1069. Ja, allen Ernstes! (Über den Wohlstand des Ehepaars!) Wir kriegen et kaum

1070. auf. Jeden Monat, kann ich sagen, kann ich so 500 Mark zurücklegen.

1071. **Es geht uns gut!**

1072. Toitoitoi!

1073. (Über Löhne im internationalen Vergleich!)

1074. **Ich frage mich, ob wir nicht auf Kosten der anderen leben, der Dritten**

1075. **Welt! Dat is ja nich nur unsere Tüchtigkeit. Dat is ja nich im**

1076. **Verhältnis, dat kann ja nicht gutgehn! Ich würde mich nich wundern,**

1077. **wenn die dann sagen: »Dat holen wir uns zurück!«**

1078. Dat könnt schon sein!

1079. **Naja! Wolln wers hoffen, daß es keinen Krieg gibt!**

1080. Dat is vor allem dat Wichtigste! Dat wär schon haat, wenn da wirklich en

1081. Knall käme. Nur ...Ich trau da dem nich, dem Knaben!

1082.

1083. (Nachgeplänkel, in Ausschnitten:)

1084.

1085. **So, das sollten wir ruhig mal öfter machen!**

1086. Jah, sicher! Ich sach ja ..

1087. **Wenn der Sommer kommt, dann setzen wir uns in Garten beim**

1088. **Fläschken Bier ...**

1089. Ich hab den Garten da jetz schon mit dem Kunstdünger gemacht. Müssen wer

1090. noch mal machen. Hatt er mir noch ein zweites Paket gebracht. Dies Jahr is

1091. aber genug! Nächstes Jahr!

1092. **Ihr Rasen is toll geworden.**

1093. Da sacht ich ihm, komm: »Laß uns noch ne Flasche Bier trinken.« »Nä«,

1094. sacht er, »ich muß jetz nach N. « »Wolln Se noch Kaffee?«

1095. **Näh, jetz hab ich genuch! (...)**

1096. Man müßte öfter einen einladen! (...)

1097. **Ja, jetzt werd ich an die Arbeit gehen, alles abschreiben! Schönen Dank!**

1098. Hoffentlich hat et gelangt!

1099. **Doch, sicher! O.K. Dankeschön!**

Die Materialaufbereitung des Interviews

Für die Materialaufbereitung wurde ein Leitfaden entwickelt, der in »BrandSätze« 1992 abgedruckt ist. (S. Jäger 1992, S. 28f.) Die folgenden Zwischenüberschriften entsprechen diesem Leitfaden.

1. Beschreibung der Interviewsituation

1.1. Interviewte Person(en)

Der Interviewte ist 68 Jahre alt, pensionierter Bergmann. Er lebt mit seiner Frau (Hausfrau, 70) seit etwa einem Jahr in der Nachbarschaft, verbringt den Tag mit Gartenarbeit, (Bild-)Zeitunglesen, Fernsehen, Kartenspielen, besucht öfter die Kneipe.

Wohnsituation: Bevor er hier einzog, lebte er ca 20 Jahre in N. (= Stadtteil mit geringem Anteil von Einwanderern und Flüchtlingen), davor in einem nördlichen Vorort mit sehr hohem Anteil von EinwanderInnen.

Arbeit: Der frühere Bergmann arbeitete zuletzt als Vorarbeiter in einer Kokerei, mit vielen Einwanderern (»Gastarbeiter«) zusammen. Viele seiner Äußerungen zu Einwanderern beziehen sich auf diese frühere Zeit.

Beziehung: Die Beziehung zwischen mir und dem Interviewten ist gutnachbarlich, man tratscht schon mal über den Gartenzaun, übers Wetter, über den Garten. Keine politischen Gespräche. Das Interview war eine Woche vorher vereinbart worden, bei einer zufälligen Begegnung am Kiosk. Als Zweck wurde angegeben: Sprachaufnahmen für die Uni.

Politische Position: SPD.

Lektüre: Regelmäßig BILD, gelegentlich BamS

Fernsehen: 5-6 Stunden, Unterhaltung, selten Politik, wohl Nachrichten, auch am Radio

Bisher eher wenig Bekannte und Kontakte in der Nachbarschaft

Durchgeführt wurde das I. am 11.1.1991, als der Golfkrieg kurz bevorstand, aber keiner so richtig glauben mochte, daß er denn auch wirklich vom Zaun gebrochen würde.

1.2. Konkrete Interviewsituation

Das Interview wurde mit dem Nachbarn in dessen Küche durchgeführt. An dem Interview nahm auch die Frau des Interviewten teil, obwohl ich versuchte, das Gespräch in erster Linie mit dem Mann zu führen, brachte die Frau sich immer wieder ins Gespräch ein. Es wurde Kaffee getrunken. Die Atmosphäre war entspannt.

1.3. Gesamtcharakterisierung

Die Interviewten waren locker und gesprächsbereit. Die Aufnahmesituation störte nicht, mein kleines Aufnahmegerät verursachte keine Mikrophonscheu (Innenmikrophon). Als Interviewer hab ich ziemlich straff geführt, straffer als eigentlich beabsichtigt.

Nach Beendigung der ersten Phase des Interviews gab ich zu, daß mir besonders an ihren Ansichten zu Einwanderern gelegen gewesen sei, worauf (bei laufendem Aufnahmegerät) das Gespräch zu diesem Thema »verstärkt« aufgenommen wurde.

2. Materialaufbereitung

2.1. Gliederung in Sinnabschnitte

1. Über Lesen allgemein 1-20 (Vgl. die Zeilenangaben in dem zuvor abgedruckten Interview.)

2. Wohnen: Über Wohndauer, Wohnungswechsel und das jetzige Wohnviertel 21-34

3. Wohnviertel: Unterschiede zwischen den Wohnvierteln 35-49

4. Über Leute aus der Nachbarschaft allgemein 50-61

5. Versuch, über »Ausländer« ins Gespräch zu kommen, zähflüssiger Beginn 51-76

6. Erste Aussagen über »Ausländer«, sehr vager Einstieg 77-79, dann Beginn einer ersten »Story« über den vergeblichen Versuch eines Türken, eine Wohnung im von Im bewohnten Haus zu bekommen 77-89

7. Einschub: Story über eine Polin, sehr negative Charakterisierung, raffgierig, Ausnutzung der Sozialhilfe, Krankspielen 89-136

8. Wohnen: Eigene Probleme bei der Suche nach einem Nachmieter und Charakterisierung des Vermieters, der die Türkenfamilie abgewiesen hatte 137-157

9. Wiederaufnahme des Themas »Ausländer«: »Ausländer« als Problem (161), auf der Arbeit in der Kokerei, mit denen er sich gut verstanden hat (»keine Probleme«) 158-171

10. Zusammenwohnen mit einem »Ausländer«, Betonung der Raffgier 172-181

11. »Ausländer« auf der Arbeit: nur ausnahmsweise Probleme, Relativierung: wie bei Deutschen 182-189

12. »Ausländer« auf der Arbeit: auf der anderen Schicht wurden von Deutschen schlecht behandelt 190-198

13. »Ausländer« auf der Arbeit: als Maschinist in der eigenen Schicht: keine Probleme, auch keine Sprachschwierigkeiten 198-209

14. »Ausländer« privat: Keine Probleme 210-216

15. »Ausländer« privat, Wiedergabe der Story einer Bekannten über »Ausländerfrauen«, unter deren Kopftüchern es angeblich von Läusen wimmelte, so daß diese Bekannte hier nicht länger wohnen bleiben wollte 217-223

16. »Ausländer« im Geschäft, Bus etc. Selten Berührung. Erlebnis in der Straßenbahn, zuerst ganz neutral, dann Hervorheben des »schlechten Benehmens«224-232

17. »Ausländer« in der Straßenbahn: Die Frau schiebt direkt eine Straßenbahnstory nach: Sie hat einer »Ausländerin« geholfen, die die Verkehrsbestimmungen nicht kannte 233-239

18. »Ausländer« als Gastarbeiter: Nach der Wahl im Dezember ... Der Mann mißversteht die Frage und kommt auf Gastarbeiter zu sprechen: Wir sind selbst schuld etc. Problem Leihfirmen, die »Ausländer« für wenig Lohn arbeiten lassen. Die Frau wirft ein, daß viele Kind und Kegel mitgebracht haben. Rückbesinnung auf die alte Zeit im Vorort (Arbeitersiedlung mit hohem Anteil von »Ausländern«: in türkischer Hand. Beschreibung des Stadtteils, in dem die Stadtverwaltung viel Gutes getan habe (nicht etwa die Türken). Ein Film über den Stadtteil habe die Wirklichkeit verzerrt, den Stadtteil wie »Klein-Mekka« aussehen lassen. 240-301

18.a Intensive Nachfrage nach »Ausländern«/Einwanderern aus aller Welt. Antwort: Genannt werden Spanier, Italiener »und dann nachher die Türken«. Genauer über Spanier: Straßenbahnfahrerstory (mit Verwechslung mit einem DDR-Bürger) 302-312

19. Übervölkerung: Frage »Das Boot ist voll?« Wird bejaht. Dat kann ja nich so weitergehn etc. 3 Millionen sind da (viel zu niedrig!), die »reingeschleppt« wurden. Verweis auf die hohe Arbeitslosigkeit. Angst vor weiterem Zuzug: Libanon z.B. 313-325

20. Übervölkerung: Story Stuttgart Hauptbahnhof über das viele »Menschenmaterial« (Türken). Das ist ja unheimlich 326-329

21. Fremde und Deutsche: Sprachprobleme werden angeschnitten, wieder die Kopftücher der Mädchen, die sie absetzen, wenn sie aus dem Haus sind und vor der Haustür wieder aufsetzen. Verweis auf die Strenge der Eltern, Aussuchen des Mannes für die Tochter etc. Allgemein zu anderen Sitten und Gebräuchen. Besonders Ramadan etc. Probleme auf der Arbeit damit. Eßgewohnheiten 330-360

22. »Ausländer« bei der Arbeit: Sonstige Probleme bei der Arbeit: Hoher Türkenanteil (30%) 361-373

23. Deutsch: Das Wort Deutsch: Assoziation »Fanatisch«. Er aber sei nie »fanatisch« gewesen, sondern katholisch. Erinnerung an das 3. Reich, Bezug auf

heute: Unser Deutschtum ist verlorengegangen, Egoismus und Gleichgültigkeit der heutigen Menschen als Folge des Reichtums 374-400

24. Integration: »Ausländer« integrieren sich im Laufe der Zeit. Zuerst sind sie noch fanatisch bzgl. ihrer Sitten und Gebräuche, Religion. Eine Story über einen Schweinefleisch essenden Muslim, der zwar seinen Sitten etc. formell noch anhing und auch noch nicht gut Deutsch sprach, aber beim Schweinefleischessen aufgefallen ist. Die Zeit integriert sie schon. Wenn sie sich nicht einfügen in unsere Ordnung: abschieben! »Querkopf«. 401-427

25. Asyl: Mißtrauen, weil man nicht überprüfen kann, ob sie (vom Libanon) wirklich politisch verfolgt sind. Wollen nur Geld machen und gehen nach einigen Jahren wieder! 428-436

26. »Ausländer« und Kriminalität: Beide am Interview Beteiligten erzählen sich abwechselnd eine Straßenbahnstory über die »frechen Türkenjungen«, sie seien kriminell, aber sofort folgt Relativierung: Story einer Bekannten, die in der Türkei gute Erfahrungen gemacht habe 437-446

27. Menschen anderer Hautfarbe: Die Schwarzen. Einer war »sogar« stellvertretender Betriebsleiter. Hunger als Grund für Einwanderung aus Afrika? Er antwortet mit Leistung: »Wenn der wat leistet!« Kommt auf »seinen« Schwarzen zurück: Da waren ja auch Deutsche, die diesen Job hätten machen können. Der Schwrze ist vorgezogen worden. Dann relativierend: Aber wenn der wat leistet. Wenn die Tochter mit einem Schwarzen gekommen wäre, hätte er keine Probleme gehabt. Die Frau betont, daß sie bereits schwarzen Menschen in der Straßenbahn geholfen habe. »Die ham so hübsche Kinder!« 447-483

28. »Ausländer« auf der Arbeit: Erfahrungen auf der Arbeit: Story über einen Türken, der ihm immer Zigarettenspitzen geschenkt hat als Beweis für die gute Beziehung. Frau legt nach mit Bericht über Bekannte, die die Türkenkinder gern mochte. Dann aber sie: »Es gibt auch welche, die sind furchtbar, aber jetzt sind se alle schon gepflegter«. Er: Das liegt am Wohlstand. Aber die Kopftücher sind furchtbar. Verbindung zum Islam. Sie: Die müssen doch schwitzen unter den Kopftüchern. Bedauern. Normalität? Ja, normal is schon. 484-514

29. Hautfarbe: Leistung wichtiger als Hautfarbe. 515-525

30. Überfremdung, Wohnen: Türken im Viertel damals: Überfremdung. Tricks der Türken bei Wohnungsbeschaffung. Negative Bewertung, aber Relativierung durch einen Witz (pos. Selbstdarstellung) 526-538

31. Wohnen: Bericht über Werdegang und Beruf der Tochter. Sie war der Grund für den Wegzug aus dem alten Viertel in die Vorstadt. 539-543 (wegen der ständigen Wiederholungen in dieser relativ uninteressanten Passage starke Kürzung im Transcript)

32. Vereinigung BRD-DDR und Öffnung des Ostens. Furcht vor Kosten. Verständnis für die Übersiedler, die aus der DDR kommen. Distanz gegenüber Polen. 544-564

33. Juden aus der UdSSR. Judenstory 1: eigenes Erleben im 3. Reich. Daß der Jude gehänselt wurde, wird als Problem angesehen - mit den Juden. (569-578) Jude ist Geschäftsmann: Judenstory 2 (vom Hörensagen): Metzgergeschichte 581-599. Judenstory 3: Textilhändler (599-607). Judenstory 4: Eifel Kaftan-Juden (608-621). Judenstory 5 (Sie): 627-642)

34. Golfkrise: Angst vor den Ölwolken, die hierherziehen. Saddam ist fanatisch, verbiestert. Es geht ums Geld. Analogie zu Indien, die auch ehemaliges Land wiederhaben wollen. Türkei: Bündnisfall automatisch mit Kriegsbeginn. Kritik an Bush und Amerika: Vietnam, Koreakrieg. Angst vor Weltkrieg. 643-704

35. EG Binnenmarkt: Flüchtlinge kein Problem, wenn sie sich einfügen. 705-726

36. Asyl: Bei eigenem Asyl erwartet er, seine Sitten beibehalten zu können. Als Hauptproblem sieht er, daß er die andere Sprache nicht kennt. 727-743

37. Judenstory 6: Eigene Erfahrung mit Juden im 3. Reich. Kein Problem gewesen! 743-758

38. Sinti und Roma werden von den Interviewten angesprochen. Kopftücher und alle Klischees über »Zigeuner«. Relativierung. Kosten der Abschiebung. Relativierung: hübsche Kinder. etc. 759-789

39. Frauen: Positive Sicht der Frau bei ihm. Aber: Relativierung: Auch Frauen verdreschen ihre Männer. Quelle: BILD. 790-821.

40. Reflexion zum Zweck des Interviews. Ich teile mit, daß es mir um »Ausländer«/Einwanderer ging. 822-830

41. »Ausländer«: Sie legen sofort wieder los: Story über eine Verwandte mit »schlechter Nachbarschaft« (Türken) und Bewertung. Verweis auf den eigenen Ordnungssinn. 831-873

42. Deutschland als Einwanderungsland? Ablehnung. Begründung der Armut der Dritten Welt mit Naturereignissen, Faulheit wegen der Wärme etc. Andere »Mentalität« wegen der Sonnenbestrahlung. Hier dann Lob der Juden in Israel. Lob des eigenen Fleißes und des eigenen Ordnungssinns und der Pünktlichkeit. Ursache der Armut sind auch die vielen Kinder. Angst vor Überfremdung (923) 874-924

43. Wohnungen werden knapp. Story Tante im leeren Haus 925-942

44. »Ausländer« und Übersiedler/Aussiedler: Deutsch ist, wer Deutsch spricht und fleißig ist. Insofern liege das gleiche Problem vor. 943-963

45. Asyl: Relativierende Kritik gegenüber Asylfeinden (Hier: Bürgermeister, der sich gegen »Ausländer« mit dem Wort »Asyl« auf den Lippen wehrt. Angst vor Übermacht der »Ausländer«. Story, die das Begründen soll: Türken in der Stra-

ßenbahn. Randalieren und belästigen die Leute. Da hilft nur Polizei und Gewalt dagegen. 964-1007

46. »Ausländer« und Sicherheit: Frau beginnt mit positiver Story, relativiert: nachts habe sie auf der Straße Angst. 1008-1014

47. »Ausländer« Vielkinderei: wegen Kindergeld. Kritik an Großfamilie. 1015-1033

48. »Ausländer« und Ordnung: 1. Story über reisende Türken, die sich nicht an die Transportordnung halten. 1034-1050

49. »Ausländer« und Ordnung: 2. Story über reisende Türken 1051-1063

50. Intermezzo um Zigaretten und Schnaps.1064-1065

51. Deutscher Reichtum und Dritte Welt / Golfkrise: Es könnte schon sein, daß wir auf Kosten der Dritten Welt leben. Angst vor Krieg! »Ich trau dem nich, dem Knaben!« (Saddam) 1066-1081

52. Nachgeplänkel: 1085-1099

2.2. Insgesamt angesprochene Themen

(Die angesprochenen Themen werden im folgenden gebündelt. Aussagen, die nicht EinwanderInnen betreffen, werden kursiv gesetzt)

1. Wohnen allgemein:

Wohnen, Wohnviertel allgemein: 21ff., 35-49, 50-61, 137-157, 539-543, 925-9942

2. Soziale Umgebung allgemein:

Soziale Beziehungen und Probleme allgemein: 389-400, 550

3. Kontakte mit »Ausländern«:

»Wohnen mit Ausländern«, Wohnungsnot, Wohnprobleme durch »Ausländer«: 77-89, 90-113 172-181, 217-223, 268ff., 293, 526-538, 744-758 (Juden) 837-873, 925-942,

Auf der Arbeit: 161 ff.,182-189, 190-198, 198-209, 361-373, 447-483

Billige Arbeitskräfte: 251ff.

Zuweisung schlechter Arbeit: 197

Als Gastarbeiter: 240-301

Private Kontakte: 172-181, 210-216, 217-223

Im Geschäft, in Bus und Bahn: 224-232, 233-239, 447-483

4. Charakterisierung der »Ausländer«

»Ausländer« und soziale Kosten/Sozialhilfe: 89-136, 785 (Sinti), 876-880, »Ausländer« verursachen Arbeitslosigkeit: 313-325

Angst, nicht mehr Herr im eigenen Haus zu sein: 984-1007: Wenn sie die Übermacht haben ... Allgemein und am Beispiel der Ohnmacht eines deutschen Busfahrers.

Geiz und Raffgier: 89, 94-136, 172-181, 1049-1050

Sturheit: 130, 1046

Keine Arbeitsfreude: 887, 894-896, 902-904

Krankheit vortäuschen: 122ff.

Raffinesse, Schlauheit, Geschäftstüchtigkeit: 101, s.u. die Juden-Stories

(Mangelnde) Sauberkeit der »Ausländer«: 217-223 Ungeziefer (Läuse), 241, 843, 847, »Ausländer« als Problem, Streitigkeiten, Krach. Betrug, Kriminalität: 94, 161, 232, 437-446, 500, 597 und 606-607 und 612 (Jude), 765f. (Diebstahl Zigeuner, auch von Kindern), 831, 987-1003, 1004-1007, 1009-1013 (mit Relativierung), 1039-1050, 1051-1063

Kriminalität: 437-446, 1008-1014

Übervölkerung/Überfremdung: 161, 313-325, 326-329, 526-538, 912-915, 922-926, 984-985

»Ausländer« als amorphe Masse: 322, 329

Keine Probleme mit »Ausländern«: 578

5.   Sitten und Gebräuche und Probleme der Integration

Kopftuch: 217-223, 335ff., 504, 507, 771 (Zigeuner)

Sonstige Sitten und Gebräuche: 330-360 (Ramadan, Essen, Hochzeit),401-427 (Essen), 512-513 (Normalität der anderen Sitten), 589 (Juden und Schweinefleisch), 771 (Tragtuch für kleine Kinder als Merkmal von Sinti und Roma)

Integration bzw. Assimilation: 132, 401-427, 500-501, 705-726, 953-959, 1034-1050, 1051-1063. Viele andere Stellen suggerieren das ebenfalls. Assimilation ist für Im und Iw die zentrale Voraussetzung dazu, daß EinwanderInnen in Deutschland sein dürfen.

Sprachprobleme: 202f., 330-360, 413, 727-743, 943-963

Kind und Kegel, Kindergeld, viele Kinder: 266-301, 911-924, 1015-1036, 1056

Unterstützung der »Ausländer« durch die Stadt in Sachen Sauberkeit etc.: 272-283

Deutsche müssen sich arrangieren (!): 832f.

Deutschland als Einwanderungsland: 874-924

Asyl: 432-436, 727-743, 964-1007 (Unterschied zu »Gastarbeitern« beachten. Vgl. auch Syntax/Pronomina)

Abschiebung als ultima ratio, wenn »sie« sich nicht assimilieren: 401-427

Holländer: 722

Arabien, Araber: 741-43

Schwarze Hautfarbe: 447-483 (Diskriminierung), 515-525, 724, 907 (Afrika)

positive Aussagen zu Schwarzen: 481-483

Frankreich, Franzosen: 711, 714, 723

Russen, russisch: 947

8.   Frauen/Sexismus:

Frauen: 793ff- 821 (relativierend sexistische Momente)

2.3. Themen zu EinwanderInnen

–   Wohnprobleme

TürkInnen: 77-89, 172-181, 217-223, 268ff. , 293, 525-538, 837-873,

PolInnen: 90-133

JüdInnen: 744-758

»AusländerInnen« allgemein: 925-942

–   Arbeit

Türken: 161 ff., 190-198, 240-301

Schwarze: 447-483

»AusländerInnen« allgemein: 182-189, 198-209, 251ff.,361-373 /i.R. wohl Türken, da Im diese auch sonst immer besonders bedenkt bzw. die meisten Erfahrungen damit hat.

–   Private Kontakte

TürkInnen172-181, 210-216 ,217-223

–   Im Geschäft, in Bus und Bahn:

TürkInnen: 447-483

»AusländerInnen« allgemein: 224-232, 233-239

Charakterisierung der »Ausländer«/Eigenschaften:

Hier stehen eindeutig die TürkInnen im Vordergrund, gefolgt von den JüdInnen, den Sinti und Roma und den PolInnen. AusänderInnen allgemein werden als amorphe Masse gesehen 322 (Gastarbeiter), oder als Menschenmaterial (Türken) 329. Interessant ist, daß Deutsche (Nazis) als fanatisch bezeichnet werden, sonst nur Türken, die sich nicht anpassen wollen (421ff.) und Saddam Hussein (656). Zugleich wird aber das Verschwinden des Deutschtums bedauert (374-400). Merkwürdige Gemengelage: Fanatisch bedeutet wohl bei Im so etwas wie überzeugt, stark, wobei aber auch negative Konnotationen mitschwingen.

Sitten und Gebräuche:

Auch hier stehen die TürkInnen an erster Stelle., gefolgt von Juden, Sinti und Roma, Schwarzen allgemein, (selten) Libanesen, Arabern, Spaniern

2.4. Charakterisierung dieser EinwanderInnen
Genetische, kulturelle und »positive« Aussagen

2.4.1. Genetisch rassistische Aussagen

Der bei weitem größte Teil der Aussagen ist kulturalistisch. Aber es kommt auch »genetischer« Rassismus vor oder er schwingt doch mit. So z.B. immer dann, wenn Schwarze diskriminiert werden. Das Schwarze als solches ist »anders«. Wenn damit Negatives assoziiert wird, ist hier zumindest latent genetischer Rassismus gegeben. Vgl. besonders die Passage 447-483. Ferner aber:

Ie: Naja! Aber woran lieecht das denn, daß die da meintwegen in Afrika ode wat weiß ich eh so arm sind?

Im: Ja, ich mein, dat is ja nun ma -

Ie: Viele Kinder verhungern da.

Im: Dat is ja schon so lange, wie die Welt besteht. Die waren arm, und die werden von sich aus da nich mehr rauskommen. Is ne ganz andere Mentalität. Die sind ja nich so arbeitsfreudig wie wir, dat die dat von sich aus e bissel hochbringen. (...) 881-889

(Hier und im folgenden werden erste Einschätzungen kursiv und in Klammern gesetzt.)

(Soziales wird naturalisiert; das alles wird als Mentalitätsproblem abgetan. Siehe auch:

IM: ...(Dat mach vielleich an de Sonne liegen. In Spanien, die ham ja so viel Zeit. »Wat we heute nich machen, machen we morgen, wenn morgen nich, übermorgen.« Die schieben dat so ..

Ie: Zu heiß?

Im: Zu heiß! Irgendwie, ob dat auf de Birne geht, sach ich, un dat e dann sach: »NäH! Mach ich nich!« 894-899

2.4.2. Kultureller Rassismus

Dazu können nahezu alle Aussagen unter 2.2. gezählt werden. Es handelt sich um hundert und mehr Passagen oder Einzelaussagen im Text. Besonderes Gewicht haben.

1.   Aussagen zu (abweichenden) Sitten und Gebräuchen

gefolgt von

2.   Aussagen zu negativen Charaktereigenschaften und Tugenden.

3. Soziale Probleme und Kosten

Das Deutschsein wird demgegenüber als Meßlatte angelegt., vgl. 374-400, 943-963, 186, 465, 515-525, 856-859, 899-902, 924, 943-963, 424, 867. Freilich gilt Deutschtum als durch Wohlstand etc. verloren, eine Stelle, wo rechtsextremes Gedankengut aufblitzt.

2.4.3. Positive Aussagen (und ihre strategische Funktion bei der Darstellung von »AusländerInnen«)

1. Über Gastarbeiter und Leihfirmen:

Im.: Ja, ich meine, wir sind ja selber schuld. Wir ham die ja hier reingeholt. Die sind ja nicht von alleine gekommen. 245-246 ... Das war ja das Problem schon damals, damals, ich weiß nicht, ob Se von de Firma gehört habben, die da Leute .. anwirbt, vermietet .. und dafür die .. - die müssen billig arbeiten. 251-253 *(keine Relativierung, sondern ernstgemeinte Kritik an Politik und unternehmerischen Machenschaften. Hier findet ein Stück Identifikation unter Arbeitern gegen den gemeinsamen Gegner statt, eine Art Keimform von Klassenbewußtsein.)*

2. Zuweisung schlechter Arbeit wird kritisiert

Im.: Anfürsich bei uns is ja jede Schicht anders. Unsere Schicht wa ja sowieso ziemlich .. loyal, also. Auf de andere Schicht, da hab ich ja gehört, - daß die Türken gleich von den Maschinen runter, die sollten einfegen gehn odeer sonstwas machen, also weniger gute Arbeit, ne? Darüber ham wer väschiedentlich - , ne ... Wir hatten en Maschinisten, eh, damals, eh, also da hat sich keiner dran gestört. Wenn dä seine Abeit so gemacht, die eh zugeteilt gekricht hat und dann ... 196-200 *(Im hebt sich gegenüber anderen Kollegen positiv ab. Konkurrenz zwischen den Schichten schlägt hier durch. Er erwähnt hier übrigens einen Maschinisten. Leider unterbreche ich dann, aber später nimmt er die Story wieder auf 450 ff. Der Maschinist ist von dunkler Hautfarbe und wurde trotzdem Vorgesetzter. Dann folgt aber, daß deutsche Kollegen sich zurückgesetzt sahen, was Im scheinbar neutral berichtet. So ganz in Ordnung findet er das nicht, denn schließlich gab es auch Deutsche, die diese Stelle hätten einnehmen können ...) (?)*

3. Keine Probleme mit »Ausländern«, Freundlichkeit(en), gute Beziehung

Im: Die sachten da immer, Hein - Heinz, bleib du bei uns. 165
Im: Ich hab mich säh gut mit denen verstanden. 170
Im: Keine Probleme. 172
(Nach dieser Passage kommt Im auf einen Türken zu sprechen, der mit ihm im gleichen Haus wohnte und auf der Arbeit gedolmetscht hat. Er wird als hilfsbereit geschildert:)
Im: Dä wa wirklich .. Wie ich da umgezogen, dä hat mir geholfen. 179

(Aber im gleichen Atemzug als raffgierig:)

Im: Wat er brauchen konnte ...: »Laß stehen! Emil, Emil nimmt dat!« 179-180

(Das wird aber sogleich wieder relativiert:)

Im: Ja, aber wat sollten we damit, ne? 180-181

(Solche Relativierungen sind häufig und kommen oft bei viel massiverer Kritik vor, s. Strategien der Selbst- und Fremddarstellung!)

Im sieht keinen Unterschied zwischen Türken und Deutschen:

Im: Gut ausgekommen! (Ie: .. wie mit den Deutschen!?) Im: Wo dat arbeitsmäßig wa, ja ganz bestimmt, nä? 186

(Auch im privaten Kontakt gab es keine Schwierigkeiten:)

Im: Aber, da gab's keine Schwierigkeiten. 215

(Unmittelbar danach folgt eine kulturell rassistisch massive Kurzstory. Man hat den Eindruck, daß die positive Charakterisierung der »Ausländer« nun langt)

(»Ausländer« sind auch dankbar:)

Iw: Wat hat die sich bedankt danach bei mir. 238-239

(Das erfolgt im Rahmen einer positiven Selbstdarstellung. Die Frau berichtet, wie sie einer Türkin geholfen hat, beim Fahren mit der Straßenbahn zurechtzukommen. Hier geht aber auch ein, daß die »Fremden« unangepaßt sind und nicht mal richtig einen Fahrschein lösen können. Z. 233-239)

Vgl. auch die Zigarettenspitzenstory Z. 484-514

Es gibt sogar Mitleid mit einem »armen Juden«, dem man übel mitgespielt hat, vgl. Story aus eigener Erfahrung Z. 569-576. Die Frau sagt danach sogar:

Iw. Der arme Kerl! 577

Und er schiebt nach:

Im: Sons, sons ham wer einglich mit Juden keine Probleme gehabt. 578

(Das ist schon ein starkes Stück: Der Jude war schwer gehänselt und an der Ausübung seines Berufes gehindert worden. Dies wird in einer positiv klingenden Wendung dem Juden zur Last gelegt, als sein »Problem« dargestellt. Es folgen direkt darauf mehrere massiv antisemitische Stories aus fremder Erfahrung. Auch hier könnte man den Eindruck haben, nun reiche es mit der positiven Darstellung, nun könne man die Sau rauslassen.)

Später erzählt die Frau über ihre Kindheit, wo sie mit Kindern von Juden aus der Nachbarschaft »sogar« spielen durfte. Es herrschten gutnachbarliche Beziehungen. Dann wird auf deren Deportation angespielt, der nur reiche Juden entkommen seien.

Iw: Da ham wer uns da verabschiedet, ham wer geweint und so. So warn wir da mit den Leuten ... Die kamen oft sogar und fragten, ob wer ma auf di Kleine aufpassen und so. Ham wer alles gemacht. 752-754

(Der Mann fährt dann fort – ungerührt–:)

Im: Jo, is ja auch kein Grund .. So Nachbarschaft! Da ham wer anfüsich keine Probleme gehabt. 755-756

(Die Deportation der Juden wird schnell verdrängt. Ihre positive Darstellung oben hat nur die Funktion, nicht als Judenfeind dazustehen. Im übrigen folgt aber auch hier sofort eine absolut rassistische Familien-Story über Sinti und Roma auf dem Fuße 759-789, die allerdings auch wieder durch mitleidsvolle Aussagen relativiert wird. Auf die heutige Situation von mir angesprochen, meint der Mann:)

Im: Jaja! Die sind ja auch ganz arm dran! 777

(Und:)

Iw: Sicher, ich mein, die sind arm dran. Wie weit sind die schon verteilt in Deutschland? Ich mein, schon als Kindewr ham wer die Zigeuner (!) gehabt. Un das sind ja schon über 60 Jahre. Un jetz auf einmal wolln se die abschieben. 781-784

(Doch dann hört das Mitleid angesichts der Kosten abrupt auf:)

Iw: (...) Un dat soll auch so teuer werden noch. Ich weiß nich, mit wieviel tausend sollen die abfinden, damit die da überhaupt rübergehen nach da. 784-786

Mitleid ist sowieso so eine Sache. Die Frau spricht:

Iw: (...) draußen auf den Stühlen - und da tragen sie de Kopftücher, so richtig eingepackt, denkt man: »Oh Gott, die arme Frau, die muß doch schwitzen!? Ne? Ja, dat is aber so! Ne? 506-508

(Die Frau relativiert hier die vorangegangene Äußerung ihres Mannes, der das Tragen von Kopftüchern als »dat is ja furchbar« bezeichnet hat. Der Mann hatte vorher sogar eine Geschichte von einer Kopftuchträgerin erzählt (Fremdstory), unter deren Kopftuch es von Läusen wimmelte. Auch die Frau macht sich Gedanken darüber, was denn unter dem Kopftuch so alles passiert. Möglicherweise liegt hier aber trotz allem ein Stück Solidarisierung mit den Türkinnen (gegen ihren Mann) vor.)

4. Sehr häufig wird auch die besondere Schönheit der Kinder von »AusländerInnen« betont:

Im: (...) ja, hübsch wa auch dat Mädchen (...) 128

(Hier handelt es sich um die Tochter der heftig kritisierten Polin.)

Iw: Wie die junge Frau da, die hat son hübsches Kind, ne!? 207

(Diese Aussage erscheint scheinbar völlig unvermittelt mitten im Bericht des Mannes über die Arbeitssituation. Hier ging es um »Ausländer« die relativ gut Deutsch sprechen. Da fällt der Iw ein, daß sie auch eine »Ausländerin« kennt, die gut Deutsch spricht. Damit assoziiert sie die Hübschheit ihres Kindes. Gutes Deutsch = Hübschheit = positiv im Sinne der sonst immer heftig eingeforderten Bereitschaft zur Integration?)

Iw: Inne Straßenbahn, da hab ich schon so vielen geholfen, auch de Schwarzen. Da hab ich se mit de Kinder raus und dem Wagen. Die ham so hübsche Kinder und alles. Warum soll man das nich machen, ne?! Ja! 481-483

(Es geht hier um Beziehungen zu und Einschätzungen von Schwarzen. Die positive Sicht der Kinder und von sich selbst soll dokumentieren, daß man keine Vorurteile hat. Der Gesamthintergrund ist leicht diskriminierend. Der Mann kritisiert, daß ein Mensch mit schwarzer Hautfarbe deutschen Mitarbeitern vorgezogen worden sei.)

Iw: Wo wer da gewohnt haben, da waren viele Türken. Da kriechten wir Besuch von München, war die R. da, ne!? »Mein Gott«, sacht die, »die hatten ja hübsche Kinder!« Die hatten so große Augen gehabt. »Ja, wat is denn hier los?« Ja, da spielen die alle. Die hätt se am liebsten mit nach Hause genomm, München, ne?! Jaahh! 494-498

(Die Frau beruft sich für ihre Aussage, die Türkenkinder seien hübsch, auf eine Zeugin. Deren Aussagen und die eigenen gehen voll durcheinander. Dieser positiven Aussage folgt direkt auf dem Fuß:)

Iw: Ja, es gibt auch welche, die sind furchbar. Wenn man da zu H. runter geht, ne?! 500

(Das wird im gleichen Atemzug relativiert durch eine (scheinbare) Positivaussage:)

Iw: Manche, aber jetz sind se alle schon gepflegter. 501

(Hier wird der deutsche Anspruch von »Gepflegtheit« erhoben. Der Komparativ enthält aber eine zusätzliche Diskriminierung: noch nicht so, wie wir es uns vorstellen.)

Iw: Die (Sinti und Roma, S.J.) hatten auch hübsche Kinder!
Im: Und nette Frauenzimmer. Warum nich? Ich mein, jeder hat ja mal gern wat Schönes! (Lacht laut) Jaah! 787-789

(Die »hübschen Kinder« verwendet die Frau beinahe ritualisiert, wenn es nach Diskriminierung riecht. Voran ging eben eine massiv diskriminierende Passage zu Sinti und Roma. Der Bezug des Mannes auf die Sinti- und Roma-Frauen (»Zigeunerinnen«) ruft das Bild der feurigen Exotin auf. Er bekennt sich (»souverän« verklemmt) dazu, daß er auch der Erotik gegenüber aufgeschlossen ist. Hier liegen sexistische Momente vor! Die Zahl solcher Zuschreibungen und Betonungen körperlicher Merkmale ist relativ groß. Liegen hier eventuell biologisierende Momente vor?)

5. Die Deutschen sollen sich einrichten, mit den »Ausländern« klarzukommen:

Im: Ja, sicherlich. Die Ausländer! So weit ich weiß, das Problem is nu mal da. Die Frage is nur: Das Problem, wie wir das vom Tisch kriegen. Wir müssen uns mit denen arrangieren. 831-833

(Das ist die einzige Stelle, an der die Deutschen aufgefordert werden, etwas zu tun. Durchgängig sonst ist die Forderung danach, daß sich die »Ausländer« »uns« anpassen, sich »integrieren«. Aber auch diese Stelle ist im Grunde negativ, weil sie die schwere Last betont, die die »Ausländer« für uns bedeuten.)

6. Kritik an politischer Praxis gegenüber »Ausländern«:

Im: Un jetz auf einmal wolln se die (Sinti und Roma, S.J.) abschieben. 783-784

*(Allgemein ist Im knallhart für Abschiebung von »Ausländern«, die sich nicht inte-
grieren (wollen). Hier macht er eine Ausnahme. Liegt das daran, daß den Sinti und
Roma ein Batzen Geld mit auf den Weg gegeben werden soll? Wahrscheinlich:)*

Iw: Un dat soll doch so teuer werden noch. Ich weiß nicht, mit wieviel tausend
sollen die abfinden, damit die da überhaupt rübergehen nach da. 784-786

Zusammenfassend:

In der fast ausschließlichen Anzahl der Fälle dienen positive Aussagen der Relativierung und der Aufwertung der eigenen Person. Auffällig ist die Tatsache, daß nach
positiven Darstellungen oft massiv rassistische Stories erzählt werden etc. Daneben
gibt es auch Relativierungen durch positive Einsprengsel nach rassistischen und damit diskriminierenden Aussagen. Damit haben wir zugleich bereits etwas über Strategien der Fremd- und Selbstdarstellung erfahren. Nicht übersehen werden sollte,
daß es auch Reste von Klassenbewußtsein/Solidarität gibt.

Insgesamt tauchen solche »positiven« Momente etwa 25mal auf.

2.4.4. Sexistisch/rassistische Aussagen

Sinti- und Roma-Frauen 788-789

allgemein über Frauen 793-821

2.5. Art und Form der Argumente: Strategien der Selbst- und Fremddarstellung

*(Relativierungen durch positive Aussagen über EinwanderInnen, Verallgemeinerung,
positive Selbst- und negative Fremddarstellung)*

In Verbindung mit den »positiven« Darstellungen von EinwanderInnen wurde bereits gesagt, daß diese i.R. die Funktion der

• *Relativierung*

haben. Es ist zu beobachten, daß eine drastische Negativdarstellung von einer Positivdarstellung gefolgt wird. Umgekehrt scheint eine Positivdarstellung des Fremden
zu einer drastischen Korrektur durch Negativdarstellungen zu provozieren. Dies
entspricht der auch zu beobachtenden »Ja-Aber« Struktur allgemein. So heißt es z.B.:

Im: Das wird das Problem! (gemeint ist, daß aus der Sowjetunion möglicherweise
viele Juden kommen. Dann geht's weiter.) Ich mein, ich bin kein Judenhasser
gewesen, von Anfang an. (566f.)

Die Frau bekräftigt:

Iw: Nä, wir auch nich, wir ham ja mit ..(568)

Darauf folgt eine erste Juden-Story, in der berichtet wird, wie einem Juden in der
Nachbarschaft von irgendwelchen Rowdies übel mitgespielt wurde. Darauf der
Mann:

Im »Sons, sons ham wer einglich mit Juden in B. keine Probleme gehabt.« (578)
Auf diesen Widerspruch habe ich schon hingewiesen.

- *Verallgemeinerung*

Kurz nach seiner widersprüchlichen Aussage über Juden, wo die Probleme der Juden mit den eigenen Problemen mit den Juden verwechselt werden (s.o.), legt der Mann dann los:

Im: (...) Der Jude - ich kann dat ja aus meiner Sicht sagen , - dat is ja en Geschäftsmann. (581f.)

Diese Verallgemeinerung (Allaussage) ist der Auftakt zu einer Reihe antisemitischer Stories beider Interviewten.

Auch die Wendung »vom Juden kaufen« (628) gehört hierher, als eine bestimmte, allgemeine Art des Kaufens.

Entsprechendes ist auch bei der »Zigeuner«-Story (750-787) zu beobachten. Hier folgt die »Zigeuner«-Story, die extrem rassistisch ist, im übrigen einer eher abschwächenden Judenstory. Das Prinzip der Aufhebung des Positiven durch Negatives und umgekehrt zeigt sich so als allgemeiner Argumentationsduktus bis in die größeren Erzählformen hinein. Man könnte es geradezu als Kompositionsprinzip bezeichnen.

- *Positive Selbstdarstellung*

Auf die Frage, was Im bei dem Wort Deutsch denkt, sagt er:

Im: Ja, nun! Dat is ja nun auch son bissel fanatisch oder sowat! Aber fanatisch sind
     - bin ich anfüsich nie gewesen. (...)

Im schätzt fanatisch als negativ ein, obwohl er gern deutsch ist. Vom negativen Aspekt möchte er sich distanzieren. Später spricht er vom Niedergang des Deutschtums. Er möchte nicht mißverstanden werden, ein positives Bild von sich selber zeichnen, gerät dabei aber in Zwiespalt.

Hierher gehören auch die Stories darüber, wie beliebt er bei den Türken war (Mehrfach) (Hein, bleib bei uns, Geschenke (Zigarettenspitzenstory)) etc.

- *Objektivität, Glaubwürdigkeit*

Im folgenden versichert Im seine Objektivität gegenüber Menschen mit schwarzer Hautfarbe. Die störe ihn nicht, wenn der Mann entsprechend Leistung bringe:

Im: Jo, wie gesagt, dat geht ja nach Leistung. Wenn der wat leistet! (465)

Dann kommt die Einschränkung: Im: Wir ham dann geschimpft auf den. Da warn ja bei uns da auch Obermeister, die dat auch hätten machen können. Und deer is da voegesetzt, ne? (465-467)

Es geht also nicht allein nach der Leistung: Die Hautfarbe stört. Offensichtlich merkt der Mann den Widerspruch. Und sofort relativiert er wieder:

Im: Abe, wie gesach, wenn der Mann was kann, dann is das kein schwieriger - , ob der nun schwarz is oder nich. Er muß was können in seim Beruf. Dat is wichtig. Dat is wichtig. (468-470)

- *Implikate*

Die Polin wird als kränklich dargestellt. Nur am Rande wird implizit deutlich, daß Im meint, sie habe ihre Krankheit nur vorgetäuscht.

Im: Jaah! Naja, ich mein, wä dat eben vosteht, nich?! (128)

Diese Aussage impliziert, daß die Polin simuliert hat.

Implikat und Relativierungen finden sich oft eng verwoben:

Im: (Mit den Türken bin ich) Gut ausgekommen!
Ie.: .. wie mit den Deutschen!?
Im: Wo dat arbeitsmäßig wa, ja ganz bestimmt, nä!? Da waren zwar immer welche, wo man sagen mußte: »Hier dat mußte noch en bißchen sauber machen!« oder so oder so. Dat ham wer bei unsere .. Nich so, als wär dat, nä, bloß bei die so.«(184-189)

Er bezieht sich auf die Arbeit, was impliziert, daß er im Privaten nicht so gut mit den Türken ausgekommen ist. Zugleich relativiert er: Da waren zwar immer welche ... Und sofort relativiert er wieder: Nich so, als wär dat bloß bei die so.

Später versuche ich, an dem obigen Implikat anzusetzen:

Ie: Und so im Privaten ...? (224)

Auch hier Relativierung:

Im: Nöh! (228)

Was oben im Implikat versteckt zu sein scheint, wird abgeleugnet - und zugleich zugegeben:

Im: ... ganz selten. Inne Straßenbahn schon ma. (228)

Worauf dann eine Story über Randale von Türken in der Straßenbahn folgt.

- *»Beweisführung«*

Zu beobachten ist die Neigung, Allaussagen durch Einzelfallschilderungen zu »beweisen«:

Nach Schilderung von Randale in der Straßenbahn frage ich:

Ie: Meinen Sie, daß die Ausländer die Kriminalität - ...
Im: Ja, da in dem Ding war's mal schlimm. In B., ne? Da haben se allerhand, ne, bis da ma Ordung reingekommen is. Ja, das war schon ma - (442-444)

Hier stammt nun die Allaussage von mir. In dem folgenden Beispiel wird vom Im »der« Jude aufgerufen:

Im: ... Der Jude is ja (...) en Geschäftsmann. (582) Darauf folgen mehrere Einzelfälle, die das belegen sollen, insbesondere, daß »der« Jude durch »Betruch« reich geworden ist.

Als Beweise gelten auch Berufungen auf Quellen (s.d.). Ferner: Das wörtliche Zitieren von Zeugen etc. (Vgl. Narrative Strukturen: Dialoge.)

2.6. Quellen des Wissens

2.6.1. Eigene Erfahrungen werden 29mal explizit angesprochen

2.6.2. Bekannte/Verwandte: werden 11mal erwähnt.

2.6.3. Medien: werden 3mal angesprochen, z.B. 796 (Bild, die aber als Dauerlektüre angegeben wird.)

2.6.4. Andere Quellen: 1mal (Uno-Vertrag c/o Bild?)

Die eigenen Erfahrungen überwiegen bei weitem und werden oft explizit angesprochen. Dabei dominieren Ereignisse, die teilweise Jahrzehnte zurückliegen. Über längere Passagen hinweg wird natürlich überhaupt nicht auf die Wissensquellen verwiesen, sondern Meinungen und Ansichten wiedergegeben bzw. Tatsachenbehauptungen aufgestellt. Relativ häufig wird explizit auf Hörensagen angesprochen (Bekannte, Verwandte.) Medien als Quellen werden nur selten benannt.

2.7. (Feste) Redewendungen und Sprüche (in der Reihenfolge ihres Auftretens) (Häufigkeitsstatistik machen, danach gruppieren)

Vor allem die Rede des Mannes ist mit festen Redewendungen, Floskeln, vorgestanzten sprachlichen Klischees bis hin zu ausgeführten Sprichwörtern und Spruchweisheiten gespickt. Die Frau verwendet (auch wenn man ihren geringeren Gesprächsanteil beachtet) demgegenüber erheblich seltener solche Sprachelemente.

Im: Ich komm da nicht so sehr zu Rande 7
Im: Einmal ham wer se erwischt 30
Im: da hab ich en herrlichen Blick gehabt .. 41f.
Im: Ein wundervoller Ausblick von da oben 46
Im: Ich würd da gar keinen Unterschied sehen 53f.
Im: Dat is ja im großen und Ganzen datselbe 57
Iw: jeder so mehr für sich allein 60f.
Im: Wat ich an und für sich nich sajen kann 62
Im: Nä, dat kann ich nich sagen 65
Im: probieren geht über studieren 81
Im: sach ich immer 81
Im: Der hat immer noch kein Geld gesehen 95f.
Iw: die hat et geschafft 100
Im: Dat kommt ja garnich in Frage! 108
Im: dä hat sich mit der eingelassen 109
Im: Ich hab bis jetzt noch kein Pfennig gesehn von der! 111f.
Im: sie versteht halt ihr Geschäft 122
Im: Wat rauszuholen is an Geld 102f.Im: Da is die ja ganz clever drin 103
Im: wä dat eben vosteht 128

Im: Vonwegen! 144
Im: Da hat er dann die Wohnung zugesprochen 153f.
Im: für ein Jahr Garantie 156
Im: wär ja schön, wenn dat gut ginge. 161
Im: Heinz, bleib du bei uns 165
Im: Hein, bleib bei uns! 168
Im: Emil dä wa ja son halber Dollmetscher 174
Im: Wat er brauchen konnte, (das hat er sich genommen) 179f.
Im: Nich so, als wär dat, nä, bloß bei die so. 188f.
Im: Unsere Schicht wa ja sowieso ziemlich .. loyal 194f.
Im: Privat hatten we mit denen ja ganix zu tun 211
Im: das wimmelte von Läusen 219
Im: wir sind ja selber schuld 245
Im: Wir ham die ja hier reingeholt 245
Im: Die sind ja nicht von alleine gekommen. 246
Im: is ja in türkischer Hand 269
Im: is ja Klein-Mekka! 293
Im: dat is ja wieder nu en anderes Kapitel 304
Im: Dat kann ja nich so weitergehn. 315f.
Im: Dat is allerhand! 322
Im: Hier ham wer ja nun noch Glück 323
Im: Dat is ja unheimlich 328
Im: Das war ja ne Katastrophe 351
Im: dann ging's aber ran 353
Im: die ham wirklich viel Grünzeug gegessen 359f.
Im: Dat muß doch nach wat schmecken 361
Im: Wenn ich so denk von Kindauf an mich 378f.
Im: da kam dat mit dem Adolf auf381
Im: Jeder kocht seinen eigenen Brei 389
Im: (jeder) Fraacht nich, wat dä andere mach 390
Im: unse ganzes Deutschtum is verlorengegangen 391f.
Im: Dat is ja alles nor noch Leben, Leben.
Im: dat is vorbei 303
Im: wo irgend alles nach dem tracht, was es Menschenmögliches zu erreichen is 396f.
Im: man kann alles haben, wat man braucht 399f.
Im: Un das macht dann schon viel aus. 400
Im: Dat darf keiner wissen 412
Im: das braucht natürlich seine Zeit 417
Im: bleibt ja nix anderers über 423
Im: einfügen in unsere Ordnung 424
Im: Da is ja nix dran zu machen 425
Im: (Jemand) der alles durcheinanderbringt 426
Iw: bis da ma Ordnung reingekommen is. 444
Im: dat geht ja nach Leistung 465

Im: Wenn der wat leistet! 465
Im: Und deer is da vorgesetzt 467
Im: Er muß was können in seim Beruf 469
Im: Das is wichtig. 469
Im: Wir hätten dat anstanslos akzeptiert. 474
Im: Die muß ja mit dem Mann leben. 475
Im: die is ja auch nich mehr so jung! 479f.
Iw: Warum soll man das nich machen 483
Im: de Wohlstand, dat hebt sich ja 502
Im: Aber dat is eben Relijon, dat is Religion 505
Im: wenn ... dä nich so auf Zack is 519
Im: Wenn die Leistung nich stimmt, dann kanne ja nix verdienen 520
Im: dann kann er ja nix verlangen 520
Im: wie son Kommando 532Im: Wa ja so weit, wa ja alles gut 541
Im: wir hoffen ja nu, daß es klappt. 546
Im: Bezahlen müssen wir den Spaß! 546f.
Im: Ich fürchte, dat wir noch drankommen. 550
Im: man muß Verständnis entgegenbringen. 554f.
Im: Ich mein, ich bin kein Judenhasser gewesen, von Anfang an. 566f.
Im: Sons, sons ham wer einglich mit Juden in B. keine Probleme gehabt. 578
Im: Der Jude is ja ... dat is ja en Geschäftsmann 581f.
Im: ich kann dat ja aus meiner Sicht sagen 581
Im: ... aus meiner Sicht 582
Im: Ich weiß ja nich, wie est drehen! 584f.
Im: Da gilt ja der Handschlach 591
Im: is aber doch Betruch! 597
Im: war auch schriftlich 603
Im: Dat war doch schon so hintenrum 606f.
Im: denn von nix kommt nix 609
Im: die haben sich an dä Hauswand den Kaftan saubergescheuert 611f.
Im: Und auf einmal warnse gemachte Leute 615
Im: warn die gemachte Leute 621
Im: die kann das doch bezeugen. 634
Im: dat wa ja viel Geld in der Zeit 640
Im: wenn dat da wirklich zum Knallen kommt 645
Im: dann wird dat schon wat geben 645
Im: wenn dat zum Knallen kommt 646f.
Im: dann gnde uns Gott! 647
Im: dat kricht man ja nich me gelöscht, dat Feuer 649
Im: dann kriegen wir den Dreck auch noch ab 654
Iw: Abe dat dä so verbiestert dadrin is! 655
Im: Et geht ja nur umt Geld! 659
Im: Wenn Krieg geführt wird, geht et ja nur umt Geld! 659
Im: er steht ja auf dem Standpunkt 662
Im: Jetzt wolln die auf einmal da ihre Rechte wieder erheben. 669

Im: Un dadurch hängen we ja da mit drin! 671f.

Im: dann müssen wir auch da mitmarschieren 673

Im: Un dat is für unsre Jungs(...) ja nich so schlimm 673f.

Im: Dat veersteh ich auch nich. 680

Im: Dat is ja nich dat erste Mal 680

Im: dat wa genau dat gleiche Spiel 681f.

Im: dann bleibt uns ga nix anderes übrig 687

Im: Woll oder nich (=wohl oder übel) 692

Im: da kann sich de Vogel drehen und wenden 693

Im: dann sim wer mit drin 693

Im: Ich wollt nua, daß es glimpflich abgeht 696

Im: sind we verpflichtet, denen zu helfen

Im: Da geht kein Wech dran vorbei! 700

Im: Se sind aber wohl schon nahe dran! 703

Im: Wenn et zum Knall kommt 704

Im: Se müssen sich aber an unseren geregelten Ablauf, müssen se sich gewöhnen 718f.

Im: Die könn ja nich machen, wie se wollen

Im: Dat is ja nun son, son Dingen 719f.

Im: Probleme gibt's ja nur, wenn se sich nich einfügen 724f.

Im: Dat is wichtig! 725

Im: Wenn se sich einfügen, müßte dat alles reibungslos gehn. 725f.

Iw: Wir wohnten ja Haus an Haus. 745

Im. Die Zigeuner kommen! 762

Iw: Nein, danke! 772

Im: Die sind ja auch ganz arm dran! 777

Im: die sind arm dran. 781

Im: schon als Kinder ham wer die Zigeuner gehabt 782

Im: Jeder hat ja mal gern wat Schönes! 788f.

Im: Die war wohl son Schlünsken. 800

Im: Wenn du noch einmal deine Frau schlägst, dann komm ich middem Schrubber! 802

Im: der Unterschied is der kleine Schnibbel 807

Im: Köpfchen ham die Frauen auch 809f.

Im: dat liecht abbe nich an der Qualität 814

Im: Die Frauen bemühen sich nich um de Politik 816

Im: Weil die Süßmuth son bissel Reklame gemacht hat. 817f.

Im: Wenn die sich dahintersetzen, dann sind die genau so tüchtig wie wir. 820f.

Im: das Problem is nu mal da. 831

Im: Die Frage is nur 832

Im: Das Problem, wie wir das vom Tisch kriegen. 832

Im: Wir müssen uns mit denen arrangieren832f.

Iw: die hat de Türken voe de Tür 839

Iw: da flippte se dann manchmal aus. 840

Iw: Ja, die sind ihr nich sauber genuch. 843

Im: En bissel Ordnungssinn (muß sein) 854
Im: Die können ja nich einfach alles dahinschmeißen un liegen lassen. 855f.
Im: Manchma schimpf ich schon ga nich mehr. 862f.
Im: Tempotaschentuch, dat gehört nich aufe Wiese. 863
Im: Weil ich ja immer wieder dahintersitze. 866
Im: weil ich dat von zu Hause nich kenn 866f.
Im: Ordnung is das halbe Leben 867
Im: da kann man ja nix sagen 871
Im: Abe ansonsten hab ich in die Beziehung nich zu klagen. 873
Im: Wie wollen et ja nich übertreiben. 876
Im: Wir können uns hier nich alles aufladen. 876f.
Im: mit de Millionen rumschmeißen 877f.
Im: Nich alles, alles füe die andern! 879
Im: Da(t) geht ja nun auch wiede nich. 879
Im: »Irgendwo muß man die Kirche im Dorf lassen«, sacht der Pastor. 880
Im: Dat is ja schon so lange, wie die Welt besteht. 885
Im: Die waren arm, un die werden von sich aius da nich mehr rauskommen. 885f.
Im: Is ja ne ganz andere Mentaltität. 886f.
Im: Die ham ja gearbeitet wie die Pferse. 890
Im: Die sind einfach zu träge. 891
Im: die ham ja so so viel Zeit895
Im: Wat we heute nich machen, machen we morgen, wenn morgen nich, übermorgen. 895f.
Im: ob dat auf de Birne geht898
Im: Ich bin ja da verück. 899
Im: Wenn ich irgendwie da son Problem hab, dann muß dat gelöst wern. 899f.
Im: Dat darfse ja nich ers son par Wochen wegschieben 900f.
Im: Dat bringt ja nix 901
Im: dat muß ja gemach werden. 901
Im: Sachich, machen we morgen, dann is bald ne ganze Woche vergangen. 901f.
Im: et kommt ja ga nich drauf an! 903
Im: wie Sand am Meer 913
Im: Aber ma muß doch aufem Boden bleiben 913f.
Im: Man kann ja nich Menschen inne Welt setzen, die man nich ernähren kann. 914f.
Im: dat bleibt ja dann nich aus. 922
Im: dann sind wer nachher genau so aufem Trockenen wie die. 922f.
Im: Dat bleibt nich aus! 923
Im: Dat isset! 935
Im: Jouh! Irgendwie wat machen. 937
Im: der Unterschied is nun mal gegeben. 946
Im: Dat Problem bleibt sich gleich. 953
Im: dann seh ich dat nich unbeding als dat Wichtigste dabei 955f.
Im: müssen se sich ja einrichrten 957f.
Im: müssen se den Posten ja machen, den se zugewiesen kriegen958f.

Im: Ja, unser Gesetz hat ja auch noch en paar Lücken dadrin. 968
Im: Ich weiß auch nich, ob dat zu ändern is. 968f.
Im: dat we unsere zehn Jahr noch abgerissen kriegen
Im: un dann unsere Ruhe, unsere endgültige Ruhe ham. 970f.
Im: Ja, man kann schon en bißchen Ja sagen, und en bissel Nein sagen. 973
Im: er is ja auch nur en Mensch! 977
Im: Da isse ein bissel zu weit gegangen. 979
Im: daß er da nur zu 50 % rechtt hat 980
Im: Ich meine, dat is meine Meinung. 981
Im: Et kann auch sein, dat he zu 70 % Recht hat. 981f.
Im: Ja, dat kommt jetz auf dat Verhältnis an. 984
Im: de Fahrer hat sich nachher nich meh getraut, nich getraut, die zur Ordnung zu rufen. 988f.
Im: ohne Gnade 997
Im: ham die Ordnung geschafft 1000
Im: wenn da jetz nu ne Masse is, dann sind die ja stark 1000f.
Im: dann is dat ja schnell passiert. 1001f.
Im: Daß da mal Gewalt is gegen Gewalt is. 1002
Im: Wenn dat ja nur einzelne sind, die müssen dann ja kuschen 1003
Im: die hatten (...) vielleicht auch noch nich den Verstand. 1020f.
Im: Ich weiß ja nich, ob et stimmt. 1021
Im: ich weiß nich, ob et stimmt 1022
Im: dä hat ja auch ne Josefsehe geführt 1023
Im: un dann kommt dat natülich 1026
Iw: dat geht nich 1040
Iw: Dat hab ich nie vergessen 1045
Iw: guck, son Sturkopf 1045f.
Im: Die Gelegenheit wa günstig. 1048
Im: Die versuchen immer wieder die günstige Gelegenheit rauszupicken. 1048f.
Im.: Aber dat wa auch ne einmalige Sache 1063
Iw: Räucherware hält sich gut! 1064 (Aussage über Raucher!)
Im: Dat Geld könn wer ja gar nich ausgeben, wat we haben! 1067
Im: Ja, allen Ernstes! 1069
Im: Wir kriegen et kaum auf. 1070
Im: Dat is vor allem dat Wichtigste!
Im: Dat wä schon haat, wenn da wirklich en Knall käme. 1080f.
Im: Ich trau da dem nich, dem Knaben! 1081

Die Gesamtzahl dieser »Wendungen« beträgt 231, davon stammen 13 von der Frau, obwohl ihr Redeanteil nur etwas weniger als die Hälfte der Redebeiträge des Mannes beträgt. Zwar sind diese Redebeiträge wesentlich kürzer, dennoch ist der Unterschied auffällig. Man kann schon sagen, daß es vor allem der Mann ist, der solche vorgefertigten sprachlichen Versatzstücke verwendet.

Schwerpunkte liegen bei den Stories über Juden, Türken und Golf, sowie nach meiner Bemerkung, ich habe die Absicht verfolgt, ihre Meinung zu »Ausländern« zu erfahren. Vielleicht lohnt es sich, die Anzahl solcher Elemente mit den Themenschwerpunkten generell zu korrelieren. (Hier (oben) sind nur die Anzahl pro fortlaufender 100 Zeilen berücksichtigt. Auch wäre zu bedenken, die Interviewfragen bzw. -bemerkungen nicht zu beachten. Auch müßten die Redeanteile von Mann und Frau berücksichtigt werden. Siehe dazu weiter unten!)

Erste vorläufige Einschätzung: Die Sprache ist sehr klischeehaft und wirkt vorgestanzt. Die Interviewten, besonders der Mann, schöpft aus einem Repertoire fester Wendungen und Sprüche. Auffällig sind die vielen (?) sentenzenhaften und lehrhaften Formulierungen. Diese festen Wendungen sind sozial verfestigte Redeweisen. Möglicherweise entsprechen diese den größeren sozialen und kognitiven (Wahrnehmungs-)Rahmem. In eine ähnliche Richtung weist das Geschichtenerzählen. Vgl. 2.6.

Da der Interviewte regelmäßig die BILD-Zeitung liest, böte sich ein Vergleich mit deren Sprache an.

Viele der Wendungen mögen auch den Charakter von Kollektivsymbolen haben bzw. Fährenfunktion. Viele Metaphern tauchen besonders in den Redewendungen auf. Dazu und zur Problematik dieser Erscheinungen im Basis-/Alltagsdiskurs s.u.

Die Inhalte und Formen dieser festen Fügungen müßten genauer analysiert werden. So gibt es neben allgemein bekannten Sprichwörtern (6mal) idiomatische Redewendungen und Floskeln. Auch die Mini-Formen wie »anunfüsich«, »newa«, »ne!?«, »eigentlich« u.ä. sind hier zu erwähnen. Sie treten sehr häufig auf und sind somit charakteristisch. Die Funktion scheint mir zu liegen zwischen Distanz und Bekräftigung bzw. Vergewisserung gegenüber dem Gesprächspartner.

2.8. Narrative Strukturen

Am auffälligsten ist: Die Interviewten sind große Geschichtenerzähler. Der Text enthält ca. 30 i.R. vollständige Stories, die ich in der Reihenfolge des Interviewablaufs wiedergebe: (Zeilenangaben überprüfen, teilweise Kürzungen vorgenommen!)

1.   *Z 77-89: Wohnungssuche eines Türken*

Im: (...) Da sollte mal oben mit Kind inde 5. Etage, da warn se ausgezogen, da
     wollte ein Türke, der hat dat probiert, ne, daß er nur probehalber - probieren
     geht über studieren - sach ich immer ...
Ie: Ja und da?
Im: Aber der Hausherr hat se nich gelassen.
Iw: Ja, komm mal nach oben (unverständlich)
Ie: Weshalb?
Im: Wie ich, wahrscheinlich.
Ie: Das war ne türkische Familie!?
Im: Türkisch, jaah!
Iw: Ja, der sachte: »Lassen se alles stehn!« Wollte nix bezahlen. Alles stehn!

2.   Z 89-136: *Über eine Polin*

Im: (...) da war einmal die Polin, die is ja jetzt auch schon fünf Jahre oder noch
    sechs, die is ja auch da reingezogen...
Ie: Und die wohnt auch noch da?!
Im: Die wohnt noch da! Die hat ja auch mit dem Krach. Die hat gesacht: Ja, sie
    kriegen dat Geld. Und jetz sind schon fünf Jahre rum. Der hat immer noch
    kein Geld gesehn.
    (...)
Iw: Die Türkin, die hat et geschafft.
Im: Die Polin! Die is ja reingekomm. Aber wie gesacht, die is auch ganz raffiniert.
Ie: Dat würde mich aber auch noch mal interessiern, also, die is also - die hat sich
     also beworben um die Wohnung, und, naja, und sie war ja offensichtlich dann
     auch in der engeren Wahl, und wat, is da irgendwie was, Sie sachten, ja, die
     wollte alles stehen gelassen haben und so? Und wat hat der Vermieter dazu ge-
     sacht?
Im: Ja, dä hat gesach: »Dat kommt ja garnich in Frage!«
     Aber wie die Polin eingezogen is, dä hat sich mit der eingelassen und hat ihr
     alles hängen lassen, Gardinen und einiges andere, und wie gesach, vor zwei
     Jahren, wa dat her, da sacht er: »Du, ich hab bis jetz noch kein Pfennig gesehn
     von der!« Die hatte en Sohn, unne Tochter. Die Tochter war ja Krankenpfle-
     gerin.
Ie: Ehem!
Im: Und, eh, de Sohn (unverständlich)
Iw: Dä hat geheiratet.
Ie: Die Vermieterin!?
Im: Die Mieterin jetz!
Ie: Die Polin...?
Im: Die Polin!
Ie: Jaja!
Im: Jaah! ... Naja, ich meine, sie versteht halt ihr Gechäft also. Wat irgendwie raus-
     zuholen is an Geld vonne, ..., wie heißt dat, vonnet So - Sozialamt undsowei-
     ter? Da is die ja so ganz clever drin. Dann hat se en paar Monate gearbeitet,
     dann hat se damals - isse se dann so krank geworden en Jahr, mit dem Hals da,
     da hatte se en steifen Hals ...
Iw: Halskrause!
Im: Jaja, ich mein, wä dat eben vosteht, nich?! Und dä Junge, dä, ja, hübsch wa
     auch dat Mädchen, abe dä Junge wa wieder so ganz ...
Iw: Stur, ne?!
Im: Mhm!
Iw: Abe jetz grüßt ä schon.

3.   Z 217-223: *Ausländische Frauen*

Im: (...) die Frau I., aach! Die sacht - die hat also außem Fenster geguckt, und da hat die denn gesehn, die haben die Kopftücher abgemacht, und das wimmelte von Läusen.

Ie: Mhm!

Im: Da isse dann ruckzuck, is se dann, wie se dat gesehen hat, isse dann: »Mann, hier bleib ich nicht wohnen, dann hab ich auch noch die Läuse hier drin!« Isse gleich .. »Schluß!«

4. Z 224-232: »Ausländer«-Frauen in der Straßenbahn

Im: (...) Inne Straßenbahn schon ma. Bin ich mit de Straßenbahn gefahn, da ham se schonma gefracht mit dem - mit dem Faschein, nich?! Mit de Beine saßen se da. So wa das. Einer war ja dadran ..

Ie: Wie?

Im: Einer muß ja dadran gewesen sein! (lachen)

5. Z 233-239: Ausländische Frauen in der Straßenbahn

Iw: Einma da bin ich auch mit de Straßenbahn gefahn, mein Gott, die Frau, die hatte zwei Kinder dabei, und die hatte dann - , eh, wa se so am Kucken. Ich gefragt, ob ich ihr helfen könnte. Jah! Da möchte se noch en Schein holen, weil sons müssen se naher Strafe bezahlen. Ach, hat die sich bedankt! War ne junge Frau .. mit zwei Kindern. Die darf ja nur für ein Kind en freien Schein fahn. Ja, in de Straßenbahn! Wat hat die sich bedankt danach bei mir.

6. Z 302-312: In der Straßenbahn

Iw: Die Spanier, die warn ja immer Straßenbahnführer.

Im: Spanier ham we ja viele auf Straßenbahn!

Iw: Da grüßt uns heut imme noch einer. Der winkt und bleibt stehen mit seine Bahn und sacht: »Heinz, wie geht es?«

Im: Ja, dat is aber kein Spanier, dat verwechsels du..

Iw: Ja! Ja! Ja! Dat is eine ausse DDR.

7. Z 326-329: Stuttgart Hauptbahnhof

Im: In Stuttgart, im Bahnhof, Stuttgat, dat is ja nun noch ganz schlimm! Mit allen möglichen. Sicher, die Türken! Dat is ja unheimlich, wie die da mit dem vielen Menschenmaterial gar kein Ende haben.

8. Z 349-360: Ramadan

Im: Näh, die Sprache allein is nich. Dat is bei denen Sitten und Gebräuche, dat kann man ja dann auch mit reinnehmen, daß die - .. Und dann wenn die Ramadan feiern auf Arbeit. Das war ja ne Katastrophe, newa?! Da ham die ja bis Mitternacht - , wir warn ja auf Nachschicht, da ham die nix gegessen. Aber wenn dann zwölf Uhr drüber war, dann ging's aber ran.

Ie: Jaah!

Im: Dann ham se, wat glaum Se, wat die gegessen ham. Also ich hab mich immer gewundert: Solche dicken Zwiebelen, da ham die so reingebissen, als wenn wir in Apfel beißen.

Ie: Aha!

Im: Jaha! Und dann. Dat Gemüse dabei. Also die ham wirklich viel Grünzeug gegessen. Ich hab mich ja da gewundert, ich sach: »Jungs! Da könnt ja gar nich arbeiten von dem Grünzeug. Da muß doch nach wat schmecken, ma wat anderes rein oder wat!« Ne!

9. Z 401-427: *Schweinefleisch*

Im: (...) Dat tut bei denen genau so zutreffen wie bei uns. Denn wir sehen ja: Wenn die ne Weile hier sind, ham die ne ganz andere Meinung, als wie wenn se am Anfang kommen. Wenn se kommen, sind sie noch fanatisch auf ihre Reljon und auch auf alles, wat da so dran is. Abe wenn die ne Weile hier sind... Weiß man! Wir ham ja verschiedne gekannt. Die dürfen ja kein Schweinefleisch essen. Nä! Un dann ham wer se erwischt hier in Duisburg - ich weiß jetz nich mehr den Namen - ham wer se erwischt hier in Duisburch, dat einer Eisbein gegessen hat. Und dann ham wer se natürlich aufgezogen. Oh, da wurd der giftig, oh, da wurd der wütend, wurd der: »Dat dürft ihr nich weitererzählen! Dat darf keiner wissen« und so, un der sprach auch nich so gut Deutsch wie der andere. Aber ... Da werden die genauso schon langsam von abgehn von ihrem Fleisch ..

10. Z 437-447: *In der Straßenbahn*

Iw: Dat ham wer auch schon festgestellt, sang wer ma so, daß wer mit der Straßenbahn gefahren sind: die Türkenjungens sind frech. Hier auf de Ma- Straße ham se en Fahrer ..

Im: Mit der Gaspistole!

Iw: bedroht, ne? Un de andere hat ihm nich - ..., also mancher -...

Ie: Meinen Sie, daß die »Ausländer« die Kriminalität - ...

Iw: Ja, da in dem Ding war's mal schlimm. In B. , ne? Da haben se allerhand, ne, bis da ma Ordung reingekommen is. Ja, das war schon ma - Ne Bekannte von uns, die M., die is da eingeladen worden inne Türkei, da is se sehr nett behandelt worden. Freundlich! 14 Tage war se da. Ne?!

11. Z 484-494: *Zigarettenspitzen*

Im: Nä, ich seh an und füe sich, auf de Abeit, da bin ich mit allen gut ausgekommen. Ich weiß, ich hab -, ich war da en paar Tage in Urlaub gewesen, als ich zurückgekommen bin, da hatten se so selbstgemachte Zigarettenspitzen. Ne ganze Zeit lang, jede Woche oder wann, hat er mir wieder eine Zigarettenspitze mitgebracht. Is die alte schonn kaputt? Ich hab ja damals noch selbs gedreht, da hab ich immer Spitze gehabt, ne?! Jetz wo ich Filter rauch, brauch ich die nich mehr. Die haben mir dat etliche Jahre immer wieder - ...

12. 494-501 Besuch

Iw: Wo wer da gewohnt haben, da waren viel Türken. Da kriechten wir Besuch von München, war die R. da, ne!? »Mein Gott«, sacht die, »die hatten ja hübsche Kinder!« Die hatten so große Augen gehabt. »Ja, wat is denn hier los?« Ja, da spielen die alle. Die hätt se am liebsten mit nach Hause genomm, München, ne?! Jaah!

Im: Jaah!

Iw: Ja, es gibt auch welche, die sind furchbar. Wenn man da zu H. runter geht, ne?! Manche, aber jetz sind se alle schon gepflegter.

Im: Ja, so im allgemeinen is ja ganz klar, de Wohlstand, dat hebt sich ja. Mit dem Wohlstand könn se ja - (unverständlich) un dann könn se ja schon besser aussehen. Wie gesagt, die Kopftücher, dat is ja furchbar, dat se die nich weglassen. Ne?! Aber dat is eben Relijon, dat is Religion, ne?!

13. Z 569-578: 1. Judenstory

Im: Ja, ich weiß, ja als Kinder. Wir haben zwei-, dreiunddreißig, wie die Machtübernahme war, wir hatten ja in B. fast keine Juden, aber den armen Juden, der da kassiert hat, der hat ja immer kassiert, da haben ja immer die Leute gekauft, un da kam der jede Woche kassieren, 50 Pfennig, oder ne Mark, die Sachen abbezahlen, und dem hamse das Fahrrad, ich war ja damals selbs en Kind, 10, zweiunddreißig, ham se dem das Fahrrad oben auf de Laterne draufgehängt, hamse dem. Wie se dat gemacht ham, weiß ich einglich gar nich ..

Iw: Der arme Kerl!

Im: Sons, sons ham wer einglich mit Juden in B. keine Probleme gehabt.

14. Z 581-599: 2. Judenstory

Im: Ich fürchte dat. Der Jude is ja - ich kann dat ja aus meiner Sicht sagen, dat is ja en Geschäftsmann.

Ie: Mhm!

Im: Ne!? Denkt immer: » Wer mach n Geschäft!« Ich weiß ja nich, wie set drehen! .. Da habe ich doch kürzlich - de T., dä hat da Bekannte in Mallorca, nä in ..

Iw: Grancanaria.

Im: Grancanaria. Un da hat dä en Juden kennengelernt. Un dä hat ihm erzählt, wie ern Geschäft macht. Da wa eine große Familie, de Schwei.., die waren Metzger. Un dä hat immer so billiges Fleisch verkauft. Jah! Wie will dä dat machen? Ja, sacht er: »Da gilt ja der Handschlach!« Wenn dä gesacht hat: »Für die Kuh brauch ich hundert Mark!«, dann hat der die Hand drauf, und dann hat er gesacht: »Ich gib zehn Mark!« Da war der Handschlag ..

Ie: (lacht laut)

Im: Dat is aber doch einglich kein Geschäft.

Ie: Clever!

Im: Clever, ja; is aber doch Betruch! In weitläufigem Sinne. Ich kann jetz nich sagen: »Der hat hundert gesach« und gibt nur zehn. Und dann konnt dä billiges Fleisch verkaufen.

15. Z 599-607: 3. Judenstory

Im: (...) Dann hat dä dat andere Beispiel auch von dem erzählt. Dä hat Anzüge verkauft. Hundert Mark sollten die kommen. Und dä die gekauft hat, dä wollte aber keine hundert Mark dafür bezahlen. Dä wollte nur 75 dafür bezahlen. Hat auch gesach: 75! Jetz hat der dem die Anzüge geliefert, war auch schriftlich, jetz warn die aber mit so kurze Hosen. »Ja«, sacht der, »wat hasse mir den da angedrehtw?« »Ja, du has doch die Anzüge bezogen..« »Aber doch mit lange Hosen!« »Ja, dann musse für die langen Hosen musse noch 25 Mark extra zahlen.« Dat war doch schon so hintenrum.

16. Z 608-621: 4. Judenstory

Im: Ich nehm dat an, dat dat typisch is, denn von nix kommt nix. Wir warn - inne Eifel war ich mal inne Kur. Dat is aber auch schon gut dreißich Jahre her. Also da sachten - dat waren schon so ältere Leute - die haben sich an dä Hauswand den Kaftan saubergescheuert. Sacht er! En Jahr lang. Dat muß also schon ganz früher gewesen sein.

Ie: Mhm!

Im: Und auf einmal warnse gemachte Leute.

Ie: Wat heißt .. Ich hab die Redewendung nicht verstanden: den Kaftan saubergescheuert ..

Im: Den Rücken ham die dauernd an die Wand, ham die sich den saubergescheuert, sacht er. Die hatten ja weiße Wänd da in dä Eifel, da hamse sich saubergescheuert, und nach en paar Jahre von dem Bauchhandel und wat se da so getrieben haben, warn die gemachte Leute.

17. Z 627-642: 5. Judenstory

Iw: Wie ich noch en Kind wa, da warn die Pens noch hier, drei Jungens, meine Tante, und die hat dann auch immer vom Juden direkt ..

Im: Gekauft!

Iw: So gekauft, und dann - und dann immer am Samstag bezahlt, immer abbezahlt, und auf einmal kricht sie sonne Rechnung, nich. Und dann isse dann dahin, un da sach ich: »Maria, der kommt doch jeden Samstag hier vorbei. Du bezahls doch!« Nein, dä is nich drauf eingegangen, un da sacht die, da sacht die: »Nehm se doch die Kleine mit, die kann das doch bezeugen.« War ich mit, nich: »Ja sicher, is der jede Woche gekommen un hat das Geld geholt. Ich hätt auch ma gern 50 Pfennig gehab«, sach ich. Und dann mußtse alles zurückzahlen. Jaah! Un - Das hab ich nich vergessen. Als ich da ers den Juden sah, un hab da alles beguck, ja! Und dann . ne!? - und dann hab ich nachher auch von meiner Tante 50 Pfennig gekricht, ne?!

Im: Damals 50 Pfennig, dat wa ja viel Geld in der Zeit.

Iw: Das is so lang gutgegangen, nich, dat ..
un auf einmal, da is maa was -

18. Z 744-758: 6. Judenstory

Iw: Die dürfen ja nicht alles essen. Bei uns da in M., da war ne Synagoge. Wir haben da auch mit Judenkindern gespielt. Wir wohnten ja Haus an Haus.

Im: Schule!

Iw: Und dann warn bei uns auch reiche Juden. Da warn zwei große Kaufhäuser, und die sind noch rechtzeitig raus.

Im: 32

Iw: 32

Im: Oder 33

Iw: Da ham wer uns da verabschiedet, ham wer geweint und so. So warn wir da mit den Leuten... Die kamen oft sogar und fragten, ob wer ma auf di Kleine aufpassen und so. Ham wer alles gemacht.

Im: Jo, is ja auch kein Grund .. So Nachbarschaft! Da ham wer anfüsich keine Probleme gehabt. Also, als ich da nach B. kam, da war ..

Iw: Da wa das schon anders.

Im: 33, da warn ja kaum noch welche da.

19. Z 831-861: Türkenstory über Sauberkeit

Im: Ja, sicherlich. Die Ausländer! So weit ich weiß, das Problem is nu mal da. Die Frage is nur: Das Problem, wie wir das vom Tisch kriegen. Wir müssen uns mit denen arrangieren.

Iw: Ich würde nie dadrüber schimpfen, nich?!

Im: Ja, ich weiß ..

Iw: So wie H. immer!

Im: Die hat ja auch ne schlechte Nachbarschaft.

Iw: Eine Schwägerin von uns und hat auch keine guten Nachbarn, in B. also, wenn we dahin kommen. Nich!? Sicher, die hat de Türken voe de Tür, auf den Rasen da is se manchmal, da flippte se dann manchmal aus. Ich sach: »H. , dat darfse nich so nehm.« »Ooch«, sacht se.

Ie: Wat findet se an denen nich in Ordnung?

Iw: Ja, die sind ihr nich sauber genuch. Nich?!

Im: Wie gesach! Du sachs ja damals ma ..

Ie: Die sind ja draußen, die kommen ja nich rein ..

Iw: Jah!

Im: Jah! Wie gesach, wenn de die so erzählen hörs: Die Ascheneimer quellen über. Dat nächste mal, da schmeißen die da alles danebm, ob dat weggeholt wird oder nich, näh?! Dat is natürlich für die nebendran wohnen .. - nebendran dat Haus, steht dä Aschenkübel un alles quillt über, un alles liecht daneben. Kommtma dadran vorbei, dann sieht dat natürlich nich gut aus.

Ie: Und was meinen Sie, woran das liegt?

Im: Jaah! Ich mein, en bissel Ordnungssinn - ich mein, die müssen ja auch inne Türkei en Ordnungssinn gehabt haben. Die können ja nich einfach alles dahinschmeißen un liegen lassen. Wird schon einer kommen, der dat saubermach! Ich meine -

Ie: Sie meinen also, daß die sich hier schlechter benehmen als zu Hause?

Im: Nä! Ich nehme an, dat die dat zu Hause so machen. Denn wir ham ja auch Deutsche.. - wir ham ja auch unsere, die dat machen. Dat se dann alles dahinschmeißen und sagen: »Ach!« Dat seh ich ja oft genuch.!!!

20. *861-873 Herr Saubermann*

Im: Ich bin letzens ma spazierengegangen, wo die Leute .. Manchma schimpf ich schon ga nich mehr. Tempotaschentuch, dat gehört nich aufe Wiese. Et sind überall Papierkörbe. Abe meine Frau bring dat auch so fertich ..

Iw: Ganz selten!

Im: Weil ich ja immer wieder dahintersitze. Da sieht se ja, weil ich dat von zu Hause nich kenn. Ordnung is das halbe Leben, hat dä imme gesach, dä Vatter, nä, un wenn ich da sowat seh, also dann ärger ich mich, und da sach ich mich: »Laß dat doch sein! Wir kommen gleich an Papierkorb vorbei. Schmeiß dat da rein!« Un seh ich dat oft, newa? Hier inne Straße is ja alles einwandfrei, da kann man ja nix sagen. Einzich da oben, wo dä Aschenkübel imme so voll is, vorige Woche, glaub ich. Abe ansonsten hab ich in die Beziehung nich zu klagen.

21. *Z 927-942: Tantenstory*

Im: Zum Beispiel in Berlin is ja genaudatselbe! Wer ham - Die Tante hat ja jetzt dat Haus auch, ganz alleine! Da is ja auch einer gekommen, en Bekannter von ihrer Tochter: »Eine Person für son großes Haus?! Dat darf doch nich zulässig sein!«

Ie: Hier stehn auch viele Wohnungen leer.

Im: Jah!

Ie: Wär nicht son Problem.

Im: Abe wer will sich mit zwei oder drei andere in eine Wohnung setzen, die viel zu groß is. Dat isset!

Ie: Müßte man umbauen!

Im: Jouh! Irgenwie wat machen. Aber bei der is dat schlecht zu machen. Da wa se richtig sauer: »Da hasse mir abe einen mitgebrach, dä würde mir amliebsten noch dat Haus wegnehmen.«

Ie: Mhm!

Im: Von de Grünen wa dat einer! Ich sach: »So schnell kann dä dir dat Haus ja nich wegnehmen.«

22. *Z 964-985: Türkenstory*

Ie: Aber wo se den K. erwähnen. Der hat doch auch vor paar Wochen oden paar Monaten, da hatt er mal gesach auf sone Konferenz, da ging es auch um »Ausländer«-fragen, da hat der gesacht. Da braucht nur einer zu kommen und sagt das Zauberwort Asyl und kennt kein einziges anderes Wort, und schon müssen wir den aufnehmen.

Im: Ja, unser Gesetz hat ja da auch noch en paar Lücken dadrin. Ich weiß auch nich, ob dat zu ändern is. Ich bin ja nich mehr so interessiert. We denken un hoffen, dat we unsere zehn Jahr noch abgerissen kriegen un dann unsere Ruhe, unsere endgültige Ruhe ham. (Unverständlich)

Ie: Würden Sie dem K. denn da recht geben?

Im: Ja, man kann schon en bißchen Ja sagen, und en bissel Nein sagen. Abe wie gesach, als Politiker muß er da vorsichtig sein. Sollte er zumindest vorsichtiger sein!

Ie: Sie meinen, er hätte sich da en bißchen weit zum Fenster rausgelehnt.

Im: Ja! Ja! Aber, wie gesach, er is ja auch nur en Mensch!

Ie: Is ja sonst beliebt!

Im: Aber, wie gesach! Da isse ein bissewl zu weit gegangen. (unverständlich) Ich glaube, daß er da nur zu 50 % Recht hat. Ich meine, dat hat der da gekippt. Ich meine, dat is meine Meinung. Et kann auch sein, dat he zu 70% Recht hat.

Ie: Sähen Sie denn da eine Bedrohung?

Im: Ja, dat kommt jetzt auf dat Verhältnis an. Die Bedrohung kommt ja ers, wenn se die Übermacht haben. Ich weiß nich, wie we da letztens in B. waren ..

Ie: Könn Se sich sowas vorstellen?

23. *987-1007 Türkenrowdies in der Straßenbahn*

Im: Die warn dahinten inne Straßenbahn. So zehn / zwölf so Rowdies. Auch Türken. Die haben da einen Lärm gemacht, und de Fahrer hat sich nachher nich meh getraut, nich getraut, die zur Ordnung zu rufen. Da hat ihm einer gesacht: Rufen se die Polizei an, dann soll die die gleich raussetzen. Da hat dä die denn angerufen, die Polizei, die kam dann ande übernächste Haltestelle kam dann die Polizei. Dä hat sich nich getraut, denen was zu sagen.

Ie: Und was hat die Polizei gemacht?

Im: Die hat se rausgesetzt. Die warn ja schon die ganze Zeit am Radau ..

Iw: Imme die Leute am belästigen!

Im: Die Leute belästigt. Die Beine aufem Sitz, ohne Gnade, näh!? »Wat quatsche , wat guckse mich so blöd an?« wuede dann für jeden gesacht. Und dann hat dä angerufen un is noch soundsoviel Stationen gefahn, un dann kam die Polizei, un dann ham die Ordnung geschafft.... Ich meine, wenn da jetzt nu ne Masse is, dann sind die ja stark, un dann is dat ja schnell passiert. Daß da mal Gewalt is gegen Gewalt is. Wenn dat ja nur einzelne sind, die müssen dann ja kuschen, ne?!

Iw: Ich hab ma gesehn, so von draußen, da ham se de Straßenbahn mit dem Fuß so ...

Im: Dagegengetreten!

Iw: Die waren ganz wild!

24. *Z 1008-1014: Straßenbahnstory (Muß evtl. nachtranskribiert werden!)*
Ie: Würden Sie denn so als Frau Angst vor denen haben?
Iw: Neh, tagsüber, tagsüber nich!
Ie: Nachts?
Iw: Nachts ja! (Erzählt über ein nettes Erlebnis in der Straßenbahn. Ein kleiner Türkenjunge hatte ihr geholfen, die letzte Bahn nicht zu verpassen.) Aber sonst möcht ich nicht alleine am Abend da ...(Unverständlich. Familie! Viele Geschwister!)

25. *Z 1034-1050: Türken*
Iw: Die ham da auch noch viel gemach. Die ham ja dann auch noch Oma/Opa, die Kinder von de Schwester, dat hamse uns jetzt erzählt. Nich, also dat die Schwester jetz noch kommt. Am Hauptbahnhof, da hatte der Türke seine Waschmaschine, ein Kühlschrank, ne,
Im: Wollten se alle mit ...
Iw: Wollten se alle mit in Zuch, richtig hingestellt, un da is dä Schaffner gekomm un sacht: »Nein, also! Dat geht nich, da müssen se hinten hin!« Da wollt dä dat gar nich raustun. Also da ..Dä Zuch konnte nich weiterfahrn, ne!? Un dann is der Zuch abgefahrn, und dann kam nachher Polizei da: »Los, rein, dat könn se nich machen!« Rausgeholt, und nach hinten mußte es hin in den Waggon. (Unverständlich.) Un dä hat ihm das noch erklärt. Nein, er stur und bleibt hier! Dat hab ich nie vergessen und gedacht: »Na guck, son Sturkopf!« hab ich noch gedacht. Ach, dä hat ja noch, ich glaub, drei Teile waren dat.
Im: Ja, die Gelegenheit wa günstig. Die versuchen immer wieder die günstige Gelegenheit rauszupicken. Dat is billig, billig Fahren, und dat Gepäck möglichst auch noch zum gleichen Preis.

26. *Z 1051-1063: Türken*
Iw: K. kannst Du dich noch erinnern, wie wer einmal in Berlin gestanden haben am Flughafen.
Im: Jah!
Iw: Mein Gott!
Im: Der Flugzeug mußte weg, aber erst mußtense auch warten. Da könn se ja nich egal en Flugzeug nehmen. Die hatten Wagen voller Kinder, also das war voll, dat fiel bald runter, links un rechts mußten se se festhalten. Wat die alles mitgenommen haben! Pakete, Sachen, die se selber gar nich gebrauchen konnten, ham se alles mitgenommen für die Verwandtschaft da ... (Unverständlich)
Iw: Ich bin immer stehen geblieben, un hab gedacht, so viel ..
Im: Normal is ja festgeleg, wieviel se .. Dat wird ja gewogen! Aber dat wa auch ne einmalige Sache, wa dat! Jaah! (Bietet Zigarette an!)

Oft exemplifizieren die Stories vorangegangene allgemeine Aussagen; typisch dafür einige der Judenstories und insbesondere auch die »Zigeuner«-Story. Auch können sich ganze Geschichten gegenseitig wieder relativieren, so daß man die Relativierung als das wichtigste »Kompositionsprinzip« bezeichnen könnte, das sich auf den kleinen und großen strukturellen Ebenen immer wieder zeigt. Diesen Relativierungen entsprechen dann zwangsläufig »Korrespondenzen«.

Neben solchen meist vollständig erzählten »Stories« tauchen vielfach Ansätze dazu auf: Der Duktus ist fast immer erzählend-retrospektiv.

Zur Form der Stories: Sie erinnern häufig an Märchenformen (Einmal, da ...) oder auch an Witze (Vgl. Judenwitze).

Richard Albrecht bezeichnet den ethnischen Witz als »eines der herkömmlichsten Mittel offener oder verdeckter sozialer Diskriminierung ...« (1989, S. 15) Seine Funktion ist Ausgrenzung, auch oder gerade weil hier eine ironisierend-witzige Form gewählt wird. (Vgl. R. Albrecht: ... Fremd und doch vertraut. Skizzen zur politischen Kultur des Witzes gestern und heute, Münster 1989)

Die Geschichten sind durchaus interessant und abwechslungsreich erzählt. So werden Dialoge in wörtlicher Rede aufgebaut, »Pointen« werden nicht verpatzt usw. Die Funktion ist hier auch Authentizität und Glaubwürdigkeit.

2.9. Syntaktische Besonderheiten

Besonders die Syntax, aber auch der Wortschatz allgemein, trägt die typischen Merkmale der Umgangssprache im Ruhrgebiet, neben den üblichen Verkürzungen etc. gesprochener Sprache. Auf einige Besonderheiten ist hier dennoch einzugehen:

2.9.1. Gebrauch der Pronomina

Pronomina dienen dazu, das Ich von dem Anderen, uns von denen, die nicht zu uns gehören, das, was mir gehört und mir zusteht, von dem, was anderen gehört und zusteht, abzugrenzen und zu unterscheiden, ohne daß die gemeinten Personen direkt »beim Namen genannt« werden. Sie stehen »für« etwas. Ich beziehe mich hier zunächst auf die Darstellung der »Anderen« und des »Ich, Wir« als Gegensatz in unseren Interviews, gehe aber auch auf Unterscheidungen innerhalb des »Wir« ein.

Interessant sind hier besonders die Darstellungen der Deutschen und der EinwandererInnen als Nationalitäten. Wenn von einzelnen Menschen die Rede ist, zeigen sich keine Auffälligkeiten. Da die Interviewten sehr viel aus eigener Erfahrung (ich, wir) oder doch fast immer ganz konkret berichten, tauchen verallgemeinernde Pronomina relativ selten auf, wenn aber, dann in besonders aufschlußreicher Weise.

Das deutsche Volk wird den EinwanderInnen etwa folgendermaßen gegenübergestellt:

Im: Ja, ich meine, wir sind ja selber schuld. Wir ham die ja hier reingeholt. Die sind ja nicht von alleine gekommen. (3/245f.)

Der Sprecher identifiziert sich mit den Deutschen, obwohl ihn ja keiner gefragt hat, ob er »Gastarbeiter« geholt haben möchte oder gar selbst holen wollte. Die Einwanderinnen sind »die« als amorphe Masse.

Aber es gibt auch Distanzierungen zu diesem »Wir« in Gestalt eines »sie«. Vgl.:

»Is schon ne ganze Masse, wat se da reingeschleppt haben! (3/322f.)

Hier verweist der Interviewte auf die Politiker, die er nicht als Teil des Wir versteht. Er äußert Unzufriedenheit mit der Politik, während oben Zustimmung, Identifikation signalisiert wird. Dabei handelt es sich um den gleichen Vorgang: Die Anwerbung von »Gastarbeitern«. Während er oben meint, das Problem sei unser aller Schuld, wälzt er hier die Verantwortung auf die Politik ab. Die Aussage ist hier auch viel schärfer: oben war von »die« die Rede, hier von einer »Masse, die reingeschleppt wurde«. Neben allgemeiner Identifikation zeigt sich spezielle Abgrenzung gegenüber den Politikern.

Aber die Abgrenzung gegenüber den Politikern wird nicht lange durchgehalten. Unmittelbar folgend, heißt es im gleichen Interview, und hier geht es nicht mehr um »Gastarbeiter«, sondern um Asylbewerber:

» Dat is ja nu - hier ham wer ja nun noch Glück, nich? Wenn dat nun alles, vom Libanon und wo die alle herkommen. Da kann man ja hier anundfüsich ganz froh sein!« (3/323-325)

Tauchen größere »fremde Massen von weither« auf (Asylbewerber)(=«dat alles«) (Libanon, Orient), sieht der Interviewte Deutschland bedroht, mit dem er sich als »wir« sofort wieder identifiziert. In »man« bezieht er sich weiter als Person in die (deutsche) Allgemeinheit ein. Die Asylbewerber sind eine amorphe Masse: »dat alles«.

Hier zeigt sich die unterschiedliche Wahrnehmung von Asylbewerbern und Gastarbeitern, die man ja geholt hat, während die anderen kommen und scheinheilig um Asyl bitten. So heißt es etwa 3/432ff.:

»Aber dat kann man ja gar nich mehr überprüfen, wenn welche vom Libanon kommen und von wo die herkommen. Wie will man denn da überprüfen, ob der wirklich politisch verfolgt is oder ob der nur hierhegekommen is, um zu arbeiten und Geld zu verdienen, wo der dann in einigen Jahren wieder zurückgeht. (3/432-436)

Interessant ist hier, daß die Asylbewerber hier als Einzelpersonen wahrgenommen werden: »der«, nachdem sie unmittelbar zuvor im Plural als »welche, die alle« bezeichnet worden sind. Der Einzelne verschwindet hier in der großen Masse.

Auffällig ist das Springen zwischen Allaussagen und den Einzelfallbeispielen, mit denen die Allaussagen erhärtet werden sollen. Das ist eine spezifische Form der Beweisführung, die aus den Medien (vgl. die Bildzeitung) hinreichend bekannt ist (Kasuistik).

Die Identifikation mit dem allgemeinen deutschen »Wir« wird auch bei der Rede über den drohenden Golfkrieg deutlich. Obwohl der Interviewte kein Öl braucht und nicht Auto fährt, meint er:

> »... wenn dat da wirklich zum Knallen kommt, dann wird dat schon wat geben. Hundertdreißig Tage ham wa noch Ölvorrat. .... Wenn dä wirklich da die ganzen Ölfelder ansteckt, wenn ä dat wirklich macht, wie ä sachte, nä, denn dat kriecht man ja nich me gelöscht, dat Feuer. Dann verbrennt ja alles! Dann kommen die Wolken, die Wolken, die kommen bis hier rüber. Bestimmt!« (644-650)

Die Wolken werden den Mann zwar auch persönlich beeinträchtigen, fürchtet er, und er erinnert sich an den großen Sandsturm, der den Wüstensand bis »zu uns« brachte. (s. auch Kollektivsymbole). Aufgebracht konstatiert er:

> Das Schlimme is ja nun, dat wir - dä is ja fanatisch, abe wie gesach, warum dä so haart is - (656-657)

Der Mann sieht also insbesondere die Bedrohung von »uns«.

Vgl. auch Zeile 3/876-880, wo Im um unsere Millionen bangt, die man nicht (an die Einwanderer) verschleudern soll.

Das verallgemeinernde deutsche »Wir« bezieht sich auch auf die (alte) Bundesrepublik. Zu den Folgen der »Vereinigung« meint er:

> »Bezahlen müssen wir den Spaß! Ob dä Kohl jetz uns versprochen hat, daß das ohne Steuern und alles abgeht ... (546-548)

Oder:

> »Ich fürchte, dat wir noch drankommen. (550)

Wie diffus die Sicht von verallgemeinerndem und persönlichem Wir ist geht aus der fogenden Passage hervor:

> »Und wenn das Wirklichkeit is, eh, das könn we ja nich - we kenn ja die Geschichte nich. (664-665)

»Er« kennt die Geschichte nicht und spricht trotzdem von »wir«. »Die« Deutschen kann er damit nicht gemeint haben, aber wen dann?

In der folgenden Passage ist dagegen völlig klar, daß er »die« Deutschen meint, mit denen er sich identifiziert und deren »Jungs« marschieren müssen:

> »Ja, un die Türkei is ja auch dadran. Un dadurch hängen we ja da mit drin! Wenn dä die Türkei irgendwie anpackt - we sind ja Nato-Verbündete - dann müssen wir ja auch da mitmarschieren. Un dat is für unsere Jungs - man weiß et ja nich - ja nich so schlimm. (671-674)

Von dem »wir« unterscheidet er aber weiterhin die Politiker:

»... dann bleibt uns ga nix anderes übrig. Da brauchen die keine Gesetzesänderung für machen. ... dat we da mithelfen müssen. ... dann sim wer mit drin. (687-693)

Mit dem »Wir« grenzt der Mann auch die Männer von den Frauen ab:

»Frauen ham da noch was, was wir nich nich haben.« (808 passim)

Er (sein männliches Ich) plustert sich als Saubermann gegenüber seiner Frau auf. (858-873)

Es gibt also das persönliche »Wir« (Ich, Du etc.),

das »wir«, mit dem die Männer sich von den Frauen abgrenzen,

das verallgemeinernde »Wir« = Deutschland

und das die Ex-DDR ausschließende »Wir« = Deutschland,

zu dem »Se«, die Politiker, noch einmal abgegrenzt werden.

Alle diese »Wir« stehen den Anderen (die, dä etc.) gegenüber. Anders: Neben dem persönlich sozialen Zusammenhang gibt es die Frauen, das deutsche Volk, die Einschränkung dieses Volkes auf die EX-BRD und die Abgrenzung gegenüber den Politikern - zum einen; die Grenzen dazwischen sind manchmal fließend. Das »Ich« ist demgegenüber eher schwach, aufs Persönliche begrenzt, klein (»Dat versteh ich auch nich. (680); viele Reden werden mit »ich meine, ich glaube«, »Ich meine, dat is meine Meinung.« (981) etc. eingeleitet) Stark betont taucht das männliche Ich gegenüber der Frau auf (859-873), und wenn es um die typischen deutschen Tugenden wie Sauberkeit, Ordungssinn, Pünktlichkeit etc. geht (vgl. 862 ff.)

An den Pronomina zeigt sich im übrigen die Kontextgebundenheit des Sprechens. Beispiel:

»Die sind ja noch nich eingegriffen. Se sind aber wohl schon nahe dran! Wenn et zum Knall kommt, dann müssen se auch da sein! Ja, nun! (3/703-704)

Diese Kontextgebundenheit führt auch dazu, daß das Verständnis des Gemeinten gelegentlich stark erschwert wird:

»Das ist dann bloß zuviel alles. Ja, die haben dann auch Befürchtungen, wenn das schlechter wird oder wieder ne starke Diktatur ne, daß denen dann auch schlechter geht. Der Antisemitismus macht sich ja auch schon breit. Deswegen hauen so viele ab, bestimmt. Von Rumänien kommen ja auch immer noch welche, Asylanten und so.« (4/252-357)

Das könnte man als sprachliche Ungeschicklichkeit abtun, was es sicher auch ist. Zugleich wird aber hier deutlich, wie wenig Wert auf klare Unterscheidungen der Personen gelegt wird: es sind sie alle, die da kommen und uns beschweren.

In einigen Interviews ist die besondere Häufigkeit der Verwendung der 1. Person Singular zu beobachten, so zum Beispiel in Interview Nr. 6 mit einem 23jährigen Studenten der Vermessungstechnik. Er berichtet fast ausschließlich aus der Perspektive seines Ich. In den 520 Zeilen seiner Rede verwendet er rund 300 mal sein

»ich« bzw. Ableitungen davon. Er gebraucht diese Strategie als eine Art »Rücken-deckung hinter sich selbst«, worauf auch die vielen subjektivierenden »find ich, mein ich« etc. verweisen. Dieser Verwendung des »ich« korrespondiert das häufig ver-wendete verallgemeinernde »man«, das wie eine Art verallgemeinernden Stellvertre-ters auch des »Ich« wirkt:

> »... weil ich hier aufgewachsen bin, vo daher macht man - verbringt man die meiste Zeit hier.« (6/16f.)

Hinter dem »man« kann sich das »ich« auch zu verbergen versuchen:

> »man kann nicht alle Asylanten über einen kamm scheren.« (6/396f.).

Ähnliches gilt für Formulierungen wie »die Leute« für »die Deutschen«. Solche Formeln dienen aber auch der verallgemeinernden Bezeichnung »der anderen«.

2.9.2. Fragend-bestätigungssuchende Verneinungen

Auffällig sind die vielen ne, nich, newa (= nicht wahr?! = Bist Du/Sind Sie nicht auch dieser Meinung, Sehen Sie das (nicht) auch so?) und ähnliche Formen, die meist am Satzende bzw. an markanten Stellen auftauchen. Sie strukturieren nicht nur die Rede, indem sie deutliche Pausen, Satzenden etc. markieren. Sie werden auch als Aussage/Bekräftigung des Gesagten (!) und zugleich als Frage (?) intoniert. Die Funktion ist zweifelndes Heischen um Bestätigung und Bekräftigung der Richtigkeit des Gesagten zugleich. Der Interviewte ist sich nicht so ganz sicher, ob das richtig ist, was er gesagt hat, nicht sicher, ob der Gesprächspartner der gleichen Meinung ist wie er/sie etc., will sich aber dessen Zustimmung vergewissern. Auch hier sieht man die bereits beobachtete Haltung der Relativierung und der Unterstreichung des Ge-sagten auf mikrostruktureller Ebene.

2.9.3. Syntaktische Textfunktionen

Gemeint sind hier

– Informationsfunktion
– Appellfunktion
– Obligationsfunktion
– Deklarationsfunktion
– Kontaktfunktion
  (Brinker)

So weit ich sehe, bringt die Untersuchung der Textfunktion nicht allzuviel. Das In-terview enthält beim Interviewer eben meist Fragen (Appelle, sich zu äußern), gele-gentlich bestätigende Aussagen. Die Interviewten informieren i.R., wobei sie viele Sachverhalte bewerten, mit unterschiedlichen Mitteln: Negation, wertende Adjektive, Konjunktive, Modalverben usw. Auch dabei finden Relativierungen statt. So wird z.B. gesagt, mit »Ausländern« habe man keine Probleme, wobei direkt danach doch erhebliche Probleme genannt werden. In der Feinstruktur spiegelt sich die Makrostruktur des Erzählens/Berichtens nur wieder.

2.10. Kollektivsymbole

und

2.11. Metaphern

Sie werden hier zusammen behandelt.

Der Text ist relativ reich an Metaphern, allerdings sind diese oft nicht gerade »kühn«.

Inwieweit hier im Basis-Text überhaupt von Kollektivsymbolen gesprochen werden kann, müßten wir noch genauer diskutieren. Das Problem ist: Link betrachtet Kollektivsymbole als den »Kitt« der Diskurse, der mehr oder minder »bewußt« eingesetzt wird. Von bewußten Wirkungsabsichten kann in unseren Interviews aber nicht die Rede sein. Trotzdem kann davon ausgegangen werden, daß auch Alltagsgespräche Rassismus reproduzieren und festigen, Alltagssprecher am Diskurs mitstricken. Metaphern und Redewendungen können m.E. auch hier »Kitt« sein und Fährenfunktion haben.

Erstaunlich ist für mich die sehr große Zahl der festen Wendungen und Metaphern, die offensichtlich aus dem Interdiskurs und den Medien übernommen sind. Dabei bin ich mir gar nicht sicher, ob die Verwender sich darüber im klaren sind, daß sie Metaphern und Redewendungen benutzen. Das ist wohl für sie größtenteils einfach Sprache, ich meine, Sprache, die für sie spricht, derer sie nicht Herr sind. Vgl. Redewendung vom »Kaftan-sauber-scheuern«, die völlig konkretistisch aufgelöst wird - auf Nachfrage.

Metaphern tauchen häufig in den Redewendungen auf, aber nicht nur dort. Sie werden im folgenden systematisch geordnet aufgelistet und daraufhin befragt, ob sie »Kitt«- und Fährenfunktion haben:

Ich orientiere mich im folgenden auch an Jürgen Links Schema zum symbolischen politischen System der Bundesrepublik (Vgl. etwa Link 1990, S. 17.) Danach sehen »wir« unser Land als innen und zu verteidigen gegen verschiedene Bedrohungen von innen und außen. Aus diesem Innen-Außenschema beziehen die Deutschen ihre Systeme von Kollektivsymbolen.

Nun ist auffällig, daß es gerade Redewendungen und Metaphern sind, die sehr oft zum Ausdruck innerer und äußerer Bedrohung durch »Ausländer« verwendet werden, aber auch, wenn es um »Lösungen dieser Probleme« geht:

So sind die bei uns lebenden EinwanderInnen zunächst selbst einmal eine innere Bedrohung auf den verschiedenen Ebenen, gegen die geeignete Maßnahmen angebracht sind.

75-89 Probleme mit Einwanderern sieht Im zunächst im Bereich des Wohnens, der Wohnung, also des geschützten Innen-Raumes, der privaten Burg. Im berichtet, wie (s)ein Vermieter eine wohnungssuchende Türkenfamilie abgewiesen hat:

Im: Da sollte mal oben mit Kind inde 5. Etage, da warn se ausgezogen, da wollte ein Türke, der hat dat probiert, ne, daß er nur probehalber - Probieren geht über Studieren - sach ich immer (...) Aber der Hausherr hat se nich gelassen (...)

Iw: Ja, der (Türke) sachte: »Lassen se alles stehn!« Wollte nix bezahlen. »Alles stehen!«

Der Versuch des Einwanderers, in ein (deutsches) Haus einzudringen, wenn auch nur probehalber, ist hier gescheitert. Der Einwanderer wird, wie häufig, als raffgierig dargestellt. Die kleine Gechichte ist um ein bekanntes Sprichwort herumgruppiert, dessen Sinn hier in diesem Zusammenhang nicht recht ersichtlich wird. Wahrscheinlich will Im andeuten: Die »Ausländer«, die versuchen es halt, hier bei uns und möglichst kostengünstig einzudringen. Das Wort »probehalber« löst das Sprichwort aus. Mit List und Tücke versuchen sie in unsere Häuser einzudringen, wobei sie auch noch darauf aus sind, uns möglichst übers Ohr zu hauen. Dieses Mal wurde der Versuch, bei uns einzudringen, noch erfolgreich zurückgewiesen. Durch das Sprichwort wird diese Szene sozusagen aufpoliert und hervorgehoben. Es könnte eine Art Fährenfunktion haben.

In dieser Geschichte, der ersten in diesem Interview über Einwanderer, wird die Grundeinstellung des Im bereits sichtbar: »Ausländer« versuchen bei uns einzudringen. Wenn sie uns dabei schaden (wollen), werden sie abgewiesen. Das kann bis zum »Ausländer raus!« verallgemeinert werden, s.u. !

Wie in einem Lehrbuch für »Ausländer«-Feinde wird im folgenden durchgespielt, was passiert, wenn man sich auf Einwanderer »einläßt«:

Während die Bedrohung des deutschen Hauses in der vorstehenden Szene noch abgewehrt werden konnte, gelingt dies in der folgenden Szene 90-139, einem ganz ähnlich gelagerten Fall mit einer Polin, nicht. Die Polin erhält die Wohnung, dringt also ein ins deutsche Haus und übernimmt Inventar, das sie bezahlen sollte/wollte, aber, jetzt nach fünf Jahren, hat der Hausherr von der »raffinierten Polin« immer noch kein Geld gesehen; in den Worten des Vermieters/Hausherrn noch einmal: »Du, ich hab bis jetzt noch kein Pfennig gesehn von der.« Die Folge ist »Krach«, oder allgemeiner: »Ausländer« machen Probleme, dringen in unsere Wohnungen ein, wollen unsere Sachen, ohne dafür zu bezahlen. Sie stellen eine Bedrohung dar.

Die Polin, so erfahren wir weiter, betrügt das Sozialamt, feiert (auf unsere Kosten) krank, wobei sie nur simuliert, sie ist raffiniert, versteht es, andere zu täuschen etc. Sie ist also bedrohlich und lebt auf unsere Kosten. Hier wird vorgeführt, was passiert, wenn man sich als (deutscher) Hausherr mit »Ausländern« einläßt: Man zieht den kürzeren.

Diese Story ist mit Redensarten und Metaphern gespickt: es geschafft haben, kein Geld sehen, das kommt gar nicht in Frage, die versteht ihr Geschäft, wat rauszuholen is an Geld (vom Sozialamt) usw.

Die in der ersten Szene angeschlagene Thematik wird also erweitert bzw. ausgemalt: Konnte dort die innere Bedrohung durch »Ausländer« noch abgewehrt werden, wird hier gezeigt, welche Gefahren lauern, wenn man sich mit denen »einläßt« (109).

Vermietet man an Deutsche, wird diesen eine Wohnung »zugesprochen« (154). Zusprechen entstammt dem juristischen Diskurs. Im Unterschied zum schlüpfrigen »einlassen« mit einer Polin, kann man mit Deutschen einen vernünftigen Vertrag abschließen. Hier kommt deutsches Recht zur Geltung.

Im kann auch aus unmittelbarer eigener Erfahrung über einen Türken berichten, der mit ihm Tür an Tür wohnte. (172-181) Emil wird zunächst als hilfsbereit geschildert, aber auch der kann alles gebrauchen (179f.), was ihn mit den beiden zuvor erwähnten »AusländerInnen« verbindet. Er ist Arbeitskollege und »ein halber Dolmetscher« (174), also nichts Ganzes, etwas Defizitäres.

Wenig später wird die Bedrohung durch die Einwanderer bereits erheblich erweitert. Anhand des geradezu sprichwortartigen »Kopftuchs« von EinwanderInnen wird die Angst vor dem Fremden weiter begründet. Es wird von einer deutschen Bekannten berichtet, die beobachtet »hat«, wie eine Türkin ihr Kopftuch löste und »das wimmelte von Läusen« (219). Entsetzt beschließt die Frau, ihre Wohnung aufzugeben, denn sonst »hab ich auch noch hier die Läuse drin.« Die Aussage über das »Wimmeln« wird von Im mit ganz besonderer Emphase unterstrichen. Inwieweit die wimmelnde Masse von Läusen mit der Menschenmasse der EinwanderInnen assoziiert wird und ihnen damit der Subjektstatus abgesprochen wird, wäre zu überdenken.

Hier erhält die Vermutung, die EinwanderInnen hätten unter ihren Kopftüchern etwas Schreckliches zu verbergen, ihre konkrete Verlaufsform. An anderen Stellen werden die Kopftücher als »furchtbar« bezeichnet, die Iw bedauert die armen Trägerinnen, die ja unterm Kopftuch schrecklich schwitzen müssen, und auch Zigeunerinnen, die kleine Kinder »klauen« (771), tragen Kopftücher, etc. Aber das ist »eben Religion« (505), Ausdruck von Islam und damit von Fanatismus.

Das Wimmeln, das meist für große Mengen sich planlos hin und her bewegender Tiere, häufig gleichgesetzt mit »Ungeziefer«, »Ameisen«, »Fische«, verwendet wird, aber auch für große unübersichtliche Menschenmassen, wird als Bedrohung empfunden, vor der man nur zurückweichen kann. Allgemein ausgedrückt: Die in unseren Lebensraum eindringenden EinwanderInnen bedrohen das deutsche Haus durch Ungeziefer und Dreck und drohen uns zu infizieren, so daß wir ausweichen oder uns sonstwie wehren müssen.

Nun »haben wir die Ausländer zwar reingeholt« (245) Da haben »wir« einen Fehler gemacht: »wir sind ja selber schuld«. Jetzt sitzen sie in unseren Häusern, in unserem

Deutschland, und wir haben nun die Probleme am Hals, sind nicht nur von Betrug und Diebstahl bedroht, sondern auch durch wimmelndes Ungeziefer und (damit assoziiert) Chaos und Krankheit.

Die Arbeitersiedlung B., in der das Ehepaar früher wohnte, ist »richtich türkisch« geworden und inzwischen »in türkischer Hand« (269f.), zum »Klein-Mekka« (293) geworden. Diese »Tatsache« wird als »is ja ganz furchbar« (=zum Fürchten«!?) bezeichnet.- Die Bedrohung steigert sich also: Teile Deutschlands werden von Fremden quasi militärisch besetzt bzw. erobert und einer anderen Religion unterworfen (»Mekka, die heilige Stadt des Islam«). Mit Islam wiederum wird Gefahr und Fanatismus assoziiert, was offenbar große Angst auslöst.

Die Einwanderer treten auch nicht einzeln auf, sondern als »Masse« (322) (s.o.), die »reingeschleppt« worden ist. Zwar haben wir zur Zeit »noch Glück« (323), doch die Gefahr besteht, daß noch mehr kommen, teilweise weit her vom »Libanon« (324) Diese fremde Masse, von außen reingeschleppt, stellt für uns in unserem Innenraum, eine erhebliche Bedrohung dar, die möglicherweise weiter anwachsen wird. (Vgl. auch »wie Sand am Meer« 913, »In Scharen« 919, »in der Masse« 922. Auch »reinschleppen« verweist auf amorphe Masse, große Last, die getragen wird, aber in diesem Zusammenhang auch auf »unsere« eigene Schuld: die sind ja nicht von selbst gekommen, »se« haben sie »reingeschleppt«: die Politiker, die hiermit kritisiert werden.

Das Ausmaß der empfundenen Bedrohung zeigt sich am Wort »unheimlich«, mit dem das hereingeschleppte türkische »Menschenmaterial« (329) bezeichnet wird, mit dem es »gar kein Ende haben« wird (ebd.), so daß wir »nachher genau so auf dem Trockenen (sitzen) wie die« (923), i.e. sonst strandet unser zu volles Schiff auf einer Sandbank, und der Tanker Deutschland sitzt auf dem Trockenen und wir alle geraten in Seenot. Hier verbindet sich das Kollektivsymbol Haus/Wohnung mit dem des Schiffes, das ebenfalls typisch für die politische Symbolik der Deutschen als der Raum ist, in dem man sich (mehr oder minder) sicher befindet.

Und was passiert hier, in unserem Innenraum? Die Türkinnen ziehen ihre Kopftücher zwar ab, wenn sie aus dem türkischen Haus rausgegangen sind, in der Schule, knüpfen es aber wieder um, wenn sie nach Hause gehen (335-339), weil die Türken nicht von ihren »Sitten und Gebräuchen« (349) ablassen wollen. Sie sind es, die das bedrohlich Andere in unserem eigenen Land zu bewahren suchen, ihre Religion, ihre islamischen Feste verteidigen (»Ramadan« (351) wird als »Katastrophe« (351) bezeichnet).

Die anderen »Sitten und Gebräuche« werden dann weiter ausgemalt (Essgewohnheiten, Verhalten bei der Arbeit), die als gefährlich empfunden werden Im: »Jungs! Da könnt ja gar nich arbeiten von dem Grünzeug.« (361).

Kritisiert man die Türken, hänselt man sie, dann werden sie »giftig« (411).

Gegen diese Bedrohung hilft nur eins, sofern sie ihre Andersartigkeit nicht freiwillig ablegen und sich unseren Sitten und Gebräuchen anpassen: »abschieben!« (423f.) Unser sauberer, ordentlicher, »normaler« Innenraum kann nur so verteidigt werden. Hier ist also konsequent auf die rechtsextreme Parole »Ausländer raus!« hingesteuert worden.

Weitere Beispiele: 532 »wie so Kommando« (Bei der Wohnungssuche (= Eroberung unserer Städte) bilden die Türken quasimilitärische Stoßtrupps.)

Ferner: Zigeunerstory 711 ff, die Juden 628/629, 611f., 606f, 604, , 584f., 581, 570,

Die Notwendigkeit, diejenigen abzuschieben, die sich nicht assimilieren, wird präzise und im Detail begründet. Wer sich nicht assimiliert, ist ein »Querkopf« (425), also verrückt und damit eine Gefahr für uns.

Mit emphatischen Bildern und lebhafter Metaphorik wird nun begründet, daß es nur die Lösung Abschieben : oder »sich einfügen in unseren geregelten Ablauf« (717) für die »Ausländer« gibt, wenn »unsere Ordnung«, »unser geregelter Ablauf«, »unsere Ruhe« bewahrt werden sollen (989). (Vgl. auch 958, 958f., 968) Das kann mit »Gewalt« und »Polizei« (1000), besser aber »reibungslos« gehen (726).

Denn wir müssen das Problem »vom Tisch kriegen«. Sogar: »Wir müssen uns mit denen arrangieren« (832), was jedoch bedauert wird, da uns das teuer zu stehen kommt.

Denn:

>»Wir können uns hier nicht alles aufladen« (876f.) Die Deutschen als Packesel, die unter »der Last« gebeugt gehen. Als sozusagen Zahlmeister der ganzen Welt.

>»Irgendwo muß ma die Kirche im Dorf lassen! sacht der Pastor.« (880)

Hier wird die Welt-Mittelpunktstellung Deutschlands kollektivsymbolisch im Rahmen eines der bekanntesten Sprichwörter kodiert, das (deutsche) »Normalität« sozusagen religiös überhöht.

>»ma muß doch aufem Boden bleiben » (913f.)

>»Man kann ja nich Menschen in eine Welt setzen, die man nich ernähren kann« (914)

Eine Verantwortung für die Menschen der Dritten Welt wird damit abgelehnt, daß deren Armut »Natur« sei, existiere, »so lange wie die Welt besteht« (885) Durch diese Naturalisierung wird gerechtfertigt, daß man abschieben dürfe bzw. »die« sich hier assimilieren müssen, denn wenn sie das nicht tun, dann geht es eben von Natur aus nicht und dann müssen sie weg, weil dies der Ordnung der Welt, die mit der deutschen Ordnung verwechselt wird, entspricht.

(Vgl. auch noch Birne für Kopf (898), Israel/Juden: 890, Josefsehe als Modell, die bedrohliche Kinderzahl einzudämmen (1023) etc.)

Nun sind die Fremden nicht nur eine Bedrohung unserer »Wohnung« vom Inland her, in das die Einwanderer - wie auch immer - eingedrungen sind. Auch das ganze »deutsche Haus« Deutschland ist von außen bedroht.

Die Golfkrise, die am Tag des Interviews drohend vor der Tür stand, gab mir Anlaß, Im nach einer Einschätzung der Situation am Golf zu fragen (643).

Hier haben wir ebenfalls geradezu ein Netz von Kollektivsymbolen, das der Im ausspannt und das seine Sicht der Dinge geprägt hat:

Die Bedrohung ist groß, meint Im:

Im: ... wenn dat da wirklich zum Knallen kommt, dann Gnade uns Gott! (647f.) Unser Öl ist in Gefahr: »Hundertdreißig Tage ham we noch Ölvorrat!« (646) Wenn Saddam die Ölquellen ansteckt, dann »kricht man ja nich me gelöscht, dat Feuer. Dann verbrennt ja alles! Dann kommen die Wolken, die Wolken, die kommen bis hier rüber. Bestimmt!« ((649f.)

Der Krieg wird metaphorisch als »Knall« bezeichnet, ein Knall, den wir nicht nur zu hören bekommen werden, sondern der »unser« Öl bedroht. Feuer und schwarze Ölwolken entstehen und wälzen sich bis in unser Deutschland. Als Beweis für die Realität der Bedrohung wird auf den »Sandsturm« verwiesen, der vor einiger Zeit Sand bis in die Bundesrepublik getragen hat. (652f.) Der finstere Orient wird in Saddam personifiziert. Dieser ist »verbiestert«, »fanatisch« und »haart« (655-657), also tierisch, fundamentalistisch-brutal und unmenschlich. Hier werden Kollektivsymbole unterschiedlicher Herkunft katachretisch verbunden. Fanatisch wird im übrigen sonst nur in Zusammenhang mit islamischen Sitten und Gebräuchen verwendet und - mit Hitler. Die ständigen Saddam=Hitler-Analogien in der Presse, besonders der BILD-Zeitung, dürften hier wirksam geworden sein.

Und »wir« hängen zudem per Nato-Vertrag »mit drin« (671), wenn der Saddam »die Türkei anpackt« (672).

Anpacken, umgangssprachlich für schlagen, raufen bei einer Keilerei zwischen zwei Menschen verwendet, steht für einen möglichen Krieg Saddams gegen die Türkei. Bedrohung wird personifiziert und dadurch leichter vorstellbar gemacht. Und gegen diese Bedrohung müssen wir uns wehren: »dann müssen wir (=die deutsche Armee, »unsere Jungs« (674)) mitmarschieren« (673), »dann bleibt uns ja nix anderes übrig« (687), »da geht kein Wech dran vorbei!« (700). Die Bedrohung von außen soll mit deutscher Beteiligung abgewehrt werden. Im meint zwar, das sei für unsere Jungs nich so schlimm (674), doch angesichts Giftgas und schwerer Waffen hat er dann doch so seine Zweifel.

Die Deutschen in der Metapher
Vgl. 899, 876f., 867, 546f., 519,

Vereinzelung
389, 60f. seit Deutschtum fort ist

Sexismus

817, 809, 797, 798

Im denkt und spricht fast durchweg in kollektivsymbolischen Netzen. Die bei ihm aufscheinenden Bilder werden häufig verbalisiert. So entfaltet sich ein Welt-Bild, das dicht und hermetisch wirkt. Diese Dichte äußert sich am ehesten in der verwendeten Kollektivsymbolik.

2.12. Implikate: Bei 2.5. (Art und Form der Argumente) bereits mitbehandelt

2.13. Bedeutungsfelder

2.13.1. Substantive

Material:

Die 825 Substantive verteilen sich auf die folgenden Bedeutungsfelder:

Nationen, Nationalitäten: 107mal

Türkei/Türken: 30mal

Israel/Juden: 15mal

Deutschland/Deutsche: 15mal

Afrika/Schwarze: 7mal

Polen: 8mal

Zigeuner: 6mal

Spanien/Spanier: 6mal

Ausländer: 4mal

Holländer: 2mal

Ostpreußen: 2mal

Rußland/Russen: 2mal

Libanon: 2mal

DDR

Italien/Italiener

Molukken

Irak

Indien

Korea

Vietnam

Franzosen

Insgesamt werden 19 Nationen/Nationalitäten über hundertmal angesprochen, woraus geschlossen werden kann, daß das Thema »Ausländer« breit zur Kenntnis genommen wird. Nicht zufällig werden die Türkei/die Türken am häufigsten genannt. Sie gelten als »die« »Ausländer«, geradezu prototypisch. Hier spielt aber natürlich auch die Arbeitssituation eine große Rolle: 30% der Kollegen des IM waren Türken.

Auffällig ist die häufige Nennung von Juden/Israel. Das erklärt sich aus den sehr lebhaften Erinnerungen des Ehepaars an die Zeit des Dritten Reiches.

Deutsch/Deutschland werden ebenso häufig angesprochen.

Recht häufig auch Afrika/Schwarze, Polen und Spanier

(andere) Sitten/Gebräuche/Gewohnheiten/Probleme: 56mal

Davon:

Probleme/Schwierigkeiten/Belästigungen: 20mal

Eßgewohnheiten/Nahrungs- und Genußmittel: 16mal

Kleidung/Kopftücher: 6mal

Sprache/Sprachprobleme: 6mal

Sonstige (Feiertage, Geschäftsleben etc.): 8mal

Familie, Verwandtschaft, Bekanntschaft: 100mal

Dies ist für die Interviewten ein ganz zentrales Thema, um das ihr Denken immer wieder kreist. Ebenso wie

Zeitbestimmungen (Jahre, Monate, Tage etc.): 65mal

Menschen(-massen): 19mal

Geld/Reichtum/Wohlstand: 32mal

Nachbarschaft, Wohnen: 60mal

Gegenstände des täglichen Bedarfs (Kleidung, Möbel, Nahrungsmittel): 37mal

Verkehr/Verkehrsmittel/Reise: 37mal

Orte und Straßen: 34mal

Arbeit/Arbeitswelt: 35mal

in Floskeln etc. : 26mal

»Unsere Ordnung«, Recht und Ordnung, Ruhe und Ordnung, Gesetz, Polizei, deutsche Tugenden und Werte: 25mal

Krieg, Golfkrieg: 24mal

Natur/Tiere/Klima: 22mal

(Eigen-)Namen: 21mal

Abgrenzungen/Unterscheidungen: 21mal

Körper(-teile): 16mal

Religion/Kirche: 15mal

Politik/Politiker: 12mal (2mal Vogel, je einmal Kohl, Süßmuth, Saddam)

Verstand/Mentalität/Gefühl: 12mal

Geschäfte/Geschäftsleben: 11mal

Medien: 11mal

Institutionen/Administration: 8mal

Gesundheit: 6mal

NS-Zeit: 5mal

Schimpfwörter: 4mal

Berufsbezeichnungen: 4mal

Schlußfolgerung:

Die Wirklichkeit wird aus der Perspektive der heimischen Idylle heraus und mit starken retrospektiven Bezügen betrachtet. Es dominieren die Bedeutungsfelder Familie(nbeziehungen), Verwandtschaft, Bekanntschaft, Wohnen, Nachbarschaft, (meist) nahegelegene Stadtteile, Orte und Straßen, öffentliche Verkehrsmittel, (eigene) Arbeitswelt, Raum und Zeitbezüge. Eine wichtige Rolle spielt auch Wohlstand, Geld und Sicherheit. Daneben Naturliebe, aber auch Bedrohung durch die Natur /Sandsturm, Wolken). (Hierzu siehe auch Kollektivsymbolik.)

Die große Politik spielt, ebensowenig wie Kirche/Religion/Glauben, fast keine Rolle, die Sicht ist ausgesprochen privat.

Die große Zahl der Nationalitätenansprachen, Eingehen auf fremde Sitten und Gebräuche und der damit verbundenen Schwierigkeiten erklärt sich aus der Thematik, die von Ie ziemlich straff vorgegeben ist.

Diese Sicherheit wird als potentiell bedroht angesehen, durch »Fremde«, die oft als Masse gesehen werden, und durch Kriegsgefahr. Häufig treten daher auch Abgrenzungsfloskeln auf. Dem werden die deutschen Tugenden, deutsche Stärke, Ruhe und Ordnung als Schutzwall entgegengestellt.

2.13.2. Adjektive

Material:

Die Gesamtzahl der Adjektive und (inhaltsgeladeneren) Adverbien beträgt nur 392.

Zahlen- und Mengenangaben:

Bei den Adjektiven dominieren mit 163 Fällen die bestimmten und unbestimmten Zahlen- und Mengenangaben, insbesondere für Geldbeträge, Anzahlen von Menschen und Zeitangaben.

Positiv wertende Adjektive (gut, hübsch, interessant, herrlich etc.: 67

Negativ wertende Adjektive (verbiestert, fanatisch, stur, schlimm, raffiniert, furchtbar etc.: 45

Temporale Adjektive: 31

Lokale und raumbezogene Adjektive: 24

Auf Wohlstand/Kosten bezogene: 18

Nationalitätenbezeichnungen: 9

türkisch: 4mal

deutsch: 2mal

japanisch: 1mal

schwarz: 1mal

weiß: 1mal

Vergleichende: 11

Modale Adjektive (vielleich, bestimmt, wahrscheinlich etc.): 9

Auf Arbeit bezogene: 3

Sonstige: 12

Schlußfolgerung:

Der Vorrat an Adjektiven und (inhaltsträchtigen) Adverben ist verhältnismäßig gering und wenig variantenreich. Der Löwenanteil ist der der bestimmten und unbestimmten Zahlwörter, von denen sich die meisten auf Geldbeträge, Jahreszahlen und Menschenmengen beziehen. (Vgl. auch die entsprechenden Substantive.)

Auffällig hoch in dieser Relation ist die Zahl der bewertenden Adjektive (zusammen 111), wobei die positiven Wertungen leicht überwiegen.

Auch Zeit und Raum sind gut markiert, was mit den Substantiven korrespondiert.

Auffällig selten sind Nationalitätenbezeichnungen, während diese bei den Substantiven dominieren.

Insgesamt verweist dieser Befund darauf, daß die Sprache von den Substantiven lebt. Es finden sich weitestgehende inhaltliche Korrespondenzen, mit Ausnahme der Nationalitätenbezeichnungen, wo die (gewichtigeren) Substantive absolut dominieren.

2.13.3. Verben

Der Text enthält insgesamt 1213 Verben und Modalverben. Reine Hilfsverben sind nicht aufgenommen.

Haben, werden, können, dürfen, müssen, sollen etc.: 203

sein (einschließlich Kopula): 139

Verba dicendi: 113

Verba sentiendi: 88

Sinnliche Wahrnehmung: 29

Allgemein tätigkeitsbezogen:

machen: 40

Arbeitsbezogen: 31

Wohnen: 34

Auf lokale Bewegungen bezogene (kommen, vorbeikommen, reinkommen, Fahren etc.): 131

Alltagsverrichtungen und -befindlichkeiten: 47

Deutsche und andere Sitten und Gebräuche, Kleidung: 16 (davon 5mal auf TürkInnen bezogen)

(logische) Bezüge herstellende (wie liegen an, gehen um etc.): 21

Sich auf Auskommen und Wohlstand/Geld beziehende: 71

Allgemeine Beziehungen, geben und nehmen: 21

Zustandsbezogene: 10

Zwischenmenschliche Beziehungen und allgemeine Emotionen betreffende (sich verstehen, arrangieren, (nicht) zu Rande kommen, einladen, bedanken, bedauern etc.): 96

Aggressive, kriegerische, negativ wertende, ausgrenzende, berohende, deutsche »Tugenden« betreffende, Bezüge herstellende: 96

Sonstige: 27

Schlußfolgerung:

Ein sehr großer Teil der Verben ist sehr blaß, das Repertoire (Type-Token-Ratio) ist gering. Sie dienen vor allem dazu, allgemeinste Relationen herzustellen.

Hervorzuheben sind die Verben, die das Wohnen und Haushalten (Geld, Besitz) betreffen, die Gestaltung der zwischenmenschlichen Beziehungen und die ausgrenzenden, kriegerischen, aggressiv deutsche Tugenden betonenden etc. Die letztere Gruppe hält sich im übrigen mit der vorweg erwähnten genau die Waage.

Fazit: Das insbesondere sich bei den Substantiven zeigende Bild, daß der private und zwischenmenschliche Bereich und das eigene Wohlbefinden besonders intensiv betrachtet wird und »Fremdes« ausgegrenzt und als bedrohlich erfunden wird, bestätigt sich hier.

2.14. Allgemeiner Stil

und

2.15. Allgemeiner Wortschatz

Der von den Interviewten gesprochene Text enthält

- 825 Substantive
- 1213 Verben inklusive Modalverben
- 392 Adjektive, Zahlwörter und Adverbien (wobei bei den Adverbien nur die »inhaltsträchtigen« aufgenommen wurden)

Obwohl die Verben häufig blass sind und der Vorrat an verschiedenen Verben recht beschränkt ist, verlebendigen sie doch den Text (kein Nominalstil). Sie verweisen auf lebhaftes Erzählen. Wenig Mühe macht man sich um »Dekoration«. Die Zahl der (schmückenden) Adjektive und Adverbien ist sehr gering. Der Vorrat ist sehr klein; viele Zahlwörter.

Man könnte also von lebhaftem, aber schmucklosem Erzählen sprechen.

2.16. Funktion des Interviewenden/Übergänge vom Interviewer zu den Interviewten

Mit 190 Redeaufnahmen mischt sich Ie meist nur mit Fragen und kurzen Bestätigungen in das Gespräch ein. Er steuert, unterbricht, nur selten auch an Stellen, wo die Interviewten noch nicht zu Ende geredet haben. (Vgl. Übergang 34-35) Ie gibt die Stichwörter, verfolgt sein Thema intensiv. Gelegentlich und selten werden Suggestivfragen gestellt:

64 Ie: »Ja, ich mein, in N., da wohnen doch einglich auch mehr Ausländer als hier.«
Im antwortet, keineswegs eingeschüchtert:»Nä, dat kann ich nich sagen, ganich, nä!«

Die Frage, ob er Inhalte/Aussagen suggeriert hat, ist aber nicht völlig von der Hand zu weisen.

Vgl. auch Ie: 78 »Obwohl dat ja en Problem is ...«

Hier beißt Im denn auch etwas verunsichert an:

Im: 79 »Ja, könnte! Hätte sein könn.«

Worauf er dann loslegt und eine erste noch relativ harmlose Story über die Abweisung eines wohnungssuchenden Türken erzählt.

Man könnte sagen, ich habe die Interviewten etwas mühsam zum von mir gewollten Thema hingeführt. Ich meine aber, daß ich nicht manipuliert habe, sondern zu bestimmten Aussagen angeregt habe. Es kann ja nichts gesagt werden, was die Leute nicht bereits längst im Kopf gehabt haben.

Im Sprachduktus paßt sich Ie den Interviewten eng an, kein Wunder, da dies die auch von ihm in Kindheit und Jugend gesprochene typische Ruhrgebietssprache ist.

2.17. Selbstdarstellung der/des Interviewten und aktuelle Lebenssituation

In das Interview geht auch ein Bild der/des Interviewten von sich selbst ein. Mir scheint es wichtig, auch dieses zu bestimmen zu versuchen, weil ich davon ausgehe, daß die Aussagen zu EinwanderInnen etc. auch etwas mit der Verortung des eigenen Ich/Wir in der Welt zu tun hat. Es ist zwar bereits sichtbar geworden, daß die Interviewten darum bemüht sind, ein positives Bild von sich zu zeichnen, insbesondere wenn es um den Unterschied zu EinwanderInnen oder um Relativierungen rassistischer Positionen geht. Hier sollen deshalb darüber hinaus allgemeine Aussagen über sich selbst analysiert werden.

Im folgenden liste ich alle Aussagen auf, in denen die Interviewten als Personen auftreten, sich persönlich darstellen:

Im: Ich komm da nicht so sehr zu Rande mit dem vielen Lesen (7)
Iw: Das kriegen wir ja häufig von Bekannten, ne!? (8)
Im: Wir sind hier immer durchgegangen, wenn der Rotdorn geblüht hat (28)
Im: da hab ich en herrlichen Blick gehabt (42)
Im: Ich würde da ga keinen Unterschied sehen (53f.)
Iw.   Da wa jeder so mehr für sich allein (60f)
Im: Wat ich an und füe sich nich sajen kann. (62)
Im: Nä, dat kann ich nich sagen, ganich, näh!
Iw: Kann ich ja auch nich essen, näh!? Ich muß ja auf mein Colesterin - vorsichtich sein, näh!
Im: sach ich immer (81)
Im: wat sollten we damit, ne?! (181)
Im: Ich hab mich immer gewundert(355f)
Im: Näh! Die letzten 20 Jahre war ich auf der Kokerei. (364)
Im: wir warn ja früher so mehr katholisch. (378f.)
Im: Wir ham ja verschiedene gekannt (407)
Im: wir ham ja akzeptiert. Wir hätten dat anstanslos akzeptiert. (474)
Im: da hätte ich keine Probleme gehabt (477)
Im: Nä, ich seh an und füe sich, auf de Arbeit, da bin ich mit allen gut ausgekommen. (484f.)
Im: Ich hab damals noch selbs gedreht (489)
Im: Jetz wo ich Filter rauch, brauch ich die nich mehr (490)
Iw: Wie ham ja ganz schön zwischen den Türken gewohnt in B., ne? (525)
Im: Ich mein, ich bin kein Judenhasser gewesen, von Anfang an (566f)
Iw: Nä, wir auch nich, wir ham ja mit ..(568)
Im: weiß ich einglich gar nich .. (575f.)
Im   Ich nehm dat an , dat dat typisch is (609)
Im: Wir warn - inne Eifel mal inne Kur. (609f.)
Im: we kenn ja die Geschichte nich (664f.)
Im: ich weiß nich, dat is schon viele hundert Jahre her (668f.)
Im: Dat versteh ich auch nich. (680)

Um: Ich mein(717)

Im: da hätt ich ga keine Bedenken(726)

Im. Da ham wer anfüsich keine Probleme gehabt. (755)

Im: Sicher, ich mein, die sind arm dran. (781)

Im: Ich mein, schon als Kinder ...(782)

Im: Nä, dat möcht ich - dat muß man nich behaupten (793f.)

Im: Aber ich mein, wenn ... ((820)

Im: Ich find das alles sehr interessant!(824)

Iw: Ich würde nie darüber schimpfen, nich?! (834)

Im: Ja, ich weiß (835)

Im: Nä! Ich nehme an, dat die dat zu Hause machen. (859)

Im: Manchma schimpf ich schon ga nich mehr. (863)

Im: Weil ich ja immer dahintersitze. (866)

Im: Weil ich dat von zu Hause nich kenn (866f.)

Im: Un wenn ich sowat seh, dann ärger ich mich, und da sach ich mich: »Laß dat doch sein! « (868f.)

Im: vorige Woche, glaub ich (72)

Im: Abe ansonsten hab ich in diese Beziehung nich zu klagen. (872f.)

Im: Ich bin ja da verrück(899)

Im: Wenn ich irgendwie da son Problem hab, dann muß dat gelöst werdn. ((99f.)

Im: Ich meine, die ha haben sich übervölkert. (913f.)

Im: Ich weiß ja nich (924)

Im: ich seh dat nich unbeding als dat Wichtigste dabei (956)

Im: Ich weiß auch nich, ob dat zu ändern is (968f.)

Im: Ich bin ja nich mehr so interssiert(969f)

Im: We denken un hoffen, dat we unsere zehn Jahr noch abgerissen kriegen und dann unsere Ruhe, unsere endgültige Ruhe ham. (969-971)

Im: Ich glaube, dat er da nur zu 50% recht hat. ((980)

Im: Ich meine, dat hat der da gekippt. (980f.)

Im: Ich meine, dat is meine Meinung (981)

Im: Ich weiß nich, ... ((985)

Iw: Abe sonst möchte ich nicht alleine am Abend da (1013)

Im: Ich weiß nich, ob et stimmt (1021)

Im: Dat Geld könn we ja gar nich ausgeeen, wat we haben! ((1066f)

Im: Wir kriegen et kaum auf(1069)

Im: Jeden Monat, kann ich sagen, kann ich so 500 Mark zurücklegen. ((1070)

Im: Ich trau da dem nich, dem Knaben! ((1081)

Über 60mal sprechen die Interviewten in der ersten Person Sing. oder Plural von sich selbst bzw. äußern sie sich als Person direkt. Auffällig sind hier die relativierenden Elemente (Ich meine, ich glaube, ich nehme an, ich weiß nich, wat ich anfüsich nich sagen kann, we kenn ja nich, dat versteh ich auch nich, ich trau dem nich, ich bin ja da nich mehr so sehr interessiert etc.)

Äußert sich hier die Haltung des Kleinen Mannes, der den »Dingen« relativ verunsichert gegenübersteht? Ohnmacht?

(Stolze) Selbstkritik: ich bin ja da so verrückt (in Sachen Ordnung und Sauberkeit).

Doch dem Kleinen Mann (Rentner) geht es gut. Er hat mehr als er ausgeben kann, wie er selber sagt. Er wird also gut versorgt, als Ausgleich für seine Ohnmacht und seinen Gehorsam? Die Durchsicht der anderen Personalpronomina hat ergeben, daß er sich als Teil des Ganzen sieht (der Volksgemeinschaft). Als dieser Teil, der ordentlich und brav Leistung bringt/brachte, (fast völlig) unkritisch ist gegenüber dem, was geschieht, geht es ihm gut. Diese Position könnte bedroht werden durch »die anderen«, worauf er ständig hinweist.

Im ist SPD-Wähler und alter Gewerkschafter. Die Ideen der Grünen lehnt er nicht ab, besonders was die ökologischen Vorstellungen angeht. Auch dem DKP-Parteiprogramm gewinnt er positive Züge ab. Er berichtet aber von Gesprächen mit DKP-wählenden Kollegen, in denen er sie auffordert, SPD zu wählen, da sonst die Stimmen für die Kraft der Arbeiterpartei SPD verloren seien. Mit den Republikanern hat er allerdings nichts am Hut. So ist er wohl der typische Kleine Deutsche Mann, der sich für offen und relativ aufgeklärt hält, in Wirklichkeit aber die Welt so sieht, wie sie ihm zu sehen verordnet ist.

Dieses Bild rundet sich ab, wenn man die Lebensumstände der Beiden betrachtet. Sie leben in einem hübschen Einfamilienhaus, das ihnen die inzwischen reichen Kinder finanziert haben, in einer außergewöhnlich guten Wohngegend, nachdem sie bis vor einem Jahr in einem Hochhaus in einer mittleren Wohngegend gewohnt hatten und zuvor ihr ganzes Leben in einer reinen Arbeitersiedlung dicht an der Hütte. Sie verstehen sich gut, gehen oft im nahen Wald spazieren. Er geht gelegentlich in die Kneipe, trinkt in Maßen täglich sein Bier und seinen Schnaps. Beide sind relativ gesund. Sie hat ein bißchen Zucker, aber (70jährig) noch eigene Zähne. Er raucht stark und viel. Holt täglich am Kiosk seine Bildzeitung. Sie sehen täglich 5-6 Stunden TV, hauptsächlich Unterhaltungssendungen, aber auch Nachrichten. Er verfügt über ziemlich viel allgemeines und politisches Faktenwissen, verfolgt also die Medien durchaus. Sie hegen und pflegen den (ungewohnten) Garten wie ihre Stube. Zugleich sind sie freundlich und bescheiden. Suchen Bekanntschaft, sind immer freundlich und ansprechbar. Es ist die Altersidylle, von der wohl jeder Kleine Mann träumt. Jegliche Bedrohung dieser Idylle muß gefürchtet werden.

2.18. Die Frau:

Da in meinem Interview neben dem Hauptinterviewten auch seine Frau anwesend war und in das Gespräch eingegriffen hat, muß zu Anteil, Art und Weise der Sprache der Frau etc. noch etwas Genaueres gesagt werden:

Anteil am Interview: Insgesamt wird 524mal das Wort ergriffen. Ie spricht 190mal, Im 235 und Iw 99mal. Nur selten steuert Iw aber längere Passagen bei. Nur 15 ihrer

Redebeiträge sind 3 Zeilen oder länger. Häufig spricht sie nur einen Satz oder ein Wort.

Themen: Iw beteiligt sich an allen Themen, denkt tendenziell genau so wie der Mann. Einige Male initiiert sie selbst Geschichten, vgl. die Straßenbahnstory 233-239, die Judenstories 627-643 und 744-758, die Sinti- und Roma-Story 759-787 u.a.. Der Löwenanteil liegt aber bei Im. Hervorzuheben ist, daß Iw besonders häufig auf die »hübschen Kinder verweist« und offensichtlich damit »härtere« Aussagen ihres Mannes zu relativieren versucht. Auch ihre zweite Judenstory ist relativ »weich«, während der Mann knallhart darauf reagiert. Nichtsdestoweniger ist aber auch sie »hart drauf«, was rassistische Aussagen angeht. Sie scheint aber etwas stärker bemüht zu sein, keinen schlechten Eindruck zu machen.

Auch in der Sprache unterscheidet sie sich kaum, wenn auch ihr »Platt« nicht ganz so breit ist.

Insgesamt scheint es gerechtfertigt, den Text als uni sono zu behandeln.

II. Feinanalyse und Interpretation einer Artikelserie aus der Bild-Zeitung als Element des bio-politischen Diskursstrangs in den Printmedien

Die Gesamtanalyse des bio-politischen Diskursstrangs stellt dar: Margret Jäger/Siegfried Jäger/Ina Ruth/Ernst Schulte-Holtey/Frank Wichert (Hg.): Biomacht und Medien. Wege in die Biogesellschaft, Duisburg 1997

Siegfried Jäger

Spiel mir das Lied vom Tod.
Bio-Politik in der BILD-Zeitung

»Wer das Volk erreichen will, muß in BILD schreiben.« (Helmut Schmidt 1993)[263]

»Die Bildzeitung stülpt ... der gesamten Gesellschaft ihre Normalisierungsgeschichten über den Kopf, sie schafft mit ihren Narrationen ihre ›normale‹ Welt, die – als reine Fiktion betrachtet – die wirksamste aller ›Unendlichen Geschichten‹ zu nennen nicht unpassend wäre, schafft sie (...) als Realität.« (Jürgen Link 1986)[264]

»Die Botschaft von Bild lautet ..., daß es keine denkbare Botschaft mehr gibt; sein einziger Inhalt ist die Liquidierung aller Inhalte.« (Hans Magnus Enzensberger 1988)

Großregulator BILD: Eine knappe Einleitung

Die populistische und gelegentlich die Grenze zum Rechtsextremismus streifende Boulevard-Zeitung BILD erreicht 15-20 Millionen Leser täglich, also etwa ein Drittel aller Erwachsenen in Deutschland. Trotzdem wird dieses »Monster aus dem Hause Springer«, wie Hans Magnus Enzensberger die »Erfolgszeitung« tituliert, – politisch vielfach unterschätzt – trotz der Proteste der Studentenbewegung, trotz Günter Wallraffs spektakulären Enthüllungen.[265] Dabei ist BILD eine Diskursma-

---

263 In Bild vom 2.4.1993, in Großlettern und als Kopfleiste der ersten Seite. Hans Magnus Enzensberger »antwortet«: »Das Volk hat seine Stimme abgegeben – an *BILD.*«

264 Link 1986d, S. 229. Vgl. auch Jäger 1993a (Einleitung).

265 Das gilt auch für die scharfsinnige Analyse von Hans Magnus Enzensberger, der meint: »Jede Aufklärung über die *Bild-*Zeitung ist vergeblich, weil es nichts über sie zu sagen gibt, was nicht alle schon wüßten.« (Enzensberger 1988a, S. 83) Was den bio-politischen Diskursstrang angeht, der hier für *Bild* analysiert wird, so unterscheidet sich

schine, eine Art »Großregulator«[266], der nicht unerheblich dazu beiträgt, derzeit hegemonialen rechts-konservativen Diskursen breite Akzeptanz zu verschaffen oder anders: Sachverhalten zur Normalität zu verhelfen, die eigentlich höchst unnormal, grausam, unmenschlich und abschreckend sind.[267]

Zwar *manipuliert* BILD auch Fakten. Das hat etwa Günter Wallraff immer wieder aufzeigen können. Aber darin liegt m.E. nicht die primäre Gefahr, die von diesem Blatt ausgeht. Ich sehe diese sehr viel stärker in ihrem *spezifischen Regulationspotential*, in ihrer Fähigkeit, völkisch-nationalistisch geprägte Akzeptanzdiskurse zu installieren und vital zu halten. Das gilt auch für den bio-politischen Diskurs.[268]

Der bio-politische Diskurs in BILD im Jahr 1994

1994 hat die BILD in rund 220 von mir aufgefundenen und analysierten Artikeln und Meldungen etwa die Hälfte der bio-politischen (Unter-)Themen angesprochen, die wir im Mediendiskurs dieses Jahres insgesamt ausfindig gemacht haben.[269]

Die gefundenen Artikel lassen sich den folgenden Hauptthemen zuordnen, womit sich weitere thematische Schwerpunkte zu erkennen geben:[270]

Bild von anderen Zeitungen kaum darin, daß sie ein großes zusammengehöriges Feld beackert, aber zugleich in viele Teile zerstückelt, so daß es als dieses große zusammengehörige Feld überhaupt nicht sichtbar wird. Damit trägt das Blatt erheblich dazu bei, Massenbewußtsein in Richtung Akzeptanz des gesamten Feldes zu regulieren – wie im einzelnen zu zeigen sein wird. Diese Tatsache ist unbekannt, weil sie unbekannt bleiben soll, da der Regulationsmechanismus ansonsten nicht wirklich funktionieren würde. Darüber gilt es aufzuklären!

266 Vgl. Jäger 1993a.

267 Vgl. zum Verhältnis von Akzeptanz und Normalität Link 1995a, S. 53. Link zeigt, daß durch Schaffung von Akzeptanz bestimmte Praxen als normal suggeriert oder sogar hergestellt werden. So könnte es eines Tages »normal« sein, daß man sich nach »Verbrauch« neue Organe implantieren läßt.

268 Vgl. dazu Wallraff 1977, 1979; Jäger 1993a.

269 Genau: 38 von 70 Unterthemen. Solche Zahlenangaben sollten nicht überbewertet werden. Sie können aber grobe Trends und Verteilungen kennzeichnen. Die Fragwürdigkeit solcher Quantifizierungen wird auch daran deutlich, daß die meisten Artikel mehrere Diskursfragmente enthalten, also mehrere Themen ansprechen und auch solche, die außerhalb des bio-politischen Spektrums liegen; ferner, daß Artikel von sehr unterschiedlicher Länge auftreten, daß sie Bestandteil von Serien sein können, in dichterer oder loserer Abfolge auftreten und daher unterschiedliches Gewicht für die Stabilisierung oder gar Erzeugung des bio-politischen Diskursstranges haben können. Wichtig ist hier vor allem, daß sich, wie gezeigt werden wird, ein differenzierter und relativ homogener Diskursstrang ermitteln läßt, der diesen unter Zuhilfenahme bestimmter diskursiv-strategischer Mittel ständig reproduziert.

270 Es zeigt sich bereits an den folgenden Themenbenennungen, daß der bio-politische Diskursstrang mit anderen, etwa dem der Kriminalität, eng verflochten ist. Zu den Effekten solcher Verschränkungen generell vgl. M. Jäger 1996a, die die Verschränkung

- Krankheit/Gesundheit[271]
- Tod/Sterben[272]
- Ethik[273]
- Geburt/Leben[274]
- Sex/Gender[275]
- Ernährung[276]
- Ökonomie[277]

Diese Auflistung ergibt, daß das Thema Gesundheit/Krankheit absolut dominiert (89); es folgt Tod/Sterben mit 65, Ethik/Menschenbild mit 27, Geburt/Leben mit 21, Sex/Gender mit 15, Ernährung mit nur 8 Artikeln und am Ende Ökonomie mit nur 1 Artikel. Auffällig ist die geringe Beachtung der Ernährung; das ist einigermaßen erstaunlich, denn, wie Umfragen ergaben, ist die Gen-Manipulation von Lebensmitteln für die Deutschen das Thema, das ihnen am meisten Angst macht. Man vergleiche dazu auch die folgende FOCUS-Grafik vom 31.10.1994.[278]

---

zwischen Einwanderungsdiskurs und Geschlechterdiskurs untersucht hat. Es zeigte sich, daß dabei auftretende rassistische und (oft im demokratischen Gewand auftretende) sexistische Elemente sich gegenseitig verstärken. Eine Analyse der Effekte der Verschränkung des bio-politischen Diskurses mit anderen Diskurssträngen kann hier nicht geleistet werden. So viel kann jedoch bereits vermutet werden, daß wir es auch hier mit erheblichen Verstärkereffekten zu tun haben.

271 Dazu gehören klassisch-medizinisches Heilen 3, Gentherapie 9, Gesundheit/Krankheit (allgemein thematisiert) 5, Moderne Medizin allgemein 5, Aids 9, Organhandel 9, Transplantation 24, Alternatives Heilen 1, (Gesundheits-)Forschung 8, Menschenversuche 2, Tierversuche 2, Bionik 3, Chromosomenversuche 2, Gentest 1, Gentechnik 5: 89 Artikel

272 Tod/Sterben 60, Sterbehilfe 5: zusammen 65 Artikel

273 Bio-Ethik-Konvention 3, Tier-Mensch-Wertigkeiten 4, Menschheit 3, Tier-Mensch-Beziehungen 4, Ethisch-philosophische Meinungen 2, Proteste gegen Bio-Ethik-Konvention 1, Behindertenfeindlichkeit 6, Ausgrenzung Kranker 1, Verbrechen mit B-Bezug 3: zusammen 27 Artikel.

274 Abtreibung 4, Bevölkerungskontrolle 7, Designerbabies 9, pränatale Diagnostik 1: zusammen 21 Artikel.

275 Artikel zu den Stichwörtern Geschlechterdefinition 1, Homosexualität 5, Sex 9: zusammen 15 Artikel. Hier sind nicht alle sexistischen Elemente der Zeitung aufgenommen, etwa Pin ups, Kontaktannoncen etc., sondern nur solche Artikel, die das Geschlechterverhältnis und die Geschlechteridentität speziell thematisieren.

276 Stichwort: Genlebensmittel 8 Artikel

277 Stichwort Standort Deutschland 1 Artikel

278 Umfrage der Nürnberger Gesellschaft für Konsumforschung, abgedruckt in FOCUS vom 31.10.94, S. 193.

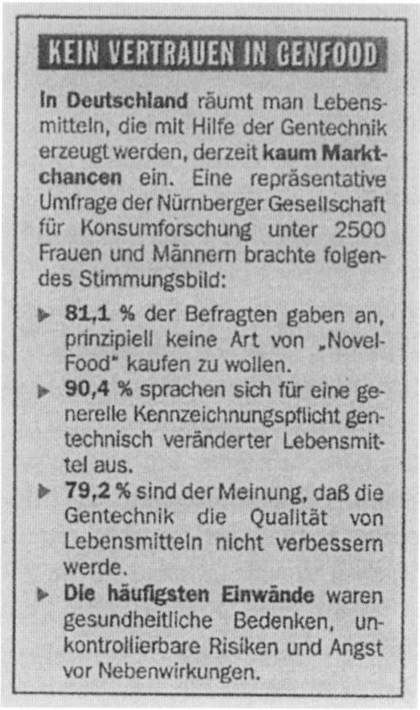
KEIN VERTRAUEN IN GENFOOD

In Deutschland räumt man Lebensmitteln, die mit Hilfe der Gentechnik erzeugt werden, derzeit **kaum Marktchancen** ein. Eine repräsentative Umfrage der Nürnberger Gesellschaft für Konsumforschung unter 2500 Frauen und Männern brachte folgendes Stimmungsbild:

- **81,1 %** der Befragten gaben an, prinzipiell keine Art von „Novel-Food" kaufen zu wollen.
- **90,4 %** sprachen sich für eine generelle Kennzeichnungspflicht gentechnisch veränderter Lebensmittel aus.
- **79,2 %** sind der Meinung, daß die Gentechnik die Qualität von Lebensmitteln nicht verbessern werde.
- **Die häufigsten Einwände** waren gesundheitliche Bedenken, unkontrollierbare Risiken und Angst vor Nebenwirkungen.

Abb. 17

Entsprechend kann die Dominanz des Themas Gesundheit/Krankheit in BILD so interpretiert werden, daß in diesem Bereich (Gentherapie, Anti-Krebs-Mittel) am ehesten Akzeptanz in der Bevölkerung zu erwarten ist, weil es hier (angeblich) um lebensverlängernde und gesundmachende Techniken geht. Dazu korrespondiert die relativ häufige Besetzung von Tod/Sterben in der Weise, daß der *Schöne Tod* propagiert wird (und die Sterbehilfe). Interessant ist, daß BILD Themen wie Sterben geradezu verklärt und als positives Ereignis in den Vordergrund rückt. Sterben müssen wir alle, letztlich. Das stützt einerseits Themen wie Euthanasie (= schöner Tod). Sie erscheint nicht so schlimm, wenn der Tod schön ist bzw. das Erleben des Vorgangs im letzten Stadium und auch nach dem Tod. Zugleich wird das Leben in den Tod hinein verlängert – man stirbt nach BILD nicht wirklich, der Tod wird als eine Art Orgasmus vorgestellt.

Freilich wird auch der Unfalltod, der Tod von Prominenten, von bekannten Sportlern groß herausgestellt. Es gibt also auch den schrecklichen Tod, daneben Übergänge zwischen beiden, etwa wenn der Tod einer berühmten Schriftstellerin als schöner Tod inszeniert wird. Diesem Themenspektrum werde ich mich in einer ausführlichen Analyse später zuwenden, auch weil es in dieser Form in keiner anderen der von uns analysierten Zeitungen zu finden war.

Das Thema Ethik/Menschenbild ist in BILD gut besetzt, aber durchweg auf schlichte Weise. In nur drei kurzen Artikeln wendet man sich *gegen die Bio-Ethik-Konvention*, so etwa in einem Leserkommentar vom 9.10.1994. Torsten Klitsch, Service-Techniker aus Lahr, schließt sich der Ablehnung der Bischöfe an. Zudem verweist er auf die Euthanasie im Dritten Reich und auf den behinderten genialen Mathematiker Stephen Hawking. Dieser Leser-Kommentar hat die Funktion, auf die Bedenken in der Bevölkerung aufmerksam zu machen. BILD selbst bezieht hier nicht Position, von einem Leser kann BILD sich auch leicht wieder distanzieren.

Wenige Tage vor diesem Kommentar gab es eine knappe Meldung (am 4.10.), die sich ebenfalls gegen die Konvention richtete. Am 2./3. hatte BILD den Vorsitzenden der katholischen deutschen Bischofskonferenz zu Wort kommen lassen und seine Stellungnahme gegen die Bio-Ethik-Konvention ausführlich zitiert. BILD selbst hält sich in dieser Hinsicht äußerst zurück.

Das Thema Geburt/Leben behandelt die spektakulären und spekulativen Aspekte dieses Zusammenhangs, etwa Designerbabies, ein Thema, das für den Alltag der Menschen ja nun wirklich keine größere Rolle spielt; aber auch die Notwendigkeit der Bevölkerungskontrolle wird unterstrichen, wodurch ein Anschluß an den Diskurs der Einwanderung vorgenommen wird, der in BILD durchweg rassistisch aufgeladen ist.[279]

Die Sex/Gender-Thematik wird in BILD täglich auf soft-pornographische Weise angesprochen, worauf hier nicht näher eingegangen werden soll. Daneben interessieren »Abweichungen« wie Homosexualität und Sex als Praxis, auf die man sich offen und geschwätzig mit Tips und Ratschlägen bezieht.[280]

Unmittelbar ökonomische Probleme und Möglichkeiten, die sich in Verbindung mit der Genmanipulation, aber auch anderen bio-politischen Themen ergeben, werden von BILD ebenfalls nicht oder nur ganz am Rande angesprochen. Die vielfach ins Feld geführte Standort-Argumentation, mit der die Akzeptanz der Deutschen sozusagen erpreßt werden soll, taucht nur in einem einzigen Artikel und nur als knappe Nachricht auf: Es wird davor gewarnt, daß Deutschland »den Anschluß verpasse« an die weltweite Entwicklung der Gentechnik. Weshalb diese Zurückhaltung geübt wird, kann nur vermutet werden. Es dürfte wohl kaum zum ideologischen Repertoire einer tendenziell rechts-konservativen Zeitung gehören, der Bevölkerung mit einer Schwächung der nationalen Wettbewerbsfähigkeit zu drohen. Hier zeigt sich die Zwickmühle zwischen nationalen Interessen und der Internationalität des Kapitals.[281]

BILD geht auf andere Weise mit den Bedenken der Deutschen, die ihrer Diskursposition nicht entsprechen, um: Sie macht sich darüber lustig.

BILD bringt am 5.10.1994 eine Statistik, nach der jeder 5. Deutsche Angst vor »der Gen-Technik« hat. Es handele sich um eine Studie des Düsseldorfer Instituts für Sozialpsychologie. Interessant ist dabei die Reihenfolge: Jeder 2. Deutsche hat Angst vor einem Unfall in einem Kernkraftwerk, 40% ängstigen sich vor giftiger Chemie, jeder 3. ängstigt sich vor dem Treibhauseffekt, 10 von 100 glauben, daß Hochspannungsleitungen und Mobilfunk krank machen. Und: »Jeden 5. ängstigt die Gentechnik.« Wie in der Struktur von Witzen, erscheint in abnehmender Reihenfolge die

---

279   Vgl. dazu etwa Jäger 1993a, oder bereits Quinkert/Jäger 1991.

280   Zu diesem Bereich der Bio-Politik müssen eigenständige Untersuchungen durchgeführt werden.

281   Joachim Hirsch skizziert das Problem wie folgt: »Wenn sich alles ... dem Diktat der ›Standortsicherung‹, das heißt der Schaffung profitabler Rahmenbedingungen für ein global operierendes Kapital, zu unterwerfen hat, verengen sich die Handlungsspielräume der Regierungen so sehr, daß den liberaldemokratischen Institutionen entscheidende Grundlagen entzogen werden. Gleichzeitig erweisen sich die konkurrierenden Nationalstaaten immer weniger als fähig, mit globalen Bedrohungen, den sozialen Desastern und Umweltkatastrophen fertig zu werden.« (Hirsch 1995, S. 7)

Gentechnik auf dem letzten Platz der Angst-Hitliste, nach der irrationalen Angst vor Mobilfunk. Die Botschaft von BILD lautet: So BLÖD ist die Angst vor der Gentechnik, noch dümmer als die Angst vor dem Mobilfunk. Diese Lesart wird dadurch erhärtet, daß auf der gleichen Seite ein Kommentar von Paul C. Martin zu finden ist, der sich über die Technik-Angst der Deutschen belustigt und empört (»Bangemachen gilt nicht!«). Die Düsseldorfer Wissenschaftler hätten Angst mit Befürchtung, Besorgnis, Antipathie verwechselt.

Betrachtet man die Verteilung der Artikel übers Jahr, so läßt sich feststellen, daß die bio-politische Thematik kontinuierlich angesprochen wird, allerdings mit einer deutlichen Steigerung in der zweiten Jahreshälfte. Das geht einher mit der Neuaufnahme von Themen wie *Aids, Behinderte, Krankheit, Gentechik* (über die vorher nur einmal berichtet worden war), *Organhandel, modernste Medizin, Sexualität* (Serie). Manche Themen verschwinden völlig wie etwa *Gentherapie*. Genetisch verfahrende Therapie war in der ersten Jahreshälfte durch das Vorpreschen einiger schneller Mediziner in die Schlagzeilen geraten, die ihre Versprechen aber alsbald wieder stark relativieren mußten.[282]

BILD hat knapp die Hälfte der Themen aus unserer Querschnitts-Liste, die die Themen aller Zeitungen umfaßt, nicht aufgenommen. Dies gibt Aufschluß darüber, wo dieses Blatt Schwerpunkte setzt und welche Themen evtl. als zu heikel oder zu schwierig für die Klientel angesehen werden etc.

Interessant ist z.B., daß BILD die Bio-Ethik-Debatte, die während des Jahres 1994 im In- und Ausland teilweise vehement geführt wurde, fast völlig ausgespart hat. Es fehlen ferner z.B. Themen wie *Embryonen, Freilandversuche, Genpatente, Gentechnik-Organisationen, Keimbahn, Mißbildungen, Nord-Süd-Konflikt, Psychiatrie, psychische und soziale Faktoren bei Krankheiten, Samenbanken, transgene Experimente* und *Tierrechte*. Es sind also besonders die heiklen, problematischen Themen, die BILD ausläßt. Es ist zu vermuten und soll im weiteren Verlauf genauer überprüft werden, daß BILD einen massiven Pro-Bio-Politik-Kurs steuert, indem sie die üblen Seiten der bio-politischen Medaille unterschlägt, von ihr positiv gesehene, an denen eine um Akzeptanz bemühte Berichterstattung ansetzen möchte, aber groß herausstellt.

Auffällig ist, wie in den anderen Zeitungen auch, daß die Artikel und ihre jeweiligen Unterthemen kaum den oben dargestellten Oberthemen und schon gar nicht einem einzigen (tendenziell) einheitlichen Diskursstrang zugeordnet werden. Das hat zur Folge, daß in Teilbereichen der Thematik Geländegewinne hinsichtlich der Akzeptanz möglich sind, während andere Bereiche vorerst vernachlässigt werden können.

---

282 Zu den gentechnisch-experimentellen Krebstherapien vgl. Artikel z.B. in BILD vom 5.4.1994, S. 1; vom 11.4.1994, S. 1; vom 15.4.1994, S. 1; vom 5.5.1994, S. 1 und S. 13; und vom 7.6.1994, S. 1. Bereits diese Plazierungen zeigen, wie sehr auch BILD diese Nachrichten als sensationell versteht.

Ist aber Akzeptanz in einem größeren Bereich erzielt worden, lassen sich auf dem Hintergrund dieses »Polsters« weitere Themen im Sinne der Akzeptanzgewinnung bearbeiten. Ein Musterbeispiel für diese Vorgehensweise ist es etwa, wenn eine systematische Trennung des humangenetischen Bereichs vom agrarischen vorgenommen wird.[283]

Die bio-politischen Themen werden in BILD in der Regel in Gestalt von Berichten und Reportagen abgehandelt;[284] auch kurze faktenbezogene Meldungen, die die Funktion von Exempla haben, sind relativ häufig zu beobachten.[285] Nur ganz selten werden bio-politische Themen kommentiert.[286] Ferner tauchen weitere Berichte meist mittlerer Länge im Rahmen von Serien auf.[287] Das Thema wird also nicht vorwiegend reflektierend und kommentierend, sondern eher konkret in Gestalt von Faktenberichterstattung abgehandelt, wie es auch sonst dem journalistischen Duktus von BILD entspricht. Gerade das scheint mir aber typisch für eine Regulationstechnik zu sein, die »Fakten« scheinbar für sich selber sprechen lassen will.

Es kann nach diesem Überblick bereits gesagt werden, daß BILD im bio-politischen Themenkomplex die heiklen Themen weitgehend ausspart; daß sie das Gesamt-Thema aber durchgängig wachhält. Sie schafft eher diffuse Hintergründe, als daß sie rational argumentiert oder eindeutig Position bezieht etc. Sie hält die Dinge in der Schwebe und legt sich kaum einmal fest, füttert und stabilisiert aber auf diese Weise letzten Endes einen Akzeptanz-Diskurs gegenüber bio-politischen Sachverhalten. Die folgenden Analysen sollen diese Behauptung weiter ausdifferenzieren.

BILD lesen – und dann in Ruhe sterben!
Der Tod in der BILD-Zeitung

BILD und Tod und Teufel[288]

Das Thema Tod/Sterben beschäftigt BILD über alle Maßen. Sehr regelmäßig und in den verschiedensten Variationen, oft verschränkt mit anderen Unterthemen des bio-politischen Diskursstrangs, hält es immer wieder dazu her, unterschiedlichste kon-

---

283 Vgl. etwa die Untersuchungen und Aktivitäten der *Akademie für Technikfolgenabschätzung* in Baden-Württemberg und dazu insbesondere von Schell/Mohr (Hg.) 1995, die die Chancen der Gentechnik für neue Industrien diskutieren – ohne Fragezeichen. Durch Organisation eines, wie sie sagen, »Gesellschaftlichen Diskurses« (= Bürgerforen, auf denen über Pro und Contra dieser Technologien diskutiert werden darf), wollen sie zur Akzeptanzbeschaffung beitragen.

284 Kurz: 16, mittel: 57, lang 58.

285 Im Nachrichtenkasten: 29, in eigenen Kästen 25.

286 Insgesamt finden sich nur fünf Kommentare zum Thema.

287 Insgesamt 18 mal.

288 Der Teufel ist hier selbstverständlich symbolisch gemeint.

krete Fälle miteinander zu verbinden. Insbesondere ist auffällig, daß und wie sich das Thema Tod/Sterben mit anderen Themen verschränkt. Einige Beispiele zur Illustration:

Ich sterbe jeden Tag (13.3.94, schleichender Tod nach verpfuschter Operation, Verschränkung mit dem medizinischen Diskurs)

Nixon im Todesschlaf. Sein letzter Wunsch: Stellt die Maschinen ab, 23.4. (Verschränkung mit Prominenz und Sterbehilfe)

Oswalt Kolle und die Todesspritze (13.8.94; Der Sex-Berater denkt darüber nach, sich der Euthanasie zu unterziehen. Verschränkung mit dem NS-Diskurs (Euthanasie) und Sexualität, sexuelle Freiheit.)

Herr Kolle, ich will sterben, helfen sie mir! (18.8.94; Der Sex-Berater wird auch in Sachen Sterben/Tod um Rat gebeten. Verschränkung von Tod und Sex.)

Friedlich gestorben. Ein Junge, der nicht mehr leiden wollte... (22.8.94; Verschränkung mit dem medizinischen und dem Euthanasiediskurs.)

»Ich habe ein totes Kind geboren – damit andere überleben« (2./3.10.94; Organspende)

Totes Kind schenkte 5 Menschen das Leben (4.10.94; Organspende)

Braut schenkte Bräutigam Niere (13.10.94)

Ab 21.10.94 folgt eine längere Serie zum Herztod

Hinrichtung in China: Danach kommt der Organhändler (27.10.94)

Arztfehler? Ich pflege mein Kind bis es sterben muß (31.1o.94)

Eltern zeugten 2. Kind, um ihr erstes zu retten (2.11.94)

Der Tod ist so nah, und ich lebe (5.11.94; Organspende)

Bitte, kleine Natalie, lebe weiter (6.11.94; Herztransplantation)

Das Baby der schwangeren Toten (in Erlangen) (10.11.94; Filmbesprechung)

Kunstleber – und so funktioniert sie (15.11.94)

Im Auftrag der Organ-Mafia: Chirurgen nehmen Kranke aus (die Kranken läßt man danach sterben) (21.12.94)

Nach zwei Monaten im Koma »Bericht aus dem Jenseits« (30.12.94)

Das Thema Sterben wird auf den ersten Blick in BILD durchaus unterschiedlich behandelt: als Unfallfolge, Schöner Tod, Selbstmord, Sterbehilfe etc. Der Grundtenor aber ist in nahezu allen Fällen die *Verklärung* bzw. eine Art romantischer »Sympathie mit dem Tod« (Thomas Mann), wie sie in der Serie vom schönen Sterben zum Ausdruck kommt, die ich später noch genauer analysieren werde.

Der Effekt dieser Verklärung ist der, die herrschende Angst vor dem Tod zu relativieren bzw. abzumildern, das Tabu, das über dem Tod liegt, wenn nötig, zu brechen. Das auch von Bild gewünschte positive Verhältnis zum Leben soll nicht durch die Angst vor dem Tod gestört werden, die durch Ereignisse wie Sportler- oder Prominententod in den Alltag eindringt. Der Tod darf deshalb nicht das Ende sein. Er ist ein neuer Anfang ... So wird der Tod selbst ins Leben geholt. Man lebt weiter, ewig. Das ist ganz im Sinne der Bio-Politik:

Bio-Politik ist eine »*auf das Leben* gerichtete Machttechnologie« (Foucault 1983, S. 172, meine Hervorhebung, S.J.), die durch den Tod, verstanden als Ende, wie auch immer er verursacht wird, konterkariert wird. Dem Tod soll also seine negative Bedeutung genommen werden, er soll als etwas ganz Normales oder gar Schönes relativiert werden. Weshalb dies geschieht, das soll im weiteren genauer herausgearbeitet werden.

Enttabuisierung durch Verklärung ist aber nur die eine Seite der Medaille. Die Verklärung bedeutet zugleich, daß es auch nicht so schlimm sein kann, wenn in dieser Gesellschaft (andere) Menschen in den Tod gestoßen werden, freiwillig aus dem Leben scheiden, bei »nicht zu vermeidenden« Unfällen ums Leben kommen etc. Die Enttabuisierung des Todes durch Relativierung erscheint so als eine Voraussetzung dazu, absolut barbarische und kalte Ereignisse zu normalisieren und uns daran zu gewöhnen, sterben zu lassen und zu sterben, um ungestört »Leben machen«, Leben regulieren zu können.

Die »BILD-Serie über die Rätsel des Todes: Ist Sterben schön?«

Sehr dicht wird das Thema Tod/Sterben in einer Serie mit dem provozierenden Titel »Ist Sterben schön?« abgehandelt, die BILD in 11 Tagen hintereinander Anfang 1994 gefahren hat.

Autor der Serie ist Heinz Sünder. Da es um Sterben/Tod und auch um religiöse Vorstellungen etc. geht, könnte der Name ein sinnfälliges Pseudonym sein (für »Jedermann«?). Wie dem auch sei, der Autor Sünder lädt die armen Sünder zur Identifikation ein. Der Name Sünder taucht sonst in BILD nicht auf.[289]

Die Serie mit dem Titel »Ist Sterben schön?« läuft (mit einer Ausnahme am 6.2.) täglich zwischen dem 31.1.1994 und dem 10.2.1994. Nach sechs Vorgaben durch den (angeblichen) Autor Heinz Sünder, und begleitet von ständigen Aufforderungen an die Leser, eigene entsprechende Erlebnisse zu berichten, folgt eine Vielzahl solcher Kurzberichte zwischen dem 7. und 10.2. in Gestalt von Leserbriefen.[290] Die Serie wird – außer durch

---

289 Das Copyright der Artikel liegt bei BILD Hamburg und bei Sünder. Einmal wird auch (bei den Leserbriefen) das Copyright der »Bild-Dokumentation über das Unglaubliche« zugeordnet (Leserbriefe vom 7.2.). Die Teilung des Copyrights läßt darauf schließen, daß Sünder die Serie von außen, etwa über eine Agentur(?) angeboten und an Bild verkauft hat. Zu verweisen ist auch auf das Buch von Moody 1977 als mögliche Quelle oder doch zumindest Quelle der Inspiration und auf verschiedene andere Publikationen zum Thema Tod/Sterben, auf die sich auch andere Springer-Zeitungen wie »Bild der Frau« (21.9.94), »Welt am Sonntag« (4.9.94) oder »Funk Uhr« (11.9.94) beziehen.

290 Zum Jahresende 1994 erscheint ein weiterer kurzer Artikel über eine Jenseitserfahrung, die aber nicht in direktem Zusammenhang zur Serie steht »Nach zwei Monaten im

graphische Entsprechungen – durch ständige Verweise auf die nächste Folge und Aufrufe an die LeserInnen zusammengehalten. Da heißt es etwa provokant: »Waren Sie schon mal im Jenseits? Haben Sie ähnliches erlebt wie die Hauswirtschafterin Cornelia Schreiber? Dann schreiben Sie uns ausführlich ...« Oder: »Waren Sie schon mal drüben ...? Waren Sie in der Grauzone, im Grenzbereich zwischen Leben und Tod? *Haben Sie das Jenseits berührt?* Lieber BILD-Leser, dann schreiben Sie uns ausführlich, was Sie gesehen, gehört, gespürt haben! BILD-Zeitung, Kennwort Jenseits, 20640 Hamburg.«

Die erzählten Geschichten, die den Charakter von Anekdoten haben, enthalten fast alle Elemente der Erfahrungen, die ein Raymond A. Moody in seinem international verbreiteten und auch auf Deutsch erschienenen Buch »Leben nach dem Tod« (Moody 1977) in 150 Gesprächen mit Menschen, die Nah-Todeserfahrungen gemacht haben, aufgezeichnet hat. Es handelt sich etwa um die Erfahrung des Tunnels, durch den man hindurch muß, um die Begegnung mit Lichtwesen, mit gestorbenen Verwandten, um das Schweben über dem eigenen Körper etc. etc., Motive, die allesamt in der BILD-Serie ebenfalls auftauchen.

Interessant daran ist nicht, ob Heinz Sünder, der Autor, abgeschrieben hat; auch nicht, ob Menschen in der Stunde des Todes möglicherweise die gleichen Erfahrungen machen, sondern, wann und wie Sünder solche Stories in den Bio-Diskurs der Bundesrepublik Deutschland einzubringen versucht und welche Effekte die Serie auslöst.[291]

Tod im Sport: Ulrike Maier

Die Serie beginnt an dem Tag, an dem BILD auf S. 1 über den Sport-Tod der österreichischen Skiläuferin Ulrike Maier berichtet (31.1.1994). Der schreckliche Unfall, bei der sich die junge Frau das Genick brach, wurde von Millionen Zuschauern am Fernsehgerät mitverfolgt. (Siehe Abb. 18, S. 340)

BILD geht das Problem offensiv an: Frau Maier mit Kind wird auf der Titelseite groß ins Bild gesetzt; es wird berichtet, daß die kleine vierjährige Tochter den Tod der Mutter auf der Piste mitanschauen mußte. Die Schlagzeile auf der Titelseite lautet: »Melanie (4), die Tochter der toten Skiläuferin: SIE SAH MAMA STERBEN«. Der Artikel läuft mit der Zeile an: »Der Tod, der uns alle entsetzt hat.« Die »Sekun-

---

Koma. ›Bericht aus dem Jenseits‹« (vom 30.12.1994) Im gleichen Ton wie die Serie tauchen dann auch später Artikel zum Thema »Schöner Tod« auf, etwa am 25.8.1995: »Vom Blitz getroffen – ›Toter‹ wachte wieder auf. Jetzt schrieb er ein Buch über seine Erlebnisse im Jenseits«; oder am 27.2.1996: »Klinisch tot: Am Ende des Tunnels war ein helles, warmes Licht«.

291 Hier macht sich das Faktum des Zugangs zu Massenmedien als Machtfaktor geltend. Sünder mobilisiert einen Teil eines längst vorhandenen Diskurses, kann diesen aber als »Herr über eine ganze Serie«, die ein Millionenpublikum erreicht, stärker beeinflussen als der Pfarrer auf der Kanzel. Zudem kann er sich dazu eines verdichteten Quasi-Spezialdiskurses bedienen: die wissenschaftlich dokumentierte Anzahl von Fällen bei Moody und anderen.

de des Todes« wird auf dem BILD-Titel in 6 großen Phasenbildern wie auf einem Filmband rekonstruiert.

Rechts neben der Berichterstattung über den Tod Ulrike Maiers steht der Artikel: »Streik. Reißt er uns alle in den Abgrund.« Dieser profitiert vom grausigen Sturz der Frau in den Abgrund. Unterhalb der Aufmacherstory ist von einem anderen Unfall die Rede: »Glorias Unfall. Warum schweigt der Hof?« Auch hier handelt es sich um einen Ski-Unfall, der schwerer ist als zuerst angenommen. Zum Tod der Skiläuferin Maier gibt es auf der zweiten Seite zudem einen Kommentar (von Alfred Draxler): Dieser Tod zwinge uns jetzt alle zum Nachdenken. Man müsse sich des Risikos bewußt sein. Die komponierte Botschaft ist: Wir sind von Tod und Abgründen umgeben. Die Kommentierung lehnt sich an verbreitete Alltagsvorstellungen an: »*Spannender – gefährlicher und tödlich*. Ist das der Sport von heute?«

Im Sportteil dominiert dieses »Ereignis« eine ganze Seite mit 6 Artikeln, die unterschiedliche Aspekte des Unfallgeschehens und seiner Folgen herausstellen. (Siehe Abb. 19, S. 341)

Nur einige Sportmeldungen haben daneben Platz: so die Ankündigung der olympischen Winterspiele 1994: »Noch 12 Tage bis Olympia«. The show must go on! Mit einem Artikel mit der Überschrift »Melanie (4) sah den Tod ihrer Mutter im Fernsehen. ›Ich will nicht, daß Mama am Kopf blutet« und mit großen Buntfotos (Mutter Ulrike mit Kind und grünem Stoffelefanten, trauernder Lebensgefährte), einer Grafik über den Streckenverlauf und den genauen Ort des Unfalls, Stimmen zum Unfall, einem Überblick über tödliche Unfälle beim alpinen Skisport (20 seit 1959) und einem abschließenden Artikel mit dem Titel: »Millionenklage der Familie: ›Es war Mord!‹« wird das Ereignis diskursiv ausgebaut.

Mit dieser Reportage und durch die direkte Art und Weise der Berichterstattung bricht BILD das Tabu, das über dem Tod liegt und fragt: Was ist der Tod? Welchen Sinn hat er? BILD muß diese Frage um so eher stellen, als dieser sinnlose Tod ausgerechnet beim Sport passierte. (Ähnliche Kopplungen finden wir in diesem Jahr 1994 bei der Berichterstattung der BILD über das Liebesleben des Formel-I-Weltmeisters Ayrton Senna, der 1994 tödlich verunglückte.)

Abb. 18, BILD, 31.1.1994, Titelseite

Denn der Sport wird von BILD täglich als *der* Glücksbringer verkauft. Dieser Sport-Diskursstrang berührt sich eng mit dem hier untersuchten bio-politischen bzw. kann als Teil davon aufgefaßt werden und verdiente eine eigene Untersuchung. Die Vermutung, die Serie zum schönen Sterben als Reaktion auf den Unfalltod der Skiläuferin Ulrike Maier aufzufassen, scheint denn auch nicht als zu weit hergeholt. Der »Schöne Tod« scheint aber auch sonst eine Art Standardthema von BILD zu sein.[292]

In der Zeitungsmitte beginnt dann auf S. 5b die Serie »Ist Sterben schön?« Vermutlich soll das auf der Titelseite und im Sportteil berichtete Grausen wieder integriert und harmonisiert werden. Das läge im Trend einer Normalisierungstechnik.

Die Folgen der Serie im einzelnen

Ritualisierte Einleitungen

Die ersten sechs Folgen der Serie laufen mit einer Einleitung an, die Varianten, Kürzungen, Wiederaufnahmen der Einleitung der ersten Folge darstellen:

1. Folge:

»5 Milliarden Menschen |leben auf der Erde. Alle | fürchten sich vor einem | Feind – vor dem Tod. | Er ist die letzte Brücke. | Er ist der Weg ins | Nichts. |Er ist Schmerz. | Er ist Leere. | *Oder?* | Der Tod ist nicht | das Ende. Der | Tod ist ein neuer | Anfang in einer anderen | Welt ... | *Das behaupten Zeugen.* | Es sind Menschen, die | im Jenseits waren – und | zurückkehrten. | *Ihre Botschaft: ›Fürchtet Euch nicht ...!‹«* | BILD dokumentiert das Unglaubliche. | *»Ist Sterben schön?«*

2. Folge:

»*Jeden Tag sterben* | *2496 Deutsche.* | Herzen stehen still. | Blut fließt. | Arterien platzen. | Aber auch sanft schließen sich Augenlider über brechende Pupillen. | *Der Tod holt jeden.* | Der Tod ist unsere Urangst. Die Angst vor Schmerz und Leere – vor dem Nichts. | Aber der Tod ist *nicht* das Ende! Der Tod ist die Brücke in eine andere Welt ... | Das behaupten Zeugen. | Es sind Menschen, die dem Tod ins Auge blickten – und es leuchtete. Sie sahen das Jenseits, und sie berichten. | Ih-

---

292 Zum Bezug Sport: Tod vgl. Hortleder/Gebauer (Hg.) 1986. Dort heißt es: »Der Einbruch des realen Todes in eine solche Spielwelt (wie der des Sportes, S.J.), zerstört nicht nur die Spielillusion, er zeigt mit schrecklicher Konsequenz, daß in dieser selbst etwas Unverantwortliches liegt. Die Abwehr von Zerstörung, Trauer und Mitgefühl läßt den Sport als moralisch unempfindlich, sogar unzulänglich erscheinen. Das Spiel gegen den Tod macht aus dem realen Tod ein nicht zu bewältigendes Problem. So werden die Toten, Athleten und Zuschauer, nach kurzer Zeit vergessen oder wie Gefallene in ›ehrendem Gedenken‹ behalten.« (Gebauer 1986, S. 280) Bio-politische Aspekte des Sportdiskurses untersucht Becker 1991 und 1993.

re Botschaft: ›Fürchtet Euch nicht ...‹ | Bild dokumentiert das Unglaubliche. | *Ist Sterben schön?«*

3. Folge:

»Fünf Milliarden Menschen fürchten sich vor einem Feind – vor dem Tod. *Er ist der Weg ins Nichts. Er ist Schmerz. Oder?«* (Weiter wie im ersten Teil)

Die vierte Folge beginnt:

»2496 Deutsche sind heute nicht aufgewacht. | Ihre Augen sind gebrochen. | Vater Tod hat sie gemäht. | Der Tod ist unsere Ur-Angst. | Er ist die letzte Brücke...« (usw. wie im ersten Teil)

Die fünfte Folge wagt sich weit vor und titelt in großen Lettern:

»Das Jenseits ist wie 1000 Orgasmen ...«

In der Einleitung werden zwei Dichter zitiert. Darauf folgen Varianten der vorangegangenen Einleitungen.

In der sechsten Folge wird die Hölle geschildert. Die Einleitung variiert die der ersten Folge nur knapp: »Der Tod wirft Schatten ... Die letzte Brücke führt auch nach unten ... *In die Hölle.* Es gibt Zeugen, die im Jenseits waren und in den Schlund der Hölle geblickt haben.«

In der 7.-10. Folge werden (angeblich) eingeschickte Berichte von LeserInnen abgedruckt. In der Einleitung wird jeweils darauf verwiesen.

Diese stereotypen Einleitungen erinnern an Rituale, was durch die religiösen Anspielungen und Teilzitate weiter verstärkt wird. Herr Sünder-Jedermann *verkündet* etwas.

Die Rätsel des Todes: Knappe Inhaltsangaben zu den einzelnen Folgen

Im folgenden will ich die Serie im Überblick darstellen, da erst auf diesem Hintergrund die Analyse einer der Folgen, der ersten, voll verstanden werden kann.

1. Folge:

Cornelia Schreiber (28) berichtet von ihren Jenseitserfahrungen.[293] Nach einer schweren Operation fühlte sie sich über dem Operationstisch schweben und sieht sie ihrer eigenen Operation zu. Ihre gestorbene Mutter holt sie aus dem Jenseits ab, und Cornelia fühlt sich geborgen und geliebt. Danach werden weitere Fälle aus der Sammlung des Arztes Michael Schröter-Kunhardt (36) berichtet, in denen parallele Erfahrungen auftauchen. Anschließend wird das Erlebnis der Cornelia wieder aufgenommen. Weitere Details über das Jenseits als amöne Landschaft werden gelie-

---

293   Dieser Artikel wird abschließend einer Feinanalyse unterzogen. Siehe auch das Faksimile dieses Artikels weiter unten S. 346.

fert. Cornelia war seit der ersten Reise mehrfach drüben, aber sie weiß, daß sie noch nicht bleiben darf. Trotz dieser merkwürdigen Erfahrungen ist Cornelia eine ganz normale junge Frau, mit Freund und kleiner hübscher Wohnung. Fazit ist: Angst vor dem Tod hat Cornelia nach diesen wundersamen Erlebnissen und Erfahrungen nicht mehr. Die Botschaft (so wörtlich zu Beginn des Artikels): »Fürchtet Euch nicht ...«

2. Folge:

Bericht einer reichen Frau (Ursula Laufs, 44), die einen Herzanfall hatte, nachdem sich Jenseitserfahrungen einstellten, bei denen sie sich als inaktives »unbeschriebenes Blatt« erlebte und darauf ihr Leben änderte (Scheidung, aktive Arbeit im Umweltschutz etc.). Sie weiß: »Natürlich gibt es ein Leben nach dem Tod. Nur – das muß man sich erst einmal verdienen ...« Der in der ersten Folge genannte Arzt Schröter-Kunhardt, der eine Fallsammlung besitzt, wird wieder zitiert und kommentiert diese Story. Botschaft: Seid im Diesseits aktiv und tut was, verdient Euch das Jenseits!

3. Folge:

Ein Autounfall (Helge-Heinz Götzel, 45). Nach seiner Rückkehr wird er eine Art Wahrsager, und neben normalen Träumen hat er weitere Jenseitserfahrungen. Die Hölle hat er nicht gesehen. Er sagt: »Ich glaube, die Hölle gibt es für uns nicht. Ich glaube, unsere Hölle ist hier auf Erden!« Und wieder wird der Arzt bemüht: »natürlich bekommen wir Botschaften aus dem Jenseits. *Ob diese Botschaften aber immer richtig sind – das bleibt ein Geheimnis.*« Botschaft: Habt keine Angst vor dem Tod, die Hölle gibt es nicht, im Diesseits ist es viel schlimmer, der Tod ist Erlösung!

4. Folge:

Eine Krankenschwester (Marianne Kern, 50) ahnt den Tod eines Mädchens und kann es retten. Solche Fähigkeit besitzt sie seit einer Jenseitserfahrung nach einer Zahnextraktion. Sie kann Schicksale auch in Gesichtern lesen, z.B. den Tod von Petra Kelly. Sie hat Krebs. Doch sie klagt nicht, denn sie weiß ja, was sie erwartet: »Und das ist etwas Schönes.« Botschaft: Ertragt nur Eure hiesigen Leiden, das Jenseits wird Euch belohnen!

5. Folge:

Der Deutsch-Lehrer Jochen B. (46) meint, das Jenseits sei schöner als 1000 Orgasmen auf einmal. Er hat ins Paradies geschaut und kann seitdem Todgeweihte erkennen (= »dunkle Gabe«). Seine Doppel-Botschaft heißt: 1. Das Jenseits ist wunderbar. 2. Es gibt noch große Aufgaben für die Menschen. Ich weiß, daß es auch in 10000 Jahren noch Menschen gibt. »Die müssen wir formen. ... Wir sind noch nicht der Gipfel. Die Schöpfung ist noch nicht fertig. Unser Körper vergeht. Aber wir gehen ins Geistige ein.« Die Hoffnung auf das herrliche Jenseits wird flankiert durch Verantwortung für das Diesseits. Abschließend kommentiert wieder der Experte.

6. Folge:

Jetzt steht die Hölle im Mittelpunkt. Die Serienüberschrift erscheint zwar. Aber der grelle Haupttitel lautet: »Ich war am Schlund der Hölle ...« Nach einem Autounfall in stark alkoholisiertem Zustand versuchte ein Holzarbeiter (ohne Namen) Selbstmord durch Erhängen zu begehen. Dieser mißglückt, bringt ihn aber in eine vertrackte Lage. Der Mann befindet sich plötzlich außerhalb seines Körpers. Er hat dabei ein Höllenfahrtserlebnis: große schwarze Vögel wollen ihn in die Hölle ziehen. Die Hölle liegt zwischen Himmel und Erde. Er rettet sich, indem er in seine Frau fährt, die ihn vom Strick abschneidet. – Die Story wird mit einer Himmelfahrtsstory konfrontiert. Die Ärztin Dr. Melanie Schwiebert (51) fährt auf der Autobahn in ein schwarzes Loch. Ihr R4 wird Zentimeter vor einem Laster von einer fremden Macht gebremst. Sie realisiert dies und bekommt einen Schock. Sie erlebt das schönste Gefühl ihres Lebens in hellem, strahlendem Licht: Glück. Botschaft: Es gibt die Hölle, es gibt den Himmel. Fürchtet Euch und fürchtet Euch nicht.

7. Folge:

Es folgen mehrere Berichte, die (angeblich) von LeserInnen eingeschickt worden sind (»Hunderte BILD-Leser schrieben, wie sie das Jenseits berührten ... – Erlebnisse im Grenzbereich zwischen Leben und Tod.«). Die Überschrift lautet diesmal: »Ich trug ein Kleid aus warmem Licht.« Es folgen mehrere Kurzberichte: 1. Ein Kind stirbt und sieht Engel.- 2. Jemand wäre bei einer Unterleibsoperation fast gestorben. Er hatte den Körper schon verlassen und kam an der Hölle vorbei. Er kam dann zu einem mit Gold und Diamanten blitzenden Tor. Dann erfolgt die Reise zurück.- 3. Bei einer Nierentransplantation schützen zwei leuchtende Wesen den Patienten und nehmen ihn in ihre Mitte. Sie bringen ihn in eine Lichthalle, in ein schloßähnliches Haus. Die verstorbene Großmutter kommentiert: Wenn du gut zu den Menschen auf Erden bist, wird es dir auf ewig hier gutgehen. Er wurde dann von den Lichtwesen ins Diesseits zurückgebracht.- 4. Ein Unfall: danach trug die Fahrerin ein Kleid aus warmem Licht. – 5. Jemand hat bei ähnlichem Erleben die Angst vor dem Tod nicht verloren. Der Tod macht nicht glücklich (!). Bekenntnis zum Leben. etc. Botschaft: Nichts Genaues weiß man nicht, die einen erleben dies, die anderen anderes. Keine(r) soll sich in Sicherheit wiegen.

Obwohl hier sechs LeserInnen zu Wort kommen, zeichnet Sünder auch hier als Autor.

8. Folge:

Fortsetzung solcher LeserInnen-Kurzberichte ohne neue Akzente unter dem Titel: »Die Toten lachten so laut, daß es dröhnte ...«

9. Folge:

Für den folgenden Tag ist eine weitere Folge angekündigt: der Erlebnisbericht einer Historikerin (Dr. Magdalen Bless): »Ich spazierte durch den Weltraum. Alle Rätsel des Universum (sic!) lösen sich ...« Doch dieser Bericht erscheint nicht. Stattdessen werden weitere Kurzberichte abgedruckt unter der Überschrift: »Im goldenen Nebel winkte mir mein Papa zu...« Interessant ist wegen der naiven Schwarz-Weiß-Konfrontation folgende Passage: »Weiße Lichtgestalten kämpften gegen schwarze Schatten. Ich drohte zwischen die Fronten zu geraten.«

Am gleichen Tag wird über den mysteriösen Sex-Tod eines englischen homosexuellen Politikers berichtet, wohl auch als schöner Tod gedacht und halbwegs zur Serie passend.

10. Folge:

Für diesen Tag war wieder ein Bericht angekündigt, der ebenfalls nicht erschien: »Kann man im Jenseits Lebenskraft tanken?« Stattdessen folgt wieder eine Sammlung von Kurzerzählungen, mit der die Serie etwas abrupt beendet wird.

Die Serie »Ist Sterben schön?« verflacht nach der siebten Folge und gerät ins Schlingern. Angekündigte Berichte kommen nicht. Am Ende gibt es nur noch eine Vielzahl knapper Erzählungen, die keine neuen Akzente setzen. Während man sich zu Beginn große Mühe mit Überschriften, Fotos und Collagen machte, bleiben solche Verzierungen gegen Ende aus. Sie werden allenfalls durch dramatische Kopfzeilen ersetzt, während der Serientitel optisch fast völlig in den Hintergrund rückt. Die Serie »verschwindet« sozusagen, sie »normalisiert« sich, indem sie in den Fluß der allgemeinen Berichterstattung zurückgenommen wird.

Zusammenfassende Einschätzung

In der gesamten Serie geht es um die Wanderung zwischen Diesseits und Jenseits, wobei das Jenseits meist als Ort der Glückseligkeit dargestellt, einige Male aber auch die Hölle angesprochen wird. Eingestreut sind Lebensregeln wie: Der Tod ist die Belohnung fürs Leben, gutes Leben zahlt sich im Jenseits aus, das Diesseits ist die Hölle, das Jenseits das Paradies. In einem einzigen Kurzbericht wird das Leben gelobt. Das verschwindet aber eher in der Masse der Artikel, die insgesamt vorzugsweise die Schönheit des Jenseits preisen.

Insgesamt handelt es sich um Nah-Todeserfahrungen, die man als Träume in der Bewußtlosigkeit bzw. im Koma bezeichnen kann. Aber BILD verschiebt die Grenze leicht in Richtung: ›Es gibt ein Jenseits, alles weist darauf hin, alles spricht dafür.‹ Dabei geht sie nicht so weit, dies als Tatsache zu behaupten, sie suggeriert das geschilderte Geschehen immer nur als sehr wahrscheinliche Möglichkeit.

Der Gesamttenor ist: Der Tod ist gar nicht so schlimm. Es gibt ein Leben nach dem Tod. Das bereitet den Boden für eine bio-politische Todesdiskussion, etwa in Verbindung mit Hirntod-Herztod. Das paßt zu sonst ebenfalls zu beobachtenden Techniken in BILD. Während andere Zeitungen solche Themen diskutierend aufgreifen, arbeitet BILD mit gefühligen Backgroundskizzen. BILD diskutiert nicht, argumentiert nicht. BILD suggeriert, bereitet den Boden, operiert mit Nahelegungen.

Waren Sie schon mal im Jenseits?
Analyse des Start-Artikels aus der Serie »Ist Sterben schön«

Abb. 20, BILD, 31.1.1994, S. 5b

Ist Sterben schön?

Eine neue Bildserie über die Rätsel des Todes

5 Milliarden Menschen
leben auf der Erde. Alle
fürchten sich vor einem
Feind - vor dem Tod.

5   Er ist die letzte Brücke.
Er ist der Weg ins
Nichts.
Er ist Schmerz.
Er ist Leere.

10   Oder?

***

Der Tod ist nicht
das Ende. Der
Tod ist ein neuer

15   Anfang in einer anderen
Welt ...

Das behaupten Zeu-
gen.

Es sind Menschen, die
20   im Jenseits waren - und
zurückkehrten.
Ihre Botschaft: „Fürch-
tet euch nicht ...!"

Bild dokumentiert das
25   Unglaubliche.
Ist Sterben schön?

***

„Ich schwebte über
dem Operations-
30 Tisch ...

Ich sah mich liegen,
zugedeckt, nur ein Stück
Bauch war frei. Ein Arzt
schlug mir leicht ins Ge-
35 sicht, eine Frau mit einer
Brille zwickte mich in die
Füße.

Ich schwebte und
spürte nichts.

40 Um mich herum war
Frieden. Dann schwebte
meine Mutter auf mich zu
- und nahm mich in die
Arme. Sie war wie ein
45 Schatten, aber ich habe
sie gespürt. Alles war
auf einmal voller Liebe
und Geborgenheit. Sie
hat zu mir gesprochen -
50 nicht mit Worten, son-
dern mit Gedanken:
Bleib bei mir. Denn hier
ist es gut."

***

55 Das sagt Cornelia
Schreiber (28). Das ist ihr
Bericht aus dem Jenseits.
Bezeugt von den Ärzten.
Cornelia Schreiber ist ge-
60 lernte Hauswirtschafte-
rin.

Von Heinz Sünder

Sie war 1988 während
einer Unterleibsoperati-
65 on (ein gutartiger Tumor)
„hinübergegangen". Sie
war durch die Mauer

vom Leben in den Tod
geschlüpft. Und hatte
70 dort ihre vor 22 Jahren
gestorbene Mutter ge-
troffen.

Reisen ins Jenseits.
Begegnungen mit Toten.
75 Erkundungsfahrten in
den Himmel und in die
Hölle - gibt es das wirk-
lich?

***

80 Michael Schrö-
ter-Kunhardt
(36), Arzt am
Landeskrankenhaus
Weinsberg (Baden-Würt-
85 temberg), sammelt seit
Jahren solche Fälle. Er
sagt: „Wir müssen das
ernst nehmen! Es gibt
Menschen, die dort wa-
90 ren und berichten kön-
nen."

Cornelia Schreiber be-
kam damals den Befehl:
„Gehe zurück! Deine
95 Zeit ist noch nicht da."
Sie erwachte aus ihrem
klinischen Tod. Aber das
Jenseits läßt sie seitdem
nicht mehr los.

100 Vor allem aber die
Mutter.

Sie war seitdem
mehrmals „drü-
ben" bei ihr. Im-
105 mer auf die gleiche Weise: „Ich schlafe. Auf einmal wird es hell. Ich

weiß, ich bin wirklich
drüben ...

110 Alles ist so friedlich.
Herrliche, unbeschreib-
liche Pflanzen, Blumen
in allen Farben. Die Ma-
ma wartet auf mich. Wir
115 spazieren durch das
Licht. Also, wir laufen
nicht. Das geht dort
nicht. Ich kann ihr alles
sagen. Sie tröstet mich.
120 Aber dann muß ich im-
mer wieder zurück."
Der Blick ins andere Le-
ben macht süchtig. Das
Jenseits zieht Cornelia
125 Schreiber an. Ein Todes-
Sog. Sie geht immer öfter
auf den Friedhof.
          ***
Cornelia hat einen
130 Freund, eine nette Wohnung, verdient gut. Ihr
geht es nicht schlecht auf
Erden.
          ***
135 Manchmal besucht ihre
Seele auf ihren Wande-
rungen in die Schatten-
welt auch andere Men-
schen. Ihren Vater zum
140 Beispiel - der noch lebt!

„Ich war irgendwie in
seiner Wohnung. Dort
stand ein großes Aquari-
um auf einem Holz-
145 gestell. Und in einer Ecke
ein Käfig mit einem klei-

nen „gelben Vogel
drin ..."
Tage später hat sie
150 den Vater angerufen.
„Was machst du denn?"
Seine Antwort: „Ich habe
mir ein Gestell für ein
großes Aquarium gebaut
155 und einen Kanarienvogel
gekauft." Sie hat betrof-
fen aufgelegt. Also war
ihre Seele wirklich bei
ihm gewesen!

160 ***

Bei ihren letzten Jen-
seits-Ausflügen zur Mutter
sah sie hinter dem gol-
denen Licht graue Schlei-
165 er. Stimmen, die zi-
schelnd drängelten: „Du
mußt dich entscheiden!
Bleib - oder komme nie
wieder."

170 Sie weiß: Von einer ihrer Reisen, hinüber in
das wunderbare Licht,
zur Mutter, wird sie nicht
mehr zurückkehren.

175 Cornelia Schreiber sitzt
in ihrer Wohnung in Neu-
stadt an der Weinstraße,
an der Wand hängt das
Bild ihrer Mutter. Sie
180 nimmt es oft ab, hält es
in beiden Händen,
schaut es lange an.

Angst vor dem
Tod? „Nein. Ich
185 weiß doch, daß
es dort drüben schön ist.

Irgendwie ist der Tod die
Belohnung fürs Leben!"
Nah-Todes-Erfahrun-
90 gen - es hat sie immer
schon gegeben. Papst
Gregor stellte im 5. Jahrhundert die erste

195 Fallsammlung zusam-
men. Geheimwissen der
Kirche, in den ver-
schwiegenen Bibliothe-
ken des Vatikans bis
heute geborgen.

Morgen lesen Sie
Ursula Laufs war eine reiche, verwöhnte
Frau, bis sie das Jenseits kennenlernte, den
Seelen sammelnden Tod ...
© 1994 Bild Hamburg und Autor
Waren Sie schon
mal im Jenseits?

Haben Sie ähnliches erlebt wie die Hauswirtschafterin Cornelia Schreiber? Dann
schreiben Sie uns ausführlich, was Sie gesehen, gehört, gespürt haben. Die interes-
santesten Beiträge werden veröffentlicht.

Adresse: Bild-Zeitung

Kennwort „Jenseits", 20640 Hamburg.

Quelle: BILD 31.01.94, S. 5b

Zur Gestaltung des Artikels

Der erste groß aufgemachte Artikel der Serie »Ist Sterben schön?« steht auf einer ansonsten tristen Seite und dominiert diese restlos. Die untere Hälfte besteht aus Werbung für Auto-BILD und Werbung für Schlecker. Rechts neben dem Artikel befindet sich ein Kreuzworträtsel.

In dem graphisch aufwendig gestalteten Artikel selbst bilden die Serienüberschriften
und die beiden Fotos, die die beiden Hälften des ausgewogen quadratischen Artikels
voneinander trennen, ein Kreuz, das in einen schwarzen Kasten eingebettet ist. Das
obere kleine Foto zeigt verschwommen das Bild der verstorbenen Mutter der Erzählerin Cornelia. Die mattgraue Kreisfläche um das Gesicht der Verstorbenen, die
die Entrücktheit der Frau symbolisiert, sprengt den schwarzen Rahmen und wirkt
wie ein Heiligenschein. Sie verbindet zugleich die vertikale mit der horizontalen
Kreuzachse.[294] Die Frau lächelt, sie trägt streng nach hinten gekämmtes Haar und

---

294 Auf die hier verwendete Symbolik ist noch näher einzugehen.

350

wirkt eher altmodisch. Sie erinnert an Totenbildchen, die anläßlich von Beerdigungen an die Trauernden verschickt werden.

Darunter befindet sich das Foto der Cornelia Schreiber, der Mittelpunktfigur dieses Artikels. Sie trägt einen gemusterten Kurzmantel, Jeans, Hängetasche und Turnschuhe, ist also salopp modern angezogen. Der moderne Name und die sonstige Aufmachung signalisieren: Sie ist eine moderne Frau mitten im Leben. Sie blickt ernst. Sie ist diesseitig, während die Mutter auf jenseitig und entrückt stilisiert ist. Dieser Gegensatz erhöht die Glaubwürdigkeit der Erzählerin Cornelia und läßt das Jenseitige vom Realismus des Diesseitigen profitieren.

Aus der Bildunterschrift geht hervor, daß Cornelia »auf dem Weg zu ihrer Mutter auf dem Friedhof« ist. Die Fortsetzung der Bildunterschrift nimmt Bezug auf die verstorbene Mutter: »Das weiche, süße Licht, das sie bei ihrer Operation sah, das Bild der toten Mutter (kleines Foto), das ihr dabei wie durch einen Schleier zulächelte, lassen sie nicht mehr los.« Hier ist spannend, daß BILD geradezu so tut, als wäre sie bei der Operation Cornelias dabeigewesen und hätte deren Visionen direkt auf den Film gebannt. Erstaunlich, mit welch dreist-schlichten Mitteln BILD hier Illusionen zu erzeugen versucht. Das kann BILD nur wagen, weil sie hier souverän auf der Klaviatur verinnerlichter religiöser Symbolik und gelernter Klischees zu spielen vermag (Heiligenschein, Totenbildchen).

In den Artikel sind links in der Mitte und rechts unten zwei grau unterlegte Kästen einmontiert. Der linke fordert die Leser dazu auf, entsprechende Erlebnisse zu schildern und einzuschicken (»Waren Sie schon mal im Jenseits? Haben Sie ähnliches erlebt ...« etc.); der rechte Kasten am Ende des Artikels kündigt »für Morgen« den nächsten Artikel der Serie an: »Morgen lesen Sie – Ursula Laufs war eine reiche, verwöhnte Frau, bis sie das Jenseits kennenlernte, den Seelen sammelnden Tod ...« Die Leser sollen eingebunden werden, einmal durch Beteiligung, zum anderen durch Neugier auf weitere Folgen.

Eine provozierende Überschrift

Die Hauptüberschrift ist in einer modernen steilen Schrift gesetzt. Der Inhalt spielt auf Euthanasie an bzw. er verwendet die wörtliche Übersetzung von Euthanasie (= »Schönes Sterben«, »leichter Tod«, »Schöner Tod«). Das Wort hat laut Duden zwei Bedeutungen: »1. a. Erleichterung des Sterbens, bes. durch Schmerzlinderung mit Narkotika, b. Absichtliche Herbeiführung des Todes bei unheilbar Kranken durch Medikamente od. Abbruch der Behandlung. 2. (ns. verhüll.) Vernichtung von für unwert erachtetem menschlichem Leben.« (Duden 1989, S. 468)

Damit hat die Überschrift, die ja auch in den folgenden Artikeln der Serie ständig wiederholt wird, durchaus Anspielungscharakter (s.u.) an die im Diskurs auftretenden Unterthemen Sterbehilfe, Erlösung von Krankheit, Vernichtung unwerten Lebens. Auf den ersten Blick scheint diese Praxis zugunsten des Menschen, der stirbt, ausgerichtet zu sein. Aber vielleicht ist folgendes besonders wichtig: Zumindest bei älteren Menschen ist die Vorstellung vom unnützen Leben (Kranker, Alter, Behinderter) fest verankert und prägt auch derzeitige Vorstellungen von der gewünschten Art und Weise fremden und auch eigenen Sterbens: leicht soll es sein und auch nützlich. Keiner soll dem anderen zur Last fallen, man selbst auch nicht. Der Singer-Diskurs,[295] der seit Ende der 80er Jahre in konjunkturellen Wellen durch die deutschen Medien wabert, und der darum bemüht ist, Diskurse über Leben und Sterben präferenz-utilitaristisch zu beeinflussen, ist insofern nicht »weltfremd«; er trifft auf verbreitete Vorstellungen, sonst fände er nicht solchen Rückhalt. Er ist zudem mit dem Kapital-Dispositiv eng verknotet: Der Einsatz muß sich lohnen, sich rechnen. Dieser Diskurs und der BILD-Diskurs über Tod und Sterben ergänzen und stützen einander. BILD spielt dabei den Part, diese Ideen im Massenbewußtsein zu verankern.

Ein wohlgegliederter Text

Der Text läßt sich in die folgenden Sinneinheiten aufgliedern:

1-11: *Einleitung*: Das Szenario wird entfaltet: Diesseits und Jenseits werden konfrontiert

Alle 5 Milliarden Menschen stehen vor dem Problem:

Wie kommen wir vom Leben ins Jenseits, ins Leere? Ins Nichts? Ist dieser Weg mit Schmerzen verbunden? Gibt es eine Alternative?

13-28: Ein *Gegenszenario* wird eröffnet: Der Tod ist nicht das Ende, dieser Welt steht eine andere gegenüber, eine schöne. Dafür gibt es menschliche Zeugen. Eine Gegenrichtung ist vorhanden. Und auch die Religion (Bibelzitat) sagt: Fürchtet Euch nicht! Und BILD will die Richtigkeit dieser Behauptungen weiter untermauern. Das Gegenszenario endet mit der Frage, ob Sterben nicht doch schön sei.

29-57: Es folgt die *Geschichte einer realen Erfahrung* der Cornelia Schreiber, zunächst im grobem Überblick.

Es geht um Verwandlung Leben-Tod-Leben-Tod und um den Gegensatz von Diesseits und Jenseits, der überbrückt werden soll: Das Außen (Jenseits) wird als gut dargestellt, das Diesseits als schlecht. Das Diesseits ist der Operationstisch, auf dem Cornelia liegt, umstellt von Arzt und Krankenschwester; operiert wird sie wegen einer schweren Krankheit; der Arzt schlägt Cornelia, die Schwester zwickt sie. Im Jenseits dagegen ist Schweben, Friede, Liebe, die Mutter, Schmerz- und Gefühllosigkeit, Geborgenheit. Hier ist gut sein.

58-64 Überleitung: Der Autor beruft sich auf Autorität, einmal die Cornelias, die immerhin eine ganz normale gebildete Frau ist (»gelernte Hauswirtschafterin«), die

---

295   Vgl. dazu Singer 1984 und die kritische Auseinandersetzung mit seiner »Praktischen Ethik« z.B. bei Paul 1992, Jäger 1992a.

dann zudem aber auch von Ärzten abgesichert (»bezeugt«) wird. Diese Hinweise schützen die (ja nicht gerade alltäglichen) Erfahrungen Cornelias vor Entwertung.

66-75: Die Geschichte wird im einzelnen erzählt, sozusagen expandiert, angekündigt mit: Das ist der Bericht aus dem Jenseits. Wieder folgt die Gegenüberstellung von Diesseits und Jenseits. »Hinübergegangen« verweist darauf, daß man über die Brücke gehen kann. Man kann durch die (scheinbare) Mauer zwischen Leben und Tod »schlüpfen«. Es ist ein leichter Weg, der zur Mutter im Jenseits führt.

76-82: *Überleitung*: Gibt es das denn wirklich? Erkundungsfahrten in Himmel und Hölle (= Rücknahme der nur positiven Konnotierung des Jenseits!)?

83-94: Erneutes *Berufen auf ärztliche Autorität* und Bekräftigung.

95-104: Cornelia mußte aus dem Jenseits zurück, auf Befehl. Ihre Zeit sei noch nicht reif. Sie erwachte aus ihrem klinischen Tod. Aber das Jenseits läßt sie seitdem nicht mehr los.

105-124: Weiterführung von Cornelias Geschichte, wieder auf der Folie von Diesseits und Jenseits. Eine Art Reisebeschreibung zwischen Diesseits und Jenseits. Das Jenseits ist verlockend, läßt sie nicht los, der Schlaf ist eine Brücke, er ist der Bruder des Todes, das Jenseits ist eine friedliche Idylle, mit Liebe der Mama, es gibt Vetrauen, Trost, keine Erdenschwere. Die Rückkehr ist von Bedauern begleitet.

125-131: *Problematisierung*: das andere »Leben« übt einen Sog aus, einen Todessog, es macht auch Angst, es stellt sich bei C. so etwas wie ein Todestrieb ein, sie geht immer öfter »nach außen«.

132-136: Zurück zum Diesseits der Cornelia. Sie ist eine ganz normale, durchschnittliche Frau. Ihr Diesseits ist so schlecht nicht. Vom Jenseits ist jetzt nicht die Rede.

137-162: Erneute *Expansion der Geschichte*: Wieder auf der Folie von Diesseits und Jenseits. C. besucht andere Menschen im Jenseits, auch ihren Vater, der aber noch lebt. Die Ebenen werden vermischt. Parapsychologische Versatzstücke werden bemüht: Telepathie etc.

163-176: Weitere Ausflüge ins Jenseits. Die Hölle wird angespielt. Hinter dem goldenen Licht steht ein grauer Schleier, zischelnde Stimmen sind zu hören, die C. zur Entscheidung drängen, im Jenseits zu bleiben oder zurückzugehen und nie wiederzukommen. Das ganze wirkt ziemlich geheimnisvoll. C. weiß nun, daß sie von einer dieser Reisen nicht zurückkommen wird.

177-184: Das Jenseits im Diesseits: C. in ihrer Wohnung, konfrontiert mit dem Bild der Mutter. Es läßt sie nicht los.

185-190: Angst vor dem Tod, so äußert sich C., hat sie nicht. Sie weiß ja, wie schön das Jenseits ist. Sie begreift den Tod als Belohnung für das Leben. Damit erfolgt wieder der Anschluß an das Jenseits.

191-201: Erneute *Wahrheitsbekräftigung*, untermauert durch einen historischen Rückblick auf Nah-Todeserfahrungen: Papst Gregor stellte bereits eine Fallsammlung auf. Sie gehört zu den Geheimnissen der Kirche.

202-205: Der Artikel endet mit dem Verweis auf die Fortsetzung der Serie.

Der Artikel ist kleinschrittig stark durchgegliedert. Die äußeren Abschnitte markieren durchaus einheitliche, voneinander abgrenzbare Argumentationsschritte.

Die Komposition des Artikels

Die ermittelten Sinnabschnitte lassen sich zu folgendem Bild einer Gesamtkomposition zusammenführen:

I. Einleitung und Entwicklung der Kernthese: Problemstellung und Behauptung

II. Beweisführung 1 und erste Bekräftigung durch eine Autorität (1)

III. Beweisführung 2, Problematisierung 1 und erneute Bekräftigung durch Autorität (2)

IV. Beweisführung 3, Problematisierung 2 und Ausweitung der Beweisführung in zwei Schritten (4 und 5)

V. Schlußfolgerung: Absicherung durch Berufen auf einen Einzelfall und die Autorität des Papstes und des Vatikans und seine Archive mit Sammlungen von vielen Fällen.

Sichtbar wird hier, daß der Artikel um Absicherung und stringente Beweisführung bemüht ist. Er geht im Grunde so vor, daß eine Behauptung zu einem Problem aufgestellt wird und diese Behauptung durch Fallschilderungen und Verweise auf bestätigende Autoritäten abgesichert wird. Das hat der Form nach den Verlauf einer mathematischen Beweisführung. Es fehlt am Schluß nur noch das »Quod erat demonstrandum!«

Diese scheinbare Stringenz und Plausibilität des Artikels wird durch die sensationalistische Aufmachung gestützt. Die Verkettung mit anderen Diskurssträngen dient weiterer Verankerung. Der Bogen der Glaubwürdigkeit wird merkwürdigerweise aber nicht dadurch überspannt, daß auch mit ersichtlich unseriösen Mitteln zwar nicht direkt lügenhaft manipuliert wird, aber tief in die suggestive Trickkiste gegriffen wird (vgl. die lächelnde tote Mutter mit Heiligenschein!). Die Grenze des Zumutbaren scheint für den heutigen Leser ziemlich weit gespannt zu sein.

Art und Form der Argumentation/Argumentationsstrategien

Das Bemühen um Absicherung und stringent wirkende Beweisführung läßt sich auch an der Feinstruktur der Argumentation beobachten. Zunächst fällt auf, daß der Verfasser ständig mit (unzulässigen) *Verallgemeinerungen* operiert: *Alle* Menschen fürchten sich vor dem Tod. Die können sich ja wohl nicht alle irren.

Er setzt mit seiner Ausgangsbehauptung ganz hoch an (Der Tod ist der Weg ins Nichts, ins Leere): Das ist strategisch geschickt. Er schürt damit Ängste und bekennt zugleich seine schwierige Beweislage gegenüber allen, die nüchtern an das Problem herangehen. Er kann zwar unterstellen, daß viele Menschen an ein Jenseits glauben und aus Angst sonstigem Aberglauben unterliegen. Insofern verschafft er sich unterschwellig zugleich Verbündete. Er rechnet mit LeserInnen, die ihm folgen wollen, weil sie eigentlich nur auf Beweise für ihre oft bezweifelten Hoffnungen warten. Die Rationalen möchte er mindestens verunsichern: bei so vielen Beweisen! Das ist insofern eine Doppelstrategie. Diesen präsentiert er sich allerdings zugleich als Skeptiker: Gegen Ende seines Berichts spricht er von *Nah-Todeserfahrungen*, die es immer schon gegeben habe. Damit entschärft er seine Behauptungen, daß man ins Jenseits reisen könne. Diejenigen, die er bereits eingefangen hat bzw. die immer schon an das Jenseits glaubten, werden dadurch nicht weiter verunsichert.[296]

Der aufgestellten *Eingangs-These*, daß der Tod der Weg ins Nichts sei, antwortet er mit einer *Antithese*: Es gibt ein Leben nach dem Tod. Das stellt er der Ausgangsthese als schlichte *Behauptung* gegenüber. Diese Behauptung wird sehr schnell und schlagartig *durch Verweis auf Zeugen abgesichert*. Der Autor unterfüttert diesen Verweis durch eine *weitere Behauptung*: Sie *waren* im Jenseits.

Ihre *Glaubwürdigkeit wird weiter abgesichert* dadurch, daß er ihre Berichte in eine *religiöse Formel* kleidet. Er legt ihnen ein Wort des Engels Gabriel in den Mund (»Fürchtet Euch nicht!«), mit dem dieser die Geburt Jesu und die Erlösung der Menschheit ankündigte. Dadurch stattet er sie unterschwellig mit messianischer Glaubwürdigkeit aus.

BILD wird quasiwissenschaftlich *als Ort der Dokumentation hochstilisiert.* Die Zeitung wird dadurch als *glaubhaft* hingestellt.

Der Bericht einer ganz »normalen« Frau wird *durch Zeugen mit steigender Autorität abgesichert.*

Daneben verwendet Sünder die *Strategie der Problematisierung* als Folie für erneute Beweisführungsmöglichkeiten. Damit *erhöht er zugleich die Eindringlichkeit und den Anschein der Seriosität seiner Argumentation.*

Auch bedient er sich einer *Mystifizierungsstrategie*, indem er auf eine Fallsammlung im Vatikan verweist, »Geheimwissen der Kirche, in den verschwiegenen Bibliotheken ... geborgen«. Er will damit auf weiteres Belegmaterial verweisen, das es gebe, auch wenn es nicht öffentlich sei. [297]

---

296 Der hier einmalig verwendete Terminus der Nah-Todeserfahrung kann von ihnen umstandlos mit Jenseitserfahrung gleichgesetzt werden, zumal er in keiner Weise definitorisch von Jenseitserfahrung abgegrenzt wird.

297 Ich habe an die Bild-Zeitung geschrieben, um weiteres Material aus dieser Dokumentation zu erhalten. Außer der hier besprochenen Serie und einigen wenigen in anderen Springer-Zeitungen abgedruckten Artikeln ähnlichen Tenors waren offenbar keine weiteren Belege vorhanden (obwohl es zum Thema reichhaltige Literatur gibt).

Rhetorische Mittel

Sünder arbeitet mit *Nahelegungen* und *Implikaten*. Daß C. gelernte Hauswirtschafterin ist, impliziert, daß sie eigentlich ganz normal ist und ziemlich gebildet, rational, zupackend ist. Daß Cornelia bei einer Operation »hinübergegangen« ist, impliziert, daß sie wirklich im Jenseits war, daß es ein solches Jenseits tatsächlich gibt und daß sie deshalb darüber glaubhaft berichten kann. – Daß ihre Mutter vor 22 Jahren gestorben ist, das impliziert, daß das sehr lange her war, also keine plötzliche Verrücktheit oder Illusion, kein psychisches Fall-out. Der Leser denkt: Na, wenn das schon so lange her ist ... – Daß Cornelia klinisch tot war, das impliziert, daß es einen klinischen und einen anderen Tod gibt. Tod ist nicht gleich Tod. Gibt es dann auch den Herztod, den Hirntod und den ganz richtigen Tod? Cornelia war ja schlicht und einfach unter Narkose. Möglicherweise hatte sie einen Herzstillstand, aber offensichtlich hat ihr Bewußtsein ja noch funktioniert. Hier wird zumindest nahegelegt zu glauben, daß Cornelia wirklich tot war, obwohl sie nicht tot war. Wäre sie in dieser Situation schon reif für eine Organentnahme gewesen? Ich spekuliere: aber trägt so etwas nicht dazu bei, qualitativ unterschiedliche Formen des Todes in den Diskurs zu implantieren und damit solche Fragen, wie Herztod-Hirntod eigentlich erst diskutierbar, diskursiv bearbeitbar zu machen?

Zudem bemüht der Autor eine Reihe von deutlichen *Anspielungen*: »Ist Sterben schön?« spielt auf die Euthanasie (den schönen Tod, das schöne Sterben) an. Auch finden sich einige Zitate aus religiösen Schriften: »Fürchtet Euch nicht!«, »Es geht ihr nicht schlecht auf Erden.« Mit den Wanderungen in die Schattenwelt bezieht sich der Autor auf Momente der griechischen Mythologie, die heute mit zum allgemeinen Wissen gehören. Zu erwähnen ist daneben das Bild der Reise, der Weg ins Nichts (als Anspielung auf die negative materialistische Weltanschauung), aber auch auf Himmel, Paradies und Hölle und Tod als Lohn des Lebens als zentrale Bestandteile orthodoxer christlicher Mythenbildung. Insgesamt nutzen die Anspielungen die christlich-mythologische Weltsicht.

Auch die *Phraseologismen* (Sprichwörter, Redewendungen, feste sprachliche Versatzstücke) entstammen vorwiegend dem religiösen Bereich; da ist etwa von der »Furcht vor dem Tod« die Rede, da wird der Leser getröstet: Der Tod ist nicht das Ende. Da wird die Hoffnung auf einen neuen Anfang genährt und allgemein aufgefordert: »Fürchtet Euch nicht!«. Selbst Zitate aus den letzten Worten des Herrn werden angeführt: »bleib bei mir«; weihevoll und euphemistisch wird das Sterben umschrieben: sie war »hinübergegangen«,» durch die Mauer vom Leben in den Tod«, usw.

Die Topik dieses Textes und die dabei verwendete *Kollektivsymbolik* ist nicht primär die moderne und industrialistische des Linkschen Schemas.[298] Es gibt zwar auch das Hier und das Außen, das Jetzt und die Zukunft etc. Das Innen und Außen ist hier aber vorgestellt als *Diesseits* und *Jenseits* bzw. als *diesseitiges Leben* und paradiesische

---

298 Vgl. dazu etwa Link 1982.

Idylle ausgemalt oder auch als *anderes Leben* oder auch als *Schattenwelt*, als *hier* und *drüben*, mit einer *Mauer* dazwischen, oder auch als Leben und Tod, mit einer Mauer dazwischen, durch die man *hindurchschlüpfen* kann, oder auch als *Diesseits* und *Leere, Nichts*. Der Tod bildet eine *Brücke* zwischen diesen Welten bzw. einen *Weg* dorthin. Man kann »*hinübergehen*«, dorthin *Erkundungsfahrten* und *Ausflüge unternehmen* und von dort *zurückkehren* oder auch nicht, man kann *dahin reisen* und dort *wandern*. Das Jenseits übt einen *Sog* aus. Das Jenseits ist eine *Lichtwelt*, hinter der, abgetrennt durch einen *grauen Schleier*, eine Schattenwelt existiert, die *Hölle*.

Die Seele kann aber auch im Diesseits wandern, in eine *andere Wohnung*, die in der *Zukunft* liegt. Das Diesseits kommt als *Wohnung* vor und als *Friedhof*, der so etwas wie die *Tür zum Jenseits* ist (Bildunterschrift).

Das Jenseits ist als Natur, als wunderschöne lebendige amöne leichte Landschaft geschildert, das Diesseits ist eher technisch ausstaffiert (*Krankheit (Tumor, wenn auch gutartig), Operationssaal, Käfig, Aquarium, Friedhof, Zimmer, Stadt*).

Man möchte vielleicht fragen, ob es sich – sieht man vom letzteren Beispiel ab – bei diesen Bildern überhaupt um Kollektivsymbole im Linkschen Sinne handelt. Hier liegen ja Bildspendebereiche vor, die teilweise stark an traditionelle christliche Vorstellungen erinnern bzw. sich direkt darauf beziehen, eine Art Archiv, das wir (deutsche Christen oder doch irgendwie christlich sozialisierte Menschen) jederzeit realisieren können. Es wird ein mythisches Weltbild aufgerufen, mit dafür recht traditionellen Bildern. Ob damit der Versuch einhergeht, alte Bilder als in der Moderne brauchbare Kollektivsymbole wiederzubeleben und damit konservative Werte zu retten, bleibt jedoch spekulativ.[299] Viel näher liegt die Annahme, daß die verwendete Symbolik zwar auf eine Zukunft verweist, die jedoch außen liegt, nicht von dieser Welt ist, äußerst ambivalent zwischen Glück und Verderben, Himmel und Hölle, Lichtwelt und Chaos angesiedelt ist.[300]

Ein Blick in die anderen Folgen der Serie zeigt: Das Grundbild von Diesseits und Jenseits bleibt konstant. Es finden jedoch verschiedene *Kopplungen* statt. Das Jenseits wird mit einer gleichbleibenden Symbolik als amöne Landschaft mit Lichtgestalten gezeichnet, das Diesseits oft unter Verwendung technisch-medizinischer Apparate, unter Schilderung von Verkehrsunfällen, von Körpern als Häusern, in die man zurückkehrt. Der Übergang wird oft als Fähre, Tunnel, Spirale etc. gezeichnet. Interessant ist die Verschränkung von Paradieserfahrung und Orgasmus. Hier wird der Himmel mit dem »höchsten Glücksgefühl« gekoppelt, der Sterben-Tod-Diskurs mit dem sexuellen Diskurs verschränkt. Man kann dies als einen besonders dreisten

---

299 Vgl. dazu Schobert 1995.

300 Die Verkopplung modernster industrialistischer Vehikelsymbole mit eher traditionellen Bildern ist in den Medien gang und gäbe. Sie entspricht auch völlig der Vorstellung, daß es synchrone Systeme Kollektiver Symbolik gibt, die durch Katachresen zusammengefügt werden.

bio-politischen Zugriff auf den Tod verstehen, durch den dieser zur Klimax des Lebens hochstilisiert wird.

Die Präsentation der Akteure

Der Autor Heinz Sünder tritt selbst nicht offen auf. Zitierte direkte Rede soll suggerieren, daß er Cornelia interviewt hat. Es soll sich um einen objektiv klingenden Bericht einer Frau handeln, die *es selbst erlebt* hat, abgesichert durch Zeugen.

So ist denn auch dieser Text als Zeugenbericht aufgemacht. Cornelia, ihre Mutter und die Wesen aus dem Jenseits fungieren als Zeugen für die Richtigkeit des Berichts: sie werden zusammen ca. 80 mal angeführt, was darauf verweist, wie sehr dem Autor darum zu tun ist, seine Geschichte abzusichern. Nur 19mal werden überhaupt andere Personen oder Gruppen angesprochen.

Cornelia ist allgegenwärtig. Abgesehen von Einleitung und Schluß, tritt sie regelmäßig und in kurzen Zeilenabständen auf. Ihre Gestalt dominiert den gesamten Bericht.

Neben der Ich-Erzählerin Cornelia treten ihre Mutter, ihr Vater und ihr Freund auf. Das charakterisiert den Artikel zugleich als eine Art *Familiengeschichte* (i.S. von Link 1986d). »Solche Geschichten«, sagt Link, »bilden einen Grundtyp der Narrationen in der B(ild)Z(eitung).« (Link 1986d, S. 211) Oft *verwandeln* sich die Akteure (ebd.): Cornelia verwandelt sich in eine Jenseitige. Das wird als ganz *normal* dargestellt: Link spricht von einer Transformation von »normaler Anormalität« in »anormale Normalität«. Das trifft hier aber nicht zu. *C. ist ganz normal* und *zugleich anormal*, weil sie ins Jenseits wandern kann. Hier wird also *normale Anormalität* hergestellt. Das Anormale wird als normal dargestellt. Dazu tragen auch die *Verallgemeinerungen* bei: Viele Einzelfälle und Dokumentationen werden angeführt. Gerade die besonders herausgestrichene Normalität von Cornelia soll das Anormale, ihre Verwandlung, glaubhaft machen.

In dieser ersten Folge der Serie, die auch als eine Art Pilot-Folge verstanden werden kann, wird eine junge Frau als exemplarischer Fall (»*Exemplum*«) aufgebaut, als Beweis für die Existenz eines bewohnten Jenseits mit primär Himmel und Paradies, und sekundär auch: Hölle. Dieses Exemplum steht im Zentrum, und es wird durch weitere »Belege« *expandiert*.

Die Opposition, mit der sich der Autor auseinandersetzt, ist die von *normal* vs *übersinnlich, jenseitig*. Cornelia stellt einen *Grenzfall* dar: sie ist normal und anormal zugleich. Glaubt man ihr ihre Geschichten, muß man ihre Eröffnungen als *sensationell* empfinden. Dazu gehört auch die Verkehrung (Oxymoron): Die andere, nichtnormale Welt ist die schöne. Der Tod wird zur Belohnung für das Leben. Mit anderen Worten: Der Tod wird ausgeschlossen, indem er als Bestandteil von Leben, Glück oder sogar als Orgasmus imaginiert wird.

Zusammenfassende Interpretation

Spiel mir das Lied vom Tod. Bio-Politik in der BILD-Zeitung

Die Botschaft der gesamten Serie und des Auftaktartikels lautet: Wir Menschen sind ›der Zukunft zugewandt‹ Der Tod ist nicht das Ende. Er ist die Belohnung für das Leben, denn es gibt ein Paradies, das Euch aufnimmt, wenn ihr gestorben seid. Viel blasser sind demgegenüber die Warnungen vor der Hölle, die einen erwartet, wenn man sich »auf Erden« falsch verhalten hat. So soll die Angst vor dem Tod zugleich geschürt und abgebaut werden.[301]

Zugleich werden hier Elemente der christlichen Lehre aktualisiert und propagiert, wenn auch in säkularisierter Form, da es nicht die Priester sind, die den Beweis für das Jenseits antreten (obwohl Papst Gregor aus dem 5. Jahrhundert zitiert wird), sondern die Götter in Weiß, die Ärzte. Man könnte dies als eine Art technische Spiritualität ohne Geist und Gott bezeichnen, denn ohne mystische Unterstellungen kommt der Autor auch nicht aus. Die gezeichneten und herbeizitierten Figuren sind abergläubisch und für parapsychologische Phänomene empfänglich, auch wenn es sich um Wissenschaftler und Kirchenführer handelt. Das Menschenbild ist also anti-aufklärerisch. Es ist eher Resultat einer Simplifizierung und Entspiritualisierung des Menschenbildes, wie es die christliche Kirche des Mittelalters zu zeichnen versuchte und das in mehr oder minder säkularisierter Form bis auf den heutigen Tag die Köpfe der meisten abendländischen Menschen beherrscht.

Insgesamt geht es um Rückbesinnung auf und Revitalisierung von konservativen Werten und Existenzvorstellungen und zugleich um den Abbau von Vorstellungen einer veränderbaren Welt oder gar eines Paradieses auf Erden. Die Welt wird als ziemlich grau und langweilig dargestellt. Das Diesseits wird zwar als Ort angesehen, in dem es einem nicht schlecht geht. Diese Idylle kann jedoch mit der jenseitigen nicht konkurrieren. Daher hat Cornelia auch keine Angst vor dem Tod: »Angst vor dem Tod? ›Nein. Ich weiß doch, daß es dort drüben schön ist. Irgendwie ist der Tod die Belohnung fürs Leben!«

Die Botschaft: ›Man möge keine zu hohen Ansprüche stellen, denn der wahre Lohn für die Mühen des Lebens erwartet uns ja erst im Paradies‹, hört man wohl. Und der Blick wird auf eine Zukunft gerichtet, die im Jenseits liegt. Von einer irdischen Zukunft ist nicht die Rede. BILD enttabuisiert die Rede über den Tod. Zumindest ein Stück weit. Sie schafft damit einen Horizont, in den hinein ohne Probleme wieder

---

301 In der hauseigenen Theorie von BILD heißt es, aufgebaut werde ein »Mechanismus von provozierter und zugleich aufgefangener Angst«, zit. nach Enzensberger 1988, S. 81.

über den Tod gesprochen werden kann, auch über Praxen, die mit dem Tod zu tun haben, etwa Organtransplantation, Todesdefinition (Hirntod, Herztod).[302]

Wie bei der Thematik Tod/Sterben argumentiert BILD generell nicht stringent oder gar rational; die Zeitung greift Probleme meist nicht direkt auf, sondern schafft so etwas wie Hintergründe, allgemeine Gefühls- und Denkfolien bzw. nutzt vorhandene Inhalte des Alltagsbewußtseins (populäres Wissen), um darin bestimmte Botschaften zu implantieren. So diskutiert sie etwa in Verbindung mit der Drittstaatenregelung, die nach der faktischen Abschaffung des Asyl-Artikels 16 GG eingeführt worden ist, nicht die Frage, ob Indien als sicherer Staat anzusehen sei, sondern berichtet über die Gefahr, daß aus Indien schwere Krankheiten eingeschleppt werden. So wird von BILD Massenstimmung gegen Einwanderer (nicht nur aus Indien) und für die umstrittene Drittstaatenregelung erzeugt, ohne daß das Blatt sich zu seiner rassistischen Einstellung bekennen müßte.- Ein anderes Beispiel: So diskutiert BILD nicht offen die Rolle der Frau und Probleme der Emanzipation, sondern fragt, ob Frauen Fußball spielen sollen, auch wenn sie dabei evtl. unschöne Narben davontragen. Das ist doch nichts für Frauen, die so auf ihre Rolle als schöne und tüchtige Frau und Mutter eingeschränkt werden. – Beim grausamen Sporttod der Skiläuferin Maier knüpft der Kommentator an die immer wieder zu hörenden Alltagsfrage an: »Ist das der Sport von heute?« So etwas ist diskurstaktisch durchaus geschickt: BILD versucht die Leute dort abzuholen, wo sie diese ideologisch verortet glaubt. Sie schleift Bewußtseins-Blockaden und eröffnet Denkhorizonte, in die, unter Gesichtspunkten demokratischer Perspektive, meist höchst problematische Inhalte eindringen können.

Daneben ist in BILD eine Art Schaukelstrategie zu beobachten, mit der sie auf die Diskurse Einfluß zu nehmen versucht: Es wird mal dies, mal das berichtet, scheinbar wie das Leben so spielt. Das erweckt den Anschein von Ausgewogenheit oder auch von ideologischer Beweglichkeit, führt aber trotzdem zu einer Regulation im Sinne der politischen Position von BILD, weil diese letzten Endes dominiert: Es sollen keine Inder nach Deutschland kommen, Frauen sollen sich um Kind und Küche kümmern und den Fußball den Männern überlassen.

Man könnte in der Reproduktion solcher Widersprüchlichkeiten den Versuch sehen, die Widersprüchlichkeiten des Massenbewußtseins zu reproduzieren. BILD geht es jedoch nicht allein um Reproduktion von Bewußtsein, sondern um *Regulation in eine bestimmte Richtung.*

Dies geschieht selbstverständlich nicht allein durch Beeinflussung des biopolitischen Diskurses, dessen einzelne Unterthemen eng miteinander verwoben sind.

---

302 Angst davor, von Ärzten etwa durch »vorzeitige Organentnahme« zum Tode verurteilt werden zu können, kann so kaum aufkommen: so oder so hat der Tod ja keine Schrecken mehr. Die Bereitschaft, etwa die Hirntoddefinition zu akzeptieren, dürfte sich entsprechend erhöhen.

Man beachte hierfür etwa die Kopplung des Tod/Sterben-Diskurses mit dem der Sexualität.

BILD bedient daneben alle politisch und kulturell wichtigen Themen. Dabei ist des weiteren zu beachten, daß sich der bio-politische Diskursstrang mit anderen verschränkt, mit teilweise erstaunlichen Effekten, die noch genauerer Analyse bedürften. Bei der Untersuchung des bio-politischen Diskurses in BILD 1994 wurde jedoch bereits erkennbar, daß und teilweise wie er sich mit anderen Diskurssträngen verknotet und verschränkt.

Angesprochen in Verbindung mit dem hier genauer untersuchten bio-politischen Diskurs ist etwa der medizinische (Ärzte, Krankheit, Operation, Sterben), der parapsychologische (Telepathie, Seelenwanderung), der religiöse (Bibelzitat, Himmel-Hölle), der bevölkerungspolitische (5 Milliarden), der familiale (Vater, Mutter, Tochter, Freund), der historische (Vatikansammlung), indirekt der psychoanalytische (Todestrieb) Diskursstrang. Es gibt enge Verschränkungen mit dem Sportdiskurs (Unfalltod), aber auch zum Diskurs der Prominenz (und deren Tod und Selbstmord, etwa in den Artikeln zum glorios inszenierten Selbsmord der Schriftstellerin Sandra Paretti im März 1994). Durch diese Verschränkungen werden die einzelnen Diskursstränge in einen ideologischen Rahmen sozusagen eingedockt, der insgesamt als Diskursposition von BILD aufzufassen ist.

Der bio-politische Diskurs trägt dazu bei, die LeserInnen klein und ohnmächtig zu machen. Gruseln soll man sich und nicht denken. So kann neben dem schönen Tod auch der grausame, der Unfalltod, der Krebstod in aller Härte dargestellt werden. BILD schürt einerseits Ängste, andererseits relativiert sie die Grausamkeit des Todes. So kann BILD den schönen Tod anpreisen, aber zugleich die Organentnahme an Scheintoten als Schrecken an die Wand malen.

Sehr klar angesprochen wird die Organspende z.B. in einem Artikel mit dem Titel »Scheintot: die unheimlichsten Fälle« in BILD vom 23. Juni 1995, S. 6. Dort heißt es: »Was ist der Tod? Ein uralter Streit – der heute wieder aktuell ist. ... auch wenn es um die Organentnahme für Transplantationen geht ...«[303]

Dieser Artikel mit x Fallbeispielen wird nach einem konkreten Fall eingeschoben, über den am Tag zuvor (22. Juni 1995) ausführlich berichtet worden ist. Auch hier ging es um den Scheintod nach einem Herzversagen. Die anderen Organe lebten weiter ...!!! Am Ende dieses Artikels werden mehrere vergleichbare Fälle kurz aufgelistet.

Wir erinnern uns: In der 7. Folge der Serie erlebt jemand den Himmel während einer *Organtransplantation*. Er kehrt ebenfalls ins Diesseits zurück. Die Transplantation ist zwar gefährlich. Man kann daran sterben. Aber auch dann erwartet einen ja der

---

303 Autor ist ein Raimund le Viseur, der auch 1994 bei der Berichterstattung über den Selbstmord der Schriftstellerin Sandra Paretti in Erscheinung trat.

Himmel. In jedem Fall, außer man ist ein böser »Sünder«, ist der Tod nicht das Ende. Wenn einem Scheintoten ein Organ entnommen wird und er dabei stirbt – na, was regt ihr euch denn so auf, wo Euch doch ein schöner Tod, das herrliche Jenseits erwartet? Das könnte die Botschaft sein! Im gleichen Artikel heißt es: wenn das der Tod ist, ist es ja gar nicht schlimm zu sterben.

Doch in diesem Artikel erhebt sich auch eine andere Stimme: man solle sich zum Leben bekennen. Also direkt auf kollektiven Selbstmord will BILD auch nicht orientieren!

Mit der Konzentration des Blicks auf das Jenseits und die prächtigen Jenseitserwartungen (das Paradies, die jenseitige Idylle) lenkt der Verfasser, wie dies über Jahrhunderte von den christlichen Kirchen vorexerziert wurde, von den irdischen Problemen ab. Die Hoffnungen werden nicht auf diese Welt und ihre Möglichkeiten der Veränderung gerichtet, sondern fundamentalistisch auf ein Jenseits, inklusive Hölle, in der diejenigen, die sich nicht brav verhalten, schmoren sollen. Das Gesellschaftsbild muß daher als direkt reaktionär bezeichnet werden. Es entspricht exakt den Vorstellungen, wie sie etwa von Wolfgang Schäuble auffällig deutlich in der Tradition der *Konservativen Revolution* in seinem Buch »Und der Zukunft zugewandt« von 1994 ausformuliert worden sind.[304] Dort heißt es etwa:

»Menschliche Existenz ist immer der Zukunft zugewandt. Trotz aller Zweifel, aller Widerstände, aller Veränderungen und aller Anpassungsschwierigkeiten, die ich beschrieben habe: Ohne Hoffnung kann der Mensch nicht leben. Diese schlichte Aussage hat eine irdische und eine transzendentale Dimension. ... Religion, transzendente Gewißheit schafft bei denen, die diese Glaubensüberzeugung teilen, Hoffnung und damit Zukunftsmut. Sich der Zukunft zuzuwenden, sich der Zukunft zu stellen, Mut zur Zukunft zu haben, das erfordert einen klaren Leitfaden. Der kann aber nur außerhalb unserer Alltagswelt liegen. Geistige Orientierung kann man allein durch ethische oder religiöse Grundbindungen gewinnen.« (ebd. s. 48f.)

Und für diejenigen, die die christlichen Heilsgewißheiten bezweifeln, fährt Schäuble fort:

Für diese »muß das Element der Hoffnung woanders herkommen. Gerade für sie ist die Gemeinschaft, das Geborgensein in der Gemeinschaft, auch die Abfolge der Generationen, die die Gewißheit enthält: es geht auch nach meinem Tod weiter, von fundamentaler Bedeutung.« (ebd. S. 50)

Und er faßt noch einmal präzisierend und politisch zuspitzend zusammen:

»Hoffnung und Zuversicht als Grundnotwendigkeiten menschlicher Existenz können sich also aus zwei Elementen speisen: Aus der religiösen Zuversicht und aus der Geborgenheit, dem Aufgehobensein in der Gemeinschaft, der Gemeinschaft der Familie, der Gemeinschaft des Dorfes, des Vereins, auch der Nation.« (ebd. S. 50).

---

304 Vgl. dazu ausführlich Kellershohn 1996.

Der (für viele längst im Abseits stehende) liebe Gott wird – pseudo-religiös – durch die Verheißung nationaler Identität ersetzt.

Schäubles Ausführungen wirken wie eine Art Drehbuch zur Darstellung des Themas Tod/Sterben in BILD, auch wenn BILD nicht so scharf wie Schäuble zwischen Gläubigen und Ungläubigen trennt, sondern den Spagat zwischen beiden versucht, indem sie diffuse Ängste aller Menschen vor dem Tod allgemein anspricht. Gleichwohl liefert BILD die Siebengroschenversion dessen, was Schäuble in wohlgesetzte Worte kleidet und zwischen zwei Buchdeckel zwingt.[305]

---

305 Die hier vorgenommene Bestimmung der Diskursposition von BILD, die an sich die Analyse möglichst aller in BILD angesprochenen Diskursstränge/Themen erforderlich machte, dürfte insgesamt aber nicht falsch sein, zumal sie sich auf andere diskursanalytische Erfahrungen stützen kann. Vgl. aber auch die Analysen von Jäger 1993a und Quinkert/Jäger 1991.

III. Überblicksanalyse einer Diskursstrangverschränkung

Margret Jäger

Fatale Effekte. Die Kritik am Patriarchat im Einwanderungsdiskurs. Analyse einer Diskursverschränkung[306]

Ethnisierung von Sexismus – so nenne ich im folgenden eine Argumentationsweise, bei der sexistische Haltungen und Verhaltensweisen zum Charakteristikum einer bestimmten Ethnie gemacht werden, also wenn etwa behauptet wird: Türkische oder moslemische Männer seien sexistisch, sie unterdrückten Frauen in besonderer Weise. Eine solche Ethnisierung von Sexismus dient im Einwanderungsdiskurs häufig als Begründung dafür, daß ein Zusammenleben mit Türken oder Moslems für »uns« nur schwer oder gar nicht möglich ist. Sehr häufig wird dieser ethnisierte Sexismus auch mit dem Islam in Verbindung gebracht, wenn etwa angenommen wird, der Koran schreibe Männern die Herrschaft über Frauen vor.

Ein Vergleich mit anderen Vorurteilen, die gegenüber Einwanderern vorgebracht werden, zeigt, daß sich eine Ethnisierung von Sexismus in einem wesentlichen Aspekt von ihnen abhebt: Im Unterschied zu anderen Vorurteilen arbeitet dieser Vorwurf mit einer positiv besetzten Norm: der Gleichbehandlung der Geschlechter. Während andere Ablehnungsgründe in der Regel so ausgelegt werden können, daß sie mit Eigennutz, Neid, mangelnder Toleranz und anderen negativen Gefühlen verbunden seien, trifft dies bei der Ethnisierung von Sexismus nicht zu.[307] Das macht dieses Vorurteil so wirkungsvoll, das macht es gleichzeitig aber auch so problematisch. Denn diejenigen, denen es sowohl um demokratische Rechte von Frauen wie auch um die von EinwanderInnen geht, geraten dadurch leicht in *eine argumentative Zwickmühle*, nämlich die, daß Frauenforderungen und demokratische Rechte von

---

306 Bei dieser Analyse handelt es sich um eine leicht überarbeitete Fassung von M. Jäger 1996b.

307 Ähnliches liegt übrigens auch vor, wenn Türken deshalb abgelehnt werden, weil in ihrem Herkunftsland die Todesstrafe gelte – ein Einwand, der gegenüber Amerikanern kaum vorgebracht wird. Auch wenn den Juden vorgehalten wird, sie würden die Menschenrechte der Palästinenser verletzen, wird eine solche positive Norm angelegt. Auch diese Vorbehalte werden im Einwanderungsdiskurs durchaus artikuliert. (Vgl. M. Jäger 1996, S. 249f.)

EinwanderInnen gegeneinander ausgespielt werden. Es scheint sich so zu verhalten, daß hier demokratische Inhalte für eine anti-demokratische, rassistische Argumentation instrumentalisiert werden (können).

Der Ausweg aus dieser Zwickmühle wird dabei durch einen weiteren Umstand erschwert. Schließlich reiht sich eine Ethnisierung von Sexismus in eine Kritik am Islam ein, die in den letzten Jahren erheblich zugenommen hat. Die Fatwa gegenüber dem Schriftsteller Salman Rushdie soll hier nur als herausragendes Beispiel genannt werden. Solche Vorkommnisse tragen zu einem Prozeß bei, dessen Ausgang zwar noch offen ist, an dessen Endpunkt jedoch das neue Feindbild »Islam« als Ersatz für das des Kommunismus stehen kann. Auch in diesem Zusammenhang scheinen sich diejenigen, denen es um eine De-Eskalation derartiger Konflikte geht, mit Blick auf Frauenrechte und Frauenemanzipation in einer sehr schwierigen Situation zu befinden, weil sie mit ihrer Kritik diesem Feindbild Islam Vorschub leisten.

Andererseits ruft die Verknüpfung von »Einwanderung« und »Frauenrechte« aber auch positive Normen auf, die ja wohl kaum zurückgedrängt werden sollten. Immerhin ist es ja so, daß demokratische Werte und Tugenden wirksam werden müssen – sowohl bei denjenigen, die die Ethnisierung von Sexismus vornehmen, wie auch bei denjenigen, die sie nachvollziehen. Um als Argument zu wirken, werden also die im Einwanderungsdiskurs durchaus vorhandenen demokratischen Inhalte und Normen aktiviert. Insofern stellt sich die Frage, ob wir es bei einer Ethnisierung von Sexismus mit einer Diskursverschränkung zu tun haben, die es möglich macht, auch antirassistische Elemente in den Einwanderungsdiskurs hineinzutragen. Doch: Auf welche Weise könnten sich diese positiven Werte nutzen lassen? Wie könnte dies geschehen?

Diese Fragen lassen sich dann beantworten, wenn die Effekte, die Diskurswirkungen, die von einer Ethnisierung von Sexismus ausgehen, genauer beschrieben und analysiert werden. Eine solche Analyse habe ich vorgenommen, über deren Vorgehensweise sowie deren wichtigste Ergebnisse im folgenden die Rede sein soll.[308] Ich wollte aufdecken, *auf welche Weise* die am Diskurs beteiligten Personen mit einer solchen Verschränkung von Frauen- und Einwanderungsdiskurs umgehen und *wie* sie *welche* Diskurseffekte (re-)produzieren.

---

308 Vgl. dazu ausführlich M. Jäger 1996. Dabei habe ich gleichzeitig den Versuch unternommen, unseren in Duisburg seit einigen Jahren entwickelten diskurstheoretischen Ansatz und sein methodisches Instrumentarium weiterzuentwickeln, damit dies auf weitere Diskurse angewendet werden kann. Denn Tatsache ist, daß Diskursverschränkungen in der Realität häufig vorliegen, um nicht zu sagen, die Regel sind. Das bisher entwickelte Instrumentarium von Diskursanalyse hatte jedoch diesen Tatbestand bislang noch nicht systematisch berücksichtigt.

Die Analyse von Diskursverstrickungen und -verschränkungen

Klärung des diskurstheoretischen Analyseansatzes

Am Anfang jeder Diskursanalyse, also auch der meinigen, steht die Frage nach den theoretischen und methodischen Vorüberlegungen, die in die Analyse einfließen. Sie müssen aufgedeckt bzw. für die jeweilige Fragestellung modifiziert werden. Dazu gehören die diskurstheoretischen Voraussetzungen ebenso wie die Diskussion bzw. Klärung für die Untersuchung zentraler (wissenschaftlicher) Begriffe. Im Falle der Ethnisierung von Sexismus sind dies Begriffe wie »Rassismus, Ethnozentrismus« und »Sexismus«.

Mein Verständnis dessen, was unter einem Diskurs zu verstehen ist, orientiert sich vor allem an den Vorarbeiten von Jürgen Link und Siegfried Jäger. Ich fasse als Diskurs eine gesellschaftliche Redeweise, die institutionalisiert ist, gewissen (durchaus veränderbaren) Regeln unterliegt und die deshalb auch Machtwirkungen besitzt, weil und sofern sie das Handeln von Menschen bestimmt (vgl. Link 1982a, 1983a). Eine solche Fassung von Diskurs schließt an den Diskursbegriff von Michel Foucault an, der den Diskurs auch als die sprachliche Seite einer »diskursiven Praxis« auffaßt (Link/Link-Herr 1990, S. 90).

Siegfried Jäger hat bei seiner Diskursdefinition ein Bild aus der Natur bemüht, dem ich mich gerne anschließe. Er vergleicht den Diskurs mit einem Fluß von Rede und Texten (»Wissen«) durch die Zeit (vgl. Jäger 1993, S. 153). Damit spricht er gleichzeitig die historische Dimension von Diskursen an, die von der Vergangenheit durch die Gegenwart in die Zukunft »fließen«.

Diskurs, so verstanden, meint also immer Form und Inhalt von Äußerungen; seine Analyse beantwortet, grob gesagt, die Frage danach, *was zu einem bestimmten Zeitpunkt von wem wie sagbar* war bzw. sagbar ist. Das bedeutet, daß immer auch die Frage danach gestellt ist, was *nicht sagbar* war bzw. ist.

Die Verortung des Untersuchungsgegenstandes im diskursiven Gewimmel

Im Mittelpunkt der Analyse steht der Diskurs*strang* über Einwanderung (und Flucht), der auf der *Ebene des Alltags* betrachtet wird. Innerhalb dieses Diskursstranges interessiert hier *besonders* die Art und Weise, wie über das Geschlechterverhältnis von EinwanderInnen und Flüchtlingen gesprochen/gedacht wird. In diesem Ausschnitt berührt sich also der Einwanderungsdiskurs mit einem Teil des Frauendiskurses.[309]

---

309   Zu den Analysekategorien Diskursstrang und -ebene vgl. Jäger 1993.

Diesen (bekannten) Strukturmerkmalen habe ich ein weiteres hingefügt, mit dessen Hilfe die subjektiven und kollektiven Verstrickungen der Einzelnen in den Diskurs herausgearbeitet werden können: die *Diskursposition* der am Diskurs Beteiligten.

Unter einer Diskursposition verstehe ich den gedanklichen Ort, von dem aus eine Beteiligung am Diskurs und seine Bewertung für den Einzelnen und die Einzelne bzw. für Gruppen und Institutionen erfolgt. Die Diskursposition ist Resultat der Verarbeitung der *besonderen* diskursiven Verstrickungen, die sich aus den bisher durchlebten und aktuellen Lebenslagen der Diskursbeteiligten speisen. Sie ist somit das Resultat der Verstricktheiten in diverse Diskurse.

Von einer systematischen Berücksichtigung der Diskursposition erhoffe ich mir, daß die subjektiven und kollektiven Verstrickungen in den jeweiligen Diskurs kenntlich gemacht werden können. Auf diese Weise werden die am Diskurs Beteiligten als *gestaltender Faktor* systematisch bei der Analyse berücksichtigt. Dies ermöglicht, ihre vorhandenen Verstrickungen genauer zu reflektieren, um sie gegebenenfalls auflösen zu können.

Schritte der Analyse

Die Analyse habe ich in fünf Schritten vorgenommen, die aufeinander aufbauen und die Diskursverschränkung immer stärker verdichten.

1. *Zunächst geht es um die Entfaltung und Vergegenwärtigung des diskursiven Kontextes der Diskursverschränkung.*

    Das bedeutet, die Diskursstränge, aus denen sich die Verschränkung herstellt, wurden historisch und aktuell skizziert. Hier wurde deutlich, daß die Kritik an sexistischen Verhaltensweisen von Einwanderern in den beiden Diskurssträngen – Einwanderung und Flucht sowie Frauen – sehr unterschiedlich akzentuiert wird. Innerhalb des Einwanderungsdiskurses ist sie von jeher von zentraler, innerhalb des Frauendiskurses dagegen eher von untergeordneter Bedeutung. Diese unterschiedliche Gewichtung wies darauf hin, daß die weitere Analyse einer Ethnisierung von Sexismus aus dem Kontext des Einwanderungsdiskurses zu erfolgen hat.

2. *Die empirische Grundlage der Analyse bilden Interviews mit Bürgerinnen und Bürgern deutscher bzw. christlicher Herkunft.*

    Um den Alltagsdiskurs möglichst vollständig zu erfassen, wurden bei der Auswahl der InterviewteilnehmerInnen möglichst alle wichtigen Diskurspositionen berücksichtigt. Dazu bediente ich mich hilfsweise soziologischer Kategorien, deren Kombination gleichzeitig hypothetische Diskurspositionen markieren. Im einzelnen sind für die Untersuchung folgende Merkmale von Interesse: Nationalität, Geschlecht, Lebensalter sowie soziale Lage (im weitesten Sinne: Beruf, Ausbildung etc.) Es wurden ausschließlich deutsche Männer und Frauen interviewt.

Die Interviews wurden in einem zweiten Analyseschritt zunächst zusammenfassend analysiert und damit die konkrete, aktuelle Ausgestaltung des Einwanderungsdiskurses auf der Ebene des Alltags beschrieben.

3. *Diese Analyse bildete die Grundlage für den dritten Analyseschritt: die synoptische Analyse der Diskursfragmente. Bei dieser Analyse standen vor allem die unterschiedlichen Verstrickungen in den Einwanderungsdiskurs und die unterschiedlichen Ethnisierungsweisen von Sexismus im Mittelpunkt.*

So konnte deutlich werden, daß die *Diskursposition* auf zweifache Weise wirksam wird: Sie prägt erstens die Wahrnehmung der Interviewten. So findet sich zum Beispiel bei Angehörigen der unteren Schichten mehr Verständnis für die Motive von Flüchtlingen, aus Elend und Not herauszukommen. Umgekehrt hat die (westdeutsche) Frauenbewegung mit ihren Normen offenbar diejenigen Personen stärker erreicht, die sich in einer eher privilegierteren Lebenslage befinden. Zumindest werden Verhaltensweisen von Personen, die nicht mit diesen Ansprüchen konform gehen, schärfer wahrgenommen. Zweitens werden Elemente der Diskursposition im Diskurs selbst zur Geltung gebracht, um soziales Verhalten zu erklären. Zum Beispiel wird rassistisches Verhalten des öfteren mit mangelnder Schulbildung erklärt.

Daß Frauen bei einer Ethnisierung sexistischer Haltungen den Sexismus heftiger kritisieren als Männer, wundert nicht. Ihr Geschlecht weist ihnen hier eine deutlich andere Diskursposition zu, die bereits dadurch zum Ausdruck kommt, in dem sie ihre eigene – potentielle oder faktische – Betroffenheit artikulieren. Dies kommt bei Männern nicht vor. Dennoch macht sich ihre »männliche« Diskursposition ebenfalls geltend: Vor allem die Selbstverständlichkeit, mit der sie ihre männliche Perspektive zur allgemeinen Norm machen, ist hier auffallend.

Das bedeutet nicht, daß Frauen diesen »männlichen Blick« nicht auch praktizieren; auch sie sind in den patriarchalen und sexistischen Diskurs verstrickt, dennoch machen sich bei ihnen häufiger Brüche bemerkbar.

Die synoptische Analyse zeigte weiter, daß die Zuschreibungen von Sexismus zu Einwanderer einen unterschiedlichen Grad an Festigkeit aufweisen können. Zwei unterschiedliche Ausprägungen lassen sich finden:

Bei einer »statischen« Ethnisierung von Sexismus wird das Geschlechterverhältnis zu einem Merkmal von *Rassenkonstruktion*. Sexismus wird z.B. als eine natürliche Eigenschaft von Moslems definiert. Diese Form von Ethnisierung von Sexismus verweist auf einen ihr zugrundeliegenden Rassismus, und sie muß als eine Ausdrucksform von Rassismus begriffen werden.

So äußert zum Beispiel Florian[310] auf die Frage, ob er »gravierende« Unterschiede zwischen moslemischen und christlichen Partnerschaften sähe, wie folgt:

---

310 Der Name der Interviewten ist anonymisiert.

Ich warn nich davor, ich sag nur einfach, die Mentalität von den Leuten ist zu verschieden. ... Ich sag jetzt mal, die deutsche Frau, die is ja, die is so aufge- wachsen, die ist so erzogen worden, daß sie gleichberechtigt is. ... Und wenn jetzt en Araber käm, der so aufgewachsen is, der sich auch gar nich vorstellen kann, daß es irgendwat anderes gibt in der Beziehung Mann Frau, wie soll dat gutgehen? ... Weil er wird immer auf seine Erziehung pochen, auf das Recht, was er hatte, und die deutsche Frau wird sich das nie- mals gefallen lassen, also die wenigsten würden sich so wat gefallen lassen.(5/724-736)[311]

Florian nimmt hier zwar keine biologische Naturalisierung in dem Sinne vor, daß er unterstellt, moslemische Männer seien von Natur aus dominant. Viel- mehr betrachtet er die moslemische Erziehung als so prägend, daß eine Verän- derung des Einzelnen ihm danach nicht mehr möglich erscheint. Auf diese Weise konstruiert er Sexismus zu einem Charakteristikum des moslemischen Mannes. Die Erziehung kann in diesem Sinne als eine zweite Natur angesehen werden. Entscheidend ist dabei, daß die Vorherrschaft des Mannes als ein Be- standteil islamischer Religion unterstellt wird. Florian argumentiert hier also kulturrassistisch.

Eine »dynamische« Ethnisierung ist demgegenüber dann gegeben, wenn die Zuschreibungen eines patriarchalen Verhältnisses zwischen Männern und Frauen bei Moslems und/oder Türken mit einer Veränderungs- und Entwick- lungsmöglichkeit verbunden, mitunter diese Entwicklung sogar als zwangsläu- fig prophezeit wird. Eine Naturalisierung des Geschlechterverhältnisses findet hier nicht statt, so daß diese »dynamische« Ethnisierung als Ausdruck einer eher ethnozentristischen Auffassung angesehen werden kann.

Eine Textpassage aus dem Interview mit Karin soll diese Variante verdeutli- chen, wenn sie auf die gleiche Frage, die ich Florian (s.o.) stellte, antwortet:

da is natürlich, die führen natürlich ‚ne andere Ehe als hier die christlichen Leutchen. Mhm. Ich mein, ich müßte auch mal, eh, den Koran lesen, hab ich mir auch mal vorgenommen, und da- her nehmen die ja auch ihre kulturellen Werte, ne? ... Was der Mohammed denen alles erzählt hat. Da weiß ich zu we- nig, aber ich glaube, daß da die Frau wirklich nich so gut wegkommt, wie hier

---

311 Die im weiteren zitierten Interviewpassagen sollen wie folgt gelesen werden: die Rede der Interviewten erscheint in normaler, die Rede der Interviewenden in kursiver Schrift. Gemeinsames Sprechen wird durch Fett-Schrift markiert. Emphasen werden durch Unterstreichungen hervorgehoben. Auslassungen und Verschleifungen innerhalb ein- zelner Wörter werden durch ein Auslassungszeichen (') angezeigt. Pausen sind durch Sternchen ausgewiesen, wobei ein Sternchen eine Redeunterbrechung von 3-4 Sekun- den bedeutet. Ein Gedankenstrich vor einem Sprecherwechsel zeigt an, daß hier eine Unterbrechung vorliegt, die durch den Gesprächspartner initiiert wurde. Dagegen mar- kiert ein Schrägstrich (/) eine »Selbstunterbrechung«. Nicht-sprachliche Momente, wie Husten, Lachen etc. werden in Klammern vermerkt. Drei Punkte weisen daraufhin, daß an dieser Stelle Auslassungen vorgenommen wurden. Die Ziffern vor dem Schrägstrich geben die Nummer des Interviews an; die Ziffern hinterm Schrägstrich beziehen sich auf die Zeilennummern (Vgl. den Materialband mit den Interviews (M. **Jäger 1996a))

in unserer christlichen Ehe. ... Daß die gewisse, ehm, Rechte und Freiheiten auch haben, diese mohammedanischen Frauen. Aber daß die doch nich so viel Freiheit haben wie wir hier, ich mein, hatten wir Frauen ja auch noch nich mal vor zwanzig Jahren, als ich verheiratet war, hab ich ja auch noch wenig Rechte gehabt, wenn ich daran denke?! Oh, dann könnt' ich aber erzählen! (10/1086-1103)

Auch Karin bemüht hier die »kulturellen Werte«, die moslemische Personen in ihrem Verhalten beeinflußten. Auch sie unterstellt, daß die Frauen innerhalb dieser Werte in ihrer Freiheit beschnitten sind. Doch sie spricht auch die Veränderungsmöglichkeiten an, indem sie Vergleiche zu ihrer eigenen früheren Situation zieht. Die Zeitachse »vor zwanzig Jahren« prophezeit den Fortschritt einer Anpassung islamischer Werte an »unsere« Normen. Im Unterschied zur »statischen« Ethnisierung von Sexismus wird also hier eine Entwicklungsmöglichkeit eingeräumt. Dabei besteht die ethnozentristische Komponente darin, daß diese Entwicklung nur als eine denkbar ist, die sich zu »unserer« Kultur hin bewegt.

4. *Diese unterschiedlichen Ethnisierungsweisen gaben gemeinsam mit der unterschiedlichen Diskurspositionen die Kriterien für die Auswahl von Textpassagen ab, die ich dann einer Feinanalyse unterzogen habe.*

Es handelte sich dabei also um Textpassagen, in denen die Verschränkung der beiden Diskurse von »Einwanderung« und »Frauen« im Mittelpunkt steht. Anhand dieser Passagen wurden sowohl die diskursiven Effekte analysiert, die durch eine Ethnisierung von Sexismus im Einwanderungsdiskurs und Frauendiskurs entfaltet werden. Gleichzeitig konnte so beschrieben werden, auf welche Weise diese Effekte im (Alltags-)Diskurs produziert und reproduziert werden.

Für die Analyse von Diskursverschränkungen ist dabei der Anspielungsaspekt von Sprache von besonderem Interesse. Gerade Diskursverschränkungen lassen sich damit besonders gut erfassen, weil durch Anspielungen Verbindungen zu weiteren Diskurssträngen hergestellt werden können, die im Gespräch dann aufgenommen oder verworfen werden können. Auf diese Weise läßt sich die Produktionsseite des Diskurses nachzeichnen. Daneben war die Betrachtung der Kollektivsymbolik gerade wegen deren interdiskursiver Funktion von zentraler Bedeutung. (Vgl. u.a. Link 1982 sowie Link/Link-Heer 1994.) Gleiches gilt für die Analyse der Präsuppositionen, der Pronominalstrukturen sowie der Akteure. Die folgenden Leitfragen bildeten dennoch auch das Analyse-Gerüst der (vier) Feinanalyen.

—   Welche Diskursstränge werden in der jeweiligen Sequenz direkt angesprochen, welche angespielt? Welche Diskursstränge werden – im Hinblick auf die vorherige Sequenz – weiter aufgenommen? Welche werden nicht weiter verfolgt?

—   Auf welche Weise werden die Diskursstränge in der Sequenz angesprochen oder angespielt (durch Pronomina, Präpositionen, Kollektivsymbole, Anspielungen, Präsuppositionen, Phraseologismen, Aktiv-Passivkonstruktionen, Interjektionen)? Gibt es sprachliche Auffälligkeiten, Verunsicherungen etc.?

– Was kann als Konsens, was muß als Dissens für den weiteren Gesprächsverlauf zwischen den Beteiligten festgehalten werden? Welche diskursiven Effekte werden hierdurch erzielt?

– Was wäre alternativ sagbar gewesen? Was wäre nicht sagbar gewesen, weshalb nicht?

Auf der Grundlage der Ergebnisse dieser Feinanalysen wurden sodann die Interviewpassagen der restlichen Interviews betrachtet, in denen es um das Geschlechterverhältnis bei Türken/Moslems und Deutschen/Christen ging. Damit können Abweichungen, Ergänzungen und Modifikationen kenntlich gemacht werden und die Diskurseffekte weiter differenziert werden.

5. *Die diskursiven Wirkungen, die innerhalb des vierten Analyseschritts herausgearbeitet wurden, werden nun in den weiteren diskursiven Kontext eingebettet, um zu einer Gesamteinschätzung zu gelangen.*

Schließlich geht »Reise« der Analyse wieder zurück: Die erarbeiteten Ergebnisse werden vor den diskursiven Kontexten entfaltet und können auf diesem Hintergrund präzise eingeschätzt werden. Vor diesem Hintergrund kann dann auch thematisiert werden, ob und wie sich nicht gewünschte diskursive Effekte vermeiden oder neutralisieren lassen.

Einige Ergebnisse der Analyse

Diskursive Effekte

Die Analysen haben gezeigt, daß eine Ethnisierung sexistischer Verhaltensweisen innerhalb des Einwanderungsdiskurses vor allem dessen rassistischen und ethnozentristischen Gehalt stärkt. Sexismus, der den EinwanderInnen unterstellt wird, wirkt als Stütze negativer Bewertungen dieser Personengruppen. Insofern muß eine Ethnisierung von Sexismus nicht nur als eine Äußerungsform rassistischer und/oder ethnozentristischer Konstruktionen begriffen werden, sondern darüber hinaus wurde deutlich, daß der humanitäre Gehalt, der in eine Kritik von Sexismus eingeht, im Alltagsdiskurs nicht die Kraft entfalten kann, die rassistischen und/oder ethnozentristischen Konstruktionen des Einwanderungsdiskurses aufzubrechen oder auch nur in Frage zu stellen.

Auch in bezug auf die diskursiven Effekte, die von einer Ethnisierung von Sexismus im Frauendiskurs ausgelöst werden, kann nichts Positives festgehalten werden. Die rassistischen Wirkungen, die von einer Ethnisierung sexistischer Haltungen ausgehen, beeinflussen diesen weitgehend sexistisch geprägten Diskurs unterschiedlich und widersprüchlich.

So kann die negative Beurteilung des ethnisierten Sexismus durch die Verwicklung mit diesem Sexismus eingeschränkt, wenn auch nicht aufgehoben werden. Eine Passage aus dem Interview mit Ewald kann dies verdeutlichen: Angesprochen auf das Buch »Nicht ohne meine Tochter« äußert er, Betty Mahmoody sei nicht »glaubwürdig (4/510), weil sie bereits eine gescheiterte Ehe hinter sich habe.[312] Sie habe ihren Mann »sitzen lassen«, und aufgrund richterlicher Entscheidung habe sie kein Sorgerecht für die Kinder aus dieser Ehe.

Obwohl er zuvor den Sexismus moslemischer Männer mehrfach ethnisiert hat, lehnt er die »Einladung« dazu ab, Betty Mahmoody als Kronzeugin für seine Auffassung einzusetzen. Stattdessen wertet er ihre Aussagen ab und zwar mit Werturteilen, die er dem sexistischen Frauendiskurs entnimmt: Eine Mutter verläßt ihre Kinder nicht, eine Frau verläßt ihren Mann nicht. Bekommt die Frau im Falle einer Scheidung kein Sorgerecht für die Kinder, dann trägt sie offenbar die Hauptschuld am ehelichen Zerwürfnis. All diese Annahmen und Bewertungen sind aber deshalb sexistisch, weil sie im Umkehrschluß für Männer nicht gelten.

Doch Ewald führt weitere Gründe an, weshalb Betty Mahmoody unglaubwürdig sei:

> Die Frau is clever, die hat damit *Geld* verdient, dat is dat Einzige. Ob dat wahr is, er hat dat ja och dementiert, inwieweit das..., zutrifft, kann man, wie gesagt, wenn man nich dabei ist, kann man dat sowieso schlecht, man muß et dem andern glauben, ja?...Aber, so ganz nimm ich dem das vielleicht auch nich ab, sicherlich hat die da en Schlüssel gehabt, daß sie in ihrer Wohnung rein- und rauskonnte,.... aber irgendwie hat die sicherlich auch, allein schon aus ... sittlichen Gründen, die, die, die, die, die, eh, die Mentalität der Iraner – Iraner war's ja, ne?... Eh, da haben. Aber die Frau is nich echt für mich. ...Und, und mehr oder weniger is et selbst schuld, wenn se, wenn se so behandelt wird.... Und in Amerika hat se ja wahrscheinli- hat se ja den, den Prozeß auch verloren. *Und hat auch gesagt*, ihr Mann hätt sie geschlagen, das stimmt ja auch gar nich. Genauso wie der, wie der Iraner dat getan haben soll, ne? (4/520-545)

Betty Mahmoody gehe es nur ums Geld, ihre ehemaligen Männer hätten öffentlich ihre Darstellung dementiert. Sie hat in Amerika bereits einen Prozeß verloren. Aus all diesen Gründen sei sie »mehr oder weniger ... selbst schuld, wenn se ... so behandelt wird.« (4/537)

Trotzdem gesteht er ihrer Geschichte eine gewisse Glaubwürdigkeit zu. Alles wiederum will er dem Herrn Mahmoody auch nicht glauben. Daran hindert ihn sein Wissen um die »Mentalität der Iraner« (4/533), die aus »sittlichen Gründen« anders lebten. Genaues vermag er dazu allerdings nicht zu sagen.

---

312 In fast allen Interviews sind Buch und Film von Betty *Mahmoody: »Nicht ohne meine Tochter« angesprochen worden. Aufgrund der zur Zeit der Interviews ausführlichen Berichterstattung in den Medien über dieses Buch konnte sein Inhalt als weitgehend bekannt vorausgesetzt werden. (*Mahmoody 1991)

Letztlich ist sein Urteil über Betty Mahmoody von diesen Einschränkungen jedoch unbeeinflußt. Trotz seiner Vorbehalte gegenüber der »Mentalität der Iraner« sei ihr nicht zu glauben. Insofern läßt sich hier sagen, daß die sexistischen Einstellungen hier als Bremse für eine positive Rezeption des rassistischen Inhalts von »Nicht ohne meine Tochter« funktionieren.

Im Gespräch mit Imma wirkt sich der Frauendiskurs anders aus. Konfrontiert mit den antisexistischen Normen des Frauendiskurses, veranlassen sie diese Normen dazu, die rassistischen Momente der vorgenommenen Ethnisierung von Sexismus zu verstärken. Nachdem Imma die Beziehung ihrer Freundin mit einem Türken als eine geschildert hat, in der er ständig vorschreibt, was sie zu tun und zu lassen habe und sie diese Verhaltensweise mehrfach darauf zurückgeführt hat, daß der Türke moslemisch erzogen sei, stelle ich die Frage:

Aber sie lebt weiterhin mit ihm *zusammen*?

> *Ja*, ach, e-et is auch nich so gravierend, aber man kann sich einfach, eh, unsere Lebensweise kann man nich damit vergleichen. (8/106-108)

Mit der Frage habe ich zu verstehen gegeben, daß ich die Frage der Bewegungs- und Entfaltungsfreiheit von Frauen für einen entscheidenden Punkt des Zusammenlebens von Männern und Frauen halte. Damit spiele ich auf die Normen des Frauendiskurses an. Imma schwächt ihre Bemerkungen ab, indem sie betont, daß Einschränkungen, die ihre Freundin erführe, so wichtig denn auch wieder nicht seien. Sie nimmt also die Anspielung auf und weist die Normen dieses Diskurses nicht zurück. Trotzdem beharrt sie darauf, daß hier fundamentale Unterschiede vorliegen.

Ihre Beurteilung, die Lebensweisen von Moslems und Christen ließen sich nicht miteinander vergleichen, ergibt auf dieser Grundlage nur dann einen Sinn, wenn sie davon ausgeht, daß diese Unterschiede noch in anderen Lebensbereichen zu finden sind. Auf diese Weise kann Imma die zuvor vorgenommene Ethnisierung sexistischer Verhaltensweisen weiter aufrechterhalten, obwohl und indem sie weitere rassistische Zuschreibungen vornimmt, die an dieser Stelle jedoch nicht expliziert werden. Die in Auseinandersetzung mit dem herrschenden Sexismus entwickelten antisexistischen Normen verstärken hier eher rassistische Konstruktionen (vom Islam und vom moslemischen Mann), anstatt sie aufzuheben.

Insofern muß gesagt werden, daß eine gleichzeitige Thematisierung von Elementen des Frauen- und des Einwanderungsdiskurses nicht nur letzteren rassistisch verstärkt, sondern hinsichtlich der Effekte, die auf den Frauendiskurs ausgehen, sexistische Wirkungen, wenn nicht herstellt, so doch konserviert.

Auf welche Weise wird Sexismus ethnisiert?

Allerdings vollzieht sich die Ethnisierung von Sexismus im Alltagsdiskurs auf unterschiedliche *Weise*.

Die *Kopplung selektiver Erfahrungen mit Informationen aus den Medien* ist dabei besonders auffällig. Dabei können die Verweise auf die Medien als Zitate des gegenwärtigen Interdiskurses gelesen werden. Durch die Verkopplung von bekannten Diskurselementen mit eigenen Erfahrungen wird die Ethnisierung von Sexismus im Alltagsdiskurs sehr häufig als Problem aufgeworfen. Um jedoch ihre ausgrenzenden Wirkungen erzielen zu können, ist mehr notwendig.

Interessant ist darüber hinaus, daß auch das Wissen, daß diese Erfahrungen selektiv sind, an dieser grundsätzlichen Konstruktion nichts ändert. Im Interview mit Magdalene wird dies offenbar. Magdalene arbeitet als Lehrerin an einem Gymnasium. Mit ihren Schülerinnen hat sie sich über die Stellung der Frau im Islam auseinandergesetzt, nachdem sie von einer Türkeireise zurückgekehrt ist:

Ja, also haben einerseits auch auf Städte verwiesen, dat stimmt auch, in Istanbul hab ich durchaus 'ne Frau in 'nem normalen Rock, eh, inner Bank arbeitend gesehen, aber ich weiß nich, ich hab die dermaßen angestarrt, weil ... das sowas Ungewöhnliches war, ... Also ich dachte wirklich erst, ich hätte mich vertan beim Gucken, ne? ... Eh, und verweisen halt so auf den Einfluß innerhalb der Familie. ... Aber dat is et dann halt auch, ne? Dat mögen zwar wichtige Entscheidungen sein, aber man sieht se wirklich nich draußen, ne? (12/217-229)

Hier wird bereits deutlich, daß sich solche selektiven Wahrnehmungen mit schlichter Aufklärung darüber nicht aufbrechen lassen, daß es sich bei diesen Wahrnehmungen um *interessierte* Wahrnehmungen und Gewichtungen handelt.

Ein zweites Charakteristikum ist, daß die Ethnisierung von Sexismus durch *die gemeinsame Arbeit der am Diskurs Beteiligten* hergestellt wird. Dies kann auf unterschiedliche Weise geschehen: Z.B. dadurch, daß die Ethnisierung von Sexismus lediglich angespielt wird und diese Anspielung nicht zurückgewiesen wird. Dies war z.B. im Gespräch mit Daniel der Fall.

Nachdem wir zuvor über Betty Mahmoody gesprochen haben und das Problem von männlicher Gewalt in Beziehungen erörtert haben, hatte Daniel zu verstehen gegeben, daß er, wenn er erführe, daß ein Freund oder Bekannter dessen Freundin mißhandele, die Beziehung zu dem entsprechenden Mann abbrechen würde. Selbstkritisch fügte er hinzu, daß er damit allerdings Schwierigkeiten hätte. Dies veranlaßt mich zu der Frage:

Mhm. Und, ehm, wär das für Sie (räuspert sich) schwieriger, sich, eh, zum Beispiel den Kontakt abzub- brechen, ehm, wenn das en deutscher Mann is oder bei 'nem türkischen Mann?

Ja, mein Bekanntenkreis, oder unser Bekanntenkreis, der besteht ja im Prinzip nur aus Deutschen. (3/366-359)

Die Frage lenkt den Blick auf mögliche Gewalt, die von einem türkischen Mann ausgeht. Daß eine solche Ausweitung des Problems von mir als Wagnis angesehen wird, verdeutlichen Räuspern, Interjektionen sowie Anklänge von Stottern. Nach einer

Pause stellt Daniel fest, sein Bekanntenkreis bestehe vorwiegend aus Deutschen. Der von mir angespielte Zusammenhang wird von ihm nicht aufgenommen. Stattdessen bezieht er sich auf konkrete Fakten des Alltags.

Dennoch bedeutet die Tatsache, daß Daniel sich nicht explizit gegen die im Diskurs schwelende und von mir angespielte Ethnisierung sexistischer Verhaltensweisen ausspricht, daß diese in unser Gespräch hineinwirken kann und so von uns akzeptiert wird. Dieser ausgrenzende Effekt ist also das Produkt unserer gemeinsamen Arbeit. Ohne die Anspielungen, die auch zuvor bereits mit meinen Fragen und Einlassungen verbunden waren, wäre dies nicht möglich gewesen. Das Gleiche gilt für Daniels Beteiligung. Sie ist darin zu sehen, daß er diese Anspielungen – im Unterschied zu anderen – nicht zurückweist, weil er sie nicht zurückweisen will. Und dies ist keinesfalls der Gesprächssituation zuzuschreiben. Denn an anderen Stellen des Gesprächs, z.B. als es um die Frage von Gewalt in Beziehungen ging, hat Daniel sehr wohl deutlich gemacht, daß er eine Anspielung, deren Richtung er nicht billigt, zurückzuweisen weiß.

Im Gespräch mit Ewald werden sowohl seine Ethnisierungen wie auch seine sexistischen Äußerungen von mir nicht zurückgewiesen und können deshalb Wirkung entfalten. Nachdem Ewald zuvor darauf hingewiesen hat, daß Frauen bei »uns« mehr Freiheiten genießen als dies bei Moslems üblich sei, äußert er sich zu den Grenzen der Freiheit deutscher bzw. christlicher Frauen:

> Wenn ... beide Partner arbeiten, zum Beispiel dann, eh, ja, ich hab auch viel Kolleginnen, ... eh, ja, d-die stehen auf dem Standpunkt: Wenn ich arbeite, muß ... der Mann genau das Gleiche im Haushalt machen ... wie ich. ... die Frauen, die Kolleginnen. (seufzt) Nee, ich bin natürlich auch nicht dafür, daß der, der Mann nach Hause kommt, sich dahin setzt, und die Frau macht jetzt die <u>ganze</u> Arbeit. Dat wär Quatsch, wenn beide arbeiten, ne? ... Aber so gewisse Sachen muß doch der Frau vorbehalten bleiben, wie Wäsche und weiß ich wat, ne?
>
> Mhm.
>
> Daß der Mann denn och noch mitmacht,
>
> (lacht etwas)
>
> dat find ich, dat find ich – gut, wenn der mal en Besen inne Hand nimmt oder en Spüllappen oder, oder Geschirr spült oder auch schon mal unten den Flur putzt oder wat, dat is doch ganz okay, ne? Aber daß, daß die, daß die sagen: *Oh, der muß* genau datselbe machen! Dann kriegen die von mir immer son bißchen-
>
> Was sagen Sie dann immer? (lacht)
>
> Ja: Kommt doch gar nich in Frage! Und so. Würd ich ja nich machen! Ja, ihre Frau arbeitet auch nich, ne?
>
> (lacht) Ah so, mhm. (4/327-355)

Ewald verpackt seine sexistischen Zuschreibungen zu Frauen in die Schilderung von nicht so ganz ernstzunehmenden Gesprächen mit Kolleginnen am Arbeitsplatz. In diesen Gesprächen frozzelt er offenbar gegen aus seiner Sicht überzogene Ansprüche von Frauen. Durch diese Inszenierung hält er sich sowohl in der geschilderten Situation wie auch für unser Gespräch die Möglichkeit offen, einzuräumen, daß er dies alles ja nicht so gemeint habe.

Seine zuvor geäußerte Kritik am Verhalten moslemischer Männer reduziert sich in dieser Passage darauf, daß moslemische Frauen die gesamte Hausarbeit zu verrichten hätten. Das sei nicht gut, denn der Mann solle im Haushalt durchaus mithelfen. Geradezu witzig ist dabei Ewalds Formulierung, daß bestimmte Dinge den Frauen »vorbehalten bleiben« (4/342) müßten. Im Resultat reproduziert Ewald hier einen sexistisch strukturierten Diskurs, den er allerdings durch die ironische Verstehensmöglichkeit abzumildern versucht. Daß ihm dies gelingt, darauf verweist mein Lachen.

Ohne die gemeinsame (aktive) Diskursarbeit können die rassistischen Wirkungen im Alltagsdiskurs nicht produziert werden. Dies ist deshalb bedeutsam, weil eine Analyse zeigen kann, daß es durchaus Wege gibt, wie die rassistischen Fallstricke umgangen werden könnten. So wäre die Ironie von Ewald z.B. durch eine ironische Kritik meinerseits zu durchbrechen gewesen. Eine Entgegnung wie etwa die: »Na, das ist aber auch ganz schön traditionell, was Sie hier so von sich geben!« hätte signalisiert, daß ich mit seiner Auffassung nicht konform gehe. Ohne ein solches Signal jedoch können die sexistischen Ausführungen als Konsens verstanden werden.

Daß Lars die Ethnisierung von Sexismus nicht zurückweist, erklärt sich daraus, daß er den unterstellten Sexismus auch nicht negativ bewertet. Interessant ist aber, daß er das, um was es geht, nicht eigens präzisieren muß, damit es verstanden wird. So sagt er mit Blick auf türkische Einwanderer im Zusammenhang mit seiner Begründung, weshalb er eine multikulturelle Gesellschaft ablehne:

> ...wie se mit ihren Frauen umgehen, das, das solln se machen, das is mir wursch, das geht mich nix an, ne? Vielleicht, da kann man auch von lernen, ne? (11/492-494)

Lars führt nicht im einzelnen aus, wie seiner Ansicht nach Türken mit »ihren« Frauen umgehen. Er muß dies auch nicht, weil er sich darauf verlassen zu können glaubt, daß ich das Vorurteil vom dominanten Türken kenne und sein Argument verstehe.

Eine dritte Weise, wie eine Ethnisierung sexistischer Haltungen rassistische Wirkung entfalten kann, ist häufig dann auszumachen, wenn die moslemische/türkische Familie oder die islamische Kultur als der Ort ausgemacht wird, an dem Frauen unterdrückt werden. Diese Zuschreibungen können dann die Funktion von *Euphemismen* einnehmen. Dadurch werden nicht nur die Personen, um die es geht, unsichtbar gemacht. Gleichzeitig führen sie dazu, die rassistischen Konstruktionen quasi zu objektivieren. Dadurch kann das einzelne Individuum von Verantwortung freigesprochen werden.

Im Gespräch mit Hanna übernimmt »die Kultur« des Orients diesen Part. Die Angehörigen dieser »Kultur« werden zu Marionetten, die das, was an Entwicklungspotential in dieser »Kultur« steckt, lediglich nachvollziehen; sie hängen gleichsam an den Stricken dieser »Kultur«.

Schaun se mal, das ist so: Ehm, sie, sie, sie gehen ja eine Entwicklung durch. ... Zum Beispiel, wie damals das große römische Reich. Die sind dann im Endeffekt untergegangen, ... Und dann ist es wieder neu losgegangen. Und jedes, jedes Volk macht seine Entwicklung durch. ... Und diese Völker, die, die Iraner und das alles da unten, die sind jetzt, meiner Meinung nach, auf dem Stand, wie wir im Mittelalter waren. ...Und die müssen ihre Entwicklung selber durchmachen. Da können Sie nich helfen. Da können sie nich sagen, sie müssen jetzt dat- den Schleier abmachen und die Frauen müssen. ... Wenn die, wenn die, die, die, die ihre Kulturen behalten wollen und auf diesem Stand bleiben wollen, dann muß man die lassen. ... Es geht ja ei'ntlich jetzt, eigentlich nur darum, ob man ihnen in ihrer finanziellen Not ... helfen sollte. Nich, indem sie hier alle emigrie- hier reinkommen und sich hier schön bewirten lassen, sondern indem sie in ihrem eigenen Land weiterkommen ... Und sie können, Sie haben das gesehen, der Schah ist gescheitert, das hat mein Mann von Anfang an gesagt, der hat es zu schnell, der hat es gut gemeint, aber es geht nich. Sie-, jedes Land, jede Kultur braucht ihre Entwicklung. Und das entwickelt sich langsam. Schrittchen für Schrittchen. Wir waren im Mittelalter genauso. Da durften wir au' nix. Die Frauen durften nix, die Kinder durften nix, die Männer saßen immer nur da, die hat-, wir hatten dieselbe Entwicklungsstufe, die die jetzt haben im Mittelalter.(7/1223-1260)

Ein vierter Gesichtspunkt, der für die Art und Weise, wie Ethnisierung von Sexismus im Einwanderungsdiskurs vorgenommen wird, von Bedeutung ist, erklärt sich aus der Diskursposition der Beteiligten. Wenn auch die verschiedenen Argumente, die der Diskurs gegen Einwanderer insgesamt bereithält, allen Interviewten bekannt sind, der aktive Umgang damit läßt sich durch die unterschiedlichen Diskurspositionen der Beteiligten erklären.

Die weibliche Lebenslage zeigt sich z.B. in der Selbstverständlichkeit, mit der Frauen die Gleichberechtigung der Geschlechter befürworten bzw. deren Ablehnung zurückweisen. Eine solch strikte Position ist im Gespräch mit Männern kaum bzw. nicht zu finden. Im Gegenteil: Gleichheitsansprüche, die von Frauen erhoben werden, werden von Männern eher eingeschränkt und auf unterschiedliche Fähigkeiten und Kompetenzen von Männern und Frauen verwiesen.

Weitere rassistische Effekte im Einwanderungsdiskurs, die in Verbindung mit einer Ethnisierung von Sexismus reproduziert werden

Über diese rassistischen Effekte hinaus werden in Gesprächen, in denen eine Ethnisierung von Sexismus stattfindet, weitere produziert, mit denen die rassistische Struktur des Einwanderungsdiskurses verstärkt wird. Dabei handelt es sich um solche Elemente, die auch unabhängig vom ethnisierten Sexismus virulent sind.

Die auffälligsten Merkmale sind die *Gleichsetzung von Türken und Moslems* sowie die selbstverständliche *Homogenisierung von Deutschen* einerseits und Ausländern andererseits. Vor allem durch den Einsatz von Pronomina und Adverbien (des Ortes) werden solche Ausschließungseffekte produziert. Die Rede ist von »wir« im Unterschied und Gegensatz zu »die«; von »uns« im Unterschied und Gegensatz zu »denen«. Auch wenn Einwanderer in der Bundesrepublik gemeint sind, wird zwischen »hier« und »dort« unterschieden, obwohl diejenigen, die »dort« leben, hier leben. Mit solchen Adverbien und Pronomina wird auf die Topik des in der Bundesrepublik geltenden Systems kollektiver Symbole angespielt, eines Systems, dem sich der Einzelne nicht leicht entziehen kann. Im Falle der Thematisierung von Einwanderung erschwert diese Topik jedoch, Differenzierungen vorzunehmen und in den Diskurs einzuführen.

Doch auch weitere Vorurteile des Einwanderungsdiskurses werden in Verbindung mit einer Ethnisierung von Sexismus aufgegriffen: Da werden die Opfer von Diskriminierung dafür verantwortlich gemacht, daß sie von Deutschen abgelehnt werden. So wird etwa gesagt, EinwanderInnen paßten sich nicht an hiesige Sitten und Gebräuche an. Des weiteren werden Türken, auch wenn sie bereits lange hier leben oder in der Bundesrepublik geboren und aufgewachsen sind, als Fremde bzw. »Gäste« markiert. Es werden Unverträglichkeiten zwischen verschiedenen Personengruppen – auch innerhalb der Deutschen – beschworen. Solche Relativierungen rassistischer Vorbehalte geraten dann auch dadurch, daß sie nicht zurückgewiesen werden, zu einem Faktor, der Rassismus verstärkt.

Dabei weist die Fülle der rassistischen Unterstellungen und Konstruktionen, die in den Interviews auftauchen und die unmöglich innerhalb eines Gesprächs alle zurückgewiesen oder nur problematisiert werden können, darauf hin, wie dicht der Einwanderungsdiskurs mit rassistischen Positionen ausstaffiert ist.

Antirassistische Effekte

Umso wichtiger ist es, daß auch die antirassistischen Wirkungen zur Kenntnis genommen werden. Der antirassistische Diskurs macht sich zum Beispiel dadurch geltend, daß Aussagen relativiert werden, indem Verallgemeinerungen und *Pauschalisierungen explizit* abgelehnt wurden. So sollte z.B. im negativen Kontext nicht mehr von »den Ausländern« gesprochen werden, sondern von »den Türken«.

Des weiteren wurde die negative Bewertung des Kopftuchs als ein Anzeichen von Ausländerfeindlichkeit angesehen. In einem Gespräch führte dies dazu, daß der Gesprächspartner streng darauf achtet, daß das Kopftuch nicht in den Kontext von Einwanderung gesetzt wird. Stattdessen bemühte er sich, seine Abneigung gegenüber Kopftüchern in Verbindung mit negativen Kindheitserinnerungen zu stellen, weil sie ihn an Not und Armut erinnern.

Daß antirassistische Momente des Mediendiskurses in den Alltagsdiskurs einfließen, wird vor allem an den Aussagen über das Buch von Betty Mahmoody deutlich, das von den Beteiligten in seiner Tendenz antirassistisch verarbeitet wurde. Die Gründe der Ablehnung oder Entwertung von Betty Mahmoody waren dabei durchaus unterschiedlich. Sie reichten von dem Vorwurf, das Buch sei oberflächlich und diene nur der Geschäftemacherei, bis zu dem, Betty Mahmoody sei deshalb unglaubwürdig, weil sie bereits in den USA ihre Familie verlassen habe. Dabei mag die Auswahl der Ablehnungsgründe wiederum der oben bereits angesprochenen Diskursposition der Interviewten entspringen. Doch verweisen die Ablehnungen insgesamt darauf, daß der Mediendiskurs durch die Problematisierung des Buches von Betty Mahmoody die rassistischen Momente herausgearbeitet hat – möglicherweise unter Zuhilfenahme sexistischer Vorbehalte. Außerdem verdeutlicht dies erneut, daß und wie die Macht des (Medien-)Diskurses sich im Alltag zur Geltung bringt.

Schlußfolgerungen

Bereits die genauere Kontextmarkierung der Ethnisierung von Sexismus läßt Schlußfolgerungen für die politisch negativen Folgen zu, die daraus resultieren und die im Sinne demokratischer Entwicklung zurückgedrängt werden sollten. Ist die Ethnisierung von Sexismus genuiner Teil des Einwanderungsdiskurses, dann bedeutet dies auch, daß sie vor allem in diesem Kontext aufgelöst werden sollte; der »diskursive« Hebel sollte nicht im Frauendiskurs angesetzt werden. D.h. es sollten solche Berichte und Reportagen kritisiert werden, die eine Ethnisierung von Sexismus im Einwanderungsdiskurs betreiben. Denn besonders in diesem Zusammenhang entfaltet diese Ethnisierung ihre rassistischen Effekte.

Wenn stattdessen diejenigen »an den Pranger« gestellt werden, die *auch* Sexismus ethnisieren, so ist dies eher geeignet, die Frauenbewegung insgesamt als rassistisch zu diskreditieren.[313] Für solche Effekte sind im Alltagsdiskurs viele Anknüpfungspunkte vorhanden. Damit soll keineswegs angedeutet werden, daß eine öffentliche Diskussion von Ethnisierung sexistischer Haltungen nicht sinnvoll sei. Im Gegenteil! Gerade weil die Ethnisierung von Sexismus im Einwanderungsdiskurs keineswegs

---

313 So wurde z.B. die EMMA-Redaktion von »media-watch« anläßlich eines Dossiers zum fundamentalistischen Islam heftig kritisiert. Damit soll nicht übersehen werden, daß solche Aktivitäten dazu führen, daß sich Teile der bundesdeutschen Frauenbewegung offensiv mit rassistischen und ethnozentrischen Auffassungen in den eigenen Reihen auseinandersetzen.

peripher ist, ist eine mediale oder pädagogische Befassung damit erforderlich, rassistische und ethnozentristische Denkformen insgesamt zurückzudrängen.

Für den Alltagsdiskurs ist dies sicherlich nicht immer einfach, weil hier die Beteiligten relativ spontan miteinander umgehen und sie sich hier weniger als auf anderen Diskursebenen auf eine rationale Konsistenz ihrer Argumente verpflichten lassen. Aus diesen Hindernissen zu schlußfolgern, es sei schlicht unmöglich, sich aus den diskursiven Fallstricken zu befreien, ohne in neue hineinzugeraten, ist deshalb jedoch auch nicht angebracht. Diese Hindernisse machen nur darauf aufmerksam, daß hier weiter gearbeitet und analysiert werden muß, um hier zu Empfehlungen zu kommen, die für eine diskursive Praxis im Alltag von Belang sein können. Durch die Analyse konnten deshalb einige Anregungen sichtbar werden, die jedoch als offene Liste zu lesen sind.

Durch konkretes Nachfragen im Gespräch läßt sich z.B. die ›Einmaligkeit‹ eigener oder fremder Erfahrungen vergegenwärtigen. Auf diese Weise können vorgenommene falsche Verallgemeinerungen sichtbar gemacht und aufgelöst werden. Außerdem bietet die Konstellation der Diskursverschränkung immer auch die Möglichkeit, die Perspektive bzw. den Schwerpunkt der Betrachtung zu wechseln. Auf diese Weise können Erfahrungen in einen anderen Kontext gestellt und quasi mit einer anderen Brille wahrgenommen werden. Bei der Verschränkung von Einwanderung und Frauen kann dies dadurch gelingen, daß der unterstellte Sexismus von Einwanderern nicht aus der Perspektive »Eingeborener«, sondern aus der Perspektive von Frauen (oder von Männern) thematisiert wird. Auch auf diese Weise können Bornierungen und falsche Verallgemeinerungen sichtbar gemacht werden.

Die Notwendigkeit solcher alternativen Diskursstrategien ergibt sich auch aus der umfassenderen Rolle, die rassistisch und ethnozentristisch geprägte Diskurse im gesellschaftlichen Gesamtdiskurs insgesamt spielen.

Durch eine Ethnisierung von Sexismus wird nicht nur eine demokratische Norm zur Ausgrenzung bestimmter Bevölkerungsteile funktionalisiert. *Zusätzliche* Brisanz gewinnt sie dadurch, daß sie gleichzeitig die regressiven Tendenzen der Einwanderungs- und Asylpolitik insgesamt unterstützt. Im Rahmen einer Politik, die insgesamt eine »Festung Europa« zu installieren beabsichtigt, leistet eine Ethnisierung von Sexismus einen konkreten Beitrag, indem sie für die Verteidigung dieser »Festung Europa« ein Feindbild bereitstellt, daß die Notwendigkeit der Errichtung von Mauern gegen das Eindringen von »Fremden« legitimiert. Dieses Feindbild focussiert sich derzeit auf den Islam; darüber hinaus werden alle »Kulturen«, die nicht westlich sind, als mit »unserer« unverträglich charakterisiert.

Es ist deshalb auch diese Funktion im diskursiven Gewimmel, die es dringend erforderlich macht, dagegen anzugehen und dieses Vorurteil substantiell zurückzudrängen.

7. Literatur

Adorno, Theodor W. 1973: Studien zum autoritären Charakter, Frankfurt (englisch 1950)

ders. 1974: Soziologie und empirische Forschung, in: ders. u.a., S. 81-101

ders./Dahrendorf, Ralf/Pilot, Harald/Albert, Hans/Habermas, Jürgen/Popper, Karl R.: Der Positivismusstreit in der deutschen Soziologie, 3. Aufl. Darmstadt

Altvater, Elmar 1991: Die Zukunft des Marktes. Ein Essay über die Regulation von Geld und Natur nach dem Scheitern des "real existierenden Sozialismus", Münster

Anderson, J.R. 1983: The Architecture of Cognition, Cambridge

Baacke, Dietrich 1980: Jugend zwischen Anarchismus und Apathie? In: Wilhelm von Ilsemann (Hg.): Jugend zwischen Anpassung und Ausstieg, Hamburg

Bachem, Rolf 1979: Einführung in die Analyse politischer Texte, München

Bales, Robert F./Cohen, Stepan P. 1982: SYMLOG. Ein System für die mehrstufige Beobachtung von Gruppen, Stuttgart

Balibar, Etienne 1989: Gibt es einen "Neuen Rassismus"? Das Argument 175; S. 369-379

Barthes, Roland 1983: Elemente der Semiologie, Frankfurt/M.

ders 1985: Die Sprache der Mode, Frankfurt/M.

Beck, Ulrich 1986: Risikogesellschaft. Auf dem Weg in eine andere Moderne, Frankfurt/M.

ders. 1988: Gegengifte. Die organisierte Unverantwortlichkeit, Frankfurt/M.

Becker, Frank 1991: Sachlichkeit und Sport. Ein symbolanalytischer Beitrag zur politischen Kulturforschung. Am Beispiel der Weimarer Republik, kultuRRevolution 24, S. 67-70

ders. 1993: Amerikanismus in Weimar. Sportsymbole und politische Kultur 1918-1933, Wiesbaden

ders./Gerhard, Ute/ Link, Jürgen 1997: Moderne Kollektivsymbolik. Ein diskurstheoretisch orientierter Forschungsbericht mit Auswahlbibliographie, Internationales Archiv für Sozialgeschichte der deutschen Literatur (IASL), 22. Bd., 1. Heft, S. 70-154

Benning, Wilhelm 1983: Komparatistische Analyse aktueller journalistischer Kollektiv-Symbole in Griechenland und der Bundesrepublik Deutschland, Bochum (Diss. Masch.)

Benveniste, Émil 1966: Problèmes de linguistique générale, Paris

Berger, Peter L./Luckmann, Thomas 1969: Die gesellschaftliche Konstruktion der Wirklichkeit. Eine Theorie der Wissenssoziologie, Frankfurt/M.

Bernstein, Basil 1962: Linguistic Codes, Hesitation Phenomena and Intelligence, Language and Speech, 5, S. 31-46 ders. 1967: Postscript zu Social Structure, Language and Learning, in: L.P. De Cecco (Hg.)

ders. 1969: Sprache, symbolisches Verhalten und soziale Schichtung, in: Haselhoff, W. (Hg.), S. 108-177

ders. 1972: Studien zur sprachlichen Sozialisation, Düsseldorf

Böke, Karin/Jung, Matthias/Wengeler, Martin (Hg.) 1996: Öffentlicher Sprachgebrauch. Praktische, theoretische und historische Perspektiven. Georg Stötzel zum 60. Geburtstag gewidmet, Opladen

Bogdal, Klaus Michael (Hg.) 1990: Neue Literaturtheorien. Eine Einführung, Opladen

ders. 1990: Symptomatische Lektüre und historische Funktionsanalyse (Louis Althusser), in: ders.(Hg.), S. 82-106

Bonß, W. 1982: Die Einübung des Tatsachenblicks. Zur Struktur und Veränderung empirischer Sozialforschung, Frankfurt

Bredehöft, Sonja 1994: Diskursive Verfahren zur Aneignung von Arbeitslosigkeit. Rückkoppelungsgespräche, Wiesbaden

Brinker, Klaus 1997: Linguistische Textanalyse. Eine Einführung in Grundbegriffe und Methoden, 4. Aufl. Berlin (zuerst 1985)

Bublitz, Hannelore (Hg.) 1998: Das Geschlecht der Moderne, Frankfurt/M.

Bublitz, Hannelore/Bührmann, Andrea D./Hanke, Christine/ Seier, Andrea (Hg.) 1999: Das Wuchern der Diskurse. Perspektiven der Diskursanalyse Foucaults, Frankfurt/New York

Bührmann, Andrea Dorothea 1995: Das authentische Geschlecht. Die Sexualitätsdebatte der westdeutschen Frauenbewegung und die Foucault'sche Machtanalyse, Münster

Bünting, Karl-Dieter 1971: Einführung in die Linguistik, Frankfurt/M.

Buntenbach, Annelie/Kellershohn, Helmut/Kretschmer, Dirk (Hg.) 1998: Ruckwärts in die Zukunft. Zur Ideologie des Neokonservatismus, Duisburg

Burkhart, G. 1983: Zur Mikroanalyse universitärer Sozialisation im Medizinstudium: Eine Anwendung der Methode der objektiv-hermeneutischen Textinterpretation, Zeitschrift für Soziologie 12; S. 24-48

Busse, Dietrich 1987: Historische Semantik. Analyse eines Programms, Stuttgart

ders 1992 : Textinterpretation. Sprachtheoretische Grundlagen einer explikativen Semantik, Opladen

ders./Hermanns, Fritz/Teubert, Wolfgang (Hg.) 1994: Begriffsgeschichte und Diskursgeschichte. Methodenfragen und Forschungsergebnisse der historischen Semantik, Opladen

ders./Teubert, Wolfgang 1994: Ist Diskurs ein sprachwissenschaftliches Objekt? Zur Methodenfrage der historischen Semantik, in: ders./Hermann, Fritz/Teubert, Wolfgang (Hg.), S. 10-28

Butterwegge, Christoph/Jäger, Siegfried (Hg.) 1992: Rassismus in Europa, 1. Aufl. Köln, 2. Aufl. 1993

dies. (Hg.) 1993: Europa gegen den Rest der Welt? Köln

de Cecco, J. P. (Hg.) 1967: The Psychology of Language, Thought and Instruction, New York

Chomsky, Noam 1969: Aspekte der Syntax-Theorie, deutsch Frankfurt (zuerst 1965)

Cleve, Gabriele 1997a: Völkisches Denken im Alltag, in: Disselnkötter, Andreas/Jäger, Siegfried/Kellershohn, Helmut/Slobodzian, Susanne (Hg.)1997, S. 244-260

dies. 1997b: Völkisches Denken im Alltag. Materialband. Alltägliche Interviews mit zehn deutschen Bürgern und Bürgerinnen, Duisburg

dies./Ruth, Ina/Jäger, Margret (Hg.) 1998: Schlank und (k)rank. Schlanke Körper - schlanke Gesellschaft, Duisburg

Connolly, William 1987: Politics and Ambiguity, Madison (Wis.)

Diaz-Bone, Rainer 1999: Probleme und Strategien der Operationalisierung des Diskurses im Anschluß an Michel Foucault, in: Bublitz, Hannelore u.a. (Hg.) 1999, S. 119-135

Dieckmann, Walther 1963: Wortschatz und Wortgebrauch der politischen Werbung als Gegenstand sprachwissenschaftlicher Forschung, in: Marburger Universitätsbund, Jahrbuch 1963, Bd. 2, Festgabe für Karl Winnacker, Marburg, S. 69-110

ders. 1964: Information oder Überredung. Zum Wortgebrauch der politischen Werbung in Deutschland seit der französischen Revolution, Marburg

ders. 1975: Sprache in der Politik. Einführung in die Pragmatik und Semantik der politischen Sprache, Heidelberg 1969, 2. Aufl. Heidelberg

ders. 1981: Politische Sprache - Politische Kommunikation. Vorträge. Aufsätze. Entwürfe, Heidelberg

Dietzsch, Martin 1988: Zwischen Konkurrenz und Kooperation. Organisationen und Presse der Rechten in der Bundesrepublik, in: Jäger, Siegfried (Hg.) 1988, S. 31-80

van Dijk, Teun A. 1972: Some Aspects of Text Grammars, The Hague

ders. 1985: Handbook of Discourse Analysis, London

ders. 1987: Communicating Racism, London

ders. 1980: Textwissenschaft. Eine interdisziplinäre Einführung, München

ders. 1991: Rassismus heute: Der Diskurs der Elite und seine Funktion für die Reproduktion des Rassismus. Mit einem Vorwort von Siegfried Jäger, Dortmund (DISS-Texte Nr. 14)

ders. 1992: Discourse and the Denial of Racism, Discourse and Society 3 Nr. 1, S. 87-118

ders. 1993a: Elite Discourse and Racism, Newbury Park

ders. 1993b: Principles of Critical Discourse Analysis, Discourse and Society Volume 4, Number 2, April, S. 249-283

ders./Kintsch, Walter 1983: Strategies of Discourse Comprehension, Orlando

Dilthey, Wilhelm 1958: Gesammelte Schriften, Band 7, Stuttgart

DISS (Redaktion: Jäger, Siegfried/Pfennig, Joachim/Kellershohn, Helmut) 1993: SchlagZeilen. Rostock: Rassismus in den Medien, 1. Aufl. Duisburg 1992, 2., durchgesehene Aufl., Duisburg

Disselnkötter, Andreas/Jäger, Siegfried/Kellershohn, Helmut/Slobodzian, Susanne 1997: Evidenzen im Fluß. Demokratieverluste in Deutschland, Duisburg

Disselnkötter, Andreas/Jäger, Siegfried/Kellershohn, Helmut/Slobodzian, Susanne 1997: Zur derzeitigen diskursiven Situation der Bundesrepublik Deutschland, in: dies. (Hg.), S. 9-16

Dittmar, Norbert 1982a: Soziolinguistik - Teil 1. Theorie, Methodik und Empirie ihrer Forschungsrichtungen, Studium Linguistik 12, S. 20-52

ders. 1982b: Soziolinguistik - Teil 2. Soziolinguistik in der Bundesrepublik Deutschland, Studium Linguistik 14, S. 20-55

ders. 1973: Soziolinguistik, Frankfurt

Drews, Axel/Gerhard, Ute/Link, Jürgen 1985: Moderne Kollektivsymbolik. Eine diskurstheoretisch orientierte Einführung mit Auswahlbibliographie, Internationales Archiv für Sozialgeschichte der deutschen Literatur (IASL), 1. Sonderheft Forschungsreferate, Tübingen, S. 256-375

Dreyfus, Hubert L./Rabinow, Paul 1987: Michel Foucault. Jenseits von Strukturalismus und Hermeneutik, Frankfurt

Duden Universalwörterbuch, 1989, Mannheim

Ehlich, Konrad 1986: Funktional-Pragmatische Kommunikationsanalyse - Ziele und Verfahren, in: Hartung, Wolfdietrich (Hg.) 1986, S. 15-40

ders. (Hg.) 1989: Sprache im Faschismus, Frankfurt/M.

ders. (Hg.) 1994: Diskursanalyse in Europa, Frankfurt/M.

ders./Rehbein, Jochen 1986: Muster und Institution. Untersuchungen zur schulischen Kommunikation, Tübingen

Eisenberg, Peter 1989: Grundriß der deutschen Grammatik, 2., erweiterte und überarbeitete Aufl., Stuttgart

Engels, Friedrich: Anteil der Arbeit an der Menschwerdung des Affen, MEW 20, S. 444-455

Enzensberger, Hans Magnus 1988a: Der Triumph der Bild-Zeitung oder die Katastrophe der Pressefreiheit, in: Enzensberger 1988b, S. 74-88 ()

ders. 1988b: Mittelmaß und Wahn, Frankfurt/M.

Ewald, Francois/Waldenfels, Bernhard (Hg.) 1991: Spiele der Wahrheit. Michel Foucaults Denken, Frankfurt/M.

Fairclough, Norman 1989: Language and Power, London

ders. 1992: Discourse and Social Change, Cambridge

ders. 1993: Critical discourse analysis and the marketisation of public discourse: the universities, Discourse and Society 4, Heft. 2, S. 133-168

Fleischer, Michael 1996: Das System der deutschen Kollektivsymbolik. Eine empirische Untersuchung, Bochum

ders. 1999: Normative Stereotype und Ereigniskonstrukte (aus systemtheoretischer und konstruktivistischer Perspektive), kultuRRevolution 38/39 (1999), S. 95-105

Fohrmann, Jürgen und Müller, Harro (Hg.) 1988: Diskurstheorien und Literaturwissenschaft, Frankfurt/M.

Foucault, Michel 1968: Réponse aux cercle d'epistemologie. Cahiers pour l'analyse, Nr. 9

ders. 1973: Wahnsinn und Gesellschaft. Eine Geschichte des Wahns im Zeitalter der Vernunft, Frankfurt/M. (zuerst 1961) ders. 1974: Die Ordnung der Dinge, Frankfurt/M.

ders. 1976: Mikrophysik der Macht, Berlin

ders. 1976: Die Macht und die Norm, in: ders., S. 114-123

ders. 1983: Der Wille zum Wissen. Sexualität und Wahrheit 1, Frankfurt (frz. zuerst 1976)

ders. 1978a: Dispositive der Macht. Über Sexualität, Wissen und Wahrheit, Berlin

ders. 1978b: Wahrheit und Macht. Interview mit Michel Foucault von Allessandro Fontana und Pasquale Pasquino, in ders. (Hg.) 1978a, S. 21-54

ders. 1978c. : Die Machtverhältnisse durchziehen das Körperinnere, Gespräch mit Lucette Finas, in: ders (Hg.), 1978a, S. 104-117

ders. 1996: Diskurs und Wahrheit. Berkeley-Vorlesungen 1983, Berlin

ders. 1988: Archäologie des Wissens, 3. Aufl. Frankfurt/M.

ders. 1989: Überwachen und Strafen. Die Geburt des Gefängnisses, 8. Aufl. Frankfurt (zuerst frz. 1975)

ders. 1987: Das Subjekt und die Macht, in: Dreyfus, Hubert L./Rabinow, Paul, S. 241-261

ders. 1978: Was ist Kritik? Berlin 1992 (frz. zuerst 1990, Vortrag und Diskussion von 1978)

Gallas, Helga 1981: Das Textbegehren des Michael Kohlhaas. Die Sprache des Unbewußten und der Sinn der Literatur, Reinbek

Galliker, Mark/Weimer, Daniel 1996: Explizite und implizite Bedeutung. Zur Kategorisierung und Bewertung im öffentlichen Diskurs am Beispiel eines Zeitungsartikels über eine Fragestunde mit dem Bundeskanzler. In: Jäger, Margret/Jäger, Siegfried (Hg.) 1996, S. 54-72

Gardt, Andreas/Mattheier, Klaus J./Reichmann, Oskar (Hg.) 1995: Sprachgeschichte des Neuhochdeutschen. Gegenstände, Methoden, Theorien, Tübingen

Gebauer, Gunter 1986: Das Spiel gegen den Tod. Epilog, In: Hortleder, Gerd/Gebauer, Gunter (Hg.), S. 271-282

Geier, Manfred u.a. 1979: Sprachbewußtsein, Stuttgart

Gerhard, Ute 1998: Nomadische Bewegungen und die Symbolik der Krise. Flucht und Wanderung in der Weimarerer Republik, Opladen

dies./Link, Jürgen 1991: Zum Anteil der Kollektivsymbolik an den Nationalstereotypen, in: Link, Jürgen/Wülfing, Wulf (Hg.), S. 16-52

Gloy, Klaus 1993: Sprachnormenforschung in der Sackgasse? Überlegungen zu Renate Bartsch, Sprachnormen: Theorie und Praxis, Beiträge zur Geschichte der deutschen Sprache und Literatur, 115. Band, 1. Heft, S. 30-65

Graefen, Clemens/Jäger, Siegfried 1989: Vom Mythos der Künstlichen Intelligenz, Duisburg (= DISS-Text 5)

Gramsci, Antonio 1967: Philosophie der Praxis, Frankfurt/M.

Greimas, Algirdas J. 1983: Structural Semantics. An Attempt at a Method, Lincoln

Grubitzsch, Siegfried/Weber, Klaus (Hg.) 1998: Psychologische Grundbegriffe. Ein Handbuch, Reinbek

Gstettner, Peter 1996: Biographieforschung, in: Hierdeis, Helmwart/Hug, Theo (Hg.), Band 2, S. 521-533

Habermas, Jürgen 1971: Vorbereitende Bemerkungen zu einer Theorie der kommunikativen Kompetenz, in: Habermas, Jürgen/Luhmann, Niklas, S. 101-141

ders. 1988: Der philosophische Diskurs der Moderne. Zwölf Vorlesungen, Frankfurt/M. (zuerst 1985)

ders. 1983: Moralbewußtsein und kommunikatives Handeln, Frankfurt/M.

ders./Luhmann, Niklas: Theorie der Gesellschaft, Frankfurt/M.

Hall, Stuart 1989: Ausgewählte Schriften, Berlin

ders. 1989: Rassismus als ideologischer Diskurs, Das Argument 178, S. 913-921

Halliday, Michael A.K. 1978: Language as Social Semiotic, London

ders. 1985: An Introduction to Functional Grammar, London

Hanke, Christine 1999: Kohärenz versus Ereignishaftigkeit? Ein Experiment im Spannungsfeld der foucaultschen Konzepte "Diskurs" und "Aussage", in: Bublitz, Hannelore u.a. (Hg.), S. 109-118

Hartung, Wolfdietrich (Hg.) 1986: Untersuchungen zur Kommunikation - Ergebnisse und Perspektiven. Internationale Arbeitstagung in Bad Stuer, Dezember 1985, Berlin (= Akademie der Wissenschaften der DDR. Zentralinstitut für Sprachwissenschaft: Linguistische Studien, Reihe A, Arbeitsberichte 149)

ders./ Schönfeld, Helmut (als Leiter eines Autorenkollektivs) 1981: Kommunikation und Sprachvariation, Berlin/Ost

Haselhoff, W. (Hg.) 1969: Kommunikation, Berlin

Heidolph, Karl Erich/Flämig, Walter/ Motsch, Wolfgang 1981: Grundzüge einer deutschen Grammatik, Berlin

Heinze, Thomas 1992: Qualitative Sozialforschung: Erfahrungen, Probleme und Perspektiven, 2., um einen Nachtrag erweiterte Aufl., Opladen

Heinze-Prause, Roswitha 1992: Das Konzept der "objektiven Hermeneutik", in: Heinze, Thomas, S. 164-196

Heisenberg, Werner 1955: Das Naturbild der heutigen Physik, Reinbek

Helbig, Gerhard 1971: Geschichte der neueren Sprachwissenschaft, München

Heringer, Hans-Jürgen (Hg.) 1982: Holzfeuer im hölzernen Ofen. Aufsätze zur politischen Sprachkritik, Tübingen

ders. 1982: Sprachkritik - die Fortsetzung der Politik mit besseren Mitteln, in: ders. (Hg.), S. 3-34

ders. 1990: Wie man etwas nicht sagen darf: Der Fall Jenninger, in: ders., S. 163-176

ders. 1990: "Ich gebe Ihnen mein Ehrenwort" - Politik, Sprache, Moral, München

Hermanns, Fritz 1995: Sprachgeschichte als Mentalitätsgeschichte, in: Gardt, Andreas/Mattheier, Klaus J./Reichmann, Oskar (Hg.), S. 69-101

Hierdeis, Helmwart/Hug, Theo (Hg.) 1996: Taschenbuch der Pädagogik, 4., vollständig überarbeitete und erweiterte Aufl., Band 1-4, Hohengehren

Hildebrand, Rudolf 1940: Vom deutschen Sprachunterricht und von deutscher Erziehung und Bildung überhaupt, 21. Aufl. Leipzig (zuerst 1867)

Hirsch, Joachim 1990: Kapitalismus ohne Alternative? Materialistische Gesellschaftstheorie und Möglichkeiten einer sozialistischen Politik heute, Hamburg

ders. 1995: Der Nationale Wettbewerbsstaat, Berlin

ders./ Roth, Roland 1986: Das neue Gesicht des Kapitalismus. Vom Fordismus zum Post-Fordismus, Hamburg

Hitzler, Roland/Honer, Anne (Hg.) 1997: Sozialwissenschaftliche Hermeneutik. Eine Einführung, Opladen

Hoffmeister, Dieter/Sill, Oliver 1992: Zwischen Aufstieg und Ausstieg. Autoritäre Einstellungsmuster bei Jugendlichen und jungen Erwachsenen, Opladen

Holzkamp, Klaus 1973: Sinnliche Erkenntnis - Historischer Ursprung und gesellschaftliche Funktion der Wahrnehmung, Frankfurt/M.

ders. 1983: Grundlegung der Psychologie, Frankfurt/M.

ders. 1993: Lernen. Subjektwissenschaftliche Grundlegung, Frankfurt/M.

ders. 1994: Antirassistische Erziehung als Änderung rassistischer "Einstellungemn"? Funktionskritik und subjektwissenschaftliche Alternative, in: Jäger, Siegfried (Hg.), S. 8-29

Horkheimer, Max 1974: Zur Kritik der instrumentellen Vernunft, Frankfurt

ders./Adorno, Theodor W. 1947: Dialektik der Aufklärung, Amsterdam

Hortleder, Gerd/Gebauer, Gunter (Hg.) 1986: Sport - Eros - Tod, Frankfurt/M.

Huhnke, Brigitta 1993: Intermediale Abhängigkeiten bei der Inszenierung rassistischer Feindbilder seit Mitte der achtziger Jahre am Beispiel der Wochenzeitungen "Bild am Sonntag" und "Der Spiegel", in: Jäger, Siegfried/Link, Jürgen (Hg.), S. 213-266

dies. 1997: Sprachliche Realisierungen symbolischer Politik in Migrationsdiskursen, in: Jung, Matthias/Böke, Karin/Wengeler, Martin (Hg.), S. 89-105

Huntington, Samuel P. 1996: Kampf der Kulturen. Die Neugestaltung der Weltpolitik im 21. Jahrhundert, München/Wien

Hymes, Dell 1979: Soziolinguistik. Zur Ethnographie der Kommunikation, Frankfurt/M.

Jäger, Margret 1988: Lernziel: Gewalt. Die Jugendzeitschrift KLARTEXT, in Jäger, Siegfried (Hg.), S. 195-219

dies. 1992: Diskursanalyse als Instrument der Analyse politischer Kommunikation, Duisburg (unveröffentlichtes Paper)

dies. 1993: "Feministische" Argumente zur Untermauerung von Rassismus: Warum liegt Deutschen die Stellung der EinwanderInnen so am Herzen? In: Butterwegge, Christoph/Jäger, Siegfried (Hg.), S. 248-261

dies. 1996: Fatale Effekte. Die Kritik am Patriarchat im Einwanderungsdiskurs, Duisburg

dies. 1996a: Fatale Effekte. Die Kritik am Patriarchat im Einwanderungsdiskurs. Materialband, Duisburg

dies. 1996b: "irgendwie steckt das doch in ihm, daß er ... anders ist wie en deutscher Mann." Ethnisierung von Sexismus im Alltagsdiskurs der Einwanderung, in: Jäger, Margret/Jäger, Siegfried (Hg.), S. 214-237

dies./ Jäger, Siegfried 1993: Verstrickungen. Der rassistische Diskurs und seine Bedeutung für den politischen Gesamtdiskurs in der Bundesrepublik Deutschland, in: Jäger, Siegfried/Link, Jürgen (Hg.), S. 49-79

dies./Jäger, Siegfried (Hg.) 1995: Studien zu rechtsextremen und (neo-)konservativen Diskursen, Duisburg (DISS-Forschungsbericht 1995)

dies./Jäger, Siegfried (Hg.) 1996: Baustellen. Beiträge zur Diskursgeschichte deutscher Gegenwart, Duisburg

387

dies./Jäger, Siegfried/Ruth, Ina/Schulte-Holtey, Ernst/Wichert, Frank (Hg.) 1997: Biomacht und Medien. Wege in die Biogesellschaft, Duisburg

dies./Cleve, Gabriele/Ruth, Ina/Jäger, Siegfried 1988: Von deutschen Einzeltätern und ausländischen Banden. Medien und Straftaten. Mit Vorschlägen zur Vermeidung diskriminierender Berichterstattung, Duisburg

dies./ Jäger Siegfried 1999: Gefährliche Erbschaften. Die schleichende Restauration rechten Denkens, Berlin

dies./Wichert, Frank (Hg.) 1996: Rassismus und Bio-Politik. Werkstattberichte. DISS-Forschungsbericht, Duisburg

Jäger, Siegfried 1982: Die Sprachnorm als Aufgabe von Sprachwissenschaft und Sprachpflege, in: Steger, Hugo (Hg.), S. 309-330 (zuerst Wirkendes Wort 18 (1968), S. 361-375

Jäger, Siegfried/Fischer, Veronika/ Küchler, Raimund 1977: Vom Nutzen der Soziolinguistik, Kronberg

Jäger, Siegfried 1977: Sprache - Praxis des Bewußtseins, Kronberg

ders./Fischer, Veronika/Müller, Werner/Schmidt, Erich/Wolf (Jäger), Margret 1978: "Warum weint die Giraffe?" Ergebnisse des Forschungsprojektes "Schichtenspezifischer Sprachgebrauch von Schülern", Kronberg

ders. 1984: (W)Ende der Soziolinguistik, OBST 29, S. 156-181

ders. 1988a: Neue Chancen des Rechtsextremismus, Wissenschaftliches Institut für Schulpraxis Bremen, Bremen

ders. (Hg.) 1988b: Rechtsdruck. Die Presse der Neuen Rechten, Bonn

ders. 1988c: "Ich würde mich nicht schuldig fühlen". Mit MUT für Einigkeit und Recht und Freiheit für das ganze Vaterland, in: ders. 1988b, S. 167-192

ders. 1988d: Selbstaufgabe oder Widerstand? ELEMENTE - Zeitschrift für den "Gegenangriff der Intelligenz", in: ders. (Hg.) 1988b, S. 85-117

ders. 1989: Rechtsextreme Propaganda heute, in: Ehlich, Konrad (Hg.) 1989, S. 289-322

ders. 1991: Alltäglicher Rassismus. 22 Interviews mit Bürgerinnen und Bürgern aus Deutschland, Duisburg

ders. 1992: BrandSätze. Rassismus im Alltag, 1. und 2., durchgesehene Aufl., 3. Aufl. 1993, 4. Aufl. Duisburg 1996

ders. 1992a: Der Singer-Diskurs sowie einige Bemerkungen zu seiner Funktion für die Stärkung rassistischer und rechtsextremer Diskurse, in: ders./Paul, Jobst 1992, S. 8-29

ders. 1993: Kritsiche Diskursanalyse. Eine Einführung, Duisburg

ders. 1993a: Der Groß-Regulator. Analyse der BILD-Berichterstattung über den rassistisch motivierten Terror und die Fahndung nach der RAF im Sommer 1993, Duisburg

ders. 1994: Text- und Diskursanalyse. Eine Anleitung zur Analyse politischer Texte, 5. Aufl. Duisburg, zuerst 1989 (= DISS-Texte Nr. 16)

ders. 1995: Diskurstheorie und Diskursanalyse. Ein Überblick, in: Jäger, Margret/Jäger, Siegfried (Hg.), S. 3-16

ders. 1996: Wie die Rechten reden. Sprachwissenschaftliche und diskursanalytische Veröffentlichungen zu den Themen Faschismus, Rechtsextremismus und Rassismus. Eine kommentierte Bibliographie, 4., erheblich erweiterte und verbesserte Aufl., Duisburg

ders. 1996a: Diskurstheorien, in: Hierdeis, Helmwart/Hug, Theo (Hg.), Band 1, S. 238- 249

ders. 1996b: Diskursanalytische Methoden, in: Hierdeis, Helmwart/Hug, Theo (Hg.), Band 2, S. 544-554

ders. 1996c Die Wirklichkeit ist diskursiv, in: Jäger, Margret/Wichert, Frank (Hg.), S. 9-20

ders. 1996d: Wörter im Diskurs: das Beispiel "Rassismus", in: Böke, Karin/Jung, Matthias/Wengeler, Martin (Hg.) 1996, S. 391-402

ders. 1997a: Kulturkontakt - Kulturkonflikt, In: Jung, Matthias/Wengeler, Martin/Böke, Karin (Hg.), S. 71-88

ders. 1997b: Zur Konstituierung rassistisch verstrickter Subjekte, in: Mecheril, Paul/Teo, Thomas 1997, S. 132-152

ders. 1997c: Spiel mir das Lied vom Tod. Bio-Politik in BILD, in: Jäger, Margret/Jäger, Siegfried/Ruth, Ina/Schulte-Holtey, Ernst/Wichert, Frank (Hg.) 1997, S. 62-99

ders. 1998a: Diskurstheorie/Diskursanalyse, in: Grubitzsch, Siegfried/Weber, Klaus (Hg.), S. 107-112

ders. 1998b: Wege durchs Dickicht. Vorschläge zur Durchführung von Diskursanalysen, in: Cleve, Gabriele/Jäger, Margret/Ruth, Ina (Hg.) 1998, S. 168-178

ders. 1999a: Einen Königsweg gibt es nicht, in Bublitz, Hannelore u.a. (Hg.), S. 136-147

ders. 1999b: Sprache - Wissen - Macht. Victor Klemperers Beitrag zur Analyse von Sprache und Ideologie des Faschismus, Muttersprache 1999 (i.E.)

ders./Dieter Duhm 1971: Notengebung - Kritik und Alternativen. Linguistik und Didaktik 7, S. 165-183

ders./Huber, Josef/Schätzle, Peter 1972: Sprache - Sprecher - Sprechen. Probleme im Bereich soziolinguistischer Theorie und Empirie, Mannheim

ders. /Jäger, Margret 1990: Die Demokratiemaschine ächzt und kracht. Zu den Ursachen des Rechtsextremismus, Duisburg (DISS-Texte Nr. 12)

ders./Jäger, Margret 1997: Vernetzung bio-politischer Diskurse und ihre Medieneffekte, in: Jäger, Margret/Jäger, Siegfried/Ruth, Ina/Schulte-Holtey, Ernst/Wichert, Frank (Hg.), S. 304-344

ders./Kretschmer, Dirk 1998: Die Medien als Anstifter der Brandstifter. Völkischer Nationalismus in den Medien, in: Jäger, Siegfried/Kretschmer, Dirk/Cleve, Gabriele u.a., S. 120-213

ders./Kretschmer, Dirk/Cleve, Gabriele/Griese, Birgit/Jäger, Margret/Kellershohn, Helmut/Krüger, Coerw/Wichert, Frank 1998: Der Spuk ist nicht vorbei. Völkisch-nationalistische Ideologeme im öffentlichen Diskurs der Gegenwart, Duisburg

ders./Januschek, Franz (Hg.) 1992: Der Diskurs des Rassismus, Oldenburg (=Osnabrücker Beiträge zur Sprachtheorie 46)

ders./Link, Jürgen (Hg.) 1993: Die vierte Gewalt. Rassismus und die Medien, Duisburg ders./Paul, Jobst1992: Von Menschen und Schweinen. Der Singer-Diskurs und seine Funktion für den Neo-Rassismus, 2. Aufl. Duisburg (Diss-Texte Nr. 13)

Janicaud, Dominique 1991: Rationalität und Macht, in: Ewald, Francois/Waldenfels, Bernhard (Hg.), S., 251-276

Januschek, Franz 1986: Arbeit an Sprache. Konzept für die Empirie einer politischen Sprachwissenschaft, Opladen

ders. (Hg.) 1985: Politische Sprachwissenschaft, Opladen

ders. 1991: Rechtspopulismus und NS-Anspielungen am Beispiel des österreichischen Politikers Jörg Haider, Duisburg

Jaritz, Peter 1981: Aneignungsbegriff und begriffliches Lernen. Zur Bedeutung sprachlicher Verallgemeinerung für Lernprozesse in der bürgerlichen Gesellschaft, Frankfurt/M.

Jung, Matthias/Wengeler, Martin/Böke, Karin (Hg.) 1997: Die Sprache des Migrationsdiskurses. Das Reden über "Ausländer" in Medien, Politik und Alltag, Opladen

Jung, Matthias 1996: Linguistische Diskursgeschichte, in: Böke, Karin/Jung, Matthias/Wengeler , Martin (Hg.), S. 453-472

Kaiser, Gerhard/Kittler, Friedrich A. 1978: Dichtung als Sozialisationsspiel. Studien zu Goethe und Gottfried Keller, Göttingen

Kallmeyer, Werner/Meyer-Herrmann, Reinhard 1980: Textlinguistik, in: Althaus, Peter/Henne, Helmut/Wiegand, Herbert Ernst: Lexikon der Germanistischen Linguistik, 2. vollst. neu bearbeitete und erw. Aufl., Tübingen, S. 242-258

Kammler, Clemens 1986: Michel Foucault. Eine kritische Analyse seines Werks, Bonn

Kehm, Barbara M. 1991: Zwischen Abgrenzung und Integration. Der gewerkschaftliche Diskurs in der Bundesrepublik Deutschland, Opladen

Keller, Reiner 1997: Diskursanalyse, in: Hitzler, Roland/Honer, Anne (Hg.), S. 309-333

Kellershohn, Helmut. 1993a: Nach Solingen, Duisburg (nichtveröffentlichtes Manuskript)

ders. 1993b: "Unser Programm heißt Deutschland" - Der Beitrag der Republikaner zur Renaissance völkischen Denkens in Deutschland, in: Butterwegge/Jäger (Hg.), S. 86-104

ders. 1995: Was heißt völkischer Nationalismus? In: Jäger, Margret/Jäger, Siegfried(Hg.), S. 92-100

ders 1996: Öffnung nach rechts. Wolfgang Schäubles Beitrag zur Strukturierung des neokonservativen Diskurses, in: Jäger, Margret/Jäger, Siegfried (Hg.), S. 91-106

ders. 1998: Vom 'totalen' zum 'schlanken' Staat, in: Buntenbach, Anneli/Kellershohn, Helmut/Kretschmer, Dirk (Hg.), S. 52-97

Kleinig, Gerhard 1994: Qualitativ-heuristische Sozialforschung. Schriften zur Theorie und Praxis, Hamburg

Klemperer, Victor 1987: LTI. Notizbuch eines Philologen, 4. Auflage, Köln (zuerst 1947)

König, Renè (Hg.) 1974: Handbuch der empirischen Sozialforschung, Band 4. Komplexe Forschungsansätze, Stuttgart

Kreft, Ursula/Uske, Hans/Jäger, Siegfried (Hg.) 1999: Kassensturz. Politische Hypotheken der Berliner Republik, Duisburg

Kress, Gunther/Hodge, Bob 1979: Language as Ideology, London

Kühnert, Walter 1983: Die Aneignung sprachlicher Begriffe und das Erfassen der Wirklchkeit, Frankfurt

Kühnl, Reinhard 1986: Nation, Nationalismus, Nationale Frage. Was ist das und was soll das? Köln

kultuRRevolution. Zeitschrift für angewandte Diskurstheorie, hg. von Jürgen Link und Ulla Link-Herr 1982: zum gebrauch des DISKURS-begriffs in kultuRRevolution, Heft 1, S. 71

Der Kultusminister NRW (Hg.) 1985: Neue Informations- und Kommunikationstechnologien in der Schule, Rahmenkonzept, Düsseldorf

Labov, William 1976: Sprache im sozialen Kontext, Kronberg

ders./Fanshel, D. 1977: Therapeutic Discourse: Psychotherapy as Conversation, New York

Lacan, Jacques 1966: Écrits, Paris

Laclau, Ernesto 1981: Populistischer Bruch und Diskurs, in: ders. 1981, S. 176-185

ders. 1981: Politik und Ideologie im Marxismus. Kapitalismus-Faschismus-Populismus, Berlin

ders./Mouffe, Chantal 1991: Hegemonie und radikale Demokratie. Zur Dekonstruktion des Marxismus, Wien

Lange, Astrid 1993: Was die Rechten lesen. Fünfzig rechtsextreme Zeitschriften. Ziele, Inhalte, Taktik, München

Laugstien, Thomas 1995a: Diskursanalyse, in: Historisch-kritisches Wörterbuch des Marxismus, Band 2, (Hg. von W.- F. Haug), Hamburg, Sp. 728-743

ders. 1995b: Dispositiv, Historisch-kritisches Wörterbuch des Marxismus, Band 2, (Hg. von W.- F. Haug), Hamburg, Sp. 757-765

Leithäuser, Thomas/Volmerg, Birgit 1988: Psychoanalyse in der Sozialforschung, Opladen

Lemke, Thomas 1997: Eine Kritik der politischen Vernunft. Foucaults Analyse der modernen Gouvernementalität, Berlin/Hamburg

Leontjew, Alexej N. 1982: Tätigkeit, Bewußtsein, Persönlichkeit, Köln

ders. 1984: Der allgemeine Tätigkeitsbegriff, in: Viehweger, Dieter (Hg.), S. 13-30

Leontjew, Alexej A. 1984: Sprachliche Tätigkeit, in: Viehweger, Dieter (Hg.), S. 31-44

Levinson, Stephen C. 1990: Pragmatik, Tübingen

Link, Jürgen 1982: Kollektivsymbolik und Mediendiskurse, kultuRRevolution 1, S. 6-21

ders. 1983a: Was ist und was bringt Diskurstaktik, kultuRRevolution 2, S. 60-66

ders. 1983b: Elementare Literatur und generative Literaturanalyse, München

ders. 1984: Diskursive Rutschgefahren ins vierte Reich? Rationales Rhizom, kultuRRevolution 5, S. 12-20

ders. 1986a: Kleines Begriffslexikon, kultuRRevolution 11, S. 71

ders. 1986b Noch einmal: Diskurs. Interdiskurs. Macht, kultuRRevolution 11, S. 4-7 ders. 1986c: Isotope, Isotopien: Versuch über die erste Hälfte von 1986, kultuRRevolution 13, S. 30-46

ders. 1986d: Elementare narrative Schemata in der Boulevardpresse, in: Kloepfer/Moeller (Hg.) 1986, S. 209-230

ders. 1987: Ballade vom Einstieg in den Ausstieg aus unserem Atom-U-Boot, kultuRRevolution 16 (1987), S. 41-43

ders. 1988 Über Kollektivsymbolik im politischen Diskurs und ihren Anteil an totalitären Tendenzen, kultuRRevolution 17/18 (1988), S. 47-53

ders. 1990a Schönhuber in der Nationalelf: Halbrechts, rechtsaußen oder im Abseits? Die politische Kollektivsymbolik der Bundesrepublik und der Durchbruch der neorassistischen Schönhuberpartei, Duisburg 1990 (= DISS-Texte Nr. 10)

ders. 1990b: Literaturwissenschaftliche Grundbegriffe, 4. Aufl. München

ders. 1992: Die Analyse der symbolischen Komponenten realer Ereignisse. Ein Beitrag der Diskurstheorie zur Analyse neorassistischer Äußerungen, in: Jäger, Siegfried/Januschek, Franz (Hg.), S. 37-52

ders. 1992a: Normalismus. Konturen eines Konzepts, kultuRRevolution 27, S. 50-70)

ders.: "Der irre Saddam setzt seinen Krummdolch an meine Gurgel!" Fanatiker, Fundamentalisten, Irre und Trafikanten. Das neue Feindbild Süd, in: Jäger, Siegfried 1994, S. 73-92

ders. 1995: Diskurstheorie, in: Historisch-kritisches Wörterbuch des Marxismus, Band 2, (Hg. von W.- F. Haug), Hamburg, Sp. 744-748

ders. 1995a: Gewinn der Mitte. Ein Interview mit Jürgen Link von Tom Holfort, Texte zur Kunst 5, S. 43-59

ders. 1996: Wie "ideologisch" war der Ideologiebegriff von Marx? Zur verkannten Materialität der Diskurse und Subjektivitäten im Marxschen Materialismus, in: Scholz, Rüdiger/Bogdal, Klaus-Michael (Hg.), S. 132-148

ders. 1997: Versuch über den Normalismus. Wie Normalität produziert wird, Opladen

ders 1999: Diskursive Ereignisse, Diskurse, Interdiskurse: Sieben Thesen zur Operativität der Diskursanalyse am Beispiel des Normalismus, in: Bublitz, Hannelore u.a. (Hg.), S. 148-161

ders. 1999a: Versuch eines „Konvertatibilitätsschemas" zur Terminologie von Michael Fleischer, kultuRRevolution 38/39, S. 106-107

ders./Link-Herr, Ursula 1990: Diskurs/Interdiskurs und Literaturanalyse, LiLi 77 (1990), S. 88-99

dies. 1994: Kollektivsymbolik und Orientierungswissen. Das Beisppiel des "Technisch-medizinischen Vehikel-Körpers", Der Deutschunterricht 4, S. 44-55

Link, Jürgen/Wülfing, Wulf (Hg.) 1991: Nationale Mythen und Symbole in der zweiten Hälfte des 19. Jahrhunderts, Stuttgart

List, Gudula 1972: Psycholinguistik. Eine Einführung, Stuttgart

Luckmann, Thomas 1969: Soziologie der Sprache, in: König, R. (Hg.) Handbuch der empirischen Sozialforschung, Band 2, Stuttgart, S. 1050-1101

Luhmann, Niklas 1984: Soziale Systeme, Frankfurt/M.

Luutz, Wolfgang 1992: Soziale Desintegration durch diskursive Sprachpraktiken - Zur Krise der Ideologisierung, Referat auf der Arbeitstagung "Als die Sprache der Gemeinschaft ihren Geist verlor" vom 18.9.1992 in Leipzig (MS)

ders. (Hg.) 1994: "Das soziale Band ist zerrissen". Sprachpraktiken sozialer Desintegration, Leipzig

Maas, Utz 1984: "Als der Geist der Gemeinschaft eine Sprache fand." Sprache im Nationalsozialismus, Opladen

ders. 1985: Konnotation, in: Januschek, Franz (Hg.), S. 71-95

Mahmoody, Betty 1991: Nicht ohne meine Tochter (unter Mitarbeit von William Hoffer), 39. Aufl., Bonn

Maingueneau, Dominique 1994: Die "französische Schule" der Diskursanalyse, in: Ehlich, Konrad (Hg.), S. 187-195

Marti, Urs 1988: Michel Foucault, München

Marx, Karl: Die Deutsche Ideologie, MEW 3

ders.: Das Kapital, Band 1 und 3, MEW 23 und 25

Mayring, Philipp 1990: Einführung in die qualitative Sozialforschung, München

Mecheril, Paul/Teo, Thomas (Hg.) 1997: Psychologie und Rassismus, reinbek

Merten, Klaus 1994: Wirkungen von Kommunikation, in: ders./Schmidt, Siegfried J./Weischenberg, Siegfried (Hg.), S. 291-328

ders./Schmidt, Siegfried J./Weischenberg, Siegfried (Hg.) 1994: Die Wirklichkeit der Medien, Opladen

Meyer, Hans 1998: Deutsche Literatur 1945-1985, Berlin

Meyer, Hartmut 1985: Bewegung in der Braunzone, DVZ/Die Tat v. 5.4.

Moody, Raymond A. 1977: Leben nach dem Tod, Reinbek

Moscovici, Serge 1984: Versuch über die menschliche Geschichte der Natur, 2. Aufl. Frankfurt/M.

Needham, Joseph 1977: Wissenschaftlicher Universalismus. Über Bedeutung und Besonderheit der chinesischen Wissenschaft, Frankfurt/M.

Neuland, Eva 1975: Sprachbarrieren oder Klassensprache? Untersuchungen zum Sprachverhalten im Vorschulalter, Frankfurt/M.

Oevermann, Ulrich 1966: Soziale Schichtung und Begabung, Zeitschrift für Pädagogik, 6. Beiheft, S. 166-186

ders. 1969: Schichtenspezifische Formen des Sprachverhaltens und ihr Einfluß auf die kognitiven Prozesse, in: Roth 1964, Heinrich (Hg.) 2. Aufl., S. 297-355

ders. 1972: Sprache und soziale Herkunft. Ein Beitrag zur Analyse schichtspezifischer Sozialisationsprozesse und ihrer Bedeutung für den Schulerfolg, Frankfurt/M.

ders./Allert, Tilman/Konau, Elisabeth/Krambeck, Jürgen 1979: Die Methodologie einer "objektiven Hermeneutik" und ihre allgemeine forschungslogische Bedeutung in den Sozialwissenschaften, in: Soeffner, H.-H. (Hg.): Interpretative Verfahren in den Sozial- und Textwissenschaften, Stuttgart, S. 352-434

Paul, Jobst 1992: Zur Erinnerung: Tiermetaphern und Ausgrenzung, in: Jäger, Siegfried/Paul, Jobst, S. 30-43

ders. 1999: "Erinnerung" als Kompetenz. Zum didaktischen Umgang mit Rassismus, Antisemitismus und Ausgrenzung, Duisburg

Picht, Georg 1964: Die deutsche Bildungskatastrophe, Olten

Pomerantz, A. 1978: Compliment Responses: Notes of the Co-operation of Multiple Constraints, in: Schenkein, J. (Hg.), S. 57-102

Popper, Karl R. 1974: Die Logik der Sozialwissenschaften, in: Adorno, Theodor u.a., S. 103-123

Quinkert, Andreas/Jäger, Siegfried 1991: Die rassistische Hetze von BILD gegen Flüchtlinge im Herbst 1991, Duisburg

Rehbein, Jochen (Hg.) 1997: Funktionale Pragmatik, Opladen

Reinecke, Siegfried 1992: Autosymbolik in Journlismus, Literatur und Film. Struktural-funktionale Analysen vom Beginn der Motorisierung bis zur Gegenwart, Bochum

Rissom, Ingrid 1979: Zum Begriff des Zeichens in den Arbeiten Vygotskis, in: Geier, Manfred, S. 9-31

Roth, Heinrich (Hg.) 1969: Begabung und Lernen, Deutscher Bildungsrat, Gutachten und Studien der Bildungskommission, 2. Aufl. Stuttgart

Sacks, , H./Schlegloff, E.A./Jefferson, G. 1978: A simplest systematics for the organization of turn-taking in conversation, in Schenkein , J.(Hg.), S. 7-55

Said, Edward 1981: Orientalismus, Berlin

Sandig, Barbara 1986: Stilistik der deutschen Sprache, Berlin

Schäuble, Wolfgang 1994: Und der Zukunft zugewandt, Berlin

Schell, Thomas von/Mohr, Hans (Hg.) 1995: Biotechnologie - Gentechnik - eine neue Chance für neue Technologien, Berlin/Heidelberg

Schenkein, J. (Hg.) 1978: Studies in the Organization of Conversational Interaction, New York

Schlieben-Lange, Brigitte 1973: Soziolinguistik. Eine Einführung, Berlin

Schmitz, Ulrich 1979: Gesellschaftliche Bedeutung und sprachliches Lernen. Entwürfe für eine tätigkeitsbezogene Semantik und Didaktik, Weinheim

Schneider, G. 1985: Strukturkonzept und Interpretationspraxis der objektiven Hermeneutik, in: Jüttemann, G. (Hg.): Qualitative Forschung in der Psychologie, Weinheim, S. 71-91

Schobert, Alfred 1995: Mitte und Normalität. Zur Gleichsetzung moderner Kollektivsymbolik und traditioneller institutionalistischer Symbolik, in: Schulte-Holtey (Hg.), S. 53-73

ders. 1998: Foucaults Werkzeugkiste. Thomas Lemke hat sie sortiert. Welche politischen Eingriffsmöglichkeiten bleiben im Liberalismus? (Rezension zu Thomas Lemke 1997), Jungle World 5, 29.1, S. 23

Scholz, Rüdiger/Bogdal, Klaus-Michael (Hg.) 1996: Literaturtheorie und Geschichte: zur Diskussion materialistischer Literaturwissenschaft, Opladen

Schulte-Holtey, Ernst (Hg.) 1995: Grenzmarkierungen. Normalisierung und diskursive Ausgrenzung, Duisburg

Schrage, Dominik 1999: Was ist ein Diskurs? Zu Michel Foucaults Versprechen, "mehr" ans Licht zu bringen, in: Bublitz, Hannelore u.a. (Hg.), S. 63-74

Schwarz, Thomas 1995: Rezension zu Jäger, Siegfried: Kritische Diskursanalyse. Eine Einführung, Duisburg 1993, Das Argument 208, S. 125-126

Silbermann, Alphons 1974: Systematische Inhaltsanalyse, in: König, René (Hg.), S. 253-339

Simmel, Georg 1908: Soziologie. Untersuchungen über die Formen der Vergesellschaftung, Leipzig

Singer, Peter: Praktische Ethik, Stuttgart 1984

Skinner, B. F. 1957: Verbal Behavior, New York

Sohn, Werner 1999: Diskursanalyse am Beispiel der klassischen Genetik, in: Bublitz, Hannelore u.a. (Hg.), S. 210-230

Sowinski, Bernhard 1983: Textlinguistik, Stuttgart

ders. 1978: Deutsche Stilistik, 2. Auflage, Frankfurt

Steger, Hugo (Hg.) 1982: Soziolinguistik. Ansätze zur linguistischen Theoriebildung, Darmstadt

Stötzel, Georg/Wengeler, Martin 1995: Kontroverse Begriffe. Geschichte des öffentlichen Sprachgebrauchs in der Bundesrepublik Deutschland, Berlin/New York

Strauss, Anselm 1994: Grundlagen qualitativer Sozialforschung, München

Sweezy, Paul M./Magdoff, Harry 1993: Den Kapitalismus in seiner Geschichte begreifen, Das Argument 198, S. 223-229

Terkessidis, Mark 1997: Psychologie des Rassismus, Opladen

Teubert, Wolfgang 1997: Zum politisch gesellschaftlichen Diskurs im Postsozialismus, Mannheim (MS 30 Seiten)

ders. 1999: Zum Verlust von Pluralität im politisch-gesellschaftlichen Diskurs: Das Beispiel Besitzstände, in: Kreft, Ursula/Uske, Hans/Jäger, Siegfried (Hg.), S. 29-48

Titscher, Stefan/Wodak, Ruth/Meyer, Michael/Vetter, Eva 1998: Methoden der Textanalyse. Leitfaden und Überblick, Opladen

Todorov, Tzvetan 1977: Theories du symbole, Paris

Viehweger, Dieter (Hg.) 1984: Grundfragen einer Theorie der sprachlichen Tätigkeit, Berlin

Vogt, Rüdiger 1987: Zwei Modelle zur Analyse von Diskursen, in: ders. (Hg.), S. 15-42

ders. (Hg.) 1987: Über die Schwierigkeiten der Verständigung beim Reden. Beiträge zu einer Linguistik des Diskurses, Opladen

Volosinov, Valentin N. 1975: Marxismus und Sprachphilosophie. Grundlegende Probleme der soziologischen Methode in der Sprachwissenschaft, Frankfurt/M. (russ. 1929)

Wagner, Benno 1992: Im Dickicht der politischen Kultur, München

Waldschmidt, Anne 1996: Das Subjekt in der Humangenetik, Münster

Wallraff, Günter 1977: Der Aufmacher. Der Mann, der bei `Bild' Hans Esser war, Köln

ders. 1979: Zeugen der Anklage. Die 'Bild-Beschreibung wird fortgesetzt, Köln

Weber, Klaus 1995a: Unterstellte Subjekte. Der Beitrag der deutschen Psychologie zur Faschisierung des Subjektes, Hamburg/Berlin

ders. 1995b: Aus dem "Armenhaus der Wissenschaften". Zum Verhältnis von Psychologie und deutschem Faschismus, Das Argument 209, S. 353-358

Weber, Max 1968: Die "Objektivität" sozialwissenschaftlicher und sozialpolitischer Erkenntnis, in: Gesammelte Aufsätze zur Wissenschaftslehre, hg. v. J. Winkelmann, Tübingen, verfaßt 1904

Weisgerber, Leo 1957: Die Muttersprache im Aufbau unserer Kultur, 2. Aufl. Düsseldorf (zuerst 1949)

Wimmer, Rainer 1982: Überlegungen zu den Aufgaben und Methoden einer linguistisch begründeten Sprachkritik, in: Heringer , Hans-Jürgen (Hg.), S. 290-313

Wodak, Ruth/Nowak, Peter/Pelikan, Johanna/Gruber, Helmut/de Cillia, Rudolf/Mitten, Richard 1990: "Wir sind alle unschuldige Täter". Diskurshistorische Studien zum Nachkriegsantisemitismus, Frankfurt/M.

Wodak, Ruth/Matouschek, Bernd/Januschek, Franz 1993: Österreichs Einstellungen zu seinen ostmitteldeutschen Nachbarn. Studien zum fremdenfeindlichen öffentlichen Diskurs Österreichs während und nach der "Wende" von 1989, Wien (Projektbericht)

Wodak, Ruth/de Cillia, Rudolf/Reisigl, Martin/Liebhart, Karin/Hofstätter, Klaus/Kargl, Maria 1998: Studien zur diskursiven Konstruktion von nationaler Identität, Frankfurt/M.

Wunderlich, Dieter 1971: Aspekte der Soziolinguistik, Frankfurt/M.

ders. 1972: Linguistische Pragmatik, Frankfurt/M.

ders. (Hg.) 1976: Wissenschaftstheorie der Linguistik, Kronberg/Ts.

Wygotzki, Lew S. 1971: Denken und Sprechen, 3. Aufl. der Lizenzaufl. von 1969, Berlin (zuerst russ. 1934)

Glossar

Personenregister

Adorno, T. W. 53, 54, 85
Altun, K. 32
Altvater, E. 177
Anderson, J. R. 14
Aristoteles 80

Baacke, D. 69
Bachem, R. 18
Bacon, F. 80
Bales, R. F. 19
Barthes, R. 105, 106
Beck, U. 48, 226
Becker, F. 9, 79, 133, 140, 202
Benning, W. 134
Benveniste, É. 125
Berger, P. L. , 20
Bernstein, B. 28, 31, 33, 36, 37, 38,
    39, 40, 41, 42, 43, 50, 51
Bloch, E. 221
Bogdal, K. M. 146
Böke, K. 11
Bonß, W. 66
Bourdieu, P. 10
Bredehöft, S. 121, 123
Brinker, K. 11, 13, 14, 179
Bublitz, H. , 19, 120, 189
Bührmann, D. A. 19
Buntenbach, A. 177
Bünting, K.-D. 14
Burkhart, G. 60
Busse, D. 7, 10, 11, 13, 14, 28, 104,
    106, 110, 126, 128, 158, 162,
    174, 183, 211

Carnap, R. 53

Chomsky, N. 16, 27, 34, 37, 38, 39,
    59, 108
Cleve, G. 7, 9, 32, 64, 143, 167, 169

Deleuze, G, 204
Demirovic, A. 9
Diaz-Bone, R. 173
Dijk, T. A. van 9, 14, 90, 121, 122,
    123, 143, 183, 224, 225
Dittmar, N. 17, 27, 41
Drews, A. 133, 134, 140
Dreyfus, H. L. 120, 127, 148, 211,
    227
Duhm, D. 84

Ehlich , K. 19, 121, 122
Eisenberg, P. 17, 184
Engels, F. 221, 222
Enzensberger , H. M. 329, 359

Fairclough, N. 8, 19, 122, 128, 224,
    225
Fleischer, M. 135
Foucault, M. 7, 8, 9, 10, 11, 20, 22,
    23, 24, 25, 79, 80, 83, 84, 110,
    111, 112, 120, 121, 122, 123,
    124, 125, 126, 127, 128, 129,
    142, 144, 147, 148, 149, 151,
    153, 154, 155, 156, 157, 158,
    159, 162, 169, 172, 199, 200,
    201, 203, 204, 210, 211, 212,
    220, 221, 222, 223, 224, 225,
    226, 227, 232, 233, 234, 337
Freud, S. 124

Gallas, H. 124

Sachregister

Über den Autor:

Prof. Dr. Siegfried Jäger, Jahrgang 1937, Mitarbeiter des Instituts für deutsche Sprache Mannheim 1965-1971; seit 1972 Lehrstuhl für Germanistik (Schwerpunkt: Sprachwissenschaft / Diskursanalyse) an der Gerhard-Mercator-Universität GH Duisburg; seit 1987 Leiter des Duisburger Instituts für Sprach- und Sozialforschung (DISS); zahlreiche Buch- und Zeitschriftenpublikationen zu den Themen Rechtsextremismus, Rassismus und Diskursanalyse.

Neuere Buch-Veröffentlichungen (in Auswahl)

»BrandSätze. Rassismus im Alltag«, 1. Aufl. 1992, 3. Aufl. 1993, 4. Aufl. 1996, Duisburg

»Der Diskurs des Rassismus«, Oldenburg 1992 (Hg. zus. mit Franz Januschek)

»Die 4. Gewalt. Rassismus und die Medien«, Duisburg 1993 (Hg. zus. mit Jürgen Link)

»Aus der Werkstatt: Anti-rassistische Praxen. Konzepte - Modelle - Forschung«, Duisburg 1994 (Hg.)

»Studien zu rechtsextremen und neo-konservativen Diskursen«, Duisburg 1995 (hg. zus. mit Margret Jäger)

»Wie die Rechten reden. Eine kommentierte Bibliographie«, Duisburg 1996

»Biomacht und Medien. Wege in die Biogesellschaft«, Duisburg 1997 (Hg. zus. mit M. Jäger, I. Ruth, E. Schulte-Holtey, F. Wichert)

»Der Spuk ist nicht vorbei. Völkisch-nationalistische Ideologie im öffentlichen Diskurs der Gegenwart«, Duisburg 1998 (zus. mit Dirk Kretschmer, Gabriele Cleve, Birgit Griese, Margret Jäger u.a.)

»Gefährliche Erbschaften. Die schleichende Restauration rechten Denkens«, Berlin 1999 (zus. mit Margret Jäger)

Über das DISS

Wissenschaft wird häufig der Vorwurf gemacht, ihr Dasein im Elfenbeinturm zu fristen und sich dort gemütlich, doch gesellschaftlich abstinent und unkritisch einzurichten. Das Duisburger Institut für Sprach- und Sozialforschung erarbeitet dagegen Analysen, die für die gesellschaftliche Entwicklung von Bedeutung sein können, weil und sofern sie Anschlussstellen formulieren für eine politische, pädagogische und/oder journalistische Praxis.

Seit 1987 arbeiten im DISS Wissenschaftlerinnen und Wissenschaftler aus verschiedenen Disziplinen zusammen und nehmen sich vor allem solcher Themen an, die in der Öffentlichkeit vielfach als unbequem und lästig angesehen werden. Es entspricht dem Selbstverständnis des DISS, solche brisanten Themen wie Rassismus und Rechtsextremismus, wie Militarisierung und Nationalismus, wie Abbau von Sozialstaat und Ausgrenzung von Minderheiten anzugehen, damit sie nicht unter der gesellschaftlichen Oberfläche ihre Auswirkungen zeitigen können. Das DISS will dazu einen Beitrag leisten, denn die Konstitutionsprozesse solcher Vorgänge sind bislang keineswegs ausreichend erforscht. Dabei geht es nicht nur um die Beschreibung von Gefährdungen, sondern auch darum, positive Potenzen innerhalb der Gesellschaft zu entdecken. Die diskurstheoretische und –analytische Methode, mit der im DISS vorwiegend gearbeitet wird, bietet hier Möglichkeiten zu konstruktiven Lösungsvorschlägen, ohne damit andere wissenschaftliche Ansätze in ihrer Bedeutung schmälern zu wollen.

Die derzeitigen Arbeitsschwerpunkte liegen in folgenden Bereichen:
- Rassismus und Einwanderung in Deutschland
- Entwicklungen der extremen Rechten
- Völkisch-nationale und militaristische Tendenzen
- Biopolitik / Biotechnologien
- Soziale Ausgrenzungen
- Militarismus

Zu diesen Themen hat das DISS Handbibliotheken und ein umfangreiches Archiv von Schriften und Publikationen der extremen Rechten aufgebaut, die auch von Wissenschaftlerinnen und Wissenschaftlern aus dem In- und Ausland sowie von Journalisten etc. genutzt werden. Interessierte können auch die ARCHIV-NOTIZEN abonnieren, ein Hintergrund-Informationsdienst, der monatlich über Entwicklungen im Sektor der extremen Rechten berichtet. Außerdem führt das DISS Auftragsrecherchen zu den genannten Themenbereichen durch.

Duisburger Institut für Sprach- und Sozialforschung

Seit 1987 bearbeitet das DISS ein Themenspektrum, das in der Öffentlichkeit vielfach als unbequem und lästig angesehen wird. Doch brisante Themen wie Rassismus und Rechtsextremismus, wie Militarisierung und Nationalismus, wie Sozialstaatsabbau und Ausgrenzung von Minderheiten müssen angesprochen werden, damit sie sich nicht unter der Oberfläche auswirken können. Das DISS will einen Beitrag dazu leisten, die Konstitutionsprozesse solcher Vorgänge zu erforschen. Dabei geht es nicht nur um die Beschreibung von Gefährdungen, sondern auch darum, positive Potentiale innerhalb der Gesellschaft zu entdecken. Der diskurstheoretische Ansatz, auf den sich die Arbeiten des DISS stützen, bietet hier Möglichkeiten zu konstruktiven Lösungsvorschlägen.

Die Arbeitsschwerpunkte liegen zurzeit in folgenden Bereichen:
- Rassismus und Einwanderung in Deutschland
- Entwicklungen der extremen Rechten
- Völkisch-nationalistische und militaristische Tendenzen
- Historische Diskursanalysen zur jüdischen Publizistik im 19. Jahrhundert
- Soziale Ausgrenzung

Zu diesen Themen wurden im DISS eine Bibliothek und ein umfangreiches Archiv aufgebaut. Diese Einrichtungen können von Wissenschaftler*innen* sowie von Journalist*innen* genutzt werden.

Daneben veröffentlicht das DISS Monographien und Sammelbände in der EDITION DISS des Unrast-Verlags (Münster).

Das DISS-JOURNAL, in dem die Arbeit des DISS dargestellt wird und Kommentare zu aktuellen politischen Ereignissen publiziert werden, erscheint in der Regel zweimal im Jahr und wird Interessierten gegen die Erstattung der Versandkosten zugeschickt.

Mitgliedschaft / Spenden

Das DISS ist auf finanzielle Unterstützung durch Einzelpersonen und Organisationen angewiesen, damit es seine Arbeit „gegen den Strich" fortsetzen kann. Spenden an das DISS sind steuerlich absetzbar.

DISS, Siegstraße 15, 47051 Duisburg
Tel 0203-20249, Fax 0203-287881;
e-mail: info@diss-duisburg.de
www.diss-duisburg.de

Spenden: Konto 209-001167; Stadtsparkasse Duisburg (BLZ 35050000)